市川中学

〈収録内容〉

2024 年度 ……………… 第１回 (算・理・社・国)
第２回 (算・理・社・国)

2023 年度 ……………… 第１回 (算・理・社・国)
第２回 (算・理・社・国)

2022 年度 ……………… 第１回 (算・理・社・国)
第２回 (算・理・社・国)

2021 年度 ……………… 第１回 (算・理・社・国)
第２回 (算・理・社・国)

DL 2020 年度 ……………… 第１回 (算・理・社・国)

DL 2019 年度 ……………… 第１回 (算・理・社・国)

DL 平成 30 年度 ……………… 第１回 (算・理・社・国)

DL 平成 29 年度 ……………… 第１回 (算・理・社・国)

※国語の大問一は、問題に使用された作品の著作権者が二次使用の許可を出していないため、問題を掲載しておりません。

便利な DL コンテンツは右の QR コードから

解答用紙　過去年度　国語の問題は紙面に掲載 ⇒

※データのダウンロードは 2025 年 3 月末日まで。
※データへのアクセスには、右記のパスワードの入力が必要となります。 ⇒ 278452

〈合格最低点〉

	第 1 回	第 2 回		第 1 回	第 2 回
2024年度	227点	285点	2020年度	226点／226点	269点／269点
2023年度	255点	282点	2019年度	246点／248点	271点／271点
2022年度	241点／243点	270点	2018年度	220点／221点	252点／252点
2021年度	223点／230点	253点			

※点数の内訳は、男子／女子

本書の特長

実戦力がつく入試過去問題集

▶ 問題 …………… 実際の入試問題を見やすく再編集。
▶ 解答用紙 …… 実戦対応仕様で収録。
▶ 解答解説 …… 詳しくわかりやすい解説には、難易度の目安がわかる「基本・重要・やや難」の分類マーク（下記参照）。各科末尾には合格へと導く「ワンポイントアドバイス」を配置。採点に便利な配点つき。

入試に役立つ分類マーク

基本 確実な得点源！
受験生の90%以上が正解できるような基礎的、かつ平易な問題。
何度もくり返して学習し、ケアレスミスも防げるようにしておこう。

重要 受験生なら何としても正解したい！
入試では典型的な問題で、長年にわたり、多くの学校でよく出題される問題。
各単元の内容理解を深めるのにも役立てよう。

やや難 これが解ければ合格に近づく！
受験生にとっては、かなり手ごたえのある問題。
合格者の正解率が低い場合もあるので、あきらめずにじっくりと取り組んでみよう。

合格への対策、実力錬成のための内容が充実

▶ 各科目の出題傾向の分析、合否を分けた問題の確認で、入試対策を強化！
▶ その他、学校紹介、過去問の効果的な使い方など、学習意欲を高める要素が満載！

解答用紙ダウンロード 解答用紙はプリントアウトしてご利用いただけます。弊社ＨＰの商品詳細ページよりダウンロードしてください。トビラのＱＲコードからアクセス可。

UD FONT 見やすく読みまちがえにくいユニバーサルデザインフォントを採用しています。

市川中学校

生徒数　982名
〒272-0816
千葉県市川市本北方2-38-1
☎047-339-2681
総武線・都営新宿線本八幡駅、
総武線西船橋駅　各バス
武蔵野線市川大野駅　バス・自転車
京成線鬼越駅　徒歩20分
下校時スクールバスあり

進学実績抜群の名門進学校
SSH（スーパーサイエンスハイスクール）指定校
ユネスコスクール加盟校

URL	https://www.ichigaku.ac.jp/

國技記念国際ホールで行う中学合唱祭

プロフィール　個性の尊重と自主自立を目指す

1937（昭和12）年千葉県市川中学校が開校。1947年新制市川中学校、翌年高等学校が設置された。

「独自無双の人間観」「よく見れば精神」「第三教育」の3つが教育方針で、これを柱に教育が行われている。「独自無双の人間観」とは、人間とはかけがえのない個性と人生を持つものだという価値観。「よく見れば精神」とは、生徒の無限の可能性や個性を発見、見守り手助けしていくこと。「第三教育」は家庭・社会・学校からの教育を基に、自分で自分を教育することである。永年、中高一貫教育を続け抜群の進学実績を誇る進学校だが、学園を「人間教育」の場と考え「一人の人間の大切さ」「個性の発揮」「他者への思いやり」を大切にしている。また、2009年度より文科省のスーパーサイエンスハイスクール（SSH）の指定校となっている（3期目）。

環境　自然との調和を大切にした最新設備の校舎

2003年に「イン・ザ・フォレスト（森の中の学び舎）」をコンセプトに、太陽エネルギーの利用を積極的に推し進め今後100年間利用できるものを目指した校舎へ移転。教育方針のひとつを冠した「第三教育センター」や、全館に「校内LAN」を張り巡らすなど、21世紀に対応した校舎である。さらに2007年に680席の「國枝記念国際ホール」、

2015年春、総合グラウンドも完成。

カリキュラム　自主性を尊重した多彩なゼミナール

中高においてもリベラルアーツ教育をさらに進めることを目指している。文理にとらわれず広く教養を身につけながら思考力、判断力、表現力を身につけることである。市川サイエンスとして課題研究を中心にプレゼン力を養う（英語でのｚプレゼン）、市川アカデメイアとして、古典のテキストを使い自由な対話によるセミナー型授業、リベラルアーツゼミとして、主体的に学ぶゼミ形式の少人数授業を柱としてリベラルアーツ教育の一環をなしている。また、土曜日の午後は土曜講座を実施している。

学校生活　学び合う仲間と活発な課外活動

各種行事や42あるクラブ活動は盛んで、1つの目標に向けて仲間と協力することで大きく成長する。課外活動も盛んで、国際研修や国内研修、各種コンテストに積極的に参加し、幅広く体験している。その体験を発表する機会として「Ichikawa Academic Day」を開催している。学び合う仲間がいるのが本校の特長である。

［運動部］山岳、軟式野球、卓球、バスケットボール、バレーボール、相撲、剣道、陸上、硬式テニス、ソフトテニス、体操、水泳、サッカー、ラグビー、ハンドボール、スキー、応援

［文化部］英語、数学、文芸、生物、化学、物理、写真、社会、美術、音楽、吹奏楽、軽音楽、地学、演劇、書道、鉄道研究、オーケストラ、囲碁・将棋、茶道、調理

［同好会・愛好会］ギター、クイズ、鹿島神流武道、インターアクト、かるた

進路　100％の大学進学率　難関大に多数が合格

生徒の約100％が大学に進学。実績も優秀で、毎年、難関国公立・私立大に多くの合格者を出している。

2023年の3月の現役大学合格者数は、東京大9、京都大7、一橋大6、東京工業大13、北海道大5、東北大16、千葉大25、筑波大13、東京外語大5、慶應義塾大86、早稲田大112、東京理科大165、上智大74、明治大136など。また、慶應、早稲田、東京理科、明治など多数の指定校推薦枠もある。

国際化　充実した国際感覚を養うプログラム

コロナ禍におけるプログラムとして、①WWL（コンソーシアム構築推進事業参加）、②Double Helix 他校と合同で、芸術・言語・医療・歴史分野において第一線で活躍する英国の講師とオンラインで結ぶ、高大連携として、「Global Issue 探求講座」を受講し、国際社会における地球規模での課題を構想的に理解して、英語で研究発表するなどがある。

2024年度入試要項

試験日　12/3（12月帰国生）
1/20（第1回・帰国生）
2/4（第2回）

試験科目　国・算・英Ⅰ・Ⅱ（12月帰国生）
国・算・理・社（第1・2回・帰国生）

2024年度	募集定員	受験者数	合格者数	競争率
第1回 男子/女子	180/100	1675/862	745/288	2.2/3.0
第2回	40	302/215	35/17	8.6/12.6

※第1回の定員は帰国生入試含む

過去問の効果的な使い方

① **はじめに**　ここでは，受験生のみなさんが，ご家庭で過去問を利用される場合の，一般的な活用法を説明していきます。もし，塾に通われていたり，家庭教師の指導のもとで学習されていたりする場合は，その先生方の指示にしたがって，過去問を活用してください。その理由は，通常，塾のカリキュラムや家庭教師の指導計画の中に過去問学習が含まれており，どの時期から，どのように過去問を活用するのか，という具体的な方法がそれぞれの場合で異なるからです。

② **目的**　言うまでもなく，志望校の入学試験に合格することが，過去問学習の第一の目的です。そのためには，それぞれの志望校の入試問題について，どのようなレベルのどのような分野の問題が何問，出題されているのかを確認し，近年の出題傾向を探り，合格点を得るための試行錯誤をして，各校の入学試験について自分なりの感触を得ることが必要になります。過去問学習は，このための重要な過程であり，合格に向けて，新たに実力を養成していく機会なのです。

③ **開始時期**　過去問との取り組みは，通常，全分野の学習が一通り終了した時期，すなわち6年生の7月から8月にかけて始まります。しかし，各分野の基本が身についていない場合や，反対に短期間で過去問学習をこなせるだけの実力がある場合は，9月以降が過去問学習の開始時期になります。

④ **活用法**　各年度の入試問題を全問マスターしよう，と思う必要はありません。完璧を目標にすると挫折しやすいものです。できるかぎり多くの問題を解けるにこしたことはありませんが，それよりも重要なのは，現実に各志望校に合格するために，どの問題が解けなければいけないか，どの問題は解けなくてもよいか，という眼力を養うことです。

算数

どの問題を解き，どの問題は解けなくてもよいのかを見極めるには相当の実力が必要になりますし，この段階にいきなり到達するのは容易ではないので，この前段階の一般的な過去問学習法，活用法を2つの場合に分けて説明します。

☆偏差値がほぼ55以上ある場合

掲載順の通り，新しい年度から順に年度ごとに3年度分以上，解いていきます。

ポイント1…問題集に直接書き込んで解くのではなく，各問題の計算法や解き方を，明快にわかるように意識してノートに書き記す。

ポイント2…答えの正誤を点検し，解けなかった問題に印をつける。特に，解説の 基本 重要 がついている問題で解けなかった問題をよく復習する。

ポイント3…1回目にできなかった問題を解き直す。同様に，2回目，3回目，…と解けなければいけない問題を解き直す。

ポイント4…難問を解く必要はなく，基本をおろそかにしないこと。

☆偏差値が50前後かそれ以下の場合

ポイント1～4以外に，志望校の出題内容で「計算問題・一行問題」の比重が大きい場合，これらの問題をまず優先してマスターするとか，例えば，大問2までをマスターしてしまうとよいでしょう。

理科

理科は1から順番に解くことにほとんど意味はありません。理科は，性格の違う4つの分野が合わさった科目です。また，同じ分野でも単なる知識問題なのか，あるいは実験や観察の考察問題なのかによってもかかる時間がずいぶんちがいます。記述，計算，描図など，出題形式もさまざまです。ですから，解く順番の上手，下手で，10点以上の差がつくこともあります。

過去問を解き始める時も，はじめに1回分の試験問題の全体を見通して，解く順番を決めましょう。得意分野から解くのもよいでしょう。短時間で解けそうな問題を見つけて手をつけるのも効果的です。くれぐれも，難問に時間を取られすぎないように，わからない問題はスキップして，早めに全体を解き終えることを意識しましょう。

社会

社会は1から順番に解いていってかまいません。ただし，時間のかかりそうな，「地形図の読み取り」，「統計の読み取り」，「計算が必要な問題」，「字数の多い論述問題」などは後回しにするのが賢明です。また，3分野（地理・歴史・政治）の中で極端に得意，不得意がある受験生は，得意分野から手をつけるべきです。

過去問を解くときは，試験時間を有効に活用できるよう，時間は常に意識しなければなりません。ただし，時間に追われて雑にならないようにする注意が必要です。“誤っているもの”を選ぶ設問なのに“正しいもの”を選んでしまった，“すべて選びなさい”という設問なのに一つしか選ばなかったなどが致命的なミスになってしまいます。問題文の“正しいもの”，“誤っているもの”，“一つ選び”，“すべて選び”などに下線を引いて，一つ一つ確認しながら問題を解くとよいでしょう。

過去問を解き終わったら，自己採点し，受験生自身でふり返りをしましょう。できなかった問題については，なぜできなかったのかについての分析が必要です。例えば，「知識が必要な問題」ができなかったのか，「問題文や資料から判断する問題」ができなかったのかで，これから取り組むべきことも大きく異なってくるはずです。また，正解できた問題も，「勘で解いた」，「確信が持てない」といったときはふり返りが必要です。問題集の解説を読んでも納得がいかないときは，塾の先生などに質問をして，理解するようにしましょう。

国語

過去問に取り組む一番の目的は，志望校の傾向をつかみ，本番でどのように入試問題と向かい合うべきか考えることです。素材文の傾向，設問の傾向，問題数の傾向など，十分に研究していきましょう。

取り組む際は，まず解答用紙を確認しましょう。漢字や語句問題の量，記述問題の種類や量などが，解答用紙を見て，わかります。次に，ページをめくり，問題用紙全体を確認しましょう。どのような問題配列になっているのか，問題の難度はどの程度か，などを確認して，どの問題から取り組むべきかを判断するとよいでしょう。

一般的に「漢字」→「語句問題」→「読解問題」という形で取り組むと，効率よく時間を使うことができます。

また，解答用紙は，必ず，実際の大きさのものを使用しましょう。字数指定のない記述問題などは，解答欄の大きさから，書く量を考えていきましょう。

市川の算数 ——出題傾向と対策 合否を分けた問題の徹底分析——

出題傾向と内容

出題分野1 〈数と計算〉

「四則計算」が毎年，出題されており，「計算の工夫」が試されている。さらに，「単位の換算」や「概数」が年度により，なんらかの形で出題されており，「数の性質」もほぼ毎年，出題され，「演算記号」が出題されることもある。

2 〈図形〉

「平面図形」・「立体図形」・「図形や点の移動」の問題は毎年，出題されており，「相似」もほぼ毎年，出題されている。「作図」の問題が出されることもある。

3 〈速さ〉

「速さの三公式と比」の問題も毎年，出題されている。「旅人算」の出題率も高いが，「時計算」・「通過算」などは出題率が低い。

4 〈割合〉

「割合と比」の問題も毎年，出題されており，「濃度」の問題もほぼ毎年，出題されているが，「売買算」はここ数年，出題されていない。

5 〈推理〉

「数列・規則性・N 進法」が毎年，出題されており，「論理・推理」・「場合の数」の問題もよく出題されている。

6 〈その他〉

年度によって各分野が出題されているが，特定分野に集中していない。

出題率の高い分野

❶平面図形・面積 ❷割合と比 ❸数の性質 ❹規則性 ❺立体図形・体積

来年度の予想と対策

出題分野1 〈数と計算〉…「四則計算」や「単位の換算」は基本中の基本であるから，毎日，練習しよう。計算の工夫，「数の性質」も問われる。

2 〈図形〉…「平面」・「立体」・「図形や点の移動」・「相似」の標準問題，融合問題を練習しよう。過去問で「図形」の問題を連続して解いてみると，年度による難度の差がわかり，参考になる。

3 〈速さ〉…比を使う「旅人算」の解き方を練習しよう。あまり出題されていない「時計算」・「通過算」・「流水算」の標準・応用レベルの練習も必要である。

4 〈割合〉…難しめの「濃度」の問題をマスターし，「売買算」のほか，「速さの比」「面積比」「比の文章題」の標準問題を練習して，過去問の反復練習により，出題レベルを把握しよう。

5 〈推理〉…「数列・規則性・N 進法」・「論理・推理」・「場合の数」の標準・応用問題を練習しよう。

6 〈その他〉…特定分野に限定せず，各分野の基本をマスターし，「消去算」を練習しよう。

学習のポイント

●大問数5～7題　小問数15～20題前後　●試験時間50分　満点100点

●図形の問題で，「作図」が含まれることがある。基本を固めて，応用問題へ挑戦しよう。

年度別出題内容の分析表　算数

（よく出ている順に，☆◎○の3段階で示してあります。）

出題内容		27年 1回	27年 2回	28年 1回	28年 2回	29年 1回	29年 2回	30年 1回	30年 2回	2019年 1回	2019年 2回
数と計算	四則計算	○	○	○	○	○	○	○	○	○	○
	単位の換算			○						○	◎
	演算記号・文字と式										☆
	数の性質			○		☆	◎	○	☆	☆	☆
	概　数							○	○		
図形	平面図形・面積	☆	☆	☆	☆	☆	☆	☆	○	☆	☆
	立体図形・体積と容積	☆	◎	☆	○	☆	◎	☆	○	☆	◎
	相似（縮図と拡大図）	○	◎		○	◎	◎	○		○	○
	図形や点の移動・対称な図形	◎			☆		◎	○	◎	○	
	グラフ				○			☆			
速さ	速さの三公式と比	◎		☆	☆	○		◎		○	☆
	旅人算			◎	○			○		○	
	時計算				○						
	通過算	◎									
	流水算			○		○					
割合	割合と比	◎	◎	☆	☆	☆	○	☆	○	☆	☆
	濃　度	○	◎	○	◎	◎					○
	売買算										
	相当算	○			○						
	倍数算・分配算										
	仕事算・ニュートン算		○								○
	比例と反比例・2量の関係										
推理	場合の数・確からしさ		○		◎		◎			○	
	論理・推理・集合		☆	○			☆			◎	
	数列・規則性・N進法	☆	☆	○	◎	◎		☆	☆	○	☆
	統計と表	○								◎	
その他	和差算・過不足算・差集め算			○		○					
	鶴カメ算	○					○				
	平均算	○	○		○			○			
	年令算						○				
	植木算・方陣算		○								
	消去算				◎	○	○				◎

市川中学校

（よく出ている順に，☆◎○の3段階で示してあります。）

出題内容		2020年		2021年		2022年		2023年		2024年	
		1回	2回	1回	2回	1回	2回	1回	2回	1回	2回
数と計算	四則計算	○	○	○	○	○	○	○	○	○	○
	単位の換算							○	○		○
	演算記号・文字と式	☆		☆							
	数の性質	☆	☆	☆		☆	◎	◎	☆	☆	☆
	概　数										
図形	平面図形・面積	☆	☆	☆	☆	☆	☆	☆	☆	☆	☆
	立体図形・体積と容積	☆	☆	○	☆		○	☆			☆
	相似（縮図と拡大図）	◎	○	☆	☆				◎	○	
	図形や点の移動・対称な図形	☆		☆	◎	◎	☆	☆	☆		
	グラフ		☆								
速さ	速さの三公式と比	◎	☆				☆	☆	○	☆	○
	旅人算						◎				○
	時計算									☆	
	通過算										
	流水算							☆			
割合	割合と比	☆	◎	☆	☆	☆	☆	☆	☆	☆	☆
	濃　度					☆	☆			☆	☆
	売買算										
	相当算										
	倍数算・分配算										
	仕事算・ニュートン算			○	○				☆	☆	
	比例と反比例・2量の関係										
推理	場合の数・確からしさ	○	☆			☆	◎		○	○	☆
	論理・推理・集合			☆			☆		○	○	○
	数列・規則性・N進法	○	◎	☆	☆	☆		☆	☆	☆	☆
	統計と表										○
その他	和差算・過不足算・差集め算				◎						
	鶴カメ算						○			○	
	平均算										
	年令算										
	植木算・方陣算							○			
	消去算				○	◎		○	○	◎	

市川中学校

2024年度 市川中学校 合否を分けた問題 算数

1 (5)「平面図形，縮図，割合と比」

この問題の意味は，正方形と正三角形をどう配置するかを問うているのではない。正方形の面積と正三角形の面積の何倍かを問うている。

【問題】

右図は半径2cmであり，円周上の点は円周を12等分する点である。1辺が1cmの正方形をA，1辺が1cmの正方形をBとするとき，灰色部分の面積は，Aが㋐枚分の面積とBが㋑枚分の面積の合計になる。㋐，㋑にあてはまる数をそれぞれ答えなさい。

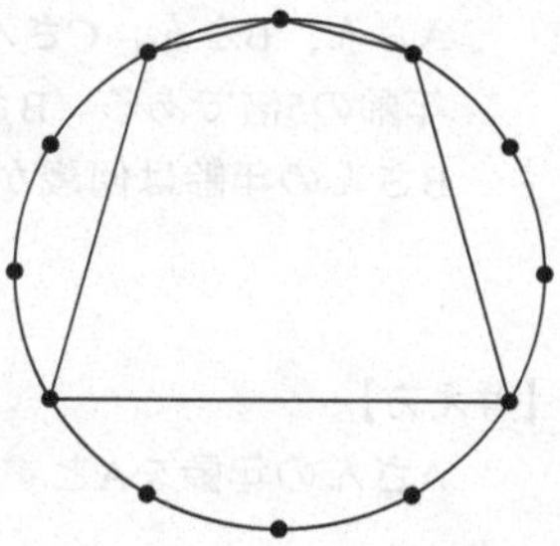

【考え方】

正方形Aの面積…$1cm^2$
直角二等辺三角形OFGの面積×2…2×2＝4(cm^2)
四角形ODEFの面積…2×2÷2＝2(cm^2)
（以上2行：実際に面積を計算する）
二等辺三角形OGCの面積…Bの面積×4
したがって，五角形EFGCDの面積は
Aが6枚分の面積とBが4枚分の面積の和になる。

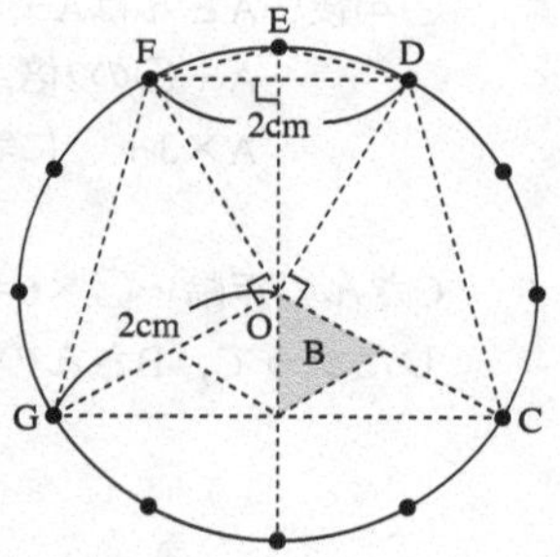

受験生に贈る「数の言葉」――――――「ガリヴァ旅行記のなかの数と図形」
作者 ジョナサン・スウィフト(1667～1745)
…アイルランド ダブリン生まれの司祭

リリパット国…1699年11月，漂流の後に船医ガリヴァが流れ着いた南インド洋の島国
①人間の身長…約15cm未満 ②タワーの高さ…約1.5m
③ガリヴァがつながれた足の鎖の長さ…約1.8m ④高木の高さ…約2.1m
⑤ガリヴァとリリパット国民の身長比…12：1 ⑥ガリヴァとかれらの体積比…1728：1

ブロブディンナグ国…1703年6月，ガリヴァの船が行き着いた北米の国
①草丈…6m以上 ②麦の高さ…約12m ③柵(さく)の高さ…36m以上
④ベッドの高さ…7.2m ⑤ネズミの尻尾(しっぽ)…約1.77m

北太平洋の島国…1707年，北緯46度西経177度に近い国
王宮内コース料理 ①羊の肩肉…正三角形 ②牛肉…菱形 ③プディング…サイクロイド形
④パン…円錐形(コーン)・円柱形(シリンダ)・平行四辺形・その他

2023年度 市川中学校 合否を分けた問題 算数

1 (2)「割合と比，消去算」

よく出題されるタイプの問題であり，問題文の内容を式に表すことができれば難しくはない。ポイントを的確につかんで復習しよう。

【問題】

Aさん，Bさん，Cさんがいる。今年，Bさんの年齢はAさんの年齢の3倍，Cさんの年齢はAさんの年齢の5倍である。Bさんの年齢がAさんの年齢の2倍になる年，Cさんの年齢は48歳になる。今年，Bさんの年齢は何歳か。

【考え方】

Aさんの年齢をAとすると，Bさんの年齢はA×3，Cさんの年齢はA×5

○年後…AさんはA＋○，BさんはA×3＋○，CさんはA×5＋○

A＋○の2倍，A×2＋○×2が
A×3＋○に等しいのでA＝○ ← ここがポイント

Cさんの年齢…○×6＝48より，○＝8
したがって，Bさんの年齢は8×3＝24(歳)

受験生に贈る「数の言葉」――――――――――バートランド・ラッセル(1872～1970)が語るピュタゴラス(前582～496)とそのひとたちのようす(西洋哲学史)

①ピュタゴラス学派のひとたちは，地球が球状であることを発見した。

②ピュタゴラスが創った学会には，男性も女性も平等に入会を許された。
財産は共有され，生活は共同で行われた。科学や数学の発見も共同のものとみなされ，ピュタゴラスの死後でさえ，かれのために秘事とされた。

③だれでも知っているようにピュタゴラスは，すべては数である，といった。
かれは，音楽における数の重要性を発見し，設定した音楽と数学との間の関連が，数学用語である「調和平均」,「調和級数」のなかに生きている。

④五角星は，魔術で常に際立って用いられ，この配置は明らかにピュタゴラス学派のひとたちにもとづいており，かれらは，これを安寧とよび，学会員であることを知る象徴として，これを利用した。

⑤その筋の大家たちは以下の内容を信じ，かれの名前がついている定理をかれが発見した可能性が高いと考えており，それは，直角三角形において，直角に対する辺についての正方形の面積が，他の2辺についての正方形の面積の和に等しい，という内容である。
とにかく，きわめて早い年代に，この定理がピュタゴラス学派のひとたちに知られていた。かれらはまた，三角形の角の和が2直角であることも知っていた。

2022年度 市川中学校 合否を分けた問題 算数

① (3)「ニュートン算」

> この問題の「ニュートン算」は，問題設定が型通りになっていないため容易ではない。
> ただし，難問のレベルではないため自分で試行してみよう。

【問題】

毎分10Lの割合で水そうに水を入れる。水そうには2本の排水管A, Bがあり，Aでは Bより1分あたり5L多く排水される。
水そうがいっぱいになったところで，Aのみで排水すると9分で，Bのみで排水すると24分で水そうが空になる。
水そうの容量を求めなさい。排水管を開いてからも，毎分10Lの割合で水そうに水を入れ続ける。

【考え方】

排水管Bでの1分の排水量が△Lのとき，
Bで24分とAで9分排水した水量の差は
△×24と△×9＋5×9＝△×9＋45の差である。←ポイント1
24分と9分で給水した水量の差は10×(24−9)＝150(L) であり，
△×24と△×9の水量の差は150＋45＝195(L)←ポイント2
したがって，△は195÷(24−9)＝13(L)，
水そうの容量は (13＋5−10)×9＝72(L)

受験生に贈る「数の言葉」
数学者の回想　　高木貞治1875～1960

数学は長い論理の連鎖だけに，それを丹念にたどってゆくことにすぐ飽いてしまう。論理はきびしいものである。例えば，1つの有機的な体系というか，それぞれみな連関して円満に各部が均衡を保って進んでゆかぬかぎり，完全なものにはならない。

ある1つの主題に取り組み，どこか間違っているらしいが，それがはっきり判明せず，もっぱらそればかりを探す。神経衰弱になりかかるぐらいまで検討するが，わからぬことも多い。夢で疑問が解けたと思って起きてやってみても，全然違っている。そうやって長く間違いばかりを探し続けると，その後，理論が出来ても全く自信がない。そんなことを多々経験するのである。(中略)

技術にせよ学問にせよ，その必要な部分だけがあればよいという制ちゅう(限定)を加えられては，絶対に進展ということはあり得ない。「必要」という考え方に，その必要な1部分ですらが他の多くの部分なくして成り立たぬことを理解しようとしないことがあれば，それは全く危険である。

市川の理科

――出題傾向と対策　合否を分けた問題の徹底分析

出題傾向と内容

第1回，第2回ともに，大問が4問となっており，より広範囲からの出題が続いている。また，小問数の全30問程度は変化がない。試験時間に対する設問数はやや多めである。物理，化学，生物，地学の4領域から広く出題されているが，地学領域はやや少なめである。解答形式は，記号選択，数値計算，文など多様であり，グラフや模式図など描図を含む問題も多い。

生物的領域　2024年度は，第1回で新型コロナウイルス，第2回で消化と吸収，2023年度は，第1回で種子の発芽，第2回で食物連鎖に関して出題された。近年は，動物系と植物系が多く出題されている。典型題ばかりではなく，問題文や資料や図の読解から科学的に思考する問題も出題されている。過去には季節の動植物など身近な話題も出題されており，気を配っておきたい。

地学的領域　2024年度は，第1回で流水のはたらきと地層，第2回で太陽の動き，2023年度は，第1回で地層と火山灰，第2回で化石に関して出題された。近年は，思考力を試す問題も多く出されている。目新しい素材に対して，問題文と図表から科学的に把握し思考する学力が必要である。

化学的領域　2024年度は，第1回で水溶液と金属の反応，第2回で気体の分類，2023年度は，第1回で空気の成分，第2回で水の状態変化に関して出題された。化学で学ぶ基本的な変化について，その内容としくみをよく理解していること，また，グラフの読み取りや，量の変化の把握など，数量を自在に使いこなす学力が問われている。

物理的領域　2024年度は，第1回で豆電球の回路，第2回で自転車のペダルと歯車，2023年度は，第1回でてこのつり合いと浮力，第2回で電磁石に関して出題された。内容は，力と電気を軸に，光，音，熱など，毎回多岐に渡っている。数量の扱いについての基本操作をしっかり習得したうえで，問題文や図表の示している現象について段階を 踏んでとらえることができる学力を身につけたい。

学習のポイント

●分野による得意・不得意を減らし，どの分野も図表を多用した学習を心がけよう。

来年度の予想と対策

多くの分野にわたって幅広く出題されているので，分野，単元を問わずに，まんべんなく学習することが大切である。また，1つのテーマを深く掘り下げる形式の出題が多いので，科学的な思考力そのものをしっかり鍛えておく必要がある。

どの問題集にもあるような典型題は，充分に習得しておく必要があるが，ただパターン暗記をしておくのではなく，意味をよく考え，図表をからめて総合的に理解しておく必要がある。用語の暗記ばかりに目を奪われず，計算はもちろんのこと，図示や文章記述もよく学習しておくべきである。身近な題材の中で基礎知識を応用する形の問題はよく出題されており，グラフの読解についても重要視されている。日頃から，生活の中で科学的に考える習慣をつけたい。

年度別出題内容の分析表 理科

（よく出ている順に，☆◎○の3段階で示してあります。）

出題内容		27年		28年		29年		30年		2019年	
		1回	2回	1回	2回	1回	2回	1回	2回	1回	2回
生物的領域	植物のなかま			☆	◎		☆	☆	◎	○	
	植物のはたらき	☆									☆
	昆虫・動物	☆		☆		☆		☆	☆		
	人　体		☆		☆		☆	☆	○		
	生態系		☆		☆					☆	
地学的領域	星と星座				☆						
	太陽と月	☆			◎	◎	☆			☆	
	気　象										
	地層と岩石		☆			☆			☆		☆
	大地の活動										
化学的領域	物質の性質										
	状態変化			☆	☆						
	ものの溶け方	☆				☆		☆			
	水溶液の性質	☆	☆	☆			☆	☆		☆	
	気体の性質			◎	◎	☆	○		☆	◎	
	燃　焼		☆	☆			☆		☆		☆
物理的領域	熱の性質										
	光や音の性質		○			○	◎	☆			
	物体の運動										
	力のはたらき	☆	☆	☆	☆	☆	☆	☆	☆	☆	
	電流と回路			☆					☆		☆
	電気と磁石	☆				◎				☆	
その他	実験と観察			◎							
	器具の使用法		☆								
	環　境				☆				◎	◎	
	時　事										
	その他										

市川中学校

（よく出ている順に，☆◎○の3段階で示してあります。）

出題内容		2020年		2021年		2022年		2023年		2024年	
		1回	2回	1回	2回	1回	2回	1回	2回	1回	2回
生物的領域	植物のなかま			○	☆	☆		☆			
	植物のはたらき					◎					
	昆虫・動物	☆	☆	☆			☆		☆		
	人　体	◎								☆	☆
	生態系			○					☆		
地学的領域	星と星座	○				○					
	太陽と月	☆				☆					☆
	気　象	◎	☆	☆			☆	○			
	地層と岩石				☆			☆	☆	☆	
	大地の活動										
化学的領域	物質の性質	○	○								
	状態変化			☆					☆		
	ものの溶け方			☆		☆					
	水溶液の性質	☆	○				☆			☆	
	気体の性質		☆					☆		☆	☆
	燃　焼				◎						
物理的領域	熱の性質										
	光や音の性質										
	物体の運動										
	力のはたらき	☆	☆		☆		☆	☆			☆
	電流と回路			☆		☆				☆	
	電気と磁石								☆		
その他	実験と観察	◎	◎			◎	◎	◎	◎	◎	◎
	器具の使用法						◎	○	○	○	
	環　境				☆		○	○			
	時　事										
	その他										

市川中学校

2024年度 市川中学校 合否を分けた問題 理科

●第1回　この大問で，これだけ取ろう！

1	豆電球の回路	やや難	(1)(2)は，電池の並列回路に関する問題，(3)は，電池の直列回路に関する記述問題，(4)～(7)は，1個の電池に対して5個の豆電球および3個のスイッチを用いた回路における豆電球の明るさなどに関する思考力を試す問題，(8)は，「フィラメントがばねのような形になっている理由」に関する問題であった。5問以上は解きたい。
2	水溶液と金属の反応	やや難	(1)は，塩酸や水酸化ナトリウム水溶液とアルミニウムの反応で発生する水素に関する知識問題，(2)は，水素を集めるメスシリンダーに関する知識問題，(3)は，水上置換法に関する記述問題，(4)は，水上置換法で正しく気体を集める方法に関する問題，(5)は，反応後にアルミニウムが残っているかどうかを問う問題，(6)は，水素の発生量に関する計算問題，(7)は，反応後に残る固体に関する問題であった。計算問題も含めて，5問以上は解きたい。
3	流水のはたらきと地層	やや難	(1)は，たい積作用に関する知識問題，(2)は，たい積作用に関する記述問題，(3)は，二つの川に含まれている「れきの種類」と「れきの大きさ」をもとにして，川の4つの地点を探す思考力を試す問題，(4)は，川の標高が1m変わるのに，何m進む必要があるかについて求める難度の高い計算問題，(5)は，土地が10年あたり何cm隆起するのかを求める計算問題，(6)は，地層中に玄武岩が見られる理由に関する記述問題であった。本文に示された図やデータをしっかり読み取ることで，4問以上は解きたい。
4	新型コロナウィルス	やや難	(1)は，ウィルスの大きさに関する知識問題，(2)は，核酸の増殖に関する計算問題，(3)は，アルコールがウィルスに対してどのように作用するのかに関する問題，(4)は，抗原検査に関して，標識抗体，着色粒子，抗原がどのような状態で捕捉抗体Tと結合するのかに関する思考力を試す問題，(5)は，「擬陰性」になる原因に関して思考力を試す記述問題，(6)は，感染症に対して抵抗力を高める対策に関する記述問題であった。本文に示された図などをしっかり読み取ることで，3問以上は解きたい。

●鍵になる問題は1だ！

1は，豆電球の回路に関する問題であったが，スイッチを含めた場合，どのような回路になるのかをしっかり理解できるように，日頃から，いろいろなパターンの回路に十分に慣れておく必要があった。

(1)～(3)は，電池の並列回路と直列回路に関する問題であった。それぞれの特徴をしっかり理解する必要があった。

(4)～(7)は，スイッチを含んだ電流回路に関する思考力を試す問題であった。直列と並列が合わさった回路の電流の大きさの関係について，しっかり理解しておく必要があった。

(8)は，フィラメントの形に関する問題であったが本文をしっかり読み取ればよかった。

2023年度 市川中学校 合否を分けた問題 理科

●第1回　この大問で，これだけ取ろう！

1	種子の発芽	標準	(1)は，子葉に養分をたくわえている種子に関する知識問題，(2)は，種子にたくわえている養分の油の割合が多い種子に関する知識問題，(3)は，種子の発芽の条件に関する知識問題，(4)は，「種子の発芽には光が必要である」という仮説に関する問題，(5)(6)は，光発芽種子と暗発芽種子に関する思考力を試す問題が出題された。知識問題が多いので，5問以上は解きたい。
2	地層と火山灰	標準	(1)は，火山灰に関する知識問題，(2)は，軽石に関する知識問題，(3)は，上空に吹く風に関する問題，(4)は，白い地層の厚さが1.0m以上の範囲の面積に関する計算問題，(5)は，火山の噴出量に関する計算問題，(6)は，噴火する時期をグラフによって読み取る問題であった。計算問題も含まれているが，4問以上は解きたい。
3	てこのつり合い，浮力	やや難	(1)～(3)は，てこのつり合いに関する計算問題であったが，棒の重さを考える必要があった。また，(4)は，さおばかりに関する問題であり，最小と最大で何gずつ測れるのかに関する思考力を試す問題であった。さらに，(5)は，水中に入れた物体の浮力の大きさを求める思考力を試す計算問題であった。棒の重さを忘れずに解くことができるようにして，4問以上は解きたい。
4	空気の成分	やや難	(1)は，水素に関する知識問題，(2)は，気体検知管の使い方に関する知識問題，(3)は，燃焼後の気体に関する知識問題，(4)は，ドブソンユニット(DU)を使ったオゾンの重さに関する計算問題，(5)も，ドブソンユニットを使った，オゾンの厚さに関する計算問題であった。さらに，(6)は，オゾンが成層圏では，ほとんど量の変化がない理由に関する記述問題であった。本文に示された条件をしっかり読み取ることで，4問以上は解きたい。

●鍵になる問題は3だ！

3は，「重さのある棒」を使ったてこのつり合いに関する計算問題であり，「棒の重心」(この問題においては，棒の中心)に棒の重さが集まっていることを，しっかり理解しておく必要があった。

(2)以外のすべての問いにおいて，糸をつるしている位置を支点として，支点から右に15cmの位置に50gの棒の重さがかかっていることを理解しておかなければいけなかった。

また，(4)は，おもりの位置を支点から右端まで移動させることによって，棒の左端につるす物体の重さを最小から最大まで変えて測ることができる「さおばかり」に関する計算問題であった。

さらに，(5)では，物体にはたらく浮力の大きさをてこのつり合いによって求める計算問題であった。この問題は，次のようにして，「てこを回すはたらきの変化量」をもとにして解くこともできる。

すなわち，実験4に示されているように，おもりをつるす位置を，24(cm)－22(cm)＝2(cm)だけ左に移動させたことから，浮力によって，てこを反時計回りに回すはたらきが，100(g)×2(cm)＝200減ったことになるので，棒の左端の糸にかかる力も，200÷10(cm)＝20(g)減ったことがわかる。したがって，この20gが浮力の大きさに等しいことになる。

2022年度 市川中学校 合否を分けた問題 理科

●第１回　この大問で，これだけ取ろう！

1	太陽光発電	やや難	(1) は，再生可能エネルギーに関する知識問題，(2) は，光電池と水平な地面がなす角度に関する計算問題，(3) は，光電池に太陽光が入射する角度と光電池に流れる電流の大きさに関する問題，(4) は，光電池の性質に関する思考力を試す問題，(5) は，光電池の構造に関する問題，(6) は，正午と夕方の太陽光の強さの違いに関する思考力を試す問題であった。4問以上は解きたい。
2	レンコン	標準	(1) は，レンコンに関する知識問題，(2) は，地下茎に養分をたくわえている植物に関する知識問題，(3) は，道管と師管に関する知識問題，(4) は，呼吸に関する知識問題，(5) は，レンコンが育つ環境に関する記述問題であった。知識問題が多いので，4問は解きたい。
3	食塩のとけ方と再結晶	やや難	(1) は，ものの溶け方に関する本文に関する問題，(2) は，「水和」に関する作図の問題，(3) は「水和」に関する記述問題であった。また，(4) の (a) は，ミョウバンの再結晶に関する計算問題，(4) の (b) は，食塩とミョウバンの混合物に関する思考力を試す計算問題，(5) は，食塩が油に溶けない理由に関する問題であった。本文の説明などを読み取ることで，4問以上は解きたい。
4	金星食，日食と月食	やや難	(1) は，「金星食」に関する知識問題，(2) は，「金環食」に関する知識問題，(3) は，日食に関する知識問題，(4) は，鏡の反射に関する問題，(5) は，「金環食」と「皆既日食」の違いが発生する理由を問う記述問題，(6) と (7) は，「月食」に関する思考力を試す問題であった。本文を読み取ることで，4問以上は解きたい。

●鍵になる問題は4だ！

4では，「日食」と「月食」の違いについて，しっかり理解しておく必要があった。

まず，「皆既日食」と「金環食」の違いは，地球と月との距離の違いによるものであることを理解しておく必要がある。

次に，「部分月食」と「皆既月食」違いは，本影に入る月の位置によるものであることを理解しておく必要があった。

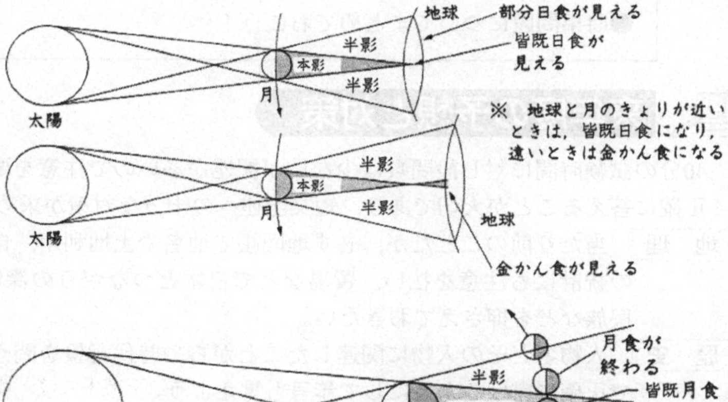

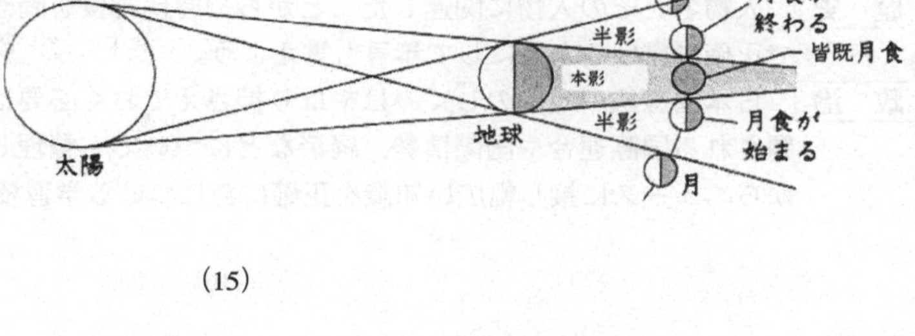

市川の社会 ──出題傾向と対策 合否を分けた問題の徹底分析

出題傾向と内容

本年度も第1回・第2回とも大問は4題と変わらないが小問数は35問程度と若干減っている。分野別では歴史が2題に地理・政治が各1題と例年同様歴史分野の比重がやや高い。解答形式では記号選択が6割程度で残りは語句記入と記述である。記述は第1回が15字に2行が3問，第2回が20字に2行が2問と昨年よりは若干増えており，内容的にも単なる知識の記述ではない点に注意を要する。また，語句記入のほとんどが漢字指定であるので普段から漢字で書く練習が必要となる。

地　理　第1回は日本の自然災害がテーマの問題。テレビなどでよく目にする台風の進路図や最近制定された自然災害伝承の地図記号を用いた設問などがみられる。地形図から山間部に設置された堰の理由を考えさせる問題なども出題されている。

第2回は本校の校歌にうたわれている地名など，関東を中心にした出題。近年増えている在留外国人や市の人口の変化から町の誕生経過を考えさせる設問もみられる。

歴　史　第1回は古代から近世にかけての貨幣の歴史に関するものと，近代から現代にかけての生糸に関する調べ学習を題材にした大問2題。平安時代の出来事の並び替えや，1960年代の出来事として間違っているものを選ぶという現代史の問題，ペリーが来日に当たって同行した人物の国籍を明らかにしその理由を説明するという設問などがみられる。

第2回は100～150年ごとに繰り返し発生している南海トラフ地震についての飛鳥から幕末までの8つの文章と，上野の周辺の地図や史料を題材した近現代史の大問２題。例年見られる説明文の正誤問題のほか，室町時代に２つの元号が使われた理由や1972年に関係が変化した国のことを，首相の姓名を示しながら説明するという設問もみられる。

政　治　第1回は「政治的思考」という本を題材に，政治とは何かを「だれが」「何を」「いつ」「どのように」決めるか，の4つの視点から考えるというもの。

第2回はサミット，男女格差，司法制度というテーマからの出題。時事問題の要素も含まれており，日ごろから世の中の動きに関心を持っていないと難しそうである。

学習のポイント

- ●世界の国々と日本のつながりにも注目を！
- ●用語は説明できるようにしよう！
- ●時事問題についてまとめておこう！

来年度の予想と対策

40分の試験時間に対し設問数は少ないが記述が多いので注意を要する。時間配分を考えながら素早く正確に答えることが大切であり，短文記述への十分な対策が求められる。

地　理　当たり前のことだが，必ず地図帳で地名や土地利用，自然などを確認しておくこと。最新の統計にも注意を払い，貿易などで日本とつながりの深い国についても場所や気候，宗教，民族などを押さえておきたい。

歴　史　人物名とその人物に関連したことがらや時代背景を問う形式が多い。人物名や用語は漢字で正確に書けるようにして年号も覚えよう。

政　治　日本国憲法や政治のしくみはやはり押さえておく必要はあるだろう。その他，最近よく出題される国際連合や国際情勢，経済などについても整理しておきたい。そのためにも，日頃からニュースに接し幅広い知識を正確に身につける学習姿勢が大切になる。

年度別出題内容の分析表　社会

（よく出ている順に，☆◎○の3段階で示してあります。）

出題内容				27年		28年		29年		30年		2019年	
				1回	2回	1回	2回	1回	2回	1回	2回	1回	2回
地理	日本の地理	テーマ別	地形図の見方			○		○					
			日本の国土と自然		☆	◎	○		◎		◎		◎
			人口・都市				○					◎	○
			農林水産業	○		○		○	○	○	○	○	○
			工　業	○				○		○			◎
			交通・通信							○			○
			資源・エネルギー問題	○		○				○	○		
			貿　易	○				○		○			○
		地方別	九州地方										
			中国・四国地方						○				
			近畿地方										
			中部地方										
			関東地方										
			東北地方										
			北海道地方										
	公害・環境問題					○	○			◎			
	世界地理			○	○		◎	○			◎	◎	
日本の歴史	時代別		旧石器時代から弥生時代	○	○	○	○	○	○		○	○	
			古墳時代から平安時代	◎	○	◎	○	○	○	◎	◎	◎	○
			鎌倉・室町時代	◎	○	○	○	○	◎	○	◎	○	◎
			安土桃山・江戸時代	○	○	○	○	◎	○	◎	◎	◎	◎
			明治時代から現代	☆	☆	◎	◎	◎	◎	☆	☆	☆	◎
	テーマ別		政治・法律	◎	◎	◎	◎	◎	◎	◎	◎	◎	◎
			経済・社会・技術	◎	◎	◎	○	○	○	◎	◎	◎	◎
			文化・宗教・教育	○			○	○		○	◎	◎	◎
			外　交	◎	◎	○	◎	○	◎	○	○	◎	◎
政治	憲法の原理・基本的人権			○	○	◎	○	◎	○	○	○	◎	
	国の政治のしくみと働き			◎	◎	◎	○	○	○		○	○	
	地方自治							○	○				
	国民生活と社会保障						◎		○	○		○	◎
	財政・消費生活・経済一般			○			◎	○		◎		○	○
	国際社会と平和			○		○	○	○	○		○		
時事問題				○		○	○	○	○				
その他					○	○	○		○		○		○

市川中学校

（よく出ている順に，☆◎○の3段階で示してあります。）

出題内容				2020年		2021年		2022年		2023年		2024年	
				1回	2回	1回	2回	1回	2回	1回	2回	1回	2回
地理	日本の地理	テーマ別	地形図の見方	○				○				○	
			日本の国土と自然	○	◎	○	○	○		○	○	◎	○
			人口・都市	○		○		○			○		○
			農林水産業	○	◎	○	◎	○		○	○	○	
			工　業	○	○	○			○		○	○	○
			交通・通信			○				○			○
			資源・エネルギー問題	○						○			
			貿　易		○				○		○		
		地方別	九州地方							○			
			中国・四国地方										
			近畿地方										
			中部地方		○	○							
			関東地方										○
			東北地方										
			北海道地方		○								
	公害・環境問題					○		◎	◎	○	○		
	世界地理				○	○	○	○	◎		○		
日本の歴史	時代別		旧石器時代から弥生時代					○	○	○	○		
			古墳時代から平安時代	○	◎	○	○	○	○	◎	○	◎	○
			鎌倉・室町時代	○	○	○	◎	◎	○	◎	○	○	◎
			安土桃山・江戸時代	○	◎	○	◎	◎	◎	◎	○	○	○
			明治時代から現代	◎	◎	◎	◎	☆	☆	☆	☆	☆	◎
	テーマ別		政治・法律	◎	◎	◎	◎	◎	◎	◎	◎	◎	◎
			経済・社会・技術	◎	◎	◎	○	○	◎	◎	○	◎	○
			文化・宗教・教育	○		○	◎	◎		○		○	○
			外　交	◎	○	○		○	◎	◎	◎	◎	○
政治			憲法の原理・基本的人権	○		○	○		◎	○		○	
			国の政治のしくみと働き	○		○	○	○	◎			○	○
			地方自治		☆	○		○		○	○		
			国民生活と社会保障		○	○	◎	○		○	○	○	○
			財政・消費生活・経済一般	○		○	○	○					
			国際社会と平和					○		○	○	○	○
時事問題								○		○	○		
その他				○								○	

市川中学校

2024年度 市川中学校 合否を分けた問題 社会

第1回 2 問6　3 問6

本校の問題は約6割が記号選択だが決して単純なものではなく，選択肢の正誤を含め判断に迷うものも多い。また，時事問題や環境問題など今話題となっているテーマを考えさせるというスタイルも定着しつつある。そうした例として次の2つの設問を挙げてみたいと思う。

2問6は「1960年代の出来事として誤っているものを一つ選べ」というもの。歴史的事象の並び替えは歴史を得意とする受験生でもてこずることの多い分野である。当該問題は並び替えではないが60年代という10年間に含まれないものを探すという意味では並び替えよりも難易度が高いともいえよう。アは「岸内閣の下で日本は新安保条約を結んだ」というもの。1951年，日本は講和条約の締結で独立を回復するとともにアメリカとの間で日米安保条約を結んだ。ところがこの条約は日本が基地を提供するもののアメリカに日本防衛義務がないなど片務的内容といわれた。条約の改定を望む政府はようやく新条約の締結で合意することになる。ところが，日米共同防衛を明文化した条約の内容が知らされると戦争に巻き込まれるといった不安から反対運動が発生，いわゆる安保闘争が国民的運動となっていった。衆議院で与党が強行採決を行うと学生や労働者を中心とするデモが連日国会周辺を取り囲み女子大学生が死亡するといった事態も生じた。反対運動に参加した延べ人数は6000万以上，2500万人もの反対署名が集まったといわれる。自然発効した1960年6月には岸内閣が総辞職する事態となった。イは「公害問題が表面化し環境庁が設置された」というもの。戦争に敗れ焦土と化した日本だが朝鮮戦争を契機に経済が復興，60年代になると世界が驚く高度経済成長を実現することになる。消費は美徳を合言葉に生産は急拡大するが，その一方各地で公害が発生し水俣病など悲惨な状況が連日新聞紙上をにぎやかした。これに対し政府がとった対策が公害対策基本法である。この法律の制定は1967年であるがこれを管轄する官庁である環境庁が設置されたのは1971年である。現在法律は環境基本法，官庁は環境省に変わっている。ウは「日韓基本条約で日本は韓国を朝鮮半島唯一の政府として認めた」というもの。1951年に独立を回復した日本だが，かつての植民地・韓国との国交正常化は賠償金や歴史認識問題などで難航した。交渉開始から15年，ようやく1965年になって日韓基本条約が締結され日本は韓国を朝鮮半島における唯一の合法的な政府と認めた。これにより韓国併合以前のすべての条約などは無効となり支払われた賠償金は韓国の発展に大きな役割を果たすことになる。ただ，現在でも領土問題や強制労働などに対し争いがあるのも忘れてはならないだろう。エは「東京オリンピックの開催に合わせて新幹線が開通した」というもの。2021年に東京で開催されたが東京オリンピックは1940年に予定されていた。ところが日中戦争の悪化により大会は返上，戦後の1954年に立候補したがローマに敗れようやく1964年に開催が実現することになる。まさに高度経済成長の真っただ中の開催であった。新幹線だけでなく高速道路など現在まで日本を支えるインフラが急ピッチで整備されることになる。

3問6は「流れの調節や川底の保護を目的とする堰を河川がないにも関われず設置している理由を述べよ」というもの。示された地形図には確かに川の表示はない。しかしダムの設置されている場所は等高線から明らかなように谷筋である。地形図からは標高は低いものの山地が住宅地に隣接していることが読み取れる。普段は水が流れていない涸沢でも大雨が降ると様相が一転する。土砂が大雨で崩れ水と混じってすごい勢いで流れ下る土石流が発生することが十分考えられる。自動車よりもはやい速度で流れ下る土石流は「山津波」とも呼ばれる。地球温暖化による異常気象だけでなく，無謀な開発の進行で各地でこうした気象災害の発生の危険性が増している。乱開発を防ぐのはもちろんだが，現実の危険を防ぐには土砂ダムの建設は有効で全国で整備が進んでいる。ただ，土砂ダムの整備に伴い流出する土砂の減少で全国各地の海岸が侵食され砂浜が消滅しつつあるという別の問題も生じているのも忘れてはならない。

2023年度 市川中学校 合否を分けた問題 社会

第1回 ③ 問6 ④ 問2

本校の問題は約6割が記号選択だが決して単純なものではなく，選択肢の正誤を含め判断に迷うものも多い。また，時事問題や環境問題など今話題となっているテーマを考えさせるというスタイルも定着しつつある。そうした例として次の2つの設問を挙げてみたいと思う。

③問6は「石炭などの化石燃料の使用に伴って発生する温室効果ガスの排出量を，森林による吸収で差し引くことで実質的にゼロにする考えを何というか」というもの。環境問題に関する出題は確実に増えており，受験生ならば当然準備はなされていたと思われる。CO_2の発生を削減するにはなんといっても化石燃料の使用を減らすことに尽きる。ただ，表にみられるように日本の電源構成に占める火力の割合は東日本大震災の原発事故以降拡大傾向にある。政府が示す2030年における目標では火力41％，再生エネルギー36～38％，原子力20～22％となっているがその達成は決して楽観できるものではない。昨年3月には「電力需給ひっ迫警報」が発動され，未だにスーパーなどでは店内の照明を落としている店舗が多い。さらに，CO_2の発生は電力だけでなくガスや自動車などさまざまな分野に及んでいる。人が活動するうえでCO_2などの温室効果ガスの発生は避けては通れない。産業革命以降その排出量は急激に増加，近年は幾何級数的に増え深刻な環境問題を引き起こしているのは周知の事実である。排出と吸収を均衡させるには古くから用いられている水力などのほか，太陽光や風力，地熱といった再生可能エネルギーを増やすほか，吸収量の拡大の取り組みも必要となる。その代表は植林や熱帯林の開発抑制などである。最近は異常気象による山火事のニュースが世界各地から届けられている。まさに「いたちごっこ」ともいえる。CO_2の地中への取り込みの研究も進められてはいるがまだ実用化には至っていない。また，1997年の京都議定書では削減目標を達成するために排出量取引という方法も認められた。これは国や企業が排出枠を定め，これをオーバーした国や企業が余っているところからこの枠を買い取ることで削減したとみなすものである。若干違和感を感ぜざるを得ないが，何とか地球全体のCO_2排出量を削減しようという知恵なのかもしれない。日本政府も2020年に2050年までに排出量と吸収量の均衡，いわゆる「カーボンゼロ」を達成すると宣言した。EUでも2035年にガソリン車の販売を禁止するなど世界の動きはさらに加速しつつある。私たちもこの問題に真剣に取り組んでいかないと世界から取り残されてしまうであろう。

④問2は平等に関するa～cの説明文の正誤を考えるというもの。選択肢aは「最高裁は1票の格差が2倍を超えていた衆議院選挙を違憲とし，選挙の無効とやり直しを命じた」というもの。一票の格差に関しては下級裁では違憲判決が出ることがあっても最高裁となるとなかなか敷居が高い。初めて最高裁で違憲判決が出たのは1970年代のことでこの時は4.99倍の差がみられた。以降，違憲や違憲状態といった判決が何度か見られる。2023年1月，最高裁は2021年実施の衆議院選挙(格差2.08倍)については合憲と判断した。過去の違憲判断も政治的混乱を懸念して無効とはしないほか，多くは違憲状態(合理的な期間に是正できなければ違憲)としている。選択肢bは「最高裁は夫婦同姓規定を違憲とし選択的夫婦別姓が実現した」というもの。テレビなどで活躍する女性が結婚後も旧姓で活動する例は多い。しかし民法では夫婦同姓が義務付けられ，現実には95％の夫婦が男性の姓を名乗っている。2021年，最高裁は夫婦同姓は社会に定着しているとしてこれを合憲としたが，約3分の1の裁判官からは憲法違反との意見も出された。選択肢cは「民法の改正で婚姻年齢が男女とも18歳になった」というもの。従来は男女差があったがこれが成年年齢に統一された。選挙権はすでに引き下げられていたが民法の改正で18歳以上は大人としての扱いを受けることになる。権利が拡大するだけでなく消費者被害などの拡大も懸念されている。たた，飲酒や喫煙，ギャンブルなどは今まで通り20歳以上との年齢制限が維持されている。

2022年度 市川中学校 合否を分けた問題 社会

第1回 ② 問7　③ 問6

本校の問題は半分程度が記号選択だが，単純な4択問題ではない。選択肢の中には判断に迷うようなものも多いうえ該当するものすべてといったいやらしいものも多い。記述問題では50字前後や2～3行といった少し長めの記述形式の問題が多いため，時間内に正解となる解答を完成させることはそんなに簡単なことではない。こうした問題に対応する力が合否を分けることは確実であり，そうした例として次の2つの設問を挙げてみたいと思う。

②問7は「1953年から1981年までの時期に起こった出来事として当てはまらないものをア～カからすべて選べ」というもの。戦後から現在に至る歴史というものは学校でも駆け足で過ぎてしまうことが多い。しかし，現実には国際社会との融合という形で狙われることは多く，今起きていることだからわかるだろうといった姿勢では後で後悔することにもなりかねない。さて，選択肢のアは「日本の国連加盟」である。サンフランシスコ平和条約で日本は占領状態から脱することができたがソ連は調印を拒否した。結果常任理事国であるソ連の反対で国連への加盟は実現することがなかった。1956年10月，鳩山一郎首相がモスクワを訪れ日ソ共同宣言に調印，ようやくソ連との国交が回復することになる。こうして同年の12月に日本の国連加盟は実現した。選択肢のイは「朝鮮戦争が始まった」というもの。1948年，朝鮮半島に相次いで建国された2つの国家はそれぞれアメリカとソ連をバックに対立を続けていた。1950年6月25日，突如北朝鮮が韓国に侵入, 3日後にはソウルが陥落した。こうして始まった戦争は300万人の犠牲者を出し決着することなく1953年に休戦協定が結ばれた。選択肢のウは「沖縄の日本復帰」。県民を巻き込み唯一の地上戦を展開した沖縄は1972年5月に本土復帰を実現。しかし，広大な米軍基地は依然として残ることになった。選択肢のエは「自衛隊のカンボジア派遣」である。朝鮮戦争で生まれた警察予備隊が自衛隊と改称したのは1954年のことである。自衛隊が初めて海外に派遣されたのは1990年のイラクによるクウェート侵攻で始まった湾岸戦争である。1991年に機雷処理でペルシャ湾に派遣されたのを機にその活動範囲は広がっている。選択肢のオは「日米安全保障条約の調印」である。1951年のサンフランシスコ平和条約の締結と同時にアメリカとの間で結ばれたもので戦後の日本政治はこれを軸に展開することになる。選択肢のカは「日韓基本条約の調印」である。日本の敗戦後建国された韓国の初代大統領・イ・スンマン(李承晩)は強硬な反日政策を展開。そのため日韓の国交回復は進展せず，学生による蜂起で彼が政権の座を去ったのちの1965年にようやく国交の回復を見ることになる。

③問6は「成田市の昼夜間人口比率が，佐倉市のそれと異なる理由を成田市の特徴を踏まえて具体的に述べよ」というもの。東京という大都市に隣接する千葉県は埼玉県と並んで昼間の人口は極めて少ない。通勤や通学，買い物と東京に吸い寄せられてしまっている。ただ眠るためだけに家に戻ることから「千葉都民」と揶揄されており，地域への帰属意識が極めて低いといった悪口もよく聞かれる。佐倉市もこうした例にたがわず，交通の発達した現在では東京のベッドタウンといった位置づけがなされている。それでは隣接する成田市はどうであろう。表にあるように佐倉市の比率は120％を大きく超えている。県庁所在地の千葉でも100を下回り県内の市では断然のトップである。それだけでなく，全国的にみても1・2位を争うところにある。成田空港は日本最大の国際空港でありその利用客は年間5000万人ともいわれる。さらに市内にある成田山新勝寺は毎年正月三が日の参拝客だけで300万人と全国有数の初詣客を誇る宗教都市としての一面も持っている。さらに，近年は大型のショッピングセンターや百貨店も進出し，北総地域の商業の中心地でもある。

いずれにしても本校の選択肢問題はなかなか面倒である。一つ一つの選択肢を丁寧に読み取り消去法で対応することが鉄則である。記述問題も条件などに注意しすばやくまとめ上げる力が要求されている。過去問などを通じて十分に対策を練ることが合格への最短距離であるといってよいであろう。

市川の国語

――出題傾向と対策 合否を分けた問題の徹底分析――

出題傾向と内容

文章の種類：論説文，小説，随筆文

第1回，2回とも出題形式はほぼ同じで，論説文などの論理的文章と，小説や物語などの文学的文章が各1題ずつ出題されているが，昨年登場した図表付きの課題文が拡大した。文学的文章はやや長い傾向にあり，主人公はじめ登場人物の心情を丁寧に読み取ってほしいという出題意図が読み取れる。

設問形式：選択問題が中心であるが，50～80字程度の記述問題が，各大問で必ず1題以上出題されている。選択肢の文章は長いものが多く，各選択肢の丁寧な読み取りが必要だ。記述問題では，論理的文章，文学的文章ともに本文の内容の具体的な説明が求められており，要旨をとらえる力が必要とされる。

漢字・知識問題：漢字は書き取りのみの問題が，独立した大問で出題されている。二字あるいは四字熟語や過去には熟語の組み立てといった熟語に関する知識問題が，本文に組み込まれて出題されることもある。難易度は高めと言えるので，知識をしっかりつけておきたい。同様に本文に組み込まれる形で，ことばの意味も出題されている。やはり標準的な難易度であるが，日本語特有の言い回しもあるので，さまざまな言葉に触れて，こうした表現に慣れておくことが重要だ。

来年度の予想と対策

出題分野：論説文，説明文，小説，物語，随筆

○　論理的文章と文学的文章はどちらも必ず出題されるので，それぞれの読解の進め方をしっかり身につけておこう。論理的文章では図表と照らし合わせる，同じような内容の課題文を提示して比較する形式は続くと思われる。文学的文章では主人公や登場人物の心情とその変化，また心情の背景にある根拠も説明できるようにしておく。

○　選択問題が中心であるが，選択肢の文章が長いものが多いので，各選択肢の文章を最後までていねいに読んで，要旨をしっかりとらえるようにし，必ず本文と比較しよう。

○　50～80字程度の記述問題が必ず出題されていたが，本年度は100字まで広がった。長い記述になる可能性もある。論理的文章では決められた字数で要旨をまとめられるようにしよう。まずは段落ごとの要旨を1～2行でまとめる練習をし，本文全体で筆者が言おうとしていることを的確にとらえられるようにする。文学的文章では，本文でははっきりと描かれていない心情の根拠を読み取れるようにする。なぜそのような心情になったのか，場面ごとに描かれている主人公や登場人物の言動から説明できるようにしておく。字数的にも内容的にも記述の比率が高くなっていく可能性がある。

○　図表付きの課題文，会話文での出題という新傾向問題は，他校の過去問などを利用し慣れておこう。

学習のポイント

●論理的文章，文学的文章いずれも丁寧に読みつつ，各段落，各場面の要旨をとらえられるようにしよう。

●選択肢の文章は気を抜かずに確認し，本文としっかり照らし合わせていこう。

年度別出題内容の分析表　国語

（よく出ている順に，☆◎○の3段階で示してあります。）

		出　題　内　容	27年		28年		29年		30年		2019年	
			1回	2回	1回	2回	1回	2回	1回	2回	1回	2回
設問の種類		主題の読み取り										
		要旨の読み取り	○	○						○	○	◎
		心情の読み取り	☆	☆	☆	☆	☆	☆	☆	☆	☆	☆
		理由・根拠の読み取り	○	○	○	◎	◎	◎	◎	◎	◎	◎
		場面・登場人物の読み取り	◎	○	○	○	○		○	○	○	○
		論理展開・段落構成の読み取り		○								
		文章の細部表現の読み取り	☆	☆	☆	☆	☆	☆	☆	☆	☆	☆
		指示語			○							
		接続語			○			○				
		空欄補充	◎	◎	○		◎	◎			○	○
		内容真偽										
	根拠	文章の細部からの読み取り	☆	☆	☆	☆	☆	☆	☆		◎	◎
		文章全体の流れからの読み取り	○	◎	○	○	○	○	◎	☆	◎	◎
設問形式		選択肢	☆	☆	☆	☆	☆	☆	☆	☆	☆	
		ぬき出し										○
		記　述	◎	☆	◎	◎	◎	◎	◎	☆	☆	◎
記述の種類		本文の言葉を中心にまとめる	◎	☆	◎	◎	○			○	◎	
		自分の言葉を中心にまとめる					○	◎	◎	◎	○	◎
		字数が50字以内		○	◎	◎	◎	◎				
		字数が51字以上	◎	◎					◎	☆	☆	◎
		意見・創作系の作文										
		短文作成										
語句・知識		ことばの意味	○	○		○	◎	◎	○		○	○
		同類語・反対語							○			
		ことわざ・慣用句・四字熟語			○							
		熟語の組み立て										
		漢字の読み書き	◎	◎	☆	☆	☆	◎	◎	◎	◎	◎
		筆順・画数・部首										
		文と文節										
		ことばの用法・品詞	○									
		かなづかい										
		表現技法										
		文学史										
		敬　語										
文章の種類		論理的文章（論説文，説明文など）	○	○	○	○	○	○	○		○	○
		文学的文章（小説，物語など）	○	○	○	○	○	○	○	○	○	○
		随筆文								○		
		詩（その解説も含む）										
		短歌・俳句（その解説も含む）										
		その他										

市川中学校

（よく出ている順に，☆◎○の3段階で示してあります。）

出題内容			2020年 1回	2020年 2回	2021年 1回	2021年 2回	2022年 1回	2022年 2回	2023年 1回	2023年 2回	2024年 1回	2024年 2回
設問の種類		主題の読み取り									○	
		要旨の読み取り			◎						◎	○
		心情の読み取り	☆	☆	☆	☆	☆	☆	☆	☆	☆	
		理由・根拠の読み取り	◎	◎	◎		☆	◎	◎	◎	◎	○
		場面・登場人物の読み取り	○	○	○		○	○	○	○	○	○
		論理展開・段落構成の読み取り			○	○						
		文章の細部表現の読み取り	☆	☆	☆	☆	☆	☆	☆	☆	☆	☆
		指示語										
		接続語						○		○		
		空欄補充	○		☆	◎		○	○	◎		○
		内容真偽	○									
	根拠	文章の細部からの読み取り	◎	◎	☆	☆	☆	☆	☆	☆	☆	☆
		文章全体の流れからの読み取り		◎	◎	◎	☆	☆	☆	☆	☆	☆
設問形式		選択肢	☆	☆	☆	☆	◎	◎	☆	☆	☆	☆
		ぬき出し										
		記述	◎	◎	◎	◎	◎	◎	☆	☆	◎	◎
記述の種類		本文の言葉を中心にまとめる	○	○					◎	◎	◎	◎
		自分の言葉を中心にまとめる			◎	◎	◎	◎	○	○		
		字数が50字以内	○	○					○	○		
		字数が51字以上	○	○	◎	◎	◎	◎	◎	◎	◎	◎
		意見・創作系の作文	○	○								
		短文作成										
語句・知識		ことばの意味	○	○	○		○		○			
		同類語・反対語				○						
		ことわざ・慣用句・四字熟語										○
		熟語の組み立て										
		漢字の読み書き	◎	◎	○	○	◎	◎	◎	◎	◎	◎
		筆順・画数・部首										
		文と文節										
		ことばの用法・品詞										
		かなづかい										
		表現技法					○	○	○			○
		文学史										
		敬語										
文章の種類		論理的文章（論説文，説明文など）	○	○	○	○	○	○	○	○	◎	◎
		文学的文章（小説，物語など）	○	○	○	○	○	○	○	○	○	○
		随筆文										
		詩（その解説も含む）										
		短歌・俳句（その解説も含む）										
		その他										

市川中学校

2024年度 市川中学校 合否を分けた問題 国語

第1回　一一一　問4

【こう書くと失敗する】

男性を表す言葉である「男」や「男らしさ」には矛盾がないが，女性を表す言葉である「女らしさ」には，その内容において矛盾するような構成要素を含んでいるということ。(79字)

【なぜ失敗してしまうのか】

この解答は，「非対称性」とは何かについて書いていく方向性であるので，設問と不対応になってしまう。また，「『非対称性』が生じる理由を含め」という条件があるにもかかわらず，この解答には理由に当たる部分がないことも不正解になる解答だ。「女らしさ」には矛盾を内包するという視点は悪くなかったが，問われていることに不対応で，なおかつ条件違反では部分点獲得も難しいだろう。

【このように考えて整理しよう】

――線4直前にある「このこと」の指し示す内容は，「文化を作ってきたのは基本的に男性だった」ということになる。「このことが言語においてもみてとれる」というのだから，

このこと　　文化を作ってきたのは基本的に男性

言語における（このこと）　文化や規範は主に男性が作った
言語における（このこと）　男性に都合の良い定義をした
言語における　男性を表す言葉，manは「人間一般」を指し示す
言語における　女性を表す言葉，人間一般を表すことができない
（以上二つ）→ 非対称性

このように整理して，必要な要素を拾い出し，設問に対応するような内容にまとめよう。

2023年度 市川中学校 合否を分けた問題 国語

第1回　一　問5

【解答の内容を逆順で書いた解答】

クマの街への侵入を防ぐと同時に，自然に恵まれた環境を作り出すために，行政間の部局横断した議論や専門性の高い人を配置すること。（62字）

【どう考えられるか】

解答の内容としては満たしているので，誤りとはならないだろう。しかし，設問の中心は「線5とはどういうことか」なので，全体としては設問に対してややズレた印象になる解答だ。この解答に対応する設問なら，線5のために「することはどういうことが必要か」ということになる。つまり，「必要になることを明らかにしながら」という条件のほうがメインの設問ということだ。記述では，そもそも中心として何を問われているのかをしっかりとらえてから，解答を構成することが大切である。

第1回　二　問4

【こう書くと不足解答になる】

出版社勤務とはいえ，経理補助という仕事で本を作る仕事についてくわしくないことを認めるのも嫌であるし，もし何か聞かれても答えられず答に詰まるみじめな気持ちになりたくなかったから。（88字）

【なぜ不足解答なのか】

――線3直前が「～あからさまになってしまうのだから」とあることだけに着目して，自分の仕事上の立場と，そういう立場だからくわしく話したくない，何か聞かれても答えられずみじめになるという部分だけを取り出して書いてしまった点が不足になる原因だ。これは「牧子は家で～」で始まる段落以降の内容にしか目が行き届かなかったからだ。その直前にある，「あまり褒められたものではない気がした『し』なにより家族に職場のことを～」に着目する必要がある。不足解答で書いた内容は，この『し』以降の内容をくわしくしているものだ。したがって，「褒められたものではない気」のほうも加える必要がある。

二　問2でも言えることだが，解答を構成する要素が一つで終わらないものに注意する必要がある。ここが，しっかりした読みが求められるということになるということだ。論説文，説明文という文種であると，文章の構造から必要な要素を探すことに気をつけられるが，物語文では，しっかり文脈や心情を追っていかないと見落としてしまいがちである。比較的字数の多い記述の出題が多いだけに，求められていることをしっかり捉えることはもちろんだが，本文の流れをきちんと追う読みを心がけよう。

三　漢字の書き取りもやや難度が高いものが出題されている。四字熟語などの学習は，単に読める，意味がわかるということだけでなく，一部分の漢字が出題されてもあわてない対策をしておこう。

2022年度 市川中学校 合否を分けた問題 国語

第1回 二 問5

★【こう書くと失敗する】

補助金をもらい続けるために，自由に自分の作品を作りたい若者を締め出し，意欲的な制作活動をさせない。(49字)

★【なぜ失敗なのか】

「補助金をもらい続けるため」としたことは着目点として悪くないが，後半の展開が解答として外れたものになってしまっている。確かに最終文で，「意欲的に制作活動ができるでしょうか」とある。これは，本当の疑問ではなく，「いやできない」という主張をするための反語表現ではあるが，大人たちは，締め出したり，させないようにしているわけではない。解答として書く際には，「意欲的な制作活動ができない」「状況」を説明する必要がある。その状況にはばまれて若者たちが意欲的制作活動ができないからだ。「物を売って～」で始まる段落にあるように，必要なことは「変わり続ける世界に対応して，新しい製品を生むというポジティブな変化を起こさなければならない」というのが筆者の考えだ。それなのに「補助金をもらうために変化を起こさない」という流れで説明している。意欲的な制作活動をしたいと伝統工芸の世界に入ってくる若者は「ポジティブな変化」を求めている人たちと考えよう。それをはばむのが「補助金のためにポジティブな変化を拒否する」大人たちで，彼らが未来への可能性を潰していると表現しているのだ。「自ら変化することを拒む」という内容が必要なのだ。

第1回 三

この大問のような，課題文を読んで会話文で内容の読み取りを確認する設問が，多くの学校の入学試験に取り入れられる傾向がある。三では，二つの課題文を重ね合わせる形になっているので，より複雑になっている。選択肢を読んでいると，感想文のような印象になるので，読み進むうちに，自分の感想と似たような気持ちや，共感できるような気持ちになる選択肢を選んでしまいがちだ。生徒の感想として作られている選択肢だが，決して似たような気持ちになるものを選べというのではない。あくまでも，課題文から読み取れること，あるいは，読み取れないものを選ぶということを忘れずに対処しよう。今後も各校で採用される可能性が高いので，出題のある学校の過去問を利用して練習しておこう。

MEMO

大切なことはメモしておこうネ！

2024年度

★★★★★★★★★★★★★★★★★★★★★★★★

入 試 問 題

2024年度

市川中学校入試問題（第１回）

【算　数】（50分）　＜満点：100点＞

【注意】　１．コンパス・直線定規を利用してもよい。

２．円周率は3.14とする。

３．比を答える場合には，最も簡単な整数の比で答えること。

1　次の問いに答えなさい。

⑴　$2-\left(\frac{7}{2}\times0.8-1\right)\div6+\frac{4}{15}-\frac{1}{20}$を計算しなさい。

⑵　４％の食塩水110ｇに食塩を10ｇ加えてよくかき混ぜたあと，できた食塩水を10ｇ捨てます。その後，水を何ｇか加えてよくかき混ぜたところ，４％の食塩水ができました。このとき，水を何ｇ加えたか求めなさい。

⑶　１組から４組まである学校に通っているＡ，Ｂ，Ｃ，Ｄの４人が次のように話しています。このとき，Ａの今年の組を答えなさい。ただし，昨年，今年ともにＡ，Ｂ，Ｃ，Ｄの４人のうち，どの２人も同じ組にはいないものとします。

Ａ「４人中３人は昨年と今年で違(ちが)う組になったね。」

Ｂ「ぼくは昨年も今年も偶数(ぐうすう)組だった。」

Ｃ「私は昨年も今年も同じ組だったわ。」

Ｄ「私は昨年４組だった。」

⑷　次の図のような，１列目と２列目は２人がけ，３列目は３人がけの７人乗りの車に，大人３人，子ども４人が乗るときの座り方を考えます。運転席には大人が座り，各列とも子どもが座る隣(となり)に最低１人の大人が座るとき，座り方は何通りあるか答えなさい。

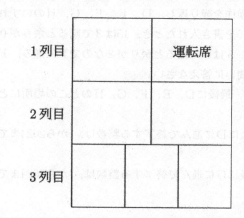

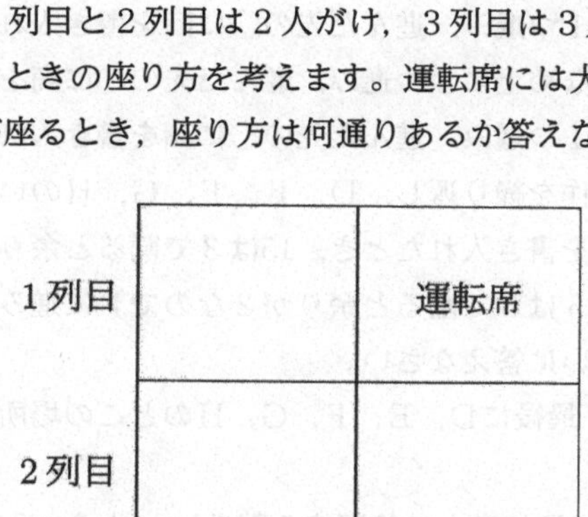

⑸　次のページ図は半径２㎝の円で，円周上の点は円周を12等分する点です。１辺が１㎝の正方形をＡ，１辺が１㎝の正三角形をＢとするとき，灰色部分の面積は，Ａが［あ］枚分の面積とＢが［い］枚分の面積の合計になります。［あ］と［い］にあてはまる数をそれぞれ答えなさい。

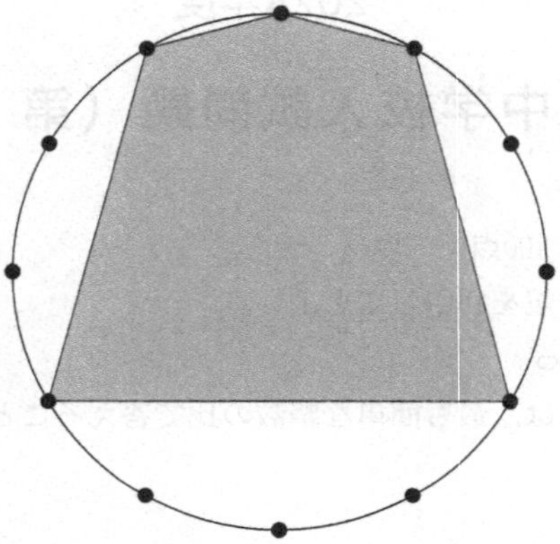

2　次の図において，以下の操作を考えます。

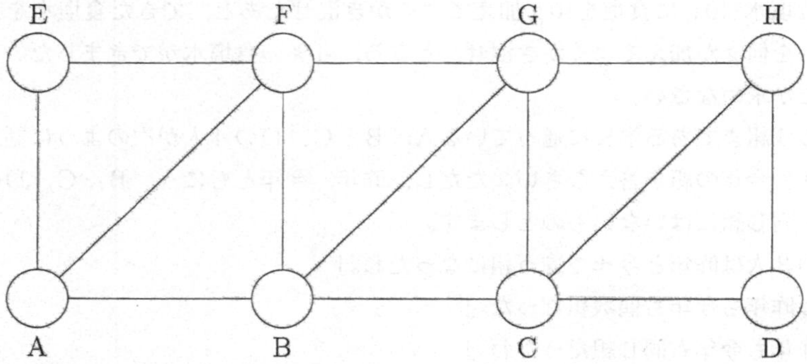

操作：○の中に書き入れた整数を３で割ったとき

・余りが０であれば右に１つ進み，進んだ先の○に商を書き入れる。

・余りが１であれば右ななめ上に１つ進み，進んだ先の○に商を書き入れる。

・余りが２であれば上に１つ進み，進んだ先の○に商を書き入れる。

最初，Ａに整数を書き入れて操作を繰り返し，Ｄ，Ｅ，Ｆ，Ｇ，Ｈのいずれかに整数を書き入れると終了（しゅうりょう）します。例えば，Ａに15を書き入れたとき，15は３で割ると余りが０なのでＢに進み，Ｂに商の５を書き入れます。次に，５は３で割ると余りが２なのでＦに進み，Ｆに商の１を書き入れて終了します。このとき，次の問いに答えなさい。

⑴　Ａに111を書き入れたとき，最後にＤ，Ｅ，Ｆ，Ｇ，Ｈのどこの場所にどんな整数が書き入れられて終了するか答えなさい。

⑵　Ａに書き入れたとき，最後にＤに進んで終了する整数は，1から2024までに何個あるか求めなさい。

⑶　Ａに書き入れたとき，最後にＧに進んで終了する整数は，1から2024までに何個あるか求めなさい。

3　円に対して，次のページの図のような規則で円をかき加えていく操作を繰（く）り返していきます。操作を１回行ったあとの図を１番目の図，操作を２回行ったあとの図を２番目の図としていくとき，次の問いに答えなさい。

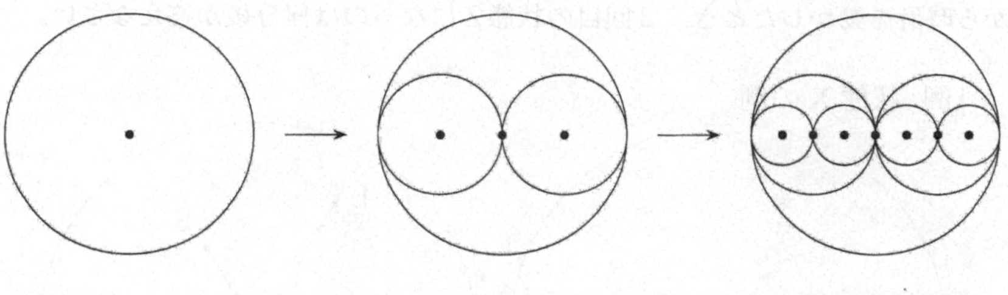

１番目の図　　　２番目の図

⑴　次の図に，コンパスと定規を用いて円をかき加えて１番目の図を完成させなさい。ただし，作図に用いた線は消さないこと。

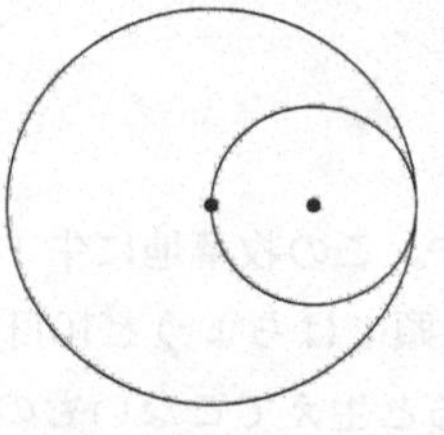

白く塗（ぬ）られている半径２㎝の円に対して，奇数（きすう）回目の操作でかき加える円は灰色で塗り，偶数（ぐうすう）回目の操作でかき加える円は白色で塗ることを繰り返します。

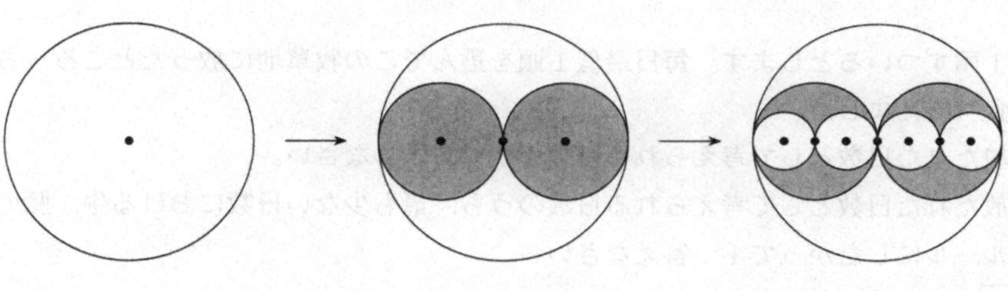

１番目の図　　　２番目の図

⑵　３番目の図の灰色の部分の面積を求めなさい。

⑶　５番目の図の白色の部分と灰色の部分の面積の比を求めなさい。

4　次のページの図のように，長針をＬ，短針をＳ，６を指す動かない針をＡとする時計があります。この時計の短針は時計回りに動きますが，長針は壊（こわ）れており，反時計回りに動きます。ここで，ＳとＬが作る角をＡが二等分する状態をＸとします。状態Ｘとなる例は次のような場合です。
同様にＬとＡが作る角をＳが二等分する状態をＹ，ＡとＳが作る角をＬが二等分する状態をＺとします。このとき，次の問いに答えなさい。

⑴　８時から時計を動かしたとき，はじめて状態Ｘになるのは何分後か答えなさい。

⑵　８時から90分間時計を動かしたとき，状態Ｘ，Ｙ，Ｚはどのような順で起こるか次の例のように答えなさい。

例　Ｘ，Ｙ，Ｚ，Ｘの順で起こるとき。
Ｘ→Ｙ→Ｚ→Ｘ

⑶　８時から時計を動かしたとき，２回目の状態Ｚになるのは何分後か答えなさい。

例 状態Ｘの例

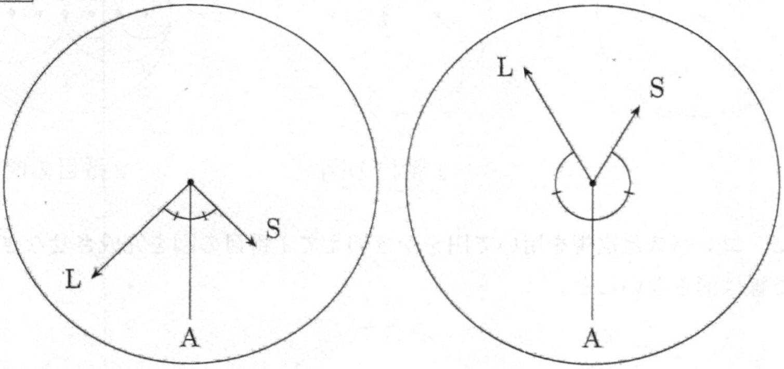

5　牧草地に100kgの草が生えています。この牧草地に牛１頭を放つとちょうど25日後に，豚（ぶた）２頭ではちょうど100日後に，牛１頭と豚３頭ではちょうど10日後に食べ終えます。草は１日に決まった量だけ生え，すべての草を食べ終えると生えてこないものとします。また，牛と豚は毎日決まった量の草を食べるものとします。このとき，次の問いに答えなさい。

⑴　牛１頭と豚１頭が１日に食べる草の量はそれぞれ何kgか求めなさい。

牛と豚が１頭ずついるとします。毎日最低１頭を選んでこの牧草地に放ったところ，ちょうど22日後に草を食べ終えました。

⑵　牛が放たれた日数として考えられる日数をすべて求めなさい。

⑶　牛が放たれた日数として考えられる日数のうち，最も少ない日数における牛，豚の放ち方の例を次のルールにしたがって１つ答えなさい。

ルール

- 牛と豚１頭ずつを放つ日はＡ，牛１頭のみを放つ日はＢ，豚１頭のみを放つ日はＣで表す。
- 牛と豚１頭ずつを放つ日が２日連続するときはＡ×２，３日連続するときはＡ×３と表し，Ｂ，Ｃについても同様に表す。

例えば，牛１頭のみを２日連続で放った後，牛と豚１頭ずつを１日放ち，その後，豚１頭のみを５日連続で放つ場合は

Ｂ×２→Ａ→Ｃ×５

と表す。

【理　科】（40分）　＜満点：100点＞

【注意】　１．コンパス・定規は使用しないこと。

２．円周率は3.14とする。

３．計算問題の答えは，整数または小数で答え，割り切れない場合は小数第２位を四捨五入して，小数第１位まで答えること。

1　次の会話文を読み，あとの問いに答えなさい。

［先生］　今日は豆電球，スイッチ，電池を用いて回路をつくり，豆電球の明るさを比較（ひかく）してみよう。必要なものは，同じ種類のものを十分に用意してあるから遠慮（えんりょ）なく使っていいよ。

［生徒］　それは楽しみですね。それでは，まずは単純な回路（図１）をつくってみます。

［先生］　スイッチを入れると確かに豆電球はつくね。それでは，電池をもう１つ増やした①このような回路はどうかな。

［生徒］　豆電球の明るさは変わりませんね。電池を２つに増やしたのに残念です。

［先生］　確かに明るさは変化していないが，何も変わっていないわけではないよ。
　あ　。

［生徒］　リモコンに電池を２本入れる場合もそれが理由なのですね。

［先生］　いいや，リモコンに入っている電池は違（ちが）うつなぎ方をしているよ。
　い　ことからすぐに確かめられるね。
　次に，電池の数を１つにして，豆電球の数を２つにしてみよう。

［生徒］　２つの回路ができました。豆電球を並列に接続した回路（図２）は豆電球の明るさが変化していないのに対して，豆電球を直列に接続した回路（図３）では，豆電球の明るさは２つとも暗くなりました。

［先生］　そうですね。豆電球のつなぎ方で明るさが変わる場合もあるのですね。それでは，複雑な回路（図４）をつくってみよう。

［生徒］　できました。

［先生］　正しくつなげることができたね。それでは，スイッチ１だけを入れてみよう。

［生徒］　②つかない豆電球もありますね。

［先生］　それでは，スイッチ２も入れてみよう。

［生徒］　豆電球は全部つきましたが，③明るさは等しくありませんね。

［先生］　④スイッチ３も入れるとどうなるかな。

［生徒］　明るさに変化がある電球と変化がない電球がありました。

［先生］　ところで，豆電球を手に取ってよく観察してごらん。ガラス球の中も回路のように金属線がつながっているのがわかるかな。

［生徒］　はい。フィラメントはばねのような形になっていますね。

［先生］　よく観察できたね。フィラメントは2000℃から3000℃まで高温になって光を放っているんだよ。だから，⑤ばねのような形にしておくと都合がいいんだ。

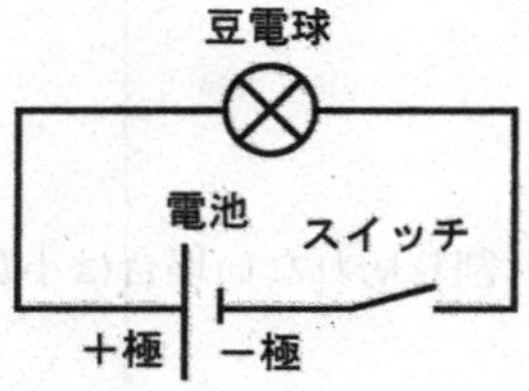

図１

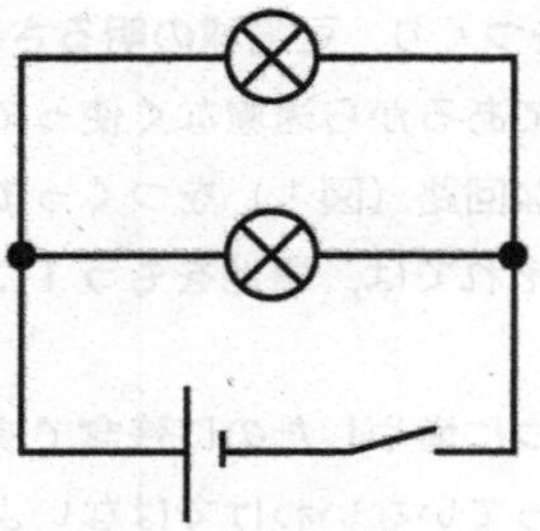

図２

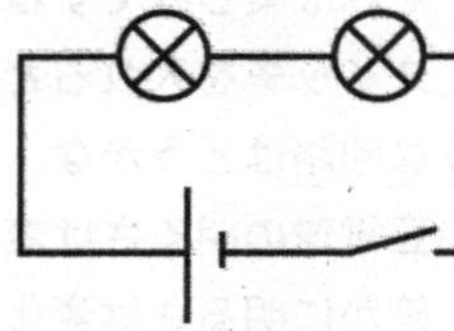

図３

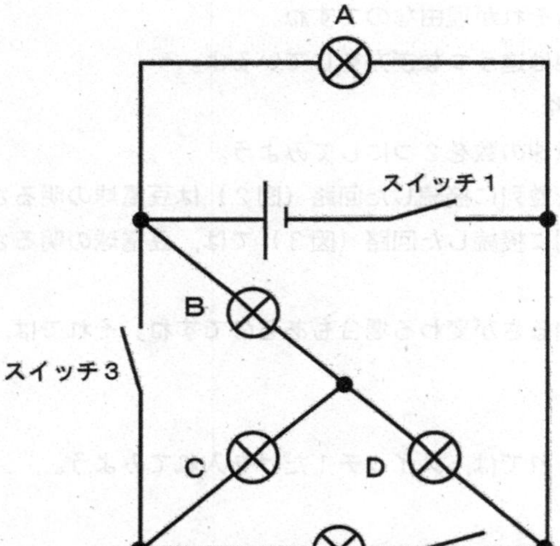

図４

(1)　下線部①の「このような回路」はどれですか。

ア

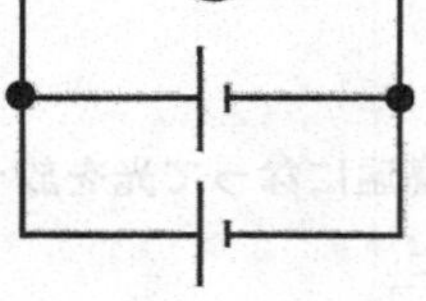

イ

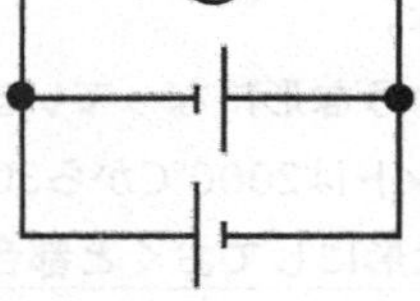

ウ

エ

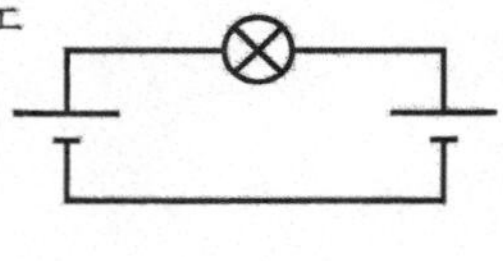

⑵ [あ] に入れることができる文はどれですか。すべて選びなさい。

ア　電池が長持ちするよ

イ　電池が長持ちしなくなるよ

ウ　豆電球の点灯時間が長くなるよ

エ　豆電球の点灯時開か短くなるよ

オ　豆電球に流れる電流が大きくなるよ

カ　豆電球に流れる電流が小さくなるよ

⑶ [い] には，ある操作をすると，ある結果が得られるという内容が入ります。[い] に入る内容を答えなさい。

⑷　下線部②について，つかない豆電球は図４のＡ～Ｅのどれですか。すべて選びなさい。

⑸　下線部③について，２番目に明るい豆電球は図４のＡ～Ｅのどれですか。

⑹　下線部④について，スイッチ３を入れることで，電流の流れる向きが変わる豆電球は図４のＡ～Ｅのどれですか。

⑺　下線部④について，図４のＡ～Ｅのうち，同じ明るさになる豆電球の組み合わせはどれですか。すべて答えなさい。ただし，組み合わせは次の［解答例］のように表しなさい。

［解答例］

Ａ・Ｂが同じ明るさの場合　→（ＡＢ）

Ａ・Ｂ・Ｃが同じ明るさで，Ｄ・Ｅが同じ明るさの場合　→（ＡＢＣ），（ＤＥ）

⑻　下線部⑤について，ばねのような形にすることで都合がいい理由はどれですか。

ア　電流を流しにくくすることができるから。

イ　電流を流しやすくすることができるから。

ウ　フィラメントからでる光がいろいろな方向に向かうから。

エ　熱によるフィラメントの変形をやわらげるから。

2　ある濃（こ）さの塩酸Ａや水酸化ナトリウム水溶液（すいようえき）Ｂをアルミニウムと反応させ，気体の発生量を調べる実験を行いました。

【実験１】

図１のような装置を用いて，ＡまたはＢそれぞれ100㎤と，いろいろな重さのアルミニウムを反応させたところ，発生した気体の体積は表１のような結果になった。

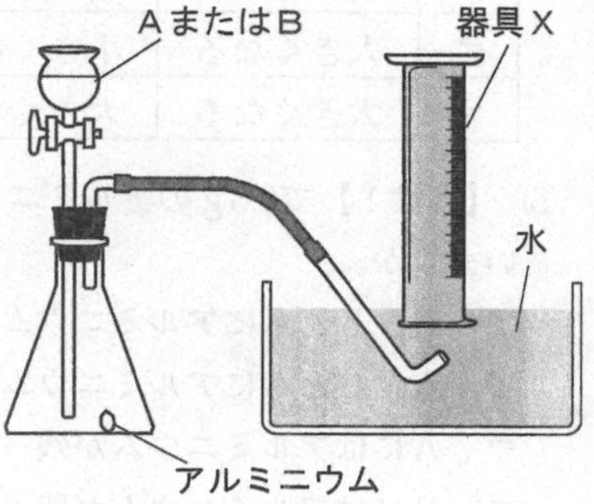

図１

表１

アルミニウムの重さ（ｇ）	0.05	0.1	0.2	0.3	0.4
Ａ100㎤から発生した気体の体積（㎤）	60	120	120	120	120
Ｂ100㎤から発生した気体の体積（㎤）	60	120	240	360	360

【実験２】

ＡとＢを混ぜて，溶液（ようえき）ａ～ｅをつくった。それらの溶液を用いて，図１の装置で0.2ｇのアルミニウムと反応させた。混ぜたＡ，Ｂの体積と発生した気体の体積を表２にまとめた。

表２

	a	b	c	d	e
Ａ（cm^3）	0	25	50	75	100
Ｂ（cm^3）	100	75	50	25	0
気体の体積（cm^3）	240	①	0	②	120

(1)　【実験１】,【実験２】で発生した気体はすべて同じ気体でした。その気体は何ですか。

(2)　発生した気体を集めた器具Ｘの名称（めいしょう）は何ですか。

(3)　図１の装置では，発生した気体だけでなく三角フラスコ内の空気も一緒（いっしょ）に集めてしまいますが，気体の発生量を調べる上で問題ありません。その理由は何ですか。

(4)　気体の発生が止まって，気体の体積を測定するときには，図２のように水面をそろえました。図３や図４のように測定すると，気体の体積は図２のときと比べてどうなりますか。組み合わせとして正しいものを選びなさい。ただし，図３や図４の体積が正しく表示されているとはかぎりません。

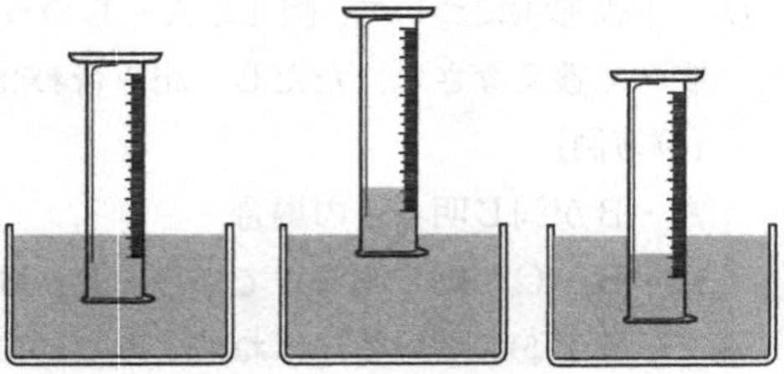

図２　　図３　　図４

	図３	図４
ア	小さくなる	小さくなる
イ	小さくなる	大きくなる
ウ	変わらない	変わらない
エ	大きくなる	小さくなる
オ	大きくなる	大きくなる

(5)　【実験１】で0.3ｇのアルミニウムを入れたとき，気体が発生し終わった後の状態はどうなっていますか。

ア　Ａ，Ｂともにアルミニウムが残っている。

イ　Ａ，Ｂともにアルミニウムが残っていない。

ウ　Ａにはアルミニウムが残っているが，Ｂには残っていない。

エ　Ｂにはアルミニウムが残っているが，Ａには残っていない。

(6)　表２の①，②に入る数値として，最も近いものはどれですか。

ア　0　　イ　30　　ウ　60　　エ　120

オ　180　　カ　240　　キ　300　　ク　360

(7)　【実験２】で，アルミニウムを入れる前に水を蒸発させたとき，２種類の結晶（けっしょう）が出てくる溶液は表２のａ～ｅのどれですか。

3 ある地域を流れるＡ川とＢ川で，れきの種類と大きさを調べ，結果を表１にまとめました。図１はＡ川とＢ川の位置と，調査をした地点Ｏから地点Ｔの位置を示しています。図１の１マスは100mです。Ａ川やＢ川の調査で見られたれきのうち，石灰岩とチャートは主に生物の遺骸（いがい）が固まってできた岩石です。玄武岩（げんぶがん）や花崗岩（かこうがん）は火山の近くでマグマが冷え固まってできた岩石です。調査の結果，チャートに対する泥岩（でいがん）の割合はＢ川の方が大きいことがわかりました。

図２は図１の地形をＸ，Ｙで切った模式断面図です。表２（次のページ）は地点Ｏから地点Ｔの各地点の標高です。地点Ｓと地点Ｔでは，10万年前に川によって運ばれたと考えられる，れきの地層が地表から10m下に見つかりました。なお，海水面の高さは10万年前と現在とで変わらないものとします。

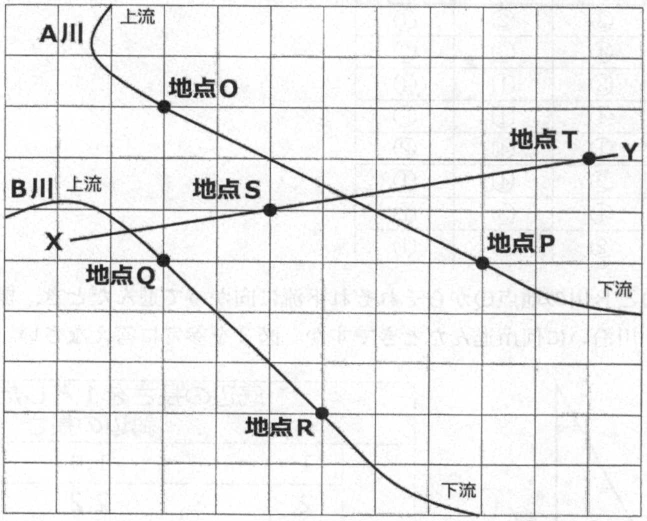

図１

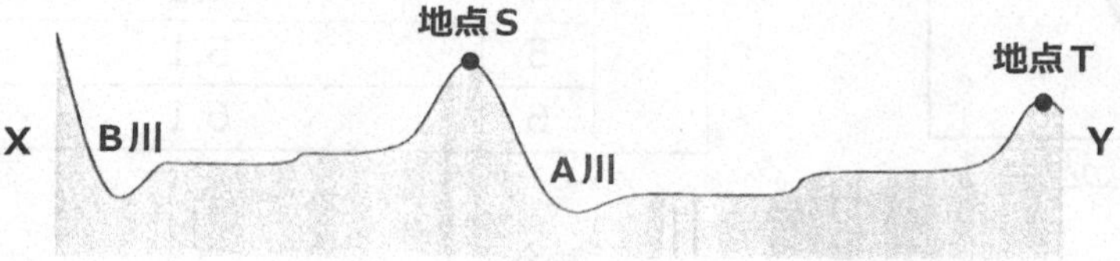

図２

表１

れきの割合（%）	①	②	③	④	地点Ｓ	地点Ｔ
砂岩	78	68	75	83	87	87
泥岩	10	12	9	8		
石灰岩	7			5		
チャート	5	4	3	4		
玄武岩		11	8		13	13
花崗岩		5	5			
れきの平均の大きさ（cm）	5	5	10	15	10	2

表２

地点	Ｏ	Ｐ	Ｑ	Ｒ	Ｓ	Ｔ
標高（m）	35.0	31.7	52.2	48.0	183.4	146.8

⑴　川が運んできた石や砂を積もらせるはたらきは何といいますか。

⑵　川の流れがどのような状態になると運ばれた石や砂は積もりはじめますか。

⑶　図１の地点Ｏから地点Ｒと，表１の①から④との組み合わせを示したものはどれですか。

	地点Ｏ	地点Ｐ	地点Ｑ	地点Ｒ
ア	①	③	②	④
イ	①	④	②	③
ウ	②	③	①	④
エ	②	④	①	③
オ	③	①	④	②
カ	③	②	④	①
キ	④	①	③	②
ク	④	②	③	①

⑷　Ａ川の地点ＯとＢ川の地点Ｑからそれぞれ下流に向かって進んだとき，標高が１ｍ変わるのはどちらが先で，川沿いに何ｍ進んだときですか。図３を参考に答えなさい。

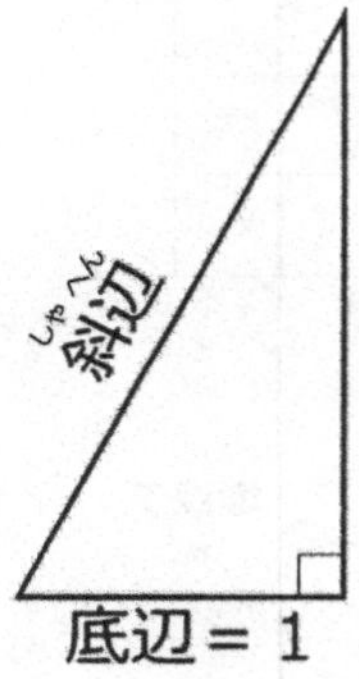

		底辺の長さを１としたときの斜辺の長さ
高さ	1	1.4
	2	2.2
	3	3.2
	4	4.1
	5	5.1
	6	6.1

図３

⑸　地点Ｓで見られる地層のれきが10万年前は海水面から50ｍの高さにあったとすると，地点Ｓの土地が隆起する速度は，10年あたり何㎝ですか。ただし，このれきの地層の厚さは考えないものとします。

⑹　地点Ｓや地点Ｔの地層中に玄武岩が見られるのはなぜですか。20字以内で説明しなさい。

４　新型コロナウイルス感染症（COVID−19）は，①新型コロナウイルス（SARS−CoV−2）による感染症です。ウイルスによる感染症はウイルスが体内で増殖することで発症します。ウイルスは，ヒトなどの細胞や細菌に侵入して，侵入した細胞や細菌に複製（コピー）を「作らせて」増殖します。

新型コロナウイルスが感染しているかどうかは，抗原※検査や②PCR検査という方法を使って，新型コロナウイルスが体内に「いるか，いないか」で判断します。

新型コロナウイルスの主な感染経路は，飛沫感染，接触感染，空気感染です。

これらへの対策として「マスクをつける」，「アルコールで手指やドアノブなどを消毒する」，「換気をする」などが行われてきました。

※抗原：ウイルスがもつ特有のタンパク質

⑴　下線部①について，図１は５種類の生物および細胞を大きさ順に並べたものです。新型コロナウイルスは，図１のア～カのどの範囲に入りますか。

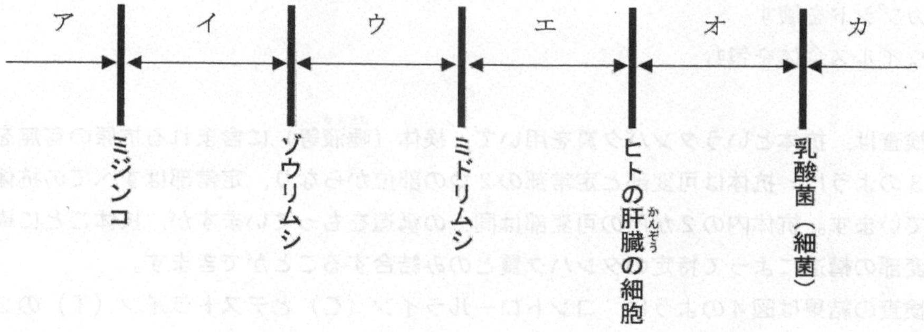

図１

⑵　下線部②について，PCR検査で用いられるポリメラーゼ連鎖反応法（PCR法）は，目的とする核酸※を多量に増幅する方法です。PCR法１回の反応で，目的の核酸を２倍に増幅することができます。この反応を10回繰り返すと，目的の核酸は理論上何倍に増幅されますか。最も近い数値を選びなさい。

※核酸：形や性質を決定するための情報を含む物質

ア　10　　イ　20　　ウ　100　　エ　500　　オ　1000

図２のように，ウイルスには「エンベロープウイルス」と「ノンエンベロープウイルス」という構造の異なる２種類が存在します。一般に，③アルコール消毒は，「エンベロープウイルス」の不活化（感染力がなくなること）には有効であるが，「ノンエンベロープウイルス」には効果が薄いといわれています。

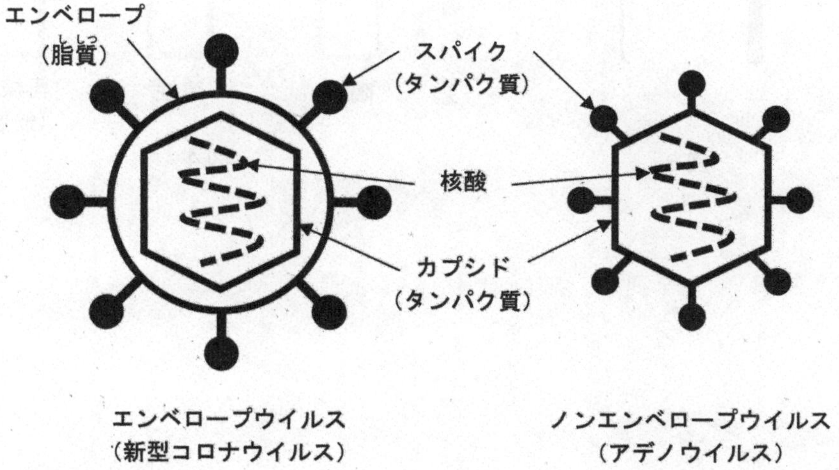

図２

⑶　下線部③について，アルコールはウイルスに対してどのように作用しますか。ただし，スパイクとは，ウイルスが細胞に感染する際に必要な構造です。

ア　スパイクを壊す
イ　エンベロープを壊す
ウ　核酸を壊す
エ　カプシドを壊す
オ　ウイルス全体を包む

抗原検査は，抗体というタンパク質を用いて，検体（唾液等）に含まれる抗原の有無を確認します。図３のように，抗体は可変部と定常部の２つの部位からなり，定常部はすべての抗体で同じ構造をしています。抗体内の２か所の可変部は同一の構造をもっていますが，抗体ごとに構造が異なり，可変部の構造によって特定のタンパク質とのみ結合することができます。

抗原検査の結果は図４のように，コントロールライン（C）とテストライン（T）の２か所の判定線のパターンによって判断しています。コントロールラインは検査が有効かどうかを判定し，テストラインは陽性か陰性かを判定します。

図５（次のページ）は抗原検査の様子を示しています。まず，検体内のほとんどの抗原は標識抗体と結合します。標識抗体には着色粒子がついています。次に，抗原と結合した標識抗体は図の左側から右側に移動し，テストラインにたどり着きます。テストライン上には捕捉抗体Tが存在していて，標識抗体と結合している抗原に結合します。そして，テストラインで結合しなかった標識抗体はコントロールライン上の捕捉抗体Cと結合します。ライン上で結合した標識抗体の量が多くなると着色粒子も多くなり，判定線が見えるようになります。

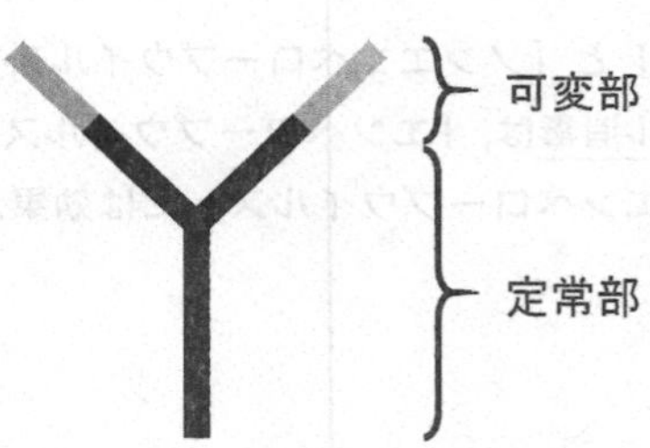

図３

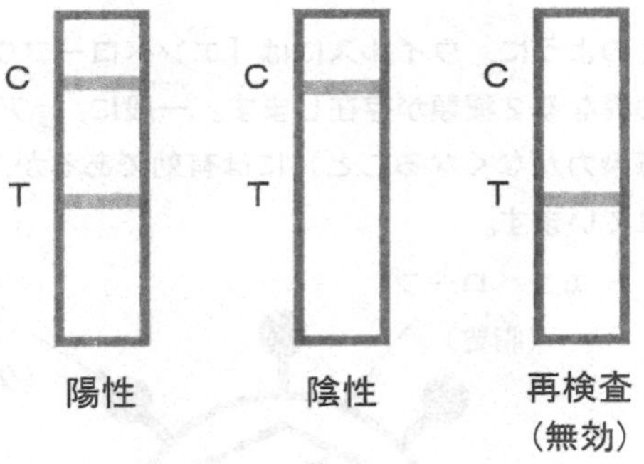

図４

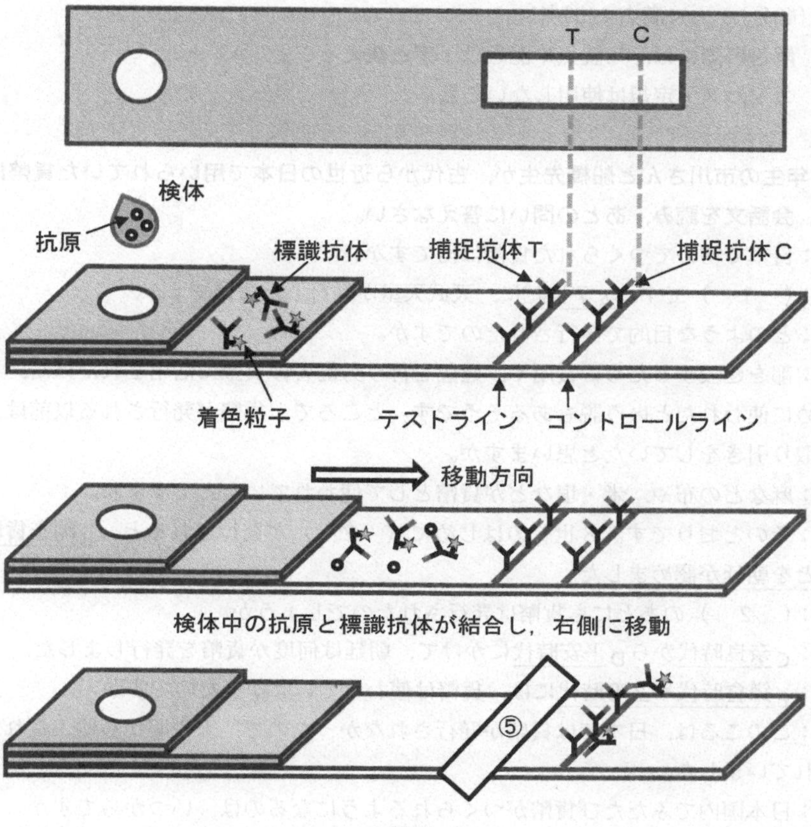

図５

⑷　抗原検査で陽性の場合，図５のテストライン ⑤ では標識抗体・着色粒子および抗原はどのような状態で捕捉抗体Ｔと結合していますか。

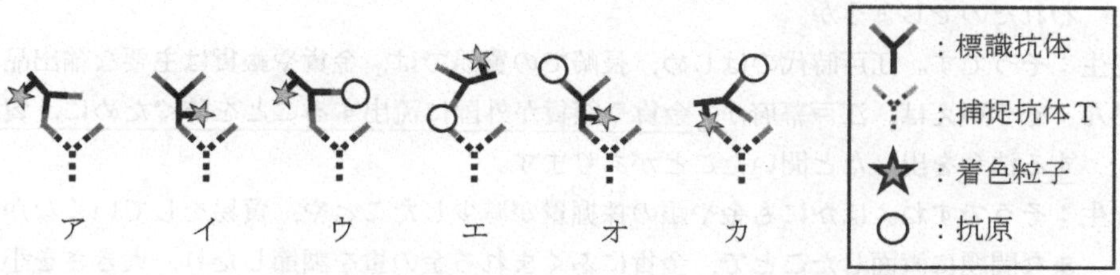

⑸　抗原検査では，新型コロナウイルスが感染しているにもかかわらず，陰性と判断される「偽陰性（ぎいんせい）」という結果が出ることがあります。この原因は何ですか。ただし，検体の取り方には問題がなかったものとします。

⑹　新型コロナウイルス感染症の位置づけが2023年５月に「５類感染症」になって以降，新型コロナウイルス感染症だけでなく，インフルエンザ，ヘルパンギーナ，RSウイルス感染症といった，例年夏や冬に感染が増加する感染症が，同年６月に同時に増加しました。2023年６月以降の感染者の多くは，これらの感染症にこれまで感染したことがなかったり，抵抗力（ていこうりょく）が低かったりする乳幼児や小学生でした。これらの感染症に対して，新たに抵抗力をつけることや，抵抗力を高めるために，どのようなことが対策として考えられますか。

【社　会】（40分）　　＜満点：100点＞

【注意】　１．解答の際には，句読点や記号は１字と数えること。

２．コンパス・定規は使用しないこと。

1　**中学１年生の市川さんと船橋先生が，古代から近世の日本で用いられていた貨幣(かへい)について話しています。会話文を読み，あとの問いに答えなさい。**

市川さん：日本で初めてつくられた貨幣は何ですか。

船橋先生：（　１　）です。A７世紀に，天武天皇が発行した貨幣です。

市川さん：どのような目的で発行されたのですか。

船橋先生：都を建設するための費用や，建設を行う労働者の賃金に活用されたほか，まじないのために使われたという説もあるそうです。ところで，貨幣が発行される以前は，どのように取り引きをしていたと思いますか。

市川さん：麻(あさ)などの布や，米・塩などが貨幣として使われていたんですよね。

船橋先生：そのとおりです。８世紀のはじめに（　２　）が発行されると，B調を貨幣で納めることを朝廷が認めました。

市川さん：（　２　）のあとにも貨幣は発行されたのでしょうか。

船橋先生：C奈良時代からD平安時代にかけて，朝廷は何度か貨幣を発行しました。

市川さん：E鎌倉時代や室町時代には，貨幣は使われていなかったのですか。

船橋先生：このころは，日本では貨幣が発行されなかったので，宋や明から輸入された貨幣が使われていました。

市川さん：日本国内でふたたび貨幣がつくられるようになるのは，いつからですか。

船橋先生：江戸幕府が，F金貨・銀貨・銭貨の鋳造(ちゅうぞう)を行い，これらの三貨が全国で使われるようになりました。

市川さん：江戸時代には，外国との貿易も行われていましたが，その取り引きにも金貨や銀貨が使われたのでしょうか。

船橋先生：そうです。江戸時代のはじめ，長崎での貿易では，金貨や銀貨は主要な輸出品でした。

市川さん：そういえば，江戸幕府がG金貨や銀貨が外国に流出することを防ぐために，貿易を制限する法令を出したと聞いたことがあります。

船橋先生：そうですね。ほかにも金や銀の採掘(さいくつ)量が減少したことや，貿易をしていくなかでさまざまな問題に直面したことで，金貨にふくまれる金の量を調節したり，大きさを小さくするなどいろいろな対策を行いながら貨幣を発行したのです。

市川さん：貨幣発行については，さまざまな歴史があったんですね。

問１　（１）・（２）にあてはまる語句を，それぞれ漢字で答えなさい。

問２　下線Aについて，７世紀のできごととしてあやまっているものはどれですか，**ア～エ**から１つ選び，記号で答えなさい。

ア　天智天皇のもとで，初めての全国的な戸籍がつくられました。

イ　中臣鎌足らが蘇我氏をほろぼし，「大化」という元号が定められました。

ウ　百済の王が，倭に仏像と経典を送ったことで仏教が伝来しました。

エ　聖徳太子が，天皇に仕える役人の心構えとして十七条の憲法をまとめました。

問３　下線Ｂについて，律令制度のもとでの税に関する説明ａ～ｃの正誤の組み合わせとして正しいものはどれですか，下のア～クから１つ選び，記号で答えなさい。

ａ　租は，口分田をあたえられた男子のみから集められました。

ｂ　防人は，九州北部で３年間警備を行うという負担でした。

ｃ　調は各地の特産品で，庸はおもに布で納められ，地方の財源になりました。

ア　［ａ－正　ｂ－正　ｃ－正］　　イ　［ａ－正　ｂ－正　ｃ－誤］

ウ　［ａ－正　ｂ－誤　ｃ－正］　　エ　［ａ－正　ｂ－誤　ｃ－誤］

オ　［ａ－誤　ｂ－正　ｃ－正］　　カ　［ａ－誤　ｂ－正　ｃ－誤］

キ　［ａ－誤　ｂ－誤　ｃ－正］　　ク　［ａ－誤　ｂ－誤　ｃ－誤］

問４　下線Ｃの時代の政策について説明した次の文を読んで，□にあてはまる表現を15字以内で書きなさい。

> 聖武天皇は，［　　　　］という考えにもとづいて，国分寺の建立や大仏の造立などの政策を行いました。

問５　下線Ｄについて，平安時代のできごとア～エを古いものから順番に並べ，記号で答えなさい。

ア　菅原道真が，遣唐使の派遣中止を提案しました。

イ　藤原道長が天皇に次々と娘をとつがせ，政治の実権をにぎりました

ウ　最澄や空海によって，中国から新しい仏教がもたらされました。

エ　平将門が，東国で朝廷に対して反乱を起こしました。

問６　下線Ｅについて，鎌倉時代と室町時代のできごととして適切な文をそれぞれ選んだとき，その組み合わせとして正しいものはどれですか，下のア～エから１つ選び，記号で答えなさい。

［鎌倉時代］

ａ　後鳥羽上皇率いる軍が幕府軍にやぶれた後，鎌倉幕府は京都所司代を置いて朝廷への監視を強化しました。

ｂ　法然が，「南無阿弥陀仏」を唱えればだれでも極楽浄土に生まれ変われるとして，浄土宗を開きました。

［室町時代］

ｃ　貿易の利益に目をつけた足利義満は，朝貢貿易の形式で日明貿易を開始しました。

ｄ　有力な守護大名が中心となって村民をまとめ，惣という自治組織がつくられました。

ア　［ａ－ｃ］　イ　［ａ－ｄ］　ウ　［ｂ－ｃ］　エ　［ｂ－ｄ］

問７　下線Ｆについて，江戸時代の貨幣に関する説明ａ・ｂの正誤の組み合わせとして正しいものはどれですか，下のア～エから１つ選び，記号で答えなさい。

ａ　江戸では金貨が，大阪では銀貨がおもに使われたように，地域により流通する貨幣が異なりました。

ｂ　年貢として大名に納められた米は，おもに藩内で金貨や銀貨に交換されました。

ア　［ａ－正　ｂ－正］　　イ　［ａ－正　ｂ－誤］

ウ　［ａ－誤　ｂ－正］　　エ　［ａ－誤　ｂ－誤］

問８　下線Ｇについて，この法令は，ある儒学者の提案で出されました。６代家宣・７代家継の政治を補佐したこの儒学者とは誰ですか，漢字で答えなさい。

２　中学２年生の授業で，生徒たちが班ごとに近代から現代にかけての生糸に関する調べ学習を行いました。次の①～⑦班がまとめたメモを読み，あとの問いに答えなさい。

①班　開港直後の生糸輸出

A開国して貿易が開始されると，貿易額は急速に増加し，1867年の貿易額（輸出額と輸入額の総額）は1860年の約５倍となりました。生糸は主な輸出品となり，横浜港を通じて，イギリスを中心とする欧米に向けて輸出されました。

②班　殖産興業と生糸

明治時代に入ると，殖産興業政策のなかで，群馬県につくられた（　１　）が1872年に操業を開始しました。フランス人技師ブリューナによってもたらされた器械製糸※１の技術は，製糸技術の習得を求める多くの人に伝えられ，（　１　）は「安定した品質の生糸を生産する」という明治政府のねらいを実現する役割をもちました。

※１…水力や蒸気などの動力で糸をつむぐ方法。それ以前は手動であった。

③班　産業革命と製糸業

1880年代後半から始まった日本の産業革命のなかで，B製糸業は外貨獲得（かくとく）産業として発展し，生糸はひき続き欧米に向けた主要な輸出品としての地位をたもっていました。

④班　日本の製糸業と朝鮮

1910年の韓国併合後，朝鮮の統治機関である（　２　）は，朝鮮でも養蚕（ようさん）業を奨励（しょうれい）しました。これは，日本に生糸の原料である繭（まゆ）を安く供給させるためでした。

⑤班　大戦景気と製糸業

C第一次世界大戦が始まると，日本は大戦景気と呼ばれる好況（こうきょう）となりました。好況をもたらした要因の１つに，アメリカ向けの生糸輸出が増加したことがあげられます。

⑥班　昭和初期の製糸業

1929年，世界恐慌が発生すると，日本もD昭和恐慌とよばれる不況におちいりました。アメリカ向けの生糸輸出が激減したことで，国内では繭・生糸の価格が暴落し，養蚕・製糸業も打撃（だげき）を受けました。その後，アジア・太平洋戦争が始まると，製糸業は不要不急のものとされ，製糸工場は次々と軍需（ぐんじゅ）工場に変わりました。

⑦班　戦後の製糸業

アジア・太平洋戦争後，ナイロンやポリエステルなどの合成繊維（せんい）が普及（ふきゅう）するとともに，生糸の需要は減少し，製糸工場の閉業が相次ぎました。E1960年代に入り，戦後初めて中国から生糸を輸入して以降，日本は生糸の輸入国となりました。

問１　（１）・（２）にあてはまる語句を，それぞれ漢字で答えなさい。

問２　下線Aについて，ペリー艦隊（かんたい）が日本に来航した際の航路をしめした地図および資料を見て，下の問いに答えなさい。

＜地図＞

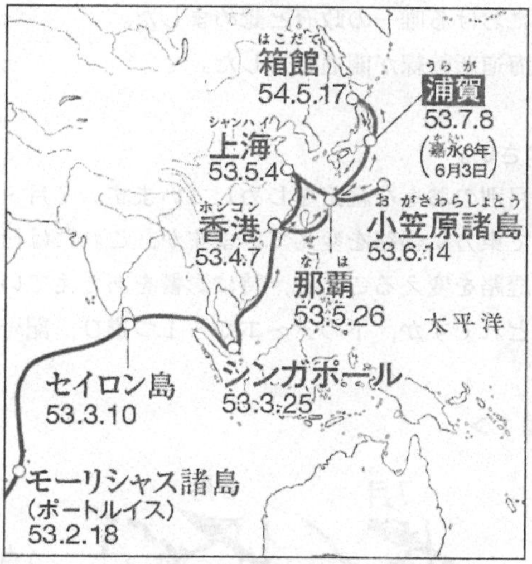

山川出版『中学歴史　日本と世界』より作成

＜資料＞

ペリー艦隊の乗組員の１人として来日した羅森のもとには，連日，幕府の役人や知識人など多くの日本人が訪れ，それらの日本人と羅森は，筆談で交流をもちました。その中で，幕府の役人の１人が「高い教養をもつあなたが，なぜアメリカの言葉などを話すのか」という質問をしたといわれています。

問い　ペリーが羅森を乗組員として同行させる必要があったのはなぜですか，羅森がどこの国の人であるかをあきらかにして説明しなさい。

問３　下線**B**について，次の文章中の（**あ**）にあてはまる語句を漢字で答えなさい。

> 「男軍人　女は工女　糸をひくのも国のため」
> 　これは，製糸工場で働く工女たちが歌ったといわれる「工女節」の一節です。明治政府が（　あ　）をめざして殖産興業を進めるなか，この歌からは男は軍人として，女は工女としてそれぞれの役割を求められたことが読み取れます。

問４　下線**C**について，次の文章中の（**い**）・（**う**）にあてはまる語句を，それぞれ答えなさい。

> 第一次世界大戦が始まると，日本は1915年，中国に（　い　）をつきつけ，ドイツが中国にもっていた権益を日本にゆずることなどを要求しました。1919年，ドイツに対する講和条約である（　う　）条約により，それらの要求は認められることになりました。

問５　下線**D**について，この間に発生した満州事変に関する説明**a**・**b**の正誤の組み合わせとして正しいものはどれですか，下の**ア**～**エ**から１つ選び，記号で答えなさい。

a　関東軍による満州国建国を認めない犬養毅首相が，海軍将校により暗殺される五・一五事件が発生しました。

b　リットン調査団の報告を受けた国際連盟総会は，満州国を正式な国家として認めず，日本は国際連盟から脱退することになりました。

ア　[**a**－正　**b**－正]　　**イ**　[**a**－正　**b**－誤]
ウ　[**a**－誤　**b**－正]　　**エ**　[**a**－誤　**b**－誤]

問６　下線**E**について，1960年代のできごととしてあやまっているものはどれですか，**ア**～**エ**から１つ選び，記号で答えなさい。

ア　岸信介内閣のもとで，日米新安全保障条約が結ばれました。
イ　公害問題が表面化したことで，対策のために環境庁が設置されました。
ウ　日韓基本条約で，日本は韓国を朝鮮半島における唯一の政府と認めました。
エ　東京オリンピックの開催にあわせて，東海道新幹線が開通しました。

3　**日本の自然災害に関するあとの問いに答えなさい。**

問１　台風に関して，図１は日本周辺の台風の月別のおもな経路をしめしています。７月～10月の台風は西方に進んだ後，弧をえがくようにして東方に経路を変えていますが，これには日本周辺の気圧や風が影響しています。東方に大きく経路を変えることに，特に影響をあたえている気圧と風の名称の組み合わせとして正しいものはどれですか，下のア～エから１つ選び，記号で答えなさい。

＜図１＞

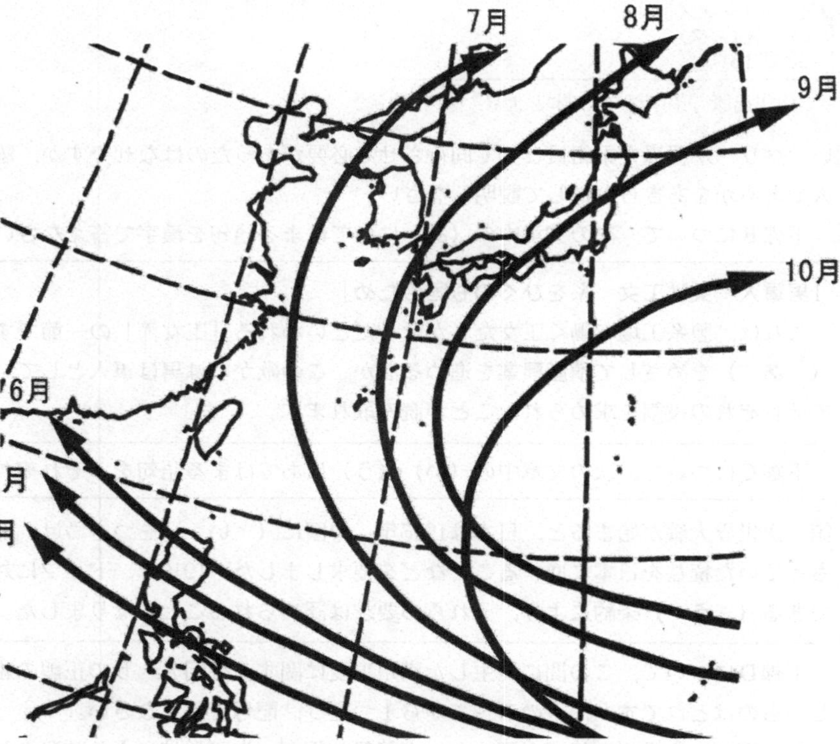

気象庁 HP（https://www.jma.go.jp）より作成

ア　［気圧－シベリア高気圧　　風－南東季節風］
イ　［気圧－シベリア高気圧　　風－偏西風　　］
ウ　［気圧－太平洋高気圧　　風－南東季節風］
エ　［気圧－太平洋高気圧　　風－偏西風　　］

問２　冷害に関して，1993年，2003年の日本は全国的に冷夏となり，農業に影響が出ました。グラフ１中のａ～ｄは1992年から2021年の秋田県，新潟県，北海道，宮城県の米の収穫量の推移をしめしています。秋田県と北海道の組み合わせとして正しいものはどれですか，下の**ア～ク**から１つ選び，記号で答えなさい。

<グラフ１>

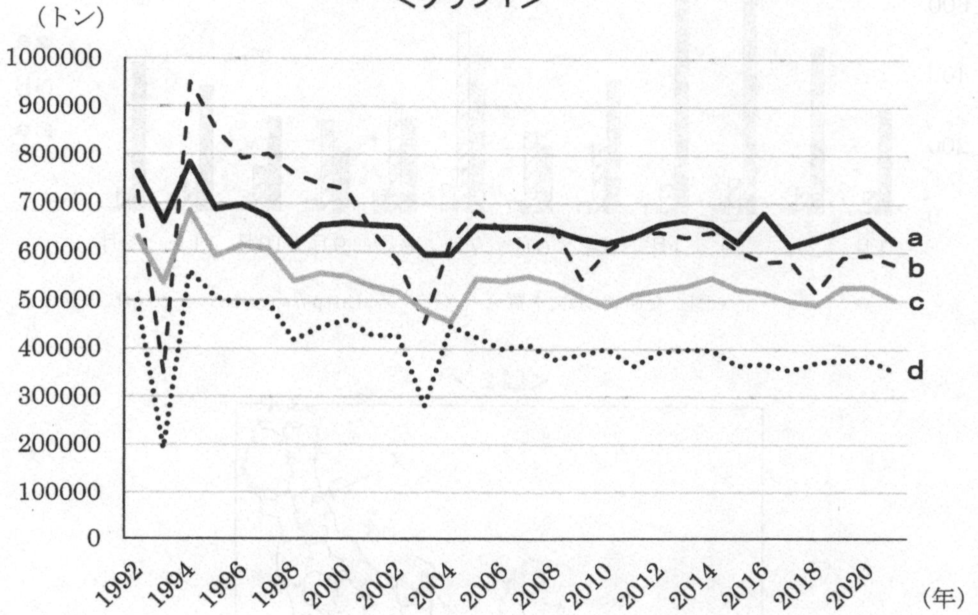

政府統計の総合窓口(e-Stat)HP(https://www.e-stat.go.jp)より作成

ア　[秋田県－**a**　北海道－**c**]　　**イ**　[秋田県－**a**　北海道－**d**]
ウ　[秋田県－**b**　北海道－**c**]　　**エ**　[秋田県－**b**　北海道－**d**]
オ　[秋田県－**c**　北海道－**a**]　　**カ**　[秋田県－**c**　北海道－**b**]
キ　[秋田県－**d**　北海道－**a**]　　**ク**　[秋田県－**d**　北海道－**b**]

問３　洪水に関して，次の問いに答えなさい。

⑴　豪雨(ごうう)などによって河川の水量が増して，大きな災害につながることがあります。**グラフ２**は**図２**中の**X～Z**でしめした地点で観測された2019～2021年の月平均河川流量の３か年平均値をしめしています。**a～c**と**X～Z**の組み合わせとして正しいものはどれですか，下の**ア～カ**から１つ選び，記号で答えなさい。　　（**グラフ２**，**図２**は次のページにあります。）

ア　[**a－X**　**b－Y**　**c－Z**]
イ　[**a－X**　**b－Z**　**c－Y**]
ウ　[**a－Y**　**b－X**　**c－Z**]
エ　[**a－Y**　**b－Z**　**c－X**]
オ　[**a－Z**　**b－X**　**c－Y**]
カ　[**a－Z**　**b－Y**　**c－X**]

＜グラフ２＞

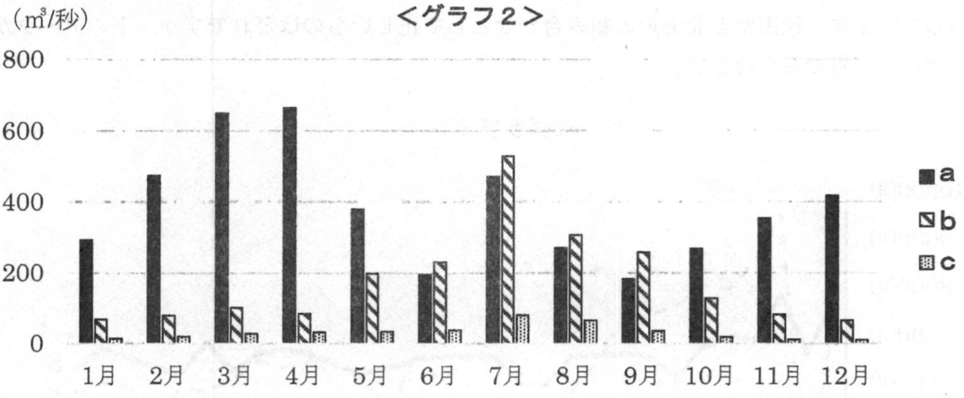

国土交通省　水文水質データベース（http://www1.river.go.jp）より作成

＜図２＞

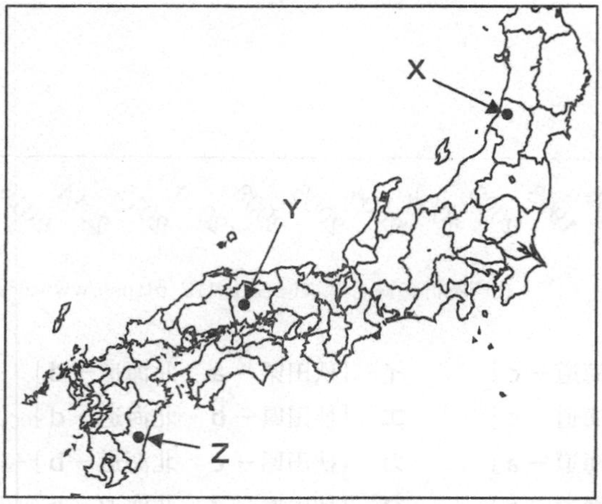

⑵　揖斐川，長良川，木曽川が集まる濃尾平野では，**写真１**でしめした地域のように，低地に堤防（ていぼう）をめぐらせて洪水対策をしています。このように堤防をめぐらせた地域を何といいますか，漢字で答えなさい。

＜写真１＞

帝国書院『図説地理資料　世界の諸地域 NOW2023』より作成

問４　地震に関して，今後南海トラフ地震が発生すると，太平洋ベルトに集中する日本の工業地帯や工業地域も被害(ひがい)を受けることが予測されます。**表１**は2019年度における太平洋ベルト上の各工業地帯・工業地域の，工業ごとの製造品出荷額等の全国の合計に対する割合をしめし，**a～c**は瀬戸内工業地域，中京工業地帯，阪神工業地帯のいずれかです。**グラフ３**は日本全体の製造品出荷額等の産業別構成の変化をしめし，**X～Z**は金属工業，機械工業，化学工業のいずれかです。これを見て，あとの問いに答えなさい。

＜表１＞

	金属工業	機械工業	化学工業	食品工業	繊維工業	その他
a	12.8%	27.5%	10.9%	7.0%	10.9%	10.6%
b	16.0%	8.6%	11.3%	9.4%	10.9%	8.9%
c	13.0%	7.4%	14.5%	6.1%	17.4%	7.6%

二宮書店『データブック オブ・ザ・ワールド2023版』より作成

＜グラフ３＞

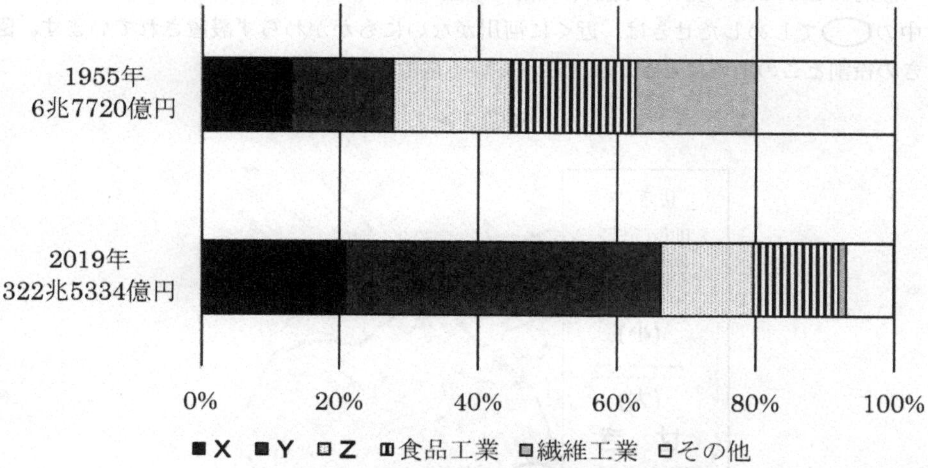

二宮書店『データブック オブ・ザ・ワールド2023版』より作成

問い　瀬戸内工業地域と金属工業の組み合わせとして正しいものはどれですか，**ア～ケ**から１つ選び，記号で答えなさい。

ア　［**a－X**］　**イ**　［**a－Y**］　**ウ**　［**a－Z**］
エ　［**b－X**］　**オ**　［**b－Y**］　**カ**　［**b－Z**］
キ　［**c－X**］　**ク**　［**c－Y**］　**ケ**　［**c－Z**］

問５　次のページの**a～c**の図は，東日本における洪水，地震，津波の自然災害伝承碑(ひ)の位置をしめしています。**a～c**と災害の組み合わせとして正しいものはどれですか，下の**ア～カ**から１つ選び，記号で答えなさい。

ア　［**a**－洪水　**b**－地震　**c**－津波］　**イ**　［**a**－洪水　**b**－津波　**c**－地震］
ウ　［**a**－地震　**b**－洪水　**c**－津波］　**エ**　［**a**－地震　**b**－津波　**c**－洪水］
オ　［**a**－津波　**b**－洪水　**c**－地震］　**カ**　［**a**－津波　**b**－地震　**c**－洪水］

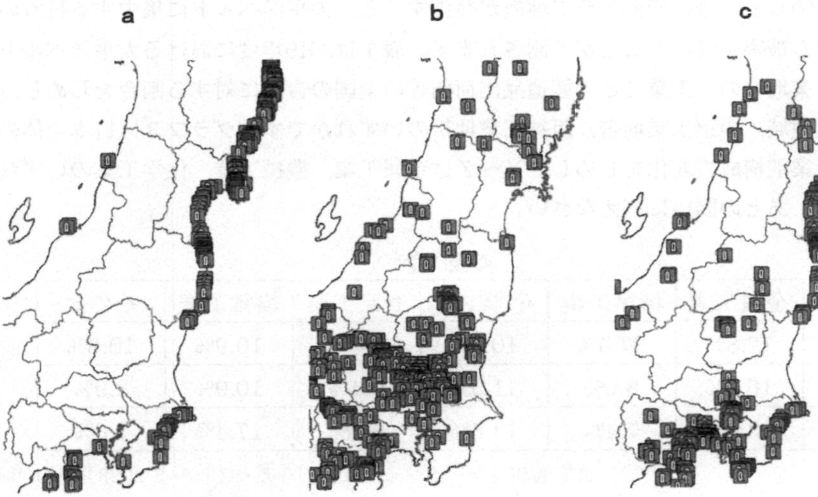

地理院地図 HP（https://maps.gsi.go.jp）より作成

問6　一般的にせきは川の流れの調節や川底の保護などを目的としてつくられています。しかし，図3中の◯でしめしたせきは，近くに河川がないにもかかわらず設置されています。図3中のせきの役割とこの地域にせきが設置されている理由を説明しなさい。

＜図3＞

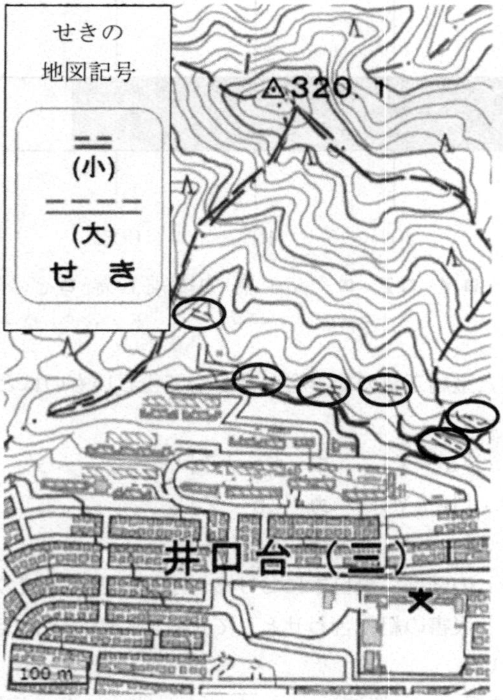

国土地理院 HP（https://www.gsi.go.jp）より
地理院地図 HP（https://maps.gsi.go.jp）より作成

4 中学３年生の公民の夏休み課題は自分で選んだ新書を１冊読むことでした。千葉さんが選んだ新書は，杉田敦著『政治的思考』（岩波新書）です。千葉さんとクラスメイトの松戸さんの会話文を読み，あとの問いに答えなさい。

千葉さん：国会のしくみなどについての学習は公民の授業で行いましたが，政治とは何か，よくわからないなという思いがあり，この本を選びました。

松戸さん：そもそも，政治とはいったい何なのでしょうか。

千葉さん：政治とは，みんなのことについて決めることを指すと書いてあります。

松戸さん：では，クラスの文化祭の企画を決定するのも政治なのでしょうか。

千葉さん：みんなのことについて決めているので，政治と考えられますね。この本では，政治の決定を「誰が」「何を」「いつ」「どのように」決めるか，の４つの視点から検討しています。第一に，A「誰が」決めるのかという点についてです。物事は，誰が決めるかを確定しなければ，決めることはできません。

松戸さん：クラスのことはクラスメイトみんなで話し合って決めるのが普通です。となると，日本のことは，日本の国民が決めるのではないでしょうか。

千葉さん：たしかに，憲法では国民主権が定められています。しかし，B近年ではグローバル化が進んでいるため，重要なことがらのすべてを国民という単位だけでは決めきれなくなっています。

松戸さん：決める人が変われば，議論の結果も変わるかもしれませんね。

千葉さん：そのとおりです。第二は，「何を」決めるのかという点です。議題の設定のしかたによって，決定の内容が左右されることがあります。つまり，C何を議題に取りあげるかということ自体が大きな意味をもっています。

松戸さん：何を取りあげるかについても注意が必要ですね。

千葉さん：三番目に，D「いつ」決めるのかという点です。

松戸さん：議論をいつまで続けるか決めなくてはいけませんね。

千葉さん：例えば，自分たちが納得できない決定が行われないように，議論するふりをして決定を先送りさせるということもできますよね。

松戸さん：結局は，ほどほどに議論をして，決定するしかありませんね。

千葉さん：しかし，何がほどほどか，人によって考え方がちがってきてしまいます。議論の期間に対する正解がないなかで，期間を設定しなければいけません。その決定も政治的な営みです。四番目は，E「どのように」決めるのかという点です。これは「誰が」決めるのかということともかかわってきます。クラスでの話し合いのときを考えてみてください。

松戸さん：全員の意見が一致することはほとんどありません。場合によっては，学級委員がすべて決めてしまってもよいと思います。

千葉さん：しかし，物事は決める過程こそが大切です。そうでなければ，みんなが納得できる結論にはならないのではないでしょうか。

松戸さん：みんなのことについて決める場合は，ただ決めればよいというわけではないので，とても大変なのですね。

千葉さん：国や自治体の政治は民主政治で行われていて，選挙で政治家を選び，その政治家が議論をし，調整をした上で物事は決まります。Fこのような非効率で手間のかかる面倒なしくみを手放さないのはなぜなのでしょうか。早く，簡単に決めることばかりが，必ずしも「良い政治」ではないと，筆者は伝えたいのだと思います。

問１　下線Aに関する千葉さんと松戸さんの会話文を読み，あとの問いに答えなさい。

千葉さん：「誰が」決めるかによって議論の結果が変わるのであれば，国会議員が「誰か」ということにも注目する必要がありそうですね。

松戸さん：若い世代や女性が国会議員に多い国ほど，SDGsの達成度が高くなっていると，新聞の記事で読みました。2022年に発表された各国のSDGsの達成状況によると日本のSDGsの達成指数は163か国中19位で，年々順位を落としているようです。

千葉さん：日本の国会議員は女性の割合が低いと授業で習いましたね。たしかに，女性議員の数が少ないと，SDGsの目標「５．ジェンダー平等を実現しよう」の達成に影響が出そうです。

松戸さん：実は，「１．貧困をなくそう」という目標の達成にも，女性議員の割合が影響をあたえると記事には書いてありました。この目標についても，日本には課題が残っているという評価を受けています。

千葉さん：貧困の問題の解決にも女性議員の割合が関係しているのは，意外ですね。貧困はアフリカなどの発展途上国の問題ではないのですか。

松戸さん：実は，日本にも解決しなくてはならない貧困の問題があるのです。近年では，特に20～64歳の勤労世代の女性の貧困が問題になっています。

問い　日本の国会議員の女性の割合が低いと，「１．貧困をなくそう」という目標の達成が遠ざかる可能性があるのはなぜでしょうか。会話文中の下線部にしめされている貧困の例を具体的にあげながら説明しなさい。

問２　下線Bのような状況は，日本だけでなく世界でも見られます。このような状況を具体的にしめした例として，ふさわしくないものはどれですか，ア～エから１つ選び，記号で答えなさい。

ア　環境問題の解決のために，水鳥の保護を定めたラムサール条約など，多くの国際的な取り決めがあります。

イ　イギリスでは，国内の移民の急増などをきっかけとして，国民投票を行った結果，EU離脱が決まりました。

ウ　先進国と発展途上国の経済格差を解決するために，国連の機関としてUNCTADが中心となって，発展途上国への経済援助を行っています。

エ　国際社会における核兵器の廃絶に向けて，核兵器の使用や開発，使用の威嚇をふくめた行為を禁止する核兵器禁止条約が発効されました。

問３　下線Cについて，日本で取りあげられた議題に関する説明として，あやまっているものはどれですか，ア～エから１つ選び，記号で答えなさい。

ア　原子力発電所から出る放射性廃棄物の最終処分場をどこにつくるかについては，国や地方で議論をしていますが，決められていません。

イ　沖縄の普天間飛行場の移転先について国会で議論が行われ，日米政府の合意に基づき辺野古への移転が決まりました。

ウ　選択的夫婦別姓の導入については，法案が国会で審議されたものの否決されたため，導入にいたっていません。

エ　政府は，男性の育児休業取得をうながすために制度の見直しを行い，仕事を休む人への給付金についても議論をしています。

問４　下線**D**について，次の日本国憲法の条文は，「いつ」決めるのかという問題に関する条文です。これを読み，下の問いに答えなさい。

> 第59条④　参議院が，衆議院の可決した法律案を受け取った後，国会休会中の期間を除いて（　１　）日以内に，議決しないときは，衆議院は，参議院がその法律案を否決したものとみなすことができる。

> 第60条②　予算について，参議院で衆議院と異なつた議決をした場合に，法律の定めるところにより，両議院の協議会を開いても意見が一致しないとき，又(また)は参議院が，衆議院の可決した予算を受け取つた後，国会休会中の期間を除いて（　２　）日以内に，議決しないときは，衆議院の議決を国会の議決とする。

> 第69条　内閣は，衆議院で不信任の決議案を可決し，又は信任の決議案を否決したときは，（　３　）日以内に衆議院が解散されない限り，総辞職をしなければならない。

⑴　**（１）～（３）**にあてはまる数字の組み合わせとして正しいものはどれですか，**ア～カ**から１つ選び，記号で答えなさい。

ア　［１－10　２－30　３－60］　　**イ**　［１－10　２－60　３－30］
ウ　［１－30　２－10　３－60］　　**エ**　［１－30　２－60　３－10］
オ　［１－60　２－10　３－30］　　**カ**　［１－60　２－30　３－10］

⑵　日本国憲法第69条のような決まりが存在するのは，日本の内閣は国会の信任に基づいて成り立つというしくみになっているからです。このしくみを何といいますか，漢字で答えなさい。

問５　下線**E**について，次の問いに答えなさい。

⑴　裁判の判決を「どのように」決めるのか，ということに関する説明として正しいものはどれですか，**ア～エ**から１つ選び，記号で答えなさい。

ア　裁判官は，国会議員と審議を重ねながら判決を決めることで，国民の意見を裁判に反映させようとしています。

イ　裁判の結果に納得できない場合，上級の裁判所に裁判のやり直しを請求(せいきゅう)することができ，原則として１つの事件について２回まで裁判を受けられます。

ウ　国会が定めた法律や内閣の行う政治に対して，違憲審査権の行使という形で最高裁判所のみが憲法に違反していないかを審査します。

エ　裁判員制度では，被告人の有罪を決めるときは，1人以上の裁判官が多数意見に賛成していなければなりません。

⑵　「どのように」決めるのかということと深い関連をもつ，「誰が」決めるのかということに関する説明**a～c**の正誤の組み合わせとして正しいものはどれですか，あとの**ア～ク**から１つ選び，記号で答えなさい。

a　地方公共団体の長は，地方議会の議員とは異なる選挙で選ばれるため，議会での多数派をしめる政党とは異なる政党に所属していることもあります。

b　最高裁判所長官は内閣総理大臣によって指名されますが，その他の裁判官の任命は国会が行います。

c　男女がともに参加する国民投票で過半数の賛成を得られたことによって，日本国憲法が成立しました。

ア ［a－正　b－正　c－正］　　イ ［a－正　b－正　c－誤］
ウ ［a－正　b－誤　c－正］　　エ ［a－正　b－誤　c－誤］
オ ［a－誤　b－正　c－正］　　カ ［a－誤　b－正　c－誤］
キ ［a－誤　b－誤　c－正］　　ク ［a－誤　b－誤　c－誤］

問６　下線Ｆについて，日本国憲法第12条には，民主政治に参加する権利もふくめて，私たちがもつ権利を手放さずに守りぬくという理念があらわされています。次の条文中の（Ｘ）にあてはまる語句を答えなさい。

> 第12条　この憲法が国民に保障する自由及(およ)び権利は，国民の（　Ｘ　）によつて，これを保持しなければならない。又，国民は，これを濫用(らんよう)してはならないのであつて，常に公共の福祉(ふくし)のためにこれを利用する責任を負ふ。

ア　＝＝線Ａ「浜道は砂から細石に変わり、やがて波に磨かれた石くれとなった」という表現からは、長い旅を続けている二人の疲労がたまっていった結果、二人の精神状態も穏やかでなくなってきたことがうかがえる。

イ　＝＝線Ｂ「足は棒切れのように固まり、体が石のように重くなった」という表現は、玄蕃を罪人として護送するという自分の仕事に対して積極的になれない、乙次郎の沈んだ気持ちを表している。

ウ　＝＝線Ｃ「白い鷗や黒い鴉」という表現は、思いどおり自由に飛び回る鳥の様子と、玄蕃と乙次郎が視界の悪いなか歩きにくい道を苦労して進む様子を、対照的に表している。

エ　＝＝線Ｄ「浜茄子の赤い花を蹴散らし」という表現からは、乙次郎の、美しい花をも蹴散らしたくなるほどのやりきれなさと、江戸から津軽までの長い距離を歩き通した辛さの両方を読み取ることができる。

オ　この文章は、順番に、玄蕃、乙次郎、作者の視点で描かれているため、二人の考え方が読者によくわかるだけでなく、その二人を読者が客観的に眺めることができるように工夫されている。

三　**次の各文の――線のカタカナを漢字に直しなさい。**

1　スポーツのサイテンが四年ぶりに開催された。
2　各国のシュノウが集まる会議。
3　地域のデンショウについて調べる。
4　懐中デントウをつける。
5　セイコウ雨読の生活を送る。
6　雑誌のソウカン号を手に入れる。
7　偉人たちのザユウの銘について調べる。
8　子どものニュウシが抜けた。

妻子のことと二の次ぞ」とあるが、この言葉から乙次郎は玄蕃をどのような人物だと理解したのか。70字以内で説明しなさい。

問４　次のア～オは、この小説全体を読んだ生徒たちの、――線４「すれちがう一瞬、玄蕃はにっかりとほほえんだ」についての発言である。――線４に関する警言として**適当でないもの**を次の中から**二つ**選び、記号で答えなさい。

ア　生徒A　押しつけられた罪を受け入れ、贖罪として、武士道という幻想を否定し青山の家を破却する、という玄蕃の考えを聞いた乙次郎は、最後の場面で堂々と口上を述べたよね。玄蕃はそれを聞いて、自分の本当の気持ちを乙次郎が理解してくれているとわかって、うれしくなったんじゃないかな。

イ　生徒B　乙次郎はおよそ一ヶ月におよぶ旅の途中（とちゅう）で玄蕃がさんざん勝手な行いをしてきたことに対してかなり腹を立てていたはずだから、最後の最後に玄蕃の考えを聞いたくらいでその怒（いか）りが消えるとは思えないな。玄蕃は、乙次郎が自分と別れられるのを内心喜んでいるのをわかっていて、「やっと俺と別れられるな、嬉（うれ）しいだろ」という思いで乙次郎に笑いかけたんじゃない？

ウ　生徒C　乙次郎がわざわざ松前藩の家来衆に「新御番士青山玄蕃頭様」と罪人になる前の玄蕃の正式な役職名を述べて、さらに「くれぐれも御無礼なきよう、御案内下されよ」と付け加えたのは、玄蕃を憎く思いながらも、押送人としての仕事だけは立派に果たそうと思ったからなんだね。そんな乙次郎を見た玄蕃には、「最後だけは立派な仕事をしているフリをするじゃねえか」という、冷やかしの思いもあったんだろうね。

エ　生徒D　「おのれの幼さに、僕は眦を決したまま泣いた。父を送る子と同じように。」って書いてあるから、乙次郎は、肉親に対する感情に似たものを玄蕃に対して持つようになったんだと思う。逆に玄蕃からすると、乙次郎がだんだん息子に近い存在になっていったんじゃない？　子どもを気遣うように「あんた、ひとりで帰れるかえ」と聞いたり、乙次郎が別れの際に子どものように取り乱すのではないかと心配して「ここでよい」と言ったりしたのも、みんな、父親のような目で乙次郎を気遣っていることの表れだと思うんだ。

オ　生徒E　乙次郎は玄蕃のことを最後は立派な武士として尊敬していたと思う。玄蕃が旅の途中で何度も人々を救うのを見ているし、乙次郎は玄蕃から武士のあり方についてまだ「訊きたいことは山ほどある」と思っているしね。玄蕃が切腹を拒んだのには深い考えがあったからだということにも、乙次郎は最後に気付いたんだよ。だから乙次郎の丁寧な口上は、「この方を丁重に扱（あつか）ってくれ」という思いの表れなんだと思うんだ。玄蕃にはそれがわかったから、「にっかりとほほえんだ」んだと思う。

問５　本文について説明したものとして最も適当なものを次のページの中から選び、記号で答えなさい。

の儀礼と慣習に縛られていること。また、その武士が「家」を背景にして権威を持っていること。

イ　戦国時代では、血族か同じ主君に忠誠を誓う家柄しか信じられず、それらの人々は強い結束力がある反面、武士自身やその家族に自己犠牲を強いることになること。また、そうであるにもかかわらず武士に権力は与えられていないこと。

ウ　他人の非道を暴き、敵討ちをし、その責任を取って切腹するのが武士の誉れだと考える人はもういないのに、いまだに従来の武士らしさを捨てられないこと。また、そのような状況を変えようとすると「家」が取りつぶされてしまうこと。

エ　町人であれば「武士」や「家」という存在を疑うこともできるが、武士は自分たちの尊厳を守ることにこだわり続け、武士という存在について疑うことができないこと。また、武士自身が権威を持っていることに気付いていないこと。

オ　武士である以上、戦がなくなっても大小二本の刀を常に腰に差していなければならず、そのせいで時代に合わない奇怪な姿をした化物になってしまったこと。また、そのために武士が持っていた権威そのものも低下しつつあること。

問２　――線２「僕は気付いた」とあるが、乙次郎はどのようなことに気づいたのか。その説明として最も適当なものを次の中から選び、記号で答えなさい。

ア　玄蕃は「武士」や「家」について疑問を持ったが、それは、玄蕃が他の武士には持ち得ない「町人」としての誇りを持っているからであり、その根底には、母親から愛情を受けて育てられた「一助」時代の楽しい思い出と、養子として迎えられ継母に冷たくされた「捨松」時代の辛い思い出の両方があるということ。

イ　玄蕃は「武士」や「家」について疑問を持ったが、それは、玄蕃が武士の道徳に対して他の人には持ち得ない客観的な視点を持っているからであり、その根底には、「家」や「武士」の道徳に縛られなかった「一助」時代の町人の感覚と、武家に養子入りした後に身につけた「捨松」時代の武士の価値観の両方があるということ。

ウ　玄蕃は「武士」や「家」について疑問を持ったが、それは、玄蕃が他の武士が持っていないすぐれた金銭感覚を持っているからであり、その根底には、武士の息子となって何不自由ない「捨松」時代を経験する前に、町人の息子として貧しい生活をした「一助」時代の経験があるということ。

エ　玄蕃は「武士」や「家」について疑問を持ったが、それは、玄蕃が他の人よりも高いレベルで剣術や学問を身につけているからであり、その根底には、町人であった「一助」時代には学べなかった剣術や学問を、武士の養子である「捨松」になってから地道に身につけるという辛抱強さがあるということ。

オ　玄蕃は「武士」や「家」について疑問を持ったが、それは、玄蕃が武士の道徳観に対して他の武士が持ち得ない冷静な判断力を持っているからであり、その根底には、武家の養子になり「捨松」と名前を変えた後も、町人の息子であった「一助」時代の道徳観を活かして生きていた経験があるということ。

問３　――線３「おのれに近き者から目をかけるはあやまりぞ。武士ならば男ならば、おのれのことは二の次ぞ。まして大身の旗本ならば、がらよろめき歩んだ。

陣屋の前には松前様の御家来衆が、幾人かぼんやりと佇んでいた。潮がよいのだろうか、石を積んだ桟橋には帆を下ろした舟が待っていた。これで海峡を渡るつもりかと、怪しむほど小さな舟だった。

「ここでよい。苦労であった」

立ち塞がるようにして玄蕃は言った。取り乱す僕を見兼ねたにちがいなかった。

「いいえ、玄蕃様――」

※初めて名を呼んだ。僕にとってのこの人は、けっして流人ではない。立ちこめる霧を腹一杯に吸いこんでから、僕は陣屋に向かって進み出た。

「※新御番士青山玄蕃頭様、ただいまご着到にござる。くれぐれも御無礼なきよう、松前伊豆守様御許福山御城下まで御案内下されよ」

僕は踵を返して歩き出した。４すれちがう一瞬、玄蕃はにっかりとほほえんだ。

餞の言葉は要らない。鷗の声と寄する波音を聴きながら、僕は真ッ白な霧の帳を押し開けた。

※破廉恥…恥知らず。ここでは、玄蕃が罪を犯したこと、および切腹を申しつけられたがそれを拒んだことを指す。

※道中～襤褸が出てしもうた…江戸から津軽に向かうおよそ一ヶ月にわたる道中で、玄蕃が事情を抱えた人々を救うのを、乙次郎に見られてしまったことを指す。

※敵の屋敷に討ち入る…玄蕃の妻や家来は、玄蕃に罪を押しつけた大出対馬守の屋敷に討ち入ろうとしたが、玄蕃がそれを制止した。

※糞…玄蕃の罪は大出対馬守から押しつけられたものだったため、玄蕃は大出対馬守のことを「糞野郎」と言っていた。

※贖罪…罪を償うこと。罪滅ぼし。

※元和偃武…戦乱の世の中が平和になったこと。

※罪障…自分の目的を果たそうとするときに妨げとなるもの。

※悲しい話…玄蕃は町人の家に生まれたが、幼いころに生母を亡くし、武家の家の養子となった。しかし継母は実の子ではない玄蕃のことを疎んじて、生母が付けた「一助」という名前では呼ばず、「捨松」と名付けた。

※押送人…護送人。

※贄…いけにえ。

※勝手…道中で乙次郎が制するにもかかわらず何度も人助けをしたことを指す。

※眦を決したまま…目を大きく見開いたまま。怒ったり決意したりする様子。

※一丁…約一〇九メートル。

※初めて名を呼んだ…乙次郎は、自分よりはるかに身分が高い玄蕃を呼び捨てにすることができず、かといって罪人である玄蕃に「様」や「殿」を付けて呼ぶのもおかしいので、今まで名を呼んだことはなかった。

※新御番士青山玄蕃頭様…「新御番士」は将軍が外出する際の先導役。玄蕃は江戸ではその「頭」を務めていた。

問１　――線１「われら武士はその存在自体が理不尽であり、罪ですらあろう」とあるが、玄蕃がこのように考える根拠として最も適当なものを次の中から選び、記号で答えなさい。

ア　戦国の世が終わって二百六十年も経過しているにもかかわらず、戦を本分とする道徳を捨てようとせず、武士やその家族は時代遅れまさか音を上げたわけではない。訊きたいことに山ほどあるが、僕は僕の務めを怠ってはならなかった。玄蕃は流人で、僕は※押送人なのだ。そう思い定めれば、B足は棒切れのように固まり、体が石のように重くなった。

磯場を巡った岬に岩屋があり、赤い小さな祠に観音様が祀られていた。

「何を願ったのだ」

並んで掌を合わせたあと、僕は訊ねた。

「あんたが無事に帰れますよう、南無観世音、ナム、ナム」

「まじめに答えてくれ」

玄蕃の顔からあどけない一助が去り、捨松が現われた。

「乙次郎。ひとこと言うておく」

合掌をほどいて、観音様の祠を真向に見つめながら玄蕃は言った。

「3おのれに近き者から目をかけるはあやまりぞ。武士ならば男ならば、おのれのことは二の次ぞ。まして大身の旗本ならば、妻子のことて二の次ぞ」

僕は心打たれた。その気構えのあったればこそ、武士は権威なのだ。

むろん胸のうちに嵐はあろうけれど、玄蕃は毅然として信ずるところを僕に告げた。この人は破廉恥漢ではない。そうと見せておのが身を、千年の武士の世の※贄としたのだ。

それから僕らは物も言わずに、海峡の波がからからと石を研ぐ浜辺をひたすら歩いた。いくつもの難所を越して岬に立ったとき、海と空の究まる彼方に、蝦夷の山なみが見えた。

「乙次郎。俺は※勝手をしたか」

いや、と言いかけたが声にはならなかった。僕は黙って彼岸を眺めていた。思うところの何ひとつとして言葉にならぬおのれの幼さに、僕は※眦を決したまま泣いた。父を送る子と同じように。

海の面を霧が寄せてきた。僕らはしばらくの間、時も場所もわからぬ浜道を、寄する波音だけを頼りに歩いた。

ときおりC白い鷗や黒い鵜が、鰯の群でも見つけたのであろうか、鳴き騒ぎながら目の前をよぎった。海のほかには何もないところに来てしまった。

磯場をめぐり、峠道をたどり、僕らはひたすら歩み続けた。

「あんた、ひとりで帰れるかえ」

子供の足を気遣うように玄蕃が言った。僕は答えられずに肯いた。

浜道はやがて陸に上がり、海風に撓んだ松並木に変わった。旅の終わりを僕は悟った。霧の中に枡形の木柵が見えた。

「乙次郎やい」

「はい」

「存外のことに、苦労は人を磨かぬぞえ。むしろ人を小さくする」

やはり言葉にできぬまま、僕はかぶりを振って否んだ。

…〈中略〉…

浜辺にそそり立つ奇岩の先に小さな船着場があり、潮風に撓んだ松林のほとりに蝦夷福山の陣屋があった。しかし霧の中にぼんやりと佇むそれは、松前侯の参勤が五年に一度ゆえであろうか、陣屋と呼ぶにはあまりにわびしくて、どうかすると気の利いた浜茶屋に見えた。

二百幾十里の涯ての終いの※一丁が、どうしてもたどり着けぬ隔りに感じられた。僕はD浜茄子の赤い花を蹴散らし、石くれを踏みたがえなしかるに、戦国の世を勝ち抜いて幕府を開かれた権現様も、その跡を襲られた台徳院様も、そもそもは天下の政とは無縁の武将にあらせられた。よって太平の世は力ずくに保たれるものと信じておられた。

そうして、政を担う武士の道徳は戦国のまま硬直した。御歴代様の遺徳を蒙って二百六十年もの間、戦をせずにすんだというに、今もこうして大小の二本差しを捨てられぬ。変革を忌避し、万事を先例に倣い続けた末、甚だ理屈に合わぬ儀礼と慣習で身を鎧った、奇怪な武士が出来上がった。さような化物は存在そのものが罪だ。

たちの悪いことに、そうした武士は権威なのだ。御大名から足軽まで、貧富のちがいはあっても権威であることに変わりはない。そしてその身分は「家」によって保たれる。

なにゆえに。それは血で血を洗う戦国の世には、信じられる者が血族ばかりであったからだ。あるいは、代々が忠節を尽くして裏切らぬ、譜代の家柄であったからだ。われらを縛めている道徳ばかりではなく、こうした「家」の尊厳についても、戦国のまま硬直してしもうた。

武士に生まれついた者は、けっしてかような疑問は抱くまい。おぬしも同様であろう。だが、幸い素町人からふいに武士となった俺は、疑うことができた。俺の人生を捻じ曲げ、かくも苦労を強いる「武士」とは何か、「家」とは何か、と。

考えてもみよ、乙次郎。

おぬしの父母も兄も弟妹も、みなその犠牲者ではないのか。婿入り先の父母も、幼いまま妻となった人も。武士である限り、家がある限り、この苦悩は続く。すなわち、武士はその存在自体が罪なのだ。

大出対馬守は敵ではなく※罪障であった。しからば俺は、憎む前に憐れまねばなるまい。よって、同じ武士としてその罪障を背負い、武士道という幻想を否定し、青山の家を破却すると決めた。青山玄蕃の決着だ。

A 浜道は砂から細石に変わり、やがて波に磨かれた石くれとなった。歩きづらさはこのうえなく、僕は流木を杖にしてよろめきながら進んだ。

風はいよいよ冷たく、雲は空一面を低く蓋い、海は黝んでいた。この浜と海の涯てに福山の御城下があるなどと、聞いたところで誰が信じよう。むしろ玄蕃が言った通り、僕らはすでに死んでいて、死出の旅路をたどっているのかもしれない。

玄蕃の語るところは腑に落ちた。僕も武士というおのれの看板に懐疑していたから。それでも僕は、そうした僕自身の苦悩を、鉄炮足軽の家に生まれたがゆえの僻みだと思っていた。だが、食うに困らぬ御旗本も、やはり懐疑していたのだ。

むろん、貧しさを知らぬ武士は疑いを抱くまいが。

物思いいつつ歩いているうちに、置き去られてしまった。遥か先で玄蕃が「おおい」と手を振った。

「やい、乙次郎。ここまで来て音を上げたか。オーイ、舟が出るぞえ」

2 僕は気付いた。玄蕃のうちには一助と捨松が棲んでいる。

それは※悲しい話にはちがいないが、もし青山玄蕃という快傑の最もすぐれた点をひとつ挙げるとするなら、剣の腕前でも学識でもなく、一助と捨松をともに忘れずにおのが根としたことだと思う。そればかりは、誰も真似ができないから。

ア　戦場で危険な任務を何度も果たしていた時は、男たちが命がけで「私」を守ってくれたのに、戦場から帰ってくるとまわりの人々は「私」のことを無視しただけでなく、一般の女性からも「私」の戦場での功績を疑う言葉を投げかけられて辛かったということ。

イ　「私」は命の危険を冒して何度も任務を果たす寸中で「男らしく」なったため、戦争が終わると「男らしさ」を否定している一般の女性たちから攻撃されただけでなく、「私」は「女らしさ」を捨ててしまったため、男たちは攻撃される「私」をかばってくれなかったということ。

ウ　「私」は命の危険を冒し任務を果たすことで「男らしさ」を身につけていったものの、自分を助けようとした男性兵士が死んだり負傷したりすることが何度もあり、自分が助けた兵士と再会して感謝の言葉を聞かされても、「私」はそんな辛い記憶を忘れることができなかったということ。

エ　戦場で任務を必死に果たす中で「女らしさ」を捨てた「私」は、命を救った男性兵士から感謝の言葉をもらっても、「女らしさ」を回復できず、「女らしさ」を規範とする一般の女性たちからは「女らしく」するように責められただけでなく、男たちからも見捨てられたということ。

オ　「私」は戦場で任務を必死に果たすことで「男らしさ」を身につけたため、「女らしさ」を大切にしている一般の女性から異質な女性として否定されただけでなく、そんな「私」を男たちが助けてくれなかったことが、「女らしさ」を失わなかった「私」には辛かったということ。

二

次の文章は、浅田次郎『流人道中記』の最後の部分である。武士の青山玄蕃（文中では「俺」）は、上司である大出対馬守に罪を押しつけられ、蝦夷（北海道）松前藩への流罪となった。十九才の武士、石川乙次郎（文中では「僕」）は、護送役として玄蕃とともに津軽へ向かった。これを読んで、後の問いに答えなさい。なお、出題に際して、本文には省略および表記を一部変えたところがある。

それにしても江戸より二百幾十里、よくも歩いてきたものじゃのう。叶うことなら※破廉恥な侍のまま、おぬしに斬られるなり蝦夷地に送られるなりしたかったが、※道中あれこれあって襤褸が出てしもうた。

かくなるうえは、おぬしが得心ゆくよう語るべきは語っておこうと思う。

俺はのう、乙次郎。1われら武士はその存在自体が理不尽であり、罪ですらあろうと思うたのだ。

よって、その理不尽と罪とを、背負って生きようと決めた。非道を暴くは簡単、ただ義に拠ればよい。まして※敵の屋敷に討ち入るは簡単、そのうえ腹切って死ぬれば、あっぱれ武士の誉よとほめそやされるであろう。だが、それでは俺も※糞になる。

しからば、俺の選ぶ道はひとつしかない。武士という罪を、おのが身で償う。千年の武士の世のささやかな※贖罪とする。青山玄蕃にしかできぬ決着はそれだ。

武士の本分とは何ぞや。

考えるまでもあるまい。それは戦だ。よって大坂の陣が終わり徳川天下が定まり、※元和偃武が唱えられた折に、われら武士は変容せねばならなかった。

あたしは新しい制服を着ていったの。

夕方になってみんなでお茶を飲もうとテーブルについた時、彼のお母さんが台所へ息子を呼び出して泣いているの。「なんだって戦場の花嫁なんかを？　おまえは妹がまだ二人いるのに、もう貰い手はないよ」今でもこの時のことを思い出すと泣きたくなる。想像できるかい？　私は大好きなレコードを持って行った。大好きだったさ。「本当はしゃれたハイヒールを履く資格だってあるのよ」とレコードは歌っていた。戦地にいた娘たちのことさ。私がこれをかけたら、彼の姉が私の見ている前で、「あんたには何の資格もないわ」と割ってしまったんだよ。私の戦場の思い出の写真は全部捨てられてしまった。ねえ、あんた、これを説明する言葉もないよ……言葉がない……

その頃、軍人用の無料乗車証を使って食料を手に入れていた。私と夫はその無料乗車証を二人分合わせて品物に換えていた。特別の倉庫があって、そこへ行くと、私たちは行列に並ぶ。私の順番が近づくと、店の奥にいた男の人が売り台を飛び越えて私の前に来た。キスして、抱きしめて、叫んでいるの。「おーい！　みんな見つけたぞ。あの人を見つけたぞ！　見つけたかったんだ、会いたかったんだ。ほら、この人が僕を救ってくれたんだ」夫は私のそばに立っている。その元傷病兵は私が戦火の中から救い出した人だったんだよ。銃撃をかいくぐって。それで私を憶えていてくれた。私？　全員を憶えていることなんかできないよ。あまりにたくさんいて。ある時は駅で、「看護婦さん……」って。私に気づいた人が泣きながら言う、「会ったら跪こうって思ってた」と。その人は片足はなかったよ……

2戦地にいたことのある娘たちは大変だったよ。戦後はまた別の戦いがあった。それも恐ろしい戦いだった。男たちは私たちを置き去りにした。かばってくれなかった。戦地では違ってた。這って行く時、弾丸や破片が飛んでくれば男たちが叫んでいた。「伏せろ」、でなければ覆い被さってくれた。身をもって弾丸を受けてくれた。死んでしまったり負傷したり。私は三回もそうやって救われたんだよ。

※褒章…戦場で果たした功績によって与えられた勲章のこと。

問１　――線１「私は自分がもらった褒章を全部身につけた」とあるが、「私」が戦争中に果たしていたのは、どのような任務か。これを［一－一］の【文章Ⅰ】の「表3-1」に基づいて説明したものとして最も適当なものを次の中から選び、記号で答えなさい。

ア　重い傷を負った兵士を戦場で助ける看護婦として「女性性スケール」の要素のすべてが求められる任務。

イ　兵士を助けるため「女性性スケール」の要素と、戦場で活動するため「男性性スケール」の要素が求められる任務。

ウ　看護婦ではあっても命の危険がある戦場で活動するため、「男性性スケール」の要素だけが求められる任務。

エ　たくさんの兵士を助けるために「女性性スケール」の要素が求められ、「男性性スケール」の要素は必要とされない任務。

オ　死と隣り合わせの戦場で任務を果たすので、「女性性スケール」や「男性性スケール」の要素は一切必要とされない任務。

問２　――線２「戦地にいたことのある娘たちは大変だったよ」とあるが、「私」にとっては、どのような「大変」なことがあったのか。これを［一－一］の【文章Ⅰ】の内容に基づいて説明したものとして最も適当なものを次のページの中から選び、記号で答えなさい。

があると【文章Ⅰ】で指摘されているのは、どのようなことか。その説明として**適当でないもの**を次の中から一つ選び、記号で答えなさい。

ア「女らしさ」は規範とはなっているが、女性たちはこれに従わなくてもよいということ。
イ「女らしさ」として挙げられた特徴を持っていない女性が多くいるということ。
ウ「女らしさ」として挙げられている特徴を全部持った女性はほとんどいないということ。
エ「女らしさ」の特徴には、現実の女性たちを集団として見た場合の特徴とは異なるものが多くあるということ。
オ「女らしさ」は女性のあるべき姿を人々に示すものになってしまっているということ。

問４――線４「言語における『女』と『男』というカテゴリーの非対称性」とあるが、それはどういうことか。このような「非対称性」が生じる理由を含めて80字以内で説明しなさい。ただし、「**男性を表す言葉」・「女性を表す言葉」を必ず使うこと。**また「解答らん」に「男性を表す言葉」・「女性を表す言葉」と書くとき、「」をつける必要はない。

二 次の【文章Ⅱ】は、スヴェトラーナ・アレクシエーヴィチ著、三浦みどり訳『戦争は女の顔をしていない』の一部である。これは第二次世界大戦中ソビエト連邦がナチス・ドイツと戦った際に、ソビエト軍兵士として従軍した女性の証言である。これを読んで、後の問いに答えなさい。なお、出題に際して、本文には表記を一部変えたところがある。

【文章Ⅱ】

一九四五年の五月の日々。私たちはたくさん写真を撮ったよ。とても幸せだった。五月九日にはみんなが叫んでいた、「勝利だ、勝利だ」と。兵士たちは草の上を転げ回った……「勝ったあ!!!」足を踏みならしたりして踊り興じた。

空に向けて発砲する。それぞれが持っているもので……

誰が何を言っても聞こえていたのは、「勝利」の一言。そして、ふと、生きていたいと熱烈に思った。これからどんなにすてきな生活が始まるんだろう！ 写真を撮ってもらっておこうと思って、１私は自分がもらった※褒章を全部身につけた。なぜか花をバックにして。どこかの花壇で撮ってもらったんだよ。

六月七日は幸せな日だった。あたしの結婚式。部隊では盛大に祝ってくれた。夫とはずっと前からの知り合いだった。大尉で中隊長だった。戦場で生き残れたら、戦争が終わってから結婚しようと誓い合っていたんだよ。一ヶ月の休暇をもらった……

あたしたちはイワノヴァ州のキニェシマに行った。彼の両親の所に。あたしはいつも英雄だったから、あんなふうに戦地にいた娘たちが迎えられるって思っても見なかったんだよ。あんなにたくさんの戦場で、どれだけたくさんの母親たちの息子を、妻たちにはその夫を救ってやったかしれないのに。それが突然、侮辱の言葉を言われたんだよ。戦地では「看護婦さん」「大事な看護婦さん」という言葉しか聞いたことがなかったのに。あたしはめだたない娘ではなく、べっぴんさんだったんだよ。

文化か」を定義する者が無意識的に自分の性別を前提としてきており、「人間＝男性＝我々」という前提で語ってきたことが、あると思われる。こうした前提があるならば、「女性は男でないから人間ではない、つまり我々ではない」ことになってしまう。このように、人間＝男性中心主義を前提とした文化において定義される「女」とは、人間ではない「他者」となってしまうのである。

※第二波フェミニズム運動…一九六〇年代～一九七〇年代初めに世界に広がった、女性に対する差別や不平等をなくそうとする女性解放運動のこと。

※「人は女に生まれない。女になるのだ」（ボーヴォワール）…20世紀後半に女性解放運動に貢献したフランスの哲学者シモーヌ・ド・ボーヴォワールの言葉。

※パーソナリティ…人間の個性や人柄のこと。

※先に定義した狭義の性役割…〈中略〉部分で述べられている男性・女性の性の違いに基づいた具体的な役割分担のこと。「夫は外で働き、妻は家事を行う」などを指す。

問１　――線１「もっとも大きな問題」とあるが、それはどのような「問題」か。その説明として最も適当なものを次の中から選び、記号で答えなさい。

ア　女性が経済的な自立を目指しても、女性であることから十分な教育を受けられず必要な能力を得られないだけでなく、女性の就ける職業が限られている状況では、自立をためらってしまうという問題。

イ　女性の自立を阻む社会構造があるだけでなく、女性自身が職業上で高い評価を得て自立を目指しても「女らしさ」のない女性として否定されるため、自立を躊躇してしまうという問題。

ウ　女性の社会的な自立を阻む仕組みが多いだけでなく、女性自身が自立を目指しても「女らしさ」の中にそれを阻む要素がもともとあるため、自立に積極的になれないという問題。

エ　女性の自立を阻む仕組みが社会にあるだけでなく、女性自身が自立を求めても「女らしさ」が持つ矛盾に直面したり、「女らしさ」がないとされるため、自立をためらってしまうという問題。

オ　「女らしさ」を強いる社会的な仕組みがあるだけでなく、女性は男性より経済力が弱く、「女らしさ」をどうしても優先してしまうため、自立を望んでいても躊躇してしまうという問題。

問２　――線２「女になる」とあるが、それはどういうことか。【文章Ⅰ】に基づいた具体的な説明として適当なものには○を、適当でないものには×をそれぞれ書きなさい。

ア　女の子は他人に思いやりを持つと、周囲から評価されて、「女らしさ」を身につけるということ。

イ　女の子は自分の考えをしっかり主張すると、周囲から評価されて、「女らしさ」を身につけるということ。

ウ　女の子は人の話をよく聞き相手に従うと、周囲から評価されて、「女らしさ」を身につけるということ。

エ　女の子は多少の危険があっても屋外で遊ぶと、周囲から評価されて、「女らしさ」を身につけるということ。

オ　女の子はすぐに助けを求めず自分で問題を解決すると、周囲から評価されて、「女らしさ」を身につけるということ。

問３　――線３「女らしさ」とあるが、これを考える際に注意する必要

⑫しかし、この二つの「女らしさ」を同時に持つことは、なかなか難しい。なぜなら「人の世話をする」ということは、自分の欲求を後回しにできる成熟性や他者のニーズを的確に把握できる聡明性など、「可愛く愚か」というパーソナリティとは両立しがたい特性を要請するからである。

⑬しかもこの二つの「女らしさ」はいずれも、「仕事の上での有能さ」や「リーダーとして他者から信頼される能力」とは異なっている。「競争心」や「野心的」などの、仕事の意欲に関わる特性は、「男らしさ」の項目に挙げられている。「分析的」であったり、「自分の判断や能力を信じて」行動する力も「男らしさ」ということであるなら、「女らしい」ということは、そうした能力に欠けるということになってしまいがちである。つまり、男性は「仕事の上で認められたい」と努力するとそのまま「男らしく」なれるが、女性は「仕事の上で認められたい」と努力すると「男らしく」なってしまう、つまり「女らしさ」に反することになってしまうのだ。「女らしさ」は、仕事の上で評価されることと矛盾するのである。

⑭このように、現代社会における「女らしさ」は、その内部に矛盾を抱え込んでいるだけでなく、現代日本の社会成員の多くが置かれている状況（すなわち職業上高い評価を得なければ生きていきにくいという状況）とも矛盾する項目構成を含んでいる。表3−1で挙げた「女らしさ」が問題になってしまう状況とは、けっして女性という性別を持つこと自体から生まれるのではなく、現代社会における「女らしさ」が矛盾をはらんだ項目からなっており、その一部を実現しようとすると他と両立しがたくなって不安を感じてしまったり、経済的に自立しようとすると「女らしくない」と否定されてしまったりすることから生じてきたと考えることができるのである。

⑮ではなぜ「女らしさ」は、その内容において矛盾するような構成要素を含んでいるのだろうか。現代社会における「女らしさ」は、「事実」というよりも「規範」として維持されていることなどを考えあわせていくと、現代社会において「女らしさ」とは、男性にとって都合が良い女性像を示したものなのではないかということがみえてくる。この視点からみた場合、「女らしさ」と「男らしさ」、「女」と「男」とは、けっして対称的な位置にはなく、非対称的だということになる。

⑯「女らしさ」や「男らしさ」についての知識や信念は文化の一部としてある。これまでこうした文化を作ってきたのは、基本的に男性であった。このことは、4言語における「女」と「男」というカテゴリーの非対称性においてもみてとることができる。

⑰「女性」と「男性」は一見対称的なカテゴリーにみえる。しかし実のところ、言語の中では、「人間＝男性」規則を持つ言語が多いことが知られている。英語においては、manという単語は、男性と訳すことも人間と訳すこともできる。これが「人間＝男性」規則である。人間を指す場合は男性で代用することができるが、女性を人間一般の意味で使用することは文法違反なのである。同様のことは日本語においても指摘できる。「少年」は男の子を意味することも、性別を問わない若い人間一般を意味することもできるが、「少女」という言葉はその意味で使用することができない。こうした規則は一見単に文法規則にすぎないように思える。しかしこうした規則が不便さを指摘されないまま妥当してきた背景には、文化や規範の語り手も聞き手も男性であること、すなわち「何が

てよいだろう。また「女らしさ」と考えられている特徴には、パーソナリティ以外に、「背が低い」「華奢」「可愛い」「体の線が丸みをおびている」などの外見的特徴や、「筋力が弱い」「瞬発力は劣るが持久力はある」などの身体的能力上の特徴、「語学が得意」「理系科目が苦手」などの能力上の特徴などが挙げられる場合もある。

⑦これらの様々な「女らしさ」を考える際に留意するべき第一の点は、現実の個々の女性の多くが、これらの「女らしさ」とは一致しない特徴を備えているということである。「従順」でない女性も多くいるし、「背が高い」女性もいる。「筋力がある」女性もいるし、「理系科目が得意」な女性もいる。つまり先に挙げた「女らしさ」とは、あくまで、「多くの女性は……だ」とか「女性はどちらかといえば……のことが多い」など、女性を集団としてみた場合の、女性集団と男性集団の集団としての特徴を、挙げているにすぎない。つまり、上記に挙げた様々な「女らしさ」を全て備えた女性は、単にイメージの中に存在するにすぎず、現実にはほとんどいないのである。

⑧第二に、単に個々の女性が「女らしさ」と考えられていることに一致しない場合が多いだけでなく、女性集団の特徴とすることもできないような特徴が「女らしさ」として挙げられている場合も多いということにも留意するべきである。パーソナリティにおける「女性性／男性性」を計るテストにおいては、「男性の方が男らしく、女性の方が女らしい」とは必ずしもいえないという結果が出ている。パーソナリティや精神的能力における性差は、社会通念において信じられているものよりもずっと少ないのだ。運動能力や体力の性差はある程度存在すると考えるのが妥当であるが、訓練によって変化する場合も多く、現在存在すると考えられている性差が不変なのかどうかに関しては注意が必要である。

⑨これらのことを考慮すると、私たちの社会において「女らしさ」と考えられていることは、現実の女性たちから経験的に導かれた「事実」としての「女らしさ」から構成されているというよりむしろ、現実の女性たちがどのような特徴を持っているかということとは関わりなく構築された「あるべき女性像」、すなわち理念型としての「女性」を示していると考えた方が適切だということが分かる。つまり上記に挙げられた「従順」などの「女らしさ」は、「女は従順である」という「事実」を意味しているというよりも、「女ならば従順であるべきだ」という「規範」を意味していると、考えられるのである。

⑩ではこのような「規範」としての「女らしさ」は、※先に定義した狭義の性役割と、どのような関連性を持っているのだろうか。

⑪表3-1を再度みてみよう。ここに挙げられている女性性項目は、大きく二つのグループに分けられるように思われる。一つのグループは、「情愛細やかな」「同情的な」「困っている人への思いやりがある」「人の気持ちを汲んで理解する」「あわれみ深い」などを中核とするグループである。こうした項目を並べ、重ね合わせていくと、優しく情愛に溢れて人の世話や手助けをしないではいられない女性像が描かれてくる。もう一つのグループは、「従順な」「おだてにのる」「忠実な」「だまされやすい」「子どものように純真な」などの項目を中核とするグループである。これらの項目を並べ、重ね合わせていくと、子どものように可愛いが知恵がなく愚かで、忠実で従順に人に従うだけという女性像が描かれてくる。

……〈中略〉……

表 3-1

男性性スケール	女性性スケール
自分の判断や能力を信じている	従順な
自分の信念を曲げない	明るい
独立心がある	はにかみ屋の
スポーツマンタイプの	情愛細やかな
自己主張的な	おだてにのる
個性が強い	忠実な
自分の意見を押(お)し通す力がある	女性的な
分析的(ぶんせきてき)な	同情的な
リーダーとしての能力を備えている	困っている人への思いやりがある
危険を冒(おか)すことをいとわない	人の気持ちを汲んで理解する
意思決定がすみやかにできる	あわれみ深い
人に頼らないで生きていけると思っている	傷ついた心をすすんで慰(なぐさ)める
支配的な	話し方がやさしくておだやかな
男性的な	心が温かい
はっきりした態度がとれる	優しい
積極的な	だまされやすい
リーダーとして行動する	子どものように純真な
個人主義的な	ことば使いのていねいな
競争心のある	子ども好きな
野心的な	温和な

注） Bem Sex Role Inventory テストの日本語版。意識調査において、「男らしさ」「女らしさ」と評価された特性を挙げている。

【国　語】（五〇分）〈満点：一〇〇点〉

【注意】一．解答の際には、句読点や記号は1字と数えること。
二．コンパス・定規は使用しないこと。

一　次の【文章Ⅰ】は、江原由美子・山田昌弘『ジェンダーの社会学入門』の一部である。これを読んで、後の問いに答えなさい。なお、出題に際して、本文には省略および表記を一部変えたところがある。また各段落の冒頭に①～⑰の番号を入れてある。

【文章Ⅰ】

①女性の経済的・社会的自立を一つの目標として※第二波フェミニズム運動が展開されると、すぐに女性たちは、[1]もっとも大きな問題を自分自身の内部に見出すことになった。男性と同じように経済的に自立し自分自身の意志で生きることを強く望んでいる女性の多くも、心のどこかで自立することに躊躇してしまう自分がいることを発見したのだ。

②女性が自立を前に躊躇してしまう理由の一つは、女性の自立を阻む様々な社会構造があるゆえである。女性であるからという理由で十分な教育を受けさせてもらえず、職業能力も不十分であり、その上職業世界では性差別が厳然と存在しているとなれば、経済的自立の困難さを前に呆然としてしまっても当然とすらいってよい。けれども女性たちは、こうした社会構造だけでは説明できない、自分自身の心の動き自体に潜む「自立への躊躇」をも発見した。十分に能力があり成功を期待された女性でも、自分に自信を持っていない。あるいは成功してしまうと、誰からも好かれないのではないかと不安になる。結婚するとたちどころに男性を頼ってしまう。常に男性よりも、一歩下がっていようとする。責任を負うことがこわい……。こうした心の動きは、「依存心・依頼心」「ひかえめ・おとなしさ」など、これまで社会が「女らしさ」として規定してきたことそのものであった。「女らしさ」は、女性たちの「自立」を阻むもう一つの「問題」となったのである。

③※「人は女に生まれない。[2]女になるのだ」（ボーヴォワール）。ならば、どうして多くの女性が「女らしさ」を身につけてしまうのかということこそ問題となってくる。

④このような問いに対しては従来、「性役割」(gender role)という概念を用いた説明がなされてきた。性役割とは、もっとも広義には、「性別を理由に割りふられた一連の性格と態度と行為の類型」を意味する。この性役割概念を使用するならば、社会は「女」あるいは「男」にそれぞれ「一連の性格と態度と行為の類型」を割りふっており、社会成員は自己の性別の認知にしたがって、割りふられた「一連の性格と態度と行為の類型」を学習していく結果、「女らしさ」「男らしさ」を身につけていくと説明されることになる。

…〈中略〉…

⑤「[3]女らしさ」として挙げられる特徴にはどのようなものがあるのだろうか。

⑥表3-1は、※パーソナリティの男性性・女性性を測定する代表的な心理テストの一部である。ここで女性性を示す特性と考えられている項目には、「従順」「はにかみ屋」「情愛細やか」「おだてにのる」「思いやりがある」「人の気持ちを汲んで理解する」「優しい」「だまされやすい」「純真」「子ども好き」などがある。これらの項目は、現代社会において「女らしさ」として挙げられているパーソナリティ特性であるといっ

2024年度

市川中学校入試問題（第２回）

【算　数】（50分）　＜満点：100点＞

【注意】 1．コンパス・直線定規を利用してもよい。
2．円周率は3.14とする。
3．比を答える場合には，最も簡単な整数の比で答えること。

1　次の問いに答えなさい。

(1)　次の式の □ にあてはまる数を求めなさい。

$$\square \times \left(24.1-2.4\div\frac{2}{3}\right)+\left(4\frac{1}{6}-\frac{2}{3}\right)\times 98=2024$$

(2)　濃度（のうど）５％の食塩水200ｇと濃度 □ ％の食塩水120ｇをよく混ぜたのち，水60ｇを蒸発させたところ濃度８％の食塩水ができました。□ にあてはまる数を求めなさい。

(3)　家から学校までの道のりは1.2㎞で，Ａは時速3.6㎞で家から学校に向かいました。Ａは家を出て10分後にお弁当を忘れたことに気が付き，時速7.2㎞で家に引き返しました。一方，お母さんは，Ａが家を出て12分後にお弁当を忘れていることに気がつき，Ａに届けようと自転車に乗り時速14.4㎞で学校に向かいました。Ａとお母さんは途中（とちゅう）で会い，Ａはそこから時速7.2㎞で学校に向かい，8時10分に到着（とうちゃく）しました。Ａが家を出たのは何時何分か求めなさい。

(4)　ある魚は，メス１匹（ひき）につき１週間ごとに卵を４個産みます。４個の卵は１週間後にかえり，オスとメスが２匹ずつ産まれます。メスは産まれた１週間後から卵を産み始めます。次の表は，オスとメスを１匹ずつ飼い始めてから３週間後までのオスとメスと卵の数を１週間ごとにまとめたものです。

	飼い始め	１週間後	２週間後	３週間後
オス	1	1	3	5
メス	1	1	3	5
卵	0	4	4	12

このとき，オスとメスを１匹ずつ飼い始めてから６週間後にオスとメスは合わせて何匹いるか求めなさい。

(5)　次のページの図において，正五角形ABCDEをずらしたものが正五角形PQRSTです。辺DEと辺STが平行で，点Ｄ，Ｅがそれぞれ辺QR，QP上にあるとき，角EPAの大きさを求めなさい。

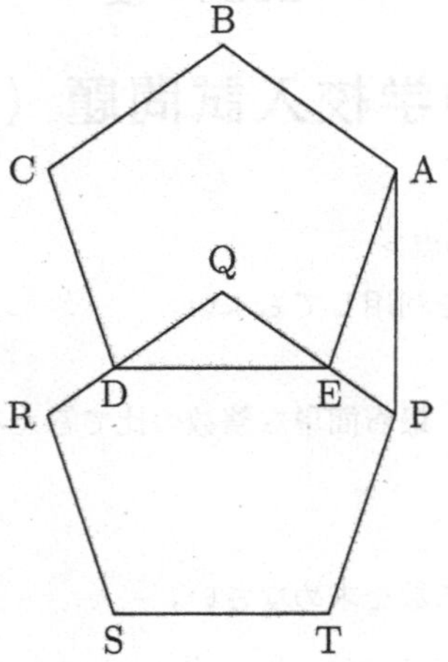

２ Ａ，Ｂ，Ｃの３人は同じ数だけ豆を持っています。ＡがＣに２粒(つぶ)，ＢがＣに６粒あげた後，Ｃは３粒食べました。このとき，ＡとＢが持っている豆の数の合計とＣが持っている豆の数は等しくなりました。その後，Ａ，Ｂ，ＣがＤから同じ数だけ豆をもらったところ，Ａは持っている豆を７粒ずつ，Ｂは６粒ずつ，Ｃは５粒ずつ袋(ふくろ)に入れて余ることなく分けられました。このとき，次の問いに答えなさい。

⑴　Ａ，Ｂ，Ｃは，はじめに何粒ずつ豆を持っていたか求めなさい。

⑵　Ａ，Ｂ，Ｃは，Ｄから何粒ずつ豆をもらいましたか。考えられる数のうち，最も小さいものを求めなさい。

３ 地図上で，次の図のような位置関係になっている４つの国Ａ，Ｂ，Ｃ，Ｄに色を塗(ぬ)ることを考えます。それぞれの国を１色で塗りますが，隣(となり)り合う国には同じ色を使うことができません。このとき，次の問いに答えなさい。

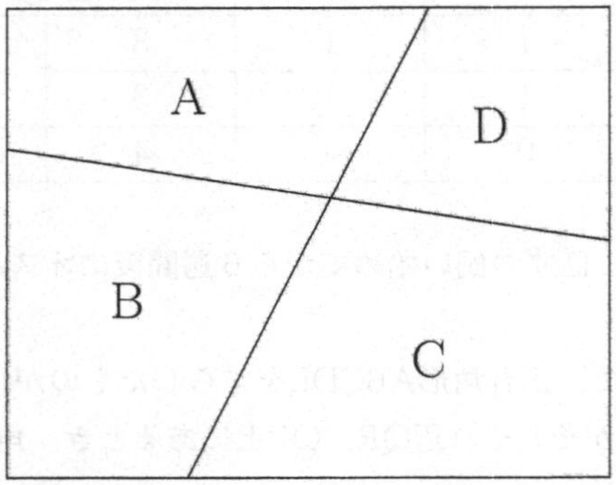

⑴　赤，青，黄，緑の４色すべてを使った塗り方は何通りあるか求めなさい。

⑵　赤，青，黄の３色すべてを使って塗ります。Ａを赤で塗るとき，塗り方は何通りあるか求めなさい。

⑶　赤，青，黄，緑の４色から自由に選んで塗るとき，塗り方は何通りあるか求めなさい。ただし，使わない色があってもよいものとします。

4 横に並んでいる整数の列に対して，次の操作を繰(く)り返します。

操作：隣(とな)り合う２つの整数に含(ふく)まれる偶数(ぐうすう)の個数を，その２つの整数の真ん中の下にかき，新しい整数の列をつくる。

新しい整数の列にかかれる数字が１つになったら操作を終了(しゅうりょう)します。例えば，左から1，2，0の順に並んでいる列に操作を２回行うと

```
1 2 0   ⇒   1 2 0   ⇒   1 2 0
             1 2         1 2
                          1
```

となって，操作が終了します。このとき，次の問いに答えなさい。

⑴　左から1，1，0，2，1の順に並んでいる列に操作を繰り返して終了したとき，一番下の列にかかれている数字を求めなさい。

⑵　７個の整数が並んでいる列に対して，操作を１回行います。操作後の新しい列としてありえるものを次の㋐から㋓の中からすべて選びなさい。

㋐　左から0，1，1，1，1，2の順に並んでいる列

㋑　左から0，1，2，1，0，2の順に並んでいる列

㋒　左から1，2，1，1，1，0の順に並んでいる列

㋓　左から2，1，0，1，2，1の順に並んでいる列

⑶　左から0，1，2，0，1，2……の順に50個の整数が並んでいる列に対して，操作を25回行います。操作後，一番下の列にかかれている数字の和を求めなさい。

5 すべての面が正三角形または正方形で作られている，へこみのない立体図形があります。図１はこの立体図形の展開図の１つです。このとき，次の問いに答えなさい。

⑴　この立体図形の展開図として，図１とは異なるものを考えます。図２の図形に正三角形を１つかき足して展開図を完成させるとき，展開図は何通りあるか求めなさい。また，その展開図の１つをコンパスと定規を用いて作図しなさい。ただし，作図で用いた線は消さずに残しなさい。

⑵　図１において，５点Ａ，Ｂ，Ｃ，Ｄ，Ｅを結んだ五角形の面積を考えると，図１にある正三角形 ［ア］ 個の面積と正方形 ［イ］ 個の面積を足したものとなります。［ア］ と ［イ］ に入る数字を求めなさい。

⑶　図３の展開図を組み立ててへこみのない立体図形を作ります。立体図形の辺上を動く点Ｐは点Ｘを出発し，辺XYを通って点Ｙに到着(とうちゃく)します。辺QRの真ん中の点と辺RSの真ん中の点と点Ｐを通る面でこの立体図形を切断することを考えたとき，切断面の図形が順に何角形になるか求めなさい。例えば，切断面の図形が順に四角形，五角形，六角形となるならば，次のようにかきなさい。

解答例：四 → 五 → 六

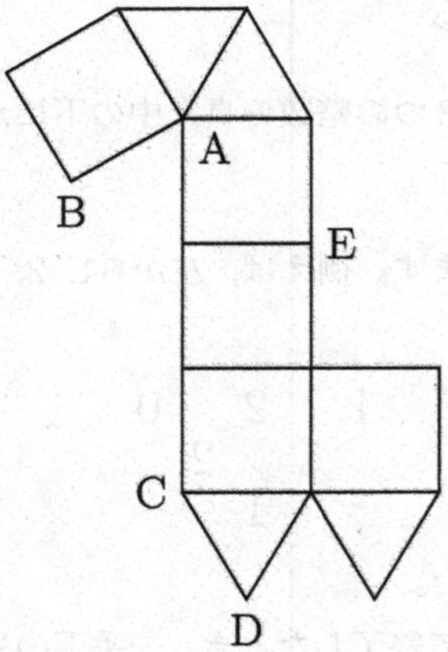

図１

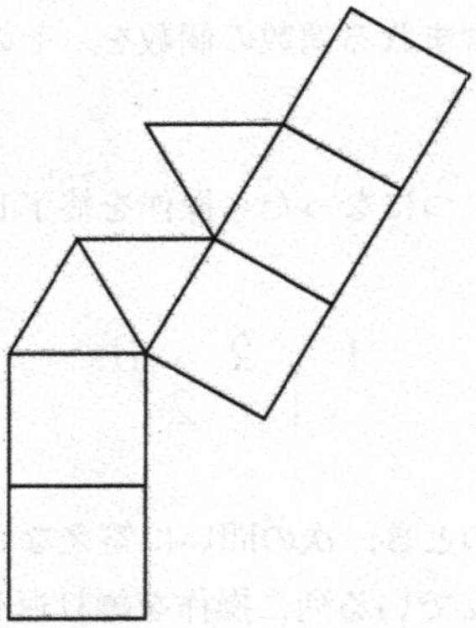
図２

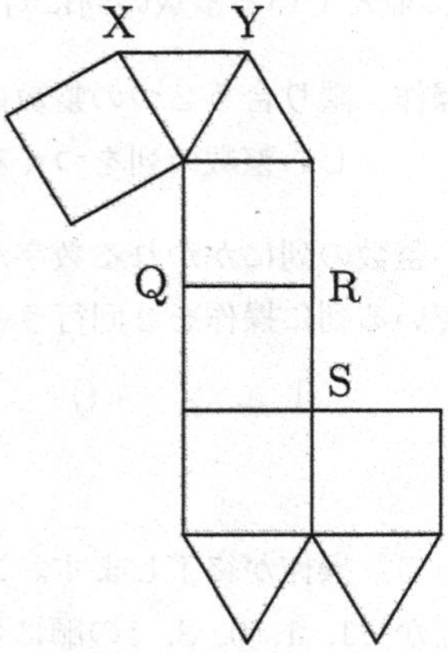

図３

【理　科】（40分）　　＜満点：100点＞

【注意】　１．コンパス・定規は使用しないこと。

２．円周率は3.14とする。

３．計算問題の答えは，整数または小数で答え，割り切れない場合は小数第２位を四捨五入して，小数第１位まで答えること。

1　自転車は発明されてから様々な工夫が重ねられ，性能が向上してきました。

1860年代前半に，フランスのミショー親子によって，図１のような前輪にペダルがついた自転車（ミショー型自転車）が発明されました。ペダルは前輪の軸（じく）に直接つけられていて，ペダルが１回転すると前輪も１回転します。

自転車のスピードを上げるためには前輪を大きくする必要があったので，図２のような極端（きょくたん）に前輪の大きい自転車（オーディナリー型自転車）が1870年頃（ごろ）にイギリスのジェームズ・スターレーによって発明されました。ペダルは同じく前輪の軸に直接つけられています。

図１　ミショー型自転車

図２　オーディナリー型自転車

⑴　前輪の直径は，ミショー型自転車が75cm，オーディナリー型自転車が150cmとします。ペダルを１回転させたとき，ミショー型自転車に比べてオーディナリー型自転車が進む距離（きょり）は何倍ですか。

⑵　前輪の直径が150cmのオーディナリー型自転車は，ペダルを１回転させると何m進みますか。

オーディナリー型自転車は，サドルの位置が高いので乗るのも降りるのも一苦労でした。そこで，1885年にジェームズの甥（おい）のジョン・ケンプ・スターレーが，図３のようなチェーンを用いた自転車を発明しました。ペダルを１回転させたときに進む距離を，前輪ではなく後輪で調整する自転車です。ペダルと後輪の回転軸にはそれぞれ大きさが異なる歯車がついていて，チェーンでつながれています。図４のようにペダルの回転軸には大きな歯車が，後輪の回転軸には小さな歯車がついています。

（図３，図４は次のページにあります。）

図３

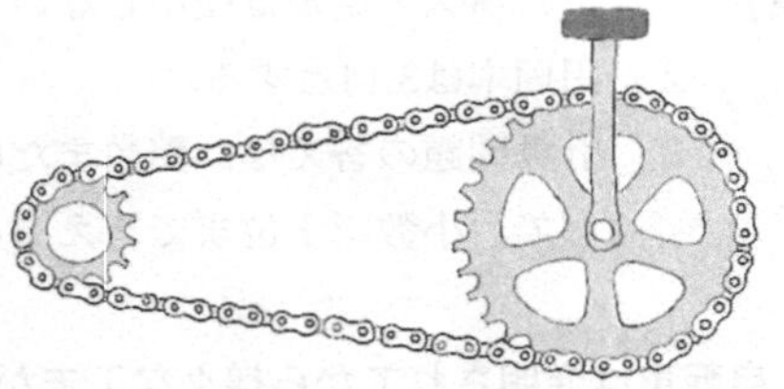

図４

⑶　大きい歯車の歯の数が32歯，小さい歯車の歯の数が14歯とします。後輪の直径が70㎝のとき，ペダルを１回転させたときに自転車が進む距離は何ｍですか。

図５のような変速機は，チェーンにつながれた歯車の大きさ（直径）の組み合わせを切り替える（ギアを変える）ことで，ペダルを１回転させたときに進む距離を変えることができる装置です。

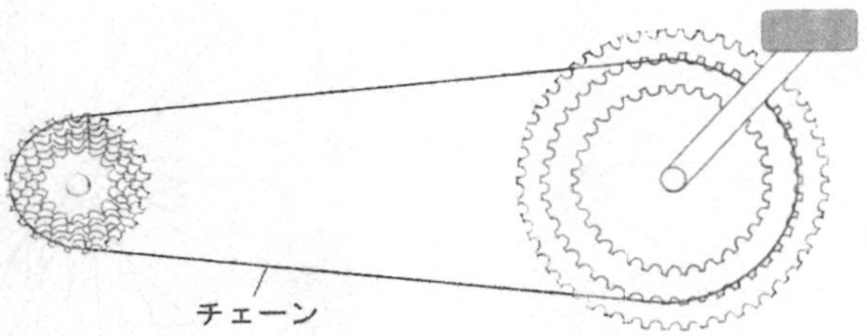

図５　変速機の模式図

⑷　ペダルを１回転させたときに自転車が進む距離が最も長くなるようにするには，歯車の組み合わせをどのようにすればよいですか。次の文の［１］，［２］にあてはまる組み合わせを選びなさい。

ペダル側の歯車は最も［１］ものを用いて，後輪側の歯車は最も［２］ものを用いればよい。

	1	2		1	2
ア	大きい	大きい	イ	大きい	小さい
ウ	小さい	大きい	エ	小さい	小さい

ペダルを押す力が，車輪が路面から受ける力に変換されることで自転車は進みます。図１や図２の自転車は，ペダルを押す力が，前輪が路面から受ける力に変換されます。図３の自転車は，ペダルを押す力が，歯車とチェーンを通して後輪が路面から受ける力に変換されます。そして，図５のような歯車の組み合わせは，ペダルをこいだときに感じる重さと関係しています。

図６（次のページ）は，ペダル側はペダルから歯車の軸までの長さが20㎝，歯車の半径が10㎝であり，後輪側は後輪の半径が35㎝，歯車の半径が７㎝である自転車の模式図です。

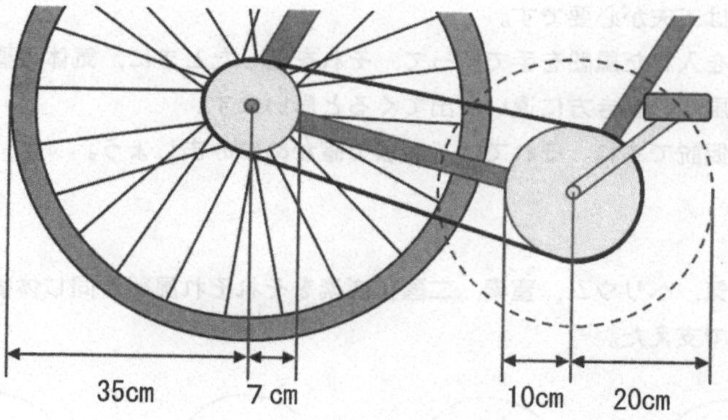

図６

⑸　図６の自転車の場合，ペダルを押す力と後輪が路面から受ける力の大きさについて，次の文章の［3］，［4］，［5］にあてはまる数値をそれぞれ答えなさい。

　ペダルを押す力は［3］倍になってチェーンに伝わり，そのチェーンに伝わる力が［4］倍になって後輪が路面から受ける力となる。したがって，ペダルを押す力は［5］倍になって後輪が路面から受ける力となる。

⑹　自転車で坂道を上るときのように，なるべくペダルを押す力を小さくして自転車が進むようにするには，歯車の組み合わせをどのようにすればよいですか。次の文の［6］，［7］にあてはまる組み合わせを選びなさい。

　ペダル側の歯車は最も［6］ものを用いて，後輪側の歯車は最も［7］ものを用いればよい。

	6	7		6	7
ア	大きい	大きい	イ	大きい	小さい
ウ	小さい	大きい	エ	小さい	小さい

２　市川さんは学校で気体の単元の授業を受けています。

［先　　生］　今日から，気体についての授業を行います。私たちの生活の中で使われている気体で何か知っているものはありますか。

［市川さん］　都市ガスやＬＰガスなどは聞いたことがあります。

［先　　生］　私たちのライフラインとして使われているものですね。どちらも，炭素を成分として含んでいます。では，これらの気体を燃やすと何が発生しますか。

［市川さん］　炭素が含まれているなら，二酸化炭素が発生すると思います。

［先　　生］　そのとおりです。それでは，気体の種類による性質の違いについて学んでいきましょう。以前に体積が同じでも，ものによって重さが違うことを学びました。さて，気体の場合どのように調べればよいでしょうか。

［市川さん］　塩と砂糖を体積が同じ入れ物に入れて重さを比べる実験を行ったのは覚えていますが，同じようにできないでしょうか。

［先　　生］　似た方法で実験することができます。気体が空気中に逃げないように風船に入れて実験しましょう。直接，電子天秤などで重さを測ることは難しいので，重さの違いを知る

ためには工夫が必要です。

［市川さん］　気体を入れた風船を手で持って，それを離したときに，気体の種類によって重さが違うから風船の動き方に違いが出てくると思います。

［先　　生］　よい仮説ですね。それでは，実験で確かめてみましょう。

【実験１】

図１のように空気，ヘリウム，窒素，二酸化炭素をそれぞれ風船が同じ体積になるように入れ，動かないように棒で支えた。

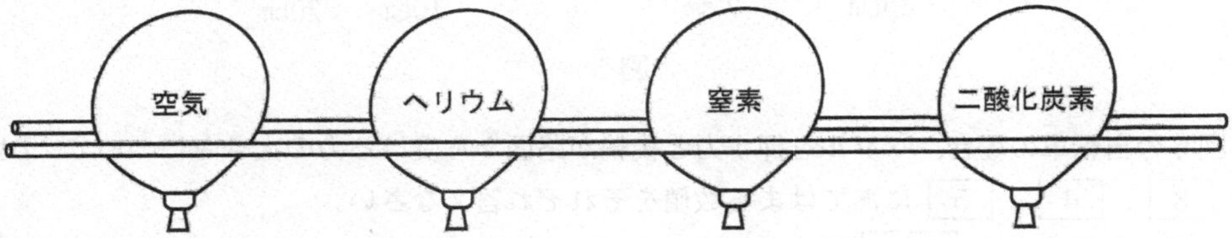

図１

静かに棒を離したときに，ヘリウム，窒素，二酸化炭素が入った風船が，空気が入った風船が落下する様子と比較してどのように動くのかを観察し，その結果を表１にまとめた。

表１

気体の種類	観察結果
ヘリウム	落下せずに上に動いた。
窒素	空気を入れた風船と同じくらいの速さで下に動いた。
二酸化炭素	空気を入れた風船より速く下に動いた。

⑴　下線部について，都市ガスにはメタンが，ＬＰガスにはプロパンが含まれており，私たちはこれらの気体が燃焼するときに発生するエネルギーを利用しています。表２はこれらの気体を同じ体積だけ完全に燃焼させたときのデータです。Ｊ（ジュール）はエネルギーの単位です。１kJ※のエネルギーを得る際に排出される二酸化炭素の重さはメタンに対してプロパンは何倍ですか。

※１kJ＝1000Ｊ

表２

	排出される二酸化酸素の重さ（g）	発生するエネルギー（kJ）
メタン	44	890
プロパン	132	2220

⑵　【実験１】の結果をまとめた表１から判断できるものはどれですか。すべて選びなさい。

ア　ヘリウムは空気よりも軽い　　　イ　ヘリウムは二酸化炭素よりも重い

ウ　二酸化炭素は空気よりも重い　　エ　窒素は空気よりも重い

オ　窒素はヘリウムよりも軽い

[先　　生]　次は気体の性質の違いを利用して気体の種類を判別してみましょう。

【実験２】

図２のように，窒素，酸素，二酸化炭素，アンモニアの気体がそれぞれ，Ａ～Ｄのラベルをつけた試験管のいずれかに入っている。気体の種類を判別することを目的として，これらの気体に対して様々な操作を行う。

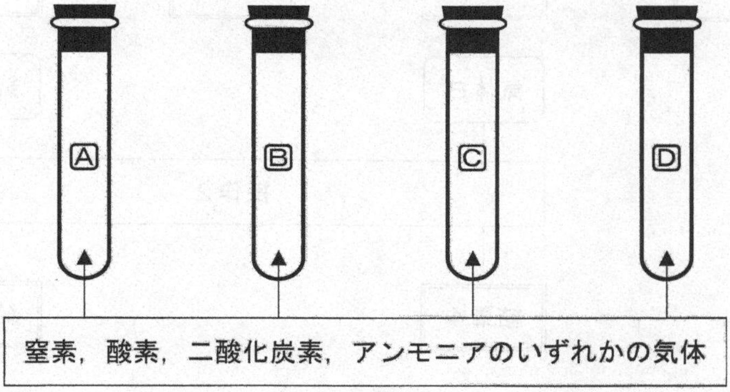

図２

[先　　生]　実験の目的はわかりましたか。それでは実験を計画してみましょう。
[市川さん]　わかりました。ノートに書いていきます。

<市川さんのノート>

実験計画

Ａ～Ｄに対してそれぞれ 操作１ を行うと， 結果１ になる気体が１つ， 結果２ になる気体が１つ， 結果３ になる気体が２つになると考えられる。 結果３ となった気体の判別のために， 結果３ となった気体を新たに準備し，それぞれ 操作２ を行うと 結果４ と 結果５ が得られると考えられる。

[先　　生]　よい実験計画ですね。この実験計画をもとに実験を行ってみましょう。実験後はレポートにまとめてください。

図３（次のページ）は【実験２】後に市川さんがレポートに書いた結果のまとめです。

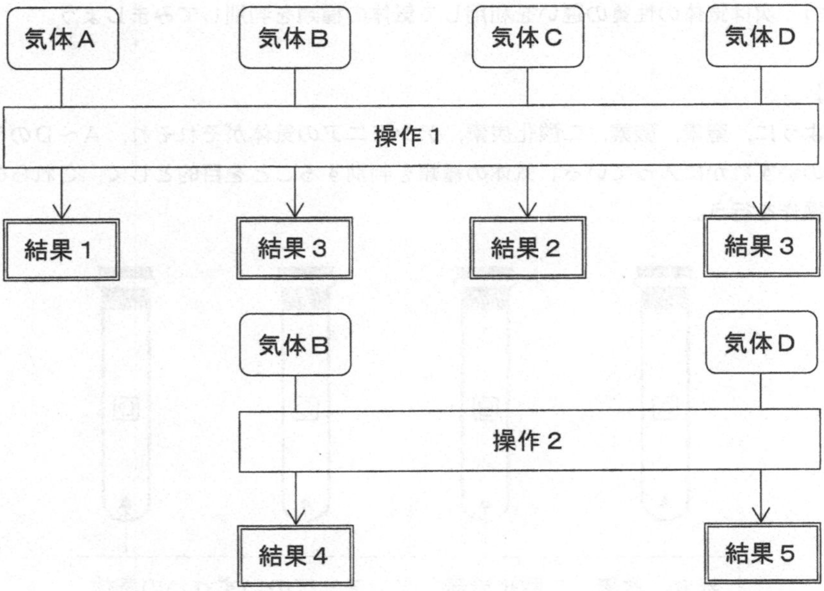

図３

⑶　操作１と操作２はどれですか。

ア　石灰水を加えた　　　　　　イ　水に濡(ぬ)らした赤色リトマス紙を入れた

ウ　火のついた線香(せんこう)を入れた　　エ　緑色のＢＴＢ溶液(ようえき)を加えた

オ　うすい塩酸を加えた

⑷　操作１で，気体ＡとＣは，それぞれ具体的にどのような結果のときにどの気体であると判別できるか説明しなさい。

⑸　操作２で，気体ＢとＤは，それぞれ具体的にどのような結果のときにどの気体であると判別できるか説明しなさい。

3　**市川さんはご飯つぶをよくかんでいると甘(あま)さを感じました。このことを不思議に思って調べてみると，口の中の消化液であるだ液のはたらきが関係していることがわかったので，次の実験を行いました。**

【実験】

操作１　ご飯つぶ20つぶを，40℃のお湯10mLに入れてよくかき混ぜた。これをご飯液とした。

操作２　だ液を４本の試験管Ａ～Ｄの中に１mLずつ入れた。

操作３　試験管ＡとＢは40℃のお湯，試験管ＣとＤは60℃のお湯にそれぞれ10分間つけた。

操作４　試験管Ａ～Ｄのそれぞれにご飯液を２mLずつ加えてよく混ぜてから，すべての試験管を40℃のお湯に10分間つけた。

操作５　試験管ＡとＣのそれぞれにうすいヨウ素液を加えてよく混ぜてから試験管立てに静かに置いた。

操作６　試験管ＢとＤのそれぞれにベネジクト液※を加えてよく混ぜてから，加熱したあとで試験管立てに静かに置いた。

※ベネジクト液……糖を含む液体に加えてから加熱すると，色の変化が見られる液。
操作5，6における，それぞれの溶液の色の変化を表1にまとめました。

表1

試験管	A	B	C	D
うすいヨウ素液	変化なし		変化あり	
ベネジクト液		変化あり		変化なし

表1の結果から，ご飯つぶに含まれる［1］がだ液によって［2］に変化したことがわかりました。市川さんが調べてみると，この変化はだ液の中に含まれる酵素の一つであるアミラーゼのはたらきによることがわかりました。また，たくさんの酵素がからだのはたらきを助けていることや，酵素によって最もはたらく条件が決まっていることもわかりました。

⑴　上の文章中の［1］，［2］にあてはまる語句をそれぞれ答えなさい。

⑵　【実験】の結果からわかるアミラーゼの性質はどれですか。

ア　60℃付近が，最もよくはたらく温度である。
イ　60℃付近になると，はたらきを失う。
ウ　40℃付近が，最もよくはたらく温度である。
エ　40℃付近になると，はたらきを失う。
オ　温度が変化してもはたらきは変わらない。

後日，市川さんは食後のデザートとしてパイナップルゼリーをつくることにしましたが，うまくゼリー（ゼラチン※）が固まりませんでした。調べたところ，パイナップルにはブロメラインというタンパク質分解酵素が含まれていることがわかりました。市川さんは以前に行ったご飯つぶとだ液の【実験】でも酵素がはたらいていたことを思い出し，その【実験】の中で用いたある方法と同じ処理をしたパイナップルを用意し，ゼリーをつくりました。その結果，ゼラチンが固まり，パイナップルゼリーができました。また，缶づめのパイナップルを用いても，ゼラチンが固まり，パイナップルゼリーができました。

※ゼラチン……動物の骨や皮に含まれるコラーゲンからつくられるタンパク質。

⑶　ゼラチンを固めるために市川さんが行った【実験】の中で用いたある方法とはどのような方法ですか。

⑷　豚肉の料理では，パイナップルの酵素を利用して，豚肉をやわらかくすることができます。この手順として最も適するものはどれですか。

ア　生の豚肉を加熱しながら，生のパイナップルと混ぜる。
イ　生の豚肉を加熱しながら，缶づめのパイナップルと混ぜる。
ウ　生の豚肉と生のパイナップルをよく混ぜてから，加熱する。
エ　生の豚肉と缶づめのパイナップルをよく混ぜてから，加熱する。

肉を食べると消化液に含まれる酵素によって分解されます。からだの中では，中性の消化液だけでなく酸性やアルカリ性の消化液もみられます。市川さんは，消化液中の酵素によって肉が分解される速さと，消化液の性質の関係を調べ，表2（次のページ）にまとめました。

表2

酵　素	酸　性	中　性	アルカリ性
アミラーゼ	−	−	−
ペプシン	＋＋＋	−	−
トリプシン	−	＋	＋＋

注）分解する速さの順に＋＋＋，＋＋，＋とし，分解しなければ−とした。

(5) ペプシンやトリプシンは，消化液に含まれるタンパク質分解酵素です。表2より，それぞれの酵素はどの消化液に含まれていることがわかりますか。

ア　だ液　　イ　胃液　　ウ　すい液

(6) ヒトの筋肉の発達には，豚肉などにも含まれるタンパク質が必要ですが，食べた豚肉などがそのままヒトの筋肉になるわけではありません。その理由を説明しなさい。

4 市川さんは初日の出を見るために，日本のとても見晴らしのよい場所にきました。この日の日の出の時刻と方角を聞いていたので，夜明け前に［ 1 ］の方角の地平線を眺め（ながめ）続けました。しかし，この時の天気はくもりだったので，残念なことに日の出を見ることはできませんでした。

(1) 上の文章中の［ 1 ］に入る語句はどれですか。

ア　真西　　イ　真西よりも北寄り　　ウ　真西よりも南寄り

エ　真東　　オ　真東よりも北寄り　　カ　真東よりも南寄り

市川さんは天気予報を調べると，昼は晴れるとありました。日本において，太陽は真南に来たときが一番高く上がることを知っていたので，正午に真南の空を眺めて，太陽が一番高く上がる姿を見ることにしました。

正午の10分前から真南の空を眺めると，太陽はすでに真南を通過しており，時間が経つにつれて高さが下がっていきました。そのため，この日の太陽が一番高く上がっている姿も見ることはできませんでした。

図1（次のページ）はその日の正午の太陽の位置を「●（黒丸）」で表したものです。市川さんは太陽が真南に来るのは正午だと思っていたので，この体験を不思議に感じました。そこで，次の観測計画を立てて，同じ場所で観測を行いました。

【観測1】　1か月に1回，正午の太陽の高さと方角を測った。
・高さは地平線を0°，真上を90°と角度で表現した。
・方角は真北を0°，真東を90°，真南を180°，真西を270°と角度で表現した。

【観測2】　夏至の日と冬至の日に，1日の太陽の高さの変化を記録した。

市川さんは全ての観測日で太陽の姿を見ることができました。表1（次のページ）は【観測1】の結果です。

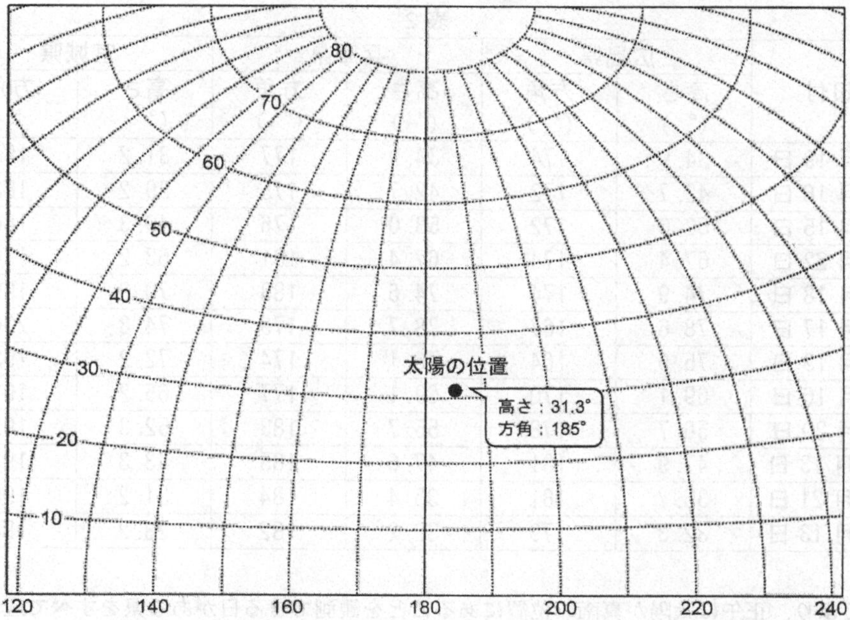

図１

表１

日付	高さ（°）	方角（°）
１月 19 日	35.0	182
２月 16 日	44.0	182
３月 15 日	52.0	185
４月 22 日	66.0	193
５月 18 日	73.0	200
６月 17 日	77.0	200
７月 19 日	75.0	193
８月 16 日	68.0	190
９月 20 日	55.0	192
10 月 13 日	46.0	192
11 月 21 日	34.0	190
12 月 13 日	31.0	187

⑵　【観測１】の結果を［解答らん］にかき入れなさい。かき入れるときは図１のように，観測した12回分の太陽の位置をそれぞれ「●」で表し，日付順になめらかな線で結ぶこと。また，高さ，方角の数値や日付はかき入れなくてよい。

⑶　市川さんが観測を行った場所において，正午に太陽が真南に位置する日は，年に何回ありますか。

市川さんは広島県，兵庫県，宮城県に住んでいる友人たちにも【観測１】を行うようにお願いしていました。表２（次のページ）は友人たちから送ってもらった観測結果をまとめたものです。

表２

日付	広島県		兵庫県		宮城県	
	高さ（°）	方角（°）	高さ（°）	方角（°）	高さ（°）	方角（°）
１月19日	34.9	174	34.9	177	31.2	184
２月16日	42.7	172	42.7	175	39.2	183
３月15日	53.0	172	53.0	176	49.3	186
４月22日	67.4	174	67.4	181	63.2	194
５月18日	74.9	174	74.6	183	70.3	199
６月17日	78.6	167	78.7	179	74.3	200
７月19日	75.9	164	76.1	174	72.2	193
８月16日	69.1	170	69.1	177	65.2	191
９月20日	56.7	178	55.7	183	52.3	192
10月13日	47.9	181	47.6	185	43.3	193
11月21日	35.7	181	35.4	184	31.2	190
12月13日	32.3	179	32.2	182	28.2	188

⑷　表２より，正午に太陽が真南の位置にあることを観測できる日がある県を**すべて**選びなさい。３県とも観測できない場合は，解答らんに「×」をかきなさい。

ア　広島県　　イ　兵庫県　　ウ　宮城県

⑸　同じ日であっても観測する場所が違う（ちが）と正午に太陽の見える方角が異なります。そのうえ，日本において正午に太陽が真南の位置に見える日がある場所とない場所があります。その理由を説明した次の文の 2 ， 3 にあてはまる語句の組み合わせはどれですか。

日本標準時子午線は 2 を通っており，観測場所の 3 がそれぞれ異なるため。

	2	3		2	3
ア	東京都	緯度（いど）	イ	東京都	経度
ウ	兵庫県	緯度	エ	兵庫県	経度

図２と図３は市川さんが行った【観測２】の結果をグラフにしたものです。グラフの縦軸（たてじく）は高さ（°），横軸（よこ）は時刻を表しており，曲線は各時刻における太陽の高さを表しています。

（図２，図３は次のページにあります。）

⑹　夏至の日と冬至の日で，同時刻における太陽の高さが大きく違うのはなぜですか。理由を20字以内で説明しなさい。

⑺　市川さんが観測した場所で，冬至の日における真南の太陽の高さをＸ（°）とします。市川さんが観測した場所の緯度はどれですか。なお，太陽を観測した場所の緯度は，次の式によって求められます。

緯度＝90－Ｘ－23.4

ア　北緯（ほくい）11.2°　　イ　北緯35.6°　　ウ　北緯48.4°
エ　南緯（なんい）11.2°　　オ　南緯35.6°　　カ　南緯48.4°

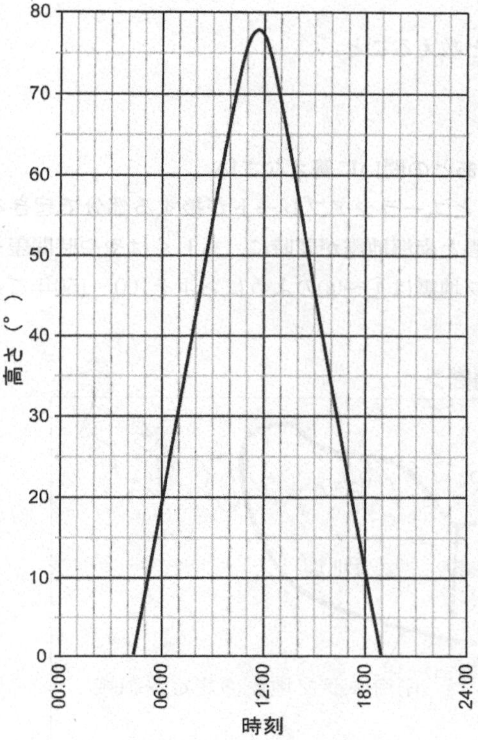
80
70
60
50
40
30
20
10
0
高さ（°）
00:00
06:00
12:00
18:00
24:00
時刻

図２

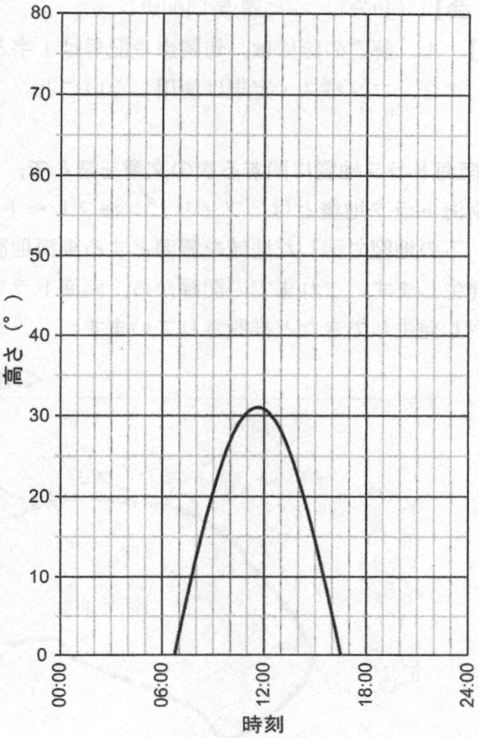
80
70
60
50
40
30
20
10
0
高さ（°）
00:00
06:00
12:00
18:00
24:00
時刻

図３

【社　会】（40分）　＜満点：100点＞

【注意】　１．解答の際には，句読点や記号は１字と数えること。

　　　　　２．コンパス・定規は使用しないこと。

1　南海トラフ地震に関する次の文章を読んで，あとの問いに答えなさい。

　南海トラフ地震とは，フィリピン海プレートとユーラシアプレートが接する部分で起きる地震で，下の地図で示した地域を震源とする東海地震と南海地震が同時に，もしくはやや時間差をおいて発生します。これまでの記録から，南海トラフ地震は①～⑧のようにおよそ100～150年ごとにくり返し発生してきたと推測されています。

＜地図＞

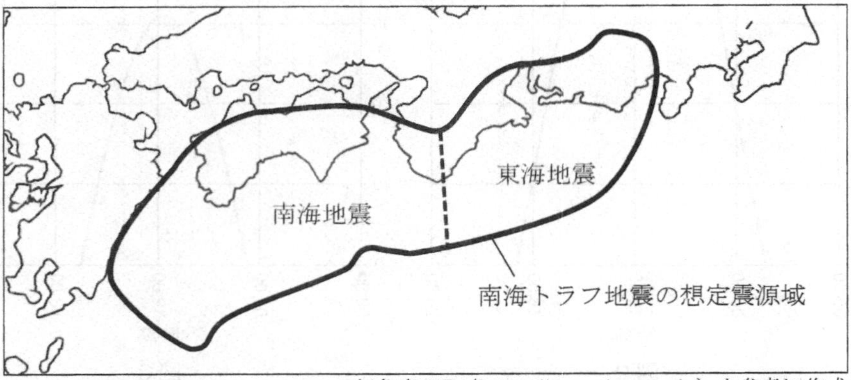

気象庁 HP（https://www.jma.go.jp）を参考に作成

①　記録に残っている中で最も古いのは，684年に起きた白鳳南海地震です。720年に舎人親王らがまとめた歴史書である『（　1　）』に，広い範囲で地震があったことや土佐で大津波があったことが記されています。近年，静岡県でこれと同時期の津波の跡が見つかり，白鳳東海地震も起きていたことがわかってきました。

②　887年には仁和地震が起きました。A摂関政治が始まったころで，『三代実録』という歴史書の中に，京都じゅうの倉や民家がたおれて多くの死者が出たこと，B五畿七道の諸国でも同日に地震が発生したことが書かれています。これは，東海地震と南海地震が同時に起きたためと考えられています。

③　1096年には永長東海地震，1099年には康和南海地震が起きました。前者については，貴族の日記に京都の御所や奈良の寺院が被災したこと，伊勢に津波が押し寄せたことなどが記されています。後者については，20世紀後半になって記録文書が発見され，土佐で水田が海底に沈んだことがわかりました。

④　C1361年には正平南海地震が起きました。鎌倉時代末期から室町時代初期までを描いた『太平記』には，阿波や難波の浦（現在の大阪湾）に押し寄せた津波の様子がくわしく記されています。これに連動した東海地震については，愛知県の遺跡から，そのときのものと考えられる痕跡が見つかっています。

⑤　1498年には明応東海地震が起きました。D京都の公家の日記には，強い揺れにおそわれたこと，伊勢・三河・駿河・伊豆に大波が打ち寄せて，数千人が命を落としたことが書かれています。一方で，同時期に起きた南海地震については明確な記録はありませんが，高知県や徳島県などで当時の液状化の跡が見つかっています。

⑥　1605年には慶長地震が起きました。九州から関東にいたる広い範囲で，津波の記録が残されています。この地震については，E徳川家康が幕府を開いた直後で社会が不安定だったこと，のちの災害で記録が失われたことなどから手がかりが少なく，様々な説がありましたが，現在では南海トラフ地震であるという説が定着しています。

⑦　日本史上最大級の地震が，1707年に起きた宝永地震です。伊豆半島から九州西部まで広い範囲で強い地震が発生し，津波が太平洋沿岸だけでなく大阪湾や瀬戸内海にも入りこみました。この地震から49日後には富士山が噴火するなどF18世紀前半には大きな災害が相次ぎました。

⑧　1854年には，安政東海地震が起きました。開国を求めてGある港にやってきていたロシア艦隊の航海日誌には，津波におそわれ，艦船が大きく損傷したことが記されています。その翌日には，安政南海地震が発生し，紀州藩や土佐藩で詳細な記録が残されました。

＜参考文献＞　石橋克彦『南海トラフ巨大地震　歴史・科学・社会』（岩波書店）
寒川　旭『歴史から探る21世紀の巨大地震』（朝日新書）

問１　（１）にあてはまる語句を漢字で答えなさい。

問２　下線Aについて，摂関政治に関する説明a～cの正誤の組み合わせとして正しいものはどれですか，下のア～クから１つ選び，記号で答えなさい。

a　藤原不比等が摂政になり，藤原家による摂関政治が始まりました。
b　藤原道長は娘を次々と天皇に嫁がせ，天皇の母方の祖父として力をもちました。
c　藤原頼通は長い間権力をにぎり，その勢力を示す「望月の歌」をよみました。

ア［a－正　b－正　c－正］　イ［a－正　b－正　c－誤］
ウ［a－正　b－誤　c－正］　エ［a－正　b－誤　c－誤］
オ［a－誤　b－正　c－正］　カ［a－誤　b－正　c－誤］
キ［a－誤　b－誤　c－正］　ク［a－誤　b－誤　c－誤］

問３　下線Bについて，五畿七道の１つである西海道には，大陸に近いことから外交や国防の任務にあたる役所が設置されました。この役所を何といいますか，漢字で答えなさい。

問４　下線Cについて，1361年の正平南海地震には，康安南海地震という呼び方もあります。地震は，一般に発生した年の元号（その年のうちに改元された場合は，改元後の元号）から名称がつけられ，元号を定める権限は朝廷にありました。以上のことをふまえて，この地震に２通りの名称がある理由を，句読点をふくめて20字程度で答えなさい。

問５　下線Dについて，京都では，明応東海地震の約20年前まで，10年以上にわたる戦乱が続いていました。この戦乱に関する説明a～cの正誤の組み合わせとして正しいものはどれですか，次のページのア～クから１つ選び，記号で答えなさい。

a　将軍足利義満のあとつぎ争いに管領家の相続争いがからみ，戦乱が起きました。
b　多くの守護大名が細川氏の陣営と山名氏の陣営に分かれて戦いました。

c　戦乱をさけて地方に逃(のが)れた貴族らによって，京都の文化が地方に広がりました。

ア　[a－正　b－正　c－正]　　イ　[a－正　b－正　c－誤]

ウ　[a－正　b－誤　c－正]　　エ　[a－正　b－誤　c－誤]

オ　[a－誤　b－正　c－正]　　カ　[a－誤　b－正　c－誤]

キ　[a－誤　b－誤　c－正]　　ク　[a－誤　b－誤　c－誤]

問6　下線Eについて，徳川家康が行った対外政策の説明として正しいものはどれですか，ア～エから1つ選び，記号で答えなさい。

ア　貿易地を長崎のみとし，相手国をオランダと中国に限定しました。

イ　中国を征服(せいふく)し，東アジアの貿易を管理しようとしました。

ウ　貿易船に許可証をあたえ，東南アジアの国々との貿易を保護しました。

エ　日本人が外国に行くこと，外国から帰ってくることを禁止しました。

問7　下線Fについて，18世紀前半に改革を行った幕府の人物とその政策の組み合わせとして正しいものはどれですか，下のア～カから1つ選び，記号で答えなさい。

[人物]

a　徳川吉宗　　b　松平定信

[政策]

c　上知令を出して，江戸・大阪周辺の土地を幕府の領地にしようとしました。

d　年貢率の決定を検見法から定免法に変え，幕府の収入を増やそうとしました。

e　江戸に出かせぎに来ていた農民を農村に帰し，大名に米をたくわえさせました。

ア　[a－c]　イ　[a－d]　ウ　[a－e]

エ　[b－c]　オ　[b－d]　カ　[b－e]

問8　下線Gについて，ロシア艦隊が被災した「ある港」は，この地震の9か月前に結ばれた日米和親条約によってすでに開港されていました。「ある港」とはどこですか，ア～オから1つ選び，記号で答えなさい。

ア　函館　　イ　新潟　　ウ　神奈川　　エ　下田　　オ　兵庫

問9　③と④の地震の間，および⑤と⑥の地震の間の時期に関する歴史資料として正しいものはどれですか，ア～オから1つずつ選び，記号で答えなさい。

ア　駿河(するが)・遠江(とおとうみ)両国の今川家の家臣は，勝手に他国から嫁(よめ)や婿(むこ)をとったり，勝手に他国へ娘を嫁に出すことを，禁止する。

イ　大名は，領国と江戸に交代で住むこと。毎年4月中に参勤すること。そのときの従者の人数が最近とても多いが，これは領地のむだな出費となり，民衆の負担になる。今後は身分にふさわしいように行列の人数を減らさねばならない。

ウ　一揆衆20万人が加賀の守護富樫(とがし)氏の城を取りまき，攻め落とした。…一揆衆は名ばかりの守護を立てた。…百姓(ひゃくしょう)が立てた守護だから，百姓の勢いが強くなって，最近では「百姓の持ちたる国」のようになった。

エ　つぶれへし曲がった家の中で，地べたにわらを敷(し)き，父母は枕(まくら)の方で，妻や子たちは足の方で，私を取り囲み嘆(なげ)き悲しんでいる。…そんなようすなのに，…むちを持った里長がやってきて，（税を取り立てようと）よびたてている。

オ　「善人でも往生できるから，悪人が往生できないわけはない」と思う。自分が悪人と自覚している人は，ひたすら阿弥陀仏にすがるから正しく往生できるはずである。

＜資料出典＞　浜島書店『つながる歴史』

２　次の地図は，1881年に出版された，上野周辺を描(えが)いたものです。地図中Ⅰ・Ⅱに関する先生と生徒との会話を読んで，あとの問いに答えなさい。

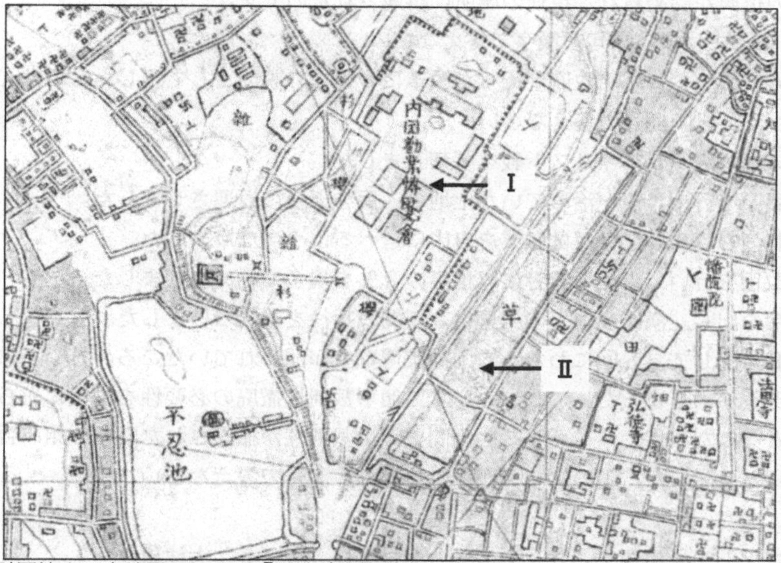

財団法人日本地図センター『明治前期測量２万分１フランス式彩色地図』より作成

Ⅰ　内国勧業(かんぎょう)博覧会に関する先生と生徒との会話

先生　　：地図中のⅠの場所を見てください。この年，上野では内国勧業博覧会が開かれていました。これは，A明治政府が殖産興業の一環(いっかん)として国内外の新技術を公開するための博覧会で，下の表のように，1877年に上野で第１回が開かれ，京都や大阪に場所を移しながら，B計５回開かれました。

千葉さん：６回目はなぜ開かれなかったのですか。

先生　　：Cある戦争の影響(えいきょう)で日本が財政難になったことが理由の一つです。内国勧業博覧会は第５回で終わりをむかえましたが，表を見ると，この間のD日本における産業革命の進展を知ることができます。

＜表＞

	年	場所	説明
第１回	1877年	上野	蒸気機関車や紡績(ぼうせき)機が出品されました。
第２回	1881年	上野	ガス灯が人気をよびました。
第３回	1890年	上野	日本初の電車が会場内を走りました。
第４回	1895年	京都	機械館の動力源として電力が使用されました。
第５回	1903年	大阪	アメリカ製の自動車など外国製品も出品されました。

市川さん：ところで，内国勧業博覧会の会場になった場所には，それ以前は何があったのですか。

先生　　：江戸時代には，寛永寺というお寺がありました。寛永寺は E江戸城の鬼門にあたる上野の台地に建立され，後に徳川将軍家の墓所の１つにもなりました。

市川さん：明治時代以降はどうなったのですか。

先生　　：1868年から69年にかけて旧幕府軍と新政府軍が戦った（　１　）で建物が焼失し，境内は明治政府によって没収されて公園として整備されました。その後，1879年になって寛永寺の復興が認められ，現在の場所に再建されたのです。

問１　（１）にあてはまる語句を漢字で答えなさい。

問２　下線Ａについて，明治政府が行った改革についての説明として正しいものはどれですか，ア～オから２つ選び，記号で答えなさい。

ア　五榜の掲示を示し，キリスト教を解禁しました。

イ　廃藩置県を行い，藩が治めていた土地と人民を天皇に返還させました。

ウ　身分制度を廃止し，平民は職業を自由に選べるようになりました。

エ　地租改正を行い，土地所有者に収穫高の３％を現金で納めさせました。

オ　徴兵令を出し，満20歳以上の男子に３年間の兵役を義務づけました。

問３　下線Ｂに関して，５回にわたる内国勧業博覧会が開かれていたころの外交上の課題に，不平等条約の改正がありました。これについて，領事裁判権撤廃の必要性を国民にあらためて感じさせることとなった事件と，イギリスとの間で領事裁判権が撤廃された時期の組み合わせとして正しいものはどれですか，下のア～ケから１つ選び，記号で答えなさい。

［事件］

a　ノルマントン号事件　　b　フェートン号事件　　c　大津事件

［時期］

d　第２回と第３回の間　　e　第３回と第４回の間　　f　第４回と第５回の間

ア［a－d］　イ［a－e］　ウ［a－f］

エ［b－d］　オ［b－e］　カ［b－f］

キ［c－d］　ク［c－e］　ケ［c－f］

問４　下線Ｃについて，次の図はこの戦争の講和条約に対して民衆が起こした事件を描いたもので，資料はインド独立運動の指導者ネルーが，日本の勝利とその後の国際情勢について語ったものです。これについて，図で描かれている事件と資料中の X にあてはまる地域の組み合わせとして，正しいものはどれですか，あとのア～エから１つ選び，記号で答えなさい。

<図>

浜島書店『学び考える歴史』より

<資料>

日本の勝利にアジアの人々が感激した。…アジア人のアジアの叫びが起こった。しかし日本の勝利は、帝国主義に１国を加えただけだった。その苦い結果を最初になめたのは X だった。

浜島書店『新訂 資料カラー歴史』より作成

ア［事件：義和団事件　　　　X：朝鮮］

イ　［事件：義和団事件　　　　　　　X：台湾］
ウ［事件：日比谷焼き打ち事件　　X：朝鮮］
エ［事件：日比谷焼き打ち事件　　X：台湾］

問５　下線Dに関して，日本の産業の発展について学ぶため，生徒たちは1882年と1897年における輸入品目の割合を表した次のグラフを見て，調べたことをメモにまとめました。このメモの正誤について正しいものはどれですか，下のア～エから１つ選び，記号で答えなさい。

<グラフ>

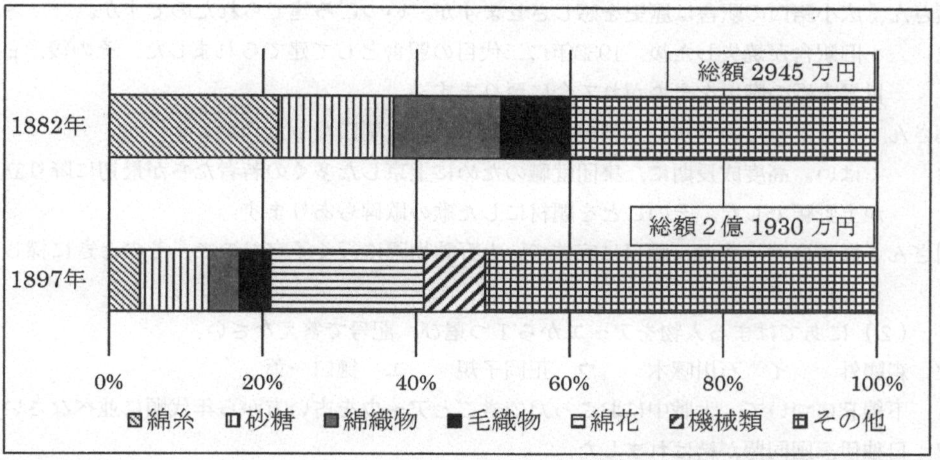

浜島書店『つながる歴史』より作成

<千葉さんのメモ>

1882年は、その他の項目を除いて綿糸の輸入割合が最も高かったが、1897年には約５％にまで減少している。これは、日本国内における綿糸の生産が増加したからだ。

<市川さんのメモ>

1882 年のグラフには見られなかった綿花の輸入割合が、1897 年には全体の約20％を占めている。これは、富岡製糸場が本格的に操業を始めたからだ。

ア　２人とも正しい。
イ　千葉さんのみ正しい。
ウ　市川さんのみ正しい。
エ　２人とも誤っている。

問６　下線Eについて，これは，比叡山延暦寺が京都御所の鬼門の方角に位置していたことにならったとされています。鬼門とはどの方角を表しますか，ア～エから１つ選び，記号で答えなさい。

ア　北東
イ　北西
ウ　南東
エ　南西

Ⅱ　上野駅に関する先生と生徒との会話

先生　　：地図中のⅡの場所には，1883年に上野駅が開業しました。上野駅は，19世紀の終わりから，東北方面から上京した人をむかえ入れる東京の北の玄関口として発展しました。

市川さん：そういえば，上野駅構内で，「ふるさとの　訛なつかし停車場の　人ごみの中に　そを聴きにゆく」という歌碑を見ました。

先生　　：よく見つけましたね。この歌は岩手県出身の（　**２**　）が故郷をなつかしんで詠んだものです。1910年に出版された『一握の砂』に収録されています。

千葉さん：広小路口の駅舎は歴史を感じさせますが，いつごろ建てられたのですか。

先生　　：旧駅舎が焼失した後，1932年に二代目の駅舎として建てられました。その後，F第二次世界大戦の戦災をまぬがれて今に至ります。

千葉さん：そうだったのですね。戦後も上野駅は北の玄関口だったのでしょうか。

先生　　：はい。高度成長期に，集団就職のために上京した多くの若者たちが最初に降り立ったのが上野駅でした。そのことを題材にした歌の歌碑もあります。

市川さん：なるほど，次の日曜日に家族でG上野動物園に行く予定なので，そのときに探してみようと思います。

問７　（**２**）にあてはまる人物を**ア**～**エ**から１つ選び，記号で答えなさい。

ア　森鷗外　　**イ**　石川啄木　　**ウ**　正岡子規　　**エ**　樋口一葉

問８　下線**F**について，大戦中におこったできごと**ア**～**ウ**を古い方から年代順に並べなさい。

ア　日独伊三国同盟が結ばれました。

イ　学徒出陣が行われました。

ウ　ミッドウェー海戦で日本が敗れました。

問９　下線**G**について，上野動物園に初めてパンダが来園したのは1972年のことです。この年に日本とある国との関係が変化したことを記念して，ある国から２頭のジャイアントパンダが贈られました。1972年に，日本とある国との関係はどのように変化しましたか，当時の日本の首相の名を姓名ともに示しながら，句読点をふくめて30字程度で具体的に説明しなさい。

３　**次の歌詞は，市川学園の校歌です。これについて話している市川学園の新入生と先生の会話を読んで，あとの問いに答えなさい。**

一
うららかにうららかに
光かがよう葛飾の
空を流るる白き雲
この明るさをさながらに
心も軽くただ一途
日毎学ぶわが母校
文化のほこりここにあり
おおわれらの市川学園

二
すこやかにすこやかに
姿のびゆく若人の
眉のあたりに薫る風
その鮮しさながらに
心もほがらただ一途
日毎あおぐわが母校
平和のしるしここにあり
おおわれらの市川学園

三
さわやかにさわやかに
歴史かたれる市川の
真間の流れよせせらぎよ
この清らかさながらに
心もすみてただ一途
日毎通うわが母校
自立のさかえここにあり
おおわれらの市川学園

船橋さん：一番の歌詞にある「葛飾」という地名は，現在は東京23区の１つに残っています。千葉県の市川市周辺も，以前は葛飾と呼ばれていたのですね。

先生　：江戸時代までは葛飾郡と呼ばれる郡が今のA東京都・千葉県・埼玉県・茨城県にまたがって存在していました。それが明治時代に細分化されて，市川市にあたるところは東葛飾郡になりました。

松戸さん：「文化のほこりここにあり」とありますが，伝統的な文化はもちろん，海外で暮らした経験のある友だちも多くて，多様な文化に触（ふ）れられますね。

先生　：そうですね，その背景には，近年のグローバル化の進展にともなって，日本から海外に働きに行く人やB海外から日本に働きに来る人が増えていることがあります。

千葉さん：二番の「姿のびゆく若人の　眉のあたりに薫る風」というのは爽（さわ）やかな初夏のC気候を思わせます。

先生　：いい感性ですね。「風薫る」というのは初夏の季語にもなっているのですよ。

船橋さん：三番に「歴史かたれる市川の」とありますが，市川市に学校をつくった理由は何だったのですか。

先生　：創立者の古賀米吉（よねきち）先生は，大都市東京に隣接（りんせつ）して将来性があることなどに期待して，市川市に学校を建てたそうです。学校創立は87年前の1937年です。あと10年ちょっとで100周年になりますが，確かにD約100年の間に市川市はずいぶん人口が増加し，発展しました。

松戸さん：次の「真間の流れよせせらぎよ」の真間川はどこを流れているのですか。

先生　：かつて校舎があった場所のすぐ横を流れるのが真間川です。途中（とちゅう）で今の校舎の近くを流れる大柏川（おおかしわがわ）と合流し，最後は東京湾（わん）に注いでいます。川沿いをずっと歩いてみると，E同じ市川市でも，学校付近と沿岸部で街の様子がずいぶん異なることがわかりますよ。

問１　下線Aに関して，次の問いに答えなさい。

(1)　表１はこの４都県の2020年の昼夜間人口比率※1，１世帯あたり乗用車保有台数，および2019年の観光・レクリエーション目的の旅行者数※2を示したものです。千葉県と茨城県にあてはまるものはどれですか，ア～エからそれぞれ選び，記号で答えなさい。

※１昼夜間人口比率…夜間人口100人に対する昼間人口の割合。

※２観光・レクリエーション目的の旅行者数…観光・レクリエーションを目的として，その都県を訪れた人の数。

＜表１＞

	昼夜間人口比率（%）	１世帯あたり乗用車保有台数（台）	観光・レクリエーション目的の旅行者数（千人）
ア	89.6	0.99	7509
イ	90.3	1.00	26829
ウ	97.8	1.63	6889
エ	116.1	0.45	26965

二宮書店『データブック　オブ・ザワールド2021』

二宮書店『データブック　オブ・ザワールド2023』

観光庁HP（https://www.mlit.go.jp/kankocho）より作成

⑵　この４都県のうち，東京都・千葉県・埼玉県を通るＪＲ武蔵野線は，元々は貨物輸送のために建設されました。貨物輸送について，**表２**は1970～2009年の日本国内における海運，航空，自動車，鉄道の貨物輸送量（トンキロ）の構成比（%）の推移を示したものです。鉄道にあてはまるものはどれですか，あとのア～エから１つ選び，記号で答えなさい。

＜表２＞

	1970年	1980年	1990年	2000年	2005年	2009年
ア	38.8	40.8	50.2	54.2	58.7	63.9
イ	18.1	8.6	5.0	3.8	4.0	3.9
ウ	0.0	0.1	0.1	0.2	0.2	0.2
エ	43.1	50.6	44.7	41.8	37.1	32.0

二宮書店『データブック　オブ・ザワールド2023』より作成

問２　下線Ｂについて，**表３**は，2022年６月時点での**地図１**中の**Ｘ～Ｚ**の３つの自治体に住む外国人の国籍(こくせき)別の構成比（%）を示したものです。**ａ～ｃ**にあてはまる自治体の組み合わせとして正しいものはどれですか，下のア～カから１つ選び，記号で答えなさい。

＜表３＞

	中　国	ベトナム	フィリピン	ブラジル	インドネシア	その他
a	38.3	9.3	8.1	2.6	1.7	40.0
b	15.6	29.0	8.5	0.8	11.5	34.7
c	1.4	4.7	3.5	57.4	2.4	30.4

出入国在留管理庁 HP（https://www.moj.go.jp/isa）より作成

＜地図１＞

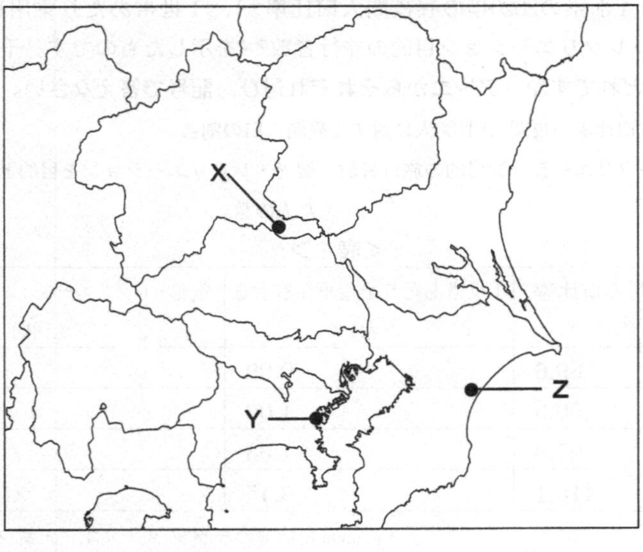

ア　［ａ－Ｘ　　ｂ－Ｙ　　ｃ－Ｚ］
イ　［ａ－Ｘ　　ｂ－Ｚ　　ｃ－Ｙ］

ウ　[a－Y　　b－X　　c－Z]
エ　[a－Y　　b－Z　　c－X]
オ　[a－Z　　b－X　　c－Y]
カ　[a－Z　　b－Y　　c－X]

問３　下線**C**について，**a**～**d**は次ページの**地図２**中の**ア**～**エ**の４つの地点の雨温図です。**b**と**d**にあてはまる地点はどこですか，**ア**～**エ**からそれぞれ選び，記号で答えなさい。

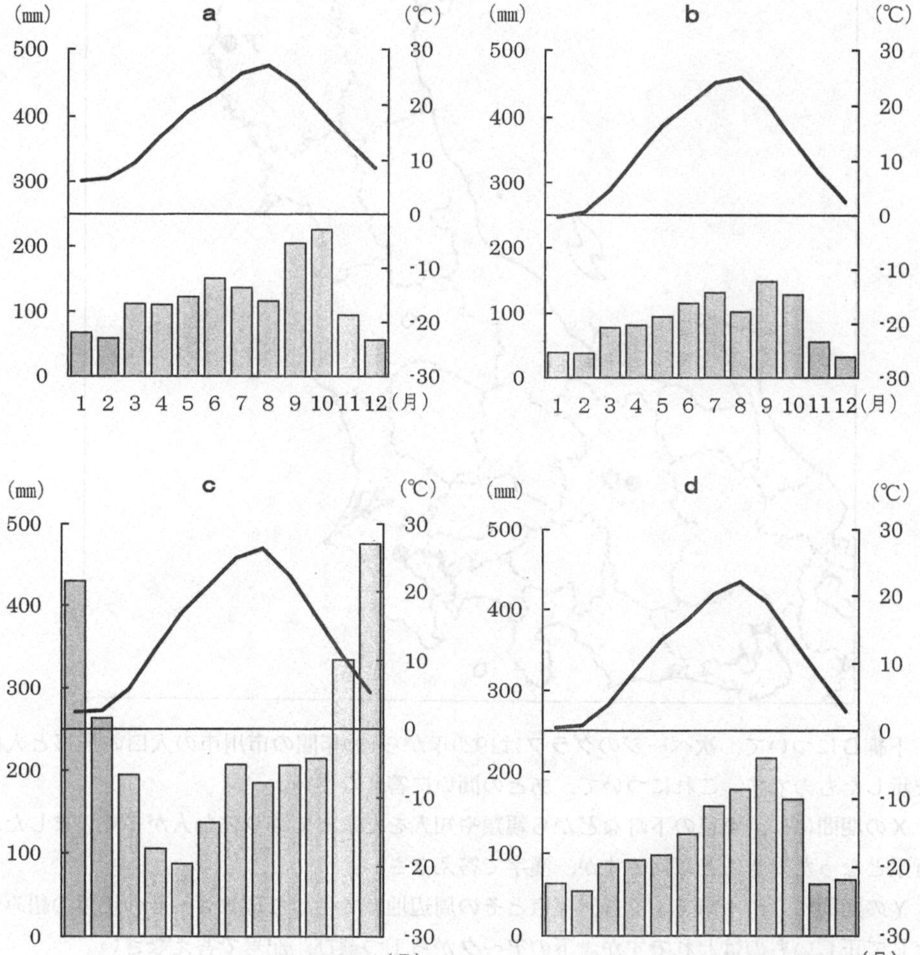

気象庁 HP（https://www.jma.go.jp/jma）より作成

＜地図２＞

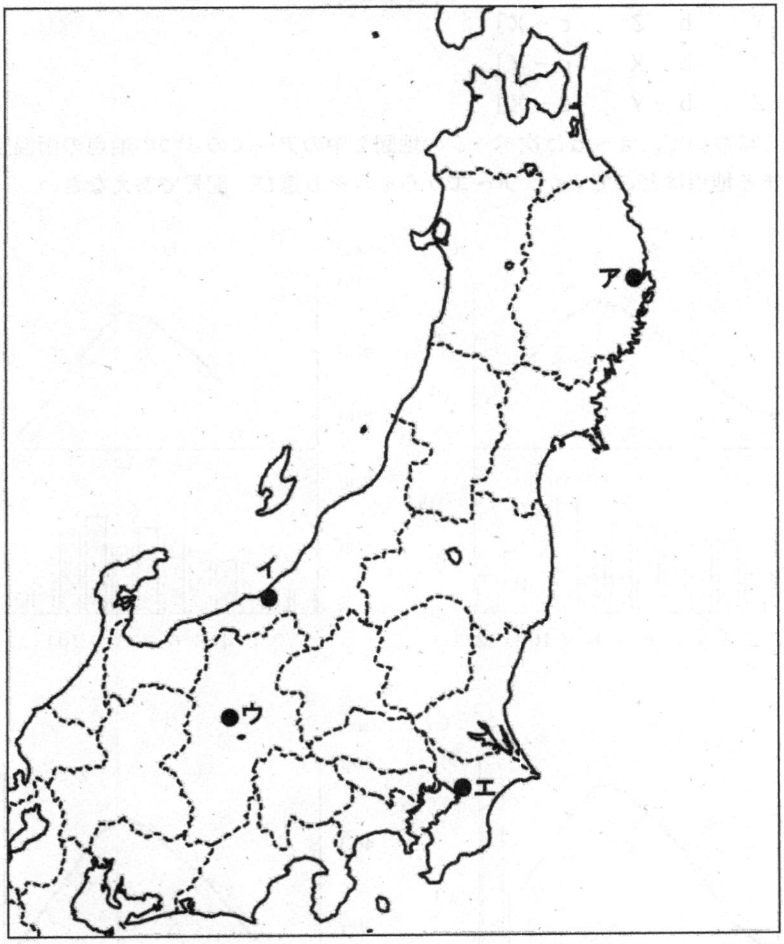

問４　下線Ｄについて，次ページのグラフは1920年から100年間の市川市の人口の推移と人口増加率を示したものです。これについて，あとの問いに答えなさい。

⑴　Ｘの期間には，東京の下町などから親類や知人をたよって移り住む人が多くいました。その背景となったできごとは何ですか，漢字で答えなさい。

⑵　Ｙの期間に，市川市をふくむ，東京とその周辺地域で生じた現象ａ～ｃの正誤の組み合わせとして正しいものはどれですか，下のア～クから１つ選び，記号で答えなさい。

ａ　ごみの排出量（はいしゅつ）が増加し，ごみ処理施設が不足するようになりました。

ｂ　地価が下落したことにより，都心の人口が増加しました。

ｃ　通勤・通学時間帯に鉄道や道路が激しく混雑するようになりました。

ア　［ａ－正　ｂ－正　ｃ－正］　　イ　［ａ－正　ｂ－正　ｃ－誤］

ウ　［ａ－正　ｂ－誤　ｃ－正］　　エ　［ａ－正　ｂ－誤　ｃ－誤］

オ　［ａ－誤　ｂ－正　ｃ－正］　　カ　［ａ－誤　ｂ－正　ｃ－誤］

キ　［ａ－誤　ｂ－誤　ｃ－正］　　ク　［ａ－誤　ｂ－誤　ｃ－誤］

＜グラフ＞

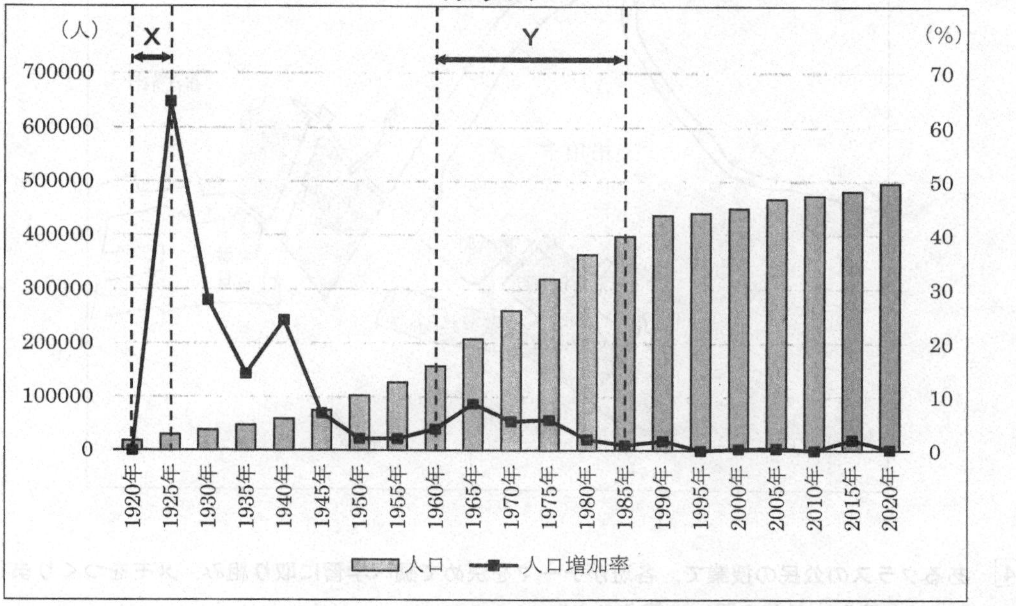

市川市 HP（https://www.city.ichikawa.lg.jp）より作成

問５　下線Ｅに関して，新入生たちは市川市の沿岸部について調べ，**表４**と**地図３**（次のページ）にまとめました。**表４**からわかるように，沿岸部には1960年代から70年代にかけて新たな町が誕生したにもかかわらず，その町に居住している人口は現在までわずかなままです。その理由は何ですか，**地図３**を参考にして，これらの町がどのようにして誕生したのかにふれながら説明しなさい。

＜表４＞

新たな町の誕生		町ごとの人口の移り変わり（人）					
		1980年	1990年	2000年	2010年	2020年	2022年
1962年11月 1日	高谷新町	0	0	1	2	21	16
1963年10月 1日	二俣新町	11	15	2	0	0	0
1966年12月27日	千鳥町	47	36	3	1	0	0
1968年 7月30日	高浜町	0	1	7	0	0	0
1973年 1月19日	塩浜１丁目	0	0	16	2	13	14
1973年12月14日	塩浜２丁目	0	0	0	1	0	0
	塩浜３丁目	0	16	18	19	1	1
1976年 1月23日	東浜１丁目	0	0	0	0	0	0

『昭和56年版　市川市統計年鑑（ねんかん）』・『平成３年版　市川市統計年鑑』
『平成13年版　市川市統計年鑑』・『平成23年版　市川市統計年鑑』
『令和３年版　市川市統計年鑑』・『令和５年版　市川市統計年鑑』より作成

＜地図３＞

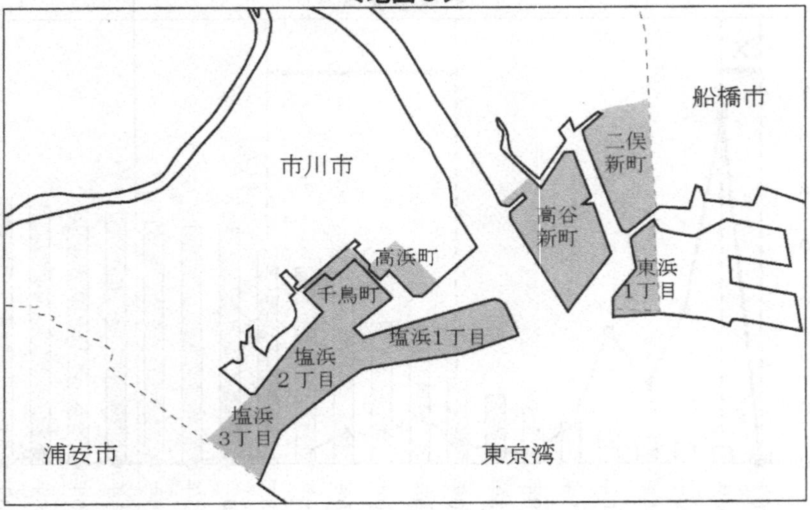

4 **あるクラスの公民の授業で，各班がテーマを決めて調べ学習に取り組み，メモをつくりました。そのメモを読み，あとの問いに答えなさい。**

１班のメモ　サミット（主要国首脳会議）について

2023年５月にA広島でサミットが開催（かいさい）されました。サミットは，世界経済の発展と安定をはかるためにB主要国の首脳らが集まって開催する国際会議です。 第１回サミットは，1975年にパリ近郊（きんこう）のランブイエで開かれ，アメリカ・日本・イギリス・フランスなど６か国の首脳が参加しました。以後C参加国を増やしながら参加国が持ち回りで原則年１回開催し，今回で49回目をむかえました。

問１　下線**A**に関して，岸田文雄首相は被爆（ひばく）地広島でサミットを開催する理由について「広島ほど平和への関与（かんよ）を示すのにふさわしい場所はない」と述べました。核兵器と平和に関する説明として正しいものはどれですか，**ア～エ**から１つ選び，記号で答えなさい。

ア　ソ連の行った水爆実験で日本の漁船が被ばくした第五福竜丸事件を受けて，広島で原水爆禁止世界大会が開かれました。

イ　核拡散防止条約（NPT）により，核兵器保有国をアメリカ・イギリス・ソ連・フランス・インドに限定することが決められました。

ウ　包括的核実験禁止条約（CTBT）により，核実験をすべて禁止することが決められましたが，一部の国の反対で未だに発効していません。

エ　核兵器禁止条約により，核兵器の開発や保有などの全面的禁止が決められ，日本もこれに参加しました。

問２　下線**B**に関して，現在サミットには主要国の首脳だけではなく，EUの首脳も参加しています。EUに関する説明として正しいものはどれですか，**ア～エ**から１つ選び，記号で答えなさい。

ア　EUの本部は，スイスのジュネーブにおかれています。

イ　EUでは加盟国間の関税をなくし，お金や人，物の移動が自由に行われています。

ウ　EUのすべての加盟国は，共通通貨であるユーロを採用しています。

エ　EUの加盟国数は，前身のECの時代から一貫（いっかん）して増加しています。

問３　下線**C**について，サミットに参加する国々は，以前はＧ８と呼ばれていましたが，ある国が参加停止となり2014年以降はＧ７となっています。ある国とはどこですか，答えなさい。

２班のメモ　男女の格差について

> 日本では，男女の格差を是正（ぜせい）するため$_{\mathrm{D}}$<u>男女雇用機会均等法</u>や男女共同参画社会基本法などの法整備を進めてきましたが，多くの課題が残っています。
>
> 2023年６月に，世界経済フォーラムが「グローバル・ジェンダー・ギャップ報告書2023」を公表しました。$_{\mathrm{E}}$<u>日本のジェンダー・ギャップ指数</u>は過去最低の146か国中125位で，Ｇ７で最下位，東アジア・太平洋地域でも最下位でした。

問４　下線**D**について，男女雇用機会均等法では，労働者の募集（ぼしゅう）および採用において性別を理由とする直接的な差別だけではなく，間接差別も禁止しています。間接差別とは，性別以外の理由であっても，結果としてどちらかの性別が不利益になる制度や扱（あつか）いを，合理的な理由がない場合に行うことをいいます。次の**求人票**の下線部のうち，女性に対する間接差別にあたると考えられるものはどれですか，**ア〜エ**から１つ選び，記号で答えなさい。

＜求人票＞

事業所名	株式会社〇〇商事
所在地	千葉県市川市本北方〇〇
募集職種	**ア**<u>営業職</u>
給与	基本給　20万円
勤務時間	9：00〜17：45（休息時間45分）
募集人数	**イ**<u>男性７名，女性３名</u>
応募資格	**ウ**<u>普通自動車免許取得者</u> **エ**<u>身長170㎝以上，体重70kg以上</u>

問５　下線**E**について，次ページの**グラフ**は，2023年の日本のジェンダー・ギャップ指数を示しています。ジェンダー・ギャップ指数とは，政治参画（国会議員の男女比など）・経済参画（管理的職業従事者※1の男女比など）・教育（就学率の男女比など）・健康（健康寿命（じゅみょう）※2の男女比など）の４つの分野における男女格差を，０を完全不平等，１を完全平等として数値化したものです。**グラフ**中の**a〜c**にあてはまる分野の組み合わせとして正しいものはどれですか，**ア〜カ**から１つ選び，記号で答えなさい。

※１管理的職業従事者…就業者のうち，会社役員や企業（きぎょう）の課長以上の役職に就いている人。

※２健康寿命…健康上の問題で日常生活が制限されることなく生活できる期間。

ア　[ａ－政治参画　　ｂ－経済参画　　ｃ－教　育]

イ　[ａ－政治参画　　ｂ－教　育　　ｃ－経済参画]

ウ　[ａ－経済参画　　ｂ－政治参画　　ｃ－教　育]

エ　[ａ－経済参画　　ｂ－教　育　　ｃ－政治参画]

オ ［a－教　　育　　b－政治参画　　c－経済参画］
カ ［a－教　　育　　b－経済参画　　c－政治参画］

<グラフ>

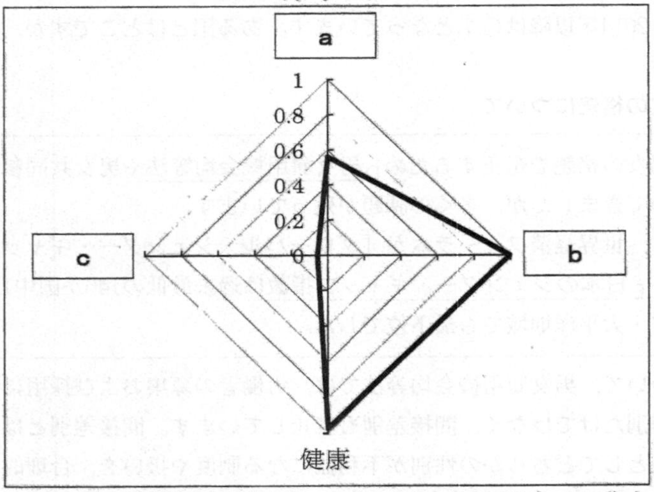

男女共同参画局 HP（https://www.gender.go.jp）より作成

３班のメモ　日本の司法制度について

> F裁判とは，私たちが暮らす社会において，問題や争いが起こったときに，人権を尊重し，法律によって公正に解決するためのしくみです。
>
> G裁判官は，憲法および法律にのみ拘束され，自己の良心に従って，いかなる権力にも干渉されずに裁判を行うため，身分の保障が規定されています。

問６　下線Fについて，裁判に関する説明として正しいものはどれですか，ア～エから１つ選び，記号で答えなさい。

ア　個人の間のお金や権利をめぐる争いを裁く裁判を刑事裁判といいます。
イ　裁判を公正に行い，誤りを防ぐため，三審制が採用されています。
ウ　警察官が犯罪の捜査を行い，犯人と疑われる人を被告人として訴えます。
エ　国民の感覚を反映させるため，すべての裁判の第一審には裁判員が参加します。

問７　下線Gについて，文章中の（X）～（Z）にあてはまるものの組み合わせとして正しいものはどれですか，ア～クから１つ選び，記号で答えなさい。

> 最高裁判所長官は（　X　）の指名に基づいて天皇が任命し，最高裁判所裁判官および下級裁判所裁判官は（　X　）が任命します。
>
> 最高裁判所裁判官には国民審査の制度があり，任命されて最初の（　Y　）のときに裁判官として適しているかどうかの審査が行われ，その後も10年経過するごとに同じ審査がくり返されます。
>
> 裁判官は，（　Z　）に設置される弾劾裁判所で不適格であると判断されたり，病気になったりしないかぎり，やめさせられることはありません。

ア　［Ｘ－内閣　　Ｙ－衆議院議員総選挙　　Ｚ－国会］
イ　［Ｘ－内閣　　Ｙ－衆議院議員総選挙　　Ｚ－内閣］
ウ　［Ｘ－内閣　　Ｙ－参議院議員通常選挙　　Ｚ－国会］
エ　［Ｘ－内閣　　Ｙ－参議院議員通常選挙　　Ｚ－内閣］
オ　［Ｘ－国会　　Ｙ－衆議院議員総選挙　　Ｚ－国会］
カ　［Ｘ－国会　　Ｙ－衆議院議員総選挙　　Ｚ－内閣］
キ　［Ｘ－国会　　Ｙ－参議院議員通常選挙　　Ｚ－国会］
ク　［Ｘ－国会　　Ｙ－参議院議員通常選挙　　Ｚ－内閣］

づき、互いを誤解して遠ざけ合っていたことを恥ずかしく思い、照れくささを隠せないでいる。

イ　母親のことをずっと嫌っていたが、「私」のことを嫌っていたかのように見えた母親にも「私」に対する愛情があったのだということに気づき、これまでの自分の身勝手さを実感し、強い自責の念にかられている。

ウ　母親に嫌われているとばかり思っていたが、実は母親も「私」に嫌われていると思って悩んでいたかもしれないことに気づき、「私」のために必死になっている母親の行動から愛情を実感し、素直な感情があふれている。

エ　母親をこれまで避け続けてきたが、自分のことを第一に考えてくれていた母親が実はか弱く守らなくてはいけない存在だったと気づき、母親を困らせてしまっていたことを反省し、これからは自分が母親を支えようと思っている。

オ　母親に愛されていることに気づいてはいたが、泣きじゃくる母親を見て母親に想像以上に愛されていたのだと気づき、自分勝手なことをしていたのだと反省し、迷惑をかけて申し訳ないという気持ちを率直に表現している。

問６　本文中における「夜風」について、次の各問いに答えなさい。

(1)　＝＝線「夜風はぐったりと横たわっていた」では「夜風」について特徴的な表現技法が用いられている。同じ表現技法が**用いられていないもの**を、〜〜線**ア**〜**エ**の中から一つ選び、記号で答えなさい。

(2)　「夜風」は「私」にとってどのような存在か。その説明として**適当でないもの**を次の中から一つ選び、記号で答えなさい。

ア　自立することの大切さを教えてくれる存在。

イ　自立した人生を歩んでいくために必要な存在。

ウ　苦しいときにやすらぎを与えてくれる存在。

エ　信頼する人にしか名前を明かしたくない存在。

三　次の各文の――線のカタカナを漢字に直しなさい。

1　ゲンカクな父親。

2　心をフルい立たせる。

3　有罪とセンコクされた。

4　ヒカク製品の手入れを行う。

5　国をオサめる。

6　キュウトウ室でお茶をいれる。

7　社長のフクシンの部下。

8　あの役者の演技はアッカンだった。

ぜか。80字以内で説明しなさい。

問３ ――線２「すっと冷たい血が下りていくような感覚に陥った」とあるが、このときの「私」の気持ちの説明として最も適当なものを次の中から選び、記号で答えなさい。

ア　母親が「私」のアルバイトを快く思っていなかったことがわかり、母親に「私」が自立しようとすることを認めてもらいたかったのに、いつまでも「私」は大人として接してもらえないのだと落ち込んでいる。

イ　母親が「私」の行動に父親の影を見出だしていることがわかり、「私」のことを気にかけてほしいと思ってアルバイトをがんばっていたのに、いつまでも父親のことを考えている母親に怒りを覚えている。

ウ　母親はいつまでも父親と「私」を同じように見ていることがわかり、父親以上に努力していることを母親に理解してもらえなかったため、もう母親とは互いに理解し合えないのだとあきらめている。

エ　母親は「私」が怪しいことをしていると思いこんでいたことがわかり、何を言っても聞き入れてもらえず批判されたため、「私」の気持ちがうまく伝わらなかったのだと悔しく思っている。

オ　母親がこれまでと変わらず父親と「私」を重ね合わせていることがわかり、母親に「私」のことを娘（むすめ）として見てほしいと思っていたのに、その願いはこの先も叶（かな）わないのだと失望している。

問４ ――線３「………お母さん」とあるが、このときの「私」についての説明として最も適当なものを次の中から選び、記号で答えなさい。

ア　味方だと思っていた「おじさん」に見捨てられ、大切な「夜風」を故障させたのに自分で直すことができない無力さと怪我（けが）をした痛みから、何もできずに困り果て、遠ざけようとしていたはずの母親に思わず助けを求めている。

イ　怪我を負って痛みを覚え、さらに自分一人では大切な「夜風」をどうすることもできないということを思い知り、自暴自棄（じぼうじき）になってしまい、「私」にあまり関心がない母親を無意識のうちに頼ろうとしている。

ウ　「おじさん」が困っている「私」に興味がないことや、どうあがいても大切な「夜風」を自分で修理することができないことから、自己嫌悪に陥ってしまい、こんなときは母親にはげましてもらいたいと思っている。

エ　信頼していた「おじさん」にも裏切られ、自分が世界から必要とされていないのではないかと不安になり、さらに怪我をして痛みも激しく、母親なら助けてくれるのではないかと恋しく思っている。

オ　「おじさん」は困った「私」を助けてくれず、さらに大切にしていた「夜風」も故障して使えなくなってしまい、どうすることもできない現実にいら立ち、母親に事故の責任を押しつけようとしている。

問５ ――線４「………心配かけて、ごめんなさい」とあるが、このときの「私」についての説明として最も適当なものを次の中から選び、記号で答えなさい。

ア　母親のことをたくましい人間だと思っていたが、母親が自分への接し方に悩んで想像以上につらい思いをしていたかもしれないと気体のあちこちを検査してもらったあと、今のところ異常はないけど、念のため一晩入院して様子を見ましょうと言われた。そうなるとまた、病院から「保護者の方に連絡を」と要求される。
もう、そのことにがっかりはしなかった。
私はまだまだ、ひとりでは何もできないと思い知ったからだ。
私はお母さんのスマホに電話をかけた。予想はしていたけれど留守番電話に切り替わり、私は原付で転んだことと、たいしたことはないけど念のため一泊入院すること、病院の名前をそこに残した。
一泊入院するだけだから、別にどうということはない。明日家に帰ったら、お母さんはきっと、また蔑むような目で私を見るだろう。
仕方ないと覚悟を決め、ベッドに横たわってうとうと眠りかけたとき、廊下をバタバタ走る音がした。
「那智！」
髪の毛を振り乱して病室に入ってきたお母さんは、すごい勢いで私のところに駆け寄ってくると、さっと手を伸ばしてきた。
叩かれるのかと思って身をすくめたら、お母さんは私を抱きしめた。
痛いぐらいに、強く強く。
「那智……那智、大丈夫？　大丈夫なの？」
「……うん」
「よかった……」
私を抱きしめたまま子どもみたいに泣きじゃくるお母さんは、茶色いエプロンをかけていた。胸元にお弁当屋さんのロゴが入っている。仕事の途中で留守番電話を聞いて、着替えもせずそのまま飛んできたのだ。
お母さんって、こんなに小さかったっけ。
そう思ったら急に、蓋をしていた想いがあふれてきた。
お父さんがいなくなって、どうしたらいいのかわからないのは私よりもお母さんだったろう。お母さんだって、ひとりの女の人なのだ。
そして、最初にお母さんを避け始めたのはたぶん私のほうだった。私がお母さんに嫌われてると思うよりも先に、お母さんも私に嫌われてるって思っていたかもしれない。憎まれながら一緒にいるのはつらいことだと、お互いに思っていたんだろう。
自分にとっては、本当は大好きな人だから。
私は言った。
「4……心配かけて、ごめんなさい」
お母さんはそれには答えず、私の背中に回した手で、体のあちこちを何度もさすっている。私の存在を確かめるみたいにして。

※ベスパ…イタリア製のオートバイの車名。これ以降の「スクーター」、「原付」は「ベスパ」と同じものをさす。
※ウーバーイーツ…飲食物を配達する事業の名前。那智はベスパで配達を行っている。
※ATM…銀行などの現金自動預け払い機。
※禍々しい…いかにも災いを招きそうな様子。
※キックペダル…バイクのエンジンを始動させるためのもの。

問１　[X] に入る最も適当なものを次の中から選び、記号で答えなさい。
ア　柳の下のどじょう　　イ　水を得た魚
ウ　蛇ににらまれた蛙　　エ　飛んで火に入る夏の虫
オ　借りてきた猫

問２　――線１「なんだか突然、泣きたくなった」とあるが、それはなて、弾かれて、情けなくて、ウ夜風を痛い目に遭わせたままどうにもできなくて……。

膝小僧の血が生々しく脛に垂れてきている。

「3……お母さん」

唇から、そんな言葉がこぼれていた。

どうして私は、こんなときにお母さんを求めてしまうのだろう。

愛されていないとわかっているのに。早く離れたいって思っているはずなのに。

それでも体の中心から一番欲するのは、甘えたいのは、自分でもわからないまま、やっぱりお母さんだった。

お母さん、お母さん、お母さん。

痛いよ。どうしたらいいかわからないよ、助けて。

ぽろぽろと涙がこぼれてきて、私は自分を掻き抱いた。

心細さの中で今度は、ジンくんの顔が浮かぶ。

そして鎖で自然に引き寄せられるように、そういえばこの間、劇団ホルスにバイクショップで働いている俳優がいるという話をしてくれたことを思い出した。

ジンくんに迷惑をかけるかもしれない。でも私はどうしたって、夜風を助けなければならなかった。

震える手でスマホを持ち直す。

ラインアプリを開き、私は唯一の「友だち」にメッセージを送った。

ジンくんに事の次第を話すと、彼はすぐに「佑樹さん」という俳優に連絡を取ってくれた。運よく、たまたまバイクショップでバイトしているタイミングだったという。

佑樹さんは「サニー・オート」と描かれた軽トラックで来てくれた。

とっぷり暮れた暗がりの中、ヘッドライトがこちらに向かってくるのを見て、私はどれだけ安堵しただろう。

軽トラの荷台にスロープをつけると、佑樹さんはエ夜風をていねいにその上に載せた。

「大丈夫だよ、腕のいい整備士を知ってるから」

明るく言う佑樹さんに、私は泣きながら何度も何度もお辞儀をした。

本当に、ありがたかった。

「それにしてもびっくりしたなあ。ジンくんがすごい勢いで電話してきて、何事かと思ったよ。俺も高校のときよく言われたけど、最近ジンくん、電話とかでお父さんに声がそっくりになってきてさ。俺、最初、龍さんに怒られるのかと思った」

龍さんって、劇団ホルスの主宰者の神城龍だ。私はまだ会ったことがないけど。

佑樹さんは私の脚を指さした。

「膝小僧、血が出てるじゃん」

「大丈夫です。すりむいただけだと思う」

「いや、すぐ病院に行きな。頭も打ってるかもしれないし、傷の手当てと検査もしてもらったほうがいいよ」

佑樹さんはその場で夜間受付している病院を調べて連絡を取り、私を助手席に乗せて送ってくれた。

なんとか我に返ると、私はアスファルトの上に投げ出されていた。左腕に強い痛みが走り、スカートから出た膝小僧がすりむけていた。

頭は打ったのかどうかも記憶にないけど、衝撃はなかった気がする。ヘルメットを外しながらよろよろと起き上がってすぐ、あたりを見回す。夜風は？

車道の脇に、夜風はぐったりと横たわっていた。足を引きずるようにして夜風のところに向かう。

私は夜風の体を立てた。ミラーが割れて、車体に傷やへこみが増えていた。

「ご、ごめん……ごめんね」

夜風の返事を聞きたくて、私は※キックペダルを蹴る。

だけど、エンジンはかからなかった。ア夜風は無言のままだ。

「嘘……。ねえ、夜風。夜風ってば」

私は泣きながら何度もキックペダルに足を乗せた。イ動かなくなった夜風は、すっかり生気を失っているようだった。

時間は午後五時を過ぎ、陽が暮れてどんどん暗くなってきている。ここはどこだろう。ブレザーのポケットに入れていたスマホが無事だったのを確認し、マップアプリを開いてみた。

どうやら無意識に東緑地公園のほうに向かって走っていて、今はその手前あたりにいるらしい。住宅街を抜けているのでひとけはなく、誰にも迷惑をかけないですんだのは幸いだった。

どうしよう。どうしたらいいんだっけ。

そうだ、まず夜風と出会ったあのバイクショップに連絡するんだ。

急いで電話をかけると、無機質なアナウンスが流れてきた。

「お客様のおかけになった電話番号は、現在、使われておりません」

…………え？

どうして？　私はあわてた。でもすぐに思い出した。そういえば、あのお店のおじさんが一度携帯からかけてきたことがあって、何かあったときのためにとそれを登録した覚えがある。

探して発信ボタンを押すと、長いコールのあと、あのおじさんの怪訝そうな声がした。

「……誰？」

「あの、私、お店でベスパを買った逢坂です。今、転んでしまって、スクーターが動かなくなっちゃって……」

「ああ」

おじさんは面倒くさそうに息を吐いた。

「携帯の番号、教えちゃったっけ？　まずったな。悪いけど、もうあの店ないから」

「えっ、でも」

「あのときさあ、もうすぐ閉店するっていう知り合いの店を間借りして中古車たたき売りしてたんだよね。事故ったなら自分でなんとかして」

「自分でって……」

「もうかけてくんなよ」

ぶつっと音がして電話が切れた。

そんな。あのおじさんは、私の味方だと思ったのに。

私は唇を噛んだ。もうかけてくんなよ、という憎々し気な声が頭の中でぐわんぐわんと響いていた。

やっぱり私は、自分だけでは何もできないのだ。この世界から嫌われウーバーイーツの仕事はアルバイトではなく業務委託です。学校にバレたらそう言おうとしていた冗談めいた言い訳が、彼女に通じるはずもない。

お母さんは床に座り込み、泣き出した。

「……なんで…なんでよ。お金が足りないなら、言えばいいじゃないの。母子家庭だからって不自由させないようにって、私はこんなに一生懸命がんばってるのに。今までお小遣いに困らせたことなんかあった？　スクーターだって買ってあげたじゃないの」

嗚咽の中で、私は立ちすくむ。

違うよ、お母さん。私は、自分の力で稼ぎたかった、そのお金で自立したかった。

もうお母さんの前から消えて、迷惑かけたくなかったんだよ。お母さんに嫌われてるとわかってるのに、そばにいるのが耐えられないんだよ。

そう思いながら無言を貫いている私に、お母さんは地鳴りみたいに低い声で言った。

「……そういうところ、あの人にそっくり。私に隠れて、こそこそして」

2すっと冷たい血が下りていくような感覚に陥った。

お母さんはいつも私にお父さんを重ねている。終わらないのだ。これからもずっと。

「私、那智だよ。お父さんじゃないよ。ちゃんと私のこと見てよ」

私は淡々と言った。

ハッと顔を上げたお母さんと一瞬だけ目を合わせたあと、私は部屋を飛び出した。

忘れようとしても忘れられない。

お父さんはもう帰らないと言われた日のこと。

何の前触れもなく世界が真っ暗になった日。

月が太陽を隠した日、月さえも見えなくなった日。

恐怖だった。私はあのとき、お父さんだけじゃなくて、前のように楽しそうに笑うお母さんのことも失ったのだと思った。何をどうすればいいのか、これからどうなるのか、不安で不安でたまらなかった。

夜風、夜風。

あなたがいてよかった。私をどこか遠くへ連れて行って。

もう、高校を卒業してからなんて待てない。

涙で視界がかすむ。夕暮れ時の薄暗さの中、自分がどこを走っているのかよくわからなかった。人のいないところへ、いないところへと道を選んでいく。

そのとき、目の前を黒い猫がさっと横切った。あっとハンドルを切ろうとした瞬間、平衡感覚が一気にくずれ、激しい騒音と共に何がなんだかわからなくなった――――。

「……痛っ……」

ギクリと体の奥で音がする。訊かないで、と念じていたけど届かなかったみたいだ。

「あ、えっと……Ｍ短大、かな。イタリア語学科があって」

「へえ、イタリア語」

「私の乗ってる※ベスパって、イタリア車なの。スズメバチって意味なんだって」

「スズメバチがベスパなら、スズメはイタリア語でなんていうの」

「……それは知らないけど」

勉強してみようかな。Ｍ短大を受けて、イタリア語学科で……。そんな気持ちになって、1<u>なんだか突然、泣きたくなった</u>。私は、ジンくんの一言に左右されてしまうほどの軟弱な根性で、ひとりで生きていきたいなんて思っていたのだ。でも、ちゃんと勉強して受験して、学びたいことを学ぼうとするほうがよほど根性が要るんじゃないか。

「スクーター、気に入ってるんだね」

ジンくんがハサミを動かしながら言う。

私は彼にならﾞ話してもいいと思った。

「あのね、あの子は夜風っていう名前でね………」

ジンくんは穏やかにほほえみながら聞いてくれた。嬉しかった。私の大切な夜風への想いを、少しだけ、ジンくんと共有できた気がしたから。

そんなふうに平穏な日々がこのまま卒業まで続くことを願っていたけれど、そうはいかなかった。

次の日、学校から帰ったら、お母さんが仁王立ちで私を待ち構えていたのだ。

ただならぬ気配に、そのまま逃げだしたくなった。でも［　Ｘ　］みたいに、私は動けなくなる。

「……なんなの、これは」

お母さんの手に、預金通帳があった。

※ウーバーイーツの報酬振込のために作ったものだ。でも、振込確認はほとんどスマホで見ていて、通帳記入はしていない。まだ弁解の余地はある。私は必死で言い訳を考えた。

ところが、私の口よりも先に、お母さんが通帳を開いた。

「ドイツ銀行って、何よ」

ドイツギンコウＵＢＥ。ウーバーイーツの報酬はそこから支払われている。今まで私が配達で得た収入が、すべて印字されていた。お母さんは通帳を銀行に持っていって※ＡＴＭで記入してきたのだ。

私はカッとなって叫んだ。

「勝手なことしないでよ！」

通帳をつかみ取ろうとする私をよけ、お母さんはさっと体の向きを変えた。

「何をやっているの？　どんな怪しいことしてるの！」

お母さんから、嫌悪のまなざしが投げかけられている。お母さんにとって私は、こんなにも※禍々しい存在なのだ。

「怪しくなんかない。ウーバーイーツの仕事してただけだよ」

「ウーバーイーツ？　バイトは禁止でしょうっ」

金切り声を上げるお母さんに、私は返す言葉がなかった。

二　次の文章は、青山美智子「ウミガメ」の一部である。高校三年生の「私」（逢坂那智）は、両親が離婚して母親と二人で暮らしている。母親は小遣いを「私」に少し渡すだけで、あまり家に帰ってこない。「私」は高校を卒業したら一人で暮らすと決意し、少しでもお金をためようとアルバイトをしている。以下の場面は、友人のジンくんの自宅で、ジンくんの父親が主宰する劇団ホルスの小道具を一緒に作っている場面である。これを読んで、後の問いに答えなさい。なお、出題に際して、本文には省略および表記を一部変えたところがある。

途中まで紙吹雪を一緒に作っていたジンくんは、ある程度までくると私に雪を一任し、白い画用紙で何か作り始めた。カットして、折って、折って、またハサミをちょこちょこと動かして。

横目でちらちら見ていたら、どうやらそれは、花らしかった。ジンくんは花びらをいくつも生み出し、重ねていく。作り方の本などを見ているわけでもなく、慣れた手つきでどんどん作業を進めている。きっといつも作っているのだろう。完成した花は、手のひらにふわっと載せてちょうど収まるぐらいのサイズの、名前もない象徴的な花だった。

「きれい」

私が言うと、ジンくんは満足そうな笑みをこぼした。

「これを百個作る」

「は？」

その内職、なかなかブラックなのではと、私はちょっとあきれてジンくんを見る。そんな私の表情を見て、ジンくんは言った。

「いや、無理やりやらされてるわけじゃなくて。僕がやりたくて申し出た。こういうことするの、すごく好きなんだ。この花、きっと舞台でいい仕事するよ。いくつかは踏まれたり客席に落っこちたりするかもしれないけど、それも込みでいいんだ」

ジンくんは出来立ての白い紙の花をそっとテーブルに置き、ふたつめを作り始めた。

「ジンくんもそのうち、お父さんの劇団に入るの？」

「わかんない。でも、ちゃんと舞台美術の勉強がしたくて、高校を卒業したら専門学校に行こうと思ってる。学校ってすごいよね。いろんなこと教えてくれて」

私は細い短冊を持ったまま、胸がぎゅんときしんだ。

ジンくんにはちゃんとやりたいことがあるのだ。そこに向かって、道筋をはっきり決めている。

ただひとりになりたくて家を出ることしか考えていない私とは大違いだった。すごいねとだけぽつっと言うと、ジンくんはゆっくりと続けた。

「演劇って役者ありきだけど、裏方の仕事がたくさんたくさんあるんだ。それがおもしろいなってわかったのは劇団ホルスのおかげだよ」

その言葉に、ハッとさせられた。

表舞台の裏に、そのまた裏に、ステージを支える人たちがたくさんいる。もしかしたら私だって今日、そのひとりになれたのかもしれない。だとしたら、ちょっと誇らしい。

この白い紙のかけらが、ちゃんと雪になりますように。お客さんを楽しませることができますようにと、私は姿勢を正してハサミを握りなおした。

「なっちゃんは、どうするの」

みこむことができず、おたがいに気を遣いあう関係になって疲れてしまうということ。

オ　現代の若者は、一人にならないよう争いや対立を避け、相手に合わせて上手に人とつきあいたいと思う一方で、友人に嘘はつきたくないとも思っているため、友人といっしょにいればいるほど自分の本当の意見を言えない罪悪感が増していき、疲れてしまうということ。

問４　――線３「一匹狼」、――線４「ぼっち」とあるが、「かつて」と「今日」の子どもたちは、一人でいる人をそれぞれどのようにとらえていると筆者は考えているか。**「かつて」「今日」の二語を必ず使って**100字以内で説明しなさい。ただし［解答らん］に「かつて」「今日」を書くとき、「」をつける必要はない。

問５　══線Ｘ「友達と連絡をとっていないと不安」とあるが、このように感じる人が増えた理由を、**【文章Ⅱ】**では**【文章Ⅰ】**とは異なる観点で説明している。**【文章Ⅱ】**に基づいてその理由を説明したものとして、最も適当なものを次の中から選び、記号で答えなさい。

ア　様々な価値観を持つことが許されたことで互いの価値観をすり合わせなければならなくなった現代では、今まで以上に高いコミュニケーション能力を持つ人間が評価されることになるため、一人でいると他者からの自分に対する評価が下がってしまうのではないかということばかり心配するようになり、つねにだれかとつながっていなければ安心できなくなったため。

イ　様々な人間とつながれるようになったことで、就職にも関わるほどコミュニケーション能力が重視されるようになった現代では、自分の希望する企業に採用され安定した生活を送るためにも、コミュニケーション能力が高いことを周囲に示さなければならず、それを証明するためには自分の人間関係を豊かにするしかないという理由から、つねにだれかとつながっていなければ安心できなくなったため。

ウ　社会が流動化し自由度が高くなった現代では、個人の好きなものを消費するかつての消費形態から他者とのつながりを求める消費形態に変わり、まただれもがより多くの他者とつながることを追い求めるなか、人とのつながりだけがその人のコミュニケーション能力を示していると思われるようになったことで、つねにだれかとつながっていなければ安心できなくなったため。

エ　価値観の多様化にともなって互いの価値観を調整しあうようになったため、コミュニケーション能力だけが共通の評価基準となった現代では、自由に人間関係を築けるようになったにもかかわらず一人でいる自分自身を、コミュニケーション能力がない無価値な人間ではないかと感じ、また周囲からもそうみなされることを恐れ、つねにだれかとつながっていなければ安心できなくなったため。

オ　かつての不本意で不自由な人間関係から解放され、若者が一人になれる環境が用意されている現代では、人とコミュニケーションをとる機会が以前よりも減ってしまった結果、コミュニケーション能力が短期間のうちにいちじるしく低下してしまったので、コミュニケーション能力の回復にむけて、つねにだれかとつながっていなければ安心できなくなったため。

ウ　人付き合いが減った現代では、かつて親友であった人との付き合いも減って「知り合い程度の友だち」になってしまい、また、情報通信端末をだれもが持つようになったため、電子メールや電話で連絡を取り合う人が急激に増えたから。

エ　情報通信端末の浸透にともなって対面せずに連絡を取る人が増加し、また、調査の文言を「ふだん、よく会っておしゃべりをする人」から「知り合い程度の友だち」に変えたことで、ふだん対面しない人も「友だち」に組み込まれたから。

オ　出会った人すべてに「友だち」というラベルをはるようになり、情報通信端末を多くの人が使うようになったことで、実際に対面していないネット上だけでつながった人も「友だち」として数えるようになったから。

問２　[A]～[E]に入るのは、**図７**からわかる数値の増減に関する言葉である。[A]～[E]に入る言葉の組み合わせとして最も適当なものを次の中から選び、記号で答えなさい。

ア　Ａ　大きく減っている　Ｂ　大きく減っている　Ｃ　少し増え
　　Ｄ　増えている　Ｅ　倍増している

イ　Ａ　大きく増えている　Ｂ　大きく増えている　Ｃ　かなり減り
　　Ｄ　減っている　Ｅ　激減している

ウ　Ａ　大きく減っている　Ｂ　大きく減っている　Ｃ　かなり増え
　　Ｄ　増えている　Ｅ　倍増している

エ　Ａ　大きく増えている　Ｂ　大きく減っている　Ｃ　かなり減り
　　Ｄ　増えている　Ｅ　激減している

オ　Ａ　大きく減っている　Ｂ　大きく増えている　Ｃ　少し増え
　　Ｄ　増えている　Ｅ　激減している

カ　Ａ　大きく増えている　Ｂ　大きく減っている　Ｃ　かなり減り
　　Ｄ　減っている　Ｅ　倍増している

問３　――線２「つながりたいけれどつながっていると疲れてしまう」とあるが、どういうことか。その説明として最も適当なものを次の中から選び、記号で答えなさい。

ア　現代の若者は、現代社会の人間関係において、深くつながりあった本当の友人関係を築きたいと思う一方で、本当の友人関係になるためにはけんかをすることも必要なので、争いを避けてきた現代の若者にとって友人といっしょにいることは疲れてしまうということ。

イ　現代の若者は、人との関係性が薄い現代社会に生きており、さびしさをまぎらわすために本当の友人をつくりたいと思う一方で、形から入る現代の友人関係においては、形だけの友人が多ければ多いほどいろいろなことに気を遣わなければならず、本当の友人を見つけることに疲れてしまうということ。

ウ　現代の若者は、人間関係が安定しない社会で生きているため、孤独やさびしさを感じないよう友人と連絡を取っていたいと思う一方で、現代の表面的な友人関係において、関係を維持しようとして対立しないように話すが、その言葉が嘘にならないよう気を遣わなければならず、疲れてしまうということ。

エ　現代の若者は、変化のはげしい現代社会の中で心のよりどころである友人といっしょにいたいと思う一方で、相手も自分と同様に自分に話を合わせているのだと思うと、なかなか相手の内面に深くふいことでした。彼らは、現在のように濃密な人間関係を求めていたのではなく、制度に縛られた濃密な人間関係を逆に嫌悪していたのです。だからこそ、一人でも生きられる人間は「一匹狼」として※憧憬の眼差しで見つめられたのです。それは集団のしがらみからの解放を意味していたからです。

その後も、一九八〇年代頃まではその傾向が続きます。当時の若者たちは、伝統的な枠組みに埋め込まれた人間関係を鬱陶しいものと感じ、そこから解放されたいと願っていました。その消費活動の多くも、基本的に人間関係を嫌悪する心性に支えられたものでした。自分一人で過ごせる部屋を持ち、そこで自分の好きな※ビデオやオーディオを楽しみ、外出時は自家用車を乗りまわしたい。街角を歩くときも、ヘッドホンを装着して※外界をシャットアウトしたい。いずれも人間関係を鬱陶しいものと感じ、そこから逃れたいと願う心性から生まれた消費行動だったといえます。

もちろん、ときには親しい仲間や恋人と一緒の時間や空間を楽しみたいという欲求もあったことでしょう。しかし、それとても不本意で不自由な人間関係から解放され、自分が望む特定の相手だけと時空間を共有したかったのだとすれば、大きくは関係嫌悪の心性に支えられていたといえます。その特定の相手とは、自分の延長と考えても差し支えないからです。ところが現在では、若者が一人になれる環境はすでに最初から用意されています。それどころか、二〇〇〇年以降は社会の流動化が急激に進み、今度は無縁化が不安の源泉となってきました。そのため、次章で述べるように、消費の形態もむしろ他者とのつながりを幅広く求めるものへと変質しています。

現在の日本では、たとえ三〇歳を過ぎて独身でも、世間から白い目で見られることは少なくなりました。また、コンビニエンス・ストアなどが普及して、単身者でも生活しやすい社会になりました。しかし、そうやって人間関係の自由度が高い社会になったからこそ、つねに誰かとつながっていなければ逆に安心できなくなっています。そして、もしそれができないと、自分は価値のない人間だと周囲から見られはしないかと他者の視線に怯え、また自身でも、自分は価値のない人間ではないかと不安に慄くようになっています。その意味で、じつは今日は、一人で生きていくことがかつて以上に困難な時代なのです。

※疎外…のけ者にされること。
※憧憬…あこがれ。
※ビデオやオーディオ…映画などの映像や、音楽などの音声のこと。
※外界をシャットアウト…外の情報をさえぎること。

問１　――線１「とくに、『知り合い程度の友だち』の増加が顕著である」とあるが、その理由を筆者はどのように考えているか。その説明として最も適当なものを次の中から選び、記号で答えなさい。

ア　以前は、親友も実際に会ったことのない関係の薄い人も同じ「友人」として数えていたが、情報通信端末を介しただけの関係と実際に会ったことのある関係を区別した結果、「知り合い程度の友だち」の多さが明らかになったから。

イ　挨拶をするだけのつながりしかない人も「友だち」として数えるようになり、また、同時期に情報通信端末が普及したことによって、直接会わなくても簡単に「友人」関係を維持することができるようになったから。

る。

※ギリシア哲学…古代ギリシアで始まった、人生や世界、物事のあり方を研究する学問。

※社会の個人化…個人が職業や生活、人間関係や消費などのあらゆることを選択するようになったこと。

※顕著…特に目立っているようす。

※換算…ある単位の数を、ちがう単位の数に計算しなおすこと。

※四件尺度…ここでは、「そうだ」「ややそうだ」「あまりそうではない」「そうではない」という四項目の選択肢によって回答する、アンケートの回答形式のこと。

※ジレンマ…両立しない二つの事柄の間に立って、どちらを選んだらよいかわからなくなる状態。

【文章Ⅱ】

朝日新聞が、「コミュニケーション能力」という言葉が出てくる自社記事の数を調べたことがあります。それによると、記事数が急激に増えるのは二〇〇四年からです。これは、ちょうど日本の失業率が急激に悪化した時期と重なります。また、日本経団連の「新卒採用に関するアンケート調査」で、コミュニケーション能力を重視すると答える企業が急激に増えはじめるのもこの頃です。コミュニケーション能力が不足していると職に就くことすらできない。そんな危機感が若年層の間に募っていったとしても不思議ではないでしょう。

そもそも価値観の多様化した世界では、互いに相手の価値判断の中身に立ち入ることは難しくなります。そのため、相互に異なった価値観を調整しあうために、かつて以上に高いコミュニケーション能力が要求されるようになります。従来、日本人は空気を読むのが得意で、「あうんの呼吸」で意思の疎通がはかれるといわれてきました。島国でもあるため、互いの同質性が高かったからです。しかし、今日のように様々な価値観が錯綜しあうようになった社会で、その具体的な内容を見通すことは困難です。共通の評価基準を持つことは、なおさらのこと不可能です。そのため、互いの立場を調整しあうためのコミュニケーション能力だけが、ただ一つ共通の評価基準として残されることになります。コミュニケーションを通じて獲得される説得力の強さに応じて、各々の評価が間接的に行なわれるからです。

……〈中略〉……

かつて人間関係が不自由だった時代の子どもたちは、強制された関係に縛られない「3一匹狼」に憧れたものですが、今日の子どもたちは、一人でいる人間を「4ぼっち」と蔑むようになっています。一人でいることは関係からの解放ではなく、むしろ※疎外を意味するからです。既存の社会制度の拘束から解放され、自由に人間関係を築けるようになったはずなのに、それでも一人でいる人間は、コミュニケーション能力を欠いた人物とみなされ、否定的に捉えられてしまうのです。逆にいえば、豊かな人間関係に恵まれているというまさにその事実が、高いコミュニケーション能力の所有者としての指標になっていくのです。

社会学者の見田宗介さんが、一九六〇年代初頭に地方から東京へ出てきた若者の調査結果を著書で引用しています（『まなざしの地獄』河出書房新社、二〇〇八年）。それによると、当時の悩みの第一位は、友人や仲間が見つからないことではなく、むしろ一人になれる時間や場所がなまず、「自らの主張をひかえ相手に合わせる傾向」について、前段（自らの主張をひかえる）と後段（相手に合わせる）に分けて検討してゆこう。

自らの主張をひかえる傾向は、第一生命経済研究所の調査の「多少自分の意見をまげても、友人と争うのは避けたい」という質問への回答、および、青少年研究会の調査の「意見が合わないと納得いくまで話す」という質問への回答から確認することができる。

若年世代のうち、「多少自分の意見をまげても、友人と争うのは避けたい」と考える人は［A］。一方、「意見が合わないと納得いくまで話す」人は［B］。ここから、今どきの若者のなかには、たがいの主張がぶつかり合うならば、その主張は取り下げようと考える人が増えていると言えよう。

相手に合わせる傾向は、「友人との話で『適当に話を合わせている』ことが多い」という質問、および「遊ぶ内容によって友達を使い分ける」という質問への回答から確認することができる。先ほどの結果ほど顕著ではないものの、年を経て、人びとが友だちと「適当に話を合わせる」傾向や、遊ぶ内容により友だちを使い分ける傾向が強まっていることがわかる。

二〇〇〇年代以降の若者は、自らを相手に合わせる一方で、自らの状態に応じて相手を使い分ける傾向を強めているのである。そこから、内面を開示し、時にはぶつかり合いながら関係を築き上げてゆくのではなく、相手に合わせ、また、自らも相手を選びながら友人関係を維持する「今どき」の若者の姿を垣間見ることができる。

そもそも、友人と距離をおこうとする傾向も強まっている。「友人は多ければ多いほどいいと思う」「友人とのつきあいのために、親や家族を多少犠牲にするのはやむをえないと思う」「友達といるより一人が落ち着く」という質問への回答を見ると、友だちが多いといいと思う人、友だちとの付き合いで家族を犠牲にするのをよしとする人は［C］、友だちといるより一人でいるほうが落ち着く、という人が［D］。

その一方で、これまで確認してきたこととは矛盾した傾向も見られる。「X友達と連絡をとっていないと不安」な人は二〇一二年になると約八五パーセントまで拡大し、「ときどき友人に嘘をついてしまう」人は、一九九〇年代後半に比べると［E］。

友だちといるよりも一人でいるほうが落ち着くならば、人びとは友人関係から撤退するはずだ。また、友だちとの意見の違いを避けるのであれば、人びとは自分の心に嘘をついてでも、友だちに合わせるようになるはずだ。

しかし、実際の調査結果はそのようにはなっていない。若者は、友人関係から撤退したいものの連絡はとっていたい、友だちと対立しないように自らの言説を調整するものの、それが嘘にはならないよう配慮したい、といったねじれた意識を抱いているのである。

「形から入る友人」関係では、争いや対立は、つながりを強くするきっかけではなく、つながりの存続を脅かす不協和音ととらえられる。その一方で、関係の流動的な社会において、友だちがいない人は孤独でさびしい状態に陥る。結果として若者たちは、場の空気に過剰なまでに気を遣いながら、友人関係のなかに入ってゆくのである。

2つながりたいけれどつながっていると疲れてしまう。そんな※ジレンマを抱えながら、若者は膨大に増えた友人関係を維持しているのであ

第一生命経済研究所の調査		1998	2001	2011
多少自分の意見をまげても、友人と争うのは避けたい	男性	46.5	57.6	66.2
	女性	60.5	61.6	73.3
友人との話で「適当に話を合わせている」ことが多い	男性	39.5	48.1	54.1
	女性	43.1	38.4	45.2
友人は多ければ多いほどいいと思う	男性	69.5	69.7	59.4
	女性	62.9	58.1	47.4
友人とのつきあいのために、親や家族を多少犠牲にするのはやむをえないと思う	男性	50.4	41.3	33.8
	女性	43.1	34.0	32.6
ときどき友人に嘘をついてしまう	男性	45.3	40.7	24.8
	女性	47.3	37.5	28.9

青少年研究会の調査	2002	2012
意見が合わないと納得いくまで話す	50.2	36.3
遊ぶ内容によって友達を使い分ける	65.9	70.3
友達といるより一人が落ち着く	46	71.1
友達と連絡をとっていないと不安	80.9	84.6

図7　若者の友人とのつきあい方

二〇一二年には二〇人を超えている。激増したのは「知り合い程度の友だち」である。「知り合い程度の友だち」は、平均値で二倍以上増え、七五人くらいにまで拡大していた。

友人関係の変質により、「友人」とラベルづけされる人は増えていった。同じ時期に普及した情報通信端末の浸透により、友人の管理は容易になった。この二つの要素が相まって、知り合いていどの「薄い」つながりは急激に増えたのである。

管理すべき友人が増えたなかで、私たちの友人関係の中身はどう変化したのだろうか。同じデータから検討しよう。

図7は、「友人関係のあり方」について尋ねた二つの調査の結果をまとめたものである。それぞれの項目について「そうだ」から「そうではない」までの※四件尺度で尋ねている。表には、質問に対し、「そうだ」「ややそうだ」と回答した人の比率をまとめている。

表を見ると、若者の友人関係は、「新しい」ものに移行しつつあることがわかる。いずれの調査でも、自らの主張をひかえ相手に合わせる傾向や、そもそも、友人関係から距離をおこうとする傾向が増している。

第一生命経済研究所の調査

		2001	2011
「親友」と呼べるような人	男性	2.92	2.73
	女性	2.73	2.54
ふだん、よく会っておしゃべりをする人（職場や学校で会って話す友人も含む）	男性	9.92	8.66
	女性	7.45	8.00

青少年研究会の調査

	2002	2012
親友（恋人を除く）	3.8	4.5
仲のよい友人（親友を除く）	14.7	22.3
知り合い程度の友だち	33.4	74.5

図６　若者の友人の人数

一方、青少年研究会の調査では、「親友」「仲のよい友人」「知り合い程度の友だち」の平均人数はいずれも上昇し、1とくに、「知り合い程度の友だち」の増加が※顕著である。「知り合い程度の友だち」は、三三人から七四人と激増している。

この結果は、情報通信端末を介してつながる友人の扱いと、調査の文言の違いによりもたらされたものだ。

第一生命経済研究所の調査は、「ふだん、電子メールで連絡をとりあう人」「ふだん、電話で連絡をとりあう人」という形で、情報通信端末を介したつながりを分け、対面で会う人のみを数え上げている。一方、青少年研究会の調査は、そうした区別をしていない。

二〇〇〇年前後から二〇一〇年前後の一〇年間は、携帯電話によるインターネットへの接続機能が充実し、さらにスマートフォンが普及した時期と重なっている。そのため、情報通信端末を介した友人の扱いが結果を大きく左右したと考えられる。

調査の文言の違いによる影響は、より興味深い。第一生命経済研究所の「ふだん、よく会っておしゃべりをする人」と、青少年研究会の「知り合い程度の友だち」では、明らかに、後者のほうが親密度は低い。この点をふまえると、「知り合い程度の友だち」の激増は、挨拶をするだけの「よっ友」などを「友だち」に※換算するようになったゆえに引き起こされたと考えられる。

二〇〇〇年代に入ってからの女人の人数についてまとめると、親友と呼べるような濃密な関係は三～四人ていどで、二〇〇〇年代に入ってからも、いちじるしい縮小傾向・拡大傾向は見られなかった。

仲のよい友だらは、青少年研究会の調査だとやや増加傾向にあり、

【国　語】〈五〇分〉〈満点：一〇〇点〉

【注意】一．解答の際には、句読点や記号は１字と数えること。
　　　　二．コンパス・定規は使用しないこと。

一　次の【文章Ⅰ】は、石田光規『「友だち」から自由になる』の一部、【文章Ⅱ】は、土井隆義『つながりを煽られる子どもたち』の一部である。これを読んで、後の問いに答えなさい。なお、出題に際して、本文には省略および表記を一部変えたところがある。

【文章Ⅰ】

現代社会の友人関係は、「かつて」の友人と同様に「善きもの」と考えられていた。他方、友人関係のあり方は「かつて」とかなり異なっていた。

※ギリシア哲学の友情論に典型的に見られた「かつて」の友人は、人とのつながり方の理想を体現したものであった。理想としての友人関係は、相手とのつきあいを積み重ねていった結果、ようやく得られるものであり、それは「結果としての友人」と言いうるものであった。

※社会の個人化が進むと、放っておいてもつながりに取り込まれる時代は過去のものとなる。誰かと持続的なつきあいを望むのであれば、人びとは、つながりのなかに継続に足る要素を詰め込まなければならなくなった。

つながりが不安定化するなか重宝されたのが「友人」または「友だち」という関係性である。人びとは出会った相手に「友だち」というラベルを貼り付け、「友だち」らしい行為を繰り返すことで関係の維持を図った。「友だち」というラベルにしたがうように形成されてゆく関係は、「形から入る友人」とでも言うものである。

…〈中略〉…

実際の調査結果からも、現代の人びとが取り結ぶ友人関係の特徴を確認しておこう。使用するのは、第一生命経済研究所の調査結果、および、青少年研究会の調査結果である。

第一生命経済研究所の調査は、一九九八年、二〇〇一年、二〇一一年に行われ、青少年研究会の調査は、二〇〇二年、二〇一二年に行われている。調査対象の年齢は、いずれも一六～二九歳である。どちらの調査も、日本社会の個人化の度合いが強まってきた時期に実施されている。したがって、データにも友人関係の変化が現れていると考えられる。

まず、友人関係の人数について確認する。「形から入る友人関係」では、身の回りのつながりにまず「友だち」というラベルを貼り付ける。数多くの人に「友だち」というラベルを貼りつければ、「友だち」と見なされる人は今までよりも増えてゆくと考えられる。今や挨拶をするだけの「よっ友」も友だちなのである。以上の点をふまえつつ、二つの調査の友人の人数の推移を確認しよう。

図6は、二つの調査の、各年次で回答された友人の数の平均値を示している。第一生命経済研究所の調査の「『親友』と呼べるような人」は、青少年研究会の調査の「親友（恋人を除く）」に対応している。また、「ふだん、よく会っておしゃべりをする人（職場や学校で会って話す友人も含む）」は、「仲のよい友人（親友を除く）」に対応している。

それぞれの数値を比べると、第一生命経済研究所の調査においては、友人数はわずかではあるが少なくなっている。とはいえそれほど大きな違いとは言えないだろう。

MEMO

大切なことはメモしておこうネ！

第1回

2024年度

解 答 と 解 説

《2024年度の配点は解答欄に掲載してあります。》

＜算数解答＞ 《学校からの正答の発表はありません。》

1 (1) $1\frac{11}{12}$ (2) 220g (3) 2組 (4) 288通り (5) (あ) 6 (い) 4

2 (1) 場所 G 整数 12 (2) 74個 (3) 300個

3 (1) 解説参照 (2) 4.71cm² (3) 21：11

4 (1) $\frac{480}{11}$分後 (2) Y→Z→X→Z→Y→Z (3) 52.8分後

5 (1) 牛 7kg 豚 2kg (2) 18・20・22 (3) 解答例：A×16→B×2→C×4

○推定配点○

1・2 各5点×8(1(5)，2(1)各完答) 他 各6点×10(5(2)完答) 計100点

＜算数解説＞

1 (四則計算，割合と比，濃度，論理，場合の数，平面図形，相似)

(1) $2+\frac{13}{60}-1.8\div6=1\frac{73}{60}-\frac{18}{60}=1\frac{11}{12}$

重要 (2) 食塩を加えた後の食塩の重さ…110×0.04＋10＝14.4(g)

食塩水の重さ…110＋10＝120(g)

水10gを捨てた後の濃さ…$14.4\times\frac{110}{120}\div110\times100=12$(％)

したがって，加えた水の重さは110×12÷4－110＝220(g)

重要 (3) ・B…昨年も今年も2組または4組

・C…4人のうちCだけ昨年も今年も同じ組

・D…昨年は4組→今年は2組→Bは今年4組，昨年2組

したがって，Cが2年続けて1組または3組であっても，

Aは今年2組

重要 (4) 座る人…大人3人・子供4人

各列…大人が1人

運転席…1通り

2列目の大人の席…2通り

3列目の大人の席…中央の1通り

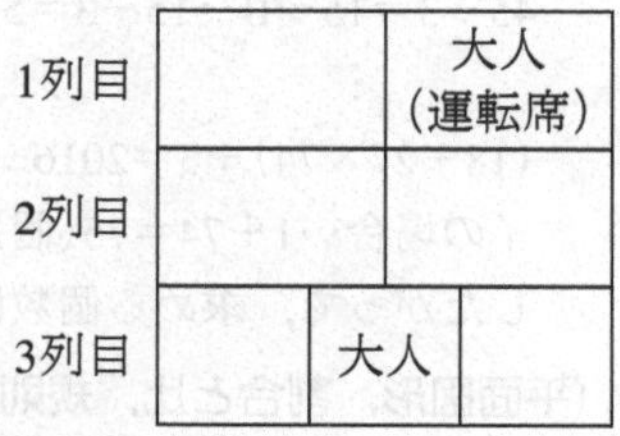

(どの子供についても隣に大人が座ると解釈する)

大人の座り方…3×2×1×2＝12(通り)

子供4人の座り方…4×3×2×1＝24(通り)

したがって，全部で12×24＝288(通り)

重要 (5) 正方形Aの面積
…1cm²
直角二等辺三角形OFGの面積×2
…2×2＝4(cm²)
四角形ODEFの面積
…2×2÷2＝2(cm²)
二等辺三角形OGCの面積
…Bの面積×4
したがって，五角形EFGCDの面積はAが6枚分の面積とBが4枚分の面積の和になる。

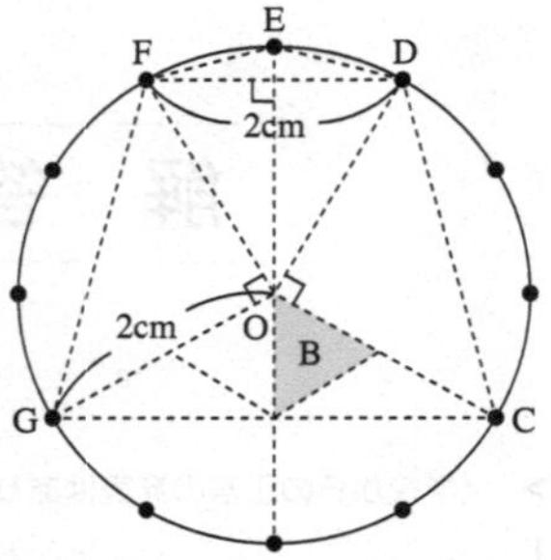

2 (平面図形，数の性質，規則性)

Aの数字を3で割る
割り切れるとき…商を右の○に書く
余りが1のとき…商を右上の○に書く
余りが2のとき…商を上の○に書く
終了…A・B・C以外の○に商を書いたとき

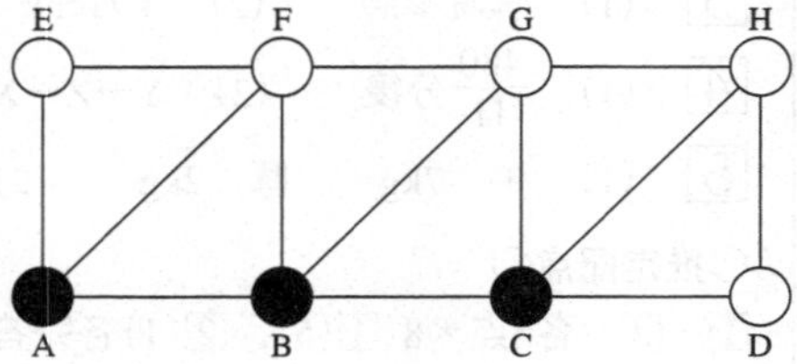

重要 (1) 111＝3×37…B
37＝3×12＋1…G
したがって，場所はG，数字は12

(2) 3×3×3＝27
2024÷27の商…74
したがって，求める個数は74個

やや難 (3) ア…Bへ進んでGへ行く場合
3÷3＝1…B→1÷3＝0余り1…G
12÷3＝4…B→4÷3＝1余り1…G
⋮ ⋮
(3＋9×224)÷3＝2019÷3＝673…B→673÷3＝224余り1…G
アの場合…1＋224＝225(個)
イ…Cへ進んでGへ行く場合
18÷3＝6…B→6÷3＝2…C→2÷3＝0余り2…G
45÷3＝15…B→15÷3＝5…C→5÷3＝1余り2…G
⋮ ⋮
(18＋27×74)÷3＝2016÷3＝672…B→672÷3＝224…C→224÷3＝74余り2…G
イの場合…1＋74＝75(個)
したがって，求める個数は225＋75＝300(個)

3 (平面図形，割合と比，規則性)

基本 (1) 1番目の図
…内部に描かれた小さい円に接する同じ大きさの円を左側に描く

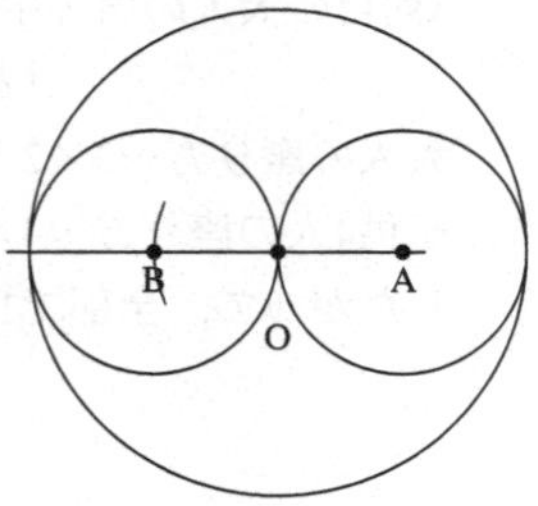

① 全体の円の中心Oと小さい円の中心Aを通る直線を引く
② 直線上にOAの長さに等しい距離OBを定める

③　Bを円の中心にして半径OBの円を描く

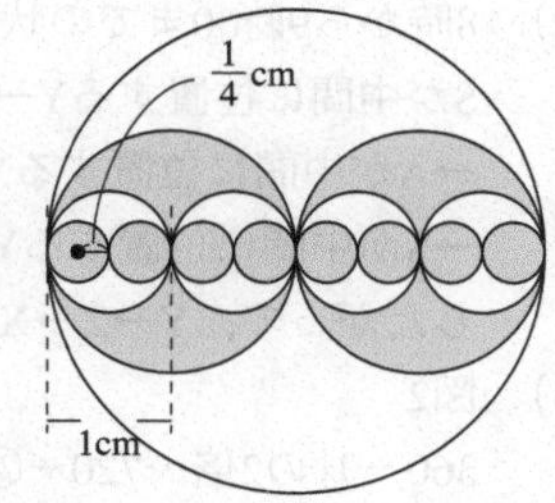

重要　(2)　灰色部分の面積

$\left(1\times1-\frac{1}{2}\times\frac{1}{2}\times2+\frac{1}{4}\times\frac{1}{4}\times4\right)\times2\times3.14$

$=\left(1-\frac{1}{2}+\frac{1}{4}\right)\times2\times3.14=1.5\times3.14$

$=4.71(\text{cm}^2)$

(3)　1番目に大きい円の半径…32
2番目に大きい円の半径…16
3番目に大きい円の半径…8
4番目に大きい円の半径…4
5番目に大きい円の半径…2
6番目に大きい円の半径…1

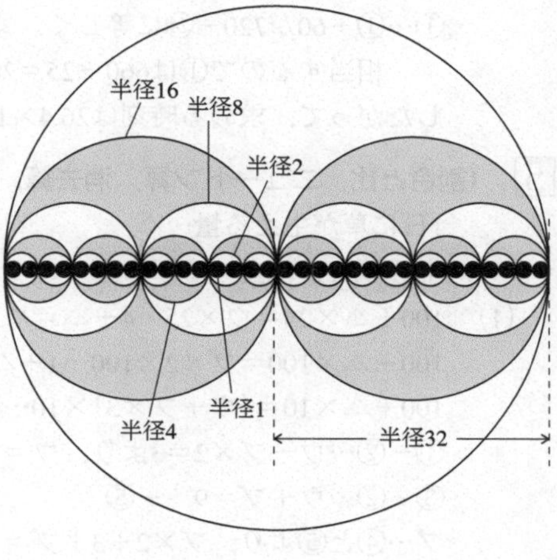

○白い部分の割合
$32\times32\times1-16\times16\times2+$
$8\times8\times4-4\times4\times8+$
$2\times2\times16-1\times1\times32=$
$32\times(32-16+8-4+2-1)$
$=32\times21$

●黒い部分の割合
$(16\times16\times1-8\times8\times2+$
$4\times4\times4-2\times2\times8+1\times1\times16)\times2$
$=(16-8+4-2+1)\times32$
$=11\times32$

したがって，求める面積比は21：11

重要　**4**　**(速さの三公式と比，時計算，割合と比，消去算)**

長針…反時計回りに毎分6度回転する
短針…時計回りに毎分0.5度回転する
長針と短針が同じ時間に回転する角度の比…12：1

状態Xの例　状態Yの例　状態Zの例

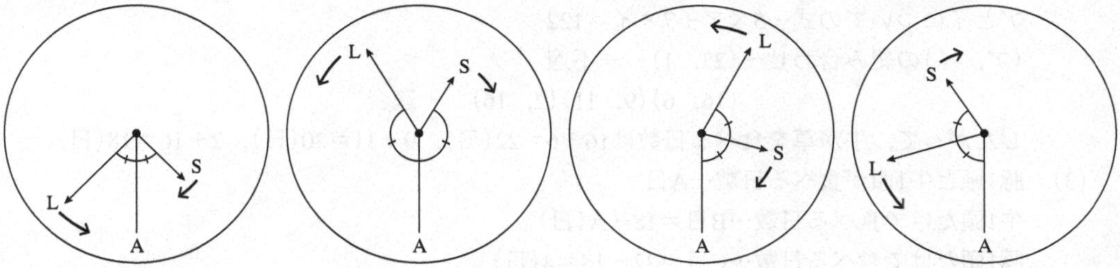

(1)　図1(次ページ)
⑫－①＝⑪…180＋60＝240(度)
⑫…240÷11×12(度)
したがって，求める時刻は240÷11×12÷6
$=\frac{480}{11}$(分後)

図1

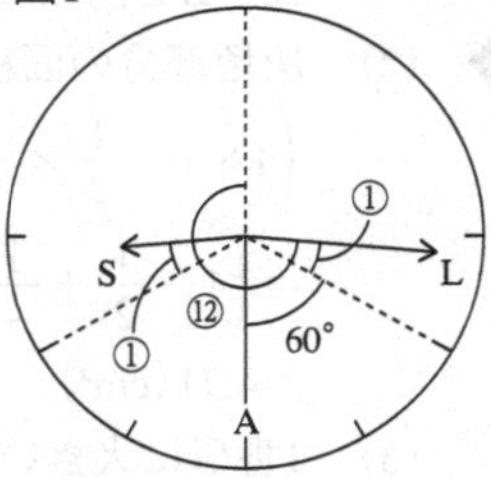

（2） 8時から9時30までの状態の変化

Sが中間に位置するY→Lが中間に位置するZ

→Aが中間に位置するX→Lが中間に位置するZ

→Sが中間に位置するY→Lが中間に位置するZ

したがって，Y→Z→X→Z→Y→Z

（3） 図2

図2

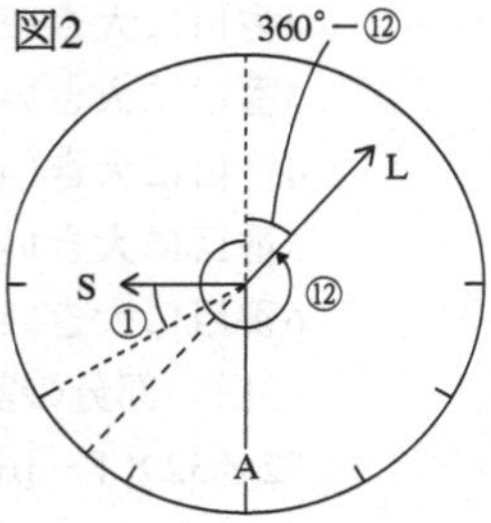

360−⑫の2倍…720−㉔

SからAまでの角度…①＋60

①…①＋60が720−㉔に等しく，㉕が720−60＝660(度)に

　相当するので①は660÷25＝26.4(度)

したがって，求める時刻は26.4×12÷6＝52.8(分後)

5 （割合と比，ニュートン算，消去算，数の性質，鶴亀算）

1日に草が生える量…△

牛1頭が1日に食べる草の量…ウ　　豚1頭が1日に食べる草の量…ブ

（1） 100＋△×25＝ウ×25…4＋△＝ウ　−①

100＋△×100＝ブ×2×100…1＋△＝ブ×2　−②

100＋△×10＝(ウ＋ブ×3)×10…10＋△＝ウ＋ブ×3　−③

①−②…ウ−ブ×2＝3より，ウ＝ブ×2＋3　−④

③−②…ウ＋ブ＝9　−⑤

ブ…④と⑤より，ブ×2＋3＋ブ＝ブ×3＋3＝9，ブ＝6÷3＝2

ウ…⑤より，7

したがって，牛1頭が1日に食べる草の量は7kg，豚1頭が1日に食べる草の量は2kg

（2） 1日に草が生える量…①より，7−4＝3(kg)

22日間の草の量…100＋3×22＝166(g)

豚1頭が1日に食べる草の量…2kg

牛1頭が1日に食べる草の量…7kg

豚1頭と牛1頭が1日に食べる草の量…9kg

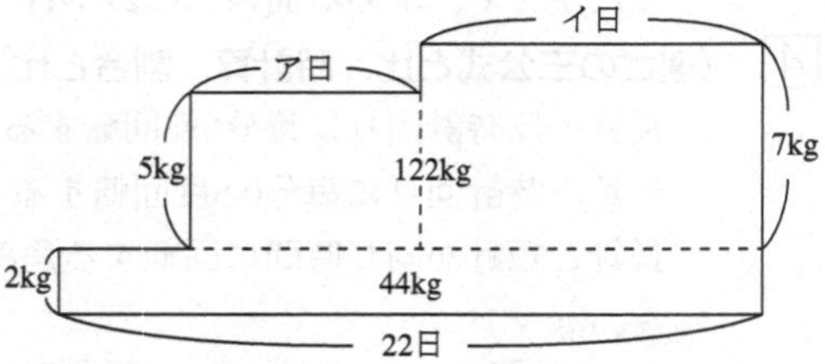

牛1頭だけで食べる日数…右図より，ア日

豚1頭と牛1頭がいっしょに食べる日数…イ日

アとイについての式…5×ア＋7×イ＝122

(ア，イ)の組み合わせ…(23，1)　−不適

(16，6)(9，11)(2，16)　−適合

したがって，牛が草を食べる日数は16＋6＝22(日)，9＋11＝20(日)，2＋16＝18(日)

（3） 豚1頭と牛1頭が食べる日数…A日

牛1頭だけで食べる日数…B日＝18−A(日)

豚1頭だけで食べる日数…C日＝22−18＝4(日)

A日とB日で食べる草の量…166−2×4＝158

A…(158−7×18)÷2＝16(日)

B…2日

したがって，解答例はA×16→B×2→C×4

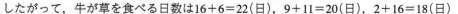

★ワンポイントアドバイス★

2 (3)「Gに進んで終了する整数」が難しく，3 (3)「白色の部分と灰色の部分の面積比」の問題は，「半径の比」を利用することがポイントである。5「ニュートン算」は，内容を把握している受験生にとっては難しくない。

＜理科解答＞ 《学校からの正答の発表はありません。》

1 (1) ア　(2) ア，ウ　(3) 片方の電池をぬくと，リモコンが使えなくなる。
(4) C，E　(5) B　(6) C　(7) (AE)，(BC)　(8) エ

2 (1) 水素　(2) メスシリンダー　(3) 水素も空気も水に溶けにくい気体だから。
(4) エ　(5) ウ　(6) ① オ　② ウ　(7) b

3 (1) たい積作用　(2) 川の流れがゆるやかになる。　(3) キ　(4) B(川)100(m)
(5) 1.234(cm)　(6) この地点を流れていた川によって運ばれた。

4 (1) カ　(2) オ　(3) イ　(4) エ　(5) 検体中の抗原の数が少ないこと。
(6) 予防接種を受ける。

○推定配点○

1 (1)・(2)・(8) 各2点×3((2)完答)　他 各4点×5((4)・(7)各完答)
2 (1)・(6) 各2点×3　他 各4点×5　3 各4点×6((4)完答)　4 各4点×6
計100点

＜理科解説＞

1 (電流と回路―豆電球の回路)

重要 (1)・(2) 2個の電池を並列につないでも，1個の豆電球に流れる電流の大きさは図1のときと変わらないので，豆電球の明るさは変わらない。ただし，それぞれの電池から流れ出る電流は図1のときの半分になるので，電池が長持ちする。

図1

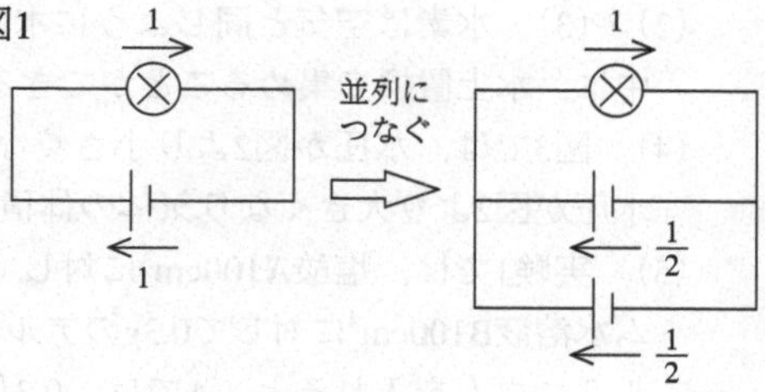

(3) リモコンに入っている電池は直列につながっているので，片方の電池をぬくと，回路に電流が流れなくなり，リモコンは使えなくなる。

(4) 図4の回路において，スイッチ1だけを入れると，次ページの図aのような回路になり，CとEの豆電球には電流が流れないので，CとEの豆電球はどちらも光らない。

やや難 (5) 図4の回路において，スイッチ1とスイッチ2を入れると，図bのような回路になり，Aの豆電球が最も明るくなり，B，D，CとEの順に暗くなる。

やや難 (6)・(7) 図4の回路において，スイッチ1～3をすべて入れると，図cのような回路になり，AとEが最も明るくなり，D，BとCの順に暗くなる。このときCの豆電球を流れる電流の向きは，図bでは，C→Eの順に流れるが，図cでは，C→Dの順に流れ，電流の向きが反対になる。

図a

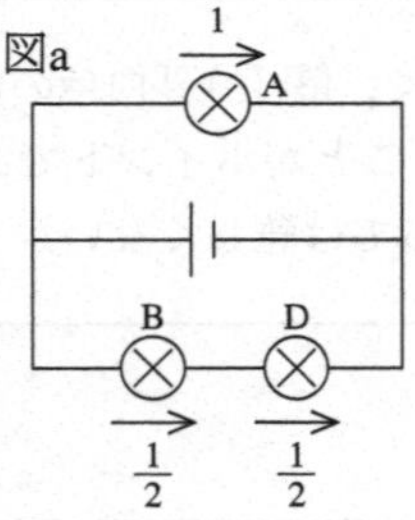

図b

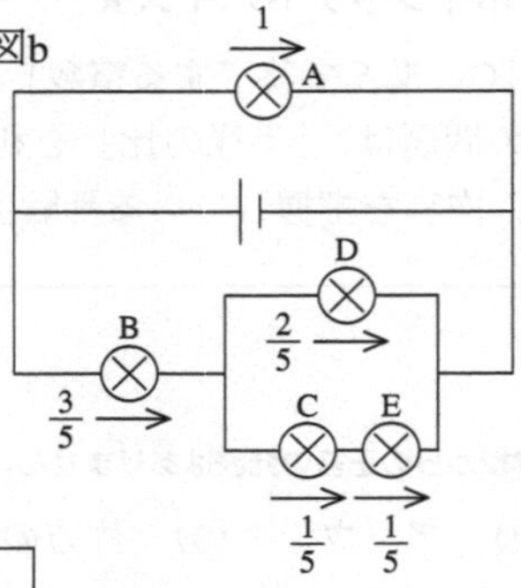

図c

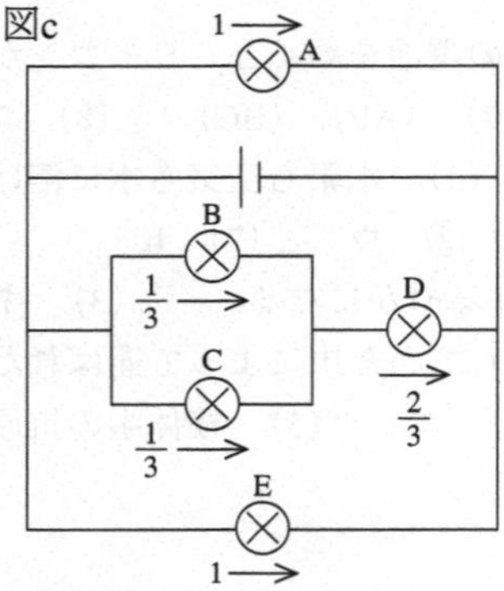

(8)　ア・イ　直線上のフィラメントをばねのようにしても抵抗の大きさは変わらないので，明るさは変わらない。　ウ　直線上のフィラメントからもいろいろな方向に光は出ている。　エ　フィラメントをばねのような形にすることで，高温になったときに，フィラメントが膨張して変形することを防ぐことができる。(正しい)

2　(水溶液の性質，気体の性質―水溶液と金属の反応)

重要　(1)　アルミニウムは塩酸にも水酸化ナトリウム水溶液にも溶けて水素が発生する。

(2)・(3)　水素は空気と同じように水に溶けにくい気体なので，図1のように，メスシリンダーの中に，水上置換で集めることができる。

(4)　図3では，水圧が図2より小さくなり気体の体積が実際よりも大きくなる。図4では，反対に，水圧が図2より大きくなり気体の体積が実際よりも小さくなる。

(5)　実験1では，塩酸A100cm^3に対して0.1gのアルミニウムが過不足なく反応し，水酸化ナトリウム水溶液B100cm^3に対して0.3gのアルミニウムが過不足なく反応している。したがって，0.3gのアルミニウムを入れると，Aでは，0.3(g)－0.1(g)＝0.2(g)のアルミニウムが残るが，Bではアルミニウムは残らない。

やや難　(6)　①　実験2では，AとBを50cm^3ずつ混ぜたとき，気体が発生していなことから，AとBは同体積で完全に中和することがわかる。したがって，25cm^3のAに75cm^3のBに加えると，Bが，75(cm^3)－25(cm^3)＝50(cm^3)残るので，発生する水素は，表1から，$360(\mathrm{cm^3}) \times \dfrac{50(\mathrm{cm^3})}{100(\mathrm{cm^3})} = 180(\mathrm{cm^3})$である。

なお，反応するアルミニウムは，$0.3(\mathrm{g}) \times \dfrac{50(\mathrm{cm^3})}{100(\mathrm{cm^3})} = 0.15(\mathrm{g})$なので，0.2(g)－0.15(g)＝0.05(g)のアルミニウムが残る。

②　75cm^3のAに25cm^3のBを加えると，Aが75(cm^3)－25(cm^3)＝50(cm^3)残るので，発生する水素は，$120(\mathrm{cm^3}) \times \dfrac{50(\mathrm{cm^3})}{100(\mathrm{cm^3})} = 60(\mathrm{cm^3})$である。また，①と同じように，アルミニウムは0.05g残る。

(7)　実験2で，25cm^3のAに75cm^3のBを加えると，中和後にBが残るので，水を蒸発した後に，食塩と水酸化ナトリウムの2種類の固体が残る。

3 (地層と岩石―流水のはたらきと地層)

重要 (1)・(2) 川の流れがゆるやかになると，たい積作用がさかんになり，土砂が多く積もるようになる。

やや難 (3) 表1において，①と④，②と③の地点は，それぞれに含まれている岩石の割合が似ているので，同じ川の岩石であることがわかる。また，れきの平均の大きさが大きい③と④が上流の岩石である。さらに，れきの平均の大きさの変化が④→①の方が③→②よりも大きいので，④→①が距離が長い地点O→地点Pであり，③→②が距離が短い地点Q→地点Rである。(図d参考)

やや難 (4) 直角三角形の辺の比が，底辺：高さ：斜面＝1：2：2.2なので，地点Oと地点Pの間の距離は，300(m)×2.2＝660(m)である。また，直角三角形の辺の比が，底辺：高さ：斜面＝1：1：1.4なので，地点Qと地点Rの間の距離は，300(m)×1.4＝420(m)である。

さらに，表2から，地点Oと地点Pの高さの差が，35.0(m)－31.7(m)＝3.3(m)なので，標高が1m変わるのに進むA川の距離は，660(m)÷3.3(m)＝200(m)である。一方，地点Qと地点Rの高さの差が，52.2(m)－48.0(m)＝4.2(m)なので，標高が1m変わるのに進むB川の距離は，420(m)÷4.2(m)＝100(m)である。したがって，B川の方が短い。(図d参考)

図d

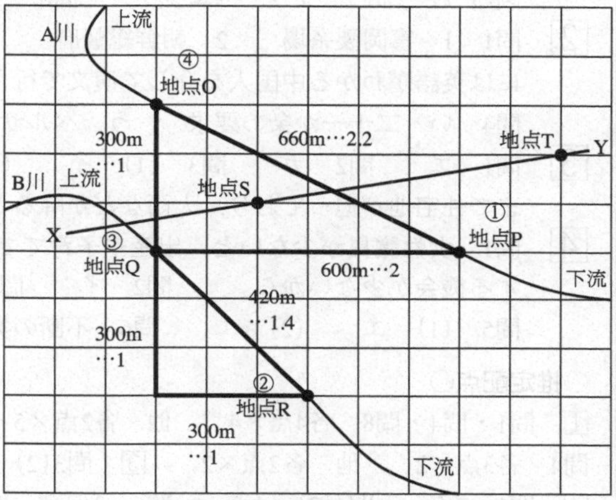

やや難 (5) 標高が183.4mの地点Sで地表から10m下に見られるれきの地層が10万年前は海水面から50mの高さにあったので，10万年で，183.4(m)－10(m)－50(m)＝123.4(m)隆起したことになる。したがって，10年間に隆起した速度は，12340(cm)×$\frac{10(年)}{100000(年)}$＝1.234(cm)である。

(6) 地点Sと地点Tでは，10万年前に川によって運ばれたと考えられたれきの層が見つかったように，砂岩や玄武岩の粒もその当時に川によって上流から運ばれたものと考えられる。

4 (人体―新型コロナウィルス)

(1) ウィルスは細菌の約50分の1程度の大きさである。

(2) PCR法1回の反応で核酸を2倍に増やすことができるので，この反応を10回繰り返すことで1024倍に増やすことができる。

(3) アルコールは「エンベロープウィルス」だけにある「エンベロープ」という脂質の部分を壊すことができる。

やや難 (4) 抗原は着色粒子がついた標識抗体の可変部に結合する。また，抗原は捕捉抗体Tの可変部とも結合する。(図e参考)

やや難 (5) 検体中の抗原の数が少ないと，着色粒子が少ないので，判定線が見えず，「偽陰性」という結果になる。

(6) 予防接種を受けることで，感染症に対する抵抗力を高めることができる。

図e

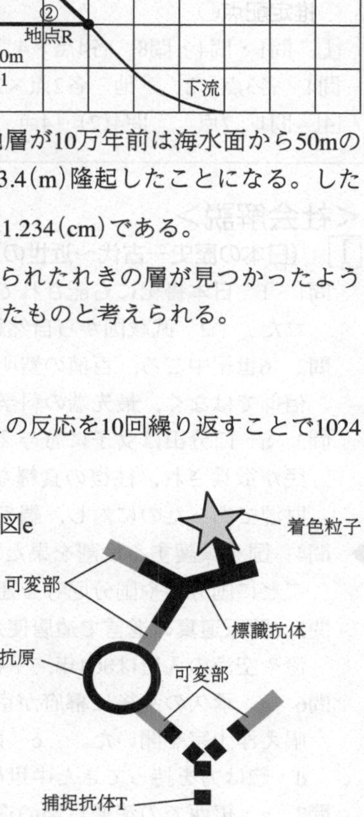

★ワンポイントアドバイス★

生物・化学・地学・物理の4分野において，基本問題に十分に慣れておこう。その上で，物理・化学分野ではグラフ作成・作図や計算問題にもしっかり取り組んでおこう。

＜社会解答＞《学校からの正答の発表はありません。》

1 問1 1 富本銭 2 和同開珎 問2 ウ 問3 カ 問4 仏教の力で国家の安定を図ろう 問5 ウ→ア→エ→イ 問6 ウ 問7 イ 問8 新井白石

2 問1 1 富岡製糸場 2 朝鮮総督府 問2 言葉が通じない日本との交渉を進めるためには英語がわかる中国人を介して漢文で行う必要があったから。 問3 富国強兵 問4 い 二十一か条の要求 う ベルサイユ 問5 ア 問6 イ

3 問1 エ 問2 カ 問3 (1) イ (2) 輪中 問4 ケ 問5 オ 問6 山際まで住宅地が迫っており，大雨などが降ると土石流や土砂崩れなどの恐れがあるから。

4 問1 女性議員が少ないと，出産や子育てで賃金の安い非正規労働が多い女性の意見を代弁する機会が少ないから。 問2 イ 問3 ウ 問4 (1) カ (2) 議院内閣制 問5 (1) エ (2) エ 問6 不断の努力

○推定配点○

1 問1・問4・問8 各4点×4 他 各2点×5 2 問1・問3 各4点×3 問2 7点 問4 各3点×2 他 各2点×2 3 問3(2) 4点 問6 7点 他 各2点×5 4 問1 7点 問4(2) 4点 問6 3点 他 各2点×5 計100点

＜社会解説＞

1 (日本の歴史―古代～近世の政治・経済・文化など)

問1 1 日本書紀にも記されている最古の貨幣。1990年代に飛鳥池遺跡の本格調査で鋳型も発見された。 2 武蔵国から自然銅が献上されたことを契機に鋳造された貨幣。

問2 6世紀中ごろ，百済の聖明王から僧や仏像，仏典などが贈られたという。当時の仏教は単なる信仰ではなく，最先端の科学であり東アジア共通の価値観でもあった。

問3 a 口分田は女子にも与えられ1反につき稲2束2把(約3%)が課税された。 b 主に東国の農民が徴兵され，往復の食糧などは自分で調達するという厳しい兵役でもあった。 c 租が地方財源であったのに対し，調や庸は都まで運ばれその運搬(運脚)も農民の負担となっていた。

重要 問4 国を鎮護する役割を果たす(鎮護仏教)として国家の保護・支配下に置かれた仏教。国家が国ごとに国分寺や国分尼寺を建設した奈良時代の仏教に代表される。

問5 菅原道真の進言で遣唐使が廃止されたのは894年，藤原道長が摂政に就任したのは1016年，最澄や空海の入唐は804年，平将門の反乱は939～940年。

問6 a 承久の乱後に幕府が京都に置いたのは六波羅探題。 b 12世紀後半，法然は専修念仏を唱え浄土宗を開いた。 c 15世紀初頭，足利義満は日本国王・臣源と称して明に朝貢した。 d 惣は力を持ってきた中世農民の共同組織。惣とは「全てのもの」という意味。

問7 a 東西での流通貨幣の違いもあり両替商が発達した。 b 天下の台所といわれた大阪に藩の蔵屋敷が設置され年貢米や国産物の取引が行われた。

問8　生類憐みの令を排し，金銀の海外流出を防ぐため長崎貿易を制限，良貨の発行や儀式・典礼を整備するなど正徳の治と呼ばれた文治政治を推進した朱子学者。

2　(日本と世界の歴史―近・現代の政治・経済・外交など)

問1　1　渋沢栄一らによって建設され製糸技術の発展に大きな貢献を果たした。　2　韓国統監府を改組してできた朝鮮統治の最高機関。天皇直属で軍事・行政の一切を統括した。

問2　ペリーはフィルモア大統領の開国を促す親書を以って来航。中国などを管轄する東インド艦隊司令長官であり，オランダ語や漢文の通訳を同行して来日した。

基本　問3　欧米列強と対抗できる国力を作るための明治政府のスローガン。軍事力の強化と経済発展による急速な近代国家の形成を目的にさまざまな政策を実施していった。

問4　い　欧米諸国の関心がヨーロッパに向いた間隙を縫って袁世凱政府に要求。　う　フランスのベルサイユ宮殿で調印。ドイツは海外領土をすべて失い莫大な賠償金を課せられた。

問5　a　満州国承認に慎重な犬養首相の暗殺で政党政治は終わりを告げた。　b　国際連盟総会では42対1で日本軍の撤退と満州国承認の取り消しが求められた。

問6　高度経済成長の下，日本各地で公害が発生，1967年には公害対策基本法も制定された。その後1971年に環境庁が設置され2001年の省庁再編で環境省に格上げされた。

3　(地理―地形図・国土と自然・産業など)

問1　赤道周辺で発生した台風は貿易風に乗って北上，その後高気圧のへりに沿って日本列島に近づき上空を吹く偏西風の力によって東に向きを変えていく。

問2　北海道から東北の太平洋側の地域は，昔から冷たい親潮の上空を吹き降ろすやませという北東風による冷害に苦しめられてきた。aは新潟，dは宮城。

重要　問3　(1)　aは冬季の降雪が特徴の日本海側，bは梅雨や台風による降雨が多い太平洋側，cは雨の少ない瀬戸内地方の河川。　(2)　水害から集落だけでなく耕地までを守るための工夫。

問4　瀬戸内工業地帯はコンビナートが発達し京葉工業地域に次ぎ化学工業の割合が高い工業地域。日本の産業別構成は機械・化学・金属の順。

問5　自然災害伝承碑の地図記号は2018年の西日本豪雨を契機に制定。地震と津波は密接に関連，山がちな日本では各地で土砂災害が発生する。

問6　井口台はマンションなど計画的に作られた大型の団地が造成されている。住宅地に近い谷筋は大雨が降ると土石流などが発生しやすく砂防ダムが大きな役割を果たしている。

4　(政治―憲法・政治のしくみ・地方自治・国民生活など)

問1　非正規労働者が多いこともあり女性の賃金水準は男性の75%程度，女性の国会議員の割合は衆議院で10%，参議院でも25%程度に過ぎない。

問2　イギリスは移民の急増による治安の悪化や失業の増加などから不満が爆発，2015年の国民投票でEU離脱派が勝利，交渉の結果2020年に離脱が決定した。

問3　選択的夫婦別姓を望む国民の声は多い。政府は民法の改正などを検討はしているものの党内での反対の声もあり法案の提出は見送りとなっている。

重要　問4　(1)　予算や条約，首相の指名で衆参の議決が異なる場合は必ず両院協議会を開かなければならないが，法律案の場合は衆議院の意思に任されている。　(2)　通常第1党の党首が組閣，内閣には議会の解散権が，議会には内閣不信任の権利が認められる。

問5　(1)　3人の裁判官と5人の裁判員の合議で決定，有罪には最低1人の裁判官の賛成を要する。裁判は原則3回(三審制)，違憲審査権はすべての裁判所に与えられている。　(2)　二元代表制の下，対立で行政の停滞も発生。長官は内閣が指名，他は内閣が任命，新憲法は戦後の帝国議会で成立。

やや難 問6　国民自身が自由や権利をただ与えられたものと考えるのではなく，侵害されないよう常日頃からこれらを守っていく必要があるということ。

★ワンポイントアドバイス★
正解のない記述問題は今後も増える傾向にある。日ごろからいろいろなことに関心を持ち，自分の考えをコンパクトにまとめる習慣をつけよう。

＜国語解答＞《学校からの正答の発表はありません。》

一一一　問1　ウ　問2　ア　○　イ　×　ウ　○　エ　×　オ　×　問3　ア
問4　文化や規範を定義する者が自分の性別を前提としていて，その前提は男性になっているから男性を表す言葉は人間一般も指すが，女性を表す言葉には，女しか表せないということ

一一二　問1　イ　問2　オ

二　問1　ア　問2　イ　問3　古い時代のまま武士の身分が残り，権威となっていることを罪と考え，他者を責めず自分を犠牲にすることで罪を償うという信念を持つ優れた人格の人物。　問4　イ，ウ　問5　イ

三　1　祭典　2　首脳　3　伝承　4　電灯　5　晴耕　6　創刊　7　座右　8　乳歯

○推定配点○
一一一　問4　10点　他　各4点×7　一一二　各4点×2　二　問3　10点　他　各4点×5
三　各3点×8　計100点

＜国語解説＞

一一一　(論説文―要旨・大意，細部の読み取り，記述力)

重要 問1　イとウで迷うところである。比較するか所は，イの後半部「『女らしさ』のない女性として否定される」と，ウの「『女らしさ』の中にそれを阻む要素がもともとある」の部分だ。確かに「女らしさ」がないと言われる女性が高い評価を得るのは難しいかもしれないが，③段落以降の展開から考えると，そもそも「女らしさ」ということ自体がきわめてあいまいで，⑦段落にあるように「女らしさを全て備えた女性は現実にはほとんどいない」のだから，仮に完全な女らしさを目標にしても，「女らしさ」の中に矛盾があるのだから，目標を達成することはできないことになる。つまりもともと阻む要素があるものを求められるから積極的になれないということでウを選択する。

基本 問2　ア　ボーヴォワールが記したように，「～女になるのだ」から考えると，周囲から女性性スケールに合う行動をとるとほめられることを学習し「女らしさ」を身につけていくのだから○。
イ　「自分の考えをしっかり主張する」は男性性スケールに当てはまる行動なので「女らしさ」が身につくものではないので×。　ウ　ア同様，ウの行動は「従順」に属すものなので女性性スケールに合致するので○。　エ　「危険があっても屋外で遊ぶ」ことを周囲が評価するのは男性性スケールでのことだ。　オ　「助けを求めず自分で問題解決」も男性性スケールでの評価である。

問3 「適当でないもの」という条件に注意する。ア以外の選択肢は，⑦段落から読み取れる。アの内容は，「従わなくてもよい」が不適切。従わなくてもよいというようなゆるい規範だったら，女性が自立に積極的になれないなどの問題は生じない。

やや難 問4 対称とは，算数の図形問題で目にしたこともあると思われるが，ものとものとがたがいに対応しながらつりあいを保っていることだ。「非対称」なのだから「つりあいが保たれていない」状態ということである。この設問の場合「言語における」であることに注意しよう。また，「男性を表す言葉」・「女性を表す言葉」の二語が必須語であることにも注意が必要である。「男性を表す言葉」と「女性を表す言葉」の「非対称性」は，「男性を表す言葉」は「man(マン)」が人間一般も表すのに，「女性を表す言葉」はその意味がないという点である。「理由を含めて」なので，その非対称性が生じる理由として筆者が考えていることを加えればよい。文化や規範は，決める人の性別が前提となっている状況を説明しているので，「男性が決定している」という点を説明しよう。

一－二 (論説文―要旨・大意，細部の読み取り)

問1 戦争に看護師として従事していたときの様子は，表3－1の「忠実な・同情的な・困っている人への思いやりがある～」など，本文⑪段落で分類する女性性項目の一番目にグループ化されている内容がすべて発揮されている。また，【文章Ⅱ】の「その頃～」で始まる段落から戦地での働きを読むと，「戦火の中から救い出した」，「銃撃をかいくぐって」とある。これらの行動は表3－1から見ると男性性スケールに当たるものである。この点から考えるとイが適当な内容ということになる。

やや難 問2 ア 「私の戦場での功績を疑う言葉を投げかけられて」が誤り。 イ 「『私』は「女らしさ」を捨ててしまったため」が誤りである。 ウ 「辛い記憶を忘れることができなかった」ことが「大変だった」ことではない。 エ 問1で考えたように，「私」は女性性スケールにおける「女らしさ」も十分求められ，また発揮もしているので「捨てた」が誤りである。 オ 結婚相手の家でのひどい扱いは，「女らしさ」を重視する女性たちが，戦場での「私」が身につけた「男らしさ」に違和感を覚え否定したという出来事を述べている。戦場で「男同士」のような状況では女の「私」はかばわれた経験があるが，「女らしい」一般女性の中で「男らしさ」を身につけた「私」を男たちは助けてくれなかったのだ。したがってオが適切である。

二 (物語―主題・表題，心情・情景，細部の読み取り，表現技法，記述力)

重要 問1 「考えるまでもあるまい。～」で始まる段落からしばらく続く段落の内容に着目する。
イ 「権力が与えられていない」が誤りである。 ウ 「～武士の誉れだと考える人はもういない」が誤りである。 エ 「権威を持っていることに気付いていない」が誤りである。 オ 「奇怪な姿」は見た目の姿ではないので，この点も誤りであり，「権威の低下」も誤りだ。 ア 古い道徳や価値観にしばられた武士の身分が残り，しかも「たちの悪いことに，そうした武士は権威～」とある。したがって，アが適当である。

問2 イとオで迷うところだ。着目点は，「それは悲しい話～」で始まる段落だ。「一助と捨松が棲んでいる」というのは，実際に棲んでいるわけではない。今現在も町人と武士の価値観を持ち合わせているということなのでイである。

やや難 問3 現実の立場としては，乙次郎は，流罪になる玄蕃を護衛するものだ。しかし，連れ立って旅をしているうちに，「初めて名を呼んだ～」で始まる段落にあるように，「決して流人ではない」という心境になっている。したがって，解答の中心となる「どのような人物か」については，尊敬の念を持つ人物という方向性の言葉になる。なぜ，そのような心境になるのかが，「武士ならば男ならば，おのれのことは二の次～」という発言内容に感服したからということだ。「おぬしの父母～」で始まる段落と，続く段落がまとめやすい言葉が表れている。

基本 問4 「適当でないもの」という条件に注意する。 ア 問3で考えたように，流人を送り届ける役目の乙次郎が，最後に最大限の敬意を表す口上を述べたことを聞いた玄蕃は，これまで話したことが理解されたと解釈したのだから適当だ。 イ 「怒りが消えるとは思えない」という読み取りが不適当である。 ウ 「玄蕃を憎く思いながらも」が誤りであるので，「冷やかしの思い」が不適切になる。 エ 玄蕃の人がらにだんだんと親愛の情を抱くようになっている乙次郎の気持ちが読み取れる流れなのでエの内容は適当である。 オ ア同様，最後の口上は決して役目上形式的なものではなく，玄蕃への心からの敬意なのだから適当だ。

問5 ア 歩く道が次第に歩きづらくなっていることを表している表現であり，二人の精神状態を表しているものではない。 ウ 海の上を飛ぶ鳥のほかには何もないことを表している表現であり，二人の歩みと対照しているわけではない。 エ 「やりきれなさ」は読み取れるが，「長距離を歩きとおした辛さ」は読み取れない。 オ 作者の視点はない。 イ 音を上げたわけでもなく，訊きたいことは山ほどあるというのは，次第に玄蕃に対して親近感や敬意を抱くようになっているのだが，押送人としての役目を果たさなければという矛盾した立場に気持ちが沈むのだから適当である。

重要 三 (漢字の書き取り)

1 「祭」は全11画の漢字。5・6画目は交差させる。 2 「脳」は全11画の漢字。5～7画目の向きに注意する。 3 「承」は全8画の漢字。3～5画目は三本である。 4 「灯」は全6画の漢字。4画目はのばさない。 5 「耕」は全10画の漢字。6画目は点にする。 6 「創」は全12画の漢字。2画目は短くとめる。 7 「座」は全10画の漢字。8画目の書き出しは「人」より高めから書く。「土」と小さく書かない。 8 「乳」は全8画の漢字。2～4画目の向きに注意する。

★ワンポイントアドバイス★

図表を交えた課題文に慣れるように学習しておこう。

第2回

2024年度

解 答 と 解 説

《2024年度の配点は解答欄に掲載してあります。》

＜算数解答＞ 《学校からの正答の発表はありません。》

1 (1) 82 (2) 9 (3) 7時49分 (4) 86匹 (5) 54度

2 (1) 13粒 (2) 17粒

3 (1) 24通り (2) 4通り (3) 84通り

4 (1) 2 (2) (ウ)・(エ) (3) 17

5 (1) 3通り，解説参照 (2) ア 4 イ 2 (3) 五→七→五

○推定配点○

2 各5点×2 他 各6点×15(4(2)，5(2)各完答) 計100点

＜算数解説＞

1 (四則計算，割合と比，濃度，速さの三公式と比，旅人算，単位の換算，統計と表，平面図形)

(1) □＝(2024－3.5×98)÷20.5＝1681÷20.5＝82

重要 (2) 水を蒸発させる前と後の食塩水の重さの比…(200＋120)：(200＋120－60)＝16：13

水を蒸発させる前の食塩水の濃度…8÷16×13＝6.5(％)

200g：120g…5：3

濃度…(5×5＋3×□)÷(5＋3)＝6.5より，□＝(8×6.5－25)÷3＝9

したがって，求める濃度は9％

重要 (3) 時速3.6km…秒速3600÷60＝60(m)

12分後のAとお母さんの間の距離…60×10－120×(12－10)＝360(m)

時速7.2kmと14.4kmの比…1：2

2人が出会った位置から学校までの距離

…1200－360÷(2＋1)×2＝1200－240＝960(m)

2人が出会った時刻…12＋(360－240)÷120＝13(分後)

960mを進んだ時間…960÷120＝8(分)

したがって，求める時刻は8時10分－(13＋8)分＝7時49分

やや難 (4) メス1匹が1週間ごとに産む卵…4個

したがって，下表より，6週間後の魚の総数は(21＋44÷2)×2＝86(匹)

	飼い始め	1週間後	2週間後	3週間後	4週間後	5週間後	6週間後
オス	1	1	3	5	11	21	43
メス	1	1	3	5	11	21	43
卵	0	4	4	12	20	44	

重要 (5) 角EPA…右図より，(180－360÷5)÷2＝54(度)

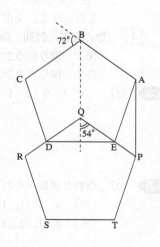

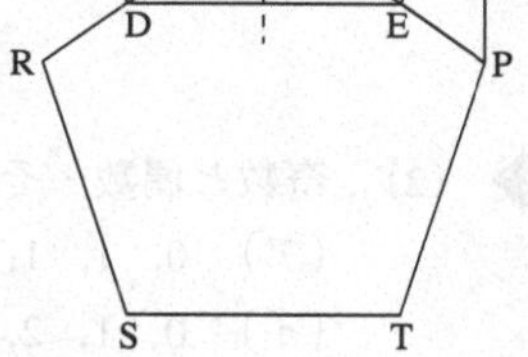

重要 **2** **(割合と比，分配算，消去算，数の性質)**

A・B・Cの初めの豆の数…同数

AがCに2個渡し，BがCに6個渡し，Cが3個食べたとき

…AとBの豆の数の和＝Cの豆の数

その後，Dが3人に同数を渡すとき

…Aの豆は7粒ずつ，Bの豆は6粒ずつ，Cの豆は5粒ずつ分けられる

(1) ○…A・B・Cの初めの豆の数

AがCに2個渡し，BがCに6個渡した後のAとBの豆の数…○－2＋○－6＝○×2－8

Cが3粒食べた後の豆の数…○＋8－3＝○＋5

○の数…○×2－8が○＋5に等しく，○＝5＋8＝13

したがって，初めの豆は13粒

(2) Cに2個渡した後のAの個数…13－2＝11(個)

Cに8個渡した後のBの個数…13－6＝7(個)

Cの個数…11＋7＝18(個)

Aの個数(11)について，13より大きい7の倍数…14，21，[28]，35，～

Bの個数(7)について，13より大きい6の倍数…18，[24]，30，～

Cの個数(18)について，13より大きい5の倍数…15，20，25，30，[35]，～

「倍数－それぞれの個数」が等しくなる場合…28－11＝24－7＝35－18＝17

したがって，求める最小の数は17粒

3 **(場合の数)**

地図上の隣り合う国…同じ色は塗れない

基本 (1) 4×3×2×1＝24(通り)

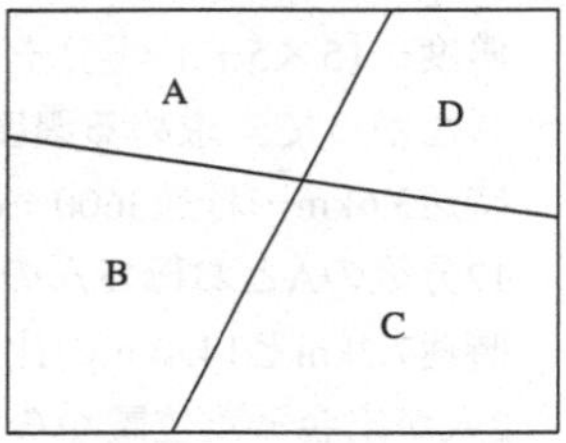

(2) 赤色の国

AとCの場合…2通り

Aだけの場合…2通り

したがって，塗り方は4通り

重要 (3) 4色で塗る場合…(1)より，24通り

3色で塗る場合…3色の選び方が4通りであり，

(2)より，4×(2×2＋2×4)＝48(通り)

2色で塗る場合…2×4×3÷2＝12(通り)

したがって，全部で24＋48＋12＝84(通り)

4 **(数の性質，数列，論理)**

操作…隣り合う2つの整数に含まれる偶数の個数を，2つの整数の間の下に書く

終了…隣り合う2つの整数がなくなり，整数が1つになったとき

基本 (1)

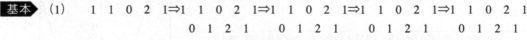

```
1 1 0 2 1⇒1 1 0 2 1⇒1 1 0 2 1⇒1 1 0 2 1⇒1 1 0 2 1
           0 1 2 1    0 1 2 1    0 1 2 1    0 1 2 1
                       1 1 1      1 1 1      1 1 1
                                   0 0        0 0
                                               [2]
```

重要 (2) 奇数と偶数…それぞれ△と○で表す

(ア) 0，1，1，1，1，2…△△○△○△の後，△のとき0，○のとき1→不適合

(イ) 0，1，2，1，0，2…△△○○△△の後，△のとき0，○のとき1→不適合

（ウ） 1，2，1，1，1，0…△○○△○△の後，△のとき0→適合
（エ） 2，1，0，1，2，1…○○△△○○の後，△のとき1→適合
したがって，選ばれるのは（ウ）（エ）

(3) 初めの数列…0，1，2，0，1，2，0，～が50個
1回目の操作の数列…1，1，2，1，1，2，1，～が49個
2回目の操作の数列…0，1，1，0，1，1，0，～が48個
3回目の操作の数列…1，0，1，1，0，1，1，～が47個
4回目の操作の数列…1，1，0，1，1，0，1，～が46個
5回目の操作の数列…0，1，1，0，1，1，0，～が45個
24回目の操作の数列…3回目・6回目の数列と同じ
25回目の操作の数列…4回目・7回目の数列と同じ
25回目の数列の個数…50－25＝25（個）
25…3×8＋1
25個の数の和…右表より，2×8＋1＝17

8段 { 1，1，0 / ⋮ / 1，1，0 }
1

5 （平面図形，立体図形）

重要 (1) 立体の上部…四角錐
正三角形の面…4面，必要であり，図アより，
加える面の位置は3通りある
作図例…図イ

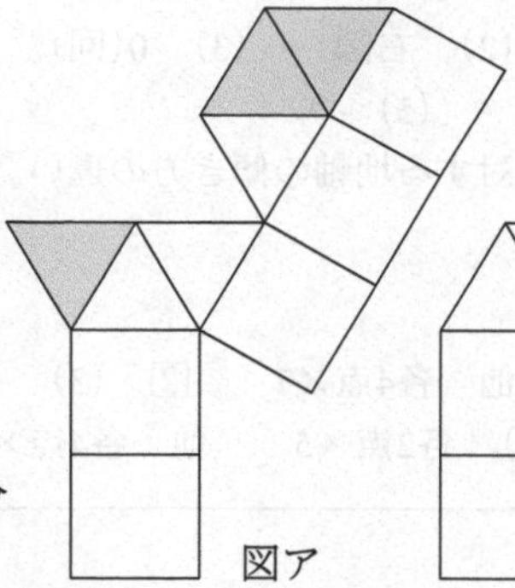
図ア

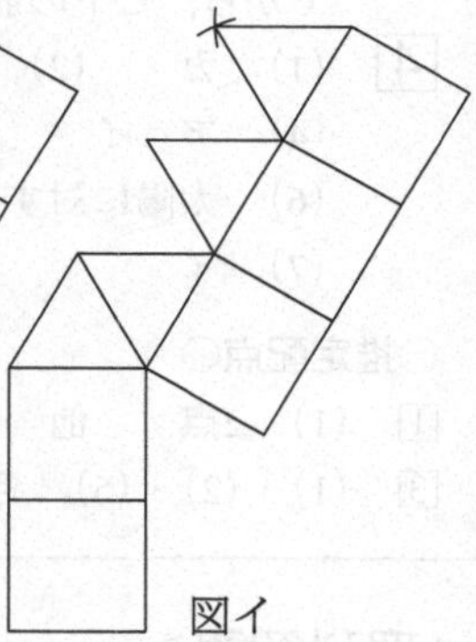
図イ

やや難 (2) 三角形ABC…図ウより，正三角形3個分
二等辺三角形AGE…正方形0.5個分
台形GCDH…正方形1個分＋正三角形0.5個分
平行四辺形JDFE…正方形1個分
直角三角形HDE…正方形0.5個分＋正三角形0.5個分
正三角形の合計…3＋0.5×2＝4（個分）
正方形の合計… 0.5×2＋1＝2（個分）
したがって，五角形ABCDEの面積は
正三角形4個と正方形2個の面積の和

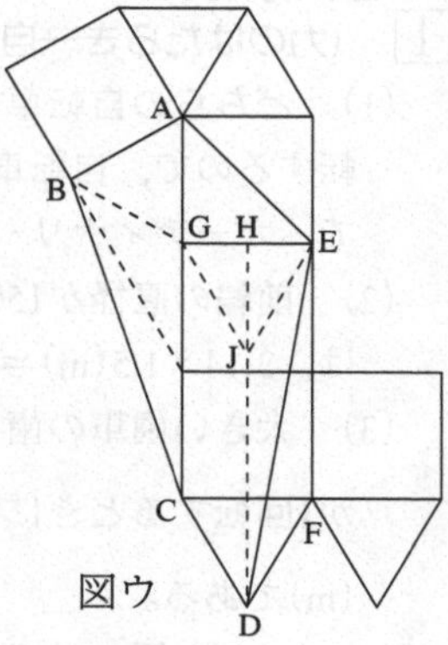

図ウ

(3) 切断面の図形…下図より，五→七→五

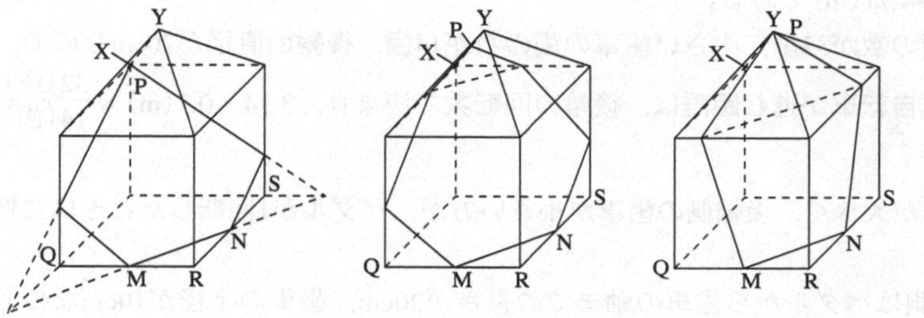

★ワンポイントアドバイス★

1 (4)「6週間後のオスとメスの数」はまちがいやすく，4 (3)「25回の操作後の数の和」も簡単ではないが，「規則性」を追っていけば正解を得られる。5 (2)「五角形の面積」，(3)「切断面の図形」も簡単ではない問題である。

＜理科解答＞ 《学校からの正答の発表はありません。》

1 (1) 2(倍) (2) 4.71(m) (3) 5.024(m) (4) イ
(5) 3 2(倍) 4 0.2(倍) 5 0.4(倍) (6) ウ

2 (1) 1.2(倍) (2) ア，ウ (3) (操作1) エ (操作2) ウ
(4) BTB溶液が，気体Aでは黄色になり，気体Cでは青色になった場合，気体Aは二酸化炭素，気体Cはアンモニアである。 (5) 火のついた線香が，気体Bでは消え，気体Dでは激しく燃えた場合，気体Bは窒素，気体Dは酸素である。

3 (1) 1 デンプン 2 糖
(2) イ (3) パイナップルを60℃で10分間加熱する。 (4) ウ
(5) (ペプシン) イ (トリプシン) ウ
(6) タンパク質はアミノ酸に分解されてから，ヒトの筋肉がつくられるから。

4 (1) カ (2) 右図 (3) 0(回)
(4) ア，イ (5) エ
(6) 太陽に対する地軸の傾き方の違い。
(7) イ

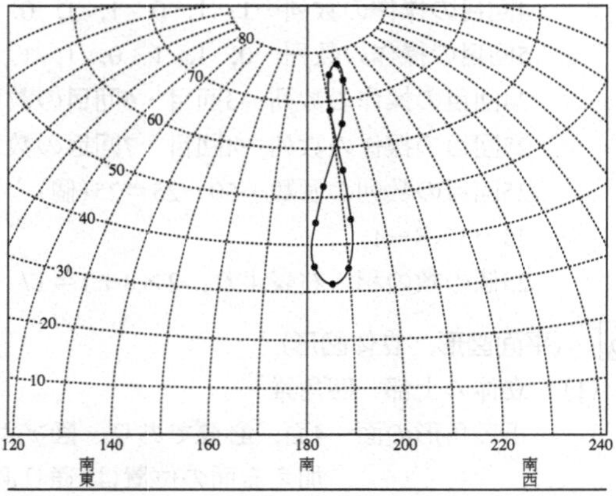

○推定配点○

1 (1) 2点 他 各4点×7 2 (3) 各2点×2 他 各4点×4((2)完答)
3 (1)・(2)・(5) 各2点×5 他 各4点×3 4 各4点×7((4)完答) 計100点

＜理科解説＞

1 (力のはたらき－自転車のペダルと歯車)

(1) どちらの自転車もペダルが前輪の軸に直接つけられていて，ペダルが1回転すると前輪も1回転するので，自転車が進む距離は前輪の直径に比例する。したがって，ミショー型自転車に比べて，オーディナリー型自転車が進む距離は，150(cm)÷75(cm)＝2(倍)になる。

(2) 前輪の直径が150cmのオーディナリー型自転車のペダルが1回転するときに自転車が進む距離は，3.14×1.5(m)＝4.71(m)である。

(3) 大きい歯車の歯の数が32歯，小さい歯車の歯の数が14歯，後輪の直径が70cmなので，ペダルが1回転するときに自転車が進む距離は，後輪の回転数で決まり，$3.14\times0.7(\mathrm{m})\times\dfrac{32(\text{歯})}{14(\text{歯})}=5.024$ (m)である。

(4) ペダル側の歯車が大きく，後輪側の歯車が小さい方が，ペダルが1回転したときに自転車が進む距離は長くなる。

(5) 図6で，ペダル側はペダルから歯車の軸までの長さが20cm，歯車の半径が10cmなので，ペダルを押す力を1とすると，1×20(cm)÷10(cm)＝2の力がチェーンに伝わる。また，後輪側は後輪の半径が35cm，歯車の半径が7cmなので，チェーンに伝わる力を1とすると，1×7(cm)÷35(cm)＝0.2の力が後輪が地面から受ける力になる。したがって，ペダルを押す力の，2×0.2＝0.4(倍)の力が後輪が地面から受ける力となる。

(6) ペダル側の歯車は小さく，後輪側の歯車は大きい方が，ペダルを押す力が小さくてすむ。た

だし，ペダルが1回転するときに自転車が進む距離は短くなる。

2 (気体の性質―気体の分類)

やや難 (1) 1kJのエネルギーを得るために排出される二酸化炭素の重さは，メタンでは，$\frac{44(g)}{890(kJ)}$であり，プロパンでは，$\frac{132(g)}{2220(kJ)}$である。したがって，排出される二酸化炭素は，メタンに対してプロパンは，$\frac{132(g)}{2220(kJ)} \times \frac{890(kJ)}{44(g)} = 1.20\cdots$(倍)より，約1.2倍である。

(2) 表1で，ヘリウムを入れた風船は落下せずに上に動いたので，ヘリウムは空気よりも軽いことがわかる。次に，窒素を入れた風船は空気を入れた風船と同じくらいの速さで下に動いたので，空気と同じくらいの重さであることがわかるが，空気より軽いのか重いのかは判断できない。さらに，二酸化炭素を入れた風船は空気を入れた風船より速く下に動いたので，二酸化炭素は空気よりも重いことがわかる。

(3)～(5) 操作1により，結果1～結果3の3通りの結果が得られたので，操作1は「緑色のBTB溶液を加えた」である。また，結果1と結果2では，1種類の気体しか当てはまらないので，水溶液が酸性でBTB溶液が黄色になる二酸化炭素か，水溶液がアルカリ性でBTB溶液が青色になるアンモニアである。さらに，結果3では，2種類の気体が当てはまるので，水に溶けにくく，BTB溶液が緑色のままである窒素と酸素である。 操作2により，結果4と結果5が得られたので，操作2は「火のついた線香を入れた」であり，線香の火がすぐに消えた方が窒素であり，反対に，線香が激しく燃えた方が酸素である。

3 (人体―消化と吸収)

(1)・(2) 試験管AとBの結果から，だ液によって，デンプンが糖に変化したことがわかる。

ただし，40℃以外の温度では実験をしていないので，だ液に含まれているアミラーゼが最もよくはたらく温度が40℃とは決められない。試験管CとDの結果から，デンプンがそのまま残っていることがわかる。したがって，だ液を60℃のお湯に10分間つけると，だ液に含まれているアミラーゼがはたらきを失うことがわかる。

(3) パイナップルを60℃で10分間加熱すると，パイナップルに含まれているブロメラインというタンパク質分解酵素がはたらきを失うので，タンパク質でできているゼラチンは分解されずに固まる。

(4) 生の豚肉と生のパイナップルをよく混ぜることで，豚肉の一部を分解してやわらかくすることができる。なお，缶づめのパインナップルはパイナップルを熱処理しているので，ブロメラインが分解している。

重要 (5) 胃液に含まれているペプシンという消化酵素は強い酸性のもとで最も良くはたらく。一方，すい液に含まれているトリプシンという消化酵素はアルカリ性のもとで最も良くはたらく。

(6) タンパク質は体内でアミノ酸に分解される。また，分解されたアミノ酸からヒトの筋肉がつくられる。

4 (太陽と月―太陽の動き)

重要 (1) 1月1日は，太陽は真東よりも南寄りの地平線から出て，真西よりも南寄りの地平線に沈む。

やや難 (2)・(3) 表1の結果を，なめらかな線で結ぶと，太陽が正午に180°の真南を通る日がないことがわかる。

やや難 (4) 表2から，広島県では，「9月20日から12月13日にかけて」2回ほど太陽が正午に真南を通る。また，兵庫県でも，年に4回ほど太陽が正午に真南を通る。なお，宮城県では，表1の観測に近い動きをしていて，太陽は正午には真南を通らない。

重要 (5) 日本標準時子午線は，東経135度にある兵庫県の明石市を通る。また，太陽が正午に真南を通るかどうかは，観測場所の経度によって決まる。

(6) 夏至の日は，地軸が太陽に向かって23.4度傾いているが，冬至の日は，太陽とは反対側に23.4度傾いている。

(7) 図3は冬至の日の太陽の高さを表していて，南中したときの高さが31°なので，この場所の緯度は，90°−31°−23.4°＝35.6°である。(なお，夏至の日や冬至の日の日の出や日の入りの時刻から，観測した地点は東経141°付近であることがわかり，太陽は正午前には南中していることがわかる。)

★ワンポイントアドバイス★

生物・化学・地学・物理の4分野において，基本問題に十分に慣れておこう。その上で，物理・化学に関する計算問題や記述問題にもしっかり取り組んでおこう。

＜社会解答＞ 《学校からの正答の発表はありません。》

1 問1 日本書紀 問2 カ 問3 大宰府 問4 朝廷が2つに分裂した南北朝時代だったから。 問5 オ 問6 ウ 問7 イ 問8 エ 問9 (③と④の間) オ (⑤と⑥の間) ア

2 問1 戊辰戦争 問2 ウ・オ 問3 イ 問4 ウ 問5 イ 問6 ア 問7 イ 問8 ア→ウ→イ 問9 田中角栄首相が訪中し日中共同声明に調印，国交が正常化した。

3 問1 (1) (千葉県) イ (茨城県) ウ (2) イ 問2 エ 問3 b ウ d ア 問4 (1) 関東大震災 (2) ウ 問5 東京湾を埋め立てて造成された土地で，ほとんどが工場などの敷地となっているから。

4 問1 ウ 問2 イ 問3 ロシア 問4 イ 問5 エ 問6 イ 問7 ア

○推定配点○

1 問1・問3・問4 各5点×3 他 各2点×7 2 問1 5点 問2 3点 問9 8点 他 各2点×6 3 問4(1) 5点 問5 8点 他 各2点×7 4 問3 4点 他 各2点×6 計100点

＜社会解説＞

1 (日本の歴史―古代～近世の政治・外交など)

問1 神代から持統天皇までの歴史をまとめた初の公式な歴史書。

問2 a 皇族以外で初の摂政となったのは9世紀後半の藤原良房。 b 道長・頼通父子は半世紀にわたり摂関政治の全盛を築いた。 c 3人の娘が天皇の后となったときの道長の歌。

重要 問3 西海道(九州と対馬・壱岐の2島)を管轄する大宰府は「遠の朝廷」と呼ばれた機関。

問4 1336年，吉野に逃れた後醍醐天皇に対し足利尊氏が持明院統の光明天皇を京に擁立，1392年に南朝の後亀山天皇が北朝の後小松天皇に神器を授けて南北朝の統一がなった。

問5 a 足利義政の後継争いが原因の一つ。 b 全国の大名が細川の東軍と山名の西軍に分かれて対立。 c 11年にわたる争乱で京は荒廃，幕府の権威は失墜し各地に小京都が誕生した。

問6　貿易の利益に注目した家康は朱印状を発行して貿易を推進，利益の一部は税として納めさせた。貿易を制限し日本人の海外渡航や帰国を禁止したのは3代家光。

問7　徳川吉宗が紀伊・徳川家から本家を継いだのは18世紀初めで松平定信は吉宗の孫。吉宗は年貢率を一定とする定免法を採用し年貢の増収を図った。cは天保，eは寛政の改革。

問8　日米和親条約で開港されたのは箱館と下田。地震ではロシアのディアナ号が被災，修理のため廻航される途中で沈没した。

やや難　問9　悪人正機説を唱え民衆への布教に成功した親鸞が活躍したのは鎌倉時代の前半。東国最古の分国法「今川仮名目録」の成立は16世紀前半。イは徳川家光の武家諸法度，ウは1488年に発生した加賀の一向一揆，エは万葉集にある山上憶良の貧窮問答歌。

2 (日本の歴史―近・現代の政治・経済・外交など)

問1　1861年，旧幕府側は徳川慶喜に対する辞官納地(内大臣辞任と領地の返納)に反発，鳥羽伏見での衝突から翌年に函館で降伏するまでの一連の戦い。

問2　四民平等となったが身分意識は依然として存在，徴兵令には大幅な免除規定が設けられていた。五榜の掲示ではキリシタン禁止，土地と人民の返還は版籍奉還，地租改正は地価の3%。

やや難　問3　ノルマントン号の遭難(1886年)では日本人全員が死亡，イギリス船長の無罪判決で国民の怒りが沸騰。1894年，陸奥宗光が日英通商航海条約を締結して領事裁判権の撤廃に成功した。

問4　ポーツマス条約では賠償金の獲得に失敗，民衆の怒りは日比谷焼打ち事件につながっていった。戦後朝鮮に対する支配を強化した日本は1910年に完全な植民地とした。

問5　1897年には綿糸の輸出が輸入を逆転。富岡製糸場は生糸の品質向上を目指したもの。

問6　鬼門とは鬼が出入りする方角で，十二支で表した丑と寅(艮(うしとら))の間。

問7　貧困と病苦の中，生活に密着した詩を詠んだが20代で病死，晩年は社会主義に共鳴した。

問8　ドイツの快進撃の中，三国同盟に調印(1940年)→開戦半年後に連合艦隊の主力が壊滅(1942年)→戦況の悪化に伴い大学生も徴兵(1943年)。

問9　米中接近という国際情勢の中，田中首相が北京を訪問して国交を回復，中華民国(台湾)と国交を断絶して中華人民共和国を中国を代表する唯一の政府と認めた。

3 (地理―国土や自然・人口・産業など)

問1　(1)　日本最大のテーマパークを抱える千葉，東京への通勤通学が一番少ない茨城。アは埼玉，エは東京。　(2)　モータリゼーションの進行で自動車への依存が強まっているが，近年は環境問題などから鉄道が見直されている。アは自動車，ウは航空，エは海運。

やや難　問2　在留外国人は約300万人で中国・ベトナム・韓国の順。技能留学生など労働者はベトナムが中国を抜いて1位。群馬のブラジリアンタウンや横浜のチャイナタウンがよく知られている。

問3　bは降水量の少ない中央高地，dは気温の低い岩手。aはエ，cはイ。

問4　(1)　1923年の関東大震災は21万戸が焼失，10万人を超える死者が発生した。　(2)　高度経済成長下では消費は美徳とされ，地方から都会への急激な人口移動も起こった。

問5　戦後，東京湾東側の浦安から富津に至る海岸線が埋め立てられ重化学工業を中心とする多くの企業が工場を建設，京葉工業地域の中核が建設されていった。

4 (政治―政治のしくみ・国民生活・国際社会など)

問1　包括的核実験禁止条約に関しては核保有国を中心に反対が多い。第五福竜丸はアメリカの実験で被ばく，核拡散防止条約では米・英・ソ・仏・中の5か国に限定，核兵器禁止条約は2020年に発効したが，核保有国だけでなく日本など核の傘に依存している国も反対している。

重要　問2　関税や国境を撤廃し経済だけでなく政治的にもヨーロッパを統合しようとする組織。本部はベルギーのブリュッセル，デンマークなど一部は不採用，2020年にはイギリスが脱退。

問3　冷戦終了後に参加したロシアは2014年のクリミア侵攻で参加資格を停止された。

問4　職場における性別による差別を禁止し平等に扱うことを規定した法律。求人票による性別や年齢の限定，特定の人の差別や優遇，誇張的な内容などが禁止されている。

問5　教育分野では0.997，健康分野は0.973，経済分野は0.561，政治分野に至っては0.057で146か国中138位と極めて低い。

重要 問6　判決に不満であれば上級の裁判所に控訴，さらに不満があれば上告できる。個人間の争いは民事裁判，起訴するのは検察官，裁判員制度は重大な刑事裁判の第1審。

問7　下級裁判所の裁判官は最高裁判所の名簿によって内閣が任命する。国民審査で過半数が賛成すると罷免される。弾劾裁判所は衆参各7名の国会議員を裁判官として行われる。

★ワンポイントアドバイス★

歴史的事項の並べ替えを苦手とする受験生は多い。年号などにとらわれず時代ごとに政治や社会，文化といった分野史の流れをまとめてみよう。

<国語解答>《学校からの正答の発表はありません。》

一　問1　イ　　問2　エ　　問3　ウ　　問4　かつては既存の社会制度の拘束の中で濃密すぎて不自由な人間関係を絶ち一人でも生きていける人にあこがれたが，今日自由な人間関係の中で一人でいることはコミュニケーション能力不足とされることを恐れている。　　問5　エ

二　問1　ウ　　問2　卒業したら一人になるため家を出ると強く決意していたのに，自分の道筋を決めているジンに比べると，自分の決意など軟弱な根性で言っていたと気づきみじめになったから。　　問3　オ　　問4　ア　　問5　ウ　　問6　(1)　エ　　(2)　ア

三　1　厳格　　2　奮　　3　宣告　　4　皮革　　5　治　　6　給湯　　7　腹心　　8　圧巻

○推定配点○

一　問4　15点　　他　各5点×4　　二　問1　3点　　問2　15点　　問6　各4点×2　他　各5点×3　　三　各3点×8　　計100点

<国語解説>

一　(論説文―要旨・大意，細部の読み取り，空欄補充，記述力)

問1　「二〇〇〇年前後から～」で始まる段落に着目する。この段落以前に，第一生命経済研究所の調査と青少年研究会の調査の数値の違いを考察した後，いずれにしても情報通信端末の登場は共通していることを述べている。その上で，「あいさつ程度の友だち」もカウントすることを理由に挙げているのでイである。

重要 問2　A　この項目の1998年と2011年の比較をすると，男性でプラス19.7・女性でプラス12.8なので「大きく増えている」。この段階でイ・エ・カにしぼれる。　B　「意見が合わないと～」の項目はマイナス13.9なので「大きく減っている」ため選択肢はそのまま残る。　C　「～親や家族を犠牲～」の項目は，男性マイナス11.6，女性マイナス10.5で「かなり減り」で選択肢は変わらない。

D　「～一人でいるほうが～」は，プラス25.1なので「増えている」。この段階でエが残るのでEで確認すると，この項目では男性マイナス20.9，女性18.4で「激減」であるのでエが確定できる。

問3　「つながりたい」より「疲れてしまう」の内容を考えた方が素早く処理できる。友だちがいな

い人は孤独でさびしい状態に陥ると思うので「つながりたい」が，距離を置きたいという願望も増えていることは図表からも読み取れるとしている。つながっている人と対立しないように調節するが嘘にならないように配慮して「疲れる」のだからウである。

やや難 問4　必須語の「かつて」と「今日」は，「一匹狼」と「ぼっち」の比較で使うことが一番処理しやすいだろう。「かつての人間関係～」で始まる段落と，続く「社会学者の～」で始まる段落が着目点になる。「かつての一匹狼は憧れ」の対象であり，「今日のぼっちは否定的に受け取られる」ことがポイントである。この背景は社会制度の拘束で人間関係が不自由だったかつてと，自由な人間関係の中での違いということが挙げられる。

問5　【文章Ⅱ】での重要な視点は，「コミュニケーション能力」だ。問4で考えた，「ぼっち」という評価を避けたいということだ。現代では人間関係が濃密ではなくなり，多様な価値観を互いに認め合う社会になっている。「そもそも価値観～」で始まる段落にあるように，異なった価値観を調整し合うには，より一層コミュニケーション能力が求められ「コミュニケーション能力だけが唯一の共通の評価基準」となっているため，友だちがいないということはその能力が不足している無価値な人間だと思われることを恐れるのであるからエを選ぶ。

二　(物語―心情・情景，細部の読み取り，ことわざ，表現技法，記述力)

基本 問1　直後の「動けなくなる」が着目点だ。すくんで身動きがとれなくなることを「蛇ににらまれた蛙」と表現する。

やや難 問2　「私」は，前書きにも，「ただひとりになりたくて～」で始まる段落にもあるように，しっかり決意しているはずだった。しかし，ジンと会話して，気づいたことは，自分の生き方として目の前のことすらはっきりしていないことに気づいたのだ。自分の決意など「軟弱な根性」でしかなかったと思い，みじめな気持ちから泣きたくなったのだ。

問3　――線2直後の「お父さんに重ねている」「～お父さんじゃないよ～」から，線2のような感覚になるのは父親の影がポイントになる。その点を述べているイ・ウ・オから選ぶことになるが，イは自分のことを気にかけてほしいと思ってアルバイトをがんばったが誤りだ。またウは父親以上に努力していることを認めてほしいが誤りだ。　オのように思うから「私，那智だよ～」と叫んでいるのだからオがふさわしい。

問4　「愛されていない～」で始まる段落からしばらくの記述に着目する。自分でも思いがけない呼びかけだったのだから，アの「思わず助けを求める」，イの「無意識に頼ろう」，エの「恋しく」が心情としてはふさわしい。が，イの「自暴自棄になり」は誤りである。アとエで迷うところだ。「早く離れたい」と思っていたのに，「～助けて」という言葉が出てきたことに自分でも不思議なのだから「思わず助けを求めている」ということでアを選ぶ。

問5　「お母さんって～」で始まる段落から線4までが着目点だ。お互いに嫌われていると思いながら生活していたのだという気づきから素直な謝罪が口から出たということでウだ。

問6　(1)　用いられていないものという条件に注意する。「ぐったり横たわる」には擬人法が使われている。ア～ウまでは「夜風」を人のようにあつかっているので擬人法が使われているが，エの「載せる」は，機械のバイクを積載するということなので擬人法ではない。　(2)　適当でないものという条件に注意する。エは「～彼になら，話してもいい」から適当。　ウ「私」は「夜風」を心の支えにしているから「～どこか遠くに連れて行って～」のような気持ちになっているのだから適当。アとイで迷うところだが，ウで考えたように，「私」は「夜風」に依存していると言える。したがって，これからも一緒に歩んでいくことを望んでいることは確かだ。しかし，「夜風」のほうから「自立の大切さ」を教わったわけではないのでアが不適切。

三 (漢字の書き取り)

1 「厳」は全17画の漢字。13画目は右側に出さない。 2 「奮」は全16画の漢字。部首は「だいかんむり・だいがしら」である。 3 「宣」は全9画の漢字。4画目の横棒を忘れずに書く。 4 「革」は全9画の漢字。1～4画目の形に注意する。「帯」の書き始めと同じではない。 5 国を治めるの場合は，自治同様「治」を使う。 6 「湯」は全12画の漢字。8画目の横棒を忘れずに書く。
7 「腹心」とは，どんなことでも打ち明けて相談できるという意味だ。腹も心も打ち明けるのだから「腹」表記だ。「複・復」と混同しないように気をつける。 8 「巻」は全9画の漢字。7～9画目の形に注意する。「已」や「巴」ではない。

★ワンポイントアドバイス★

選択肢問題では，各設問が非常に長くまぎらわしいのでしっかり読み取ろう。

2023年度

★★★★★★★★★★★★★★★★★★★★★★★★★

入　試　問　題

2023年度

市川中学校入試問題（第１回）

【算　数】（50分）　＜満点：100点＞

【注意】　1．コンパス・直線定規を利用してもよい。

2．円周率は3.14とする。

3．比を答える場合には，最も簡単な整数の比で答えること。

1　次の問いに答えなさい。

(1)　$\frac{22}{7}\times\left\{\left(1.25+6\frac{1}{2}\div\frac{2}{3}\right)-2\right\}$ を計算しなさい。

(2)　Ａさん，Ｂさん，Ｃさんがいます。今年，Ｂさんの年齢はＡさんの年齢の３倍で，Ｃさんの年齢はＡさんの年齢の５倍です。Ｂさんの年齢がＡさんの年齢の２倍になる年，Ｃさんの年齢は48歳になります。今年のＢさんの年齢を求めなさい。

(3)　図のような校庭の周りに，等間隔に木を植えます。植える木の本数をできるだけ少なくするとき，植える木の本数を求めなさい。ただし，角には必ず木を植えるものとします。

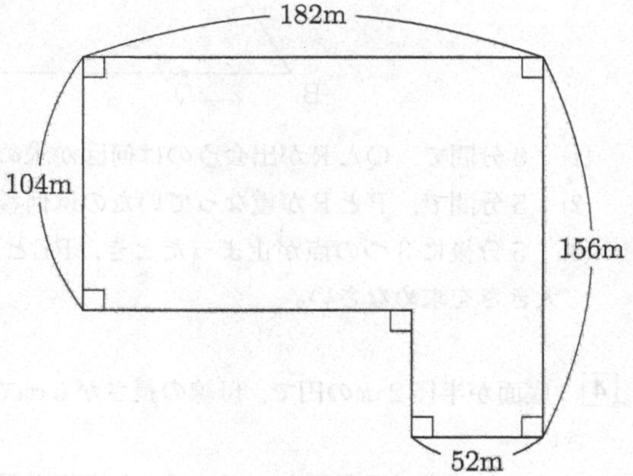

(4)　２つの容器Ａ，Ｂがあります。はじめ，Ａには容積の$\frac{7}{8}$，Ｂには容積の$\frac{4}{5}$の水が入っていました。ＡからＢにいくらか水を移したところ，Ａに入っている水は容積の$\frac{19}{25}$，Ｂに入っている水は容積の$\frac{9}{10}$になりました。ＡとＢの容積の比を求めなさい。

2　ある川に上流の地点Ｐと，下流の地点Ｑがあります。ＰからＱまで川を下るのに，Ａ君は30分かかり，Ｂ君は60分かかります。Ａ君がＰからＱに向かって，Ｂ君がＱからＰに向かって同時に出発したところ，25分後に出会いました。このとき，次の問いに答えなさい。

(1)　Ｂ君はＱからＰまで川を上るのに何分かかるか求めなさい。

(2)　Ａ君とＢ君の静水時の速さの比を求めなさい。

(3)　ある日，川の流れの速さが通常時の1.5倍になりました。このとき，Ａ君がＰからＱに向かって，Ｂ君がＱからＰに向かって同時に出発すると，２人は何分後に出会うか求めなさい。

3 図のように，１辺の長さが10㎝の正三角形ABCと，１辺の長さが５㎝の正方形CDEFがあります。３つの点Ｐ，Ｑ，Ｒは以下のルールで動きます。

・点Ｐは辺BCのちょうど真ん中から毎秒１㎝の速さで正三角形ABCの辺上を反時計まわりに動く。

・点Ｑは辺BCのちょうど真ん中から毎秒１㎝の速さで六角形ABCDEFの辺上を時計まわりに動く。

・点ＲはＤから毎秒１㎝の速さで六角形ABCDEFの辺上を反時計まわりに動く。

ＰとＱとＲは同時に動き始め，５分後に止まります。このとき，次の問いに答えなさい。

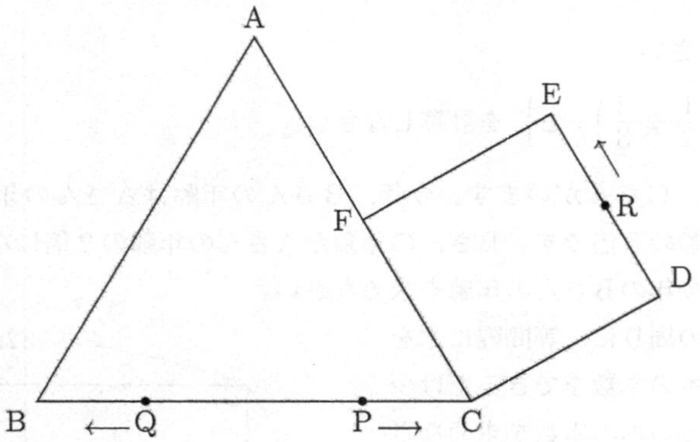

(1)　５分間で，ＱとＲが出会うのは何回か求めなさい。

(2)　５分間で，ＰとＲが重なっていたのは何秒間か求めなさい。

(3)　５分後に３つの点が止まったとき，PEとRCの交わる点をＴとします。このとき，角CTPの大きさを求めなさい。

4 底面が半径２㎝の円で，母線の長さが６㎝である円錐があります。このとき，次の問いに答えなさい。

(1)　この円錐の展開図を，コンパスと定規を用いて作図しなさい。ただし，**【解答らん】**のXYの長さを２㎝とします。

(2)　図のように，底面の円周上に点Ａをとり，Ａから再びＡに戻るように最短距離でひもをかけました。このとき，ひもの長さを求めなさい。ただし，１辺の長さが２㎝の正三角形の高さは1.73㎝とします。

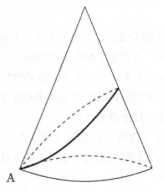

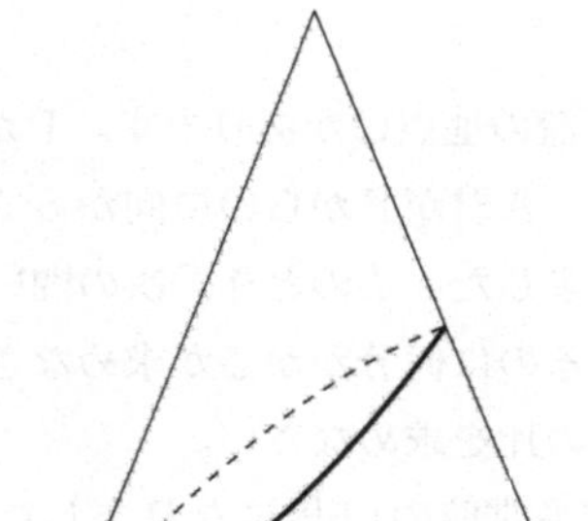

(3)　図のように，底面の円周上に２点Ａ，Ｂを，ＡＢが底面の直径となるようにとり，Ａから再びＡに戻るように，Ｂから再びＢに戻るように最短距離でひもをかけました。このとき，図の斜線部分の面積を求めなさい。ただし，高さが１cmの正三角形の面積を0.58cm^{2}とします。

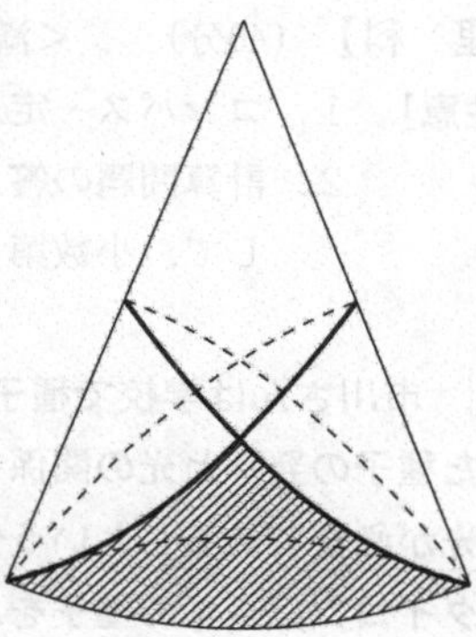

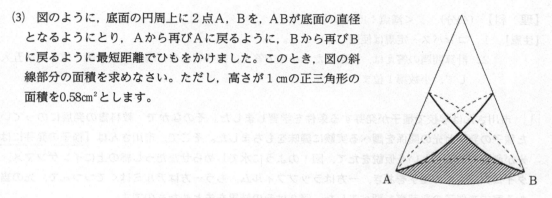

5　下の図のように，マス目に以下の手順で記号○，●を入れていきます。

・１番上の行のマス目にはすべて○を入れる。
・１番左の列のマス目にはすべて○を入れる。
・それ以外のマス目には，左のマス目と上のマス目に同じ記号が入っているときは●を，異なる記号が入っているときは○を入れる。

例えば，２行目２列目のマス目には，左のマス目にも上のマス目にも○が入っているため，●を入れます。

	1列	2列	3列	4列	5列	6列	7列	8列	
1行	○	○	○	○	○	○	○	○	…
2行	○	●							
3行	○								
4行	○								
5行	○								
6行	○								
7行	○								
8行	○								
	⋮								

このとき，次の問いに答えなさい。

(1)　４行目４列目までの16個のマス目には○と●がどのように入れられるか，**【解答らん】**の空らんの部分に○，●をかきなさい。

(2)　16行目16列目までの256個のマス目に○と●を入れたとき，その中に含（ふく）まれる○の個数を求めなさい。

(3)　［ あ ］行目［ あ ］列目までのマス目に○と●を入れると，○の個数が1000個以上になります。［ あ ］にあてはまる数の中で，最も小さいものを求めなさい。

【理　科】（40分）　　＜満点：100点＞

【注意】　1．コンパス・定規は使用しないこと。

2．計算問題の答えは，整数または小数で答え，割り切れない場合は小数第２位を四捨五入して，小数第１位まで答えること。

1　市川さんは学校で種子が発芽する条件を学習しました。そのなかで，教科書の発展にのっていた種子の発芽と光の関係を調べる実験に興味をもちました。そこで，市川さんは「種子の発芽には光が必要である」という仮説をたて，図１のように水でしめらせただっし綿の上にインゲンマメ，ダイコン，ネギの種子をおき，一方はラップフィルム，もう一方はアルミはくでつつんで，光の当たる室内で種子の発芽率を調べました。図２はその結果をまとめたものです。

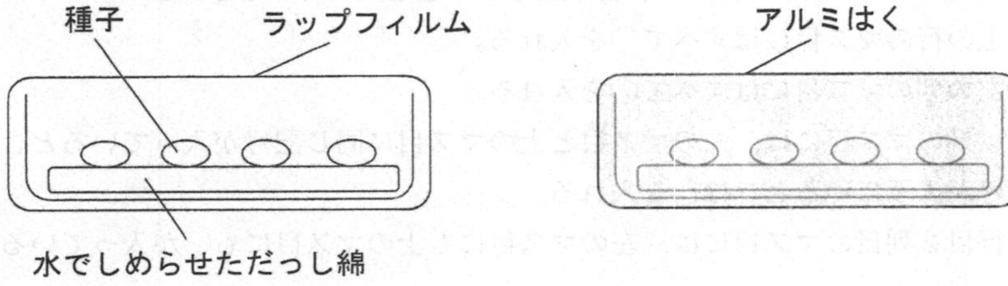

図１

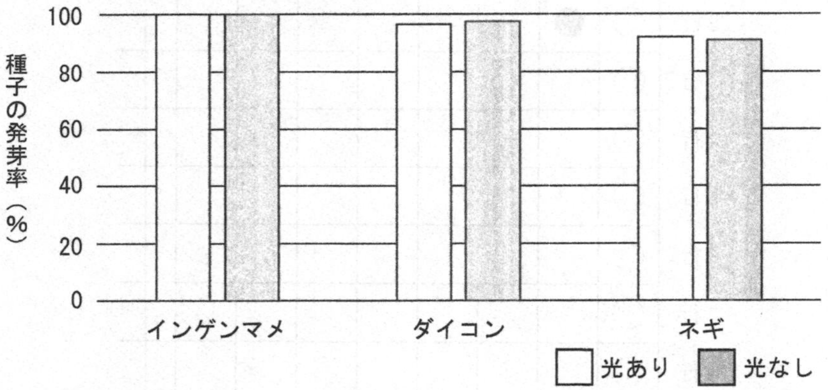

図２

(1)　子葉に養分をたくわえている種子はどれですか。

ア　インゲンマメ　イ　トウモロコシ　ウ　イネ　エ　カキ

(2)　種子にたくわえている養分として，油の割合が多い種子はどれですか。**二つ**選びなさい。

ア　ダイズ　イ　アブラナ　ウ　イネ　エ　トウモロコシ　オ　ゴマ

(3)　種子が発芽する条件として必要なものはどれですか。**すべて選びなさい。**

ア　水　イ　土　ウ　二酸化炭素　エ　酸素　オ　肥料　カ　適当な温度

⑷　下線部について，この仮説のもととなる事実はどれですか。

　ア　種子は発芽に必要な養分を光合成でつくる。
　イ　種子はたくわえている養分を使うために光が必要である。
　ウ　種子が発芽するためには光であたためられる必要がある。
　エ　発芽したあとの植物は光合成をして成長する。
　オ　発芽したあとの植物が養分を使うためには光が必要である。
　カ　発芽したあとの植物が成長するためには光であたためられる必要がある。

⑸　この実験で使った種子について，結果から導くことができる結論は何ですか。20字以内で答えなさい。

⑹　市川さんは，種子の発芽と光の関係についてさらに深く調べました。すると，発芽に光を必要とする光発芽種子と，光があると発芽しない暗発芽種子があることが分かりました。以下は，調べ学習の結果をまとめたレポートです。①，②にあてはまる語をそれぞれ選びなさい。

　光発芽種子には，発芽したあと，すぐに光合成を行えるという利点がある。そのことから，光発芽種子には，種子が比較的（ひかくてき）（①ア　小さい　　イ　大きい）ものが多いのではないかと考えた。
　一方，光があると発芽しない暗発芽種子は，ある程度深い土の中で発芽する。土は，深くなるほど水を含（ふく）んでいるため，暗発芽種子のこの性質は，比較的（②ア　水分の多い　　イ　乾燥（かんそう）した）生息環境（せいそくかんきょう）に適応した結果得られたものではないかと考えた。

2　市川さんは，夏休みに自分の住む町にある地質研究所の火山防災講座に参加しました。次の文章は市川さんと研究員の会話です。

［研 究 員］　私たちの住む町には活動中の火山である北方山（きたかたやま）がありますね。北方山は2000年前から現在までに何度も噴火（ふんか）をくり返しています。北方山が噴火すると，遠く離れた町まで①火口から噴出した１㎜程度の大きさの粒（つぶ）が飛ぶことがあります。今日は実際に500年前に北方山から飛んできたこの粒でできている地層を，研究所の裏の崖（がけ）で観察してみましょう。

［市川さん］　本物の地層はすごいですね。バウムクーヘンのようにしま模様が見られます。茶色いところと白いところが何層かあります。

［研 究 員］　何層か見られる白い層が北方山から飛んできた粒でできている地層です。崖の下の方の白い層を，近づいてよく観察してみてください。

［市川さん］　白い層をよく見ると，１㎜程度の白い粒の他に，10㎝程度でパンの断面のように穴の開いた石がいくつか見られます。

［研 究 員］　よく見つけましたね。それは②軽石と呼ばれるものです。最近だと2021年に福徳岡ノ場（ふくとくおかのば）という海底火山が噴火して，あちこちの海岸にこれと同じ種類の石が流れ着いたことが話題になりました。ここでは北方山から直接飛んできています。

［市川さん］　地質調査をするとどのようなことがわかりますか。

［研 究 員］　火山の近くのいくつかの場所で同じ地層を観察することができれば，その地層の分布がわかります。例えば次のページの図１の地図は，いま見ている白い地層の分布図です。１マスは１辺が10㎞で，×印の位置に北方山があります。分布図から噴火したときの風向がわかるのですが，わかりますか。

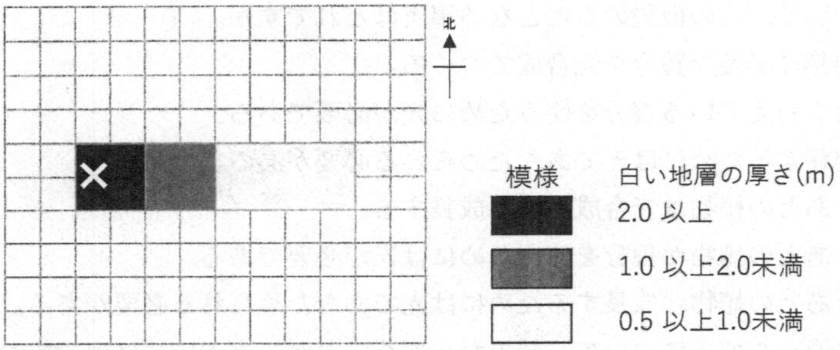

図１

［市川さん］　③ ですか。

［研 究 員］　正解です。さらに，この分布図から，このときの噴出量を計算することもできます。計算には，ある厚さで白い地層が堆積した面積（㎢）と，その厚さ（㎞）の積を12倍することで，およその噴出量（㎦）が求められます。例えば，④地層の厚さ1.0m以上の範囲の面積と地層の厚さ1.0mの積を12倍すればよいわけです。単位に気をつけて計算してみてください。

［市川さん］　計算してみたら噴出量は ⑤ （㎦）になりました。どうですか。

［研 究 員］　正解です。ある火山について，何回かの噴火の年代とそのときの噴出量がわかると，次の噴火も予測できます。図２はたて軸に北方山の噴出量，横軸に年代を示したものです。このグラフを使うと，次の噴火もある程度予測できますよ。

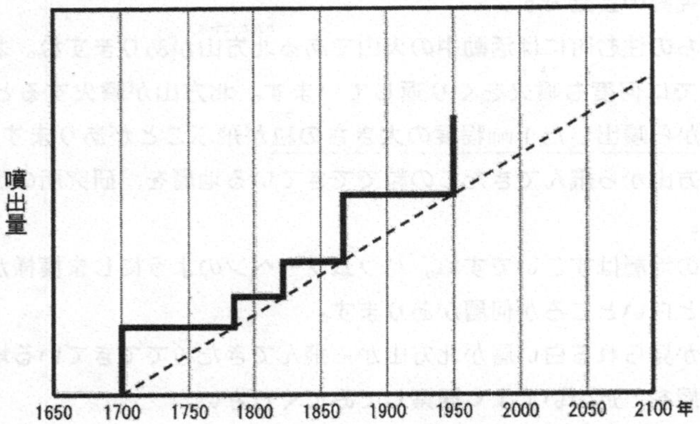

図２

(1)　下線部①のような粒を何といいますか。

(2)　下線部②の性質はどれですか。

ア　塩酸をかけると気体が発生する。

イ　水酸化ナトリウム水溶液をかけると気体が発生する。

ウ　水に溶けやすい。

エ　水に浮くものもある。

(3)　③ にあてはまる語はどれですか。

ア　北風　　イ　南風　　ウ　東風　　エ　西風

(4)　下線部④について，厚さ1.0m以上の範囲の面積は何km^2ですか。

(5)　[⑤] にあてはまる値はいくらですか。

(6)　北方山が次に噴火するのはいつだと考えられますか。

ア　2000年　　イ　2025年　　ウ　2050年　　エ　2075年　　オ　2100年

3　市川さんは棒，おもり，糸を使って，【実験１】～【実験４】を行いました。棒は太さが均一で長さ50㎝，重さ50ｇのもの，おもりは重さ100ｇのものを使いました。ただし，糸の太さと重さは考えなくてよいものとします。

【実験１】　図１のように，物体Ａを棒の左端(ひだりはし)につるしたところ，おもりを使わなくても，棒は水平につり合いました。

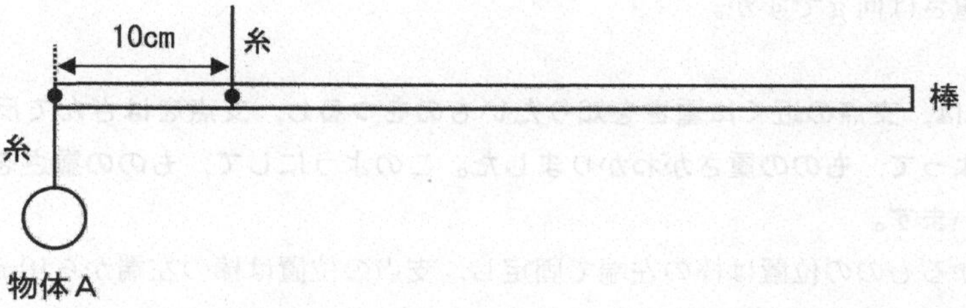

図１

(1)　物体Ａの重さは何ｇですか。

【実験２】　中心よりも左側が支点となるように棒を糸でつるし，支点よりも左側に物体Ｂ，右側におもりをつるしたところ，棒は左に傾(かたむ)き，水平につり合いませんでした。図２は棒が水平になるように，棒を手で支えている様子を表しています。このとき，おもりをつるした位置と支点との距離(きょり)は，物体Ｂをつるした位置と支点との距離の２倍ありました。

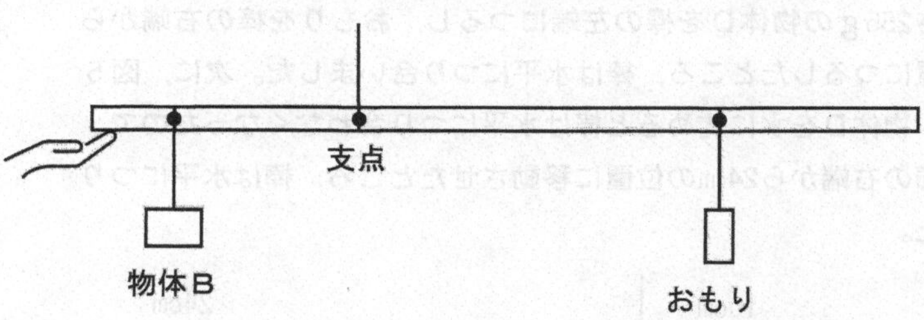

図２

(2)　物体Ｂの重さとおもりの重さの関係はどれですか。

ア　物体Ｂの重さは，おもりの重さより軽い。

イ　物体Ｂの重さとおもりの重さは同じである。

ウ　物体Ｂの重さは，おもりの重さの２倍である。

エ　物体Ｂの重さは，おもりの重さの２倍よりも重い。

【実験３】　図３のように，物体Ｃを棒の左端につるし，おもりを棒の右端から30㎝の位置につるしたところ，棒は水平につり合いました。

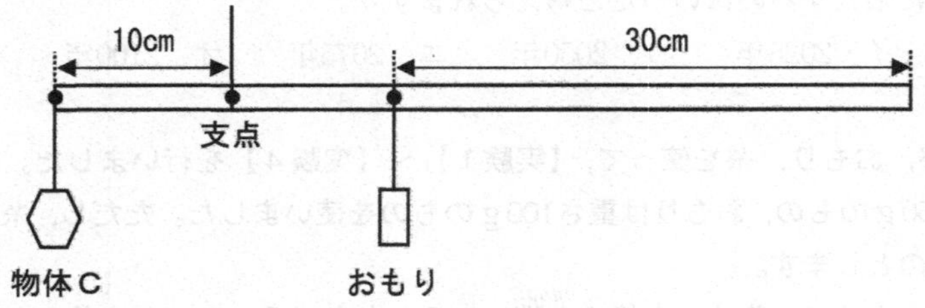

図３

⑶　物体Ｃの重さは何ｇですか。

【実験３】では，支点の近くに重さを知りたいものをつるし，支点をはさんで反対側におもりをつるすことによって，ものの重さがわかりました。このようにして，ものの重さをはかる道具をさおばかりと言います。

⑷　重さをはかるものの位置は棒の左端で固定し，支点の位置は棒の左端から10㎝としたさおばかりでは，最小何ｇから最大何ｇまでの重さをはかることができますか。ただし，おもりは支点よりも右側で動かすものとし，取り外すこともできるものとします。

図４のように，水の中でものを持つと，水の中に入れずに持ったときより，軽く感じます。これは，水が水中のものを上向きに押しているためです。この力を浮力といいます。市川さんはさおばかりを使えば，物体の重さだけではなく，浮力の大きさもはかることができると考え，次の【実験４】を行いました。

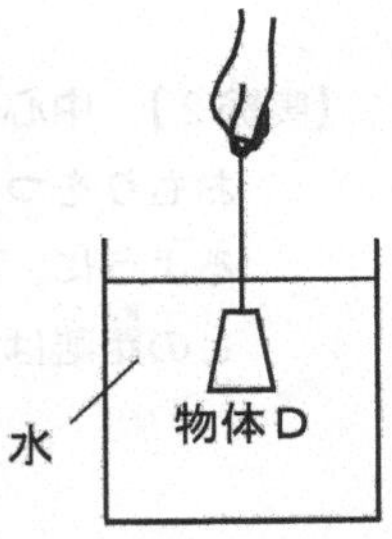

図４

【実験４】　重さ255ｇの物体Ｄを棒の左端につるし，おもりを棒の右端から22㎝の位置につるしたところ，棒は水平につり合いました。次に，図５のように，物体Ｄを水に沈めると棒は水平につり合わなくなったので，おもりを棒の右端から24㎝の位置に移動させたところ，棒は水平につり合いました。

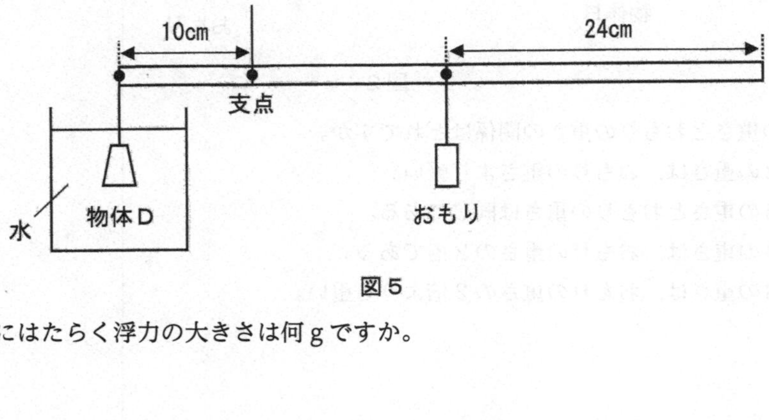

図５

⑸　物体Ｄにはたらく浮力の大きさは何ｇですか。

4 空気は，さまざまな気体が混ざり合ったものです。表１は，水蒸気を取り除いた地表付近の空気に含まれる気体の体積の割合を一部まとめたものです。また，表２は，密閉した容器の中でロウソクを燃やし，ロウソクの火が消えた後の容器の中に含(ふく)まれる気体の体積の割合のいくつかを，図１に示す気体検知管と気体採取器を使って調べたものです。

表１

気体	割合（%）
ちっ素	78
酸素	21
アルゴン	0.93
二酸化炭素	0.037
メタン	0.00017
水素	0.000050
オゾン	0.00000030

表２

気体	割合（%）
①	16
②	4.6

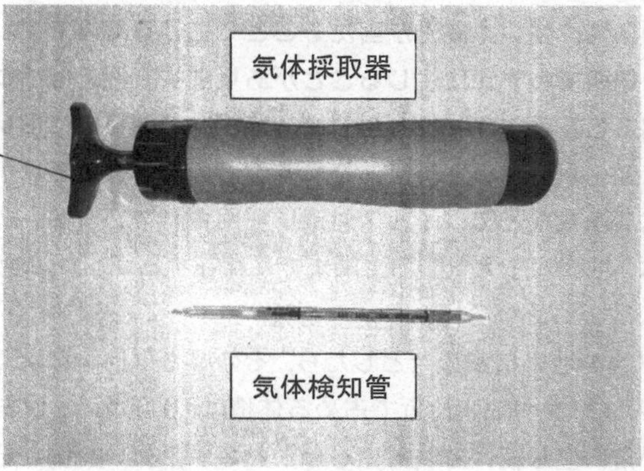

図１

(1) 表１のうち，最も軽い気体で，新しいエネルギー源として注目されているものはどれですか。

(2) 気体検知管の使い方として**誤っているもの**はどれですか。

ア 気体検知管は，調べたい気体の種類によって変える。
イ 気体検知管を使うときは，両端(りょうたん)を折って気体採取器にさす。
ウ 気体採取器のハンドルを引いたら，ただちに気体検知管の目盛りを読む。
エ 気体検知管の色がななめに変わったときは，その中間の目盛りを読む。
オ 酸素の気体検知管は熱くなるので，測定中は触(さわ)らない。

(3) 表２の ① ， ② にあてはまる気体は何ですか。

図２は大気の構造を示したものです。地表（０km）から大気圏の上端（100km）までに存在するオゾンの量はドブソンユニット（単位の記号DU）という単位で表され，地表１m^2あたり2.15ｇのオゾンがあるとき100DUとします。ふつう地表１m^2あたり6.45～8.60ｇ，すなわち300～400DUのオゾンが存在します。オゾンは地表から20～30kmに多くあり，オゾン層と呼ばれています。

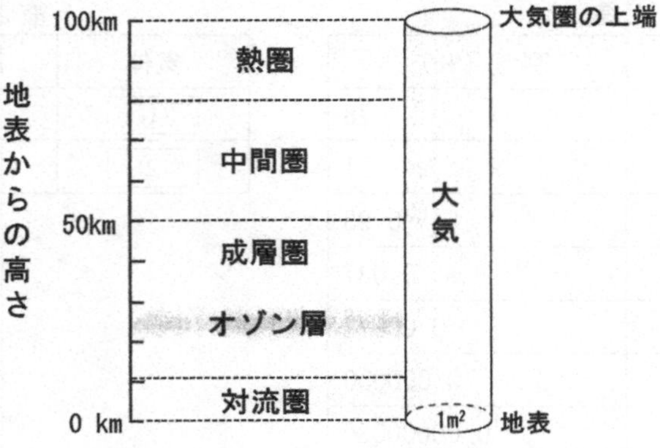

図２

オゾンは，成層圏で酸素に強い太陽光が当たることで生じる気体です。成層圏以外でも，オゾンは強い放電が起こった場所でわずかに生じることがあります。例えば，コピー機ではコロナ放電と呼ばれる強い放電が起こることでオゾンが生じて，オゾンの独特のにおいがすることがあります。また，オゾンは酸素に変化しやすい性質があります。この変化のときに，オゾンは強い消毒剤としてはたらくため，空気清浄機などでウイルス対策に利用されています。

(4)　220DUの場所では，地表から大気圏の上端までに存在するオゾンの重さは地表１m^2あたり何ｇですか。

(5)　仮に300DUのオゾンを地表に集めたとしたら，その厚さは何mmになりますか。整数で答えなさい。ただし，100ｇのオゾンが地表付近で占める体積は0.0466m^3とします。

(6)　オゾンは成層圏で常に生じ続けているにもかかわらず，長い時間が経過しても大気に存在するオゾンの量はほとんど変化せず，一定の量を保っています。その理由を，「酸素」という言葉を使い，20字以内で答えなさい。

【社　会】（40分）　＜満点：100点＞

【注意】　1．解答の際には，句読点や記号は１字と数えること。

　　　　　2．コンパス・定規は使用しないこと。

1　**2022年に日中国交正常化から50周年を迎えました。次のⅠ～Ⅶの文章は，日本と中国の関係について，時代ごとに要点をまとめたものです。これらの文章を読み，あとの問いに答えなさい。**

Ⅰ　紀元前３世紀末に，中国で漢が成立しました。『漢書』地理志という歴史書には，紀元前１世紀頃の日本は倭と呼ばれていて，100あまりの小さな「くに」に分かれていたことが書かれています。つづく『後漢書』東夷伝には，A紀元後１～２世紀の倭国の様子が書かれています。

Ⅱ　『宋書』倭国伝には，５世紀に倭国の５人の大王（倭の五王）が中国にしばしば使いを送ったことが書かれています。B倭の五王の一人である「武」は，中国の皇帝から倭王の称号を与えられましたが，その後中国への使者は派遣されなくなりました。

Ⅲ　６世紀末，隋が中国を統一すると，日本と中国との間の国交が再び開かれました。C607年，（　1　）天皇のもとで遣隋使が派遣され，隋の皇帝に国書を送りましたが，このときは倭王の称号を求めませんでした。隋が滅び，唐が成立したのちも，日本はひきつづきD遣唐使を派遣しました。

Ⅳ　10世紀半ばに宋が成立すると，正式な国交は開かれませんでしたが，商人による貿易が活発になりました。12世紀になると，E平清盛が日宋貿易を積極的に進めました。宋からもたらされる宋銭や書籍は，当時の社会や文化に大きな影響を与えました。

Ⅴ　13世紀半ば，朝鮮半島の（　2　）を服属させたモンゴル帝国は，日本に対しても国書を送り，服属を求めてきました。これに対し，執権の北条時宗がその要求を断ると，国号を元としたフビライ＝ハンは，F1274年と1281年の二度にわたり，九州を襲いました。

Ⅵ　14世紀後半に成立した明は，日本に対して中国や朝鮮半島の沿岸を荒らし回っていた倭寇の取り締まりを求め，これに足利義満が応じたことでG日明貿易が始まりました。しかし，この貿易は150年ほどの間に19回しか行われませんでした。一方，15世紀前半に成立した（　3　）は，171回も明に朝貢※1し，輸入した中国の品を日本に運んで，明と日本をつなぐ役割を果たしました。

Ⅶ　17世紀半ばに，中国では清が明にとって代わりました。日本では17世紀前半以降，H江戸幕府がI外国との国交や貿易を制限するようになり，清との交易も限られた場所でのみ行われるようになりました。

※1　朝貢…中国皇帝に対し周辺国の王が臣下として貢物を送ること。

問１　（１）～（３）にあてはまる語句を，それぞれ漢字で答えなさい。

問２　下線Aについて，この時期の倭国に関する説明a・bと中国との関係に関する説明c・dのうち，正しいものの組み合わせはどれですか，ア～エから１つ選び，記号で答えなさい。

a　この頃の倭国では，まだ稲作は行われていませんでした。

b　他の集落との戦いにそなえ，環濠集落が形成されました。

c　中国の皇帝から倭の奴国の王に金印が授けられました。

d　女性を王とする邪馬台国から中国に使者が派遣されました。

ア［a－c］　イ［a－d］　ウ［b－c］　エ［b－d］

問３　下線Ｂ・Ｃについて，６世紀以降は倭の五王の時代と異なり，大王（天皇）は中国の皇帝に対して倭王の称号を求めなくなりました。それはなぜですか，**資料１・２**を参考にして説明しなさい。

＜資料１＞

３世紀後半から５世紀にかけては、地方豪族のなかにも大王の墓と肩(かた)を並べるくらいの大きさの古墳をつくる者がいました。

＜資料２＞

６世紀になると、地方豪族が大規模な古墳をつくることはなくなりました。

問４　下線Ｄについて，遣唐使は７世紀前半に始まり，９世紀末に停止されました。この期間におこったこととして誤っているものはどれですか，ア～エから１つ選び，記号で答えなさい。

ア　白村江の戦いで日本が唐・新羅連合軍に敗れました。
イ　平将門が関東で武士団を率いて反乱をおこしました。
ウ　桓武天皇による律令政治の立て直しが行われました。
エ　行基の協力を得て東大寺の大仏が造営されました。

問５　下線Ｅについて，平清盛が日宋貿易を進めるため，現在の神戸に整備した港を何といいますか，漢字で答えなさい。

問６　下線Ｆについて，このできごとに関する説明ａ～ｃについて，その正誤の組み合わせとして正しいものはどれですか，ア～クから１つ選び，記号で答えなさい。

ａ　文永の役では，元軍は博多湾(わん)の沿岸に築かれた石塁に上陸を阻(はば)まれ，苦戦しました。
ｂ　元の襲来(しゅうらい)に備えて，幕府は全国の御家人以外の武士も動員できる権限を得ました。
ｃ　元寇の後，十分な恩賞がもらえなかったこともあり，御家人は幕府に不満をもつようになりました。

ア　[ａ－正　ｂ－正　ｃ－正]
イ　[ａ－正　ｂ－正　ｃ－誤]
ウ　[ａ－正　ｂ－誤　ｃ－正]
エ　[ａ－誤　ｂ－正　ｃ－正]
オ　[ａ－正　ｂ－誤　ｃ－誤]
カ　[ａ－誤　ｂ－正　ｃ－誤]
キ　[ａ－誤　ｂ－誤　ｃ－正]
ク　[ａ－誤　ｂ－誤　ｃ－誤]

問７　下線Ｇについて，日明貿易における日本の輸出品と輸入品の組み合わせとして正しいものはどれですか，ア～エから１つ選び，記号で答えなさい。

ア　[輸出品－生糸　輸入品－銅　]
イ　[輸出品－陶磁器(とうじき)　輸入品－生糸]
ウ　[輸出品－銅　輸入品－銅銭]
エ　[輸出品－硫黄(いおう)　輸入品－刀剣(とうけん)]

問８　下線Ｈについて，グラフは，江戸幕府が発行した小判の重さと，小判に含まれる金の量を示しています。グラフ中の２種類の小判に関する説明ａ・ｂについて，その正誤の組み合わせとして正しいものはどれですか，ア～エから１つ選び，記号で答えなさい。

＜グラフ＞

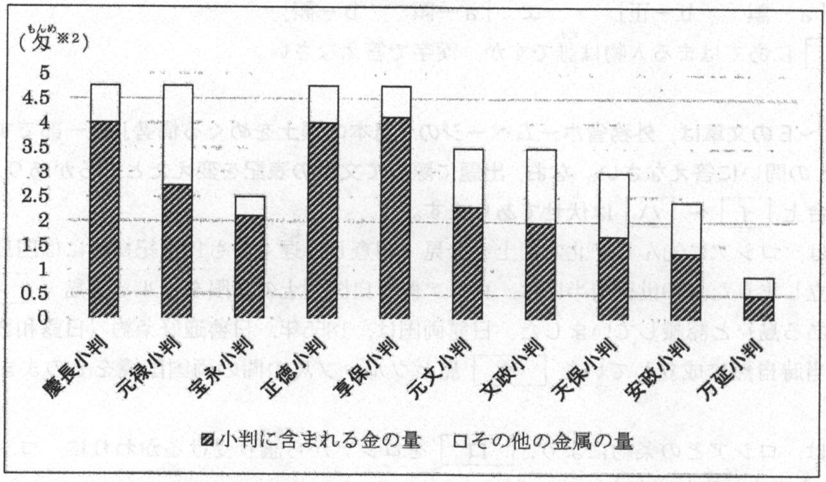

美和良一・原朗編『近現代日本経済史要覧　補訂版』（東京大学出版会）より作成

※２ 匁…１匁＝3.75g

ａ　元禄小判は，財政立て直しのために，小判に含まれる金の量を約３分の２に引き下げて発行されましたが，物価の下落を招きました。

ｂ　万延小判は，開国にともなって金が流出したことを背景に，重さを安政小判の半分以下に引き下げて発行されました。

ア　［ａ－正　ｂ－正］　イ　［ａ－正　ｂ－誤］
ウ　［ａ－誤　ｂ－正］　エ　［ａ－誤　ｂ－誤］

問９　下線Ｉについて，次の文章を読み，あとの問いに答えなさい。

> 19世紀になると，日本の近海に外国船がたびたび姿を現すようになりました。江戸幕府は外国船打払令を出していましたが，アヘン戦争で清が敗れたことを知って方針を変え，老中［　　］は，漂着した外国船には水や燃料を与えることにしました。

(1)　下線について，資料３は，外国船打払令を批判したある人物が，1838年に記した書の一部です。資料３に関する説明（次のページの）ａ・ｂについて，その正誤の組み合わせとして正しいものはどれですか，あとのア～エから１つ選び，記号で答えなさい。

＜資料３＞

> 外国船が接近すれば、有無もなく鉄砲や大砲で打ち払う国は世界に例がない。漂流民を救助し送り届けた者を打ち払うとは、仁義※３のない国だと諸国に示すものだ。着岸を許すことと、貿易を許すこととは別のことである。

浜島書店『つながる歴史　千葉県版』より

※３ 仁義…道徳上守るべき筋道のこと。

a　**資料３の「漂流民を救助し送り届けた者を打ち払う」とは，モリソン号事件のことを指しているると考えられます。**

b　**資料３を記した人物は，幕府批判を理由に蛮社の獄で弾圧（だんあつ）されました。**

ア［a－正　b－正］　イ［a－正　b－誤］

ウ［a－誤　b－正］　エ［a－誤　b－誤］

(2) ［　　］にあてはまる人物は誰（だれ）ですか，漢字で答えなさい。

2　**次のA～Eの文章は，外務省ホームページの「日本の領土をめぐる情勢」の一部です。これを読んで，あとの問いに答えなさい。なお，出題に際して文章の表記を変えたところがあります。また，出題の都合上［イ］～［ハ］は伏（ふ）せてあります。**

A　日本は，ロシアに先んじて北方領土を発見・調査し，遅（おそ）くとも19世紀初めには四島の実効的支配を確立しました。19世紀前半には，ロシア側も自国領土の南限をウルップ島（［イ］島のすぐ北にある島）と認識していました。日露両国は，1855年，日魯通好条約（日露和親条約）において，当時自然に成立していた［イ］島とウルップ島の間の両国国境をそのまま確認しました。

B　日本は，ロシアとの条約により，［ロ］をロシアから譲（ゆず）り受けるかわりに，ロシアに対して［ハ］全島を放棄（ほうき）しました。

C　日露戦争後の（　1　）条約において，日本はロシアから［ハ］の北緯（ほくい）50度以南の部分を譲り受けました。

D（　2　）宣言は，「暴力及（およ）び貪欲（どんよく）により日本国が略取した地域」から日本は追い出されなければならないとしたカイロ宣言の条項（じょうこう）は履行（りこう）されなければならない旨（むね），また，日本の主権が本州，北海道，九州及び四国並びに連合国の決定する諸島に限定される旨規定しています。しかし，当時まだ有効であった（　3　）条約を無視して８月９日に対日参戦したソ連は，日本の（　2　）宣言受諾（じゅだく）後も攻撃（こうげき）を続け，８月28日から９月５日までの間に，北方四島を不法占領（せんりょう）しました（なお，これら四島の占領の際，日本軍は抵抗（ていこう）せず，占領は完全に無血で行われました）。

E　日本は，サンフランシスコ平和条約により，（　1　）条約で獲得（かくとく）した［ハ］の一部と［ロ］に対するすべての権利，権原※1及び請求（せいきゅう）権を放棄しました。

※1　権原…法的な権利が発生する原因のこと。

問１　（1）～（3）にあてはまる語句を，それぞれ答えなさい。

問２　BとCの文章で説明された日本の領土について，地図中の国境線の組み合わせとして正しいものはどれですか，下のア～エから１つ選び，記号で答えなさい。

ア［B　①・⑥　　C　①・⑤］

イ［B　①・⑤　　C　①・④］

ウ［B　③・④　　C　②・④］

エ［B　③・⑤　　C　②・⑤］

＜地図＞

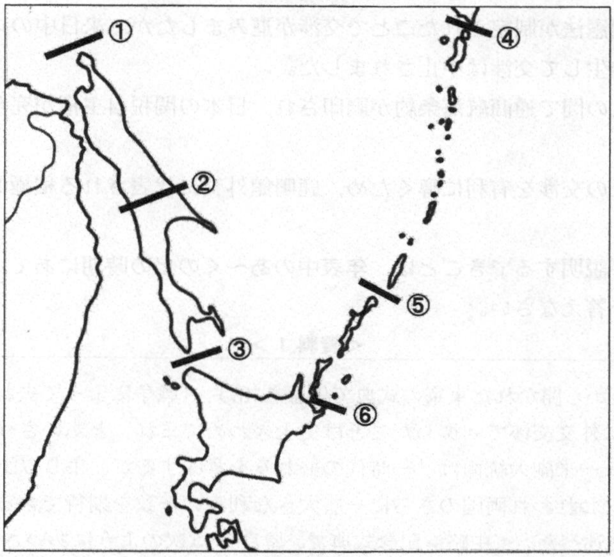

問３　次の**年表**を見て，あとの問いに答えなさい。なお，14ページの**Ａ～Ｅ**の文章は，**年表**中の**Ａ～Ｅ**の時期にあてはまります。

＜年表＞

Ａ
岩倉使節団を派遣する（1871）
Ｂ
↕ **あ**
日清戦争がおこる（1894）
↕ **い**
Ｃ
↕ **う**
ソ連との国交を開く（1925）
↕ **え**
満州国を建てる（1932）
↕ **お**
Ｄ
↕ **か**
Ｅ
↕ **き**
日韓基本条約を結ぶ（1965）
↕ **く**

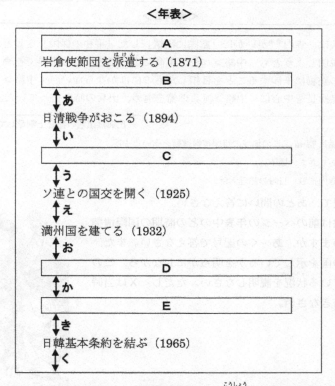

(1)　**年表のあ～うの時期に進められた不平等条約の改正交渉について説明した次のページのア～エを時代の古い順に並べたとき，２番目と３番目にあたるものはどれですか，それぞれ記号で答えなさい。**

ア　イギリスとの間で通商航海条約が調印され，領事裁判権が撤廃されることになりました。

イ　大日本帝国憲法が制定されたことで交渉が進みましたが，来日中のロシア皇太子が襲撃される事件が発生して交渉は中止されました。

ウ　アメリカとの間で通商航海条約が調印され，日本の関税自主権が完全に回復されることになりました。

エ　欧米列国との交渉を有利に導くため，鹿鳴館外交に代表される積極的な欧化政策が展開されました。

⑵　**資料１・２**が説明するできごとは，**年表**中の**あ〜く**のどの時期にあてはまりますか，それぞれ選び，記号で答えなさい。

＜資料１＞

午前10時半から開かれた東京の式典で佐藤首相は、「戦争によって失われた領土を平和のうちに外交交渉で回復したことは史上きわめてまれ」とあいさつした。スピロ・アグニュー米副大統領は「一時代の終わりを意味するが、より以上に重要なことは、偉大なわれわれ両国のさらに一層大きな利害の一致を期待できる新しい時代が始まる」と述べた。＜中略＞記念式典で、屋良※2は次のようにあいさつした。「米軍基地の態様※3の問題をはじめ、内蔵するいろいろな問題があり、これらを持込んで復帰したわけであります。」

＜資料２＞

日本の出兵は、寺内※4がいかに「露国に同情」した「平和の保障」を旨とした行動であると説明しようとも＜中略＞ロシア革命によって成立した世界で初めての社会主義政権の登場に干渉することを目指したものにほかならない。＜中略＞日本は田中義一参謀次長を中心に＜中略＞派兵準備を進め、出兵の時を待っていた。

出典は出題の都合上割愛してあります。

※2　屋良…屋良朝苗。この地域の祖国復帰運動を率いた主席。

※3　態様…ありさま、様子。

※4　寺内…寺内正毅。当時の総理大臣。

⑶　右の**絵**を見て，あとの問いに答えなさい。

問い　この**絵**は前のページの**年表**中のどの時期の国際情勢を表していますか，**あ〜く**の記号で答えなさい。また，**X**がどこの国を示しているかを明らかにしながら，この**絵**が表している状況を説明しなさい。ただし，**X**は当時の国名で書きなさい。

＜絵＞

教育出版『中学社会　歴史　未来をひらく』より作成

3 市川中学校の修学旅行先の一つに長崎があります。長崎を含む九州について，地図を見て，あとの問いに答えなさい。

＜地図＞

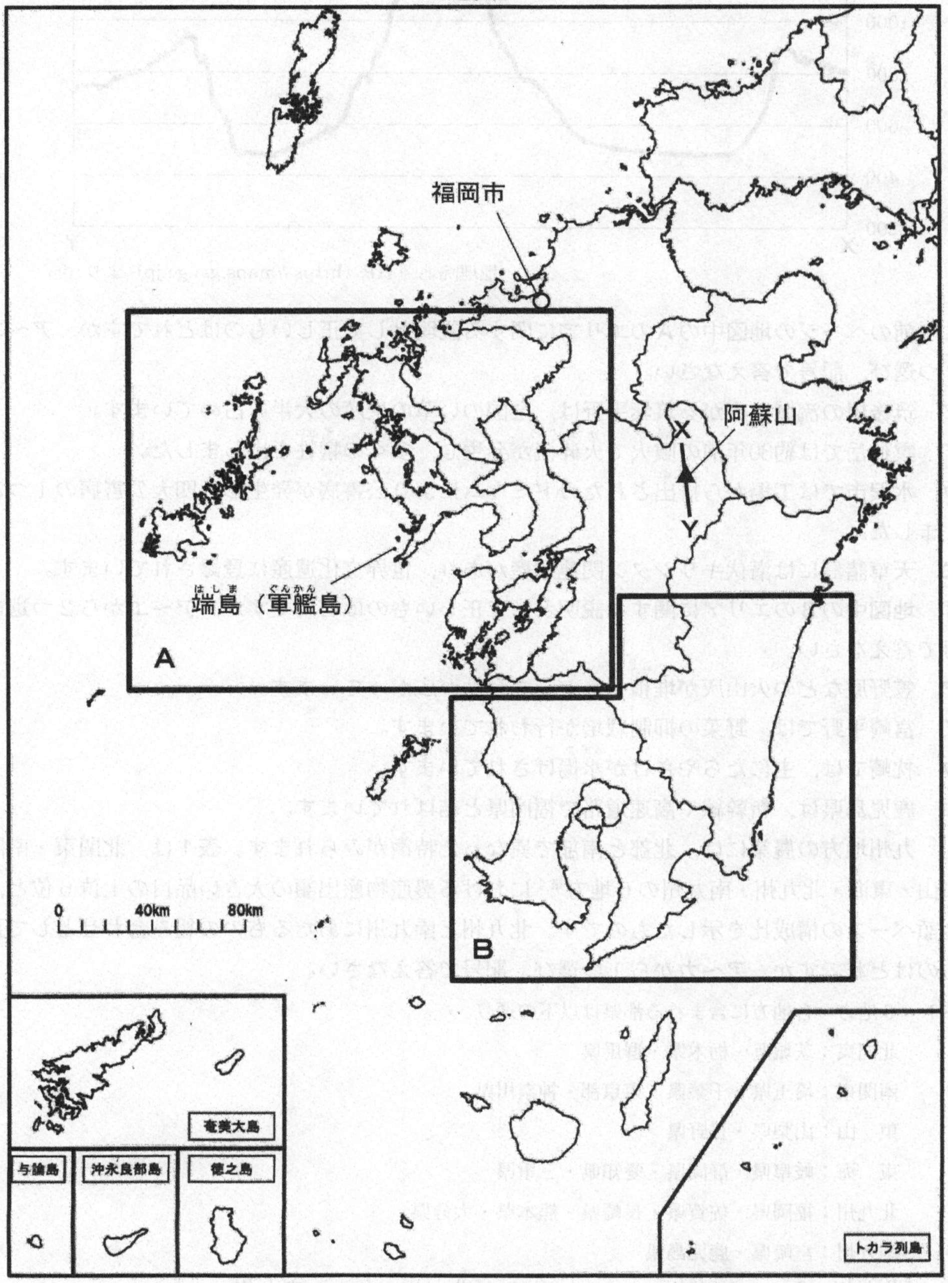

問１　地図中のＸ――Ｙの線のおおよその断面図は次のページの図のような形になっています。このような地形を何といいますか，答えなさい。

<図>

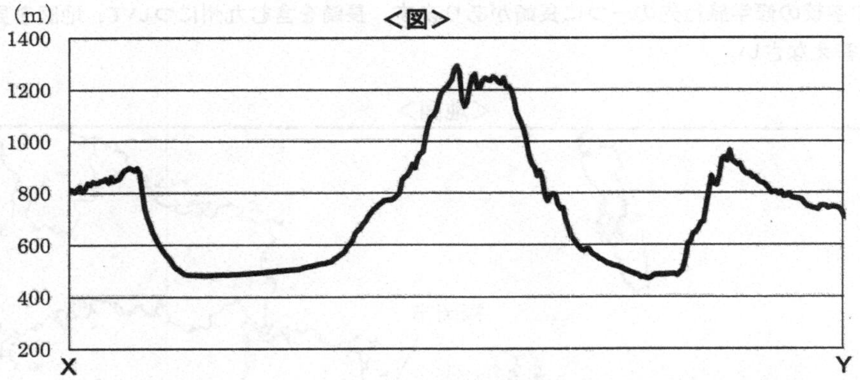

地理院地図 HP（https://maps.gsi.go.jp）より作成

問２　前のページの**地図**中の**A**のエリアに関する説明として正しいものはどれですか，**ア～エ**から２つ選び，記号で答えなさい。

ア　筑後川の流域に広がる筑紫平野は，全国のい草の生産の大半を占めています。

イ　雲仙岳では約30年前の噴火で火砕流が発生し，多くの犠牲を出しました。

ウ　水俣市では工場から排出されたカドミウムにより公害病が発生し，四大公害病の１つとされました。

エ　天草諸島には潜伏キリシタン関連遺産があり，世界文化遺産に登録されています。

問３　**地図**中の**B**のエリアに関する説明として正しいものはどれですか，**ア～エ**から２つ選び，記号で答えなさい。

ア　笠野原などの火山灰が堆積したシラス台地が広がっています。

イ　宮崎平野では，野菜の抑制栽培が行われています。

ウ　枕崎では，主にたらやさけが水揚げされています。

エ　鹿児島県は，新幹線や高速道路で福岡県と結ばれています。

問４　九州地方の農業には，北部と南部で異なった特徴がみられます。**表１**は，北関東・南関東・東山・東海・北九州・南九州の６地方[※1]における農産物産出額の大きい品目の上位６位と，その金額ベースの構成比を示したものです。北九州と南九州にあたるものの組み合わせとして正しいものはどれですか，**ア～カ**から１つ選び，記号で答えなさい。

※１　６地方…各地方に含まれる都県は以下の通り。

北関東：茨城県・栃木県・群馬県
南関東：埼玉県・千葉県・東京都・神奈川県
東　山：山梨県・長野県
東　海：岐阜県・静岡県・愛知県・三重県
北九州：福岡県・佐賀県・長崎県・熊本県・大分県
南九州：宮崎県・鹿児島県

ア　［北九州－ｂ　南九州－ａ］　**イ**　［北九州－ｂ　南九州－ｅ］
ウ　［北九州－ｃ　南九州－ａ］　**エ**　［北九州－ｃ　南九州－ｅ］
オ　［北九州－ｆ　南九州－ａ］　**カ**　［北九州－ｆ　南九州－ｅ］

＜表１＞

	１位	２位	３位	４位	５位	６位
a	米 16.1%	豚 12.1%	生乳 8.2%	鶏卵 8.0%	肉用牛 5.2%	いちご 3.6%
b	ぶどう 21.8%	米 12.9%	りんご 9.0%	レタス 6.4%	もも 6.2%	はくさい 4.6%
c	米 13.1%	肉用牛 10.5%	いちご 6.7%	豚 6.1%	トマト 5.9%	生乳 5.5%
d	米 13.3%	鶏卵 8.5%	豚 7.2%	生乳 5.7%	肉用牛 5.3%	みかん 4.7%
e	肉用牛 22.9%	ブロイラー 17.2%	豚 17.0%	米 4.7%	鶏卵 4.6%	きゅうり 2.7%
f	米 15.6%	豚 8.7%	鶏卵 6.4%	ねぎ 6.0%	生乳 5.1%	きゅうり 3.5%

農林水産省 HP（https://www.maff.go.jp）より作成

問５　九州地方は火山活動が活発なため，他の地方と比べて，多くの地熱発電所があります。日本の発電量割合（水力・火力・原子力・太陽光・地熱）の推移を示した**表２**において，地熱・水力・原子力にあたるものの組み合わせとして正しいものはどれですか，**ア～カ**から１つ選び，記号で答えなさい。

＜表２＞

	1970 年度	1980 年度	1990 年度	2000 年度	2010 年度	2019 年度
a	22.3%	15.9%	11.2%	8.9%	7.8%	8.9%
b	76.4%	69.6%	65.0%	61.3%	66.7%	81.7%
c	1.3%	14.3%	23.6%	29.5%	24.9%	6.3%
d	—※２	—	0%	—	0%	2.2%
e	0%	0.2%	0.2%	0.3%	0.2%	0.2%

二宮書店『データブックオブザワールド 2022 版』より作成

※２　—…この記号の年度は数値なし。

ア　［地熱－d　水力－a　原子力－c］
イ　［地熱－d　水力－a　原子力－e］
ウ　［地熱－d　水力－b　原子力－c］
エ　［地熱－e　水力－a　原子力－c］
オ　［地熱－e　水力－a　原子力－d］
カ　［地熱－e　水力－b　原子力－d］

問６　長崎県の端島（軍艦島）は，19世紀末から石炭の採掘（さいくつ）がさかんに行われ，明治期の産業革命を支えたことから，2015年に世界文化遺産に登録されました。しかし，石炭は燃やしたときに温室効果ガスを多く排出するため，現在では地球温暖化に大きな影響（えいきょう）を与（あた）えるとして問題視されています。石炭などの化石燃料の使用にともなって発生する温室効果ガスの排出量を，森林による吸収量を差し引くことで実質的にゼロにする考えを何といいますか，カタカナで答えなさい。

問７　グラフ１は九州地方の中心都市である福岡市と，北海道・東北・中国の各地方の中心都市である札幌市・仙台市・広島市の月別降水量を，グラフ２は同じ都市の月別日照時間を示しています。福岡市と仙台市にあたるものはどれですか，ア～エからそれぞれ１つずつ選び，記号で答えなさい。

＜グラフ１＞

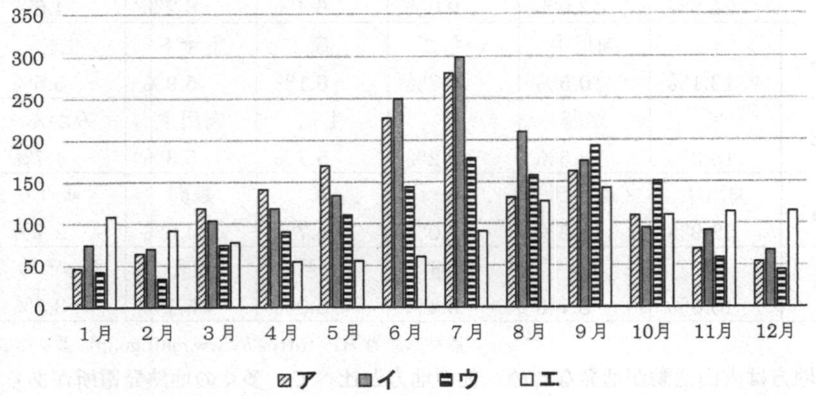

気象庁 HP（https://www.jma.go.jp）より作成

＜グラフ２＞

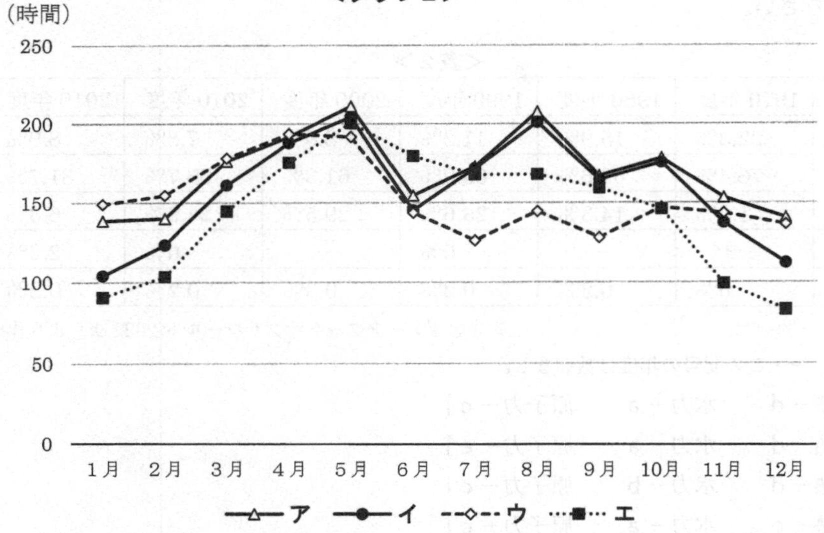

気象庁 HP（https://www.jma.go.jp）より作成

４ 次の文章を読んで，あとの問いに答えなさい。

民主主義とは何かと聞かれたら，あなたはどう答えるでしょうか？例えば，

X 「民主主義とは$_A$多数決のことであるから，少数派の反対者も多数派の賛成したことに従わなければならない」

という意見に対して，

Y 「いや，すべての人は民主主義のもとではみな$_B$平等なはずだから，少数派の意見であっても尊

重されなければならない」
という意見もあるでしょう。

また，「民主主義とは，C選挙を通じて選ばれた代表者によって政治を行うことである」という意見に対して，「いや，民主主義とはD自分たちの社会の課題を自分たち自身で解決することであり，代表者に委(ゆだ)ねることではない」という意見もあるでしょう。

このように，民主主義とは何かについてさまざまな考え方があります。私たちは，民主主義の当事者として行動することを通して，自分なりの民主主義についての理解を深めていくことが求められているといえるでしょう。

問１　下線Ａについて，多数決にもさまざまな規定があります。次の日本国憲法第96条の条文の一部を読んで，あとの問いに答えなさい。

> この憲法の改正は，（　１　）の（　２　）の（　３　）以上の賛成で，国会が，これを発議し，国民に提案してその承認を経なければならない。この承認には，特別の国民投票又(また)は国会の定める選挙の際行はれる投票において，その過半数の賛成を必要とする。

(1)　（１）～（３）にあてはまる語句の組み合わせとして正しいものはどれですか，ア～クから１つ選び，記号で答えなさい。

ア　［1　衆議院　　2　総議員　　3　3分の2］
イ　［1　衆議院　　2　総議員　　3　2分の1］
ウ　［1　衆議院　　2　出席議員　3　3分の2］
エ　［1　衆議院　　2　出席議員　3　2分の1］
オ　［1　各議院　　2　総議員　　3　3分の2］
カ　［1　各議院　　2　総議員　　3　2分の1］
キ　［1　各議院　　2　出席議員　3　3分の2］
ク　［1　各議院　　2　出席議員　3　2分の1］

(2)　下線について，グラフ１・２（次のページ）を見ると，憲法改正について国民の承認が民意を正しく反映するとは限らないとも考えられます。なぜそのように考えることができるのですか，グラフから読み取れることを参考にしたうえで説明しなさい。なお，説明には以下の［語句］を使用すること。

［語句］　有権者　　投票率　　過半数

＜グラフ１＞

衆議院議員総選挙（大選挙区・中選挙区・小選挙区）における投票率の推移

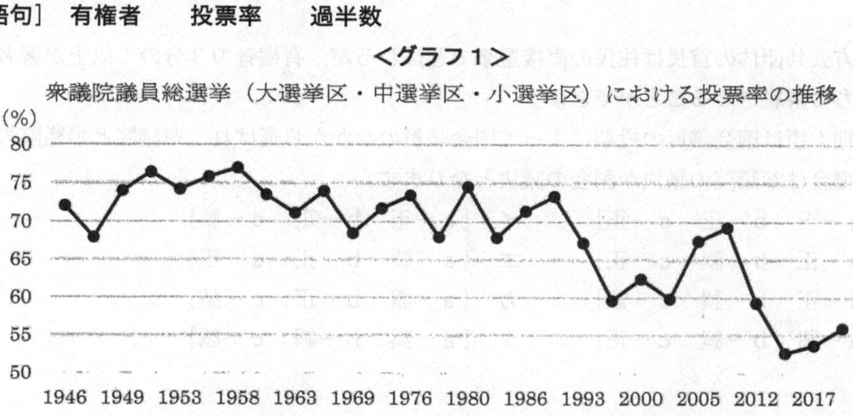

総務省 HP（https://www.soumu.go.jp）より作成

＜グラフ２＞

参議院議員通常選挙（地方区・選挙区）における投票率の推移

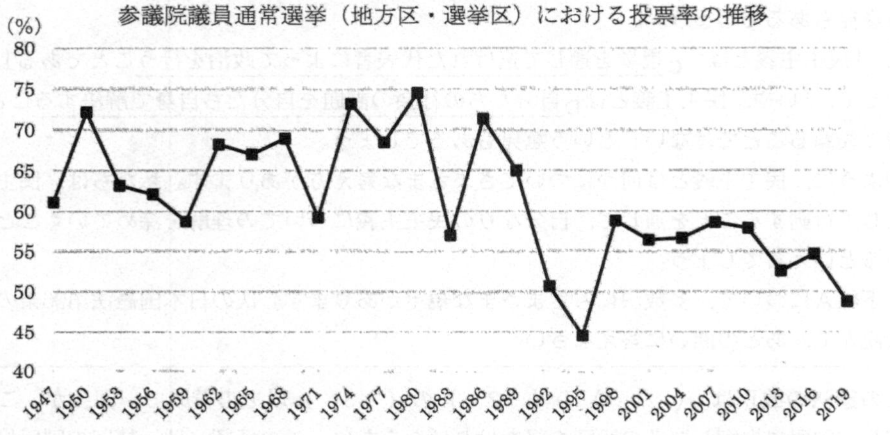

総務省 HP（https://www.soumu.go.jp）より作成

問２　下線**B**について，平等に関する事例の説明**a**～**c**について，その正誤の組み合わせとして正しいものはどれですか，**ア**～**ク**から１つ選び，記号で答えなさい。

a　最高裁は，一票の格差が２倍を超えていた衆議院選挙については違憲とし，選挙の無効と選挙のやり直しを命じました。

b　最高裁は，夫婦同姓を規定した現在の民法の規定は，選択的別姓を求める人々の権利を侵害しているため違憲とし，選択的別姓の制度が実現しました。

c　民法は，結婚年齢を男性は18歳以上，女性は16歳以上としてきましたが，民法改正が行われ，現在は男女とも18歳以上となりました。

ア　［**a**－正　**b**－正　**c**－正］　**イ**　［**a**－正　**b**－正　**c**－誤］
ウ　［**a**－正　**b**－誤　**c**－正］　**エ**　［**a**－誤　**b**－正　**c**－正］
オ　［**a**－正　**b**－誤　**c**－誤］　**カ**　［**a**－誤　**b**－正　**c**－誤］
キ　［**a**－誤　**b**－誤　**c**－正］　**ク**　［**a**－誤　**b**－誤　**c**－誤］

問３　下線**C**について，選挙に関する説明**a**～**c**について，その正誤の組み合わせとして正しいものはどれですか，**ア**～**ク**から１つ選び，記号で答えなさい。

a　2022年４月１日から，18歳以上のすべての国民は選挙権および被選挙権を持つことになりました。

b　地方公共団体の首長は住民の直接選挙で選ばれるが，有権者の３分の１以上が署名をすればただちに解職させることができます。

c　総理大臣は国会議員の投票によって国会議員のなかから選ばれ，衆議院と参議院の議決が異なる場合は参議院の議決が国会の議決となります。

ア　［**a**－正　**b**－正　**c**－正］　**イ**　［**a**－正　**b**－正　**c**－誤］
ウ　［**a**－正　**b**－誤　**c**－正］　**エ**　［**a**－誤　**b**－正　**c**－正］
オ　［**a**－正　**b**－誤　**c**－誤］　**カ**　［**a**－誤　**b**－正　**c**－誤］
キ　［**a**－誤　**b**－誤　**c**－正］　**ク**　［**a**－誤　**b**－誤　**c**－誤］

問４　下線**D**について，このような考え方に基づく制度についての説明**a**～**c**について，その正誤の組み合わせとして正しいものはどれですか，**ア**～**ク**から１つ選び，記号で答えなさい。

a　原発や産業廃棄物処理場の建設など住民の意見が対立するような重要な議題については，首長は賛否を問う住民投票を必ず実施しなければなりません。

b　地方公共団体の住民は，条例の制定や改廃をもとめて，有権者の50分の１以上の署名を首長に提出し，地方議会での議決を請求することができます。

c　有権者名簿のなかから裁判員に選ばれれば，殺人など重大事件に関する刑事裁判の第１審の審理に参加し，裁判員だけで有罪判決を下すことができます。

ア　［**a**－正　**b**－正　**c**－正］　　**イ**　［**a**－正　**b**－正　**c**－誤］
ウ　［**a**－正　**b**－誤　**c**－正］　　**エ**　［**a**－誤　**b**－正　**c**－正］
オ　［**a**－正　**b**－誤　**c**－誤］　　**カ**　［**a**－誤　**b**－正　**c**－誤］
キ　［**a**－誤　**b**－誤　**c**－正］　　**ク**　［**a**－誤　**b**－誤　**c**－誤］

問５　本文中の**X**・**Y**２つの意見に関して，**X**の意見に基づく主張と考えられるものはどれですか，**ア**～**エ**から２つ選び，記号で答えなさい。

ア　国連総会では，議決にさいして安全保障理事会常任理事国も含めすべての加盟国が一票しか持たないのは，民主主義として当然のことです。

イ　議会で多数を占める与党の法律案が，野党との国会審議を通して修正されることは，民主主義として当然のことです。

ウ　選挙区で１人だけ当選する小選挙区制よりも，複数人が当選する大選挙区制や比例代表制を採用することは，民主主義として当然のことです。

エ　地方圏より大都市圏のほうに国会議員の議員定数が多く配分されているのは，民主主義として当然のことです。

ウ　生徒C　牧子がヒューストンで宇宙飛行士を支える人たちと自分との共通点に気がついたのは、千秋が関係しているような気がするな。千秋と話すことで子供とは違って夏休みのない自分は社会で必要とされているんだと自覚したことから、つらくても働くことの大切さに気がついたんだよね。それに、《別冊デイジー》を通じて二人がわかり合えていたことも関わっているんじゃないかな。

エ　生徒D　牧子は、漫画が大好きで夢中になってしまう千秋のような子供の気持ちも、漫画を作るために忙しく働く編集者の大変さもわかるという自分の立場が編集者を支えており、それが自分だけの強みだと理解したんだね。

オ　生徒E　《別冊デイジー》に集中している千秋とのやりとりで、自分の仕事が直接人を喜ばせるものでなかったとしても、多くの人を夢中にさせるものを作る場所に自分が所属しているという自覚が、牧子の仕事に対する見方を変えたということか。

問6　この文章の表現についての説明として**適当でないもの**を次の中から一つ選び、記号で答えなさい。

ア　══線a「すいっとページをめくる」では、「すいっと」という擬態語によって千秋がページをめくる小気味よい様子が表現されている。

イ　══線b「嗅ぎつけられる」からは、別デをできるだけ家族の目に触れさせたくないと考えている牧子の心情が読み取れる。

ウ　══線c「ねえ、おもしろい？」とあるが、何度も「おもしろい？」と千秋に問う牧子の様子からは、千秋に直接「おもしろい」と言ってほしいという牧子の心情が読み取れる。

エ　══線d「あっさりまた別デの世界に戻っていってしまった」は、牧子の話に興味があるのに、それを素直に認めることができず、漫画に集中するふりをしている千秋の様子が比喩的に表現されている。

オ　══線e「牧子が手にした別デをなでる」は、仕事に対する誇りが牧子に芽生えはじめたということを象徴的に表現している。

三　**次の各文の――線のカタカナを漢字に直しなさい。**

1　浅学ヒサイの身ですが全力をつくします。
2　亡父のイシを継いで医者になった。
3　経済成長を金科ギョクジョウとしていた時代。
4　亀の甲より年のコウ。
5　全国でも有数のケイショウ地。
6　次の種目は徒キョウソウだ。
7　中流カイキュウの家庭で育った。
8　環境問題を標題とするコウエンを聞きにいく。

B 怪訝な
ア　信用できないというような
イ　迷っているような
ウ　恐(おそ)れているような
エ　気味悪がっているような
オ　わけがわからないというような

問２　――線１「う～ん、と牧子は考える」とあるが、克子の「漫画好きでしょう」という問いかけに牧子がすぐに答えられなかったのはなぜか。その理由を60字以内で説明しなさい。

問３　――線２「お世辞でもなんでもなく、牧子は本当にびっくりしたのだった」とあるが、なぜ牧子は「びっくりした」のか。その説明として最も適当なものを次の中から選び、記号で答えなさい。
ア　牧子が幼い頃に読んだ少女漫画は子供じみた恥ずかしいものだという印象だったが、《別冊デイジー》や《週刊デイジー》の漫画は大人も気に入るような洗練された内容であり、牧子も夢中になってしまったから。
イ　牧子が幼い頃に読んだ少女漫画は子供向けで飾(かざ)りけのないものだったが、《別冊デイジー》や《週刊デイジー》の漫画は大人でも楽しめる色彩(しきさい)豊かなものであり、牧子も夢中になってしまったから。
ウ　牧子が子供の頃に読んだ少女漫画の内容は単純でつまらないものだったが、《別冊デイジー》や《週刊デイジー》の漫画は大人も興味を持つような複雑な内容であり、牧子も夢中になってしまったから。
エ　牧子は子供の頃に読んだ少女漫画を幼稚(ようち)で地味だったと記憶していたが、《別冊デイジー》や《週刊デイジー》の漫画は大人向けに描かれた華やかなものであり、牧子も夢中になってしまったから。
オ　牧子が子供の頃と変わらず少女漫画は素朴で幼いものだが、《別冊デイジー》や《週刊デイジー》の漫画はその素朴さに懐かしさが感じられて大人でも楽しめる内容であり、牧子も夢中になってしまったから。

問４　――線３「なるべく家では仕事の話をしたくなかったし、ましてや少女漫画の話など決してするものか、と思っていた」とあるが、牧子がこのように考えるのはなぜか。その理由を90字以内で説明しなさい。

問５　次のア～オは、――線４「わたしは、アポロに乗って月に行くわけではないけれども、ヒューストンでそれを支える仕事をしている人たちみたいな仕事をしてる」について生徒たちが話し合っている場面である。本文の内容に基づいた発言として適当でないものをア～オの中からすべて選び、記号で答えなさい。
ア　生徒Ａ　ぼくはヒューストンを訪れたことがあるよ。そこにはアメリカ航空宇宙局の施設(しせつ)があるんだ。牧子は、編集部で雑用をこなす自分と、月には行かずヒューストンで働いている人を重ねているんだね。どちらも仲間を支える大切な仕事というところが共通していると思う。
イ　生徒Ｂ　アポロに乗って月に行く人は、牧子にとっての編集部員ということになるね。直接月に行く人は、牧子にとって直接漫画と関わっている人たちだもの。宇宙飛行士と同じように、直接漫画と関わっている人たちだもの。

高らかに千秋がこたえた。

「あ、そうか、千秋は夏休みか。いいなー、夏休み。いいなー、子供はー」

千秋がぴょんと立ち上がる。

「慎ちゃんが、明日プールに連れてってくれるんだって」

「慎也がプール」

「泳ぐの教えてくれるんだって」

おいおい、あいつはそんなに暇なのか、大学へ行くつもりなら高二の夏休みは大事なはずだが？　と思うがどうなんだろう。

「牧子ちゃんも一緒にいこうよ」

「え、だめだよ、わたしは明日、仕事だもん」

「えー夏休みないのー」

「ないよー、ないない。あたしはもう学校を卒業したんだからさ。立派な社会人なんだからさ。えへん」

ｅ牧子が手にした別デをなでる。

「えへん」

千秋が真似る。「えへん、えへん」

「えへん、えへん。大人はね、プールなんていってらんないの。明日も仕事するんだかんね。えへん」

そういいながら、別デを千秋の目の前に掲げる。

わたしが明日行くのはこれを作っているところ。

そうか。

わたしはそういうところで働いていたんだ。

そうか。

そうだったんだ。

わたしは明日またそこへ行くんだ。

牧子は、それを楽しみにしている自分に気づいて驚いていた。わたしはプールへ行けなくてもぜんぜん残念に思っていない。それどころか仕事に行きたいと思っている！

いやー、なんかすごいや。

牧子は目をぱちくりさせ、ぶるっと頭を振った。

ひょっとしたら、働きだしてから今までいちばんやる気がみなぎっているような気が……しないでもない。

つまりあれかな、４わたしは、アポロに乗って月に行くわけではないけれども、ヒューストンでそれを支える仕事をしている人たちみたいな仕事をしてるってことなんじゃないのかな、なんて調子いいことを思ってみたりして、ちょっとばかりにやついている。

千秋が、Ｂ怪訝な顔で牧子をみる。

牧子はちょっとわざとらしいくらい、まじめな顔を作ってから、

「千秋、これ、わたしの部屋に置いとくからさ、明日、こっそり読みな。でも、ちゃんと宿題もするんだぞ」

とささやく。

千秋がにやつきながら、うなずいた。

問１　――線Ａ・Ｂの本文中の意味として最も適当なものを次の中から選び、記号で答えなさい。

Ａ　生返事

ア　自然な返事　　イ　馬鹿にした返事　　ウ　冷たい返事

エ　うちとけた返事　　オ　いい加減な返事

千秋の姿をみればきかなくたってこたえはわかっている。それでも牧子はきかずにいられなかった。

「んー、おもしろいよー」

千秋の声がする。

うれしい。

なんともいえない喜ばしさが牧子の内から湧き上がってくる。

「ねえ、千秋、それさ、その別デさ、わたしが働いている会社で作ってるんだよ！」

ついにいってしまった。

千秋が牧子をみる。そして、また別デに目を落とす。そうしてまたすぐに牧子をみる。

「そうそう、それ、その本。わたしの会社で作ってんの。その別デはね、買ったんじゃないの。編集長さんからいただいたの！　わかる？　編集長さんっていうのはね、その雑誌を作っているところにいる、いちばん偉い人」

「へえ」

うすい反応、かと思ったが千秋がいきなり、ひょいと起き上がった。別デを膝に置き、牧子と別デを交互にみる。

牧子がうなずくと、千秋もうなずいた。

「そうなんだ」

ひとことそういうと、じっと表紙をみつめ、しかしまたすぐに読みかけのページをさがして開く。わかっているのかいないのか、それ以上、なにもいわず、なにもきかず、d あっさりまた別デの世界に戻っていってしまった。

蛍光灯の笠の真下で俯いて読んでいるから、手暗がりになって読みにくかろうと思うが、千秋はまったく気にしていない。目が悪くなるよ、と注意すべきかどうか。

迷いつつ、黙ったまま、牧子は心の中でつぶやいた。

うー、わかるよ、千秋、それ、読みだすと、止まんないんだよね。暗くたって、読めちゃうよね。読んじゃうよね。わたしも昨日、そうだったもの。もう寝なくちゃ、と思いながら、寝床で読みつづけちゃったんだもの。

千秋とは十歳以上、年齢の開きがあるのに、なぜだか別デのことならすんなりわかりあえる気がしてしまう。

千秋ー、もう帰るわよー、と台所から和子の声がした。

はーい、と千秋の代わりに牧子がこたえる。

千秋は顔をあげ、

「牧子ちゃん、これ、貸して」

といった。

「いいけど、持って帰って漫画なんか読んでると、お母さんに叱られるんじゃない？」

千秋が首を傾げる。

「じゃ、明日、ここで読むー」

と差し出してくる。

かがんで受け取りながら、

「明日も来るんだ」

ときくと、

「来るよ、だって夏休みだもん」

しの部屋にあったやつでしょ」

「そうー」

こたえつつも、千秋の目は別デからまったく離れない。小学一年生ながら千秋はたしかに別デが読めているようだった。それどころか夢中になって読んでいるようにも思われる。子供ならではの集中力で、いや、おそらく牧子なんかより遥かに集中して、千秋は別デに没頭している。

a すいっとページをめくる。

ときおり、ぱたんぱたんと足が不規則に動く。頭が少し傾いたり、また元に戻ったりする。

そのすべてが千秋の心のうちを表しているようで、やけに楽しげにみえた。

牧子は、ほー、と声を出してしまった。

こんな小さな子供でも、別デの面白さがわかるんだ。

それにしても、この雑誌をよくぞ見つけたものではないか、と牧子は感心する。

別デは牧子の部屋の机に置いてはあったものの、他の本が上に無造作に重ねてあって、ちょっとみたくらいではわからないようになっていた、はずなのだ。

いくら自分の働いている職場で作っているとはいえ、少女漫画をひそかに楽しむようになっているなんて、誰にも知られたくなかったし、漫画に時間を費やすなんて、あまり褒められたものではない気がしたし、それになにより家族に職場のことを詮索されたくないという気持ちが強くて、だから、隠すというほどではないにせよ、なるべく目立たないようにしていたのだが、まさか千秋に b 嗅ぎつけられるとは思わなかった。

牧子は家で職場の話は滅多にしない。

なにかたずねられても、当たり障りのないことしかいわない。

うまくやってるよ、楽しいよ、そんなふうに自分のことだけ強調して、てきとうにはぐらかしている。

出版社で働いているといったって、所詮、牧子は経理補助。仕事の内容について、くわしいことはなにもわからないし、それを認めるのも嫌だったし、かといって、知ったかぶりして、その挙句、こたえに詰まって、みじめな気持ちになりたくなかった。

わたしは女中、わたしはお手伝いさん。

話せば話すだけ、その正体があからさまになってしまうのだから、3 なるべく家では仕事の話をしたくなかったし、ましてや少女漫画の話など決してするものか、と思っていた。

それなのに。

牧子は、今、ふつふつと誇らしいような気持ちになっている。

その感情に抗えなくなっている。

あれは別冊デイジー。

千秋があんなにも夢中になって読んでいるのは、わたしの職場で作っている雑誌。

「c ねえ、おもしろい？」

千秋にきいた。

「ねえ、千秋、それおもしろい？」

自分が作ったわけでもないのに、まるで自分が作ったかのような錯覚すら起きはじめている。

「ねえ、どうなのよ、千秋。それ、おもしろいの？」

だから《別冊デイジー》も《週刊デイジー》も知らなくて。名前はなんとなくきいたことがあったけど読んだことはなくて。ここで働くようになってはじめて読んだんです」

「あらー。で、どうだった」

「とてもおもしろいです。おもしろくて、おもしろすぎて、びっくりしました」

「お。うれしいこといってくれるじゃないの」

２お世辞でもなんでもなく、牧子は本当にびっくりしたのだった。子供の頃、牧子が読んでいた少女漫画は、もっとずっと素朴で幼い感じがしていたし、ほのぼのとした地味なものが多かったように記憶しているが、《別冊デイジー》や《週刊デイジー》に載っている漫画は、現代的でおしゃれで、子供向きといえば子供向きだけど、絵も華やかだし、カラーページはきれいだし、お話も起伏に富んでいておもしろく、すっかり夢中になってしまったのだった。子供向けどころか、牧子くらいの年齢で読んでもじゅうぶんに楽しめる。というか、牧子の嗜好にぴったり合っている。

いったい、いつの間に少女漫画はこんなふうになっていたんだろう？ くわしいことはわからないけれど、ここにはあたしをわくわくさせるものがある気がする、と牧子は思ったのだった。

【文章Ⅱ】　結局牧子はアポロ11号の月面着陸を見られなかった。母と弟の慎也と三人で住む家に牧子が帰ると、叔母の和子と和子の娘である千秋が家を訪れており、一緒にニュースで着陸場面を見ることになった。アポロを見せようと和子がいくら呼んでも、千秋は返事をしない。

さすがにアポロも月もじゅうぶんに見た気がして、牧子は立ち上がると、テレビを消した。居間から出ていくついでに襖をあけて隣室を覗いたら、千秋が畳に寝そべってなにか読んでいた。

「なによんでんの」

なんとなくきいてみた。

こたえはない。

きこえなかったのかと思って、

「千秋、なによんでんの」

もう一度きいた。

んー、と千秋が雑誌をちょっと上に持ち上げる。

ちらりと表紙が見えた。大きな貝を持った、外国人の女の子。

「え、別デ？」

あれは、夏休みおたのしみ号と銘打たれた最新号――八月号――だ。

「千秋、それって、別冊デイジーじゃない」

「んー」

とA生返事がかえってくる。

「あんた、そんなの、読めるの？」

千秋は四月に小学校へ上がったばかりの一年生。別冊デイジーの読者としては小さすぎる気がするが、そんなことないのだろうか。

「よめるー」

と千秋がこたえる。

「へー、読めるんだ。……ねえ、それって、わたしの別デでしょ。わたなく農村部に侵入できるようになり、市街地周辺ゾーンの農作物の被害が増えていくことになる。

二　次の【文章Ⅰ】・【文章Ⅱ】は、いずれも大島真寿美「うまれたての星」の一部である。１９６０年代末、人類史上初の有人月面着陸を試みるアポロ11号に世界中の人々が注目していた。そんななか辰巳牧子は、少女漫画を作っている出版社の編集部に、編集の仕事とは直接関係のない経理補助として配属されたばかりである。これを読んで、後の問いに答えなさい。なお、出題に際して、本文には省略および一部表記を変えたところがある。

【文章Ⅰ】　牧子はアポロ11号の月面着陸をテレビで見るために訪れた定食屋で、漫画編集の中心となって忙しく働く西口克子に偶然出会った。

「ねえ、誰か、さがしてるの？　待ち合わせ？」

　きかれて、うっかり口が滑ってしまった。

「アポロを」

　西口克子が、はあ？　と聞き返す。

「あ、いや。ちがった。テレビ。テレビを、さがしてました」

「テレビ？　テレビは、このお店にはないけど？」

「え。そうなんですか」

　いかにもありそうな外観なのに、と牧子はがっかりする。するとまた克子が笑う。

「お。がっかりしてる！　いかにもがっかりしてる！　あなた、わかりやすいわねえ。いちいち漫画みたいに動くのね。辰巳さん、漫画好きでしょう」

1 うーん、と牧子は考える。

　どうなんだろう？

　牧子はまだそんなに漫画を知らない。この部署へ配属されて、少女漫画の面白さに目覚めたところではあるけれど、はたして、そんな程度で大きな顔して、好きです、なんていっていいものだろうか。いや、好きは好きだけど、それも、もしかしたらものすごーく好きなんじゃないかという気はしてきているけれど、こんな大先輩を前に好きっていったら、いろいろきかれて、そんなに知らないことがばれちゃって恥ずかしい思いをするかもしれない。うーん、どう答えるべきか、と考え込んでいたら、おすわんなさいよ、と向かい側の椅子をすすめられた。いいから早くおすわんなさいよ、どうせ相席になるんだから、あなたがすわってくれたほうがいいの。ほら、すわってすわって、おばちゃーん、ここ日替わり定食もう一つ追加ね、と注文までしてくれた。

「即答できないってことは、辰巳さん、もしかして漫画、好きじゃないの？」

　と克子がまたきいた。「いいから、正直にいっちゃいなさいよ」

「えっ、いや、ちがいます、ちがいます、好きです好きです。好きなんですけど、んー、でも、ええと、じつはわたし、まだ、あんまり知らなくて」

「え、なにを？　漫画を？」

「わたし、小さい頃から本はふつうに読んでたんですけど、漫画はほとんど読んでこなくて。あと、弟がいるんで、少年漫画はたまーに読んでましたけど、少女漫画はお友達の家とかで、ほんとに少し読んだくらいで。それもけっこう小さい頃で。漫画は学校の図書室にもなかったし。

採り、釣りや狩猟などを目的に森のなかで活動する人の数も減少していくだろう。農業経営はさらに大規模機械化・自動化が進み、農地ではますます人を見かけなくなっていくだろう。その結果、ヒグマは今よりさらに容易に農地に接近できるようになり、畑作地帯にあるビートやスイートコーンや小麦などはますますヒグマに利用されるようになっていくだろう。

（佐藤喜和『アーバン・ベア　となりのヒグマと向き合う』）

ア　市街地周辺ゾーンである農村部の高齢化と人口減少により、放置された農地の森林化が進むと、クマの生息地である森林ゾーンと人間が多く住む市街地ゾーンが直接つながることになり、クマが市街地ゾーンに入りこめるようになる。

イ　森林ゾーンと市街地ゾーンの間に位置する市街地周辺ゾーンである農村部は、市街地ゾーンに侵入しようとするクマを事前に駆除するための重要な場所であるが、狩猟者の高齢化や減少が進むと、駆除できるクマの数が減ってしまう。

ウ　市街地周辺ゾーンである農村部で人間の活動があると、森林ゾーンから市街地ゾーンへのクマの移動をおさえることができるが、農村部の高齢化と人口減少が進み人間の活動が減ると、クマが市街地ゾーンへ入りこみやすくなる。

エ　市街地周辺ゾーンである農村部の農地の作物が豊富だと、クマは市街地ゾーンまで出ようとはしないが、農村部の高齢化と人口減少により耕作されない農地が増えて作物が減ると、クマが食べ物を求めて市街地ゾーンへ出てくるようになる。

オ　市街地周辺ゾーンである農村部の高齢化と人口減少が進み、さらに農業の機械化や自動化により人が減ると、クマは人目につくこと

【図】札幌市ヒグマ対策委員会事務局編『子ども版さっぽろヒグマ基本計画』

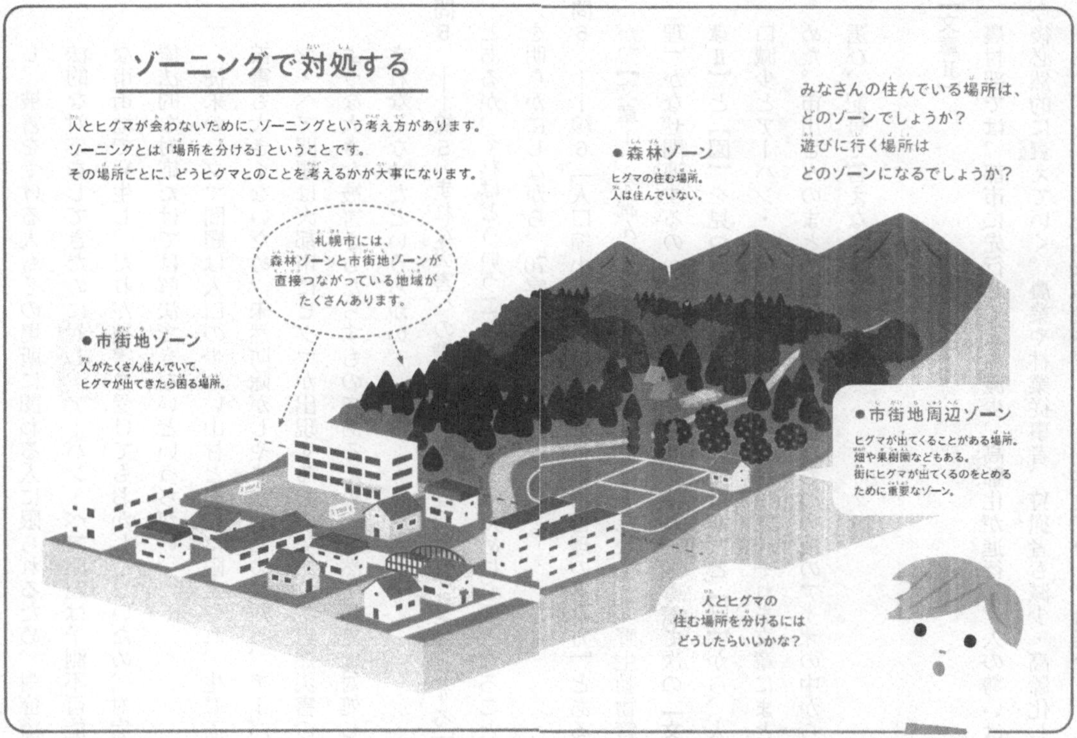
ゾーニングで対処する
人とヒグマが会わないために、ゾーニングという考え方があります。
ゾーニングとは「場所を分ける」ということです。
その場所ごとに、どうヒグマとのことを考えるかが大事になります。
みなさんの住んでいる場所は、どのゾーンでしょうか？
遊びに行く場所はどのゾーンになるでしょうか？
●森林ゾーン
ヒグマの住む場所。人は住んでいない。
札幌市には、森林ゾーンと市街地ゾーンが直接つながっている地域がたくさんあります。
●市街地ゾーン
人がたくさん住んでいて、ヒグマが出てきたら困る場所。
●市街地周辺ゾーン
ヒグマが出てくることがある場所。畑や果樹園などもある。街にヒグマが出てくるのをとめるために重要なゾーン。
人とヒグマの住む場所を分けるにはどうしたらいいかな？

するという、多くの人びとが必要だと思っている施策。

オ　都市開発や河川管理を進めるにあたって、都市と生きもののすむ森を緑地で結ぶことで、自然が多く多様な生態系を持つ環境となるように計画するという、多くの人びとが正しいと思っている施策。

問４　――線４「アーバン・ベア問題はこれとはまったく異なる」とあるが、従来のヒグマ問題とアーバン・ベア問題のちがいはどのようなものか。その説明として最も適当なものを次の中から選び、記号で答えなさい。

ア　従来のヒグマ問題はヒグマに慣れている山林や農村で活動する人たちに限定され、人身被害は起きにくいため、未然防除は必ずしも必要ではなかったのに対し、アーバン・ベア問題はヒグマに慣れていない都市生活者が対象となり、人身被害の危険性が高いため、未然防除が必要になるというちがい。

イ　従来のヒグマ問題はヒグマが多く生息する山林と農村で起きるため、現地の職員も専門的な対応に慣れており、対症療法的な手段を用いることができたのに対し、アーバン・ベア問題はめったにヒグマが出ない市街地で起きるため、職員が対応に慣れておらず、対症療法的な手段を用いるのが難しいというちがい。

ウ　従来のヒグマ問題は山林と農村に集中しており、ヒグマを引き寄せる農作物の対策に限定できるため、未然防除がしやすかったのに対し、アーバン・ベア問題はヒグマを引き寄せる原因となるものがない市街地で発生するため、未然防除に限らない対症療法的な解決が必要であるというちがい。

エ　従来のヒグマ問題は出現がある程度予想される山林と農村で発生し、被害を受ける人もその場所に関わる人に限られるため、対症療法的な対応をしてきたのに対し、アーバン・ベア問題は予測不可能な市街地で発生し、だれが被害を受けてもおかしくないため、対症療法的な対応だけでは解決できないというちがい。

オ　従来のヒグマ問題は人口の少ない山林と農村に限定され、生じる被害も大きくないため、未然防除がしやすかったのに対し、アーバン・ベア問題は大都市にヒグマが出現するものであり、自然災害のような大きな被害をもたらすものであるため、未然防除では対処しきれなくなったというちがい。

問５　――線５「まれな災害への備えと、日常生活の豊かさを両立する」とあるが、それはどういうことか。「両立する」ために必要となることを明らかにしながら、70字以内で説明しなさい。

問６　――線６「人口縮小社会における野生動物管理のあり方」とあるが、【文章Ⅰ】を読んだ市川さんは、「人口縮小社会」と「野生動物管理」がなぜ関連するのかということに疑問を持ち、図書館で次の【文章Ⅱ】と【図】を見つけた。市川さんは【文章Ⅱ】と【図】から、人口減少とアーバン・ベア問題の関係性に気がつき、それを文章にまとめた。市川さんのまとめとして最も適当なものを後のア～オの中から選び、記号で答えなさい。

【文章Ⅱ】

農村部では、都市に先行して人口減少、高齢化が進行し、人の勢いは今後必然的に衰えていく。農業や林業従事者、狩猟者も減少・高齢化していく。手入れされない森林、耕作されない農地が増え、山菜やキノコ

※有害駆除…人間にとって有害と判断された動物を駆除すること。
※普及啓発…人びとに専門的な知識を広めること。

問１ ――線１「衝撃的なニュース」とあるが、このニュースで筆者が注目している点は何か。その説明として最も適当なものを次の中から選び、記号で答えなさい。

ア　札幌市中心部にクマが出没することは最近では多く発生しているが、負傷者が複数名も出てしまったということはまれであるという点。
イ　札幌市中心部にクマが出没し負傷者が出ただけでなく、その様子が市民の撮影した動画により人々の間で広く拡散されたという点。
ウ　北海道の地方都市や本州の各都市でクマが出没することはめずらしくはないが、札幌市でのクマの出没は今回が初めてだったという点。
エ　札幌市中心部にクマが出没し負傷者が出ただけでなく、クマが生息している森から遠く離れた市の北東部から侵入したという点。
オ　札幌市中心部にクマが出没することは最近では多く発生しているが、今回のような若いクマが出没することはめったにないという点。

問２ ――線２「人の生活圏に出没する」とあるが、ヒグマが人の生活圏に出没する理由はどのようなものか。その説明として最も適当なものを次の中から選び、記号で答えなさい。

ア　住宅地の近くで栽培されている農作物を食べるためというものと、住宅街近くの緑地や公園に植えられている樹木がつける木の実を食べるためというもの。
イ　人間の住む場所の近くにある食べ物を得るためというものと、新たな生息場所を求めて移動するうちに緑地に隣接した市街地周辺にまで達してしまうためというもの。
ウ　人間の住む場所に存在する人間の食べ物を好むためというものと、森林よりも生態系が多様である市街地周辺の緑地を生息場所として好むためというもの。
エ　住宅地近くの緑地や公園の樹木がつける木の実を手に入れるためというものと、市街地の中心部に豊富に存在する人間の食べ物を得るためというもの。
オ　人間の住む場所の近くに存在する豊富な食べ物を得るためというものと、新たな生息場所として市街地周辺の緑地を選ばざるをえないためというもの。

問３ ――線３「社会的に正義とされる施策」とあるが、それはどのようなものか。その説明として最も適当なものを次の中から選び、記号で答えなさい。

ア　都市開発や河川管理を進めるにあたって、都市と生きものの多い森を緑地でつなぐことで、市街地中心部でも動物にふれることができるように計画するという、多くの人びとが進めるべきだと思っている施策。
イ　都市開発や河川管理を進めるにあたって、市街地周辺の緑地を回復することで、生活の便利さよりも自然環境の豊かさを優先するように計画するという、多くの人びとが理想的だと思っている施策。
ウ　都市開発や河川管理を進めるにあたって、市街地中心部に緑地を整備することで、市街地の利便性と生物多様性に満ちた自然を両立するように計画するという、多くの人びとが適切だと思っている施策。
エ　都市開発や河川管理を進めるにあたって、市街地周辺に生きものの多い緑地を増やすことで、市街地に活気を取りもどすように計画大雨などの自然災害に近い。国や地域をあげての防災としての取り組みが求められている。

　現在、クマ類をはじめとする野生鳥獣の問題は、行政の鳥獣担当者が対応している。森の中のヒグマをモニタリングし、出没や被害の発生状況を調べ、問題個体をつくらないように、また侵入を防ぐように未然防除、被害発生時に緊急対応するのは、そして人身事故を減らし食害を減らすために※普及啓発するのは鳥獣担当部署の仕事だろう。しかし、従来の対症療法としての駆除を一つとってみても、市街地の中では確実に実行できる体制さえ確保されていないのに、未然防除として、市街地の内部にクマが出没しにくい街づくりを都市計画に含め、都市住民の安全な暮らし確保に備えるのは、鳥獣担当者の仕事としては重すぎる。同時に、都市における緑のネットワークや河川を通じた生態系ネットワークの復元は、生物多様性保全だけでなく、地域の魅力や活力、日常生活の豊かさにもつながる。さらにその豊かな自然環境が国内外の観光客から見ても魅力的な街であることも求められている。クマの市街地侵入は、つねに専門家や行政担当者の想像を超えたところで発生し続けているし、その頻度は、今のままでは増加することはあっても減ることはないのは確かだ。5まれな災害への備えと、日常生活の豊かさを両立するためにどのような選択が必要なのか、防災の取り組みを参考に、鳥獣や農林の部局だけでなく、都市計画や教育、観光など多様な部局横断で議論を始めるときがきたのではないだろうか。

　日本の自然災害の予測レベルは高く、発生時の対応も進んでいる。それは、まれではあるが、いつか確実に起こる自然災害の特性とそれに備える重要性を広く国民が理解し、その発生を予測すべく日常から精度の高い観測に予算と人員を割いているからだ。新型コロナウイルス対策にしても、医療従事者による緊急対応体制の確保だけでなく、感染者数の推移や感染経路、新たな変異株の出現がつねにモニタリングされているからこそ、大規模な感染爆発を抑えることができる。

　翻って鳥獣害対策を見れば、クマに限らず、シカ、イノシシ、サル、いずれも発生頻度は右肩上がり、発生地点も農村部から大都市の中心部にまで拡大中である。日常的な観測、変化の発見、予防対策、発生時の緊急対策、いずれをとっても予算と人員が必要である。環境省自然環境局長からの審議依頼を受けた日本学術会議6人口縮小社会における野生動物管理のあり方の検討に関する委員会の答申の中でも、高度専門職人材の配置が提言された。国、都道府県、市町村、さらに小さな地域単位で、防災と同様の組織づくりと、専門性の高い人材の配置がなければ、今後も発生し続ける市街地侵入に対し、なす術のないまま、都市住民が危険にさらされていくだろう。次いつ起こるかわからないアーバン・ベア対策に、予算を割き、部局横断の組織づくりと専門人材配置を進めなければいけない時期にきている。

※アーバン・フォックスや一部のアーバン・ディア…フォックスはキツネ、ディアはシカのこと。
※生活史…ある動物の一生。　※恒常的に…つねに。
※河畔林…川の周辺の森林。　※コリドー…通り道。
※誘因…ものごとが生じる原因。　※軋轢…仲が悪くなること。
※未然防除…事前に問題の原因を取りのぞくこと。
※対症療法…根本的な原因を解決せずに、生じている問題点だけを解消すること。

たる。

　同じく六月から旭川市の中心部の河畔林（旭川駅に接する忠別川、美瑛川、および石狩川）にヒグマが一ヶ月以上滞在し、人身被害こそ発生しなかったものの、歩行者が近距離で目撃するなど不安な状況が続いたことも記憶に新しい。ヒグマが滞在していた場所は恒常的な生息地からは少なくとも一〇キロメートル以上離れているが、河川沿いに発達した河畔林を伝って移動してきたと考えられる。こうした河畔林は、河川管理の分野で進められる多自然型の川づくり、河川を通じた生態系ネットワークの復元のために重要な場所と認識されている。

　クマ側の視点に立って2人の生活圏に出没する動機を考えると、まず多いのは従来の農村部への出没のように、郊外の緑の多い住宅地で山際に残る農地や果樹園、大規模な市民農園、家庭菜園などで栽培される野菜や果実を食べるため、晩夏（八月～九月）に出没して食害する場合。また※誘因がないように見える住宅街に接した緑地や公園への出没では、サクラ類やオニグルミなどの樹木がつける木の実を食べるために出没する場合がある。しかし、市街地の内部にまで侵入するような事例は、例外はあるものの、多くは初夏の繁殖期に発生しており、なにか食べ物を求めて出没するのではなく、ましてや人を襲うために出没するのでもない。親から独立した若いオスが出生地から離れて分散していく過程で、またはクマ社会の個体間関係から、新たな生息場所を求めて移動する途中に、森林から市街地へと伸びる河畔林などの緑地に入り込んでしまい、緑地の切れ目から横にそれたら突然街中に現れてしまうというような事例が多い。市街地中心部に入りたいと思っているクマがいるのではなく、たまたま迷い込むと、人に気づかれないまま市街地中心部にまでたどり着いてしまうような河畔林や緑地が存在することに原因があるように思える。そしてそれはクマの恒常的生息地である大きな森林から街中まで河畔林や緑地のネットワークでつなぐことを目指した街づくり計画、河川管理計画により創出、保全、再生されている。その意味で、アーバン・ベア問題は、出没地域の住民にとっても深刻な問題であるが、出没するクマにとっても、意図せずに市街地中心部に出没してしまうという点で問題である。それは、緑豊かで生きもののにぎわいある街づくりという、3社会的に正義とされる施策が進展した結果もたらされた負の側面ともいえるのではないか。

　これまで、クマによる※軋轢の代表であった山林内の人身被害や農作物の食害に関しては、クマが恒常的に暮らす森に立ち入る人、誘因となる農作物をつくる人の問題であり、十分な知識と対策、※未然防除なくして根本的な解決はないとしながらも、被害は入林者や農業者に限定された問題であり、※対症療法としての※有害駆除依存で被害意識が低減するのであれば、クマの地域個体群に絶滅のおそれがない限りその対策を許容してきたという側面がある。しかし、4アーバン・ベア問題はこれとはまったく異なる。ある日突然街中に現れるクマに対し、街の中でクマとの接点なく日常を暮らす人の安全をどう守るか、という従来の鳥獣害対策の認識では対処しきれない問題に大きく変化した。しかもその問題は、たんにクマの生息数増加や分布拡大だけによるのではなく、都市計画や河川管理計画の中で進められてきた自然保護を根底とした街づくりの結果としてもたらされている。一度起こるとリスクが高いが、いつ発生するか予測はむずかしく、その発生頻度は今のところ低いという点からも、アーバン・ベア問題は従来の鳥獣害より、地震や津波や台風、

【国　語】〈五〇分〉〈満点：一〇〇点〉

【注意】一、解答の際には、句読点や記号は一字と数えること。
二、コンパス・定規は使用しないこと。

一　次の【文章Ⅰ】は、佐藤喜和「となりのヒグマ――アーバン・ベア問題とはなにか」の全文である。これを読んで、後の問いに答えなさい。なお、出題に際して、本文には省略および一部表記を変えたところがある。

【文章Ⅰ】

人口一九五万人が暮らす札幌市の市街地中心部にヒグマが出没し四名に重軽傷を負わせた、という1<u>衝撃的</u>なニュースが全国を駆け巡ったのは二〇二一年六月一八日のことだった。大型ショッピングモールの中をのぞきこみ、住宅街を駆け抜け、そして人に襲いかかるヒグマが、テレビカメラや、市民の撮影した動画を通じて拡散された。このヒグマが住宅街を抜けて丘珠空港の北東に広がる郊外農地の緑地に入り込んだところで駆除されたのは、最初の人身被害が発生してから約六時間後のこと、もっとも市街地中心部に接近した地点は札幌駅まで直線で約三キロメートルしかなかった。

…〈中略〉…

アーバン・ベアとは、市街地周辺に生息し、その行動圏の一部に市街地が含まれる、または含まれる可能性のあるクマのことを指す。クマ類はその生存に広い行動圏を必要とするため、※アーバン・フォックスや一部のアーバン・ディアのように、その※生活史全体を市街地の中で完結することはないが、一時的であれ市街地に出没しただけで、市民の安心安全な生活を脅かす問題となる。北海道では近年、札幌市だけでなく、旭川市や帯広市などの地方都市においても市街地中心部にまでヒグマが出没する事例が発生するようになった。本州においても、長野市や金沢市の中心部にまでツキノワグマが出没する事例が発生しており、アーバン・ベア問題は北海道だけの問題にとどまらない。

札幌市の南西部に広がる広大な森林は今やそのどこにでもヒグマが※恒常的に生息している。隣接する郊外の農地や果樹園では毎年のようにヒグマが出没し、森林に接した住宅街でもヒグマの目撃がめずらしいことではなくなった。しかし冒頭に紹介したこの個体は、まだ成獣になりきらない四歳の若いオスで、南西部の森からは遠く離れた北東部の石狩川河口に近い※河畔林で最初に目撃された。隣接地域の痕跡発見状況から、石狩川を越えて北から侵入し、その後二〇日間ほど石狩川の治水事業でできた三日月湖である茨戸川の周辺緑地に滞在して、草本類のほか、フナなどの川魚を食べて過ごしていたと考えられている。これまでヒグマの目撃情報さえなかった場所であったが、なんらかの理由でヒグマがたどり着いてみれば、人目にもつかずにひっそりと、人由来ではなく自然のものを食べて長期滞在できる豊かな場所となっていたわけである。また、その後このクマが市街地の中にまで侵入してしまうきっかけになにがあったのかは不明だが、その経路として、茨戸川につながる伏籠川とその周辺の水路を辿ったと考えられた。これらの石狩川河口付近や茨戸川周辺、伏籠川など河川沿いの緑地は、都市緑化の一環として「札幌市みどりの基本計画」において環状グリーンベルト、水を中心としたみどりのネットワーク（※コリドー）として「持続可能なグリーンシティさっぽろ」の実現に向け緑化や保全が進められている場所にあ

2023年度

市川中学校入試問題（第２回）

【算　数】（50分）　＜満点：100点＞

【注意】　1．コンパス・直線定規を利用してもよい。
　　　　　2．円周率は3.14とする。
　　　　　3．比を答える場合には，最も簡単な整数の比で答えること。

1　次の問いに答えなさい。

(1)　$68\times\left(2\frac{1}{4}-1.5\right)+17\times98$ を計算しなさい。

(2)　55人の生徒の中で，本Ａを持っている生徒と本Ｂを持っている生徒の人数の比が１：２，本Ａと本Ｂの両方を持っている生徒とどちらも持っていない生徒の人数の比が８：７である。このとき，本Ａを持っている生徒の人数を答えなさい。

(3)　Ａさんは７時ちょうどに駅を出発して，3000m離(はな)れた学校に分速75mの速さで歩いて向かった。また，Ｂさんは７時12分に駅を出発し，自転車に乗って学校に向かった。途中で，自転車が故障してしまい，修理に10分間かかってしまったが，その後ＢさんはＡさんを追い抜(ぬ)いて，Ａさんより３分早く学校に到着した。このとき，Ｂさんの自転車の分速とＢさんがＡさんを追い抜いたのは何時何分何秒か求めなさい。

(4)　15の倍数である三桁(けた)の数に対して，一の位の数と百の位の数を入れ替(か)えてできる数が，三桁の６の倍数であった。このとき，もとの三桁の数として考えられるものは何通りあるか答えなさい。

(5)　下の図において，四角形ABCDは正方形，三角形DCEは正三角形，三角形ECFは角FECが90度の直角二等辺三角形である。このとき，角EAFの大きさを求めなさい。

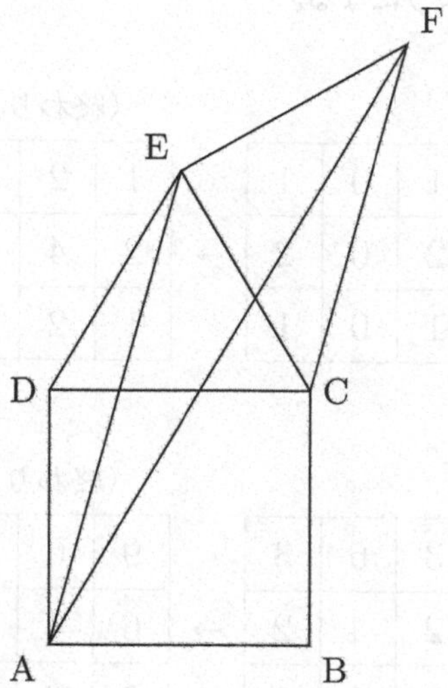

2 右の図のように，１辺の長さが６㎝の正方形ABCDが，半径６㎝の円の内側にある。正方形ABCDを，Ｂを中心にＣが円周とぶつかるまで時計回りに回す。このとき，次の問いに答えなさい。

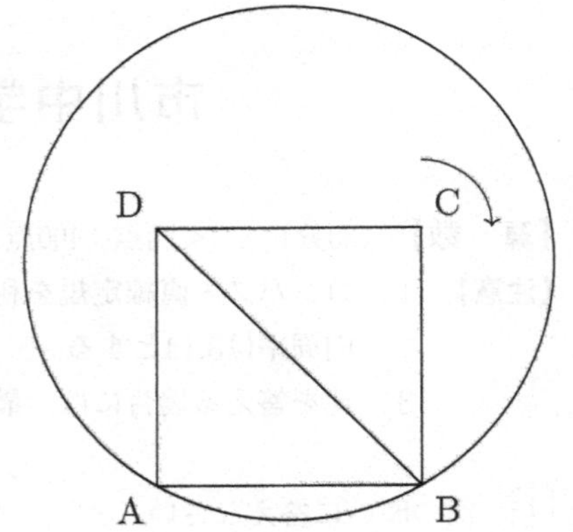

⑴　回した後の対角線BDを，コンパスと定規を用いて作図しなさい。ただし，作図に用いた線は消さずに残し，作図したBDの位置がわかるようにＢ，Ｄをかきなさい。

⑵　対角線BDが通過した部分の面積を求めなさい。

3 Ａ，Ｂ，Ｃの３人がある仕事を行う。Ａは１人で仕事を行うとちょうど12日間，Ｂは１人で仕事を行うとちょうど10日間で終わる。このとき，次の問いに答えなさい。

⑴　ＡとＢが２人でこの仕事を行うとき，仕事が終わるのは何日目か答えなさい。

⑵　ＡとＣが２人でこの仕事を行うとき，仕事は５日目に終わり，ＢとＣが２人でこの仕事を行うときも，仕事は５日目に終わる。Ｃが１人でこの仕事を行うとき，最短で何日目に終わるか，また，最長で何日目に終わるか，それぞれ答えなさい。

⑶　仕事を始めた日の翌日以降，すべての仕事が終わるまで毎朝決まった量の仕事が追加されるとする。Ａが１人で仕事を行うとちょうど23日間で終わるとき，Ｂが１人で行うと何日目に終わるか答えなさい。

4 ４つの角のマス目に１，それ以外のマス目に０が書かれた３×３の表に，次の操作を繰り返し行う。

操作

すべてのマス目に対し，縦方向にある自分以外の数の和に書きかえ，次に，
すべてのマス目に対し，横方向にある自分以外の数の和に書きかえる。

１回目，２回目の操作は以下のようになる。

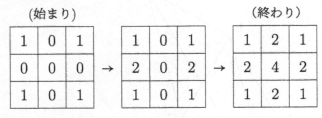

<１回目の操作>

(始まり)

1	0	1
0	0	0
1	0	1

→

1	0	1
2	0	2
1	0	1

→

(終わり)

1	2	1
2	4	2
1	2	1

<２回目の操作>

(始まり)

1	2	1
2	4	2
1	2	1

→

3	6	3
2	4	2
3	6	3

→

(終わり)

9	6	9
6	4	6
9	6	9

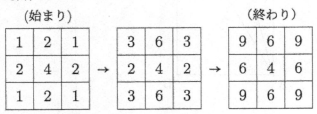

	♣	
	♡	

このとき，次の問いに答えなさい。

(1)　３回目，４回目の操作後の表をそれぞれ書きなさい。

(2)　真ん中のマス目の数が1764となるのは何回目の操作後か答えなさい。

(3)　９回目の操作後，♡の位置のマス目の数から♣の位置のマス目の数を引いた数を答えなさい。

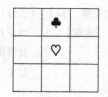

5　図１のように，辺BC，CD，DAが２cm，辺ABが４cmの台形の台ABCDにおいて，頂点Aにある球を壁BCに当たるように発射する。ここで，球はまっすぐ進み，球が壁に当たったときは，図２のように角㋐と角㋑が等しくなるようにはね返ってまっすぐ進む。また，四角形の頂点に達したときは，球は止まる。このとき，次の問いに答えなさい。

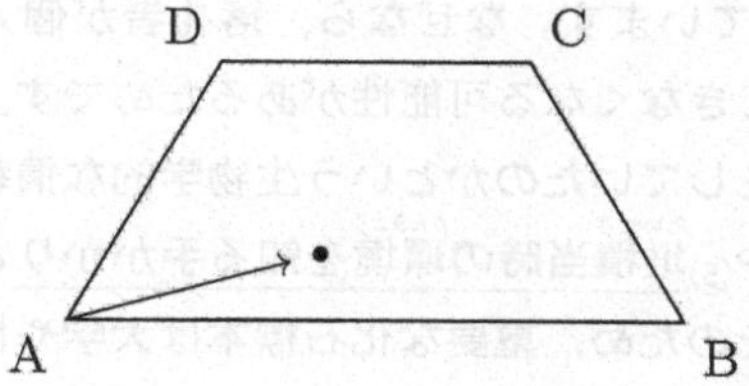

図１

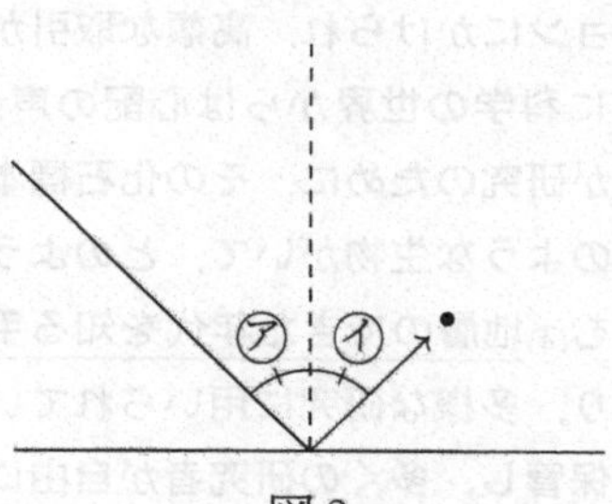

図２

(1)　２回壁に当たった後に，他の壁に当たらず頂点Dに達して止まった。２回目に壁に当たった点をPとするとき，APの長さを求めなさい。

(2)　３回壁に当たった後に，他の壁に当たらず頂点に達して止まるような打ち出し方は，

①壁BC，壁AB，壁DAの順ではね返り，頂点Bに達して止まる

②壁BC，壁AB，壁CDの順ではね返り，頂点Aに達して止まる

の２通りある。①では壁BC上の点Qに当たり，②では壁BC上の点Rに当たったとするとき，QRの長さを求めなさい。

【理　科】（40分）　　＜満点：100点＞

【注意】　1．コンパス・定規は使用しないこと。

2．計算問題の答えは，整数または小数で答え，割り切れない場合は小数第２位を四捨五入して，小数第１位まで答えること。

1　2014年，アメリカのサウスダコタ州の私営牧場の丘にある中生代最末期（約6600万年前）の地層から発掘史上最大の大きさを誇る草食動物の①トリケラトプスの②化石が発見されました。この化石は牧場の所有者の名前にちなんでビッグジョンと名付けられました。ビックジョンは全体の60%の骨格が残っていたことから全身骨格標本として修復されました。ビックジョンのように③中生代（約２億5000万年～6600万年前）に栄え，絶滅した陸生大型ハチュウ類の全身骨格標本は，しばしばオークションにかけられ，高額な取引がなされています。

この現状に科学の世界からは心配の声が上がっています。なぜなら，落札者が個人であった場合，科学者が研究のために，その化石標本を利用できなくなる可能性があるためです。化石は昔の地球上にどのような生物がいて，どのような生活をしていたのかという生物学的な情報以外にも，化石をふくむ④地層のできた年代を知る手がかりや⑤堆積当時の環境を知る手がかりとなる情報をふくんでおり，多様な研究に用いられています。そのため，重要な化石標本は大学や博物館などの研究機関が保管し，多くの研究者が自由に利用できることが望ましいと考えられています。

(1)　下線部①の頭骨はどれですか。

ア　　　　　イ　　　　　ウ

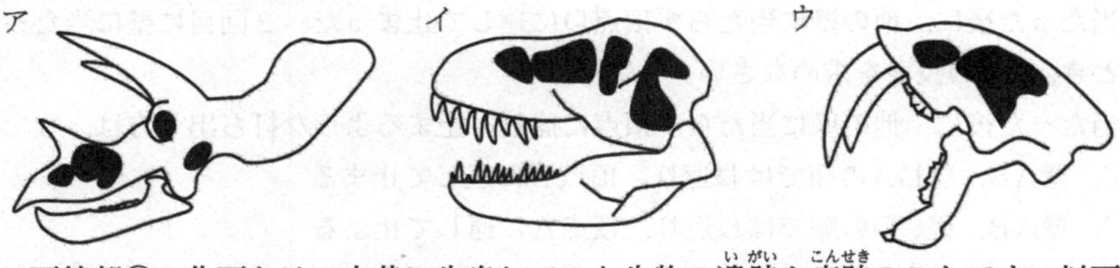

(2)　下線部②の化石とは，大昔に生息していた生物の遺骸や痕跡のことです。以下の中で化石として誤っているものはどれですか。

ア　５億年前の地層から見つかった三葉虫の遺骸

イ　500万年前の地層に残されているカニの巣穴

ウ　永久凍土層から見つかった肉や体毛も保存されている氷漬けのマンモス

エ　海岸に打ち上げられている最近死んだと推定されるハマグリの貝殻

オ　5000万年前の地層に残されている鳥の足あと

(3)　下線部③について，絶滅した陸生大型ハチュウ類をまとめて何といいますか。カタカナで答えなさい。

(4)　下線部④について，次のページの図１は遠く離れたＡ～Ｃの各地域でたくさん見つかる化石の種類と生存期間を示したものです。化石ａ～ｇの中で時代を特定するのに最も有効な化石はどれですか。また，その理由はア～エのどれですか。

ア　広い地域から見つかり，生存期間が短いから。

イ　広い地域から見つかり，生存期間が長いから。

ウ　せまい地域からしか見つからず，生存期間が短いから。

エ　せまい地域からしか見つからず，生存期開か長いから。

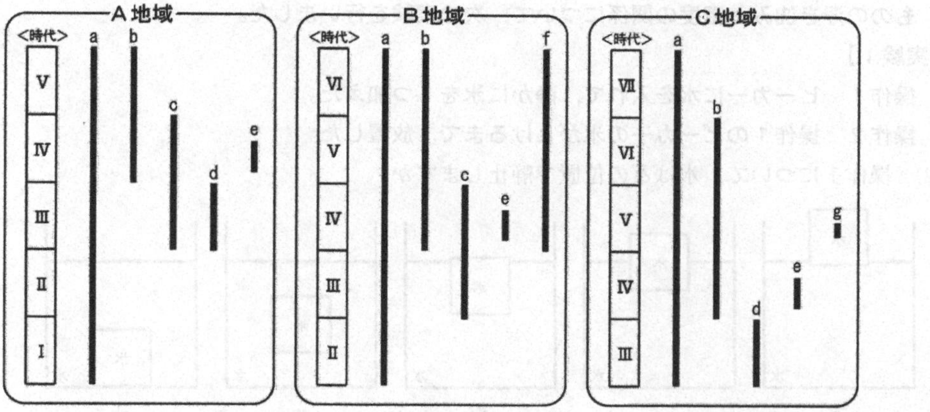

図１

(5)　下線部⑤について，ある地域の地層からサンゴの化石が見つかりました。その地層が堆積した当時の環境はどれですか。

ア　暖かい地域の深い海　　イ　暖かい地域の浅い海

ウ　冷たい地域の深い海　　エ　冷たい地域の浅い海

2　ものの浮(う)き沈(しず)みは液体や固体の密度によって決まります。密度とは，１㎤あたりの重さを表しており，物質の種類によって値が決まっています。密度は物質の重さと体積をはかり，次の式によって求められます。

$$\text{密度（g/cm}^3\text{）} = \frac{\text{重さ（g）}}{\text{体積（cm}^3\text{）}}$$

図１のように密度が異なる混ざり合わない液体どうしを同じ容器に入れると，密度が大きい液体が下層になり，密度が小さい液体が上層になります。液体と固体の場合では，固体の密度が液体の密度より小さいときは固体が浮き，固体の密度が液体の密度より大きいときは沈みます。各物質の密度の値は表１のとおりです。

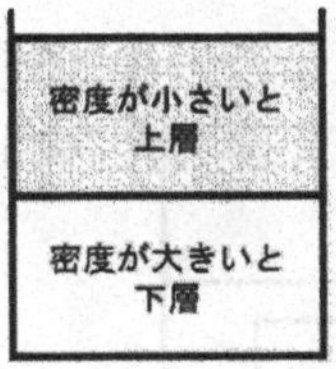

図１

表１

物質	密度（g/cm³）
油	0.8
水	1.0
氷	0.9

(1)　下線部について，油の密度を正確に求めるために，必要な操作はどれですか。すべて選びなさい。

ア　ビーカーのみの重さをはかった。

イ　メスシリンダーのみの重さをはかった。

ウ　油を入れたビーカー全体の重さをはかり，ビーカーの目盛りを読んだ。

エ　油を入れたメスシリンダー全体の重さをはかり，メスシリンダーの目盛りを読んだ。

ものの浮き沈みと密度の関係について，次の実験を行いました。

【実験１】

操作１　ビーカーに水を入れて，静かに氷を１つ加えた。

操作２　操作１のビーカーの氷がとけるまで，放置した。

(2)　操作１について，氷はどの位置で静止しますか。

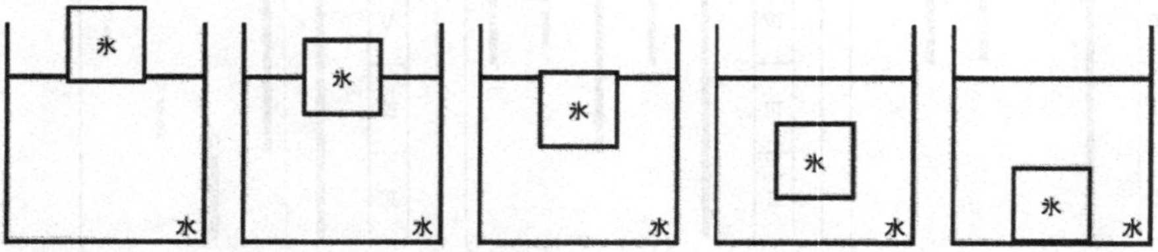

ア　イ　ウ　エ　オ

(3)　操作２について，氷がとける前と比べて氷がとけたあとの水面の高さはどうなりますか。

ア　高くなった　　イ　低くなった　　ウ　変わらなかった

【実験２】

操作３　ビーカーに油を入れて，静かに氷を１つ加えた。

(4)　操作３について，氷はどの位置で静止しますか。

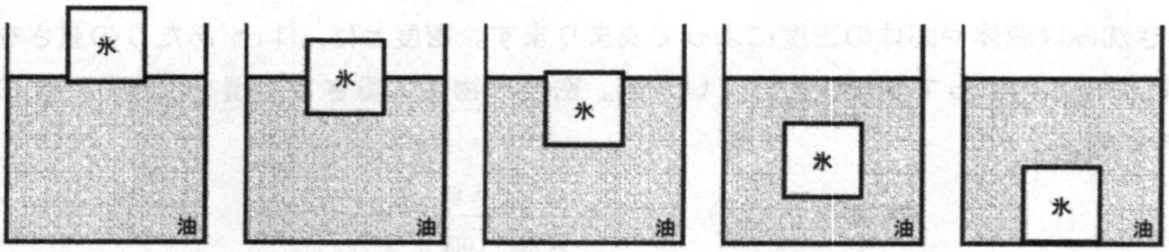

ア　イ　ウ　エ　オ

【実験３】

操作４　ビーカーに水100mLを入れた。

操作５　操作４のビーカーに，ゆっくりと油100mLを加え，静かに氷を１つ加えた。

(5)　操作５について，氷はどの位置で静止しますか。

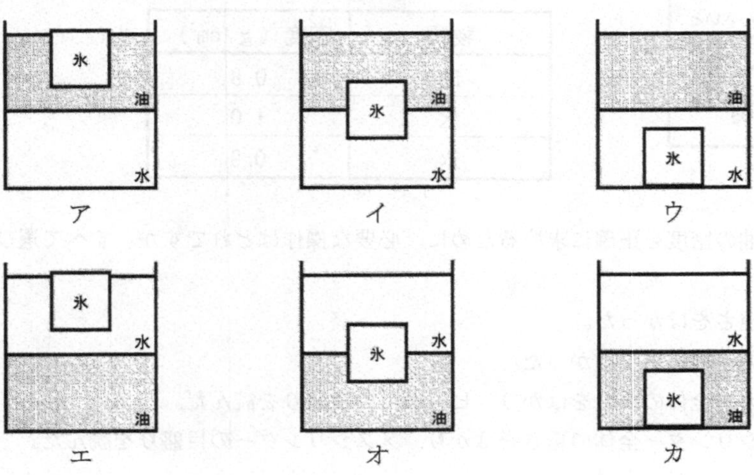

家庭用の冷とう庫で水をこおらせると，細かい気泡などの不純物が氷の中に閉じこめられ，透明度が低く，白く濁った氷ができます。このような氷はとけやすく，飲み物を冷やすとその飲み物がすぐに薄まってしまいます。一方，レストランで用いられる業務用の製氷機でつくられた氷は，透明度が高く，透き通っています。この氷はとけにくいので，飲み物が薄まりにくくなります。透明度が高い氷の形を注意深く見てみると，氷の一面がくぼんでいることに気づきます。これには氷をつくる過程が関係しています。図２は透明度の高い氷ができるまでの過程を表しています。

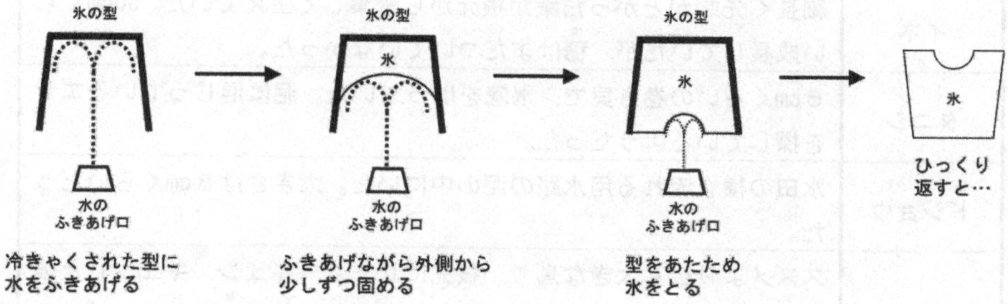

図２

このように，下から水をふきあげてこおらせることで，不純物が少ない，透明度の高い氷をつくることができます。

(6)　この方法を用いると，透明度の高い氷をつくることができるのはなぜですか。その理由として正しいものはどれですか。

ア　水がこおるときに，気泡を追い出しながら固まるため。

イ　水をふきあげると，水の温度が上昇するため。

ウ　水がこおると，体積が大きくなるため。

エ　水をふきあげながら冷やすと，瞬間的に氷にかわるため。

オ　水をふきあげると，とけていた気体を放出するため。

(7)　家庭用の冷とう庫でつくった氷と業務用の製氷機でつくった氷の密度について，正しいものはどれですか。

ア　家庭用の冷とう庫でつくった氷のほうが，密度が大きい。

イ　業務用の製氷機でつくった氷のほうが，密度が大きい。

ウ　どちらの密度も同じである。

３　千葉県には谷津田とよばれる水田が多くあります。谷津田とは，台地が［ 1 ］されてできた谷につくられた水田のことです。谷津田の周りは斜面林に囲まれており，いろいろな環境が備わっていることから，さまざまな生き物を観察することができます。市川さんは６月のある日，谷津田で生き物観察を行い，観察できた生き物やその特徴を表１（次のページ）にまとめました。

(1)　［ 1 ］にあてはまる言葉は何ですか。

表１

生き物	特徴
アマガエル	２㎝くらいの小さな個体が水田の周囲にたくさんいた。水田の周りに生えている木の枝に４㎝くらいの大きな個体がいた。
イナゴ	バッタの仲間。秋に見ると３㎝くらいで背中がかっ色だが，この時期は全身緑色で１㎝くらいだった。
イネ	細長く先端（せんたん）がとがった葉が根元から密集して生えていた。50㎝くらい成長していたが，穂（ほ）はまだついていなかった。
タニシ	５㎝くらいの巻き貝で，水底をはっていた。泥（どろ）に混じっているエサを探しているようだった。
ドジョウ	水田の横を流れる用水路の泥の中にいた。大きさは８㎝くらいだった。
モズ	スズメより少し大きな鳥で，枝先に止まり「ギュン　ギュン」と鳴いていた。つかまえたカエルやトカゲを木の枝に刺（さ）しておく「はやにえ」を見ることができた。

自然の中では，生き物は食う食われるという関係でつながっています。今回観察した生き物で食う食われるの関係をつないでいくと，下のようなつながりになります。

イネ　→　［２］　→　アマガエル　→　［３］

※「食われる生き物」→「食う生き物」という関係になっています。

(2)　食う食われるで表される生物のつながりを何といいますか。

(3)　［２］，［３］にあてはまる生き物は何ですか。表１から選びなさい。

(4)　アマガエルについての説明として誤っているものはどれですか。

ア　一生のうちに生活する環境が変わる。
イ　酸素を取り入れ，二酸化炭素を放出する。
ウ　消化液を使って，食べたものを消化する。
エ　卵（たまご）の状態で冬を越（こ）す。
オ　卵（らん）は精子と受精して成長が始まる。

市川さんは谷津田で見つけた４㎝くらいのアマガエルをつかまえて，家で飼育することにしました。アマガエルは生きたエサしか食べないと教わったので庭でエサとなりそうな生き物を探すと，ダンゴムシとワラジムシをみつけることができました。どちらがエサに適しているかわからなかったので，両方つかまえてアマガエルの飼育ケースに入れてみました。翌日確認したところ，ワラジムシだけが食べられていて，ダンゴムシは１匹（ぴき）も食べられていませんでした。市川さんは，ダンゴムシとワラジムシは色も形もよく似た生き物なのに，なぜこのような違（ちが）いが出るのだろうと不思議に思いました。そこで，ダンゴムシとワラジムシにはどのような特徴があるのか，観察や実験を行い，その結果を表２（次のページ）にまとめました。

表２

調べた内容	ダンゴムシ	ワラジムシ
住んでいる場所	落ち葉の下の湿った場所	落ち葉の下の湿った場所
刺激を与えたときの変化	丸まる	丸まらない
足の数（本）	14	14
体の平均の長さ（mm）	11.1	11.5
体の平均の高さ（mm）	3.1	2.1
10cmを歩く平均時間（秒）	3.1	2.5

(5) 表２の結果から，ダンゴムシがアマガエルに食べられなかった理由はどれですか。
　ア　せまい隙間に逃げ込んだから。　イ　すばやく走って逃げたから。
　ウ　土と同じ色をしていたから。　エ　毒を持っていたから。
　オ　丸まったため飲み込めなかったから。

４　電磁石について，次の実験を行いました。

【実験１】

図１のように，電磁石へ矢印の向きに電流を短時間だけ流したとき，電磁石のそばに置いた方位磁針ＡのＳ極が鉄しんの方へ向きました。これはコイルに電流を流したときだけ磁石の性質をもつようになり，鉄しんのａ側が［１］極となったからです。このまま電流を流す向きだけを変えたところ，方位磁針ＢのＳ極は図１の［２］側に向きました。電流を流す向きを変えても，鉄しんのａ側を［１］極のままにするために，エナメル線を巻く［３］を変えるとよいと考えました。

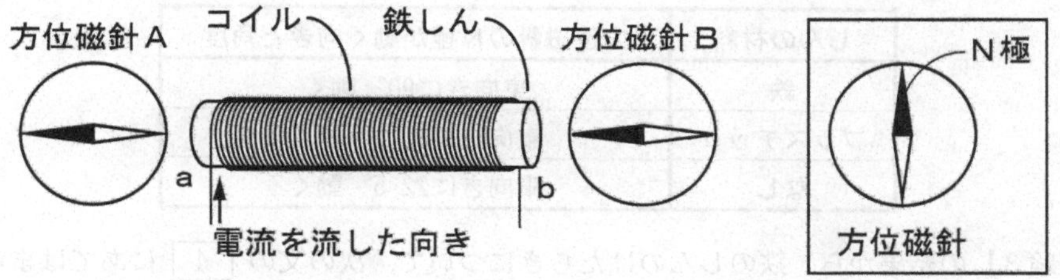

図１

(1) 【実験１】の［１］から［３］にあてはまる語句を，次の【　】より選びなさい。ただし，同じ番号には同じ語句が入ります。
　【Ｎ　Ｓ　向き　数　大きさ　長さ　右　左　上　下】

【実験２】

電磁石が鉄のクリップをひきつける力の大きさを調べるために，同じ長さのエナメル線と同じ長さの鉄の棒をそれぞれ２本用意しました。鉄の棒にエナメル線を100回巻いたコイルと200回巻いたコイルをつくり，次のページの表１のようにかん電池とつないで実験を行いました。

(2) 【実験２】の表１の組み合わせで，力の大きさがほぼ同じであるものを２つ選びなさい。
　ア　ａとｄ　イ　ａとｅ　ウ　ｂとｃ　エ　ｂとｄ　オ　ｃとｄ

表１

	巻き数（回）	かん電池の数（個）	かん電池２個のつなぎ方
a	100	1	
b	200	1	
c	100	2	直列
d	100	2	並列
e	200	2	直列

【実験３】

電磁石のしんのはたらきを調べる実験を行いました。図２のように，鉄の棒にエナメル線を巻いたコイルと５㎝離れたところに方位磁針を置きました。コイルに電流を流してＮ極が動く向きとその角度を調べました。次に鉄の棒のかわりに，プラスチックの棒およびしんがないものについて，鉄の棒の場合と同じ条件で実験を行いました。これらの結果を表２にまとめました。

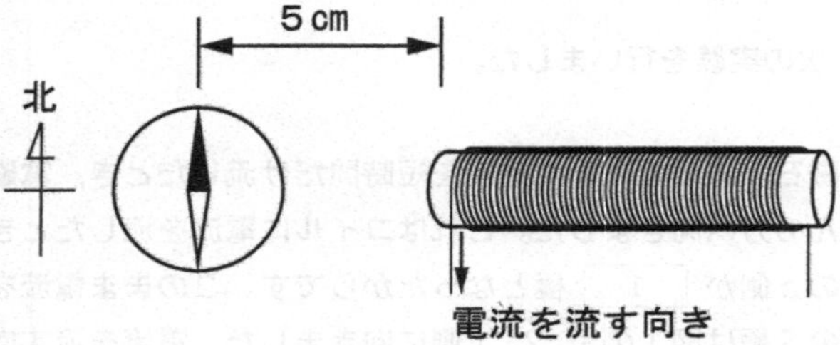

図２

表２

しんの材料	方位磁針のＮ極が動く向きと角度
鉄	東向きに90°動く
プラスチック	東向きに22.5°動く
なし	東向きに22.5°動く

(3)　【実験３】の結果から，鉄のしんのはたらきについて，次の文の［４］にあてはまるものはどれですか。

鉄のしんは電磁石の力の大きさを［４］。

ア　変えない　　イ　大きくする　　ウ　小さくする

(4)　【実験１】～【実験３】の結果から，電磁石の力をつくり出したものは何ですか。簡単に書きなさい。

モーターは磁石と電磁石を利用した器具です。その中には電磁石が固定され，磁石が回転するモーターがあります。図３はこのモーターのつくりと①から⑥の順に回転する様子を，正面から見て簡単に表したものです。回転子（回転する磁石）は大きな円柱状の磁石でつくられており，図のような３つの電磁石に引きつけられたり，しりぞけられたりして回転します。磁石の力が大きいところは２つあり，●をつけています。

いま回転子は右回りに回転しています。回転を続けるためには，回転子の動きに合わせて３つの電磁石に流れる電流の向きを短い時間で切りかえていく必要があります。ただし，２つには向きの異なる電流を流し，１つには電流を流しません。回転子が回転する間，それぞれの電磁石のＡ～Ｃの部分が何極になっているかを表３にまとめました。

表３

	Ａ	Ｂ	Ｃ
①から②	Ｎ極	なし	Ｓ極
②から③	なし	Ｎ極	Ｓ極
③から④	Ｓ極	Ｎ極	なし
④から⑤	Ｓ極	なし	Ｎ極

※電磁石に電流が流れていないときは「なし」としている。

(5)　⑤から⑥まで回転するとき，Ａ～Ｃは何極になっていますか。ただし，電流が流れていない電磁石は「なし」と書きなさい。

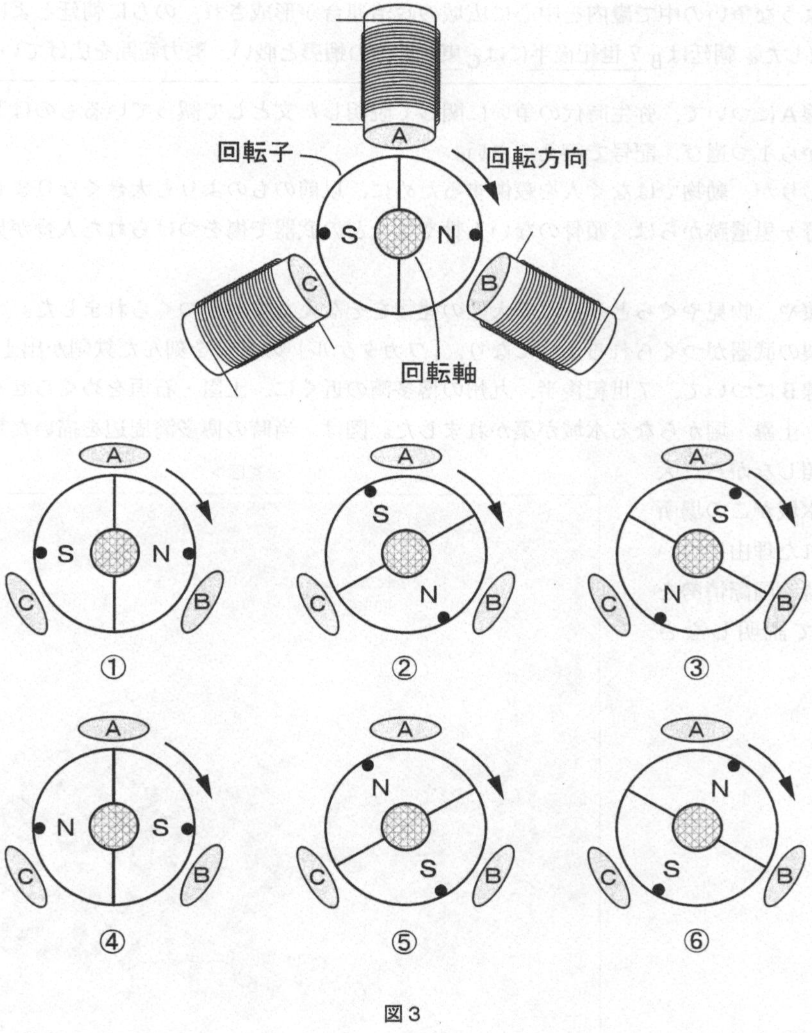

図３

【社　会】（40分）　　＜満点：100点＞

【注意】　１．解答の際には，句読点や記号は１字と数えること。
　　　　　２．コンパス・定規は使用しないこと。

1　**市川さんと千葉くんは，歴史の授業で学んだ「争い」について，テーマを決め，調べたことを発表しました。これらを読んで，あとの問いに答えなさい。**

市川さんの発表

> 私は，争いの始まりについて調べました。
>
> 人と人との争いは，弥生時代には始まっていたと考えられています。弥生時代になり本格的に水稲耕作が始まると，人々の間に貧富の差が発生し，土地や水，米などの収穫物（しゅうかくぶつ）をめぐって$_{A}$争うようになりました。争いの証拠（しょうこ）は，弥生時代の遺跡などからもわかります。
>
> そのような争いの中で畿内を中心に広域の政治連合が形成され，のちに朝廷とよばれるようになりました。朝廷は$_{B}$７世紀後半には$_{C}$東北地方の蝦夷と戦い，勢力範囲（はんい）を広げていきました。

問１　下線Ａについて，弥生時代の争いに関して説明した文として誤っているものはどれですか，ア～エから１つ選び，記号で答えなさい。

ア　矢じりが，動物ではなく人を殺傷するために，以前のものよりも大きくなりました。

イ　吉野ヶ里遺跡からは，頭骨のない人骨や剣（けん）などの武器で傷をつけられた人骨が見つかっています。

ウ　環濠や，物見やぐらとみられる大型の建物をそなえた集落がつくられました。

エ　鉄製の武器がつくられるようになり，「ワカタケル」の名前を刻んだ鉄剣が出土しています。

問２　下線Ｂについて，７世紀後半，九州の博多湾の近くに，土塁・石垣をめぐらせた山城（大野城）と，土塁・堀からなる水城が築かれました。図は，当時の博多湾周辺を描（えが）いた想像図です。図を参照しながら，大野城と水城がこの場所に築かれた理由について，当時の国際情勢をふまえて説明しなさい。

＜図＞

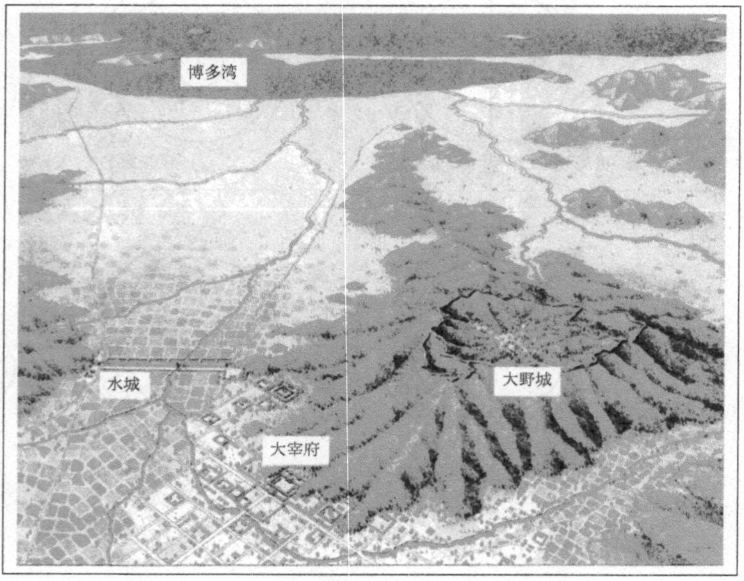

教育出版『中学社会　歴史　未来をひらく』より作成

問３　下線**C**について，東北地方でおきた**X**～**Z**のできごとを古い方から年代順に並べたとき，正しいものはどれですか，下の**ア**～**カ**から１つ選び，記号で答えなさい。

X　南奥州を支配した伊達家の当主が，領国統治のため分国法を制定しました。

Y　征夷大将軍に任命された坂上田村麻呂が，蝦夷の征討にあたりました。

Z　奥州藤原氏の初代清衡により，中尊寺金色堂が造営されました。

ア［X　→　Y　→　Z］　**イ**［X　→　Z　→　Y］
ウ［Y　→　X　→　Z］　**エ**［Y　→　Z　→　X］
オ［Z　→　X　→　Y］　**カ**［Z　→　Y　→　X］

千葉くんの発表

私は，争いや反乱がおさまるまでにかかった年月について調べました。
南北朝の動乱は約60年間も戦乱状態が続き，終結するまでに時間がかかっています。南北朝の動乱についての**資料１・２**を読んで，D<u>なぜそのように争いが長引いたのかを考えてみました。</u>
一方で，天下分け目の戦いといわれた（　１　）の戦いは，西軍側から裏切り者が出たこともあり，わずか半日で戦いの決着がつきました。江戸時代のE<u>大塩平八郎の乱</u>も，幕府に大きな衝撃(しょうげき)をあたえましたが，半日で鎮圧(ちんあつ)されています。

＜資料１＞

鎌倉時代の武士は、一族の子弟や女子たちに所領※1を分割して相続させていて、一族の結びつきが強く、戦時には惣領※2を中心に一族が団結して戦った。
しかし、鎌倉時代後期になると新たな所領を得ることができなくなり、所領の細分化を防ぐため、惣領が所領のすべてを一人で受け継(つ)ぐようになった。そのため、長男が南朝方につくと、次男は北朝方について争うといった様子もみられるようになった。

※１所領…領地
※２惣領…武士の一族の長

＜資料２＞

新たに所領を得るためには戦で手柄(てがら)を立てて恩賞を与(あた)えられるほかなく、運悪く参加した側が負ければ、「敵方所領」として所領は取り上げられるのである。（中略）とにかく勝者側に立つことが重要なのである。有利とみた側につかねば、自分の所領を失い、家族、従者が生きることも不可能となってしまうのである。

榎原雅治『室町幕府と地方の社会』より

問４　下線**D**に関して，**資料１・２**の内容を説明した**X・Y**の文について，その正誤の組み合わせとして正しいものはどれですか，次のページの**ア**～**エ**から１つ選び，記号で答えなさい。

X　**資料１**から，所領の相続方法が変化し，惣領一人が所領を相続するようになったため，相続をめぐって一族内で分裂(ぶんれつ)・対立がおこり，争うようになったことがわかります。

Y　**資料２**から，武士たちが重視しているのは所領を得ることであり，そのために一人の主人に忠誠を誓(ちか)って最後まで戦い抜(ぬ)いたことがわかります。

ア［X　正　Y　正］　イ［X　正　Y　誤］
ウ［X　誤　Y　正］　エ［X　誤　Y　誤］

問５　（１）にあてはまる語句は何ですか，３字で答えなさい。

問６　下線Eについて，大塩平八郎や大塩の乱のおきた時期に関して説明した文として誤っているものはどれですか，ア～オから２つ選び，記号で答えなさい。

ア　大塩の乱の前後では，天明のききんによる食糧難と米価の値上がりで，生活に苦しむ人々による百姓一揆や打ちこわしが多発していました。

イ　大塩は陽明学者であり，私塾を開き子弟の教育にあたりました。ききんの際には自身の蔵書を売って，そのお金で貧しい人々を助けたりしました。

ウ　大坂町奉行所の元役人である大塩が幕府の役人の不正を訴えたり，直轄地である大坂で乱をおこしたりしたことで，幕府の権威低下につながりました。

エ　大塩の乱がおきたのと同じ年に，ラクスマンが浦賀に来航し，遭難した日本人の返還と通商を求めましたが，幕府は砲撃を行い追い払いました。

オ　大塩の乱の後に行われた水野忠邦による改革では，江戸に出ていた農民を農村に強制的に帰すことで，農村の復興につとめました。

問７　市川さんと千葉くんは，さらに日本と外国との争いについて調べてまとめようとしています。争いがおこった時の元号と争った国との組み合わせとして正しいものはどれですか，下のア～クからすべて選び，記号で答えなさい。

＜元号＞
a　承久　　b　文永　　c　応仁　　d　慶長

＜争った国＞
Ⅰ　新羅　　Ⅱ　唐　　Ⅲ　元　　Ⅳ　朝鮮

ア［a－Ⅰ］　イ［a－Ⅱ］　ウ［b－Ⅲ］　エ［b－Ⅳ］
オ［c－Ⅰ］　カ［c－Ⅱ］　キ［d－Ⅲ］　ク［d－Ⅳ］

2　沖縄修学旅行に向けて，事前学習を行っている生徒たちが，近現代の沖縄の歴史について調べ，テーマごとにカードにまとめました。これらを読んで，あとの問いに答えなさい。

【テーマ１】　沖縄県の設置

1872年，$_A$明治政府は（　１　）藩をおいて，政府の支配下に組み入れました。1879年には（　１　）藩を廃止して，沖縄県を設置しました。これによって，約450年間続いた（　１　）王国は姿を消しました。清は日本に抗議しましたが解決せず，問題は$_B$日清戦争まで持ちこされました。

【テーマ２】　沖縄での改革

明治政府は沖縄県に対して，土地や租税に関する旧制度を温存する政策を実施しました。この政策などが影響し，沖縄県での改革は本土にくらべて遅れました。1890年，$_C$本土では初めての衆議院議員総選挙が行われましたが，沖縄県の人びとに選挙権が与えられるのは，20年以上も後になりました。

【テーマ３】 沖縄の大戦景気と戦後の不景気

第一次世界大戦が日本にもたらした好景気は沖縄にもおよび，代表的な産業であった砂糖生産で大きな利益をあげるものもいました。しかし，D第一次世界大戦後に日本が不景気になると，沖縄の経済も打撃(だげき)を受けました。E1920年代から30年代にかけての不景気で，沖縄の農村は深刻な状況(じょうきょう)となりました。

【テーマ４】 第二次世界大戦と沖縄

1945年４月，アメリカ軍が沖縄本島に上陸し，その後約３ヵ月にわたって行われたF沖縄戦では，大きな被害(ひがい)が出ました。ポツダム宣言を受け入れて日本政府が降伏(こうふく)すると，日本は連合国軍に間接統治されましたが，沖縄はアメリカ軍に直接統治されました。

【テーマ５】 日本の独立と沖縄

米ソの対立がはげしくなり，東アジアの政治状況も変わるなか，アメリカは占領政策を転換(てんかん)し，日本との講和を急ぎました。1952年，G日本は独立を回復しましたが，沖縄はその後もアメリカの統治下におかれました。

【テーマ６】 沖縄の日本復帰

沖縄で祖国復帰運動が高まり，沖縄返還協定が結ばれると，（　２　）年，沖縄は日本に復帰しました。しかし，H沖縄には多くの課題が残されました。

問１　（１）・（２）にあてはまる語句または数字をそれぞれ答えなさい。ただし，（１）は漢字で答えなさい。

問２　下線Aについて，市川さんは明治政府の中心的な人物について調べ，メモにまとめました。XとYにあてはまる人物の組み合わせとして正しいものはどれですか，下のア～カから１つ選び，記号で答えなさい。

<X>

薩摩藩出身。倒幕運動の中心として活躍(かつやく)しました。明治政府でも要職に就きましたが、征韓論を唱えて敗れ、辞職しました。その後、西南戦争に敗れ、自害しました。

<Y>

薩摩藩出身。廃藩置県の実現に尽力(じんりょく)しました。岩倉使節団に参加し、帰国後は征韓論に反対しました。藩閥政府の中心として実権を握(にぎ)りましたが、暗殺されました。

ア［X　木戸孝允　　Y　大久保利通］　イ［X　木戸孝允　　Y　西郷隆盛］
ウ［X　西郷隆盛　　Y　大久保利通］　エ［X　西郷隆盛　　Y　木戸孝允］
オ［X　大久保利通　Y　西郷隆盛　］　カ［X　大久保利通　Y　木戸孝允］

問３　下線Bに関して，次の問いに答えなさい。

(1)　日清戦争の背景として，1894年に朝鮮でおこった反乱に日清両軍が出兵したことがあげられます。この反乱を何といいますか，漢字６字で答えなさい。

(2)　次のページの資料は，日清戦争後にロシアから日本に対して出された勧告(かんこく)です。（あ）・（い）

にあてはまる語句の組み合わせとして正しいものはどれですか，下のア～エから１つ選び，記号で答えなさい。

＜資料＞

> 下関条約を調べたところ、（　あ　）半島を日本領にするとあった。これは、清の首都北京に脅威をあたえるばかりでなく、（　い　）の独立を名ばかりにするものである。将来にわたって極東の平和の妨げになる。
>
> したがって、ロシアは日本に、（　あ　）半島を領土にすることを止めるように勧告する。

浜島書店『つながる歴史』より作成（作問の都合上、一部表現を変えています。）

ア［あ　山東　い　朝鮮］　イ［あ　山東　い　台湾］
ウ［あ　遼東　い　朝鮮］　エ［あ　遼東　い　台湾］

問４　下線Ｃについて，初の衆議院議員総選挙に関して説明したＸ・Ｙの文について，その正誤の組み合わせとして正しいものはどれですか，下のア～エから１つ選び，記号で答えなさい。

Ｘ　選挙権は，直接国税を15円以上納める満25歳以上の男子に限られました。

Ｙ　選挙の結果，自由民権運動の流れをくんだ政党の議員が過半数を占めました。

ア［Ｘ　正　Ｙ　正］　イ［Ｘ　正　Ｙ　誤］
ウ［Ｘ　誤　Ｙ　正］　エ［Ｘ　誤　Ｙ　誤］

問５　下線Ｄについて，第一次世界大戦後におきたできごとを説明したＸ・Ｙの文について，その正誤の組み合わせとして正しいものはどれですか，下のア～エから１つ選び，記号で答えなさい。

Ｘ　パリ講和会議の内容に抗議して，中国で三・一独立運動がおこりました。

Ｙ　日本の農村では，小作料引き下げを求める小作人が全国水平社を設立しました。

ア［Ｘ　正　Ｙ　正］　イ［Ｘ　正　Ｙ　誤］
ウ［Ｘ　誤　Ｙ　正］　エ［Ｘ　誤　Ｙ　誤］

問６　下線Ｅについて，1920年代から30年代におきたＸ～Ｚのできごとを古い方から年代順に並べたとき，正しいものはどれですか，下のア～カから１つ選び，記号で答えなさい。

Ｘ　二・二六事件がおこりました。

Ｙ　治安維持法が制定されました。

Ｚ　日本は国際連盟からの脱退を通告しました。

ア［Ｘ → Ｙ → Ｚ］　イ［Ｘ → Ｚ → Ｙ］　ウ［Ｙ → Ｘ → Ｚ］
エ［Ｙ → Ｚ → Ｘ］　オ［Ｚ → Ｘ → Ｙ］　カ［Ｚ → Ｙ → Ｘ］

問７　下線Ｆについて，生徒たちが沖縄戦について調べたところ，**表１～３**を見つけました。ここから読みとれる沖縄戦の特徴を説明した文Ｘ・Ｙについて，その正誤の組み合わせとして正しいものはどれですか，ア～エから１つ選び，記号で答えなさい。

Ｘ　はげしい地上戦が展開された結果，生徒や学生を含めた多くの人が戦争にまきこまれ，正規軍の半数に近い沖縄県民の犠牲者が出ました。

Ｙ　沖縄戦では，日本軍司令官が自決し組織的抵抗が終了した後も戦闘が続いたため，その後も沖縄県住民の犠牲者が出ました。

ア［Ｘ　正　Ｙ　正］　イ［Ｘ　正　Ｙ　誤］
ウ［Ｘ　誤　Ｙ　正］　エ［Ｘ　誤　Ｙ　誤］

＜表１＞　沖縄戦略年表

月日	できごと
３月 26 日	米軍、慶良間列島に上陸
４月　１日	米軍、沖縄本島に上陸
６月 23 日	日本軍司令官自決※1（組織的抵抗が終了）
９月　７日	沖縄、降伏文書調印（戦闘が終了）

※１自決…自分の手で自らの生命を絶つこと。

＜表２＞　沖縄戦での戦死者数

アメリカ	12,520 人	日本	188,136 人
陸軍	4,675 人	正規軍	65,908 人
海兵隊	2,938 人	沖縄県民	
海軍	4,907 人	防衛隊	28,228 人
		戦闘協力者	55,246 人
		住民	38,754 人

＜表３＞　沖縄県住民の時期別戦死者数

期間	戦死者数※2
～３月 31 日	1,284 人
４月　１日	730 人
４月　２日～16 日（15 日間）	8,170 人
４月 17 日～５月 31 日（48 日間）	30,368 人
６月　１日～23 日（23 日間）	40,688 人
６月 24 日～	5,354 人

※２戦死者数…死亡時期が不明な場合は、含まれていない。

浜島書店『つながる歴史』・吉川弘文館『沖縄戦を知る事典　非体験世代が語り継ぐ』より作成

問８　下線**G**について，サンフランシスコ平和条約と同時に，アメリカと条約が結ばれ，アメリカ軍が引き続き日本にとどまることになりました。この条約は何ですか，漢字８字で答えなさい。

問９　下線**H**について，沖縄の課題に関する次の会話文の（う）・（え）にあてはまるものとしてふさわしいものはどれですか，あとの**ア～ク**からそれぞれ１つずつ選び，記号で答えなさい。

千葉くん　現在も，日本にある米軍基地の約（　う　）が沖縄に集中していると学びました。基地が沖縄に集中していることによって，どのような問題がおこっているのですか。

先生　米軍関係者による事故や犯罪がくり返し発生しています。その際に，真実が十分につきとめられていないという問題も指摘されています。

市川さん　市街地の中心部にある普天間飛行場では，周辺の住民は騒音問題に悩まされていると聞きました。

先生　普天間飛行場については，日米両政府が名護市（　え　）への移設で合意しましたが，（　え　）の埋め立てをめぐり，国と県との対立は続いています。この他にも，経済面などの解決が望まれる課題が存在しています。沖縄の歴史と現状を確認したうえで，今後私たちはどう向き合うべきか，これからも考えていきましょう。

ア　40%　　イ　50%　　ウ　60%　　エ　70%
オ　嘉手納　　カ　辺野古　　キ　摩文仁　　ク　宜野湾

3　次のⅠ～Ⅲのテーマについて，あとの問いに答えなさい。

［Ⅰ］世界と日本の気候や地形

問１　表１は秋田，高松，東京，松本の各都市の月平均気温（℃）を示したもので，表２は各都市の月平均降水量（mm）を示したものです。高松にあてはまるものはどれですか，ア～エから１つ選び，記号で答えなさい。

＜表１＞

都市	1月	2月	3月	4月	5月	6月	7月	8月	9月	10月	11月	12月
ア	0.1	0.5	3.6	9.6	14.6	19.2	22.9	24.9	20.4	14.0	7.9	2.9
イ	5.2	5.7	8.7	13.9	18.2	21.4	25.0	26.4	22.8	17.5	12.1	7.6
ウ	5.5	5.9	8.9	14.4	19.1	23.0	27.0	28.1	24.3	18.4	12.8	7.9
エ	-0.4	0.2	3.9	10.6	16.0	19.9	23.6	24.7	20.0	13.2	7.4	2.3

＜表２＞

都市	1月	2月	3月	4月	5月	6月	7月	8月	9月	10月	11月	12月
ア	119.2	89.1	96.5	112.8	122.8	117.7	188.2	176.9	160.3	157.2	185.8	160.1
イ	52.3	56.1	117.5	124.5	137.8	167.7	153.5	168.2	209.9	197.8	92.5	51.0
ウ	38.2	47.7	82.5	76.4	107.7	150.6	144.1	85.8	147.6	104.2	60.3	37.3
エ	35.9	43.5	79.6	75.3	100.0	125.7	138.4	92.1	155.6	101.9	54.9	28.1

二宮書店『データブック　オブ・ザ・ワールド　2022』より作成

問２　表３は，日本の河川とその流域にある主な盆地・平野，河口がある道県を示したものです。河川と河口がある道県はすべて正しく示されていますが，河川と主な盆地・平野の組み合わせには誤りが２つあります。これを見て，あとの問いに答えなさい。

＜表３＞

河川	主な盆地・平野	河口がある道県
石狩川	十勝平野	北海道
北上川	北上盆地	宮城県
最上川	庄内平野	山形県
阿賀野川	越後平野	新潟県
神通川	富山平野	富山県
利根川	関東平野	千葉県・茨城県
信濃川	越後平野	新潟県
紀ノ川	和歌山平野	和歌山県
吉野川	讃岐平野	徳島県
筑後川	筑紫平野	福岡県・佐賀県

(1)　河川と主な盆地・平野の組み合わせについて，誤っている主な盆地・平野はどれですか，**表３**から２つ抜き出し漢字で答えなさい。

(2)　次の①～③の文を読み，正しいものには○，誤っているものには×の記号で答えなさい。

①　**表３**には，四大公害病の発生した河川が１つあります。

②　**表３**には，日本海に注ぐ河川が５つあります。

③　**表３**には，米の収穫量が全国１位，２位，３位の道県があります。

問３　**表４**は世界の大陸ごとの高度別面積の割合（％）を示したもので，**表５**は世界の大陸ごとの気候帯別面積の割合（％）を示したものです。**ア～エ**は，アフリカ大陸，オーストラリア大陸※1，南極大陸，南アメリカ大陸のいずれかです。オーストラリア大陸にあてはまるものはどれですか，**ア～エ**から１つ選び，記号で答えなさい。

＜表４＞

高度（m）	ア	イ	ウ	エ
200 未満	6.4	39.3	9.7	38.2
200～500	2.8	41.6	38.9	29.8
500～1,000	5.0	16.9	28.2	19.2
1,000～2,000	22.0	2.2	19.5	5.6
2,000～3,000	37.6	0.0	2.7	2.2
3,000～4,000	26.2	0.0	1.0	2.8
4,000～5,000	0.0※2	0.0	0.0	2.2
5,000 以上	－	－	0.0	0.0

二宮書店『データブック　オブ・ザ・ワールド　2022』より作成

※1　オーストラリア大陸…ニューギニアなどを含む。

※2　0.0…実際にその高さの山はあるが、割合にすると 0.0 となる。

＜表５＞

気候帯	ア	イ	ウ	エ
熱帯	－	16.9	38.6	63.4
乾燥帯	－	57.2	46.7	14.0
温帯	－	25.9	14.7	21.0
冷帯（亜寒帯）	－	－	－	－
寒帯	100.0	－	－	1.6

二宮書店『データブック　オブ・ザ・ワールド　2022』より作成

［Ⅱ］日本の貿易や産業

問４　次のページの**表６**は日本のおもな農産物の輸入額・輸入相手国を品目ごとに示したものです。**X・Y・Z**は牛肉，コーヒー豆，大豆のいずれか，**a・b**はカナダ，ブラジルのいずれかです。品目と輸入相手国の組み合わせとして正しいものはどれですか，下の**ア～カ**から１つ選び，記号で答えなさい。

ア［**X**　大豆　　**a**　ブラジル］　　**イ**［**X**　牛肉　　**b**　ブラジル］

ウ［**Y**　コーヒー豆　　**a**　ブラジル］　　**エ**［**Y**　牛肉　　**b**　カナダ］

オ［**Z**　大豆　　**a**　カナダ］　　**カ**［**Z**　コーヒー豆　　**b**　カナダ］

＜表６＞

品目	輸入額（億円）	輸入相手国および金額による割合（%）				
X	1133	a 28.6	コロンビア 19.9	ベトナム 15.5	グアテマラ 9.3	エチオピア 7.1
豚肉	4751	アメリカ 28.1	b 26.1	スペイン 11.9	メキシコ 11.5	デンマーク 8.5
小麦	1628	アメリカ 46.9	b 36.5	オーストラリア 16.2	フランス 0.3	ドイツ 0.01
Y	3569	オーストラリア 45.4	アメリカ 42.2	b 5.0	ニュージーランド 3.8	メキシコ 1.9
綿花	103	アメリカ 43.8	韓国 11.0	インド 10.3	オーストラリア 8.3	a 8.2
Z	1592	アメリカ 72.8	b 13.9	a 11.6	中国 1.5	ロシア 0.1
とうもろこし※３	3516	アメリカ 63.9	a 34.3	南アフリカ 0.9	ロシア 0.5	フランス 0.2

二宮書店『データブック　オブ・ザ・ワールド　2022』より作成

※３とうもろこし…飼料用を含む。

問５　表７は日本の製造品出荷額上位11都市と，それらの都市の製造品出荷額の業種別の割合を示したもので，図は11都市の位置を示したものです。これを見て，あとの問いに答えなさい。

＜表７＞

都市	製造品出荷額等（億円）	業種別の割合（%）			
		１位		２位	
①	153570	輸送用機械器具製造業	94.1	生産用機械器具製造業	0.8
市原	44381	石油製品・石炭製品製造業	56.4	③	34.2
倉敷	43773	石油製品・石炭製品製造業	34.1	鉄鋼業	21.0
川崎	42012	石油製品・石炭製品製造業	27.7	③	25.3
横浜	40548	石油製品・石炭製品製造業	28.4	食料品製造業	14.5
大阪	38213	③	18.2	鉄鋼業	12.6
堺	36316	石油製品・石炭製品製造業	28.5	鉄鋼業	13.3
名古屋	35777	電気機械器具製造業	15.5	輸送用機械器具製造業	12.8
神戸	34398	食料品製造業	20.3	輸送用機械器具製造業	14.0
四日市	32653	電子部品・デバイス・電子回路製造業	40.5	③	26.4
②	31667	輸送用機械器具製造業	63.2	生産用機械器具製造業	11.7

二宮書店『データブック　オブ・ザ・ワールド　2022』より作成

＜図＞

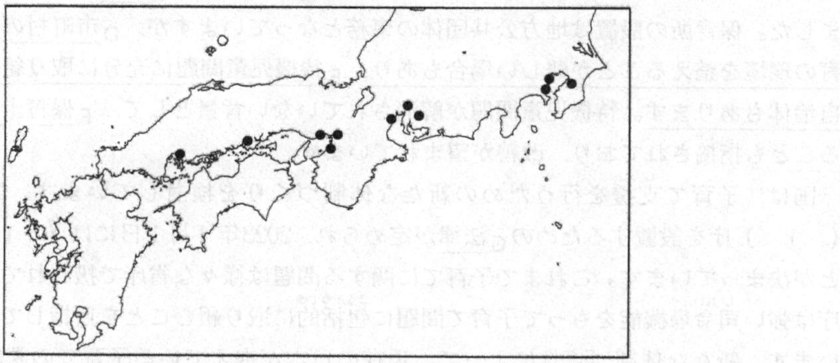

⑴　①にあてはまる都市名は何ですか，漢字で答えなさい。

⑵　②にあてはまる都市にある世界遺産は何ですか，５字で答えなさい。

⑶　③にあてはまる業種は何ですか，ア～エから１つ選び，記号で答えなさい。

ア　パルプ・紙・紙加工品製造業　　イ　化学工業

ウ　情報通信機械器具製造業　　エ　金属製品製造業

［Ⅲ］環境問題

問６　環境問題に関する次の会話文を読み，（１）・（２）にあてはまる語句を答えなさい。ただし，（２）は漢字４字で答えなさい。

先生	環境問題について調べてきましたか。
修平くん	はい。日本の食料輸入のあり方が，環境問題に大きな影響を及ぼしているということがわかりました。
先生	それは，どういうことですか。
修平くん	食料の輸送量（トン）に食料の生産地から食卓までの距離（km）を掛け合わせて算出される値を，（　１　）と呼びます。（　１　）の値が高いと二酸化炭素の排出量が増加し，地球温暖化に影響するといわれています。日本は，世界の中で国民一人当たりの（　１　）の値が最も高い国です。
先生	よく調べてきましたね。では，（　１　）の値を下げるために，どのような取り組みが必要ですか。
修平くん	日本国内のある地域で収穫した農産物を，その地域内で消費する（　２　）が対策の一つと考えられています。

４　**次の文章を読んで，あとの問いに答えなさい。**

日本では少子化傾向が続き，A15歳から49歳までの女性の年齢別出生率を合計した値も2020年には1.34と低い水準となっています。一方，保育所への入所を希望してもそれがかなわない，待機児童と呼ばれる問題も深刻です。そのため，保育所の拡充と改善がせまられています。

保育所は，日本国憲法で保障されているB社会権を具体化する施設の一つであると言えます。2016年，保育所に自分のこどもが入所することができなかったことに対して怒りをあらわした匿名のブログが話題になったことをきっかけに，待機児童問題がC国会でも取り上げられるようになりました。保育所の設置は地方公共団体の事務となっていますが，D市町村の財政力によっては，保育の環境を整えることが難しい場合もあり，E待機児童問題に充分に取り組むことができていない自治体もあります。待機児童問題が解消されていない背景として，F保育士の労働問題が深刻であることも指摘(してき)されており，改善が望まれています。

国は，子育て支援(しえん)を行うための新たな体制づくりを検討しています。第208回通常国会では，（　1　）庁を設置するためのG法律が定められ，2023年４月１日には（　1　）庁が創設されることが決まっています。これまで子育てに関する問題は様々な省庁で扱(あつか)われていましたが，（　1　）庁は強い司令塔(しれいとう)機能をもって子育て問題に包括的(ほうかつてき)に取り組むことを目指していると政府は説明しています。新たな体制づくりによって，現在の日本が抱(かか)えている子育ての課題が解消されていくのか，今後の動きにも注目をしていきましょう。

問１　（1）にあてはまる言葉を答えなさい。

問２　下線Aについて，「15歳から49歳までの女性の年齢別出生率を合計した値」を何といいますか，漢字７字で答えなさい。

問３　下線Bについて，保育所の充実によって実現すると考えられる権利を**表１**にまとめました。（X）・（Y）にあてはまる語句を，憲法の条文で使われている表現で答えなさい。

＜表１＞

関連する憲法	権利
25条	子どもと保護者の健康で文化的な（　X　）の生活を営む権利
27条	保護者の（　Y　）の権利

問４　下線Cについて，国会に関して説明した文として正しいものはどれですか，ア～オからすべて選び，記号で答えなさい。

ア　国会は，外国と条約を結ぶなど，外交についての仕事を行います。
イ　国会は，不適格だと考えられる裁判官を，弾劾裁判所を開いて裁きます。
ウ　国会は，予算案を作成して内閣に提出します。
エ　国会は，国政について調査を行うために，証人を国会に呼ぶことができます。
オ　国会は，法律が憲法に違反(いはん)していないかどうかの審査(しんさ)を行うことができます。

問５　下線Dについて，**資料**は，市町村の財政力によって保育の環境に大きな格差が生じている背景を説明したものです。下線にあてはまらないものを下のア～ウから１つ選び，記号で答えなさい。

＜資料＞

かつては、公立の保育所の運営費は、保育料を差し引いた額の２分の１の補助金を、国が使いみちを指定して支給していましたが、2004 年からはその補助金がなくなりました。そこで、財源の使いみちが特定されずに市町村が自由に使えるお金や、市町村が自ら調達したお金から負担しなくてはいけなくなりました。そのため、財源が豊富な市町村は保育所にお金をかけることができますが、そうでない市町村は保育所を運営・維持(いじ)することが難しくなっています。

ア　国庫支出金　　イ　地方税　　ウ　地方交付税交付金

問６　下線Ｅについて，私たちが生活する上で問題だと感じることがあれば，様々な方法で意見をあらわすことができます。あなたがもし，有権者が30万人の市に住む有権者であったなら，直接請求権をどのように使って待機児童の解消にむけた意見をあらわしますか。以下の**条件**にあてはまるように説明しなさい。

条件　「30万」以外の整数を説明に使用すること

問７　下線Ｆについて，保育士のおかれている労働環境を確認するために，保育士と同様に資格を用いて働く他の職業との比較（ひかく）を行いました。**表２**について説明した文として正しいものはどれですか，下の**ア～エ**から１つ選び，記号で答えなさい。

＜表２＞

	男性				女性			
	平均年齢（歳）	勤続年数（年）	決まって支給する現金※（千円）	男性の割合（%）	平均年齢（歳）	勤続年数（年）	決まって支給する現金※（千円）	女性の割合（%）
保育士	32.4	5.7	273.8	5.6	37.9	7.8	248.4	94.4
小・中学校教員	43.2	13.7	465.6	58.1	41.3	11.5	424.7	41.9
介護（かいご）職員	39.7	7.2	272.5	35.0	44.8	7.4	241.4	65.0
看護師	38.8	8.8	349.3	11.7	41.5	8.9	337.0	88.3
医師	47.2	7.9	1165.3	75.4	40.6	5.0	909.1	24.6

厚生労働省 HP（https://www.mhlw.go.jp）より作成

※決まって支給する現金…１ヶ月分の現金給与（きゅうよ）額。実際に受け取る金額（手取り額）ではなく、所得税や社会保険料などを除く前の額。

ア　男性の平均年齢が女性よりも３歳以上若い職業は保育士のみです。

イ　男性と女性の勤続年数の差が最も開いている職業は看護師です。

ウ　男性と女性で決まって支給する現金の差が最も開いている職業では，1.5倍以上の差があります。

エ　男女比が１：１に最も近い職業は，小・中学校教員です。

問８　下線Ｇについて，法律を定める過程を説明した文として正しいものはどれですか，**ア～エ**から１つ選び，記号で答えなさい。

ア　法案は，衆議院または参議院の議員のみが，国会の議長に提出することができます。

イ　法案は，予算の議決と同様に，必ず衆議院から先に審議（しんぎ）されます。

ウ　法案について衆議院と参議院で異なる議決をした場合は，衆議院で出席議員の３分の２以上の多数で再可決されると成立します。

エ　法案が本会議で可決された後，専門の委員会に送付され，さらに詳（くわ）しい審議が行われます。

3 新造船が明日シュウコウする。

4 二人はすぐに意気投合しメイユウとなった。

5 ハチクの勢いで勝ち進む。

6 越後(えちご)平野は日本でも有数のコクソウ地帯だ。

7 都がサカえる。

8 ひさしぶりに知人の家をタズねる。

たんだよ。子どもたちが手伝ってくれれば早く自分の後遺症が治るかもしれないのに、かんこ以外の子どもたちは去ってしまったから、かんこには感謝の気持ちからお金をあげたくなったのかもしれないね。

イ　必死になってリハビリをしている情けない姿を子どもたちに笑われることがとても苦しかったんじゃないのかな。だからお金をかんこにわたすことで、自分の威厳を取りもどそうと必死になっていたんだよ。せめてかんこだけには、お母さんとして認めてもらいたかったんじゃないかな。

ウ　自分の世話をしてくれたかんこ以外の子どもたちに十分な見返りをあげなかったことを後悔しているんじゃないかな。そのせいで他の子どもたちは自分のもとを去ってしまったから、かんこにはまだ自分のもとにいるうちに見返りをわたそうとしているんじゃないかと思うよ。

エ　かんこ以外の子どもたちに見捨てられてしまったことで、かんこにもいつかは見捨てられてしまうかもしれない、とおびえているんじゃないかな。お金という今自分があげられる精一杯のもので、かんこをどうにかつなぎとめておきたいというお母さんの必死さが感じられるね。

オ　こんなに自分ががんばってリハビリをしているのに、かんこ以外の子どもたちが自分に無関心なことに怒りを感じているんじゃないかな。だから一生懸命世話をしてくれるかんこに高いお金をあげることで、他の子どもたちへ当てつけをしているともとれる気がするな。

問６　——線６「かんこは自分の足がもつれてくるのを感じる」とあるが、この時のかんこの気持ちはどのようなものか。その説明として最も適当なものを次の中から選び、記号で答えなさい。

ア　昔家族で乗っていた車と外観が同じ車を見て、過去の楽しかった家族の思い出がよみがえり、家族がうまくいっていない今の状況がさらにつらく感じられて、きびしい現実に打ちのめされている気持ち。

イ　昔家族で乗っていた車と外観が同じ車を見て、今の苦しみからのがれたいという気持ちが強まったが、母からお金を受け取った手前、母を見捨てることはできないので、気持ちがこれ以上ゆらぐ前に戻ろうと急ぐ気持ち。

ウ　父と母が寝ている今の車に戻ろうとするものの、昔家族で乗っていた車と外観が同じ車を見て、幸せだった過去に戻りたいという思いが強くなり、このままつらい現実に戻りたくないという気持ち。

エ　父と母が寝ている車に戻ろうとは思ったものの、昔家族で乗っていた車と外観が同じ車を見て楽しかった昔を思い出したため、もう少し過去の思い出にひたってから帰ろうかと迷う気持ち。

オ　かんこ一家が今の黄緑色の車に変えてからずいぶん経つにもかかわらず、昔家族で乗っていた車と外観が同じ車に無意識に足が向いてしまっていたことに気づき、自分自身の行動にとまどう気持ち。

三　次の各文の——線のカタカナを漢字に直しなさい。

１　激しいロンセンを展開する。

２　イッキョに人々が押し寄せた。

みがたまっていってしまうということ。

ウ　母は、病気をしてから深い苦しみの中におり、そこから懸命にぬけだそうとしているが、そのたびにせんべいのことや怒鳴ってきた運転手のことなどのさまざまなつらさがおしよせてきて、苦しみにうまく対処できないでいるということ。

エ　母は、病気をきっかけにしてさまざまなことをつらく感じるようになってしまうものの、それでもなんとかのりこえようと自分の現状に向き合うのだが、そのたびにつらさが反復されて、よけいに苦しくなってしまうということ。

オ　母は、せんべいのことや怒鳴ってきた運転手などが原因で苦しんでいるのではなく、他人の痛みも自分のことのように感じる優しい性格や病気のせいで深い苦しみの中におり、ささいなきっかけでその苦しみを反復してしまうということ。

問４　――線４「母が酔っているのを見つけるたびに台所の下に隠してある飲みかけの焼酎の瓶や缶チューハイを捨てた」とあるが、かんこがそのようにしたのになぜか。60字以内で説明しなさい。

問５　――線５「その紙幣越しでないと娘の手をにぎる資格すらないというように、母は五千円札ごとかんこの手を握りしめてまた、ごめんねとささやいた」とあるが、次に示すのは、これについて生徒が話し合った様子である。これを読み、□に入る最も適当なものを、後のア～オから選び、記号で答えなさい。

生徒Ａ―娘の手を握ることなんて簡単にできるはずなのに、どうしてお母さんはお金をあげようとするんだろう？　今のかんことお母さんの関係は、ふつうの親子関係ではないということかな。

生徒Ｂ―たしかにふつうの親子には見えないよね。お母さんがだだをこねていて、それをかんこがあやして、というやりとりが、ぼくはなんだかまるで親子が逆転しているみたいだと思ったよ。

生徒Ｃ―じゃあお金をわたすことでふつうの親子関係にもどろうとしたのかな。お母さんは、お金をわたす前に「きょう、ごめんね。」と言っているから、きっとさっきの自分の行動のおわびとしてお金をわたしているんだよね。

生徒Ａ―良いことをしておこづかいをもらうことはあっても、悪いことをされておこづかいをもらうのはあまりピンとこないなあ。「ママをきらいに、ならないで」と言われてお金をわたされるかんこも複雑な気持ちだと思う。お母さんはかんこの気持ちを考えてあげられているのかな。

生徒Ｂ―「ママをきらいに、ならないで」という言葉にはかんこにあまえているような子どもっぽさが感じられるよね。そもそもかんこはお母さんを「嫌いになることなどありえない」と思っているんだし、お金をわたさなくともかんこに誠意をもって謝ればすぐ解決すると思うな。

生徒Ｄ―お母さんは「子どもが背を向けていくこと」に、「耐えられなかった」と書いてあるから、□。

生徒Ａ――そう考えると、よけいにかんことお母さんとのすれ違いのようなものが感じられて、とてもつらい気持ちになるね。

ア　子どもたちが自分のリハビリを手伝ってくれないことが不満だっ

ア　今まで自分に対して厳しく接していた父が大声をあげて泣くほど、かんこ以上にいろいろな感情をこめて受験を応援してくれていたことを知り、感謝してもしきれないと感じている。

イ　受験した当の本人であるかんこよりも感情を爆発させて大声で泣いている父を見て、いつでも冷静で厳格な父というかんこの中の父のイメージが崩れ、親として少しだけだよりなく感じている。

ウ　それまで尊敬すべき師匠だと思っていた父の、子どものように感情をあらわにして泣く姿が、いつも叱られて泣いていた兄や弟の姿と重なり、父も守るべき弱い存在だと感じている。

エ　人の手を借りずにかんこを難関校に合格できるまで教え切ってくれた父に対して、自分のためにここまでしてくれたと感謝するとともに、そんな辛抱強い父を誇らしく感じている。

オ　かんこのことで泣く父の姿に、感謝の気持ちがわきあがるのと同時に心もとなさを感じて、師匠のような存在だと思っていた父も、兄や弟と同じように守るべき家族の一員だと感じている。

問２　――線２「笑おうとした。だが体は震えていた」とあるが、この時のかんこの気持ちはどのようなものか。その説明として最も適当なものを次の中から選び、記号で答えなさい。

ア　母が興奮して泣き続け、周りの人間にあたるきっかけはとてもささいなことなので、たいしたことではないと思い込もうとしていたが、異常なまでの母の行動を見て、やり場のない恐怖と不安を感じずにはいられない気持ち。

イ　せんべいというくだらないことで怒っている母を、笑ってやり過ごそうとしたが、いつのまにか全く関係の無い運転手や、母のことを助けようとした自分や父に対しても怒り始めたことで、混乱せずにはいられない気持ち。

ウ　自分が笑うことで、その場のぴりぴりした空気をなごませようと努力したが、実の母から敵意をむき出しにされたことに深く傷つき、またいつ母のヒステリーが起こるかわからないと思い、緊張せずにはいられない気持ち。

エ　いつか母親が元通りになると思い、笑顔で一生懸命に母を支えていたが、ささいなことにまで腹を立てて子どものようにだだをこねる母を見て、今までの自分の努力はすべて無駄だったということがわかり、絶望する気持ち。

オ　ささいな出来事がきっかけで、周りにやつあたりをする幼稚な母を、広い心で許してやろうと自分をなだめていたが、母の味方をしている自分にまで攻撃をしてくるのは理不尽だと考え、母に対する怒りがおさえられない気持ち。

問３　――線３「ささいなことそのものに苦しんでいるわけではないのだろう」とあるが、それはどういうことか。その説明として最も適当なものを次の中から選び、記号で答えなさい。

ア　母は、他人の痛みに敏感な性格で常にだれかの痛みを想像して苦しみ続けており、また病気のせいで記憶が麻痺しているため、楽しかった記憶を思い出して悲しみをごまかすこともできず、苦しみの中に一生閉じこめられているということ。

イ　母は、もともとの優しい性格と病気が原因で、ちょっとしたきっかけですぐにつらくなってしまうので、せんべいのことや怒鳴ってきた運転手などのたわいのないことに対しても怒り、どんどん苦しが包んでいるのが覆いの隙間からうかがえた。

外を見つめるうち、ふと奥に光るものを見つけた。何かの反射か、月明かりか、ともかくかんこはその光を見続けた。かんこは起き上がって外へ出ようとした。

腕を引かれた。暗闇の中で母の目があいていた。

「トイレ」かんこはささやいた。

「ごめん、起こしちゃった」

母は首を振り、かんこの腕をまた強く引く。上体をかたむけて、母の顔に顔をちかづける。

ごめんね。母の口がうごいた。きょう、ごめんね。外からの光で、左半分の表情がないのがよくわかった。右半分の顔はそれを必死に補うようにゆがんでいた。母はかんこの肩をつかんだまま、もう片方の手をごそごそと自分の鞄にやり、父に隠れるように身を縮めて財布をひらいた。いつもの、父に内緒でくれる小遣いの五千円札だった。それから、5その紙幣越しでないと娘の手をにぎる資格すらないというように、母は五千円札ごとかんこの手を握りしめてまた、ごめんねとささやいた。息が震えている。

「いい」かんこは言った。「いいよ」

母は首を振り、何度も謝りながら、切れ切れに「ママをきらいに、ならないで」と言った。

「大丈夫」かんこは、母の肩を叩く。嫌いになることなどありえないと思いながら、母の身体を渦巻く熱を逃がすようにまた「大丈夫やよ」と言う。

紙幣をにぎったまま、かんこは外へ出た。山に囲まれて湖がある。山の奥で虫が鳴き、それらの声はトイレに近づくとより鮮明に際立っていくのだった。個室に入ったとたん、とまっていた蝿が耳もとを飛んで行った。扉の鍵がなかなか掛からず、手で閉めたまま用を足した。高窓からは月は見えないが明るかった。便座は冷たく、湖のふちの石段にすわっているような気分になる。ずっとそうしていようかとも思った。しかし戻らなくてはならなかった。

駐車場の端にある青い車に戻ろうとして、見慣れぬ黄色いクマのキーホルダーがルームミラーにぶらさがっているのが見えた。かんこは一瞬立ち尽くし、しかしすぐに他人の車だと気が付いて後ずさりした。昔乗っていた青い車と、同じ車種だった。これと同じ車で、かんこたち一家はよく車中泊をしていたのだった。もう長いこと今の黄緑色の車に乗っているはずだったのに間違えた。かんこは砂利を踏みしめる。父と母のねむる車に向かって歩きながら、6かんこは自分の足がもつれてくるのを感じる。

帰りたい。あの頃に帰りたい、と思う。

※加法定理…数学で使う公式。後に続く「咲いたコスモスコスモス咲いた」は
この公式の有名な覚え方。

※前向性…ここでは、病気以前の記憶を忘れやすくなること。

※逆行性…ここでは、病気以降の出来事を記憶しづらくなること。

※焼酎の瓶や缶チューハイ…「焼酎」も「チューハイ」も酒の種類。

問１ ——線１「かんこは父が大声をあげて泣くところを生まれて初めて目の当たりにした」とあるが、この時のかんこの父に対する気持ちはどのようなものか。その説明として最も適当なものを次の中から選び、記号で答えなさい。

しっかりしていた口調は溶け、よくパニックに陥っては過呼吸を起こした。一度火が付くと体中が熱くてたまらないというように床を転げまわり、幼児のように小さく体を折りたたんでウーウーうめいた。朝になるとましになったが、夜になるとその繰り返しだった。気がふれたのかと思った。

笑えないのだと母は白状した。あのあとから顔の左半分がずっとしびれていて、口角があがらない。笑おうとして母は、無表情の左の顔面から涙を流した。病院にかかった。医者は言った。麻痺が出ていますね、記憶もまあ、あの※前向性と※逆行性がありまして、だから昔の記憶はあるんですが、なかなかね、その、新しいことが覚えづらくなるんですね。まあ、リハビリをすれば回復していくでしょう。医者は、つきそっていた父やかんこのことも、患者である母をも、一瞥することなくマウスを動かしつづける。脳の断面図が小さくなったり大きくなったりした。頭の左半分が空白でありつづける。痺れつづける。母は酒を飲んだり、働いたりして、それをまぎらそうとしているのだと言った。

つらかったろうと、思う。だが母の病気はきっかけのひとつでしかないとも思った。母にはすべてがつらくなってしまったのだ、と感じた。もともと優しい人だった。自分の子どもの学校でのやりとりに加え、近所のおじいさんの健康状態や、親戚づきあいや、凄惨なニュース、そういったものにも苦しむ人だった。優しくあろうとしてそうなるのではなく、自分のことも、自分が想像できる範囲の他人の痛みも、自分のことのように痛がる。だから病気をして、他人の痛みに自分の痛みがまざって、それからそれ以前に蓄積された何十年ぶんもの痛みもくわわって、わけがわからなくなってしまったようだった。母は、ささいなことをきっかけに苦しむようになった。自分でもよくわからないのか、母の口からはただ直近で母に害を与えた人を責める言葉しかでてこなかったが、3ささいなことそのものに苦しんでいるわけではないのだろう、とかんこは思っている。母の苦しみ方は蟻地獄に落ちる蟻のようだった。毎回新たな苦しみがわきでてくるのではなく、続く苦しみの中から這い出ては、またささいなきっかけで突き落とされているように、かんこには見えた。

目の中になにも映さずアーアー叫ぶ母を、かんこははじめ、受け止めることができなかった。厳しくも優しかった母がどこへ行ったのかと、あの頃はそればかりを思い、4母が酔っているのを見つけるたびに台所の下に隠してある飲みかけの※焼酎の瓶や缶チューハイを捨てた。少しは楽になったのと兄が訊いたとき、なるわけないでしょうずっとしびれているのと逆上した母が包丁を持った。死んでやるとも殺してやるとも言った。傷つく前の、壊れる前の、母に会いたいと何度も思う。だが、おそらく、もとの自分を返してほしいのは母自身なのだった。母は戻りたがった。必死にリハビリをしても感覚が戻らないことに、子どもらが背を向けていくことに、母は耐えられずにまたいきりたった。

車の端に横たわるかんこの首に母の息がかかる。なまあたたかいこの車で、かんこは一睡もできずにひたすら夜明けを待った。きのう夜中から降り出した雨はしだいに激しさを増したが、今は音もなくしんとしている。車内はしめった寝息に満ちて狭苦しく、寝返りをうつこともままならなかった。

かんこは窓に鼻先をおしあてて、冷えた空気の匂いを嗅いだ。窓から銀の覆いが剥がれ落ち、その奥はどこまでも闇だった。あたりを濃い霧のそばで丸くなっている。体育座りのまま、震えている。どうした、とかんこは言った。どうした、どうした、としゃがみこんで背をさすると、寒いと母は言った。かんこは自分のコートをかけた。

「酔ってるんだよ」父はかまいきれないというように言った。

父が説明するには、母は先程道中で買ったせんべいのことに納得いかずにわめいているとのことだった。次第に興奮して店舗に電話してやると言い始めたので、それをとめたところ、今度は気を引くように座り込み震え始めたのだと父は言った。それは正しいのかとかんこは尋ねた。

「違う、違う」母は首を振った。

酒を飲んだのは誰の目にもあきらかだった。顔を赤らめ、頭が普段より重くなったように、ぐらついていた。売店で買い、隠れて飲んだのだろう。山奥、湖畔の駐車場に車は駐めてあった。

車のハッチをあけて下ろした荷物を運転席に移動させ、後部席を倒すと、大人三人かろうじて寝られるほどの広さになる。そのなかに乗り上げ、かんこと父がマットや毛布を敷いたり、内側から窓に銀色の目隠し用の覆いを貼り付ける横で、母は震え続けた。

母は覆いを貼り付ける用のガムテープをちぎり、短冊のようなそれを手の甲や腕にいくつか貼り付けたまま、うずくまっていた。「あの薬局」と歯噛みする母の腕から、父は無言で小さなガムテープをはがし、「痛い」と泣く母を無視して、また車に乗り込み、内側から覆いを貼り付ける。酔っ払いにかまうと、つけあがる、というのが父の考えだった。酔っているのがわかったら無視をしろ、と日頃から言った。

「いや、それ、そんなに痛かないでしょう」かんこは笑いかけた。「痛い、痛い」母は泣く。歯のあいだから、息をもらす。かんこは笑いをひっこめ「かわるよ」と言う。

「痛い」

「痛くないようにはがしたげる。自分ではがす？」

「痛い。痛い」

母は、興奮した。「謝って」と夜の闇に吠えながら、父に向かって走り出しかけ、かんこにとめられて体をねじまげた。砂利の上にすっころんだ。「かんこが、あたしを、ころばした」母は泣いた。「どうしてだれも謝ってくれないの。痛い、痛いって、言ってんのに、どおして。あたしが悪いの。あたしが悪いからなの」

「ああ、お前が、悪い悪い」やっと口をひらいた父はそう言った。母は、まだ泣けたのかというほど泣いた。近くに停まっていた車の運転手が怒鳴って走り去っていき、母は、かんこの携帯をうばいとって兄に電話した。兄は出なかった。頬に携帯をあてた母の、すがるような、祈るような顔が、苦しいと思う。母の攻撃はいつのまにか、父やかんこや兄や、ついさっき怒鳴ってきた運転手に転じていた。発端を思い出し、しょうもない、しょうもない、とかんこは自分に言い聞かせた。2笑おうとした。だが体は震えていた。母が寝入り、呪詛が止んでも、毛布にくるまり丸まったかんこの体は震え続けていたが、やがて体は弛緩してそれきり動けなくなった。

動かなくなった体はそのまま、頭だけが動いていた。光のない、けば立った毛布の闇を見ながら、母が涙を流すのは酒のせいだと、かんこは考えた。母が酒を飲むのは、なぜだろうと考えた。外で車が砂利を踏みながら出て行く音がした。

あの病気以降、母という人は、どこかへ行ってしまったようだった。

くなる」

「まあねえ」とかんこは答えた。たしかに母の言う通りかもしれなかった。親子というより、教える教わるという師弟のような関係によって、父とかんことは結ばれていた。少なくともかんこはそう思っていた。父は、学習塾へ通わせず、子どもら全員を私立の中学へと入れた。それを周りに言うときには「セツヤクのためだって」とことわったが、実際にはかんこは、鼻高々だった。第一志望校に合格したのはかんこだけだったが、人の手をかりず、難関校に合格できるまで教え切った父を自慢に思っていた。つるかめ算の問題も食塩水の問題もすべて方程式で解く。英語の中学の教科書は会話文を丸覚えする。間違えるたびに、三間前の問題から解く。父の教えは効率とは真逆のところにあった。辛抱強く反復することでしか、力はつかないと父は言った。付け焼刃の勉強では、その場はしのげても後には残らない。休む方法も決まっていた。一週間のうちに必ず一日、何もしない日をつくる。一時間勉強するたびに、四分、濡れタオルを目にあてて寝転がる。キッチンタイマーをとめて、また机に向かう。かんこは、それらの教えを師匠から習うように聴いた。勉強はほとんど稽古であり、修行だった。

一度だけ、父がかんこと母をまとめて抱きしめたことがある。中学受験の、第一志望校の合格発表の場でのことだった。日頃ほとんどとらない有休をとって、父はそこへ来た。すでに歓声を上げ、泣いている人たちのいるなかをひとりでかき分けていき、「ある」と涙目で振り返り、母に、本人に見つけさせないでどうするのと小突かれた。はしゃぐのをおさえきれない声で父はごめんと言った。母がかんこを押し出し、かんこが自分の番号を確認したときだった。

からだが強く引き寄せられ、振り返る間もなく抱きしめられた。父は、泣いた。1かんこは父が大声をあげて泣くところを生まれて初めて目の当たりにした。父の、案外高い子どものような泣き声には、かんこのもの以上に何かがこもっているように思われた。かんこも、母も泣いた。かんこはつま先立ちだった。外は寒いが、抱きしめられると、熱かった。体をねじって二人のほうに向き、熱にうかされたように、ありがとう、と繰り返すかんこに、父も母も声にならない声で泣き続けた。

かんこが、本気で親を守らなければと感じたのは、そのときがはじめてだったと思う。自分より小さな弟には、あるいは理不尽なことで叱り飛ばされている兄には抱いたことのあるその感覚を、かんこは、泣いて自分を抱きしめているふたりの親に感じた。かんこはそれまで、抱きしめられると心強く感じるものだとばかり思っていた。だが、抱きしめられる力は、強いほど心もとない。かんこは抱きしめられ窮屈な腕を、一番外に出し、外側から抱きしめなおした。分厚いコートを羽織った二人の背をさすった。寒さは外にあった。耳や頬を、手の指を、冷たい風が撫でた。

父の助けをかりながら一番下の問題を解き終えたとき、「ぬるくなっちゃうよ」と母に言われて、牛乳を飲んだ。父は休憩所のテレビを見あげ、ときどき一人で笑う。「おいしい」と言うと、「おん」とテレビを見たまま頷く。

「母さん、売店見てくるね」母がいそいそと立ち上がった。かんこは「いってらっしゃい」と言い、次のページを捲る。

勉強が一段落し、売店などを見てまわって駐車場にもどると、母が車

ア　テクノロジーの発達によりインターネット上には情報があふれているが、素早く必要な情報を得られる人と得られない人との間でかえって格差が広がってしまい、民主主義にとって危険な状況になるということ。

イ　インターネット上で誰もが自由に自分の意見を表現できる機会が増えたことによって、さまざまな考え方を社会全体が納得するような一つの意見にまとめられず、民主主義にとって危険な状況になるということ。

ウ　個々人が興味ある情報だけを自由に選択できたり、検索エンジンが自分好みの情報を提供してくれたりする時代になると、人々の創造力や好奇心が失われ、民主主義にとって危険な状況になるということ。

エ　検索エンジンが発達してその人好みの情報を集めてくれるので、自分とは異なる考え方の存在に気づかず、他者と意見を交わし合うことがなくなり、民主主義にとって危険な状況になるということ。

オ　テクノロジーや人工知能の発達でインターネットが身近になり、だれもが自分の意見を自由に表明できるようになるため、社会を二つに割るような意見対立が増えて、民主主義にとって危険な状況になるということ。

二　**次の文章は、宇佐見りん『くるまの娘』の一部である。高校生のかなこ（かんこ）の母は二年前に脳梗塞を患い、今も麻痺をはじめとした後遺症が残り、酒に依存するようになった。父はひとたび火がつくと感情が抑えられなくなる人で、兄はそんな家に嫌気がさして出て行き、弟は母の実家近くの高校を受験し、母方の祖父母の家へ移った。また、かんこも自分の思うように体が動かなくなることや、衝動的な行動をとることが多くなった。次の文は、父方の祖母が亡くなり、葬儀のためにかんこと父と母の三人が車中泊をしながら数年ぶりに父の実家へ帰省している場面である。これを読んで、後の問いに答えなさい。なお、出題に際して、本文には表記を一部変えたところがある。**

休憩所で問題集を解いていると、父が牛乳を買ってきて置いた。「え、ありがとう」かんこは見上げる。

「パパ、やるう」わざと「パパ」と呼び、母は、父から受け取った牛乳瓶のビニールを爪を立ててはがしとった。無表情だった父の口許が笑みに崩れ、少し離れたところにあぐらをかく。「なに」という声だけが不愛想だった。

「それ課題？」自分も瓶を開けながら、父は訊いてくる。「だって」かんこが答える間もなく、母が言う。「こんなときにまで大変だよねえ」

「面倒」かんこが言うと、「この問題でうんうん言ってるの、さっきから」

母が牛乳を飲み、「クー」とわざと酒を飲んだあとのような顔をした。

「見してみ」父に言われるまま、畳に手をつき、見せる。

「解の方程式、出せる」

「公式じゃなくてってこと。そりゃあ、導けるよ」

「それならいい」父は言って、「あとここで※加法定理も使わないと解けないから」と父は言った。咲いたコスモスコスモス咲いた、とつぶやきながらあてはめていくと「そう、そう、よし」という。

「父さん、ほんとによく覚えてるよね」

「なに、なに」母が茶々を入れる。「あんたら、勉強となると急に仲良び、記号で答えなさい。

ア　だれでも発信できるネット情報は、市民の意見を代表している新聞やテレビと違って、何の裏付けもない個人的な意見である場合が多く、そのまま信じてしまうと、誤った情報におどらされてしまうおそれがあるから。

イ　だれでも発信できるネット情報は、その情報自体が事実ではない可能性もあり、何でも受け入れてしまうと、間違った情報を正しいと思い込んでしまったり、さらに広めてしまったりする危険があるから。

ウ　だれでも発信できるネット情報は、人々が自由に考えを述べて、意見を交換することによって価値が生まれるので、一方的に他人の意見を取り入れるだけだと、表現の自由の可能性を狭めてしまうことになるから。

エ　だれでも発信できるネット情報は、新聞やテレビのようなマスメディアと違って、ネットリテラシーが高い人向けに発信されているので、何でも受け入れてしまうと、情報の誤りに気付かない可能性があるから。

オ　だれでも発信できるネット情報は、昔ながらの考えに縛られていることや、情報そのものが古い場合が多く、そのまま取り入れてしまうと、最新の情報を取り逃がしてしまう場合があるから。

問４　［３］に入る最も適当なものを次の中から選び、記号で答えなさい。

ア　直感的　イ　悲観的　ウ　具体的
エ　受動的　オ　自覚的

問５　――線４「『壁にボールをぶつける』ことは絶対に必要だ」とあるが、それはどういうことか。その理由もふくめて、60字以内で説明しなさい。

問６　――線５「ボールは思わぬ方向へ跳ね返ったのだ」とあるが、「思わぬ方向に跳ね返った」とは、ここでは具体的にどういうことか。50字以内で説明しなさい。

問７　――線６「ぬか喜びだった」とあるが、筆者が期待していたような結果にならなかったのはなぜか。その理由として適当なものを２つ選び、記号で答えなさい。

ア　どれだけ知識を詰め込んでも、ものごとの本質を理解する力は改善されなかったから。

イ　自分で時間をかけて調べないので、知識が記憶としてきちんと定着しなかったから。

ウ　ネット時代や情報化社会に、なかなかついていくことができない人が増えたから。

エ　ネット依存がすすみ、じっくりものを考える時間もなくなってしまったから。

オ　ネット検索によって記憶力は向上したが、応用力のほうは低下してしまったから。

カ　人間の頭脳の創造的な領域は、記憶力の向上とはあまり関係がなかったから。

問８　――線７「これは大きなマイナス効果なんだ」とあるが、それはどういうことか。その説明として最も適当なものを次の中から選び、記号で答えなさい。

だが、６ぬか喜びだった。

何でも調べられるので、ついついネット依存になり、逆に検索に振り回され、じっくりものを考える時間もなくなってきてしまった。

それに、時間をかけて調べないので、すぐ忘れてしまう。記憶するというと、ただ知識を詰め込むだけというイメージだが、応用力を働かせるのには、自分が努力して獲得し、身体にしみこませた知識が絶対に必要だ。そのために記憶力は重要な役割を果たしている。

…〈中略〉…

インターネットは情報があふれ、自由に選択できるという情報空間、と書いてきた。でも問題もある。ニュースを読者、視聴者が自ら選ぶようになり、目にするのは自分に興味のあるものだけになる。量は多くても見る世界は狭くなってくる。

さらにテクノロジーの発達でその傾向に拍車がかかっている。検索エンジンがぼくらの好みや興味を推測して情報を集めてくれてしまうのだ。

ネット通販大手のアマゾンで本を買うと「この本を購入した方は、こういう本も買っています」という〝推薦図書〟が現れたり、ツイッターでは自分の好みと似た人をフォローしてはというお勧めメールがきたりする。

「余計なお世話だ！」と憤りながらも、ついつい従ってしまったことはないだろうか。便利といえば便利。でもこれは、逆に言うとネット上から自分と違う意見が見えにくくなっていくということでもある。心地よいかもしれないが、たこつぼにはまって多様な意見に触れるチャンスが少なくなる。７これは大きなマイナス効果なんだ。

この傾向はニュース情報でも進行しつつある。ＡＩ（人工知能）がニュースを自動的に編集することが始まっているが、そのうちに、個々人の好みのニュースをニュースを検索履歴から判断して見せてくれるようになっていくかもしれない。

これは個人だけの問題ではない。社会全体に見ても情報が一定方向に集中する。人気ランキングの上位になれば、人ごとにその店に殺到する。これなどは一時的なので深刻な問題ではないが、社会を２つに割るような意見対立では、Ａ派もＢ派も相手の意見が見えなくなり、意見は両極端に分かれてしまう結果に。

お互いの意見を尊重し折り合いをつけて、社会を納得のいく方向に進めていく民主主義にとって危険な状況といえる。

※ソーシャルメディア…インターネットを通じた情報交流サービスの総称。

※マスメディア…新聞・テレビ・雑誌・ラジオなど、一度に多くの人々に情報を伝えるもの。

※ツイート…「ツイッター」で書き込みを投稿すること。

問１　[a]～[c]に入る最も適当なものを次の中から選び、それぞれ記号で答えなさい。ただし、同じ記号は一度だけしか使えないものとする。

ア　むしろ　　イ　しかし　　ウ　つまり
エ　そこで　　オ　なぜなら

問２　――線１「素晴らしい玉もあれば、取るに足らない石もある」とあるが、「玉」「石」の二文字を使って、「すぐれたものと、つまらないものとが、入りまじっていること」を表す四字熟語を答えなさい。

問３　――線２「鵜呑みにしないことだ」とあるが、筆者がそのように考えるのはなぜか。その理由として最も適当なものを次の中から選でも公益性（社会の利益になるかどうか）を考えれば書かなければならないケースもある。そのためには、批判する相手のコメント（弁明）もとっておかねばならない。

逆に考えすぎて萎縮したり抑制したりするケースもある。（中略）たとえば、２０１１年３月11日の東日本大震災で起きた福島第一原発事故の際に、状況を未消化のまま報道すれば、国民がパニックに陥るのではないかと考えて、一歩踏み込んで伝えることを控えてしまい、報道不信につながった。

これはマスメディアに働く人だけの問題ではない。[b]、ソーシャルメディアで情報を発信できるようになったきみたちこそ、発信前に一度は立ち止まって、どんなリアクションを引き起こすか考えてみてほしい。熟考して「投稿ボタン」を押す習慣をつけるといいと思う。

そうすれば、お店の冷蔵庫の中に入った自分の写真を※ツイートすることが、お店にどんな影響を与え、さらには自分の身にどう跳ね返るかを想像できるはずだ。壁にぶつけてどう跳ね返るかの想像力はとても必要なことなのだ。

身近な人でいいから、まず誰かに発信情報をチェックしてもらうのも有効な方法だ。

そうはいっても、ニュースは時折、プロのジャーナリストでも予想外の展開を見せることがある。

埼玉県で２０１４年夏、飼い主の視覚障害者とともに歩いていた盲導犬が刺されたというショッキングなニュースがあった。報道によると、盲導犬の腰あたりに直径約５ミリの傷が４つ並ぶ傷があるのを、帰宅した後に知人が見つけた。獣医師にみせたところ、フォークのようなもので刺されたかもしれないとの診断だった。

飼い主は途中で犬がほえたのを聞かなかった。このことから「盲導犬は飼い主が危険な状態にならなければ、むやみにはほえないためとみられる」と各メディアは報道した。

これに対して「痛くても声を出さないように訓練するなんて、動物虐待ではないか」という声がネットを中心に広がった。驚いたのは盲導犬協会。慌てて声明を発表し「盲導犬は何をされてもほえないように訓練していることは一切ありません」と理解を求めた。

メディアも盲導犬協会も予想していなかった受け手の反応だった。

5 ボールは思わぬ方向へ跳ね返ったのだ。

実はこの話には続きがある。

警察は防犯カメラの映像をチェックしたり、目撃者を探したりしたが、犯人に結びつく手がかりは得られなかった。[c] 浮上してきたのが犬の傷が皮膚病だったのではないかという見方だった。

なにか拍子抜けするような話だが、だからといって、この出来事をめぐる一連の報道に意味がなかったわけではない。この報道をきっかけに視覚障害者を取り巻く現状が浮き彫りになり、人びとの共通理解が多少とも進んだのだから。

ネット時代になり、情報は大量に行き交い洪水状態だ。調べたいものがあれば、曲がりなりにも「回答」を突き止めることができる。

ネットで何でも検索できるようになったころは、これでいろいろな情報を頭に詰め込まなくてもすぐに調べられる（記憶する必要がなくなった）、その余力を創造的な領域に振り向けることができると思ったもの

【国語】〈五〇分〉〈満点：一〇〇点〉

【注意】一、解答の際には、句読点や記号は一字と数えること。
二、コンパス・定規は使用しないこと。

一　次の文章Ⅰは、三浦準司『人間はだまされる』の一部である。これを読んで、後の問いに答えなさい。なお、出題に際して、本文には省略および表記を一部変えたところがある。

ぼくらがツイッターなどの※ソーシャルメディアを利用するにあたって、注意しなければならないことのひとつは情報の信頼性が保証されていないことだ。

ネット情報は玉と石が混じり合っている。1素晴らしい玉もあれば、取るに足らない石もある。

一般市民が情報を発信するのだから、信頼の置けない情報が混じるのは当然といえば当然だ。でも発信できるようになったことは悪いことではない。自分の考えを外へ向けて、より広く表明することができるようになったのだから。表現の自由の可能性がふくらんでいるといえるね。

では受けとる側はどう防衛したらいいのか。ぼくらは整然と組まれた文字でネットに載っていると、うっかり信用しやすい。でもよく考えるとここで発信された情報は、何の裏付けもなかったり、うわさや憶測、個人的な意見を事実かのように出したりしているだけという場合もあるかもしれないのだ。

そういう情報に接するときは、１００％信用はできないかもしれないという心構えを常に持っておこう。どういう情報であれ、接するときには、その情報がネットに「載っている」こと自体は事実だとしても、その情報自体が事実とは限らないという前提で受け止める姿勢が必要だ。2鵜呑みにしないことだ。

このようなネットリテラシー（ネット情報を読み解く力）を磨いていかないと、誤った情報におどらされ、それをぼくらが助長してしまうことにもなりかねない。

だからといって、新聞、テレビを頼りにしなさいとは言わない。新聞だってすべて信用ができるわけではない。ネットより遅かったり、古くさい考えに縛られたりしているかもしれない。

[a] ※マスメディアの場合は、少なくともギリギリまで「ウラ取り」した上で発信している。

両方のメディアの特性を考えながら [3] に情報と接し、発信していこう。

ぼくたちジャーナリストは、自分の発信する情報にどんなリアクションが返ってくるかを考えて記事を書くよう言われている。また、ニュースのポイントになる部分に間違いはないか、理解しやすい記事になっているかを確かめて、もう一度確認する。そしてGOのボタンを押す。

受け手の反応は、もちろん発信前にはわからない。ではどうするか。自分が発信するものをボールにたとえて、空想上の壁（社会）にぶつけ、どう跳ね返るかを想像してみるんだ。

特に警鐘をならすような記事、批判記事では、4「壁にボールをぶつける」ことは絶対に必要だ。一つの記事が人を大きく傷つけることもあるからだ。

第1回

2023年度
解 答 と 解 説

《2023年度の配点は解答欄に掲載してあります。》

<算数解答> 《学校からの正答の発表はありません。》

1 (1) $28\frac{2}{7}$ (2) 24歳 (3) 26本 (4) 20：23
2 (1) 150分 (2) 17：7 (3) 25分後
3 (1) 15回 (2) 75秒間 (3) 105度
4 (1) 解説参照 (2) 10.38cm (3) $8.4cm^2$
5 (1) 解説参照 (2) 81個 (3) 68

○推定配点○
1 各7点×4 他 各6点×12 計100点

<算数解説>

重要 1 (四則計算，割合と比，消去算，植木算，数の性質，平面図形)

(1) $\frac{22}{7}\times(1.25+9.75-2)=3\frac{1}{7}\times9=27+1\frac{2}{7}=28\frac{2}{7}$

(2) Aさんの年齢をAとすると，Bさんの年齢はA×3，Cさんの年齢はA×5
○年後…AさんはA＋○，BさんはA×3＋○，CさんはA×5＋○
A＋○の2倍，A×2＋○×2がA×3＋○に等しいのでA＝○
Cさんの年齢…○×6＝48より，○＝8
したがって，Bさんの年齢は8×3＝24(歳)

(3) 52，182の最大公約数…26×2，26×7より，26であり
104＝26×4，156＝26×6
したがって，木の本数は(182＋156)÷26×2＝26(本)

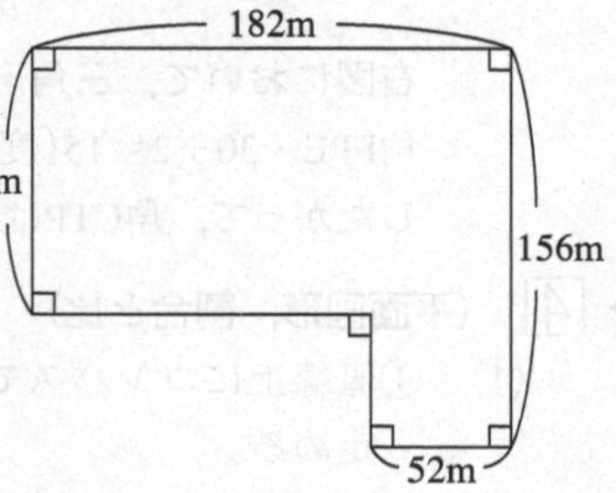

(4) 各容器の容量をA，Bで表す。
$A\times\frac{7}{8}+B\times\frac{4}{5}=A\times\frac{19}{25}+B\times\frac{9}{10}$
$A\times\left(\frac{7}{8}-\frac{19}{25}\right)=A\times\frac{23}{200}$がB$\times\left(\frac{9}{10}-\frac{4}{5}\right)=B\times\frac{1}{10}$に等しい。
したがって，求める比は$\frac{1}{10}:\frac{23}{200}=20:23$

重要 2 (速さの三公式と比，流水算，割合と比)

(1) 右図より，B君はPQ間の$\frac{1}{6}$を25分で上る。
したがって，PQ間を上る時間は25×6＝150(分)

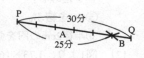

(2) PQ間を300とする。
Bの下りの速さ…300÷60＝5，Bの上りの速さ…300÷150＝2
Bの静水時の速さ…(5＋2)÷2＝3.5 流速…3.5－2＝1.5
A君の下りの速さ…5×2＝10

したがって，2人の静水時の速さの比は(10－1.5)：3.5＝8.5：3.5＝17：7

(3) 2人の静水時の速さの和…8.5＋3.5＝12　　PQ間の距離…10×30＝300

したがって，2人が出会う時間は300÷12＝25(分後)

重要 3 **(平面図形，図形や点の移動，規則性，数の性質，単位の換算)**

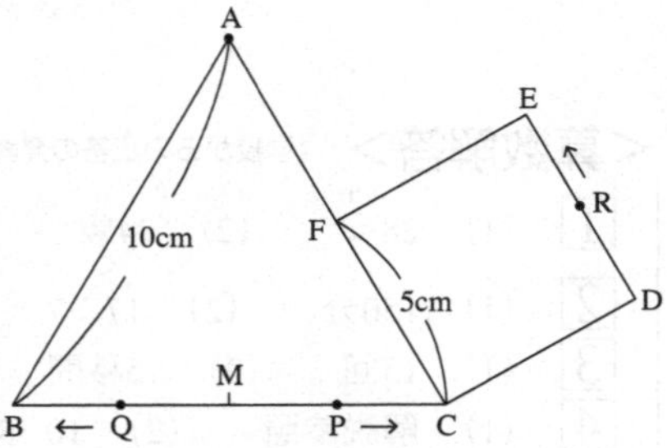

P…Mから正三角形ABCの周を左周りに毎秒1cmで周る

Q…Mから六角形ABCDEFの周を右周りに毎秒1cmで周る

R…Dから六角形ABCDEFの周を左周りに毎秒1cmで周る

(1) Q・Rが1回目に出合うまでの時間…10×3÷2＝15

Q・Rが1回目から2回目までに出合うまでの時間…10×4÷2＝20(秒)

したがって，300秒までにQ・Rが出合う回数は(300－15)÷20＋1より，15回

(2) Pの時間…0～5秒：M～C，10～35秒：F～C，40～65秒：F～Cを反復する。

Rの時間…0～10秒：D～F，10～35秒：F～C，50～75秒：F～Cを反復する。

PがFを通過する時刻…10，40，70秒後と続く。

RがFを通過する時刻…10，50，90秒後と続く。

P・RがFを同時に通過する時刻…10秒後，10＋120＝130(秒後)，250秒後

したがって，P・Rが重なって移動する時間は25×3＝75(秒間)

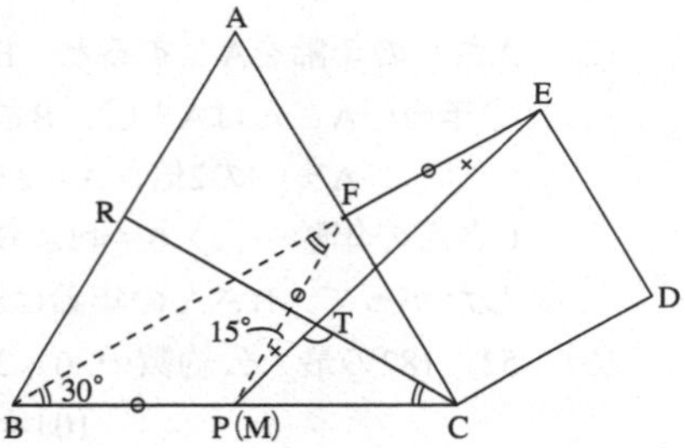

(3) 300秒後のPの位置…300÷30＝10より，M

300秒後のRの位置…300÷40＝7余り20より，辺ABの中央

右図において，三角形PFB，FPEは二等辺三角形

角FPE…30÷2＝15(度)

したがって，角CTPは180－(60－15＋30)＝105(度)

重要 4 **(平面図形，割合と比)**

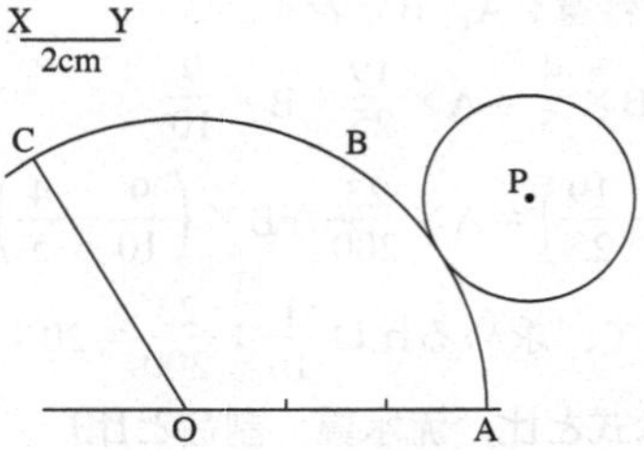

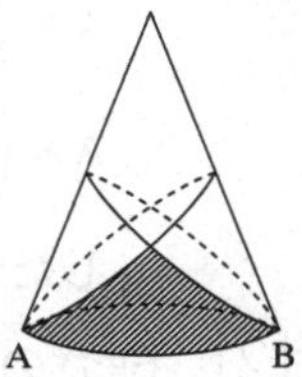

(1) ①直線上にコンパスで6cmの長さOAを定める。

②Oを中心にして半径6cmの弧を描く。

③Aを中心にして半径6cmで弧の上にBを定める。

④Bを中心にして半径6cmで弧の上にCを定める。

⑤COを結ぶ。

⑥半径2cmの円を弧と外接するように描く。

(2) 図1より，1.73×(6÷2)×2＝10.38(cm)

(3) 図2より，計算する。

おうぎ形OAB…6×6×3.14÷6＝18.84(cm²)

高さ3cmの正三角形の面積…0.58×9＝5.22(cm²)

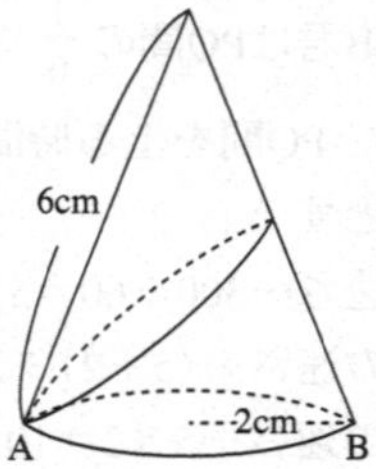

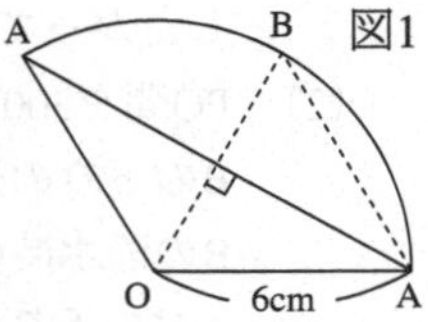

図1

四角形OAMBの面積…図アより，5.22×2＝10.44(cm²)

したがって，求める面積は18.84－10.44＝8.4(cm²)

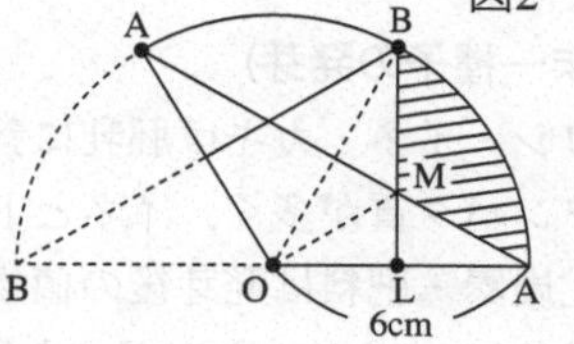

図2

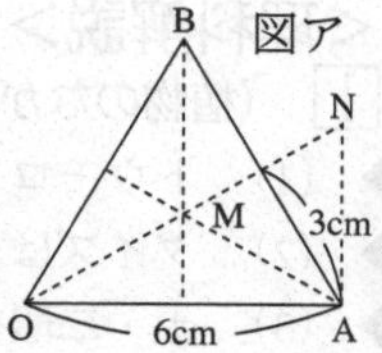

図ア

5 (平面図形，規則性)

左も上も○または●(同じ記号)なら●

左か上どちらかが○または●(異なる記号)なら○

基本 (1) 4行4列までは，右図のようになる。

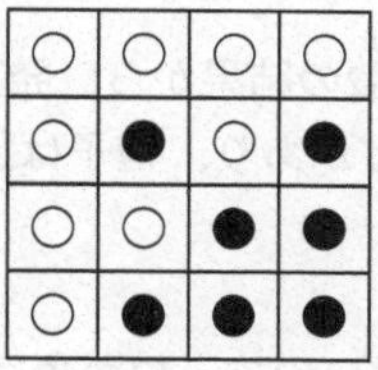

重要 (2) 図1より，9×9＝81(個)

やや難 (3) 図2・(2)より，68行68列までに○は81×9＋36×4×2＝1017(個)…16行16列の正方形の左下のマスと右上のマスの○または●に注意する。

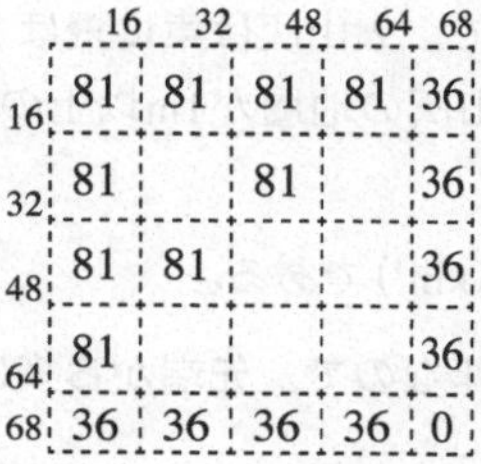

図2

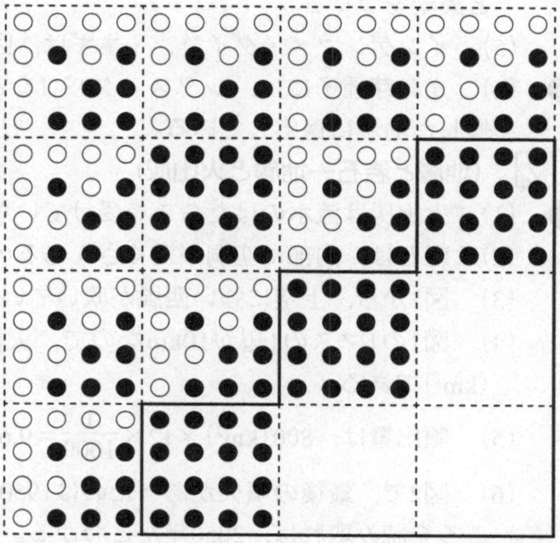
図1

★ワンポイントアドバイス★

1の4問，2「流水算」で確実に得点することがポイントである。3「正三角形と正方形」の問題は，問題文を明確に読み取ることが重要であり，4(3)「側面の斜線部の面積」も難しい。5(1)・(2)「16行16列」までは難しくない。

＜理科解答＞ 《学校からの正答の発表はありません。》

1 (1) ア (2) イ・オ (3) ア・エ・カ (4) エ
(5) 種子の発芽には，光は必要ではない。 (6) ① ア ② イ

2 (1) 火山灰 (2) エ (3) エ (4) 800(km²) (5) 9.6(km²) (6) ウ

3 (1) 75(g) (2) エ (3) 175(g) (4) 最小 75(g) 最大 475(g)
(5) 20(g)

4 (1) 水素 (2) ウ (4) ① 酸素 ② 二酸化炭素 (4) 4.73(g)
(5) 3(mm) (6) オゾンは酸素に変化しやすいから。

○推定配点○

各4点×25(1(2)(3)(6)各完答) 計100点

＜理科解説＞

1 (植物のなかま―種子の発芽)

基本 (1) トウモロコシ・イネ・カキは胚乳に養分をたくわえている。

基本 (2) ダイズはタンパク質が多く，イネとトウモロコシはでんぷんが多い。

基本 (3) 土・二酸化炭素・肥料は発芽後の植物に必要な条件である。

(4) 発芽後の植物は，光のエネルギーを利用して，光合成を行い，二酸化炭素と水からでんぷんと酸素をつくる。

(5) インゲンマメ・ダイコン・ネギは，図2の結果から，発芽に光は必要ではないことが分かる。

やや難 (6) 光発芽種子には，レタス・タバコなどがあり，種子は比較的小さい。また，暗発芽種子は乾燥した地域に適応している。

2 (地層と岩石―地層と火山灰)

重要 (1) 火山灰は流水のはたらきを受けていないので，粒が角ばっている。

(2) 軽石は，内部に空洞(くうどう)がたくさんあるので，水に浮く。

(3) 図1から，上空に強い西風が吹いていて，火山灰は東に飛ばされることがわかる。

(4) 図1の1マスの1辺が10kmなので，火山灰の地層が1m以上の範囲は，$40(\mathrm{km})\times20(\mathrm{km})=800(\mathrm{km}^2)$である。

(5) 噴出量は，$800(\mathrm{km}^2)\times12\times\frac{1}{1000}=9.6(\mathrm{km}^3)$である。

(6) 図2で，最後の噴火があったのは1950年なので，先端から横に実線を引き，点線と交わったところを読み取れば，2050年だとわかる。

3 (力のはたらき―てこのつり合い，浮力)

(1) 棒の中心は，糸がつるしてあるところから右に，$25(\mathrm{cm})-10(\mathrm{cm})=15(\mathrm{cm})$である。そこに棒の重さ50gがかかっていると考えられるので，物体Aの重さは，$50(\mathrm{g})\times15(\mathrm{cm})\div10(\mathrm{cm})=75(\mathrm{g})$である。

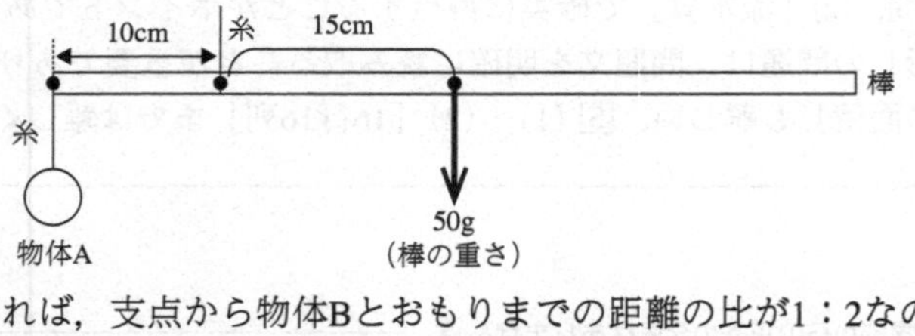

(2) 棒の重さがなければ，支点から物体Bとおもりまでの距離の比が1：2なので，物体Bの重さはおもりの2倍である。ただし，棒に50gの重さがあるので，物体Bは，その分だけ重くないとつり合わない。さらに，手で棒の左側を支えているので，物体Bはもっと重い。

(3) 支点から右に，$50(\mathrm{cm})-10(\mathrm{cm})-30(\mathrm{cm})=10(\mathrm{cm})$の位置に100gのおもりがつるしてある。また，支点から右に15cmの位置に50gの棒の重さがかかっていると考えられるので，物体Cの重さは，$\{100(\mathrm{g})\times10(\mathrm{cm})+50(\mathrm{g})\times15(\mathrm{cm})\}\div10(\mathrm{cm})=175(\mathrm{g})$である。

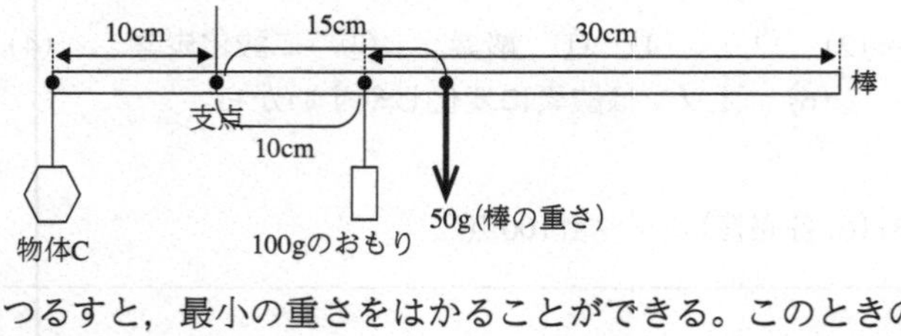

やや難 (4) 支点におもりをつるすと，最小の重さをはかることができる。このときの物体Cの重さは，$50(\mathrm{g})\times15(\mathrm{cm})\div10(\mathrm{cm})=75(\mathrm{g})$である。

支点から，50(cm)－10(cm)＝40(cm)離れている棒の右端に100gのおもりをつるすと，最大の重さをはかることができる。このときの物体Cの重さは，{100(g)×40(cm)＋50(g)×15(cm)}÷10(cm)＝475(g)である。

やや難 (5) 物体Dを水に沈めると，支点から右に，50(cm)－10(cm)－24(cm)＝16(cm)の位置に100gのおもりがつるすことでつり合う。支点から右に15cmの位置に50gの棒の重さがかかっていると考えられるので，棒の左端のひもにかかる力は，{100(g)×16(cm)＋50(g)×15(cm)}÷10(cm)＝235(g)である。

したがって，物体Dに働く浮力の大きさは，255(g)－235(g)＝20(g)である。

4 (気体の性質－空気の成分)

基本 (1) 水素の重さは空気の約0.07倍である。また，水素は燃料電池の材料になっている。

(2) 調べたい気体の中に検知管を入れ，気体採取器のハンドルを引いて，1分間ぐらいそのままにする。

基本 (3) ロウソクが燃えると，酸素が使われ，二酸化炭素が発生する。

(4) 地表$1m^2$あたり2.15gのオゾンがあるとき100DU(ドブソンユニット)なので，220DUの場所では，$1m^2$あたりに存在するオゾンは，$2.15(g)\times\frac{220(DU)}{100(DU)}=4.73(g)$である。

やや難 (5) 300DUのオゾン中に含まれているオゾンは，$2.15(g)\times\frac{300(DU)}{100(DU)}=6.45(g)$である。一方，100gのオゾンが地表付近を占める体積が$0.046m^3$なので，このときのオゾンの厚さは，$1m^2$あたり，$0.0466(m^3)\times\frac{6.45(g)}{100(g)}=0.0030\cdots(m)=3.0\cdots(mm)$より，3mmである。

やや難 (6) オゾンは，成層圏で酸素に強い太陽光が当たることで生じるが，オゾンは不安定なので，すぐに酸素に分解する。

★ワンポイントアドバイス★

生物・化学・地学・物理の4分野において，基本問題に十分に慣れておこう。その上で，物理・化学分野ではグラフ作成・作図や計算問題にもしっかりとり組んでおこう。

＜社会解答＞ 《学校からの正答の発表はありません。》

1 問1 1 推古 2 高麗 3 琉球王国 問2 ウ 問3 (例) かつては大王の力が弱かったため大国・中国の権威が必要であったが，6世紀以降になると国内の支配体制が確立したから。 問4 イ 問5 大輪田泊 問6 エ 問7 ウ 問8 ウ
問9 (1) ア (2) 水野忠邦

2 問1 1 ポーツマス 2 ポツダム 3 日ソ中立 問2 ウ
問3 (1) (2番目) イ (3番目) ア (2) (資料1) く (資料2) う
(3) (時期) い (状況) (例) 日清戦争後，弱体化が露見した中国を日本を含む欧米列国が分割支配しようとしている状況。

3 問1 カルデラ 問2 イ・エ 問3 ア・エ 問4 エ 問5 エ
問6 カーボンニュートラル 問7 (福岡市) イ (仙台市) ウ

4 問1 (1) オ (2) (例) 投票率の低下が続く現状では，たとえ過半数の賛成を得ても有権者の意思を反映しているとは言えないから。 問2 キ 問3 ク 問4 カ
問5 ア・エ

○推定配点○
1 問1・問5・問9(2) 各3点×5 問3 8点 他 各2点×6 2 問1 各3点×3
問3(3)状況 8点 他 各2点×6 3 問1・問6 各3点×2
他 各2点×6(問2・問3各完答) 4 問1(2) 8点(問5完答) 他 各2点×5 計100点

＜社会解説＞

1 (日本の歴史―古代～近世の政治・社会・外交など)

重要 問1 1 おいである聖徳太子や蘇我馬子を登用して政治改革を行った日本初の女帝。 2 新羅を滅ぼして朝鮮半島を支配，後半は倭寇の侵略に苦しみ李氏朝鮮(李成桂)に滅ぼされた。 3 中山王の尚巴志(しょうはし)が北山・中山・南山の三山を統一して建国。

問2 戦乱の弥生時代には各地に環濠集落や高地性集落といった防御的集落がみられる。57年，奴国王が後漢の光武帝から授けられた金印。稲作は縄文末期，卑弥呼の朝貢は3世紀前半。

問3 5世紀の倭の五王の時代には国内支配の権威付けのためだけでなく，半島における高句麗の南下対策や先進技術や文化の獲得を目指して中国に朝貢，6世紀になると氏姓制度に基づく支配体制も次第に確立していった。

問4 10世紀前半，平将門は一族の内紛から国司に反抗，新皇と称して関東を占領した。アは7世紀中頃(中大兄皇子)，ウは8世紀末，エは8世紀中ごろ。

やや難 問5 現在の神戸港の前身。古くから瀬戸内海航路の停泊地として栄えたが，平清盛が修築・拡大し日宋貿易の拠点とした。中世以降は兵庫津などと呼ばれた。

問6 博多湾に石塁を築いたのは文永の役の後。元に備えた異国警固番役では御家人だけでなく非御家人にも対象を拡大，幕府の西国支配の強化にもつながった。

問7 銅や硫黄といった鉱産物のほか刀剣などを輸出，生糸や絹織物，銅銭などを輸入した。当時国内では貨幣の鋳造はされておらず，輸入された銅銭が国内通貨として広く流通した。

問8 金の含有量を減らし財政の改善を狙ったが，貨幣の価値下落に伴い物価の高騰を引き起こした。金銀の交換レートが国内の1：5に対し海外では1：15のため大量の小判が流出した。

問9 (1) 高野長英は戊戌(ぼじゅつ)夢物語で事件を批判，終身刑を言い渡されたが火事で牢獄を脱出，10年にわたり逃亡したが捕り方に囲まれて自殺した。 (2) 天保の改革を実施した老中。

基本

2 (日本と世界の歴史―近・現代の政治・外交など)

問1 1 アメリカ大統領セオドア・ローズヴェルトの仲裁で締結。 2 ベルリン郊外のポツダムで米・英・ソの首脳が会談して発表。 3 1941年，5年間の中立を約束して調印された条約。

問2 日露和親条約では樺太は両国民雑居とされ，ポーツマス条約で南半分が日本に割譲された。

問3 (1) 井上馨(かおる)外相の極端な欧化政策(エ)→イギリスの同意を得ていたが大津事件で青木周蔵外相が辞任(イ)→陸奥宗光外相による領事裁判権の撤廃(ア)→小村寿太郎外相による関税自主権の回復(ウ)。 (2) 資料1 1972年，「核抜き本土並み」による沖縄返還。 資料2 米騒動を引き起こした寺内正毅(まさたけ)内閣によるシベリア出兵(1918～22)。 (3) 「眠れる獅子」と恐れられていた中国が日清戦争で敗北，以降ヨーロッパ諸国による中国分割が進行。1900年の北清事変以降の中国は半植民地という状態となった。

重要

3 (地理―国土と自然・農業・エネルギー問題など)

基本 問1　火山が陥没して形成，内側は急峻な崖，外側は緩い斜面となることが多い。阿蘇のカルデラは東西18km，南北24kmと世界最大クラスで5万人もの人が生活している。

問2　1991年の火砕流では43名の犠牲者が発生。2018年に登録された長崎と天草地方の潜伏キリシタン関連遺産。イグサの生産は八代平野，水俣病の原因は工場から排水された有機水銀。

問3　笠野原台地は灌漑で畑地に変貌(へんぼう)。2011年，九州新幹線(博多―鹿児島中央)が全線開通。宮崎平野は促成栽培，枕崎はカツオ漁港として知られる。

やや難 問4　畜産王国として知られる南九州。阿蘇のあか牛，イチゴの福岡，トマトの熊本などから判断。aは北関東，bは東山，dは東海，fは南関東。

重要 問5　2011年の東日本大震災以降，火力発電への依存度が拡大，一時全面停止となった原発は現在10基程度が稼働。火山国・日本は地熱大国だが開発は進んでいない。dは太陽光。

問6　温室効果ガスの排出量と吸収量を均衡させ，差し引きゼロにしようという考え。植林などのほか，再生エネルギーの普及や排出枠の買取なども行われている。

問7　年間の降水量は福岡，広島，仙台，札幌，日照時間は広島，福岡，仙台，札幌の順。晴れの日が多い瀬戸内，梅雨のない札幌，雪も降る福岡などから判断。アは広島，エは札幌。

4 (政治―憲法・政治のしくみ・地方自治・国民生活など)

重要 問1　(1)　憲法改正は極めて厳格に定められており，未だかつて何らの改正も行われていない。

(2)　投票率が60%とするとたとえ過半数が賛成でも有権者に占める割合は30%にすぎない。

問2　a　最高裁は2.08倍の格差を合憲と判断。　b　選択的夫婦別姓は実現していない。　c　婚姻年齢は男女ともに18歳となったが，飲酒・喫煙などは今まで通り20歳のまま。

問3　a　2015年の改正で選挙権は18歳。ただ，被選挙権についての変更はなかった。　b　解職請求は住民投票での過半数の賛成が必要となる。　c　衆議院の議決が国会の議決とみなされる。

問4　a　住民投票の結果に拘束力はない。　b　首長は議会にかけその結果を公表しなければならない。　c　裁判官との協議で有罪・無罪および量刑が判断される。

問5　多数決の原則では1票の価値が同じであることが大原則である。

★ワンポイントアドバイス★

時事問題を絡めた出題は今後も増えることが予想される。日々ニュースなどに触れ，わからないことがあれば必ず自分で調べる習慣をつけよう。

＜国語解答＞《学校からの正答の発表はありません。》

一　問1　エ　　問2　イ　　問3　エ　　問4　エ　　問5　行政間の部局横断した議論や専門性の高い人材を配置することで，自然災害なみに予測が難しいクマの街への侵入防止も多様性のある街造りも同時に行うこと　　問6　ウ

二　問1　A　オ　　B　オ　　問2　好きだと言い切れるほどたくさん読んできたわけではなく，プロの質問に答えられず恥をかくのも嫌なので答につまったから。　　問3　イ

問4　いくら自分の職場のものとはいえ大人が少女漫画に時間を費やすことは褒められることでもなく，そもそも経理補助という立場では何か聞かれても答えられないので，みじめな気持ちになりたくないから　　問5　ウ・エ　　問6　エ

三　1　非才[非才]　　2　遺志　　3　玉条　　4　功　　5　景勝　　6　競走　　7　階級
8　講演

○推定配点○
一　問5　10点　　他　各5点×5　　二　問1　各3点×2　　問2・問4　各10点×2
他　各5点×3　　三　各3点×8　　計100点

＜国語解説＞

一　(論説文─細部の読み取り，空欄補充，記述力)

問1　──線1直前にあるように，まずは人的被害が出たことが衝撃的な出来事である。さらに，線1の段落の最終文にあるように，市街地と非常に近いところだったという点に着目したい。このことがくわしく述べられているのが「札幌市の南西部に～」で始まる段落にある「しかし冒頭に～」の内容である。この2点からエの内容が衝撃的ニュースとして注目しているところだ。

重要　問2　──線2をふくむ段落の内容によると，前半部で「食料を得るため」という動機が述べられている。また，「しかし，市街地～」以降の内容から，親から独立した若いオスが出生地から離れて分散していく過程で緑地に入り込みそのまま市街地周辺に達してしまうことが説明されているのでイである。

問3　ウとエで迷うところである。線3直前の内容から考えるとウも誤りとは言えないが，この「街づくり」の説明は，「現在，クマ類をはじめとする～」で始まる段落に，よりくわしく展開されている。それによると，単に豊かな自然環境にとどまらず，それが地域の魅力や活力，日常生活の豊かさ，さらには観光客から見ても魅力的な街としているのでエを選択する。

問4　──線4中の「これ」とは，被害が限定された問題であることを前提したこれまでの対症療法として許容されていた対策ということだ。が，アーバン・ベア問題は「まったく異なる」というのは，突然市街地にクマが現れるという，被害が限定されない，一般市民にも突然発生するものという違いだ。その違いがあるかぎり，これまでの対症療法では解決できないということを述べているのでエである。

やや難　問5　「『両立するため』に必要になることをあきらかにしながら」という条件に注意する。まず，この条件に対応する内容について考えてみると，──線5直後に「行政の取り組み方に対して部局横断で議論を始める」ことを提言している。さらに，「翻って～」で始まる段落で「専門性の高い人材の配置」を訴えているのでこの2点をまとめる。次に，──線5は「どういうことか」についてのポイントは「まれな災害」を，「街へのクマの侵入」とすること，「備え」を「(侵入)防止すること」と読み取ること，そして，後半の「日常生活の豊かさ」を，「豊かな自然のある都市」を構築することのような形でまとめることである。

問6　【文章Ⅱ】の内容と【図】から着目するるべきゾーンは，市街地周辺ゾーンだ。このゾーンでの人間の活動が高齢化や人口減少によって，活発でなくなるとクマが市街地ゾーンに入り込むということが読み取れる。アのように，「直接つながる」というわけではないのでウ。

二　(物語─心情・情景，細部の読み取り，ことばの意味，表現技法，記述力)

基本　問1　A　「生返事」には，いいかげんな受け答え・はっきりしない返事・気のない返事のような意味がある。　B　「怪訝な」の「怪訝」は，不思議で納得がいかないことという意味の言葉である。現在の会話的な言葉で言えば「わけがわからない」という意味合につながる。

問2　「牧子はまだそんなに漫画を～」で始まる段落に着目する。好きですと即答できなかった第一の原因は，好きだと言い切れるほど読んでいるわけではないから，自分の気持ちに自信がないということが読み取れる。さらに，大先輩のプロに質問などされたら答えられなくて恥をかくことを避けたいという思いがあるからである。

重要 問3 ——線2に続く内容に着目する。牧子は子供の頃あまり漫画を読んではいなかったことは事実だが，ア，ウにあるような「恥ずかしい，単純でつまらない」ということは言っていない。「素朴で幼い感じ，ほのぼのとした地味なもの」という印象だ。しかし，今の漫画はオにあるような，「その素朴さに懐かしさを感じる」ものではなく，印象がガラリと変わるほど色彩豊かで大人でも楽しめるものになっていると感じているのでイだ。

やや難 問4 ——線3直前が「~だから」とあるので，まずは，経理補助という立場であり，仕事の内容についてくわしいことがわからないし，何か聞かれても答えに詰まるみじめな気持ちになりたくない」という原因が挙げられる。また，「いくら自分の~」で始まる段落に，牧子自身が「少女漫画に時間を費やしていることは褒められたことではない」という認識があるから，「隠すというより黙っている」のだ。この2点をふまえた解答にしよう。

問5 「適当でないもの」という条件に注意する。線4は，実際に月に行く人もそれを支える人もチームワークで一つのものを目指しているということで，牧子の場合にすると，実際に漫画を作成している編集部員を，月に行く人として，牧子のように雑用をこなしている人を，ヒューストンで支える人としている。ウ・エ以外は，その内容が述べられているが，千秋との関係を重ねてしまったウとエは適切ではない。

基本 問6 この設問も「適切でないもの」であることに注意する。千秋が夢中になって読んでいる姿を目にしたことで牧子が変容していった物語であった。エは，話しかけているのに千秋はなお，別デに夢中になっていることを表しているので，「集中するふりをしている」わけではない。

やや難 **三 (漢字の書き取り)**

1 「浅学非才」は，学問，知識ともに不足していて，才能もないこと，という意味の四字熟語である。多くの場合，自分は無知無能であるとへりくだって言う場合に使う言葉である。なお「非」は「菲」と表記しても正答である。 2 「遺」は全15画の漢字。「遺」ではないので注意する。また「イシ」には「意志・意思」表記の熟語もあるが，「亡父」，つまり，「亡くなった父」ということなので「遺」を使う。 3 「金科玉条」で「玉条」。必ず守るべき，きわめて大事な，究極的な決まりごとという意味の四字熟語である。 4 「功」は全5画の漢字。1~3画目を「土」にしない。 5 「勝」は全10画の漢字。9画目の書き出しの位置に注意する。 6 「競争」ではない。「競」は全15画の漢字。10画目と15画目の形がちがうので気をつける。 7 「級」は全9画の漢字。8画目は7画目の左から書く。 8 「講」は全17画の漢字。15画目のたて線は，17画目までである。下までつき出さないように書く。

★ワンポイントアドバイス★

設問数は多くはないが，しっかりした読解が求められる内容である。地道な努力が必要だ。

第2回

2023年度

解 答 と 解 説

《2023年度の配点は解答欄に掲載してあります。》

<算数解答> 《学校からの正答の発表はありません。》

[1] (1) 1717 (2) 19人 (3) 分速200m，7時35分12秒 (4) 13通り (5) 15度

[2] (1) 解説参照 (2) 18.84cm^2

[3] (1) 6日目 (2) 最短7日目，最長9日目 (3) 17日目

[4] (1) 解説参照 (2) 6回目 (3) 342

[5] (1) $\frac{8}{3}$cm (2) $\frac{8}{15}$cm

○推定配点○

[2] 各5点×2 他 各6点×15 計100点

<算数解説>

[1] **(四則計算，数の性質，集合，消去算，速さの三公式と比，割合と比，単位の換算，場合の数，平面図形)**

(1) $68\times\frac{3}{4}+17\times98=17\times101=1717$

重要 (2) 右図より，ア＋イ＋[15]＝55…①

ア＋[8]の2倍，ア×2＋[16]がイ＋[8]に等しくイ＝ア×2＋[8]…②

①，②より，ア×3＋[23]が55人に等しく，55－[23]が3の倍数であるとき

55－46＝9(人)

したがって，アは9÷3＝3(人)，[8]は2×8＝16(人)であり，求める人数は3＋16＝19(人)

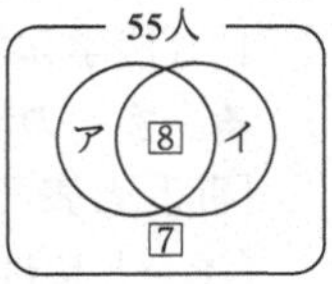

重要 (3) Aさんが学校に着いた時刻…3000÷75＝40(分)

Bさんの時間…40－(12＋3＋10)＝15(分)

Bさんの分速…3000÷15＝200(m)

AさんとBさんの分速の比

…75：200＝3：8

したがって，求める時刻は40－3－3÷(8－3)×3＝35.2(分)すなわち7時35分12秒

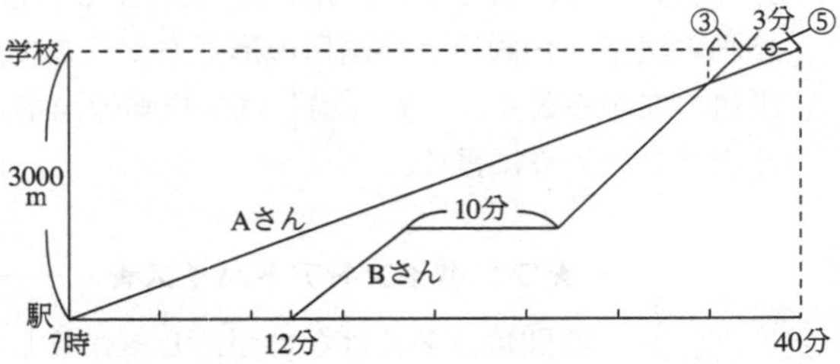

重要 (4) 6の倍数…各位の数の和が3の倍数であり，一の位が偶数

求める15の倍数(3の倍数)

…百の位の数が偶数で一の位が0でない数

200台の15の倍数

…(15×14＝210)，225，(240)，255，(270)，285

400台の15の倍数…405，435，465，495

600台の15の倍数…615，645，675

800台の15の倍数…825，855，885

したがって，求める数は3×3＋4＝13(通り)

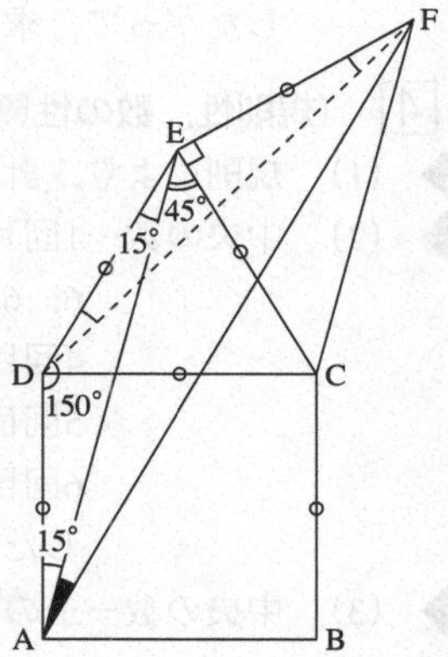

重要 (5) 右図より，四角形DAFEは等脚台形であり角EDAは90＋60＝150(度)

したがって，角EAFは(180－150)÷2＝15(度)

重要 **2** (平面図形，図形や点の移動，割合と比)

(1) ①円周上のBを中心にして半径がBCの長さの弧を描き，円周上にC′を定める。

②BCの延長線上にC′を中心にして適当な半径で弧を描き，P，Qを定める。

③P，Qをそれぞれ中心にして適当な半径で弧を描きR，Sを定める。

④R，Sを通る延長線を引く。

⑤Bを中心にして半径がBDの長さの弧を描き，R，Sを通る延長線上にDを定めてB，Dを結ぶ。

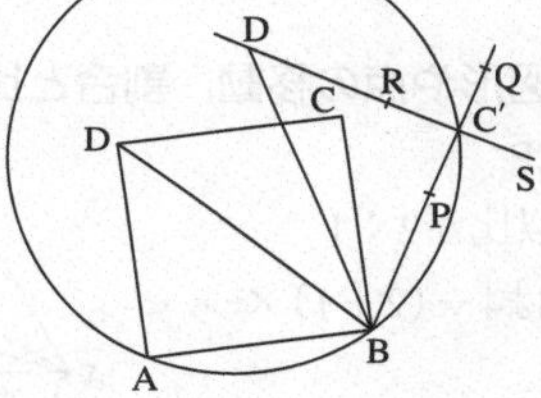

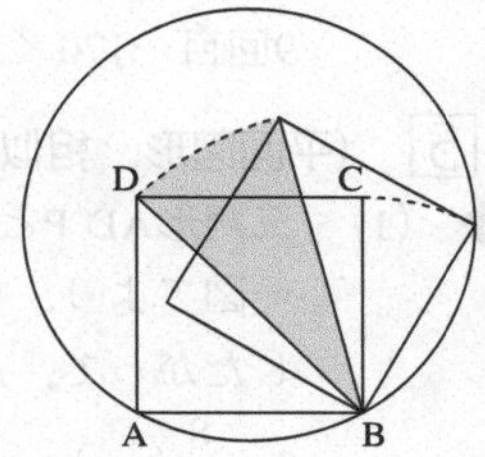

図ア

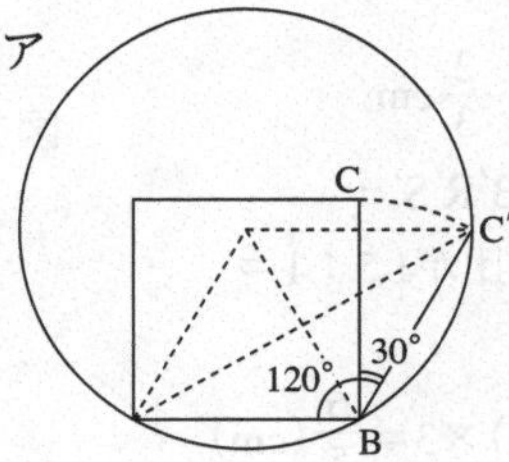

図イ

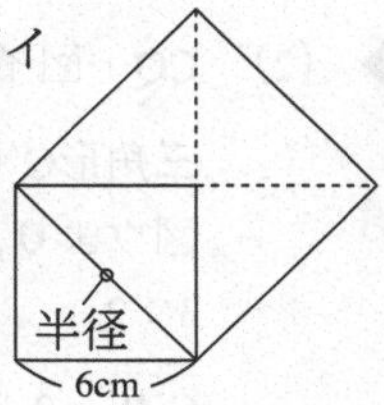

(2) 図ア…角CBC′は60×2－90＝30(度)

図イ…半径×半径の面積は6×6×2＝72(cm^2)

したがって，求める面積は72×3.14÷12＝6×3.14＝18.84(cm^2)

重要 **3** (仕事算，割合と比)

全体の仕事量を12，10の公倍数60にすると，1日の仕事量はAが60÷12＝5，Bが60÷10＝6

(1) 60÷(5＋6)＝5…5より，6日目

(2) C1日の仕事量

…AとCの場合で計算すると60÷4－5＝10より少なく，60÷5－5＝7以上

…BとCの場合で計算すると60÷4－6＝9より少なく，60÷5－6＝6以上

したがって，60÷9＝6余り4より，最短で7日目，60÷7＝8余り4より，最長で9日目

(3) A23日間の仕事量…5×23＝115

1日の追加仕事量…(115－60)÷(23－1)＝2.5

Bが60の仕事をしたときの残りの仕事量…60÷6＝10(日)より，2.5×(10－1)＝22.5

Bが22.5の仕事をしたときの残りの仕事量…22.5÷6＝3(日)余り4.5より，4.5＋2.5×3＝12

Bが12の仕事をしたときの残りの仕事量…12÷6＝2(日)より，2.5×2＝5

Bが5の仕事をしたときの残りの仕事量…5＋2.5－6＝1.5

したがって，求める日数は10＋3＋2＋1×2＝17(日目)

4 (規則性，数の性質)

基本 (1) 規則により，計算すると右表のように数字が記入される。

3回目の操作後

25	30	25
30	36	30
25	30	25

4回目の操作後

121	110	121
110	100	110
121	110	121

重要 (2) 中央の数…1回目2×2＝4，2回目4，3回目2×2＋2＝6，6×6＝36
4回目6×2−2＝10，10×10＝100
5回目10×2＋2＝22，22×22＝484
6回目22×2−2＝42，42×42＝1764
したがって，操作は6回目

やや難 (3) 中央の数−上の数…1回目＝2×2−(1×1＋1)＝2，3回目6×6−(5×5＋5)＝6，
5回目22×22−(21×21＋21)＝22
7回目…42×2＋2＝86，86×86−(85×85＋85)＝86
8回目の中央の数…86×2−2＝170，170×170＝28900
9回目…170×2＋2＝342，342×342−(341×341＋341)＝116964−116622＝342

5 (平面図形，相似，図形や点の移動，割合と比)

重要 (1) 三角形AD′PとBEP
…図アより，相似比が2：1
したがって，APは4÷(2＋1)×2＝$\frac{8}{3}$(cm)

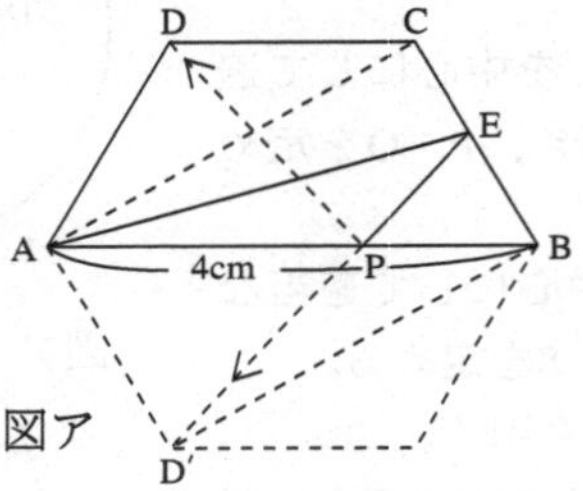

図ア

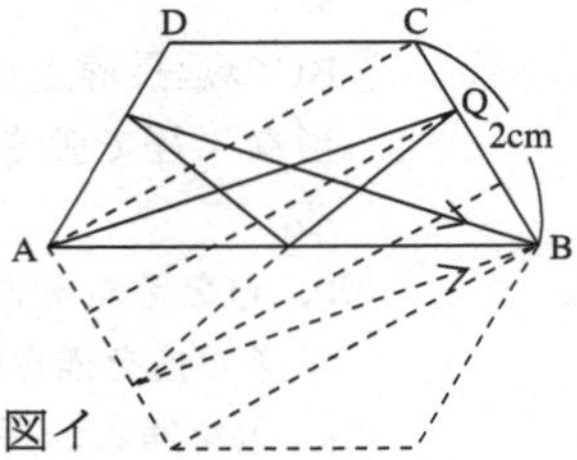

図イ

やや難 (2) CQ…図イより，$\frac{2}{3}$cm
三角形C′R′GとB′R′S′…
図ウより，相似比が1.5：1＝3：2
C′R′…2÷(3＋2)×3＝$\frac{6}{5}$(cm)
したがって，QRは$\frac{6}{5}-\frac{2}{3}=\frac{8}{15}$(cm)

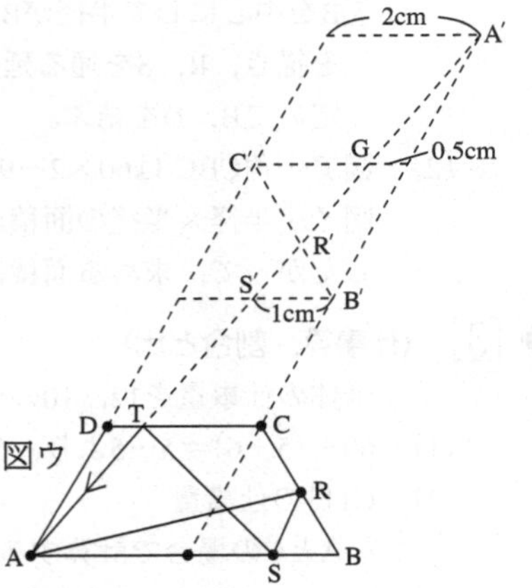

図ウ

★ワンポイントアドバイス★

4 (2)「中央の数が1764」になる操作回数は，書き出しても解ける範囲である。
5 (1)「球の反射」問題は，「APの長さ」が問われているが，それほど難しくはない。(2)「3回壁に当たる」場合が，問題である。

＜理科解答＞《学校からの正答の発表はありません。》

[1] (1) ア (2) エ (3) キョウリュウ (4) (化石) e (理由) ア (5) イ
[2] (1) イ，エ (2) ウ (3) ウ (4) オ (5) イ (6) ア (7) イ
[3] (1) しん食 (2) 食物連鎖 (3) 2 イナゴ 3 モズ (4) エ (5) オ
[4] (1) 1 N 2 左 3 向き (2) ア，ウ (3) イ
(4) コイルの巻き数，電流の大きさ，鉄しん
(5) (電磁石A) なし (電磁石B) S極 (電磁石C) N極

○推定配点○
各4点×25([2](1)，[3](3)，[4](2)(4)(5)各完答) 計100点

＜理科解説＞

[1] (地層と岩石―化石)

(1) 草食動物のトリケラトプスの歯は，草をかみ切る門歯(前歯)と草をすりつぶす臼歯(奥歯)が発達している。

基本 (2) 化石は，大昔の生物の死がいや巣穴・足跡など，生物が活動した痕跡(こんせき)のことである。

基本 (3) 恐竜は中生代に栄え，絶滅した大型陸生のは虫類である。

(4) 時代を特定する化石は示準化石といい，図1のeのように，広い範囲で短い期間に繁栄した生物が適している。

基本 (5) サンゴは暖かくて浅いきれいな海に生息している。

[2] (状態変化―水の状態変化)

(1) 油のような液体の体積はメスシリンダーで測る。また，油の重さは，油を入れたメスシリンダー全体の重さからメスシリンダーのみの重さを引くことで求められる。

重要 (2)・(3) 水がこおると，体積が約10％増える。氷は，その増えた分が水面から上に出る。また，氷がとけると，その増えた分の体積が減るので，水面の高さは変わらない。

(4) 氷の密度は$0.9g/cm^3$，油の密度$0.8g/cm^3$である。氷の密度が油の密度よりも大きいので，氷は油に沈む。

(5) 水の密度が最も大きいので最も下にある。また，油の密度が最も小さいので，氷，油の順に浮く。

(6)・(7) 製氷機で氷をつくると，氷の中に空気が残らず，透明度の高い氷をつくることができる。また，空気がない分，密度が大きい。

[3] (生態系―食物連鎖)

基本 (1) 千葉県の谷津田(やつだ)は，台地がしん食によってできた谷につくられた水田のことである。

重要 (2) 食べる食べられる関係を食物連鎖という。

(3) バッタの仲間であるイナゴはイネの葉などを食べる草食動物，小鳥のモズは，バッタやカエルなどのえさを木の枝にさす習性がある。

(4) アマガエルは冬眠する。

やや難 (5) ダンゴムシは丸まるので，アマガエルには食べられないが，ワラジムシは丸まらないのでアマガエルに食べられる。

[4] (電流と磁石―電磁石)

(1) 実験1で，方位磁針AのS極が鉄しんを向いたことから，鉄しんのa側がN極，b側がS極であることがわかる。したがって，コイルに流れる電流の向きを反対にすると，方位磁針BのS極は左側

を向く。また，エナメル線を巻く向きも反対にすると，鉄しんのa側はN極のままになる。

(2) aとdはコイルの巻き数が同じであり，かん電池の数はaは1個であり，dは2個のかん電池を並列につなぐので，磁力は同じである。bはコイルの巻き数が200回であり，かん電池は1個である。また，cはコイルの巻き数が100回であり，2個のかん電池が直列につながっていることから，bと磁力は同じである。

(3) 表2の結果から，鉄のしんを入れたときだけ，方位磁針が大きく振れていることがわかる。

重要 (4) 電磁石の磁力は，コイルの巻き数，電流の強さ，鉄しんによって強くすることができる。

やや難 (5) 回転子が⑤から⑥に回転するとき，N極が通過するAは「なし」，S極が遠ざかり，N極が近づくBはS極，N極が遠ざかり，S極が近づくCはN極である。

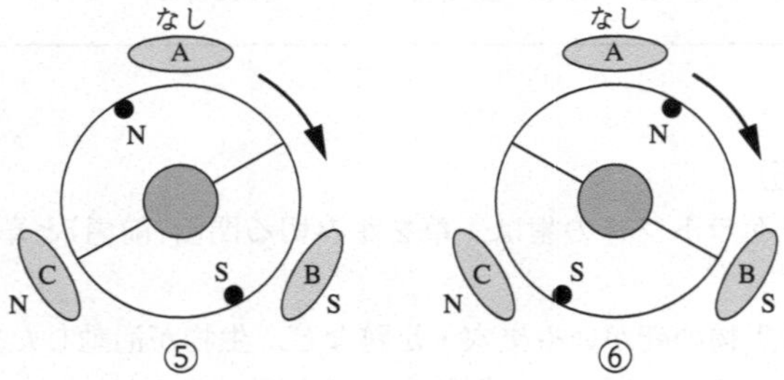

★ワンポイントアドバイス★

第1回同様，生物・化学・地学・物理の4分野において，基本問題に十分に慣れておこう。その上で，物理・化学に関する計算問題や記述問題にもしっかりとり組んでおこう。

<社会解答> 《学校からの正答の発表はありません。》

1 問1 エ　問2 (例) 朝鮮半島での大敗により唐の侵攻の恐れが高まり九州の拠点である大宰府防衛の必要に迫られたから。　問3 エ　問4 イ　問5 関ケ原
問6 ア・エ　問7 ウ・ク

2 問1 1 琉球　2 1972　問2 ウ　問3 (1) 甲午農民戦争　(2) ウ　問4 ア
問5 エ　問6 エ　問7 ウ　問8 日米安全保障条約　問9 う エ　え カ

3 問1 ウ　問2 (1) 十勝平野・讃岐平野　(2) ① ×　② ○　③ ×
問3 イ　問4 エ　問5 (1) 豊田　(2) 原爆ドーム　(3) イ
問6 1 フードマイレージ　2 地産地消

4 問1 こども家庭　問2 合計特殊出生率　問3 X 最低限度　Y 勤労
問4 イ・エ　問5 ア　問6 (例) 自分たちの意見に賛成する人の署名を6000人以上集め首長に提出，議会に条例の制定を求める。　問7 エ　問8 ウ

○推定配点○

1 問2 8点　他 各2点×6(問6・問7各完答)

2 問1・問3(1)・問8・問9 各3点×5(問9完答)　他 各2点×6

3 問2(1)・問6 各3点×3(問2(1)完答)　他 各2点×9

4 問1・問2 各3点×2　問6 8点　他 各2点×6(問4完答)　計100点

＜社会解説＞

1 (日本の歴史―古代～近世の政治・社会・外交など)

問1　ワカタケルは5世紀後半の雄略天皇。埼玉の稲荷山古墳や熊本の江田船山古墳からワカタケルの銘の入った剣が出土しており，当時の大和王権の勢力範囲が推測できる。

やや難　問2　663年，白村江の戦で唐・新羅連合軍に敗れた日本は朝鮮半島から撤退，国内の防備を固め律令制度による国家形成の歩みを本格化していった。

問3　9世紀初頭，胆沢(いさわ)城を築き東北経営を進めた武将(Y)→11世紀後半，後三年合戦で勝利した清衡は平泉を中心に勢力を伸長(Z)→16世紀前半，伊達政宗の曽祖父・稙宗(たねむね)が制定。

問4　X　鎌倉幕府を倒した足利氏も分裂，尊氏と弟・直義の対立は全国的な内乱に発展していった。
　Y　所領を得るためには忠誠より勝利することが最重要となる。

基本　問5　豊臣秀吉の死後，豊臣政権の奉行・石田三成と大老・徳川家康が美濃・関ヶ原で激突。

問6　大塩平八郎は天保の飢饉に対する大坂町奉行所の対応を批判して挙兵。ラクスマンの来航は1792年，異国船打払い令の制定は1825年。

問7　文永の役は第1回の元寇，慶長の役は豊臣秀吉による2回目の朝鮮侵攻。承久の乱は後鳥羽上皇による鎌倉幕府打倒計画，応仁の乱は戦国時代の幕開けとなった内乱。

2 (日本の歴史―近・現代の政治・外交など)

問1　1　薩摩藩は1609年に琉球を征服，以降琉球王国は薩摩藩と中国・明の双方に従属していた。
　2　佐藤栄作首相とニクソン大統領の間で「核抜き本土並み」の返還協定を締結。

基本　問2　長州出身の木戸孝允(たかよし)は西郷・大久保と並んで維新の三傑と呼ばれ中心的な役割を果たした。

問3　(1)　儒教・仏教・道教を根幹とする東学と呼ばれる民衆宗教団体を中心とする農民反乱。
(2)　三国干渉後ロシアはリャオトン半島に進出，朝鮮に対する影響力を増し日本と対立を深めた。

問4　X　納税額は徐々に引き下げられ1925年には撤廃された。　Y　第1回の総選挙では立憲自由党が130議席，立憲改進党が41議席と全300議席中半数以上を反政府派が占めた。

問5　X　中国で起こったのは五・四運動，三・一運動は朝鮮。　Y　全国水平社は部落解放運動。

問6　治安維持法(1925年)→連盟脱退(1933年)→二・二六事件(1936年)。

問7　X　正規軍の2倍近い犠牲者が発生。　Y　6月24日以降も5000名以上が戦死。

重要　問8　この条約により独立後もアメリカ軍が引き続き日本に駐留。米軍の日本防衛義務が明示されないなど不平等な内容であったため，1960年に新条約が締結された。

問9　う　県面積の約8%，沖縄本島では約15%を占める。　え　ジュゴンをはじめとする貴重な動植物が豊富な辺野古の埋め立てには県民の反対の声も多い。

3 (地理―日本や世界の気候や地形・産業・環境問題など)

重要　問1　瀬戸内海に面する高松は温暖で降水量は比較的少ない。東京はイ，松本はエ。

問2　(1)　石狩川は上川盆地から石狩平野を経て日本海に注ぐ。十勝平野は十勝川。四国三郎と呼ばれる吉野川は四国山地を縦断して徳島平野で紀伊水道に注ぐ。讃岐平野には大きな川は流れていない。　(2)　四大公害は阿賀野川の新潟水俣病と神通川のイタイイタイ病，日本海に注ぐのは石狩・最上・阿賀野・神通・信濃川，米の収穫は新潟・北海道・秋田の順。

問3　アは南極，ウはアフリカ，エは南アメリカ大陸。

やや難　問4　Xはコーヒー豆，Zは大豆，aはブラジル。

問5　(1)　世界最大の自動車メーカー・トヨタの本拠地。　(2)　自動車メーカの本拠地である広島には原爆ドームと厳島神社の二つの世界遺産が存在する。　(3)　東京湾沿いの市原には日本最大規模の石油化学コンビナートが作られ各種の工場が林立している。

問6　1　アメリカの7倍，総量でも世界1と極めて高い数値を示している。　2　食の安全や安心に関心が高まり近年注目，地域振興にも貢献するため自治体で取り組むところも増えている。

4 （政治一人権・政治のしくみ・地方自治・国民生活など）

やや難 問1　少子化対策や子育て支援などを担当，これまで分散していた担当を一か所にまとめる目的もあって内閣府の外局として設立される。

問2　人口を維持するためには2.07が必要といわれるが2021年には1.30とさらに低下，2022年度の出生数はコロナ問題もあって80万人を割り込むなど人口の減少は加速している。

問3　X　何をもって最低限度とするかは「国の政治的な義務」から「具体的な権利」まで諸説存在する。　Y　憲法27条には「すべて国民は勤労の権利を有し義務を負う」とある。

重要 問4　弾劾裁判所の裁判官は国会議員，各議院の持つ国政調査権。条約の締結は内閣，国会はそれを承認するだけ，予算の作成は内閣，憲法違反の判断は司法の権能。

問5　一般に補助金といわれるもの。使途が限定されないのは自治体の財政状況に応じて支給される地方交付税交付金，自主財源は住民税などの地方税。

問6　直接請求権は条例の制定改廃や監査請求，議会の解散，議員や首長の解職請求など。

問7　男女比が1：1であればそれぞれの割合は50%となる。平均年齢が女性より3歳以上若いのは保育士と介護職員，勤続年数と支給金額の差が最も開いているのは医師。

問8　両院協議会の開催については衆議院の意思に任される。提出権は内閣と国会議員，予算と異なり法案の提出は衆参どちらでも可，委員会での細かな審議・可決の後に本会議に送られる。

★ワンポイントアドバイス★

分野を問わず様々な資料を読み取る問題が多い。一つ一つの選択肢をていねいに読み込むことはもちろんだが，普段からさまざまな資料問題に触れ慣れておこう。

＜国語解答＞ 《学校からの正答の発表はありません。》

一　問1　a　イ　b　ア　c　エ　問2　玉石混交　問3　イ　問4　オ　問5　自分が発信しようとしていることが，社会や個人にどのような影響を与えることになるかを想像してみることが重要だということ。　問6　刺されてもほえないのは，飼い主の危険時以外は声を出さない訓練のせいで，虐待だという反響が広がったこと　問7　イ・エ　問8　エ

二　問1　オ　問2　ア　問3　オ　問4　気がふれたような母の言動を受け止められず，酒でつらさをまぎらわすことのない元の母がいる生活を取り戻したいと思ったから。　問5　エ　問6　ウ

三　1　論戦　2　一挙　3　就航　4　盟友　5　破竹　6　穀倉　7　栄　8　訪

○推定配点○

一　問1　各2点×3　問2　3点　問5・問6　各10点×2　他　各5点×4　二　問4　10点　他　各5点×5　三　各2点×8　計100点

＜国語解説＞

一 (論説文―細部の読み取り，接続語の問題，空欄補充，記述力)

基本 問1 a 前部分は，新聞やテレビが頼りになるとは言わないし，ネットより遅く古くさい側面もあるということが述べられていて，後部分は，「少なくともウラ取りはしている」だ。前部分が欠点を挙げていて，後部分は，とりあえず長所と呼べる点を挙げているので「しかし」だ。
b 前部分と後部分では，後部分にある「きみたち」の方にこそ考えて欲しいということになるので「むしろ」である。 c 前部分の内容は，盲導犬が刺された犯人探しをしても手がかりが得られなかったというもので，後部分は，病気だったのではないかという別の視点を述べているので「そこで」が入る。

重要 問2 設問で述べられている意味の四字熟語は「玉石混交」である。

問3 「鵜呑み」とは，ものごとの意味を十分に理解しないまま，他人の意見などを受け入れることだ。――線2直後の「このような～」で始まる段落に着目すると，イの内容を選択できる。

問4 「両方のメディア」とはこの場合ネットの情報と，新聞やテレビなどからの情報ということで，どちらにも長所，短所があるとしているのだから，それを「自覚」して情報に接することをすすめている。

問5 ――線4の比喩がどのようなことを指しているかは，「受け手の反応は～」で始まる段落でわかる。まず，――線4直後にあるように「人を傷つけることもある」という点をおさえる。さらに，「でも公益性～」で始まる段落にあるように，個人を傷つけるというだけではなく，社会にどんなリアクションを引き起こすか考えてほしいということから，社会への影響もあるということがわかる。ここでは，「なぜ必要か」と問われているのではなく「どういうことか」と問われているので注意する。

問6 「具体的に」なので，本文で挙げている例をふまえて書くこと。メディアも盲導犬協会も予想していなかった受け取り方をされたということになるので，その具体的内容を書く。起こった事実は盲導犬が刺されたということ，さらに飼い主が犬の鳴き声を聞かなかったという発言をしたということだ。これに対して「飼い主が危険な状態にならなければ，自分が痛くてもほえてはいけないという訓練のせいで，それは虐待だ」という反応が，思いもよらなかった反応ということだ。

問7 「ぬか喜び」とは，想像とは異なる結果になりがっかりするような、一時的な喜びのこと。ネットの便利さのおかげで，余力を創造的な領域に振り向けられると喜んだのに，そうではなかったということになる。問われているのは「なぜぬか喜びだったのか」ということなので，結果としてどんなことが起きてしまったのかを考える。「何でも調べられる～」で始まる段落と，続く「それに，時間をかけて～」で始まる段落の内容から，イとエを選択する。

問8 ――線7冒頭の「これ」が指し示している内容をまとめると，ネット依存してしまうことで視野がせまくなるということになる。――線7直後から始まる段落でも「これ」についての懸念が述べられ，それは民主主義にとって危険だと結んでいるのだから，エである。

二 (物語―心情・情景，細部の読み取り，空欄補充，記述力)

問1 両親が喜んで泣いている姿に，かんこも，ありがとうを繰り返しているのだから感謝の気持ちは当然ある。同時に「かんこが，本気で親を～」で始まる段落で，ただただ感謝で終わっていないことが読み取れる。かつて兄弟に抱いたことがある「守らなくてはならない」という気持ちを親にも持ったということだ。ウとオで迷うところだが，兄や弟の姿が父の泣く姿に重なったわけではなく，兄や弟に抱いた感情が重なったのだからオである。

やや難 問2 「笑おうとした」については，直前の「発端を思い出し，しょうもないしょうもない」という表記から，発端はせんべいというささいなことだと思って笑ってやり過ごそうという自分自身に言い聞かせている気持ちであることがわかるが，「震えていた」の捉え方が難しい。「動かなくなった体～」以降の文章からは，母とのこれまでの回想と，かんこ自身の分析という形で述べられているので，「震え」の理由として読み取れることはなく，また状況として，少なくとも頭だけは落ち着いて思考しているのだから，「震え」とは直接関係を見いだせない。が，心情として，気がふれたのかと思ったなど恐怖や不安の感情を持っていたことは読み取れる。そこで，何でもないことだと思い込んでやり過ごそうとしても，そうはいかなかった。これまで感じた感情に襲われる震えということでアを選択する。

重要 問3 「そのものに苦しんでいるわけではない」ということは，例えばせんべいのことで不安定になったことで考えれば，本当にせんべいのことだけで感情を乱しているのではないということになる。本来の母の性質や，病気の後遺症という状況の中で，ささいなことは「きっかけ」となっているのだろうと推測しているのでオ。

やや難 問4 ――線4直前に「厳しくも～そればかりを思い」とあるので，酒を捨てる直接の原因は，元の母に戻ってほしいという願いからだと思われる。しかし，母はただ酒が好きで飲み過ぎているわけではない。「動かなくなった体～」で始まる段落からの内容で，なぜ母は酒を飲むのかについてかんこが考えている原因が述べられている。母は病気の後遺症のつらさをまぎらわすために飲んでいると推測している。つまり，酒が好きでやめられないのではなく，つらさから逃れるために飲酒しているということから考えると，酒でつらさをまぎらわす必要のなかった母がいる生活に戻りたかったのだと思われる。

問5 続く生徒Aに「よけいにかんことお母さんとのすれ違いのようなものを感じられる～」とある。ここで考えるべきことは，かんこと母親との関係である。「見捨てるわけがない」と思っているかんこと，「見捨てられるかもしれない」という母の思いがすれ違いということなのでエだ。

問6 「紙幣をにぎった～」で始まる段落の最後に，「ずっとそうしていようかと」・「しかし戻らなくては」と，文章の最終文である「あの頃に帰りたい，と思う」に着目する。この内容がふくまれている選択肢はウである。

三 (漢字の書き取り)

1 「論」は全15画の漢字。13画目は左右に出さない。 2 「挙」は全6画の漢字。1～3画目の形は「ツ」である。 3 「航」は全10画の漢字。10画目は曲げてはねる。 4 「盟」は全13画の漢字。「明」をやや横長に書き「皿」とはばを合わせるように書くとバランスがよい。 5 「破」は全10画の漢字。7画目は左下方向にはらう。 6 「穀」は全14画の漢字。3画目は1画目より短めに書いたほうが無難だが，長くても同じ位でも誤りではない。 7 「栄」は全9画の漢字。1～3画目の形は「ツ」である。 8 「訪」は全11画の漢字。10画目ははねる。

★ワンポイントアドバイス★

記述を苦手に感じないような練習を積み重ねておこう。

2022年度

★★★★★★★★★★★★★★★★★★★★★★★★★

入　試　問　題

2022年度

市川中学校入試問題（第１回）

【算　数】（50分）　＜満点：100点＞

【注意】１．コンパス・直線定規を利用してもよい。
　　　　２．円周率は3.14とする。
　　　　３．比を答える場合には，最も簡単な整数の比で答えること。

1　次の問いに答えなさい。

(1)　$(2022 \div 120 - 11) \div \left(\frac{1}{3} + \frac{1}{9} + \frac{1}{27}\right) \times \left(4 - 2.75 \div \frac{3}{4}\right)$ を計算しなさい。

(2)　３個の商品Ａ，Ｂ，Ｃがあります。Ｂの値段はＡの値段より40円高く，Ｃの値段はＡの値段の２倍より30円安くなっています。Ａを１個，Ｂを２個，Ｃを３個購入（こうにゅう）したところ，代金の合計が2690円になりました。このとき，Ａの値段を求めなさい。

(3)　毎分10Ｌ（リットル）の割合で水そうに水を入れていきます。この水そうには２つの排水管（はいすいかん）Ａ，Ｂがあり，ＡはＢより１分あたり５Ｌ多く排水されます。水そうがいっぱいになったところで，Ａのみで排水すると９分で，Ｂのみで排水すると24分で水そうは空になります。このとき，水そうの容量を求めなさい。ただし，排水管を開いてからも，毎分10Ｌの割合で水を入れ続けています。

(4)　下の図のように，長方形と正五角形を組み合わせたとき，印をつけた角の大きさの和を求めなさい。

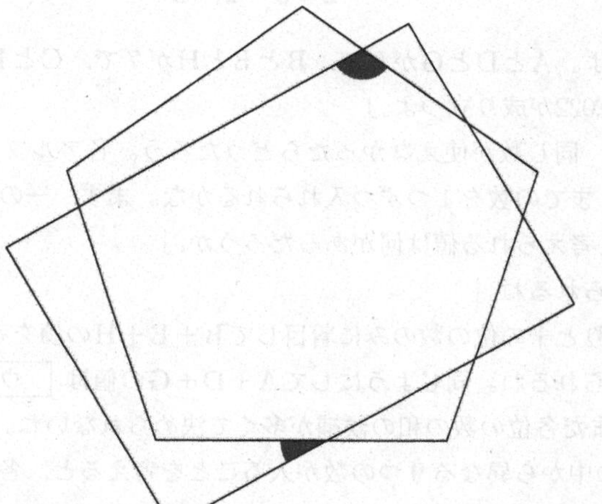

2　次のページの図のように，１辺の長さが６㎝の正方形ABCDが直線ℓ上を滑（すべ）らないように１回転し，正方形EFGHと重なりました。このとき，次の問いに答えなさい。

(1)　ADが通過した部分を，コンパスと定規を用いて作図し，その部分を斜線（しゃせん）で表しなさい。

(2)　(1)で求めた部分の面積を求めなさい。ただし，１辺の長さが１㎝の正三角形の面積は0.43㎠とします。

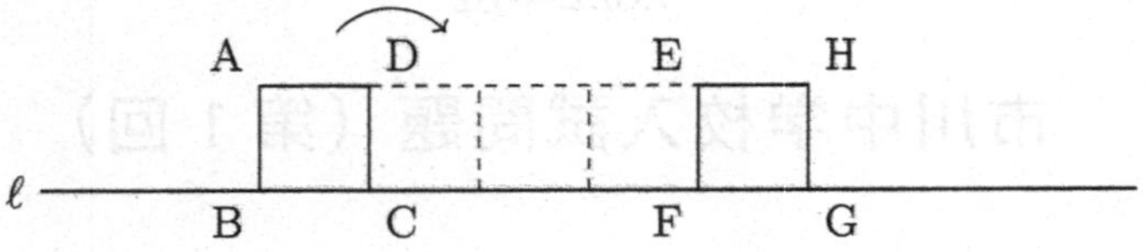

3 濃度５％の食塩水Ａと濃度８％の食塩水Ｂと濃度のわからない食塩水Ｃがあります。Ａ，Ｂ，Ｃを２：１：１の割合で混ぜると，濃度７％の食塩水ができます。このとき，次の問いに答えなさい。

⑴　Ｃの濃度を求めなさい。

⑵　Ａを100ｇ，Ｂを［ア］ｇ混ぜる予定でしたが，間違えてＡを100ｇ，Ｃを［ア］ｇ混ぜてしまい，濃度が予定よりも1.5％高くなりました。［ア］にあてはまる数を求めなさい。

⑶　Ａを100ｇ，Ｂを［イ］ｇ混ぜる予定でしたが，間違えてＡを［イ］ｇ，Ｂを100ｇ混ぜてしまい，濃度が予定よりも１％高くなりました。［イ］にあてはまる数を求めなさい。

4 以下の会話文中の［ア］から［ク］にあてはまる数を答えなさい。ただし，答えが複数ある場合はすべて答えなさい。

Ｘ：「下の筆算が成り立つように，各アルファベットに０から９までの数を１つずつ入れることを考えよう。」

$$\begin{array}{r} \mathbf{A\ B\ C} \\ \mathbf{D\ E\ F} \\ +)\quad \mathbf{G\ H\ I} \\ \hline \mathbf{2\ 0\ 2\ 2} \end{array}$$

Ｙ：「それなら簡単だよ。ＡとＤとＧが６で，ＢとＥとＨが７で，ＣとＦとＩが４ならば，674＋674＋674＝2022が成り立つよ。」

Ｘ：「そうだね。では，同じ数が使えなかったらどうだろう。各アルファベットに入る数が異なるように，０から９までの数を１つずつ入れられるかな。まず，一の位の数のみに着目すると，Ｃ＋Ｆ＋Ｉとして考えられる値は何があるだろうか。」

Ｙ：「［ア］が考えられるね。」

Ｘ：「次に，繰り上がりと十の位の数のみに着目してＢ＋Ｅ＋Ｈの値を考えてみよう。」

Ｙ：「［イ］が考えられるね。同じようにしてＡ＋Ｄ＋Ｇの値は［ウ］が考えられるよ。」

Ｘ：「これだけだと，まだ各位の数の和の候補が多くて決められないね。でも，各アルファベットには０から９までの中から異なる９つの数が入ることを考えると，各位の数の和の組合せは１通りに絞られるんじゃないかな。」

Ｙ：「Ｃ＋Ｆ＋Ｉ＝［エ］，Ｂ＋Ｅ＋Ｈ＝［オ］，Ａ＋Ｄ＋Ｇ＝［カ］だね。ということは，０から９の中で使わない数は［キ］なんだね。」

Ｘ：「では，Ａが７のとき，残りのアルファベットに入る数の組合せが何通りあるか求めてごらん。」

Ｙ：「わかった。［ク］通りだね。」

5 次のような操作を考えます。

操作：ある数に対して，その数が10の倍数のときは10で割り，10の倍数でないときは３倍して２を加える。

この操作を繰り返し行うとき，次の問いに答えなさい。

(1) (i) １に対してこの操作を５回行ったあとの数を求めなさい。

(ii) ２に対してこの操作を５回行ったあとの数を求めなさい。

(2) １から100までの数に対してこの操作を行うとき，10で割るという操作を１回も行わない数は何個ありますか。

(3) １から100までの数に対してこの操作を行うとき，10で割るという操作をちょうど１回だけ行う数は何個ありますか。

【理　科】（40分）　　＜満点：100点＞

【注意】１．コンパス・定規は使用しないこと。
　　　　２．計算問題の答えは，整数または小数で答え，割り切れない場合は小数第２位を四捨五入して，小数第１位まで答えること。

1　再生可能エネルギーの一つに太陽光があります。太陽光を使った発電を太陽光発電といい，太陽光発電は，光電池（太陽電池）と呼ばれる板状のパネルに光をあてることで回路に電流を流す発電方法です。

光電池の性質を調べるために，【実験１】～【実験３】を，よく晴れた日の正午に，光電池を南向きに設置しておこないました。

【実験１】

図１のような回路を用意した。太陽光が光電池に垂直にあたるようにし，電流の大きさをはかった。その後，図２のように，光電池に対する太陽光が入射する角度を変化させながら，電流の大きさをはかりグラフにした。

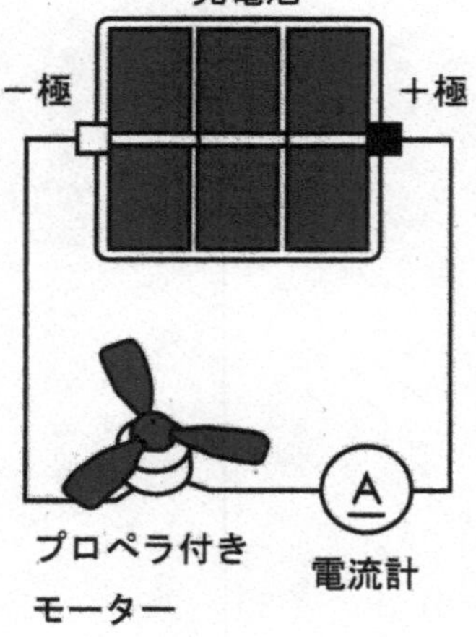

図１　光電池を含（ふく）んだ回路

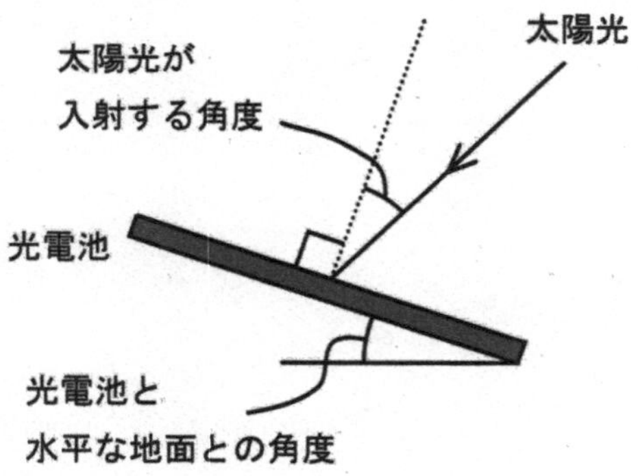

図２　光電池の断面と太陽光の角度

【実験２】

光電池を４枚用意し，図３のように直列に接続した回路と，図４のように並列に接続した回路を用意した。光電池に，太陽光を同じ角度で入射させると，図３のプロペラよりも，図４のプロペラの方が速く回転した。その後，それぞれの回路の，一方の光電池を黒い紙でおおうと，図３のプロペラの回転は止まり，図４のプロペラの回転は遅（おそ）くなった。

（図３，図４は次のページにあります。）

【実験３】

図１の回路をつくり，図５，６のように，光電池の一部を黒い紙でおおうと，図５のプロペラの回転は止まり，図６のプロペラの回転は遅くなった。

（図５，図６は次のページにあります。）

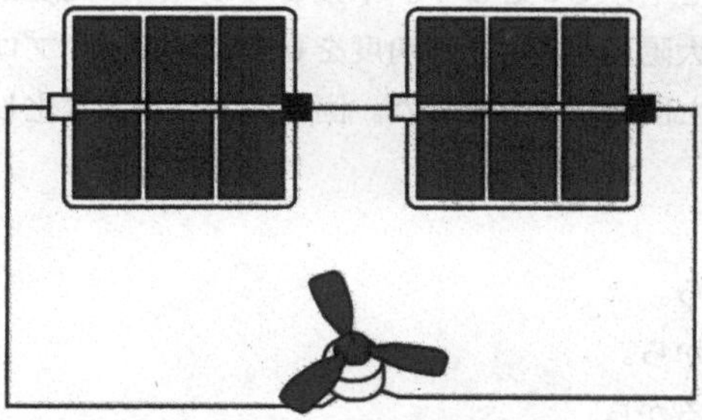

図３ 光電池の直列接続

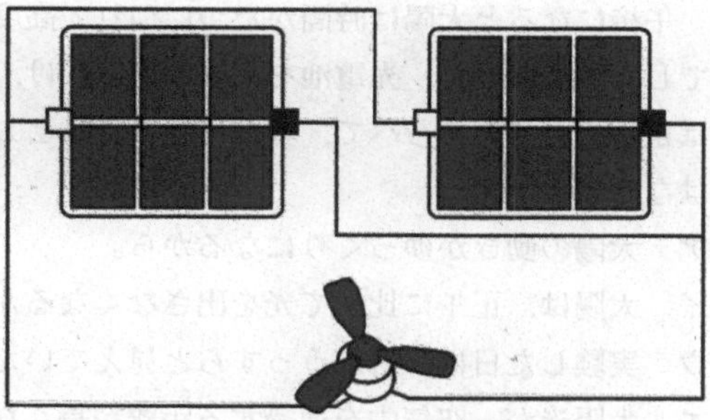

図４ 光電池の並列接続

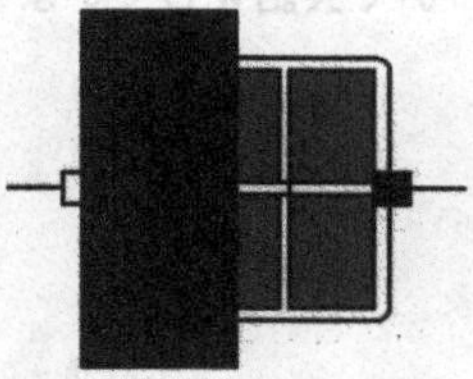

図５ 左側半分を黒い紙でおおう

図６ 上側半分を黒い紙でおおう

⑴ 再生可能エネルギーによる発電方法として，太陽光発電以外の発電方法を一つ答えなさい。

⑵ 【実験１】において，南中高度をはかると65度でした。前のページの図２の太陽光が入射する角度を０度にするとき，光電池と水平な地面との角度は何度ですか。

⑶ 【実験１】のグラフのおおまかな形を表したものはどれですか。縦軸は電流の大きさ，横軸は太陽光が入射する角度を示します。

ア
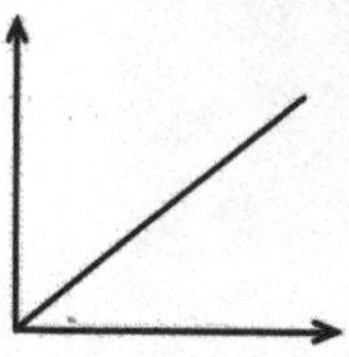

イ
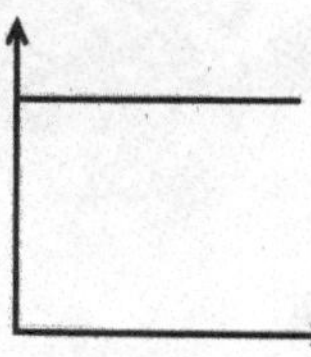

ウ
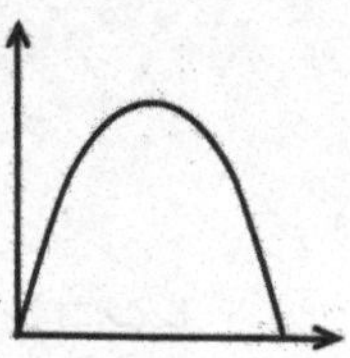

エ
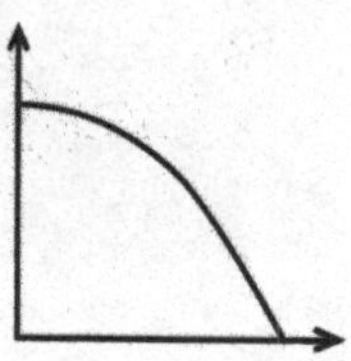

⑷ 【実験２】の結果から，光電池の性質を表したものはどれですか。

ア 光電池を直列につなぐと，乾電池を直列につないだときと同じ性質を示す。

イ 光電池を並列につなぐと，モーターに流れる電流の大きさは増加する。

ウ 光電池は太陽光が入射する角度を変えると，モーターに流れる電流の大きさは変化する。

エ 光電池は強い光をあてると，モーターに流れる電流の大きさは増加する。

⑸ 図７のように，光電池内をａ～ｆの部分にわけたとき，【実験３】からわかる光電池の構造はどれですか。

ア ［ａ，ｄ］と［ｂ，ｅ］と［ｃ，ｆ］が２つずつ直列に接続されており，さらに，その３つのまとまりが並列に接続されている。

イ ［ａ，ｄ］と［ｂ，ｅ］と［ｃ，ｆ］が２つずつ並列に接続されており，さらに，その３つのまとまりが直列に接続されている。

ウ ａ～ｆが全て直列に接続されている。

エ ａ～ｆが全て並列に接続されている。

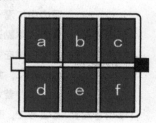

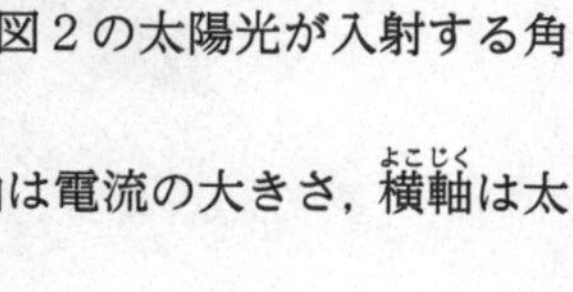

図７

⑹　午後になると太陽は時間がたつにつれて高度を下げていきます。午後５時の太陽の高度は20度でした。このとき，光電池を太陽の方に向け，太陽光が入射する角度を０度にすると，プロペラは正午のときとくらべて，非常にゆっくりとした回転になりました。回転のようすが変化したのはなぜですか。

ア　太陽の動きがゆっくりになるから。

イ　太陽は，正午に比べて光を出さなくなるから。

ウ　実験した日は，月がうっすらと見えていたから。

エ　太陽光が，空気中を通過する距離（きょり）が長くなるから。

2　市川さんとお母さんは，身近な食材であるレンコンについて会話をしています。

レンコンの写真

［お母さん］　昨日はキャベツで焼きそばを作ったけれど，今日はレンコンを買ってきたので煮物（にもの）を作りましょう。

［市川さん］　レンコンって植物のどの部分を食べているのかな。

［お母さん］　レンコンは漢字で蓮（はす）の根，“蓮根”と書くけれど，本当は［　①　］なんだよね。泥水（どろみず）の上に浮（う）いている葉を支える長い柄（え）につながっていて，泥水の中のさらに酸素の少ない泥の中に潜（もぐ）っているんだよ。

［市川さん］　昔の人は勘違（かんちが）いして名付けてしまったんだね。

［お母さん］　食物繊維（せんい）を多く含（ふく）み独特の食感を持つので，煮物や天ぷらや酢（す）の物にするとおいしいね。特に，お正月やお祝いの席でよく使われるのは，穴があいていて「見通しがきく」として，昔から縁起物（えんぎもの）とされているからなんだよ。

［市川さん］　ところで，レンコンを輪切りにしたときに見える10個ぐらいの大きな穴は一体何のためにあるのかな。植物のからだには，②道管や③師管などを合わせた維管束（いかんそく）があるけれど，レンコンの穴も維管束なのかな。

［お母さん］　レンコンの穴は，葉から取り込んだ ④ を根や茎に送るための通気孔なんだよね。レンコンが大きな通気孔を持つ理由は，その⑤生息環境と深い関係があるようだよ。

［市川さん］　その環境で生きていけるように進化した結果なんだね。

⑴ ① は，植物のからだのどの部分ですか。

⑵ ① と同様の部分を食材にしている植物はどれですか。次の中から２つ選びなさい。

ア　サツマイモ
イ　サトイモ
ウ　ジャガイモ
エ　ゴボウ
オ　ラッカセイ

⑶ 下線部②，③は，それぞれ何を運ぶ管ですか。

ア　葉で光合成によって作られた栄養分　　イ　根から吸収した水分

⑷ ④ は，呼吸に必要な何という気体ですか。漢字で答えなさい。

⑸ 下線部⑤は，どのような環境ですか。文章中より抜き出し，20字以内で答えなさい。

3 市川さんは「ものの溶け方」に関する授業を受けたあと，先生と話しました。次の文章はそのときの会話です。

［市川さん］　先生，水ってすごいですね。食塩のかたまりって岩塩とかですよね。あんなに硬いものを溶かしてしまうなんておどろきました。

［先　生］　いいところに気がつきましたね。水というのは，一番身近な液体ですが，実はすごいのですよ！ミクロの世界ではどんなことが起きているのか教えてあげましょう！

［市川さん］　はい！お願いします。

［先　生］　まず，すべてのものはとっても小さい粒からできているのを知っていますか？

［市川さん］　以前，本で読んだことがあります。

［先　生］　では，黒板で粒を使って説明します。水の粒を三角，食塩の粒を丸でかきますね。①液体である水の粒は自由に動き回ることができます。そして，水の粒が食塩の粒について，食塩の粒を切りはなすのです。

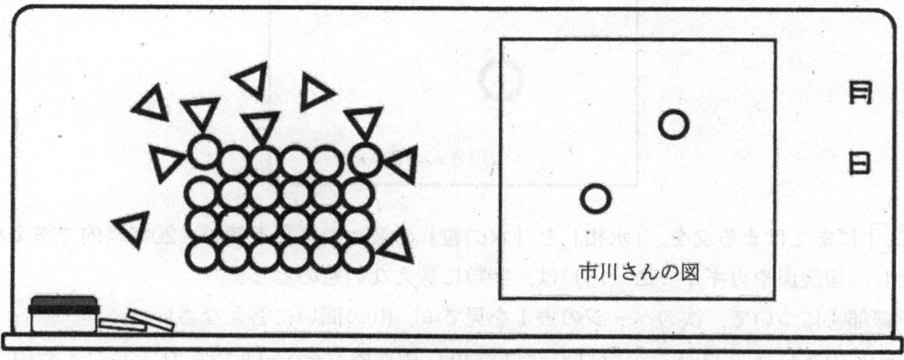

黒板

[市川さん]　食塩の一粒一粒に対して，水の粒がつくから，食塩のかたまりをバラバラにできるのですね。

[先　生]　その通りです。そして，バラバラになった食塩の粒は水の粒に取り囲まれて，水溶液（すいようえき）中を動き回るのです。

[市川さん]　ちょっと黒板を使いますね！②水の粒に取り囲まれている状態とはこんな感じですか？

[先　生]　その通りです。この状態を「水和（すいわ）」といいます。

[市川さん]　もしかして，水を蒸発させると食塩が出てくるのは [　③　] からですか？

[先　生]　その通り！得た知識をすぐに活用できて，素晴らしいですね。

[市川さん]　ありがとうございます。温度が変化すると溶ける量も変わるのですよね？

[先　生]　④食塩は温度変化によって溶ける量はあまり変わりませんが，ミョウバンやホウ酸は温度が高くなると溶ける量が多くなりますね。

[市川さん]　そうなのですね！いろいろ教えていただきありがとうございました。

[先　生]　では，最後に宿題です。油に食塩は溶けるのかどうか，実験してみてください。

[市川さん]　わかりました。やってみます。

帰宅後に，市川さんはサラダ油に少量の食塩を入れて，スプーンで混ぜてみたところ，⑤食塩の粒は残ったままで，溶けませんでした。

(1)　下線部①の説明と板書内容から判断できない内容はどれですか。

ア　水の粒は，食塩の粒につく力を持っている。

イ　水の粒は，動き回っている。

ウ　水の粒は，どんなものの粒にでもつきやすい性質を持っている。

エ　食塩の一つ一つの粒に対して，はがす力が加わるから，食塩の粒がバラバラになる。

(2)　次の図は下線部②について，市川さんが黒板にかいた図の一部です。市川さんが黒板にかいた図を完成させなさい。ただし，かき入れるのは８個の水の粒のみとします。

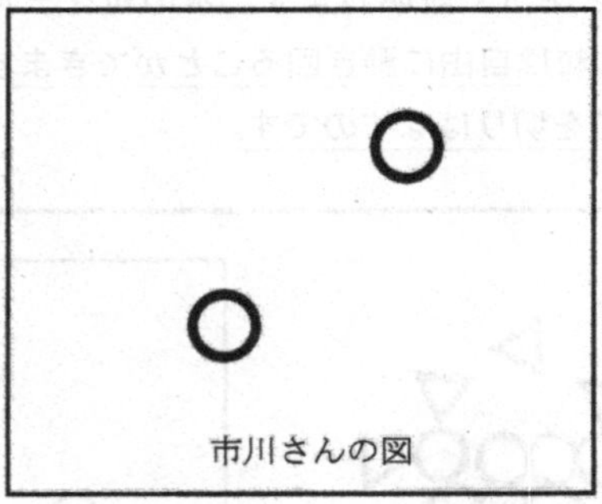

市川さんの図

(3)　[　③　] にあてはまる文を，「水和」と「水の粒」の２つの言葉を使い，20字以内で答えなさい。ただし，句読点やカギかっこ（「」）は，字数に数えないものとします。

(4)　下線部④について，次のページの表１を見て(a)，(b)の問いに答えなさい。

(a)　60℃の水にミョウバンを溶けるだけ溶かした水溶液を62.4ｇつくりました。その水溶液を40℃に冷やすと，出てくるミョウバンは何ｇですか。

(b) 食塩とミョウバンの重さを２：１の比で混ぜた混合物をつくり，その混合物を80℃の水200ｇに完全に溶かしました。その水溶液を20℃まで冷やしたとき，ミョウバンのみが出てきました。

出てくるミョウバンがもっとも多くなるとき，溶かした混合物の重さは何ｇですか。

表１

100ｇの水に溶ける食塩とミョウバンの重さ（ｇ）と 水の温度（℃）の関係

水の温度　（℃）	20	40	60	80
食　塩　（ｇ）	35.8	36.3	37.1	38.0
ミョウバン　（ｇ）	5.9	11.6	24.8	71.0

(5) 下線部⑤について，食塩が油に溶けないのはなぜですか。

ア　油の粒は食塩の粒につかないため。
イ　油の粒は自由に動き回っていないため。
ウ　食塩の粒は自由に動き回っていないため。
エ　油は粒でできていないため。

４ 地球から天体を観測していると，ある天体が他の天体に隠されることによって，欠けたり見えなくなったりすることがあります。この現象を「食」といい，太陽が月に隠されるような食は日食といいます。2012年５月や2019年５月に日本で日食が観測されました。写真は，2012年５月に起こった日食の様子を撮影したものです。

2012年５月に起こった日食の様子

(1) 天体の位置関係によっては，惑星が月に隠されることもあります。金星が月に隠された場合，何といいますか。

(2) 写真のような日食は，特に，「□日食」や「□食」といいます。□にあてはまる言葉をひらがなで答えなさい。

(3) 写真の内側の丸い黒い部分は，何が写っていますか。

(4) 日食が始まる前に，小さい四角形の鏡を使って，太陽光を壁に反射させました。鏡が壁に近いと，壁に映った反射光は鏡の形と同様に四角く輝いていました。この鏡を壁から遠ざけていくと，壁に映った反射光の形はどうなりますか。

ア　四角形のまま，大きくなっていく。

イ　四角形のまま，小さくなっていく。

ウ　大きさも形も変わらない。

エ　円形に近づいていく。

オ　三角形に近づいていく。

⑸　太陽はいつでもほぼ同じ大きさに見えますが，写真のようなリング状に見える日食と異なり，太陽が完全に隠される日食が起こることもあります。

　このように日食の様子に違いが発生する理由を，「**月**」と「**地球**」の２つの言葉を使い，11字から20字で答えなさい。ただし，句読点やカギかっこ（「」）は，字数に数えないものとします。

⑹　月が地球の影に入るような食は月食といいます。月食にみられる特徴はどれですか。次の中から**２つ**選びなさい。

ア　月食は満月のときに起こるので，皆既月食は真夜中前後に起こりやすい。

イ　月食のときに月が欠け始めると，赤銅色（赤っぽい色）になっていく。

ウ　曇っていても月食は起こる。

エ　地球も月も同じ方向に公転しているため，月食は一晩中続くことがある。

オ　日食と月食を比べると，月食の方が起こりにくい。

⑺　2021年５月の満月のときに月食が起こりました。月食が起こるのは満月のときだけですが，満月のときに必ずしも月食が起こるとは限らないのはなぜですか。

ア　地球が公転している面に対して，月が公転している面が傾いているため。

イ　地球の直径の方が月の直径よりも大きいため。

ウ　地球から太陽までの距離よりも，月から太陽までの距離の方が遠くなることがあるため。

エ　同じ月の中で満月が見られるのは，０回から２回と一定ではないため。

【社　会】（40分）　＜満点：100点＞

【注意】 1．解答の際には，句読点や記号は１字と数えること。
2．コンパス・定規は使用しないこと。

1　音楽をテーマにした日本の歴史について，次の文章を読み，あとの問いに答えなさい。

音楽を奏でるための楽器はいつ頃からあるのでしょうか。A縄文時代の遺跡から土製の鈴がみつかることがあります。他にも，土でできた笛とみなすことができるものも出土しているので，この頃から楽器がつくられていたと思われます。弥生時代に現れた銅鐸も楽器の一種といえるかもしれません。平らな鐘で，内側に舌と呼ばれる棒や板を入れて鳴らします。中国から朝鮮に伝わり，さらに日本に伝わってしだいに大型化したと考えられています。

奈良時代の中頃，東大寺の大仏が完成しました。完成を祝う儀式では，およそ１万人の僧侶やさまざまな寺に所属する人たちが参加し，大勢の人びとの前で音楽が奏でられました。また，B仏教音楽に加えて，中国や朝鮮をはじめ諸外国の珍しい音楽や舞踊なども披露され，当時の東アジアの中では最大級の国際イベントとなりました。C８世紀の終わりに平安時代が始まり，律令の規定を補足・修正した法令である「格」と，律令の施行の細かい規則を定める「式」がD９世紀から10世紀にかけて分類・編集されました。式には，朝廷の儀式において音楽を演奏する人や音楽学生の人数，彼らが参加すべき儀礼などが規定されていました。

鎌倉時代になると，E『平家物語』が琵琶法師によって平曲※1として語られ始めました。その後も，茶道や連歌の集まりなど多様な場で演奏されましたが，平曲は盲目の琵琶法師によって語りつがれたので，楽譜はつくられませんでした。室町時代には，観阿弥・世阿弥父子が歌舞劇であるF能を大成しました。この時代には，寺社の保護をうけて能を演じるG座の活動がさかんで，特に世阿弥は優れた役者・脚本家として活躍しただけでなく，音楽と舞踊もつくりました。

江戸時代，朝鮮から将軍の代がわりごとにH朝鮮通信使が江戸に派遣されました。総勢400～500人の行列の中には，太鼓や笛などさまざまな楽器を奏でる楽隊も含まれていて，道中や滞在地で音楽を演奏しました。

江戸幕府は西洋の書物と，西洋の言語を中国語に訳した書物の輸入を禁止していました。しかし，I18世紀になると幕府はこの方針を変更して，中国語に訳した西洋の書物の輸入を認めました。これをきっかけに蘭学がさかんになり，蘭学を研究する人たちが現れました。J蘭学者の宇田川榕庵は，オランダ語の音楽の本から五線譜やト音記号・ハ音記号を知り，音程についても，雅楽※2の音名などに対応させて理解しました。このことは，明治時代の西洋音楽理論導入の先駆けとなりました。

※1平曲…琵琶の伴奏によって平家物語を語るもの。

※2雅楽…奈良・平安時代に完成し，宮廷・寺社などで行われた音楽。また，それによる舞。

問1　下線Aについて，次の文章の（1）～（4）にあてはまる語句の組み合わせとして正しいものはどれですか，次のページのア～カから１つ選び，記号で答えなさい。

> 縄文時代の始まりは，今から約１万年前で，それまでよりも地球の気候が（　1　）になった時代です。青森県の（　2　）遺跡は，この時代における日本最大級の集落の跡です。人びとの暮らしには，新しくつくられるようになった（　3　）石器だけでなく，前の時代に引き続き（　4　）石器が欠かせませんでした。

ア ［１－温暖　２－三内丸山　３－磨製　４－打製］
イ ［１－寒冷　２－三内丸山　３－打製　４－磨製］
ウ ［１－温暖　２－吉野ヶ里　３－磨製　４－打製］
エ ［１－寒冷　２－吉野ヶ里　３－打製　４－磨製］
オ ［１－温暖　２－三内丸山　３－打製　４－磨製］
カ ［１－寒冷　２－吉野ヶ里　３－磨製　４－打製］

問２　下線Ｂについて，仏教に関して説明したア～オを時代の古い順に並べたとき，２番目と４番目にあたるものはどれですか，それぞれ記号で答えなさい。

ア　すべての人をどこかの寺院に所属させ，仏教徒であることを証明する制度がつくられました。
イ　山での修行が重視され，加持祈祷によって国家の安定や人びとの幸せを祈る仏教がおこり，密教と呼ばれました。
ウ　比叡山延暦寺が焼き打ちにあい，さらに一向一揆などの仏教勢力も攻撃をうけました。
エ　仏教の精神を政治にいかすことがめざされ，法隆寺や四天王寺などが建てられました。
オ　ただひたすらに念仏や題目を唱えたり，座禅にうちこむなど，一つの道に専念する仏教がおこりました。

問３　下線Ｃについて，次の文章の（５）・（６）にあてはまる語句は何ですか，それぞれ漢字で答えなさい。

> （　５　）天皇は，784年に長岡京へ遷都し，その後平安京に遷都しました。国司の不正の監視や取り締まりを行う勘解由使を設置するなど「令」にない役職を新たに設置し，律令制の充実をはかりました。さらに東北地方の蝦夷を平定するため，（　６　）を征夷大将軍に任命し，東北に派遣しました。

問４　下線Ｄについて，９・10世紀に起こったできごとを説明した文としてあやまっているものはどれですか，ア～オからすべて選び，記号で答えなさい。

ア　前九年合戦が起きました。　イ　菅原道真が左遷された大宰府で亡くなりました。
ウ　墾田永年私財法が出されました。　エ　藤原良房が摂政になりました。
オ　平将門の乱が起きました。

問５　下線Ｅについて，『平家物語』の冒頭にあたるものはどれですか，ア～オから１つ選び，記号で答えなさい。

ア　この世をば　わが世とぞ思ふ　望月の　かけたることも　なしと思へば
イ　春はあけぼの。やうやう白くなりゆく山際，少し明かりて，紫だちたる雲の細くたなびきたる。
ウ　つれづれなるままに，日くらし，硯にむかひて，心にうつりゆくよしなし事を，そこはかとなく書きつくれば，あやしうこそものぐるほしけれ。
エ　祇園精舎の鐘の声，諸行無常の響きあり。沙羅双樹の花の色，盛者必衰のことわりをあらはす。
オ　天の原　ふりさけ見れば　春日なる　三笠の山に　出でし月かも

問６　下線Ｆについて，能にあたるものはどれですか，次のページのア～エから１つ選び，記号で答えなさい。

ア

イ

ウ

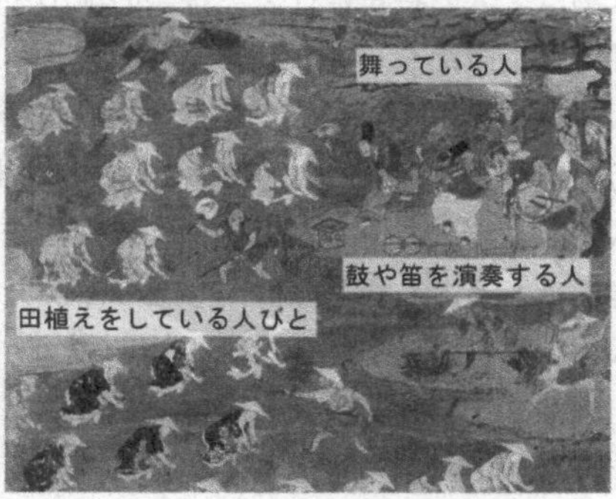

エ

東京国立博物館所蔵（https://www.tnm.jp）より

立命館大学所蔵、Ukiyo-e Search HP（https://ukiyo-e.org）より

実教出版『日本史Ｂ　新訂版』より

なお、問題作成の都合により一部加工しています。

問７　下線Ｇについて，次の文章の（７）・（８）にあてはまる語句の組み合わせとして正しいものはどれですか，下のア～エから１つ選び，記号で答えなさい。

> 座は同業者の組合で，（　７　）に税を納めることで保護を受け，営業を独占（どくせん）しました。売買の手段としては，銅銭が主に使用され，（　８　）などの高利貸しもあらわれました。

ア　［７－貴族や寺社　　８－問（問丸）］　　イ　［７－貴族や寺社　　８－土倉や酒屋］
ウ　［７－幕府や大名　　８－問（問丸）］　　エ　［７－幕府や大名　　８－土倉や酒屋］

問８　下線Ｈについて，朝鮮通信使の来日は，当時の庶民にとってはどのような意味があったと考えられますか，資料１・２をふまえて，40字以内で説明しなさい。（資料２は次のページにあります。）

＜資料１＞

> 当時は，使節の行列以外で外国人の姿を見ることはめったにありませんでしたが，通信使一行が宿泊（しゅくはく）した地域では，人びとが宿舎を訪ねたり，簡単な朝鮮語の会話集がつくられたりしました。

＜資料２＞

> 幕府は，使節を迎える準備を各藩に命じました。そのため，京都・江戸間では，使節の一行の膨大(ぼうだい)な荷物を運搬(うんぱん)するために人足(にんそく)としてのべ30万人以上の人が動員され，馬はのべ８万頭用意されました。

問９　下線Ｉについて，この方針転換をすすめた人物を説明したものとして正しいものはどれですか，**ア～オ**から１つ選び，記号で答えなさい。

ア　この人物は幕府の将軍として，主従関係や上下関係を大切にする朱子学を重視しました。質を落とした貨幣を大量に発行し，幕府の財政難を切り抜(ぬ)けようとしました。

イ　この人物は２人の将軍に仕え，金銀の流出をふせぐために長崎での貿易を制限するなど正徳の治と呼ばれる政治を行いました。

ウ　この人物は幕府の将軍として，参勤交代の際の大名の江戸滞在期間を半分にする代わりに，石高１万石につき100石の米を幕府に献上(けんじょう)させました。

エ　この人物は幕府の老中として，株仲間の結成をすすめるなど，商人の力を借りながら幕府の財政再建を行おうとしました。

オ　この人物は幕府の老中として，質素・倹約をすすめました。さらに農村の立て直しのために，農民の出かせぎを禁止し，大名には飢饉に備えて米を蓄(たくわ)えさせました。

問10　下線Ｊについて，蘭学者または蘭学に関して説明した文としてあやまっているものはどれですか，**ア～オ**から１つ選び，記号で答えなさい。

ア　緒方洪庵が大阪にひらいた適塾では，福沢諭吉らが蘭学を学びました。

イ　シーボルトは長崎に鳴滝塾をひらき，医学を中心とする蘭学を教えました。

ウ　高野長英・渡辺崋山らは，幕府の対外政策を批判したため厳しく罰(ばっ)せられました。

エ　杉田玄白は前野良沢らとともに，オランダ語の解剖書を翻訳(ほんやく)して『解体新書』を出版しました。

オ　宮崎安貞はオランダの農業に学んで『農業全書』を著し，農業技術の普及(ふきゅう)に努めました。

２　**次の年表は，それぞれ歴史上のある人物についてまとめたものです。これをみて，あとの問いに答えなさい。**

［　Ａ　］	の年表	
1838年	肥前国（いまの佐賀県）に生まれる	
1881年	国会開設や憲法制定をめぐる意見対立などで政府を追われる	……①
1889年	条約改正交渉を進めるさなか、襲撃(しゅうげき)されて重傷をおう	
1898年	内閣総理大臣に就任したが４ヶ月で内閣退陣(たいじん)	
1914年	再び内閣総理大臣に就任する	
1915年	（　１　）を提出し、その大部分を認めさせる	……………………②
1922年	83歳(さい)で死去	

［　B　］の年表	
1858年	相模国（いまの神奈川県）に生まれる
1874年	慶應義塾に入塾する
1903年	東京市長に就任する
1913年	立憲政治を守る立場から（　2　）内閣を総辞職に追い込む
↕	……③
1937年	軍部の台頭に対し衆議院で批判演説を行う
1954年	95歳で死去

［　C　］の年表	
1893年	愛知県に生まれる
1920年	平塚らいてう・奥むめおとともに新婦人協会を設立する
1922年	新婦人協会が治安警察法の第５条の改正を実現する
1924年	婦人参政権の獲得（かくとく）をめざして運動を進める
1942年	大日本婦人会の審議員（しんぎいん）に指名される　……………………④
1953年	参議院議員となる
↕	……⑤
1981年	87歳で死去

問１　［A］～［C］にあてはまる人物の組み合わせとして正しいものはどれですか，ア～クから１つ選び，記号で答えなさい。

ア　［A－板垣退助　　B－犬養　毅　　C－津田梅子］
イ　［A－板垣退助　　B－犬養　毅　　C－市川房枝］
ウ　［A－板垣退助　　B－尾崎行雄　　C－津田梅子］
エ　［A－板垣退助　　B－尾崎行雄　　C－市川房枝］
オ　［A－大隈重信　　B－尾崎行雄　　C－津田梅子］
カ　［A－大隈重信　　B－尾崎行雄　　C－市川房枝］
キ　［A－大隈重信　　B－犬養　毅　　C－津田梅子］
ク　［A－大隈重信　　B－犬養　毅　　C－市川房枝］

問２　①について，このできごとに関係する動きを説明した文として正しいものはどれですか，ア～オからすべて選び，記号で答えなさい。

ア　政府による北海道開拓事業にかかわる不正事件が明るみに出ました。
イ　国会開設を10年後に行うことが天皇の名によって約束されました。
ウ　国民の意見に基づいた憲法を制定する方針が発表されました。
エ　意見対立が起こった原因として，鹿児島県など九州や西日本各地での士族反乱による社会不安がありました。

オ　西郷隆盛も政府を追われることになりました。

問３　②について，**史料**は（**１**）の提出を批判したアメリカの新聞「ニューヨーク・タイムズ」の記事です。これを読み，下の問いに答えなさい。

＜史料＞

これらの要求が認められれば，中華民国の主権を甚だしく損なうだろうということだ。中国は実質的に日本の管理下に入ってしまうだろう。＜中略＞（　　あ　　）のに乗じ，中国と西洋諸国の権利を無視して，永遠に中国という偉大な国の運命の支配者であり続けられるように中国に対する管理を確固たるものにしようとする日本の意図を示しているというものだ。

歴史学研究会編『日本史史料集［４］近代』より

⑴　（**１**）にあてはまる語句を答えなさい。

⑵　国際社会の批判が予想されるにもかかわらず，日本は（**１**）を提出しました。その背景には，当時発生していたあるできごとが関係しています。その背景について，（**あ**）にあてはまる内容を考えて，補いなさい。

問４　（**２**）にあてはまる人物は誰ですか，姓名ともに漢字で答えなさい。

問５　③について，1913年から1937年までの時期に起こったできごととして正しいものを**ア～カ**から選び，それらを時代の古い順に並べたとき，２番目と４番目にあたるものはどれですか，それぞれ記号で答えなさい。なお，できごとは14～15ページの年表の人物に直接関係しているとは限りません。

ア　天皇中心の国のあり方を変えようとする運動を取り締まるため，治安維持法が制定されました。

イ　ロシア革命への対応としてシベリア出兵がはじまりました。

ウ　韓国併合条約が調印されました。

エ　国際連盟がリットン調査団を中国の満州に派遣しました。

オ　関東大震災が発生し，多くの人命や財産が失われました。

カ　日独伊三国同盟が結ばれました。

問６　④について，大日本婦人会は，戦争協力のため1940年に政党を解散して結成された全国組織に組み入れられました。この全国組織を何といいますか，漢字で答えなさい。

問７　⑤について，1953年から1981年までの時期に起こったできごととしてあてはまらないものはどれですか，**ア～カ**からすべて選び，記号で答えなさい。なお，できごとは年表の人物に直接関係しているとは限りません。

ア　日本が国際連合に加盟しました。

イ　朝鮮戦争が始まりました。

ウ　沖縄が日本に復帰しました。

エ　自衛隊がカンボジアに派遣されました。

オ　日米安全保障条約が調印されました。

カ　日韓基本条約が調印されました。

3 **市川さんは，千葉県成田市について調べた内容をまとめました。次の文章を読み，あとの問いに答えなさい。**

A千葉県成田市は千葉県の北部中央に位置し，河川を隔(へだ)てて茨城県と接しています。JRの成田駅周辺には住宅が多く建ち並び，現在の成田市の人口はおよそ13万人です。

成田市は下総台地に位置し，市の西部には印旛沼があります。印旛沼では流入するB河川の増水によって，たびたびC洪水(こうずい)が発生しました。印旛沼の洪水は，D日光連山の降雨によって生じることが多かったため，「日光水」として周辺の人びとに恐(おそ)れられていました。

E千葉県は農作物の生産がさかんな都道府県の１つで，2019年の統計によれば，米・野菜・果実・畜産等からなる農業生産額の合計は全国４位であり，成田市も，米やさつまいも・落花生・クリームスイカが特産品として知られています。

成田市の中心部である成田地区は，1000年以上の歴史がある成田山新勝寺の門前町として栄えてきました。さらに，1960年代になると，F成田ニュータウンが計画・建設されはじめ，人口が急増していきました。

問１　下線**A**について，次のページの**地図１**は成田市の地図です。これについて，次の問いに答えなさい。

(1)　**地図１**から読みとれる内容を説明した①・②について，その正誤の組み合わせとして正しいものはどれですか，下の**ア**～**エ**から１つ選び，記号で答えなさい。

①　低地は主に田に利用され，台地やその台地に入り組む谷には住宅が多く建てられています。

②　JR成田駅から西にのびる大通りには，税務署や消防署・博物館などの施設(しせつ)があります。

ア　［①－正　②－正］
イ　［①－正　②－誤］
ウ　［①－誤　②－正］
エ　［①－誤　②－誤］

＜地図1＞

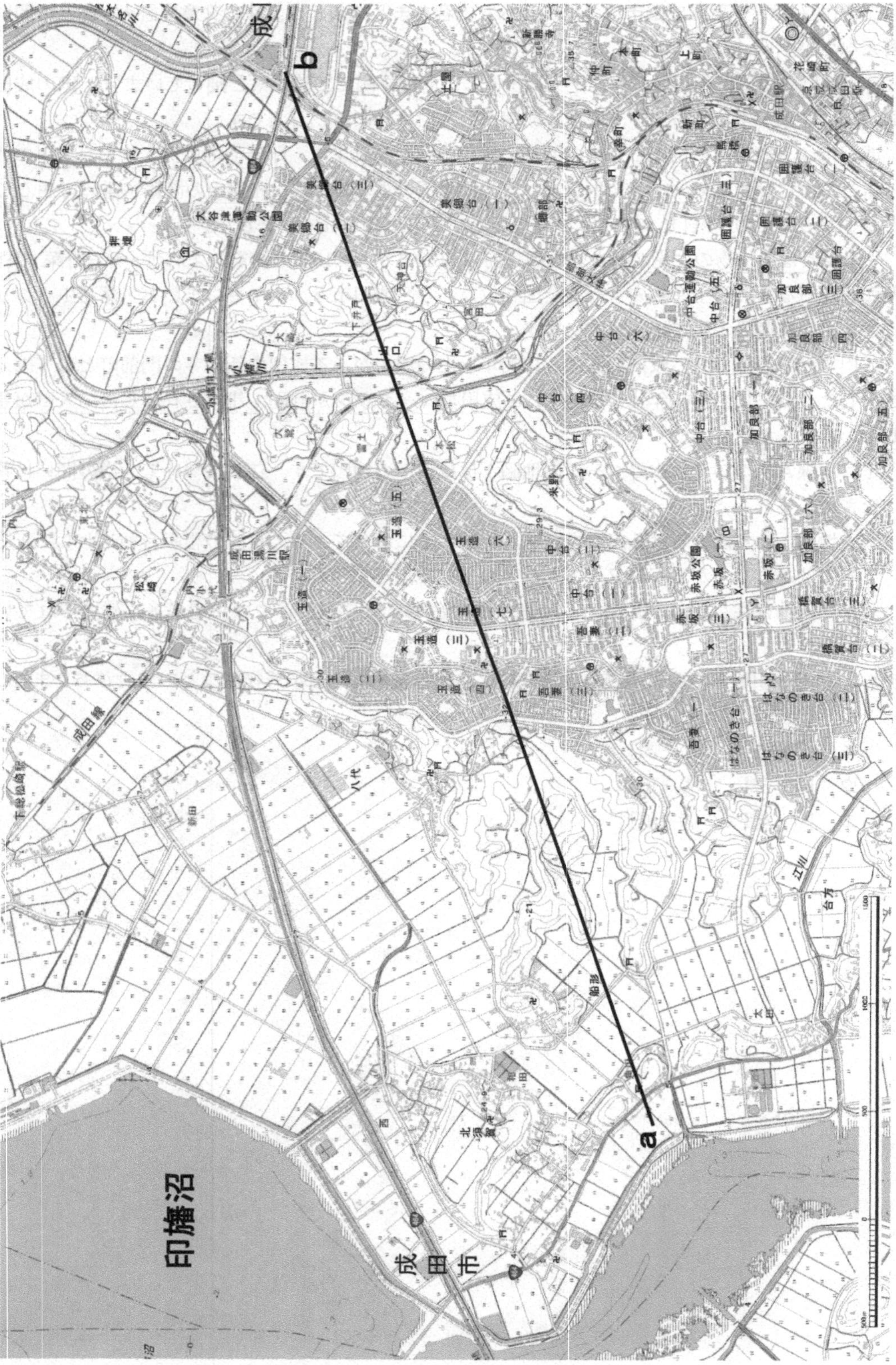

（国土地理院電子地形図「成田」2万5000分の1地形図。なお、問題作成の都合により実際の地図を加工しています。）

⑵　前のページの地図１のａ――ｂの線のおおよその断面図として正しいものはどれですか，ア～オから１つ選び，記号で答えなさい。

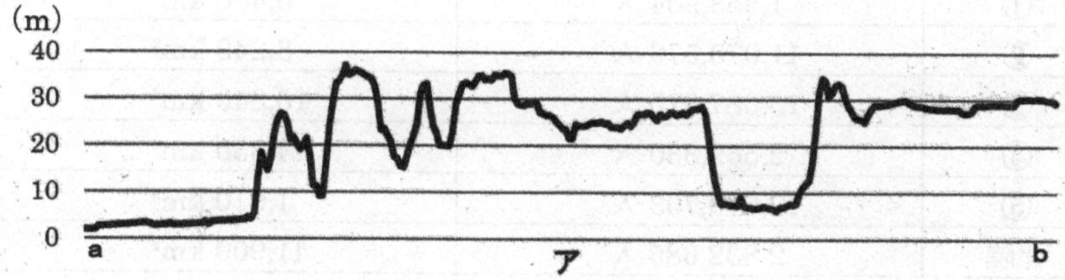

ア

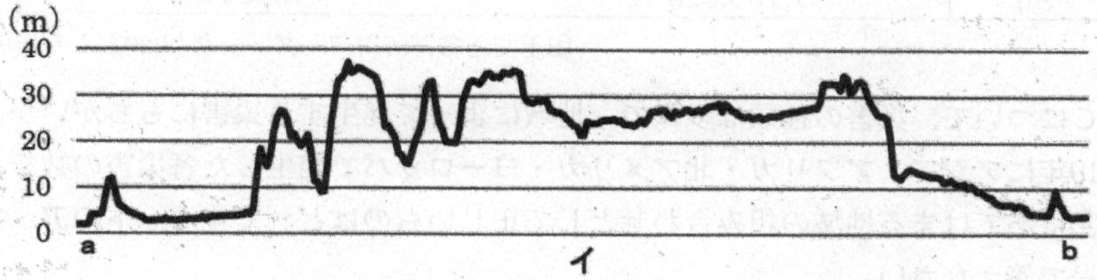

イ

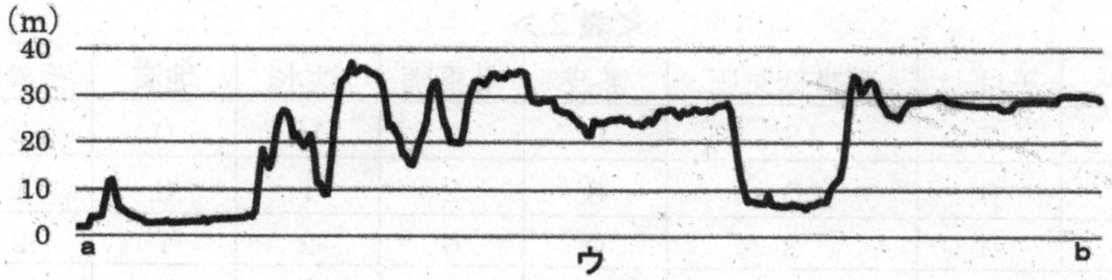

ウ

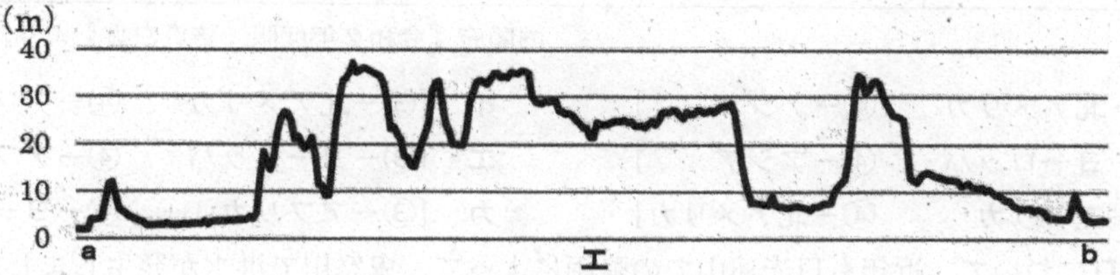

エ

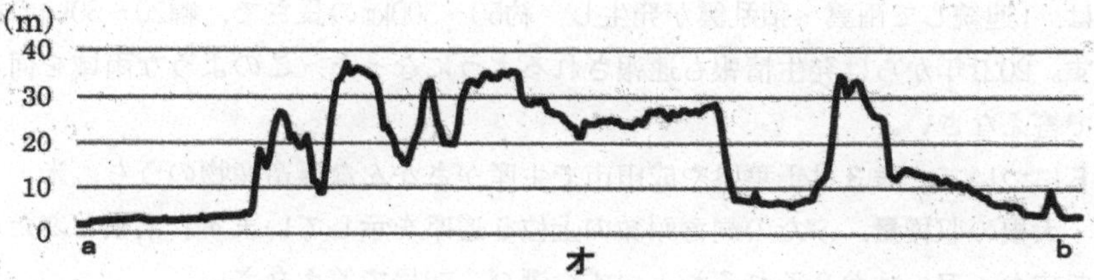

オ

国土地理院地図 HP（https://maps.gsi.go.jp）より作成

問２　下線Ｂについて，次のページの表１は北海道・東北・関東・北陸・中部・近畿・九州の各地方における流域人口首位の一級河川の流域人口と流域面積を示しています。②・⑤にあてはまる地方の組み合わせとして正しいものはどれですか，下のア～カから１つ選び，記号で答えなさい。

ア　[②－関東　⑤－中部]　　イ　[②－関東　⑤－北海道]
ウ　[②－東北　⑤－中部]　　エ　[②－東北　⑤－北海道]
オ　[②－近畿　⑤－中部]　　カ　[②－近畿　⑤－北海道]

＜表１＞

	流域人口	流域面積
①	1,353,904 人	5,400 km²
②	11,073,576 人	8,240 km²
③	13,087,825 人	16,840 km²
④	2,569,330 人	14,330 km²
⑤	2,610,703 人	1,010 km²
北陸	2,832,685 人	11,900 km²
九州	1,103,526 人	2,863 km²

国土交通省『河川データブック 2020』より作成

問３　下線**C**について，災害の種類は多様で，地域によって発生する災害にもちがいがあります。**表２**は2019年にアジア・アフリカ・北アメリカ・ヨーロッパで発生した各災害の数を示しています。③・④にあてはまる地域の組み合わせとして正しいものはどれですか，下の**ア～カ**から１つ選び，記号で答えなさい。

＜表２＞

	干ばつ	熱帯低気圧	熱波	暴風雨	洪水	地震（じしん）	その他
①	7	3	0	2	10	0	2
②	0	0	6	2	1	0	1
③	0	3	0	6	2	1	2
④	2	11	0	2	17	4	1

内閣府『令和２年度版　防災白書』より作成

ア　[③－北アメリカ　④－アジア　]　**イ**　[③－北アメリカ　④－アフリカ　]
ウ　[③－ヨーロッパ　④－アジア　]　**エ**　[③－ヨーロッパ　④－アフリカ　]
オ　[③－アフリカ　④－北アメリカ]　**カ**　[③－アフリカ　④－ヨーロッパ]

問４　下線**D**について，近年も日光連山での豪雨によって，鬼怒川で洪水が発生しました。このときの豪雨は，「連続して雨雲・積乱雲が発生し，約50～300㎞の長さで，幅（はば）20～50㎞の雨域」によるものです。2021年からは発生情報も速報されるようになった，このような雨域を何といいますか，漢字で答えなさい。

問５　下線**E**について，**表３**は千葉県や成田市で生産がさかんな農畜産物のうち，米・トマト・さつまいも・大根の収穫量，ぶたの飼育頭数の上位５道県を示しています。大根とぶたにあたるものはどれですか，**ア～オ**からそれぞれ１つずつ選び，記号で答えなさい。

＜表３＞

順位	ア	イ	ウ	エ	オ
1	新潟県	鹿児島県	鹿児島県	北海道	熊本県
2	北海道	茨城県	宮崎県	千葉県	北海道
3	秋田県	千葉県	北海道	青森県	愛知県
4	山形県	宮崎県	群馬県	鹿児島県	茨城県
5	宮城県	徳島県	千葉県	神奈川県	千葉県

二宮書店『データブック　オブ・ザ・ワールド 2021 年版』より作成

問６　下線Ｆについて，成田市以外にも，ニュータウンは日本の各地に点在しています。**表４**は，成田市と，同じくニュータウンが位置する千葉県佐倉市の2015年における昼夜間人口比率※を示しています。成田市の昼夜間人口比率が，佐倉市のそれとはことなる理由は何ですか，成田市の都市としての特徴をふまえて，具体的に説明しなさい。

※昼夜間人口比率…夜間人口100人に対する昼間人口。

＜表４＞

成田市	123.6
佐倉市	83.1

政府統計の総合窓口（e-Stat）HP（https://www.e-stat.go.jp）より作成

４　**次の文章は斎藤幸平著『人新世の「資本論」』（集英社新書）の抜粋です。これを読み，あとの問いに答えなさい。なお，出題に際して，省略および表記を一部変えたところがあります。**

温暖化対策として，あなたは，なにかしているだろうか。レジ袋削減のために，エコバッグを買った？　ペットボトル入り飲料を買わないようにマイボトルを持ち歩いている？　車をハイブリッドカーにした？

はっきり言おう。その善意だけなら無意味に終わる。それどころか，その善意は有害でさえある。

なぜだろうか。温暖化対策をしていると思い込むことで，真に必要とされているもっと大胆なアクションを起こさなくなってしまうからだ。良心の呵責※1から逃れ，現実の危機から目を背けることを許す「A免罪符※2」として機能する消費行動は，資本の側が環境配慮を装って私たちを欺くグリーン・ウォッシュ※3にいとも簡単に取り込まれてしまう。

では，B国連が掲げ，各国政府も大企業も推進する「CSDGs」なら地球全体の環境を変えていくことができるだろうか。いや，それもやはりうまくいかない。政府や企業がSDGsの行動指針をいくつかなぞったところで，D気候変動は止められないのだ。SDGsはアリバイ作りのようなものであり，目下の危機から目を背けさせる効果しかない。

＜中略＞

人類の経済活動が地球に与えた影響があまりに大きいため，ノーベル化学賞受賞者のパウル・クルッツェンは，地質学的に見て，地球は新たな年代に突入したと言い，それを「人新世」（アントロポセン）と名付けた。人間たちの活動の痕跡が，地球の表面を覆いつくした年代という意味である。

実際，ビル，工場，道路，農地，ダムなどが地表を埋めつくし，海洋には（　１　）が大量に浮遊している。人工物が地球を大きく変えているのだ。とりわけそのなかでも，人類の活動によって飛躍的に増大しているのが，大気中の二酸化炭素である。

＜中略＞

近代化によるE経済成長は，豊かな生活を約束していたはずだった。ところが，「人新世」の環境危機によって明らかになりつつあるのは，皮肉なことに，まさに経済成長が，人類の繁栄の基盤を切り崩しつつあるという事実である。

気候変動が急激に進んでも，超富裕層は，これまでどおりの放埒※4な生活を続けることができるかもしれない。しかし，私たち庶民のほとんどは，これまでの暮らしを失い，どう生き延びるのかを必死で探ることになる。

そのような事態を避けるためには，政治家や専門家だけに危機対応を任せていてはならない。「人任せ」では，超富裕層が優遇されるだけだろう。だから F より良い未来を選択するためには，G 市民の一人ひとりが当事者として立ち上がり，声を上げ，行動しなければならないのだ。

※１　良心の呵責…悪いことをした自分に対して，自分自身の良心からの責めを感じ，苦しむこと。

※２　免罪符…比喩的に，何かのつぐないとしての行いをいう。

※３　グリーン・ウォッシュ…環境保護にうわべだけ熱心にみせること。実際は，環境に優しい活動をしていないのに，「環境に優しい」と主張すること。

※４　放埒…勝手気ままにふるまうこと。きまりやしきたりにしたがわないこと。

問１　（１）には，レジ袋の使用を規制する要因となった海洋汚染物質が入ります。（１）にあてはまる物質名を，カタカナ10文字以上で答えなさい。

問２　下線Aについて，本文中で使われている意味として，最も適しているものはどれですか，ア～エから１つ選び，記号で答えなさい。

ア　地球温暖化は解決されつつあると信じてしまうこと。

イ　気候変動は自然現象なので，人間の努力では解決できないとあきらめてしまうこと。

ウ　自分の行動が，二酸化炭素の排出削減に少しでも役立っていると満足してしまうこと。

エ　企業が，二酸化炭素排出量削減に失敗しても許してしまうこと。

問３　下線Bについて，国連の働きを説明した文としてあやまっているものはどれですか，ア～オから２つ選び，記号で答えなさい。

ア　国連貿易開発会議は，先進国と発展途上国の経済格差の解決に取り組んでいます。

イ　総会は，世界人権宣言やさまざまな差別をなくす条約を採択しています。

ウ　安全保障理事会は，紛争地域の安定をはかるためにPKOの実施を決定します。

エ　ユニセフは，世界の貴重な文化遺産や自然遺産を保護するために，世界遺産の登録を行います。

オ　国際労働機関は，人々の健康を守り，感染症を予防するために活動します。

問４　下線Cについて，次の問いに答えなさい。

⑴　SDGsを日本語に訳したときの正式名称は何ですか，次の□にあてはまる語句を答えなさい。

□□□□□□□□□目標

⑵　SDGsの15番目の目標は「陸の豊かさも守ろう」です。その具体的内容として生物多様性を維持するというものがあります。生物多様性を維持するための取り組みを説明した①・②について，その正誤の組み合わせとして正しいものはどれですか，下のア～エから１つ選び，記号で答えなさい。

①　アライグマやカミツキガメなどの外来生物が，自然に定着するのを見守ります。

②　動物園ではジャイアントパンダの繁殖をうながすために，中国からパンダを借り受けています。

ア ［①－正　②－正］　　イ ［①－正　②－誤］

ウ ［①－誤　②－正］　　エ ［①－誤　②－誤］

問５　下線Dについて，気候変動に関する取り決めであるパリ協定の内容を説明した文として正しいものはどれですか，次のページのア～オから２つ選び，記号で答えなさい。

ア　世界の平均気温上昇を，産業革命以前に比べて２℃より十分に低くたもちます。

イ　日本の温室効果ガスの排出量を，1990年に比べて６％引き下げます。

ウ　すべての締約国に温室効果ガスの削減目標を提出させます。

エ　「かけがえのない地球」をスローガンに人間環境宣言を採択しました。

オ　オゾン層を破壊するおそれのある物質の製造，消費および貿易を規制しました。

問６　下線Ｅに関して，高度経済成長期のできごとについて説明した文としてあやまっているものはどれですか，ア～オからすべて選び，記号で答えなさい。

ア　技術革新によって，鉄鋼や石油化学などの重化学工業が発展し，輸出が増大しました。

イ　電気洗濯機や冷蔵庫，カラーテレビなどが普及し，「三種の神器」と呼ばれました。

ウ　日本で開催された最初のオリンピックにあわせて，東海道新幹線が開業しました。

エ　神通川流域のイタイイタイ病や渡良瀬川流域の鉱毒事件などの四大公害訴訟が問題となりました。

オ　大都市における過密と，人口が流出した農村や漁村の過疎が問題とされるようになりました。

問７　下線Ｆに関連して，未来を選択する手段として選挙があります。次の問いに答えなさい。

⑴　**表１**は2012年の衆議院選挙における自民党の得票率・獲得議席率を示しています。衆議院選挙において，**表１**のように得票率が低いにもかかわらず，獲得議席率が高くなることがあるのはなぜですか，「**当選者**」という語句を用いて説明しなさい。

＜表１＞

	自民党の得票率	自民党の獲得議席率※1
2012 年衆議院選挙	35.3％	61.3％

※１獲得議席率…衆議院総選挙の全議席に対する、自民党が獲得した議席の割合

総務省 HP（https://www.soumu.go.jp）より作成

⑵　次のページの**グラフ１・２**，**表２**から読み取ることができる内容としてあやまっているものはどれですか，**ア～カ**から３つ選び，記号で答えなさい。

ア　衆議院選挙において，自民党の比例代表得票率が小選挙区得票率を超えることはありませんでした。

イ　2009年の衆議院選挙で自民党は過半数割れして，民主党政権が誕生しました。

ウ　参議院選挙において，自民党の比例代表得票率が選挙区得票率を超えることがありました。

エ　2013年の参議院選挙の結果，自民党は参議院で過半数の議席を確保しました。

オ　自民党の獲得議席率が得票率を下回ることはありませんでした。

カ　自民党の福田康夫首相は首相在任中に選挙を経験していません。

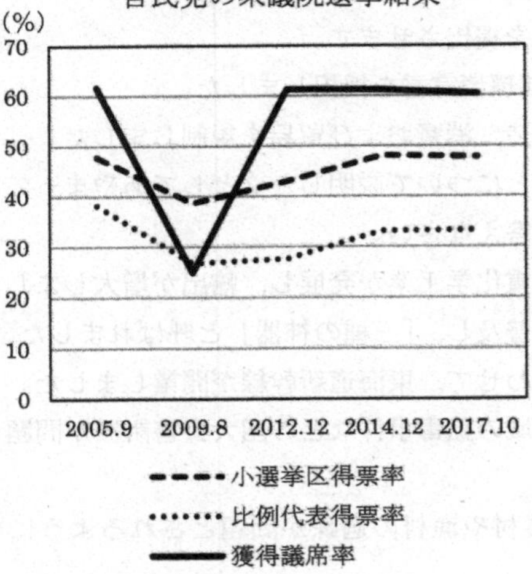

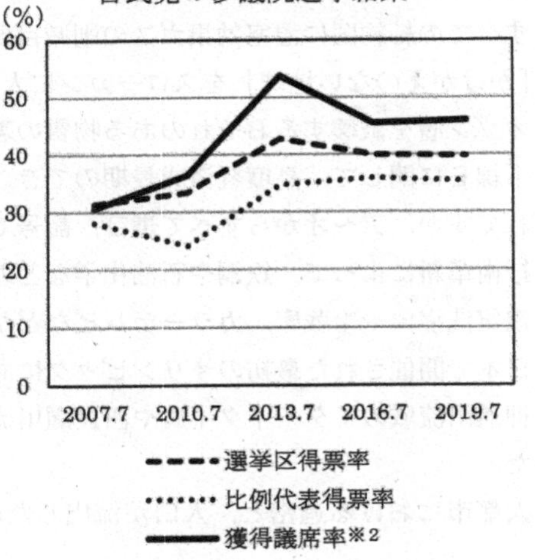

※２獲得議席率…参議院通常選挙の改選議席に対する、自民党が獲得した議席の割合

総務省 HP（https://www.soumu.go.jp）より作成

＜表２＞
歴代内閣

発足年月	総理大臣	総理大臣の所属政党
2001.4～	小泉純一郎	自民党
2006.9～	安倍晋三	自民党
2007.9～	福田康夫	自民党
2008.9～	麻生太郎	自民党
2009.9～	鳩山由紀夫	民主党
2010.6～	菅直人	民主党
2011.9～	野田佳彦	民主党
2012.12～	安倍晋三	自民党
2020.9～	菅義偉	自民党
2021.10～	岸田文雄	自民党

問８　下線Ｇに関連して，国民が政治や裁判に参加するしくみを説明した文としてあやまっているものはどれですか，ア～エから１つ選び，記号で答えなさい。

ア　25歳以上の国民は，衆議院議員に立候補することができます。

イ　18歳以上の国民は，みな平等に１人１票の選挙権を持っています。

ウ　市町村の住民は，住民投票で，地域の重要な問題について意思を示すことができます。

エ　市町村の住民は，有権者の３分の１以上の署名を集めれば，市町村長をやめさせることができます。

問９　著者が，本文でSDGsを批判しているのは，「地球の資源や環境には限りがあり，新たな技術や効率的な利用では温室効果ガスの総量を削減できないので，経済成長そのものを抑制（よくせい）する必要がある」と考えるからです。この考え方にそった意見①・②について，その正誤の組み合わせとして正しいものはどれですか，下の**ア**～**エ**から１つ選び，記号で答えなさい。

①　火力発電をすべて太陽光発電に切り替（か）えても，太陽光パネルの生産に大量のエネルギーと資源を消費するめで，発電量そのものをおさえる必要があります。

②　発展途上国の開発によって自動車が普及するので，先進国の支援でガソリン車ではなく電気自動車の普及を進める必要があります。

ア　[①－正　②－正]　　**イ**　[①－正　②－誤]

ウ　[①－誤　②－正]　　**エ**　[①－誤　②－誤]

伝統工芸の世界で生きていくことの難しさがよくわかるので、「みどり色の記憶」の中での、美術の世界で生計を立てるのは難しいという千穂の母の発言には、一理あると納得するよ。わたしも美術の世界には興味があるけれど、その道に進む決心はつかないかな。

ウ　生徒C　『アートがわかると世の中が見えてくる』では、伝統工芸の世界は時代に対応できておらず、若者が低賃金で働いている状況だと書かれているね。「みどり色の記憶」の中で、千穂が芸術科に入りたいと母に言えなかったのは、そんな気持ちなどわかってもらえないと思っていたからだけれど、芸術を志す者が実際にその道に進み、特に伝統工芸の世界で生活していくとしたら、やはり大変なのかな。

エ　生徒D　『アートがわかると世の中が見えてくる』で言われているように、お客さんは伝統工芸が新しい試みを始めることを求めているけれど、「みどり色の記憶」の中で真奈が話した、パン職人のお父さんの働きぶりとお客さんの嬉しそうな顔との関係を思い起こすと、伝統工芸も、これまで拒否してきた科学技術を用いるという取り組みをすることで、お客さんがまた戻ってきてくれるのではないかな。真奈のお父さんの職人技が真奈に引き継がれるように、これからの伝統工芸の世界で大きな役割を果たすのは、若い芸術家なんだと思うね。

オ　生徒E　『アートがわかると世の中が見えてくる』では、伝統工芸の存続を願いながらも自分たちは工芸品を買おうとしない人たちについても述べられているね。芸術の世界が持続していくためには、多くの人々が美術品を買うことによって、芸術家の生活を支えることも重要なのだろうね。「みどり色の記憶」の中で、千穂は「絵を描くことに関わる仕事」がしたいと思っているけれど、「画家」とは呼ばれない、そのような仕事であっても、芸術に理解のある多くの人々の支えが必要であることに変わりはないと思うよ。

四　次の各文の――線のカタカナを漢字に直しなさい。

1　国語の授業でヤクシを音読した。
2　ピアノにジュクタツするまで長い時間がかかった。
3　県内を自転車でジュウダンする。
4　ここにはかつてケイベン鉄道の路線があった。
5　白砂セイショウの美しい海岸。
6　ハンでおしたようなつまらない生活。
7　タンポポがムラがって生えている。
8　農業をイトナむ。

るようになったということ。

エ　陶磁器の新たな製造技術を利用し、明治以降の新しい生活に合わせて売れ始めていた新製品を生産することで、食器を作り続けている会社よりも利益を出したということ。

オ　明治以降の新しい工業製品にも通用する、伝統的な陶磁器の製造技術を利用することで、食器よりも儲かる新しい産業にも進出したということ。

問４　――線４「バブル経済の崩壊後に限界を迎えます」とあるが、それはなぜか。その理由として最も適当なものを次の中から選び、記号で答えなさい。

ア　経済の停滞により、伝統工芸品を大量に買う客が減少し、職人の収入が減ったが、国や自治体も厳しい財政事情の中で伝統工芸に対して補助金を出し続けることが難しくなっていたため、職人が生活していけるだけの金額を出せなくなったから。

イ　経済の停滞により、不要不急である伝統工芸品を買う客が減少し、職人の収入が減ったことで、補助金の重要性がこれまで以上に高まり、職人が国や自治体に認定された製造方法を守るようになったが、その結果新しいものが生まれず伝統産業の活力が失われたから。

ウ　経済の停滞により、高価な伝統工芸品を買える客が減少し、職人の収入が減ったが、これまで通りの製造方法を守ることで補助金をもらってきた職人は努力をしなくなっていたため、時代の変化に対応した新しい製品を生み出せなかったから。

エ　経済の停滞により、必要とはいえない伝統工芸品を買う客が減少し、職人の収入が減ったことで、伝統工芸を守りたい人々は補助金の増額を署名運動で要求したが、国や自治体も売れない伝統工芸品に対し補助金を出し続けるだけの余力がなくなってきたから。

オ　経済の停滞により、なくても困らない伝統工芸品を買う客が減少し、職人の収入が減ったが、伝統工芸として補助金を得るためには技術や製造方法を変えることができないため、職人は売れるような新しい製品を作ることもできなかったから。

問５　――線５「未来への可能性を自分たちで潰している大人たち」とあるが、ここでの「大人たち」はどのようなことをしているのか。50字以内で説明しなさい。

三　次のア～オは、**一**のあさのあつこ「みどり色の記憶（きおく）」の文章と、**二**の前崎信也（まえざきしんや）『アートがわかると世の中が見えてくる』の文章を読んだ生徒たちの会話である。二つの文章を読んだ上での発言として適当でないものをア～オの中からすべて選び、記号で答えなさい。

ア　生徒A　『アートがわかると世の中が見えてくる』を読んで、伝統工芸の世界が抱（かか）える問題点を知ることができたよ。ぼくも芸術の世界に進もうと考えているんだけれど、「みどり色の記憶」の千穂（ちほ）のように、親と将来について話してぶつかるのがこわいと思い、これまで進路についてきちんと話したことがなかったんだよね。でも、やっぱり勇気をもって親に自分の考えを伝えることが大事だなって気づいたよ。

イ　生徒B　『アートがわかると世の中が見えてくる』を読むと、

ができません。未来が見えない状況に悩み、若者が辞めるとなると、お金を払う※甲斐性が自分たちにないことは棚に上げて「最近の若い奴は根性がない」と彼らのせいにします。「テクノロジーは敵」で、新しい素材や技術を試すことは嫌。やる気のある若者が新しい方法を提案しても基本的には後ろ向き、インターネットで販売したらデザインを盗まれると、過剰に反応して販売方法の見直しもしない。

　芸術大学で最新の世界の芸術の動向や、先端技術や知識を学び、伝統産業の世界に飛び込んだ若者たちは、そんな状況に取り込まれて絶望します。特に芸術大学や美術大学では「自由に自分探しをして自分だけにしかできない作品を作ること」を学生に要求します。そんな教育をうけた若者たちが、補助金をもらい続けるために５未来への可能性を自分たちで潰している大人たちが溢れる業界に入り、まともな精神を保てるでしょうか。意欲的に制作活動をできるでしょうか。

※ビジネスセンス…商売の才能。
※ゲスト…客。
※リターン…利益。
※マーケット…商品を売りこむ先。市場。
※ＳＮＳ…インターネットを通して、文章・音声・映像などの情報を発信し、人々と交流することができるサービス。
※ポジティブ…積極的。
※甲斐性…経済力。

問１　――線１「『変わらない』ことを選択して生き残ってきた」とあるが、なぜそのようなことができたのか。その理由として最も適当なものを次の中から選び、記号で答えなさい。

ア　伝統文化の担い手は、日本の文化を守り続ける姿勢を保つことで、海外からの関心を集めることができたから。

イ　伝統文化の担い手は、日本の伝統文化を守るべきだという強い意志により、作品制作を続けてこられたから。

ウ　伝統文化の担い手は、日本の伝統工芸の技術を守った作品づくりをしていれば、補助金が得られたから。

エ　伝統文化の担い手は、国から伝統工芸士などの地位を与えられることで、伝統技術の保存に専念できたから。

オ　伝統文化の担い手は、日本の文化を守ることへの使命感を持つことで、補助金をもらうことができたから。

問２　――線２「お客様のためを思って真面目に丈夫すぎる製品を造り続ける」とあるが、それはどういうことか。本文中の「陶磁器」の例にしたがって、70字以内で説明しなさい。

問３　――線３「まったく新しい製品を開発し、市場の開拓をはじめます」とあるが、それはどういうことか。その説明として最も適当なものを次の中から選び、記号で答えなさい。

ア　明治以降における西洋の生活習慣の流入により、江戸時代から続いていて時代遅れとなった陶磁器産業から、時代に合った新しい産業へと転じたということ。

イ　明治まで続いてきた陶磁器の性質や製造技術を応用して、新しい工業製品や生活様式の変化に対応した新製品を作り、従来よりも利益の出る産業を始めたということ。

ウ　明治以降の科学技術の進歩により、それまでの製造技術が時代遅れとなった陶磁器産業をやめ、まったく新しい分野の産業で勝負す

「同じことを繰り返し続けること」を約束させられたのです。※リターンとして彼らが得たものは何かといえば、「助成金」や「補助金」という名の延命薬です。

この仕組み、当初はうまくいったように見えました。しかし、4バブル経済の崩壊後に限界を迎えます。経済が停滞すると、企業も個人も不要不急のものに対する支出をカット。お世話になった取引先への記念品として社名入りの工芸品を関係先に配るようなことは激減しました。年末にカレンダーをもらうことが最近減ったと思いませんか。ビジネスの世界でのお中元もお歳暮も昭和の伝統と呼んでもいいくらいになくなりました。

生活をするだけなら一〇〇円ショップで購入できる食器で十分。インターネットオークションで家にある不要なものが簡単に売れるので、現代の作家の食器よりも、過去の有名作家の作品のほうが安く手に入る。こうして、陶芸家の生命線としての「毎年大きな注文をくれるお客様」はあっという間にいなくなりました。

伝統工芸の世界が他の業態、たとえばカレンダーの印刷屋さんと違ったことは、新しい※マーケットを開拓するために、製品を大幅に変化させることを許されなかったことです。政府から「補助金」をもらうためには、文部科学省や経済産業省、地方自治体から「認定」された技術や製造方法を変えるわけにはいかないのです。何十年も前に認定された方法を続けること、つまり「同じことを繰り返す」という意味での「伝統」を続けることを国や自治体が強制しているということです。さらにひどいことに、社会全体が、日本の伝統的な芸術や文化を守り続ける責任を、彼らに押し付けました。言い換えれば、自分たちは最新の生活を享受し、伝統工芸品を買うこともせず、彼らに時代遅れの芸術を保ち続けることを強要しているということです。

伝統工芸にかかわる人たちが「生活ができないので辞めます」というと必ず「やめるなんてもったいない」と嘆く人がいます。※ＳＮＳで「残念、何とかならないのか」とか発信しちゃいます。では彼らが作家さんや職人さんが生きていけるだけの金額の作品や商品を買ってくれるのか、注文をしてくれるのかと言えば、答えは確実にＮＯです。そういうことを言う人ほど、反対するための無料の署名を集めたりサインしたりはするけれど、お金は出してくれないものです。

物を売って、その利益で生活する人々にとって、変化する社会で変わらずに生きていくのは難しいことです。室内を飾る置物や花瓶などを置く場所は失われていきました。高級食器は電子レンジに入れづらい。食洗器で洗いづらい。核家族化が進み、そもそも人を家に呼ぶこともないので、セットの高級食器など必要はない。変わり続ける世界に対応して、新しい製品を生むという※ポジティブな変化を起こさなければならないのに、国から目の前にぶらさげられた「補助金」をもらうためには、それをすることも許されない。同時にこのルールが、彼ら自身が変化しないために言いわけする理由にもなってきました。

そんな伝統工芸の世界にも、志のある若者が入ってこないわけではありません。しかし、そういう新人には、驚くほどに厳しい仕事環境が待ち構えています。師匠や上司は「自分もそうだったから」と、無報酬といっても過言ではないような低賃金を提示します。人手不足なので毎年恒例の地域イベントを若手に押し付けて無料で働かせます。そして、コンビニのアルバイトよりも安い賃金しかもらえないので、まともな生活温度変化で割れるということもありました。より硬いやきものや急激な温度変化に強いやきものの開発がはじまったのはそんな理由からです。

日本の研究者は優秀なので、時間が経てば経つほどに陶磁器はどんどん硬くなり壊れなくなりました。やがて「春のパン祭り」でもらえるような、壊そうと思っても壊れない丈夫すぎる皿が完成したのです。

2お客様のためを思って真面目に丈夫すぎる製品を造り続けると、新しい製品に買い替える人が少なくなります。買う人が減れば、売り上げが減るのは当然のことです。とはいえ、積極的にわざと壊れやすい製品を生産することは真面目な日本人には難しいことです。このままでは未来がないので、※ビジネスセンスのある人は3まったく新しい製品を開発し、市場の開拓をはじめます。陶磁器の世界で食器以外の製品開発がはじまったのは明治時代の後半でした。新しく開発に着手された製品とは、バスタブ・シンク・トイレといった衛生陶器、入れ歯などです。

京セラという企業がありますが、「京都セラミック」を略して「京セラ」です。セラミックとは陶磁器のことです。携帯電話のような精密機器に入っている部品を製造販売しています。日本ガイシという会社が愛知県にあります（名古屋にある日本ガイシホールの名前を知っている人もいるでしょう）。発電所・変電所・鉄塔・電柱に使われるガイシ（碍子）の会社です。どちらも電気にかかわる企業ですが、電気のある所には、電気を通すための部品だけではなく、絶対に電気を通さないようにする部品が必要だからです。そこで登場するのが電気を通さない素材であり丈夫な磁器ということです。

衛生陶器もそうです。ＴＯＴＯやリクシルといった企業が生産する日本国中のシンクやトイレはすべてやきものです。ＴＯＴＯは東洋陶器という会社名が由来です。その名前から想像できるように、かつては食器を扱う会社でした。衛生陶器は基本的に再利用されるものではないので、新しい建物が建つ時は必ず必要になります。近年では日本の優秀なトイレが海外でも人気だということを知る人も少なくないでしょう。さらに「セラミック・インレー」などと呼ばれる、硬くて白い人工の歯を口の中にお持ちの方も多くおられるはずです。これもやきものです。

こういった企業は、かつて食器を作っていた人々がはじめたものです。そこから、食器よりも儲かり、現代の人々の生活に即した産業となり、日本を代表する工業製品を生産する大企業に成長したのです。そういうふうに見れば、日本の陶磁器産業は江戸時代から脈々と続き、お金を生み出し続けているということになります。すごいことです。

しかし、今も昔と変わらずに食器を作っている人々や会社とはどうなっているかを見ると、事情は違います。デザインの変化こそあれ、基本的には同じことを繰り返してこれまで生き残ってきました。同じ種類のものを、これだけの期間続けて来られたことは賞賛に値します。それができた理由は、（中略）明治時代以降、日本のやきものに与えられた「日本が誇る固有の文化」という役割があったからです。

芸術家として活躍した陶芸家は、戦後に国からその技術が「文化財」であると認められ、「人間国宝」や「芸術院会員」と呼ばれるようになりました。経済産業省は、一九七〇年代に徐々に数が減ってきた伝統的な工芸品を作る技術ある人々を認定し「伝統工芸士」という称号をあたえました。これらの称号を得た人々は日本文化を海外に発信する場面で、古き良き日本の象徴となりました。海外からの※ゲストが来日すれば、母国に持ち帰ってもらうお土産を準備しました。その目的のために

イ　娘につらい思いをさせたくないと考え、娘の将来のことを自分ですべて決めている。
ウ　娘のことを一番に思っているが、世間からどう思われているのかも気にしている。
エ　娘の意見を聞こうとせず、自分自身の理想を娘に押し付けてしまっている。
オ　娘に対して自分の考え方を押し付けてしまうものの、娘のことを大切に思っている。

問６　この文章の表現についての説明として**適当でないもの**を次の中から一つ選び、記号で答えなさい。
ア　――線Ａ「香り」とあるが、この物語は、千穂が「香り」をかぐことをきっかけに昔を思い出すことで、千穂の心情が変化し物語が大きく展開している。
イ　――線Ｂ「ドキドキ」などの様子を表す言葉が使われることによって、物語の状況を読者に対してより想像しやすくしている。
ウ　――線Ｃ「光で織った薄い布を街全部にふわりとかぶせたような金色の風景」では、比喩表現が用いられたことで、千穂が大樹の上から見た光り輝く夜景の美しさを、読者が想像しやすくなっている。
エ　――線Ｄ「ざわざわと葉が揺れた」では、木の葉がゆれ音を立てている様子を、樹が千穂に話しかけているかのように見立てている。
オ　――線Ｅ「ありがとう。思い出させてくれてありがとう」のように、千穂が声に出していないセリフは、「　」を付けずに表すことで、心の中の言葉と実際に声に出された言葉の違いをわかりやすくしている。

二　**次の文章は、前崎信也『アートがわかると世の中が見えてくる』の一部である。これを読んで、後の問いに答えなさい。なお、出題に際して、本文には省略および一部表記を変えたところがある。**

京都に住んでかれこれ十数年。仕事が文化関係なので、現在のこの街の文化の現状はとてもよくわかっているつもりです。「伝統文化はどうなっているか」と聞かれれば、「絶滅しかけている」と答えます。

その理由には色々とありますが、根源にあるのは日本・京都にはびこる「伝統文化は今あるままに継承していかなければならない」という考え方です。なぜそうなるかといえば、現在の日本文化・京都文化を牛耳っている人々が１「変わらない」ことを選択して生き残ってきた人々だからです。芸術の世界にとってそれはとても危険なことです。

…〈中略〉…

変わろうとせずに同じことを繰り返すとどうなるのでしょう。ここでは日本の「やきもの」を題材にお話ししたいと思います。理由は私の元々の専門が陶磁器の歴史だからです。さて、日本人が使う食器の多くは、土や石の粉を求める形にして、高温で焼き固めて作られます。陶磁器大国と言われるほどに、日本全国津々浦々で、多種多様なやきものが生産されてきました。各地で生産された食器が都市に普及しはじめたのは江戸時代、全国の一般家庭に普及していったのは明治時代のことです。

一般に広がりはじめると、明治時代の終わりくらいから「割れる」という陶磁器の欠点を改善しようという試みがはじまります。お金持ちなら新品に買い替えれば済む話ですが、庶民がなけなしのお金を払って買った高級食器がすぐ割れるなんて耐えられないことです。現代に比べ、当時の陶磁器は衝撃に弱いものでした。真冬に熱湯を注ぐと急激なのを次の中から選び、記号で答えなさい。

ア　千穂は、真奈がなろうとしているパン職人の方が、自分がなりたいとずっと夢見ている職業よりも立派なものだと思っている。

イ　千穂は、パン職人になるとすでに自分の意志で決めている真奈の方が、将来を全く考えていない自分よりも偉いと思っている。

ウ　千穂は、親への反発からパン職人になることを選択した真奈の方が、親の意見に合わせて夢をあきらめた自分よりも偉いと思っている。

エ　千穂は、パン職人になると自分で決めている真奈の方が、親に流されて自分で将来のことを決められていない自分よりも偉いと思っている。

オ　千穂は、パン職人になるという将来をはっきり想像できている真奈の方が、将来をはっきりと想像できていない自分よりも偉いと思っている。

問３　――線２「あたし、絵を描く人になりたい」とあるが、それはなぜか。70字以内で説明しなさい。

問４　――線３「千穂はもう一度、深くその香りを吸い込んでみた」とあるが、このときの千穂の気持ちはどのようなものか。その説明として最も適当なものを次の中から選び、記号で答えなさい。

ア　自分の将来についてあまり考えず、母の思い描く理想に疑問を抱くこともなかったため、母と将来のことを話し合う必要もなかったが、自分のことをわかろうとしてくれない母のことを思い返し、自分の将来について母の言いなりになるのはもうやめようと考えている。

イ　自分の将来の希望を母に説明する前から、母が自分の希望を理解してくれないと決めつけ、母の言ったとおりにしなければならないのかと思っていたが、母が自分のことを大切に思ってくれていた思い出がよみがえり、自分で自分の将来を決めるために母としっかり話してみようと決心している。

ウ　自分の将来について今まで真剣に向き合わず、母の命令にしたがって、自分のやりたいことをせずに過ごしてきたが、自分のやりたいことをしっかりと説明すれば母はきっと味方になってくれると考え、自分の将来について相談してみようと思っている。

エ　自分の将来のことを考えてくれている母と話し合いをせず、自分の将来は自分で決めるものだと勝手に考えて、今まで母へ将来の相談をすることはなかったが、母が自分のことを心配してくれたことを思い出し、母にも将来のことを相談する必要があると考え直している。

オ　自分自身で将来のことを決めず、母の言いなりになってしまっていたが、母が自分に嫌われないように優しくしてくれたことを思い出し、母が自分への接し方を今でもずっと悩んでいると気づき、母に自分の将来への思いを話してお互いの関係をよくしようと決意している。

問５　この文章全体から「美千恵」はどのような人物だと読み取れるか。その説明として最も適当なものを次の中から選び、記号で答えなさい。

ア　娘を自分の思いどおりにしたいと思っている反面、娘から嫌われたくないとも思っている。

絵描きになりたい？　千穂、あなた、何を考えてるの。絵を描くのなら趣味程度にしときなさい。夢みたいなこと言わないの。

そう、一笑に付されるにちがいない。大きく、深く、ため息をつく。お母さんはあたしの気持ちなんかわからない。わかろうとしない。なんでもかんでも押しつけて……あたし、ロボットじゃないのに。

Dざわざわと葉が揺れた。

そうかな。

かすかな声が聞こえた。聞こえたような気がした。耳を澄ます。

そうかな、そうかな、本当にそうかな。

そうよ。お母さんは、あたしのことなんかこれっぽっちも考えてくれなくて、命令ばかりするの。

そうかな、そうかな、よく思い出してごらん。

緑の香りが強くなる。頭の中に記憶がきらめく。

千穂が枝から落ちたと聞いて美千恵は、血相をかえてとんできた。そして、泣きながら千穂を抱きしめたのだ。

「千穂、千穂、無事だったのね。よかった、よかった。生きていてよかった」

美千恵はぼろぼろと涙をこぼし、「よかったよかった」と何度も繰り返した。

「だいじな、だいじな私の千穂」そうも言った。母の胸に抱かれ、その温かさを感じながら、千穂も「ごめんなさい」を繰り返した。ごめんなさい、お母さん。ありがとう、お母さん。

思い出したかい？

うん、思い出した。

そうだった。この樹の下で、あたしはお母さんに抱きしめられたんだ。しっかりと抱きしめられた。

緑の香りを吸い込む。

これから家に帰り、ちゃんと話そう。あたしはどう生きたいのか、お母さんに伝えよう。ちゃんと伝えられる自信がなくて、ぶつかるのが怖くて、お母さんのせいにして逃げていた。そんなこと、もうやめよう。お母さんに、あたしの夢を聞いてもらうんだ。あたしの意志であたしの未来を決めるんだ。

大樹の幹をそっとなでる。

Eありがとう。思い出させてくれてありがとう。

樹はもう何も言わなかった。

風が吹き、緑の香りがひときわ濃くなった。3千穂はもう一度、深くその香りを吸い込んでみた。

問１　……線X・Yの本文中の意味として最も適当なものを後のア～オから選び、それぞれ記号で答えなさい。

X「反芻」

ア　いつも考えていること　イ　繰り返し練習すること
ウ　何度も思い返すこと　エ　じっくり考えること
オ　急に思い出すこと

Y「にわかに」

ア　確実に　イ　非常に　ウ　いつも　エ　とても
オ　急に

問２　――線１「千穂は胸の内で、かぶりを振った」とあるが、このときの千穂の気持ちはどのようなものか。その説明として最も適当なもの間に細い道がのびている。アスファルトで固められていない土の道は緩やかな傾斜の上り坂になっていた。この坂の上には小さな公園がある。そして、そこには……。

大きな樹。

枝を四方に伸ばし、緑の葉を茂らせた大きな樹がある。小学校の三、四年生まで真奈たちとよく公園に遊びに行った。みんな、大樹がお気に入りで、競って登ったものだ。

あれは、今と同じ夏の初めだった。幹のまん中あたりまで登っていた千穂は足を踏み外し、枝から落ちたことがある。かなりの高さだったけれど奇跡的に無傷ですんだ。しかし、その後、大樹の周りには高い柵が作られ簡単に近づくことができなくなった。木登りができなくなると、公園はＹにわかに退屈なつまらない場所となり、しだいに足が遠のいてしまった。中学生になってからは公園のことも、大樹のことも思い出すことなどほとんどなかった。

それなのに、今、よみがえる。

大きな樹。卵形の葉は、風が吹くとサワサワと優しい音を奏でる。息を吸い込むと、緑の香りが胸いっぱいに満ちてくる。

千穂は足の向きを変え、細い道を上る。どうしても、あの樹が見たくなったのだ。塾の時間が迫っていたけれど、我慢できなかった。ふいに鼻腔をくすぐった緑の香りが自分を誘っているように感じる。大樹が呼んでいるような気がする。

だけど、まだ、あるだろうか。とっくに切られちゃったかもしれない。切られてしまって、何もないかもしれない。

心が揺れる。Ｂドキドキする。

「あっ！」

叫んでいた。大樹はあった。四方に枝を伸ばし、緑の葉を茂らせて立っていた。昔と同じだった。何も変わっていない。周りに設けられた囲いはぼろぼろになって、地面に倒れている。だけど、大樹はそのままだ。

千穂はカバンを放り出し、スニーカーを脱ぐと、太い幹に手をかけた。あちこちに小さな洞やコブがある。登るのは簡単だった。

まん中あたり、千穂の腕ぐらいの太さの枝がにゅっと伸びている。足を滑らせた枝だろうか。よくわからない。枝に腰かけると、眼下に街が見渡せた。金色の風景だ。Ｃ光で織った薄い布を街全部にふわりとかぶせたような金色の風景。そして、緑の香り。

そうだ、そうだ、こんな風景を眺めるたびに、胸がドキドキした。この香りを嗅ぐたびに幸せな気持ちになった。そして思ったのだ。

２あたし、絵を描く人になりたい。

理屈じゃなかった。描きたいという気持ちが突き上げてきて、千穂の胸を強く叩いたのだ。そして今も思った。

描きたいなあ。

今、見ている美しい風景をカンバスに写し取りたい。

画家なんて大仰なものでなくていい。絵を描くことに関わる仕事がしたかった。芸術科のある高校に行きたい。けれど母の美千恵には言い出せなかった。母からは、開業医の父の跡を継ぐために、医系コースのある進学校を受験するように言われていた。祖父も曾祖父も医者だったから、一人娘の千穂が医者を目ざすのは当然だと考えているのだ。芸術科なんてとんでもない話だろう。

決定していくか、どう絞(しぼ)っていくか、担任の教師から説明を受けたばかりだった。

「……高校受験というのは、ただの試験じゃない。きみたちの将来につながる選択(せんたく)をするということなんだ。具体的な職業までは無理としても、自分は将来、何がしたいのか、あるいはどんな人間になりたいのか、そういうことをじっくり考えて進路を選択してもらいたい。自分の意志が必要なんだ。自分の将来を自分自身で選択するという意志をもってもらいたい」

いつものんびりした口調の担任が、生徒一人一人の顔を見やりながら、きっぱりと言いきった。

意志をもってもらいたい。

その一言を千穂が心の中でX反芻(はんすう)していた時、「パン職人」という言葉が耳に届いたのだった。

「なんかさ、うちのお父さん、普通(ふつう)のおじさんなんだけど、パンを作ってる時だけは、どうしてだかかっこよく見えるんだよね。作ったパンもおいしいしさ。お客さん、すごく嬉(うれ)しそうな顔して買いに来てくれるんだよね。なんか、そういうの見てるといいかなって、すごくいいなって。もちろん、大変なのもわかってる。朝なんてめちゃくちゃ早いしさ、うちみたいに全部手作(てづく)りだと、ほんと忙(いそが)しいもの。嫌(いや)だなあって思ってた時もあったんだけど……実はね、千穂」

「うん」

「この前、お父さんと一緒にパン、作ってみたの」

「へぇ、真奈が？」

「うん。もちろん、売り物じゃなくて自分のおやつ用なんだけど、すごく楽しくて……あたし、パン作るの好きなんだって、本気で思った。だからね、高校卒業したらパンの専門学校に行きたいなって……思ってんだ」

少し照れているのか、頬を赤くして真奈がしゃべる。そこには確かな自分の意志があった。

真奈って、すごい。

心底から感心してしまう。すごいよ、真奈。

真奈が顔を覗(のぞ)き込(こ)んでくる。

「千穂は画家志望だよね。だったら、やっぱり芸術系の高校に行くの？」

「え……あ、それはわかんない」

「だって、千穂、昔から言ってたじゃない。絵描(えか)きさんになりたいって。あれ、本気だったでしょ？」

「……まあ。でも、それは……」

夢だから。口の中で呟(つぶや)き、目を伏(ふ)せる。うつむいて、そっと唇(くちびる)を噛(か)んだ。

山野のおばさんに頭を下げて、また、歩きだす。さっきより少し足早(あしばや)になっていた。

花屋、喫茶店(きっさてん)、スーパーマーケット、ファストフードの店、写真館……見慣れた街の風景が千穂の傍(かたわ)らを過ぎていく。

足が止まった。

A香(かお)りがした。とてもいい香りだ。焼きたてのパンとはまた違(ちが)った芳(かんば)しい匂い。

立ち止まったまま視線を辺りに巡(めぐ)らせた。写真館と小さなレストラン

【国　語】〈五〇分〉〈満点：一〇〇点〉

【注意】　一．解答の際には、句読点や記号は一字と数えること。
　　　　　二．コンパス・定規は使用しないこと。

一　**次の文章は、あさのあつこ「みどり色の記憶」の全文である。これを読んで、後の問いに答えなさい。なお、出題に際して、本文には一部表記を変えたところがある。**

　街は夕暮れの光の中で、淡い金色に輝いていた。その光を浴びながらコンビニエンスストアの前を過ぎまっすぐに歩く。
　ふっといい匂いがした。焼きたてのパンの匂いだ。
「あら、千穂ちゃん、お久しぶり」
『ベーカリーＹＡＭＡＮＯ』のドアが開いて、白いエプロン姿の女の人が出てきた。丸い顔がにこにこ笑っている。優しげな笑顔だ。同級生の山野真奈の母親だった。笑った目もとが真奈とよく似ている。小学生の時から真奈とは仲よしで、この店でよく焼きたてのパンやクッキーをごちそうになった。千穂は特に食パンが好きだった。窯から出されたばかりのほかほかの食パンは、バターもジャムも必要ないぐらいおいしいのだ。しかし、
「他人さまのおうちで、たびたびごちそうになるなんて、はしたないわよ。もう、やめなさい。欲しいなら買ってあげるから」
　母の美千恵にそう言われてから、『ベーカリーＹＡＭＡＮＯ』に寄るのをやめた。
　美千恵はときどき、食パンやケーキを買ってきてくれる。有名な店の高価なケーキをおやつに出してくれたりもする。けれど、そんなにおいしいとは思えない。どんな有名店のケーキより、真奈たちとくすくす笑ったり、おしゃべりしたりしながら、口いっぱいに頬張ったパンのほうがずっとおいしい。
　もう一度、ほかほかの食パンにかじりつきたい。
　そんなことを考えたせいだろうか、キュルキュルとおなかが音をたてる。頬がほてった。
　やだ、恥ずかしい。
　しかし、山野のおばさんは気がつかなかったようだ。千穂の提げている布製のバッグをちらりと見やり、尋ねてきた。
「これから、塾？」
「はい」と答えた。バッグの中には塾で使う問題集とノートが入っている。
「千穂ちゃん、偉いわねえ。真面目に勉強して。それに比べて、うちの真奈ったら、受験なんてまだまだ先のことだって涼しい顔してるのよ。塾にも通ってないし。ほんと、千穂ちゃんをちょっとでも見習って、しっかりしてほしいわ」
　そんなこと、ありません。
　1千穂は胸の内で、かぶりを振った。
　真奈は偉いと思います。しっかり、自分の将来を考えてます。あたしなんかより、ずっと……。
「千穂、これ、まだ誰にも言ってないんだけど……あたし、お父さんみたいになりたいなって思ってるんだ。パン職人」
　今日のお昼、一緒にお弁当を食べていた時、真奈がぼそりとつぶやいた。昼食の前、四時限めに、来年にひかえた受験に向けて志望校をどう

2022年度

市川中学校入試問題（第２回）

【算　数】（50分）　　＜満点：100点＞

【注意】　１．コンパス・直線定規を利用してもよい。

２．円周率は3.14とする。

３．比を答える場合には，最も簡単な整数の比で答えること。

1　次の問いに答えなさい。

⑴　$(7.5\times0.6-3.75\times0.8)\times\frac{3}{5}\div1.8$を計算しなさい。

⑵　ある２桁(けた)の整数Nは３で割ると１余り，５で割ると３余り，７で割ると４余る。このとき，Nを求めなさい。

⑶　2022のように，２が３つ以上現れる４桁の整数は何個あるか求めなさい。

⑷　下の図のように，三角形ABCの辺AB，AC上に２つずつ点をとり，点どうしを結んで５つの三角形に分けた。分けられた５つの三角形の面積がすべて等しくなるとき，AD：DE：ECを求めなさい。

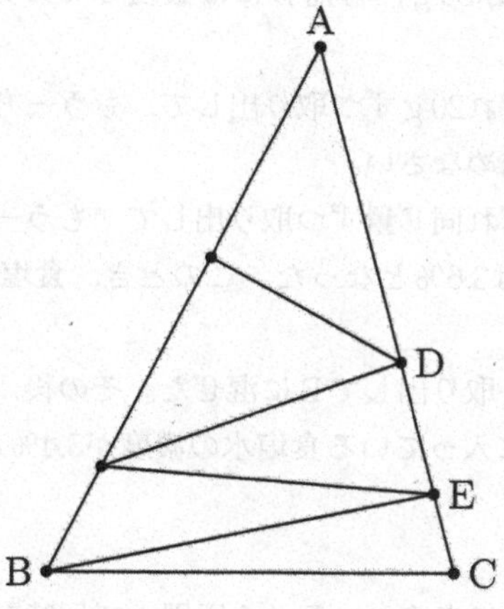

⑸　次のページの図のように，１辺の長さが１cmの正方形を６個組み合わせた図形がある。この図形を直線ℓの周りに１回転させてできる立体の体積を求めなさい。

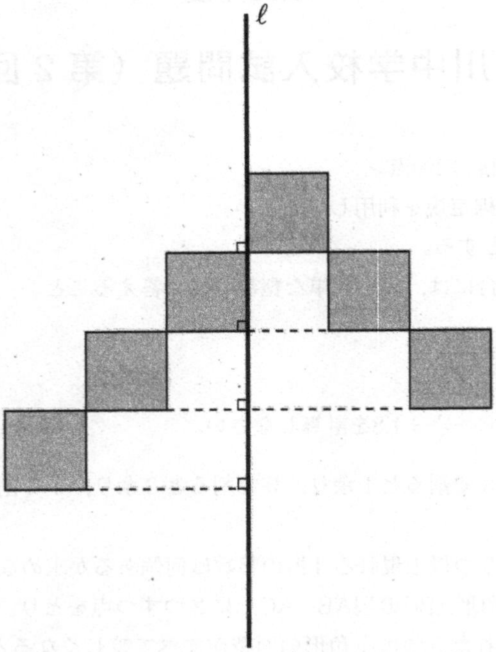

2 容器Ａには濃度（のうど）７％の食塩水50ｇ，容器Ｂには濃度３％の食塩水100ｇが入っている。このとき，次の問いに答えなさい。

⑴　Ａ，Ｂから食塩水をそれぞれ20ｇずつ取り出して，もう一方の容器に同時に混ぜたとき，Ｂに入っている食塩水の濃度を求めなさい。

⑵　Ａ，Ｂから食塩水をそれぞれ同じ量ずつ取り出して，もう一方の容器に同時に混ぜたとき，Ｂに入っている食塩水の濃度は3.6％となった。このとき，食塩水を何ｇずつ取り出したか求めなさい。

⑶　Ａから食塩水を［ア］ｇ取り出してＢに混ぜた。その後，Ｂから食塩水を［ア］ｇ取り出してＡに混ぜたところ，Ａに入っている食塩水の濃度が5.4％となった。［ア］にあてはまる数を求めなさい。

3 周りの長さが240㎝の円周上に点Ｐと，Ｐから円周上で反時計まわりに80㎝離（はな）れた点Ｑがある。３つの動点Ａ，Ｂ，Ｃは円周上を２：３：６の速さで以下のように動くものとする。

・Ａ，Ｂ，Ｃは同時に動き始める。
・ＡはＰから反時計まわりに動く。ただし，ＢまたはＣと重なったときは，動いていた方向と反対に向きを変えて動く。
・ＢはＰから時計まわりに動く。
・ＣはＱから時計まわりに動く。

次のページの図はＡ，Ｂ，Ｃが同時に動き始めた直後の状態を表し，同時に動き始めて10秒後に，ＡとＣがはじめて重なった。このとき，次の問いに答えなさい。

⑴　Ａの速さは秒速何㎝か求めなさい。

⑵　ＡがＢまたはＣと２回目に重なるのは，同時に動き始めてから何秒後か求めなさい。

⑶　同時に動き始めてから，ＣがＢを２回追い越（こ）すまでにＡは何㎝動くか求めなさい。

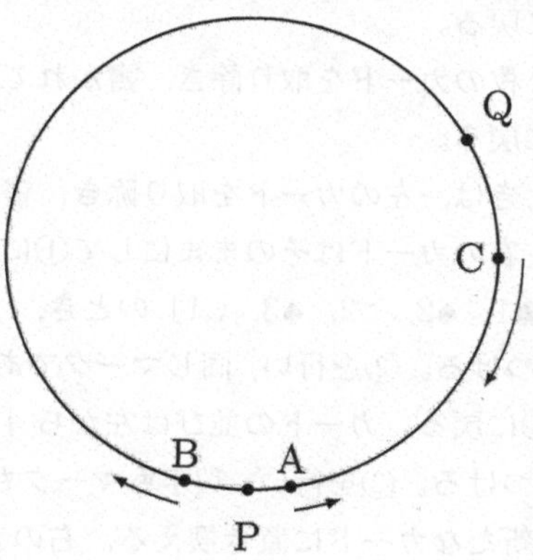

4　下の図のように，AB＝CD＝２㎝，BC＝７㎝，DA＝４㎝で，ADとBCが平行な台形ABCDに対し，１辺の長さが３㎝の正三角形PQRは，QRがDA上で点Qが点Aと重なっている位置にある。この状態から，台形ABCDの周りをすべることなく反時計まわりに正三角形PQRを転がしていくとき，次の問いに答えなさい。

⑴　正三角形PQRが転がり始めてから，はじめてＰがBC上に重なるまでのＰが動いたあとの線を，コンパスと定規を用いて作図しなさい。

⑵　正三角形PQRが転がり始めてから，はじめてＰがDA上に重なるまでのＰが動いたあとの線の長さを求めなさい。

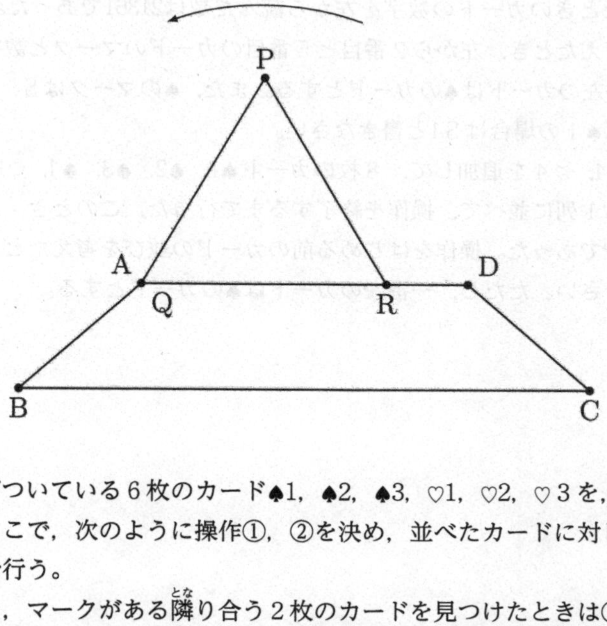

5　♠と♡のマークがついている６枚のカード♠1，♠2，♠3，♡1，♡2，♡３を，適当な順で左から右に１列に並べる。ここで，次のように操作①，②を決め，並べたカードに対して，①からはじめ，操作を終了（しゅうりょう）するまで行う。

①：左から見ていき，マークがある隣（とな）り合う２枚のカードを見つけたときは②に進む。マークがあるカードが１枚のときは，そのカードを取り除き，書かれていた数字だけを書いた新たなカードに置き換（か）えて，操作を終了する。マークがあるカードがないときは，操作を終了する。

②：①で見つけた隣り合う２枚のカードに対して，以下のいずれかを行う。
・同じ数字のときは，２枚のカードを取り除き，書かれていた数字の和だけを書いた新たなカードに置き換えて①に戻る。
・同じマークのときは，２枚のカードを取り除き，書かれていた数字の積だけを書いた新たなカードに置き換えて①に戻る。
・数字もマークも異なるときは，左のカードを取り除き，書かれていた数字だけを書いた新たなカードに置き換える。右のカードはそのままにして①に戻る。

（例）カードの並びが左から「♠1，♠2，♡2，♠3，♡1」のとき，

1．①を行い，♠1，♠2を見つける。②を行い，同じマークであるから，数字の積２を書いた新たなカードに置き換えて①に戻る。カードの並びは左から「2，♡2，♠3，♡3，♡1」となる。

2．①を行い，♡2，♠3を見つける。②を行い，数字もマークも異なるから，左のカード♡2を取り除き，2だけを書いた新たなカードに置き換える。右のカード♠3はそのままにして①に戻る。カードの並びは左から「2，2，♠3，♡3♡1」となる。

3．①を行い，♠3，♡3を見つける。②を行い，同じ数字であるから，数字の和６を書いた新たなカードに置き換えて①に戻る。カードの並びは左から「2，2，6，♡1」となる。

4．①を行い，マークがあるカードは♡1のみなので，このカードを取り除き，1だけを書いた新たなカードに置き換えて，操作を終了する。カードの並びは左から「2，2，6，1」となり，カードの数字を左から読んだ数は2261である。

このとき，次の問いに答えなさい。

(1)　カードの並びが左から「♠1，♡2，♠2，♡3，♡1，♠3」であったときに操作を終了するまで行った。このとき，カードの数字を左から読んだ数はいくつになるか答えなさい。

(2)　操作が終了したときのカードの数字を左から読んだ数は21361であった。操作をはじめる前のカードの並びを考えたとき，左から２番目と５番目のカードのマークと数字を合わせて答えなさい。ただし，一番左のカードは♠のカードとする。また，♠のマークはＳ，♡のマークはＨと書くことにし，例えば♠１の場合はＳ1と書きなさい。

(3)　２枚のカード♠4，♡４を追加して，８枚のカード♠1，♠2，♠3，♠4，♡1，♡2，♡3，♡4を適当な順で左から右に１列に並べて，操作を終了するまで行った。このとき，カードの数字を左から読んだ数は426122であった。操作をはじめる前のカードの並びを考えたとき，並び方は全部で何通りあるか求めなさい。ただし，一番左のカードは♠のカードとする。

【理　科】（40分）　＜満点：100点＞

【注意】　１．コンパス・定規は使用しないこと。

２．計算問題の答えは，整数または小数で答え，割り切れない場合は小数第２位を四捨五入して，小数第１位まで答えること。

1　ゴムの特徴を調べるために，材質と厚さが同じで，長さと幅が違う６本のゴムＡ～Ｆを用意し，台車を使って次のような実験をしました。ただし，６本のゴムはおもりを１個ずつ増やしてつるしたとき，それぞれ決まった長さずつのびます。

はじめに，ゴムＡを使って，図１の①のように，水平な床の上に置いた台車にゴムを取り付けたあと，ゴムのもう一端を床に固定し，ゴムをまっすぐにしました。次に，②のように，台車を手で引いてゴムをのばし，手を放しました。台車は③を経て，④のように，ある距離だけ動いて止まりました。ただし，③のとき，ゴムはもとの長さに戻ると台車からはずれ，台車の動きをさまたげませんでした。台車が動いた距離は取り付けたゴムがはずれてから，台車が止まるまでの距離とします。

同じ手順でゴムＢ～Ｆについても実験をしました。これらの実験において，②のときのゴムののびはすべて同じになるようにしました。実験結果を表１にまとめました。

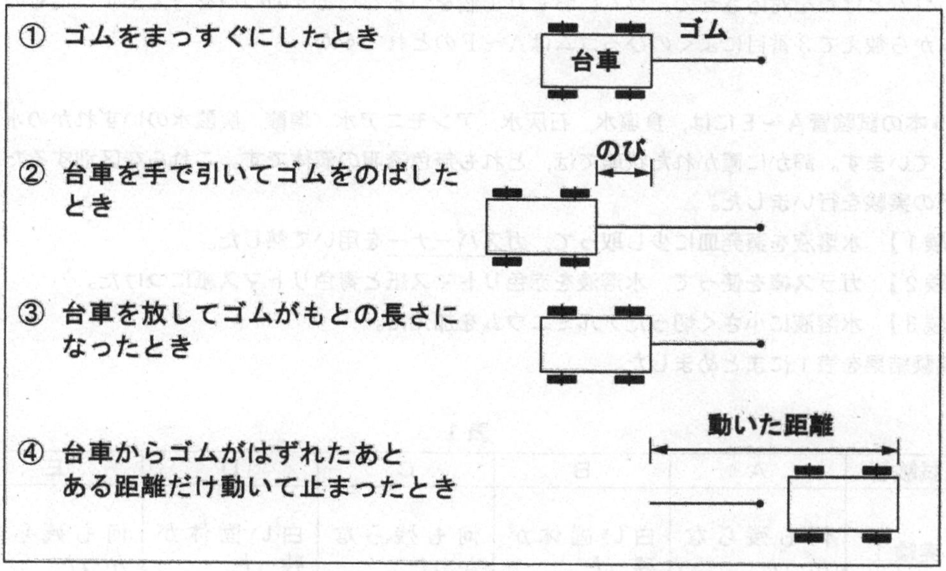
① ゴムをまっすぐにしたとき
ゴム
台車
② 台車を手で引いてゴムをのばしたとき
のび
③ 台車を放してゴムがもとの長さになったとき
④ 台車からゴムがはずれたあとある距離だけ動いて止まったとき
動いた距離

図１

表１

ゴム	ゴムのもとの長さ(cm)	ゴムの幅(mm)	台車が動いた距離(cm)
A	10	3	30
B	10	6	56
C	15	3	21
D	15	6	①
E	20	3	16
F	20	9	46

⑴　ゴムの幅が３倍になると，台車が動いた距離はおよそ何倍になりますか。

ア　２倍　　イ　３倍　　ウ　４倍　　エ　６倍

⑵「台車が動いた距離が変わる原因がゴムのもとの長さである」ということを調べるために，比べるゴムの組み合わせとして正しいものはどれですか。

ア　AとB　　イ　CとD　　ウ　EとF

エ　AとCとE　　オ　AとCとF　　カ　DとEとF

⑶　表１（前のページ）の①に入るおよその数値はどれですか。

ア　10　　イ　20　　ウ　30　　エ　40

次に，おもり１個をつるしたとき，２cmのびるばねを用意しました。このばねはゴムAにおもり１個をつるしたときと同じだけのびます。

⑷　表１のゴムEはおもり１個で何cmのびますか。整数で答えなさい。

⑸　次の文章は，用意したばねをいくつか使い，ゴムFと同じのび方をするようなつなぎ方を説明したものです。文章中の［１］～［４］にあてはまる数と語句を答えなさい。

全部で［１］個のばねを用意して，［２］個ずつ一直線につないだ（直列につないだ）ばねを［３］組作る。これらのばねを［４］につなぐ。

⑹　ゴムとばねを対応させて，ゴムにおもり１個をつるしたときののびを考えます。最ものびるゴムから数えて３番目によくのびるゴムはA～Fのどれですか。

［2］　５本の試験管A～Eには，食塩水，石灰水，アンモニア水，塩酸，炭酸水のいずれかの水溶液（すいようえき）が入っています。静かに置かれた状態では，どれも無色透明（とうめい）の液体です。これらを区別するために，以下の実験を行いました。

【実験１】　水溶液を蒸発皿に少し取って，ガスバーナーを用いて熱した。

【実験２】　ガラス棒を使って，水溶液を赤色リトマス紙と青色リトマス紙につけた。

【実験３】　水溶液に小さく切ったアルミニウムを加えた。

実験結果を表１にまとめました。

表１

試験管	A	B	C	D	E
実験１	何も残らなかった	白い固体が残った	何も残らなかった	白い固体が残った	何も残らなかった
実験２	赤色リトマス紙が青く変色した	赤色リトマス紙が青く変色した	青色リトマス紙が赤く変色した	どちらも変色しなかった	青色リトマス紙が赤く変色した
実験３	変化は見られなかった	変化は見られなかった	気体が発生してアルミニウムがとけた	変化は見られなかった	変化は見られなかった

⑴　下線部について，ガスバーナーに火をつけると，オレンジ色の炎（ほのお）になりました。炎の大きさを変えずに青白い炎に変えるための操作として正しいものはどれですか。

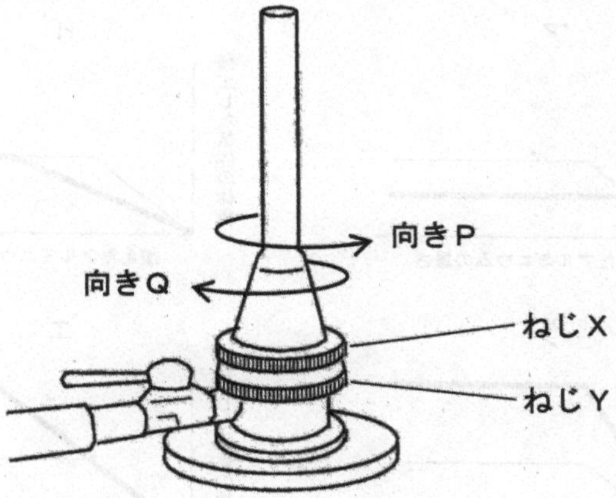

ア　ねじXをおさえたまま，ねじYを向きPへ回す。
イ　ねじXをおさえたまま，ねじYを向きQへ回す。
ウ　ねじYをおさえたまま，ねじXを向きPへ回す。
エ　ねじYをおさえたまま，ねじXを向きQへ回す。

⑵　**【実験１】**のA，C，Eで何も残らなかったという結果から，それぞれの水溶液にとけていたものの共通点を答えなさい。

⑶　**【実験２】**について，リトマス紙を使う際はピンセットを使って扱（あつか）います。リトマス紙を手で直接持ってはいけない理由を簡単に説明しなさい。

⑷　**【実験３】**のCの「とけた」と同じ意味で使われているものはどれですか。
ア　金属を加熱すると，金属がとけた。
イ　お酢（す）の中に卵を入れると，卵のからがとけた。
ウ　コーヒーに砂糖を入れると，砂糖がとけた。
エ　ろうそくに火をつけると，ろうがとけた。

⑸　AとDに入っている水溶液は，それぞれどれですか。
ア　食塩水　　イ　石灰水　　ウ　アンモニア水　　エ　塩酸　　オ　炭酸水

次に，【実験３】のCの結果についてさらに詳（くわ）しく調べるために，【実験４】を行いました。

【実験４】　Cの水溶液50mLに少しずつアルミニウムを加え，発生した気体の体積をはかり，結果をグラフに表したところ，以下の図のようになりました。

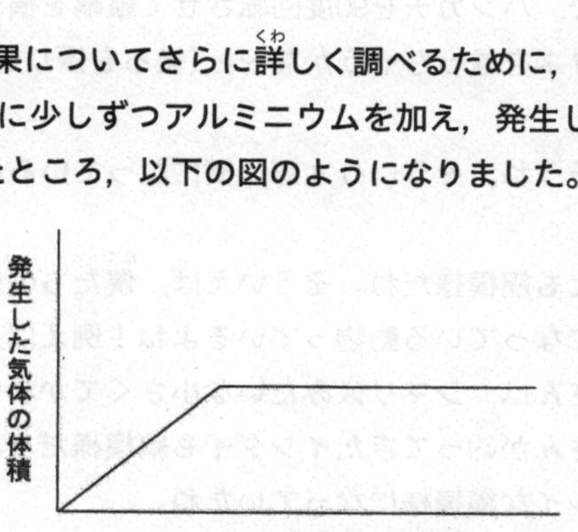

(6)　Ｃの水溶液を100mLにして同じ実験を行うと，どのようなグラフになりますか。ただし，グラフの細線はＣの水溶液が50mLのときの結果で，太線がこの実験の結果です。

ア

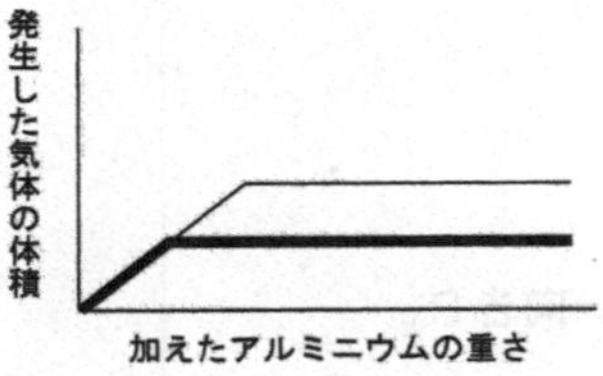

イ

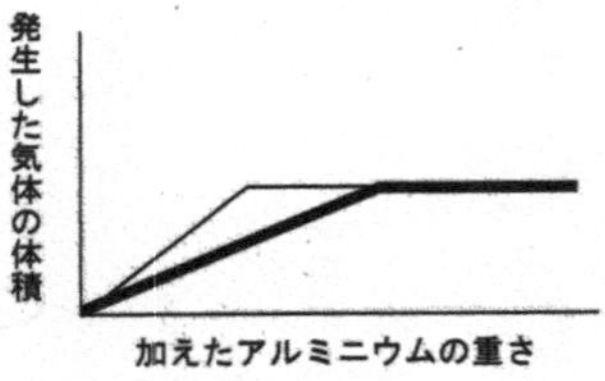

ウ

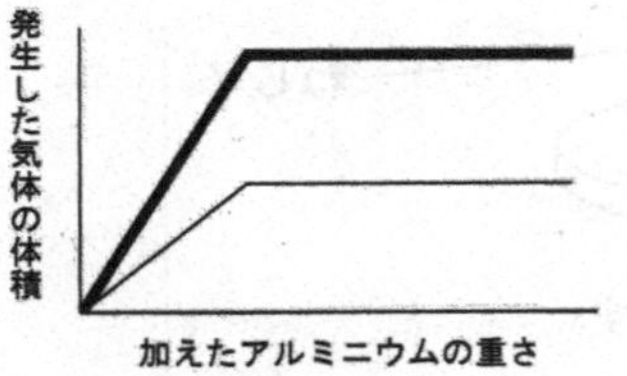

エ

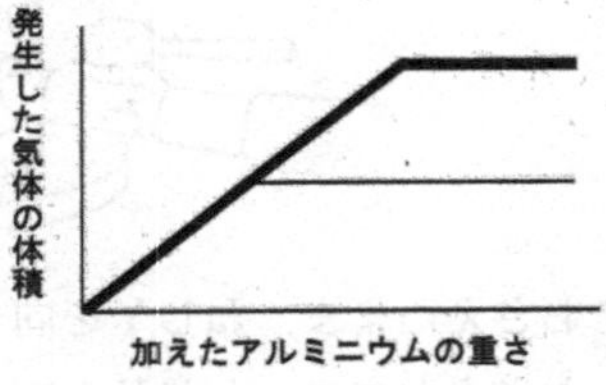

オ

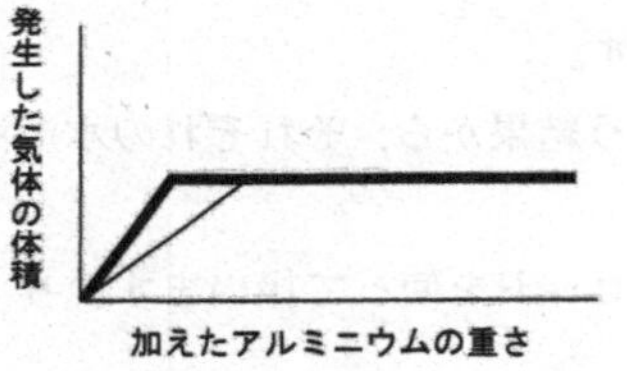

3　太郎さんとお母さんは動物のからだの模様について会話をしています。

［お母さん］　ほ～ら，太郎！いつまでパジャマのままゴロゴロしているの？

［太郎さん］　ちょっと待って！テレビでマジックをやっていて，今いいところなんだよ。

［お母さん］　マジック～？どんなマジックなの？

［太郎さん］　最初に縦縞（たてじま）のハンカチを持っていて，そのハンカチを手の中で握（にぎ）って，再び広げると，横縞（よこじま）になるっていうやつ。

［お母さん］　あ～。手の中で，ハンカチを90度回転させて縦縞を横縞にしているのよね。

［太郎さん］　も～。なんでタネを言っちゃうかな～。（後ろを振（ふ）り返る）あっ！今日の服装，お母さんは横縞じゃん。

［お母さん］　あら！確かにそうね。そういう太郎は横になっているけど，着ているパジャマの柄（がら）は縦縞じゃない。

［太郎さん］　今日は，２人とも縞模様だね。そういえば，僕（ぼく）たちの服の模様みたいに，からだの模様が縦縞や横縞になっている動物っているよね！例えば，シマウマとか。

［お母さん］　そうね，お母さんは，シマリスみたいな小さくてかわいい動物が好きだわ。

［太郎さん］　この前，お父さんが釣（つ）ってきたイシダイも縞模様だったし，公園で見つけたヒガシニホントカゲもキレイな縞模様になっていたね。

［お母さん］　意外と縞模様の動物はいるのね。縞模様をもつ両生類や鳥類はいるのかしら。

［太郎さん］　確かに…ちょっと，調べてくる！

５分後

［太郎さん］　お母さん！お母さん！

［お母さん］　あら，見つかった？

［太郎さん］　うん！コゲラという鳥類は，翼を閉じたときの背中と翼の部分が縞模様になっていたよ。あと，絶滅危惧種のミイロヤドクガエルというカエルもからだが縞模様になっていた。

［お母さん］　みんなオシャレさんね。…あっ，いやだ！もうこんな時間！ほら，学校に遅れるから早く着替えなさい！

［太郎さん］　はーい。

図１　太郎さんとお母さんの様子

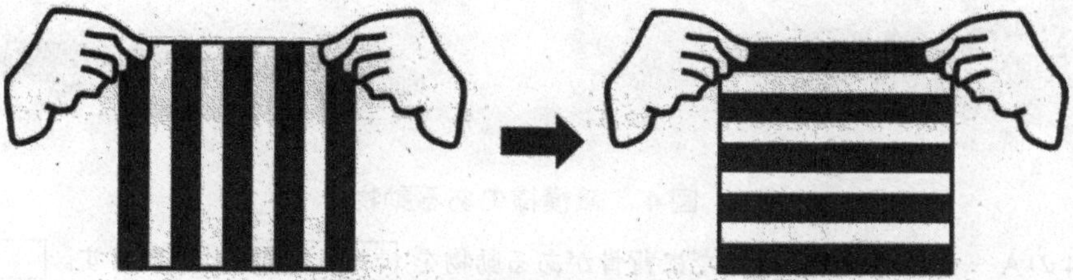

図２　テレビで放送されたマジックの様子

図３　左：縦縞のシャツ　右：横縞のシャツ

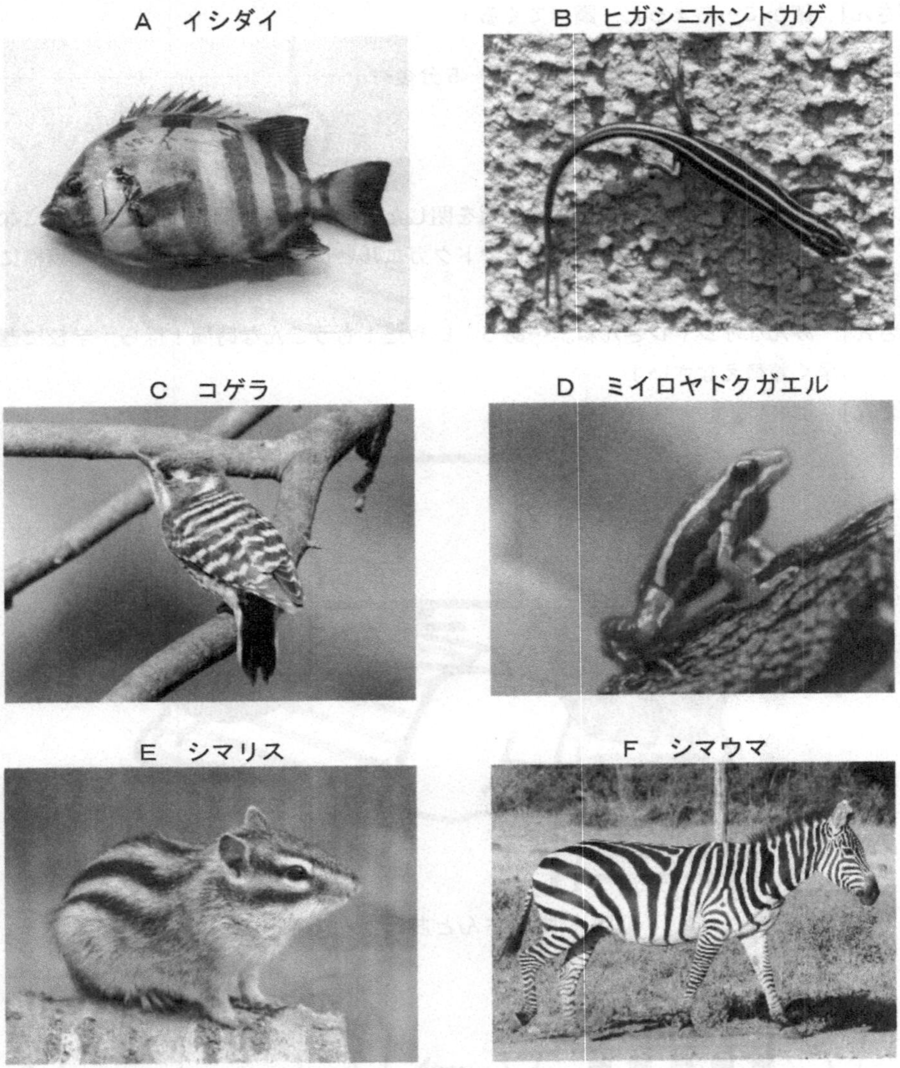

図４　縞模様のある動物

(1)　**図４**のＡ～Ｆのような，からだに背骨がある動物を［　　　］動物といいます。［　　］にあてはまる言葉をカタカナで答えなさい。

(2)　**図４**のＡ～Ｆの動物のうち，体温が一定であるものをすべて選びなさい。

(3)　**図４**のＡ～Ｆの動物の心房（しんぼう）の数をすべて足し合わせるといくつになりますか。ただし，不完全に分かれているものは１つとして数えなさい。

ア　8　　イ　9　　ウ　10　　エ　11　　オ　12

(4)　**図４**のＦを除くＡ～Ｅの動物のうち，子の生まれ方が他と違うものはどれですか。

(5)　下線部について，絶滅危惧種に**あてはまらない**ものはどれですか。

ア　イリオモテヤマネコ　　イ　タガメ　　ウ　アカウミガメ
エ　トキ　　オ　ニホンウナギ　　カ　ニホンアマガエル

⑹　図1～3（47ページ）を参考にして，模様が縦縞のものをすべて選びなさい。

ア　イシダイのからだの模様　　イ　ヒガシニホントカゲの背中の模様

ウ　コゲラの背中と翼の部分の模様　　エ　ミイロヤドクガエルのからだの模様

オ　シマリスの背中の模様　　カ　シマウマの首の模様

4　温度計と気圧計を使って気象観測をします。ところが，実験室に何本か置いてあった温度計はそれぞれわずかに異なる温度を示していて，実際の温度がわからなくなっていました。実験室の温度計が実際の温度からどのくらいずれているかを知るためには，気象庁が基準として定めた標準温度計と比べて，その差を明らかにする必要があります。そのために，実験室の温度計と標準温度計を同じ氷水に入れて温度を測ったあと，お湯を少しずつ加え，温度を10℃ずつ上げながら差を調べます。

⑴　標準温度計とのずれを測定するときに，最初に温度計を氷水に入れるのはなぜですか。理由を15字以内で答えなさい。

⑵　下の図は，実験室の温度計の温度と標準温度計の温度の関係を示したグラフです。水の温度を上げて，実験室の温度計が100℃を示したとき，標準温度計の温度は何℃になりますか。

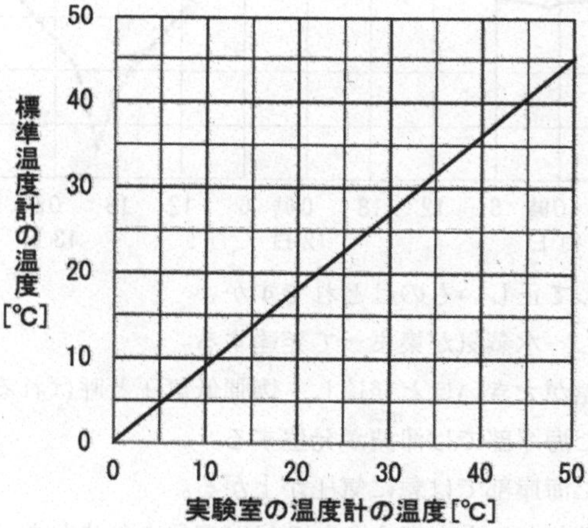

⑶　よく晴れた正午の日なたで，同じ条件で地面から30㎝と150㎝の高さでそれぞれ気温を測定すると，30㎝で測定した温度の方が高くなりました。このようになる理由はどれですか。

ア　空気は地面によって暖められているから。

イ　空気は地面によって冷やされているから。

ウ　空気は太陽光によって暖められているから。

エ　空気は太陽光によって冷やされているから。

⑷　1日を通して前線の通過や雲の量に大きな変化がなかったとき，晴れの日と雨の日の気混変化を表しているグラフ（次のページ）の組み合わせとして正しいものはどれですか。

	晴れの日	雨の日		晴れの日	雨の日
ア	A	B	イ	A	C
ウ	B	A	エ	B	C
オ	C	A	カ	C	B

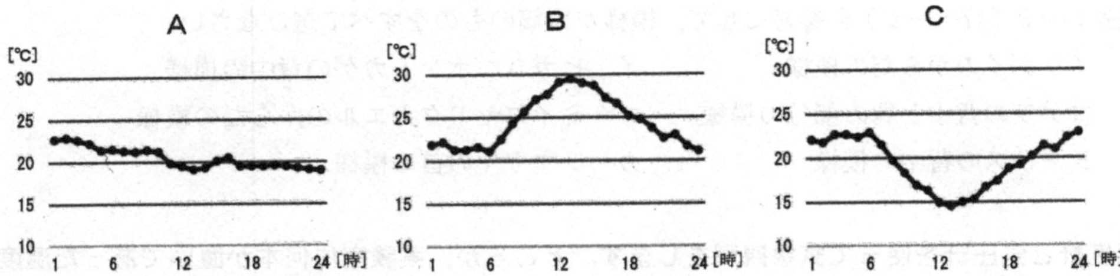

気温や気圧の測定結果から，過去の天気を調べたり，数日後の天気を予想したりすることができます。下の図はある年の10月に観測した気温と気圧の日変化を示したグラフです。図に示した期間に台風が観測点の近くを通過しました。

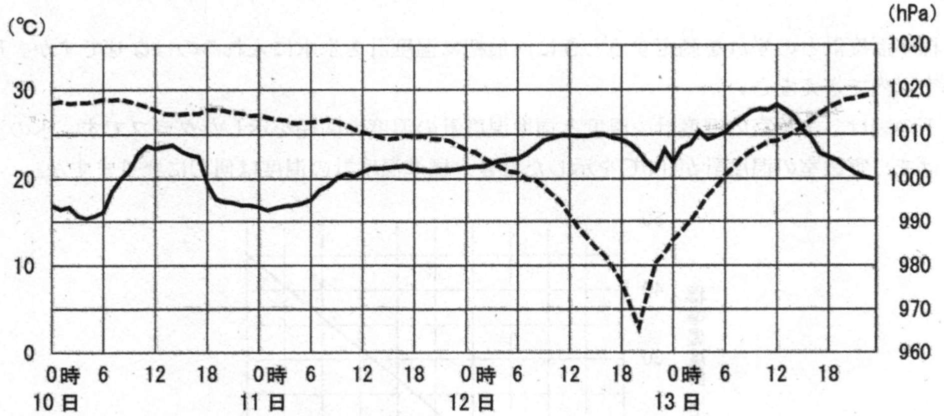

⑸　台風に関する現象として正しいものはどれですか。

ア　熱帯の海上で発生し，水蒸気が集まって発達する。

イ　周辺で南北の気温差が大きいほど発達し，爆弾低気圧と呼ばれることもある。

ウ　台風が近づいてきた海岸部では津波が発生する。

エ　台風が近づいてきた海岸部では急に気圧が上がる。

⑹　10日～13日の間に，晴れていたと考えられる日が二日ありました。その二日の組み合わせとして正しいものはどれですか。

ア　10日と11日　　イ　10日と13日　　ウ　11日と12日　　エ　12日と13日

⑺　この観測点の近くに台風が最も近づいたのは何日の何時ごろですか。

【社　会】（40分）　＜満点：100点＞

【注意】　１．解答の際には，句読点や記号は１字と数えること。
　　　　　２．コンパス・定規は使用しないこと。

1　**次の会話文を読んで，あとの問いに答えなさい。**

市川さん：先日，テレビ番組でA反射炉をつくるという企画を見ました。

千葉くん：私も見ました。番組では炉内の温度が上がらず，鉄を溶かすことはうまくいきませんでしたが，昔の人はこうやって金属を溶かしていたのかと勉強になりました。

先生　　：反射炉は耐火煉瓦で構築された金属の溶解炉です。19世紀半ば，日本各地につくられ，鉄や（　１　）などを溶かしていたようですね。

市川さん：こうした金属は，弥生時代に中国大陸や朝鮮半島から日本列島に伝わったと歴史の授業で習いました。

先生　　：そうですね。（　１　）を溶かしてつくられた銅鐸などは祭りの道具として，鉄は鍬の刃先などにつけられ農具として使われました。

千葉くん：古墳時代には，古墳の副葬品としても鉄製品が出てきますね。

先生　　：日本列島において鉄の生産が始まったのは，古墳時代後期であるとする説が有力とされています。大陸との交流の中で技術が伝わり，鉄が量産されるようになりました。

市川さん：日本では，どの地方で鉄の生産がさかんだったのですか？

先生　　：山陰山陽地方でさかんだったようですね。例えば奈良時代には，律令の税の一つである（　２　）として，備後国（現在の広島県）から鉄製品が納められています。鎌倉時代にも，伯耆国（現在の鳥取県）のB荘園では，荘園内で生産された鉄を年貢として荘園領主である寺社に納めていたようです。

千葉くん：鎌倉時代や室町時代になると手工業が発達し，鉄製農具も市場で売買され，農業生産が高まったという話を聞きました。

先生　　：そうですね。刀や農具をつくる鍛冶・鋳物業，その原料となる鉄をとる鉱山業もさかんになりました。

市川さん：鍛冶屋が鉄を加工してつくる刀剣は，C日宋貿易や日明貿易の主要な輸出品としても知られていますね。

先生　　：よく知っていますね。武家の台頭によって刀剣の需要が増大し，製造技術も向上しました。種子島に伝わった鉄砲を日本で量産することができたのも，鍛冶職人の技術水準が高かったからだといわれています。

千葉くん：鉄砲は，現在の大阪府の（　３　）や滋賀県の国友などでさかんにつくられたのですよね。鉄砲が広まると，D合戦での戦い方や城のつくり方も変わるという点がおもしろいですよね。

市川さん：一方で，天下統一が近づくと，豊臣秀吉は鉄砲や刀を農民から取り上げる命令を出していますね。この結果，E武士と農民・町人（職人・承認）の身分が区別されます。

千葉くん：江戸時代，帯刀は武士の特権でしたね。農業では，鉄製の歯がついた千歯こきが使用されるなど，鉄は武器としても実用品としても，欠かせないものだったのですね。

先生　　：他にも，江戸時代には，町人たちの手によって，釘や鍋釜といった鉄製品が商品として流通するようになります。鉄釘を扱う商人たちで（　4　）も結成されていますよ。

市川さん：のちに流通の独占をふせぐために，老中の水野忠邦が（　4　）の解散を命じていますが，かえって混乱し失敗に終わっていますね。

千葉くん：日本各地で反射炉がつくられたのは，この頃ですか。

先生　　：そうですね。天保の改革の後，各地で反射炉がつくられるようになります。特に，藩として反射炉の開発に取り組むなど殖産興業に成功した各藩は，のちに雄藩とよばれ，幕末に大きな発言力を持つようになりました。

問1　（1）～（4）にあてはまる語句をそれぞれ漢字で答えなさい。

問2　下線Aについて，図1は，19世紀半ばにつくられた主な反射炉の場所と着工年を示しています。これを見て，次のページの問いに答えなさい。

＜図1＞

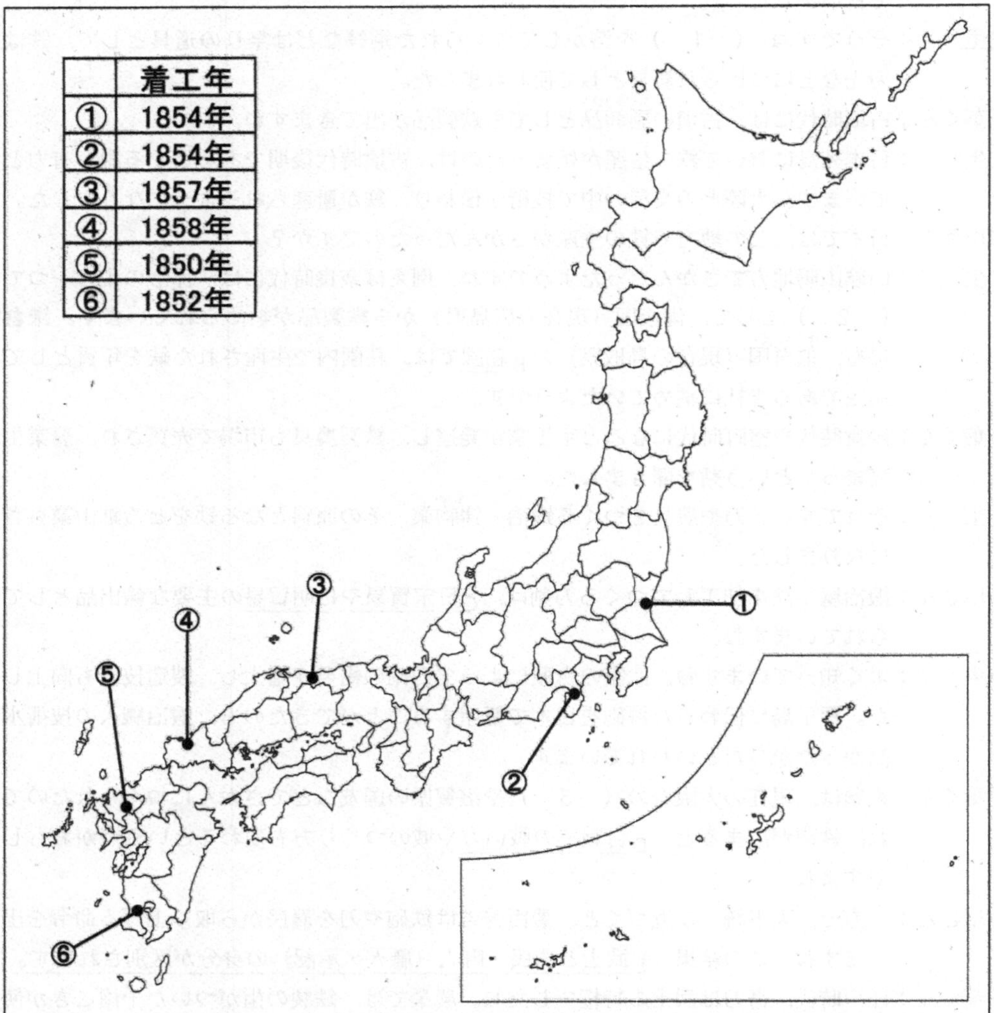

	着工年
①	1854年
②	1854年
③	1857年
④	1858年
⑤	1850年
⑥	1852年

中野俊雄「江戸幕末における反射炉」『鋳造工学』第80巻（2008）第8号より作成

⑴　前のページの図１中の①～⑥の場所で反射炉がつくられた共通する理由について，対外情勢をふまえて説明しなさい。

⑵　2015年に世界遺産に登録された「明治日本の産業革命遺産　製鉄・製鋼，造船，石炭産業」の１つで，実際に稼働した反射炉として国内で唯一現存している韮山反射炉はどこですか，図１中の①～⑥から１つ選び，番号で答えなさい。

問３　下線**B**について，鎌倉時代の荘園に関する資料１・２を説明した文**X**・**Y**について，その正誤の組み合わせとして正しいものはどれですか，下のア～エから，１つ選び，記号で答えなさい。

＜資料１＞

阿氏河荘（和歌山県有田郡）の上村の百姓らが，申し上げます。…（領家※の寂楽寺に納める）材木（のおくれ）のことですが，（地頭の湯浅氏が奉公のため）上京するとか，近くで作業があるといっては村の人を責め使うので，暇がありません。残った人が材木を切り出しに行くと，地頭は「逃亡した者の畑に麦をまけ」と言い，追いもどします。「麦をまかないなら，妻や子を牢に入れ，耳を切り，鼻をそぐなどして痛めつけるぞ。」と責めるので，材木の納入は，ますますおくれます。

※領家…荘園領主のこと。

浜島書店『学び考える歴史』より作成

＜資料２＞

伯耆国東郷荘

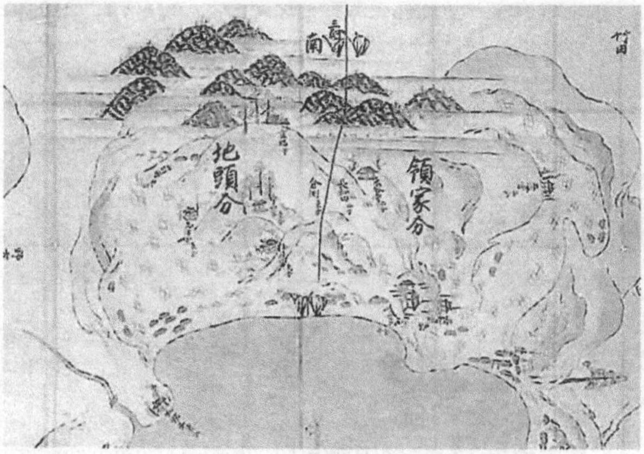

浜島書店『つながる歴史』より作成

X　資料１は，百姓たちが地頭の横暴によって税（材木）を納めることができずにいることを荘園領主に訴えており，農民たちの生活の苦しさがわかります。

Y　資料２は，荘園内に線が引かれ地頭分と荘園領主分に分けられていることから，分割相続によって地頭の領地が細分化されていることがわかります。

ア［X　正　Y　正］　イ［X　正　Y　誤］
ウ［X　誤　Y　正］　エ［X　誤　Y　誤］

問４　下線**C**について，日宋貿易と日明貿易について説明した次の文**X**・**Y**について，その正誤の組み合わせとして正しいものはどれですか，下のア～エから，１つ選び，記号で答えなさい。

X　平清盛が積極的に取り組んだ日宋貿易では，大輪田泊が整備され，宋と正式な国交を結んで貿易が行われました。

Y　足利義満によって始められた日明貿易では，正式な貿易船と倭寇の区別をつけるため，勘合が用いられました。

ア［X　正　　Y　正］
イ［X　正　　Y　誤］
ウ［X　誤　　Y　正］
エ［X　誤　　Y　誤］

問５　下線Dについて，足軽の鉄砲隊を有効に活用した戦いと，その戦いの敗者の組み合わせとして正しいものはどれですか，ア～エから，１つ選び，記号で答えなさい。

ア［長篠の戦い　－ 今川義元］
イ［長篠の戦い　－ 武田勝頼］
ウ［桶狭間の戦い － 今川義元］
エ［桶狭間の戦い － 武田勝頼］

問６　下線Eについて，兵農分離が進むと，身分によって住む場所も固定されていきました。これについて，図２から読み取れる内容としてあやまっているものはどれですか，次のページのア～オから，１つ選び，記号で答えなさい。

＜図２＞

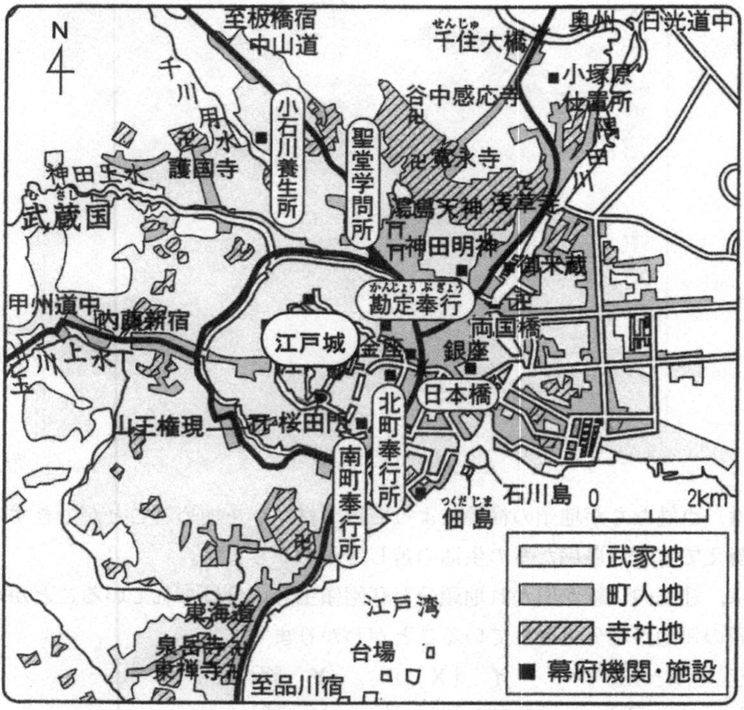

浜島書店『つながる歴史』より作成

ア　日本橋周辺に，町人地が広がっています。

イ　江戸城を中心に，城を取り囲むように武家地が広がっています。

ウ　浅草や谷中周辺に，寺社地が広がっています。

エ　護国寺の門前や甲州道中沿いに，町人地が広がっています。

オ　隅田川東岸に，幕府機関や施設が集中しています。

２　次の年表を見て，あとの問いに答えなさい。

年	できごと
1894年	A日清戦争の開始
	＜　Ⅰ　＞
1904年	B日露戦争の開始
1914年	第一次世界大戦の開始
	＜　Ⅱ　＞
1931年	C満州事変の発生
1937年	D日中戦争の開始
1939年	E第二次世界大戦の開始
1950年	F朝鮮戦争の開始
1991年	G湾岸戦争の開始

問１　下線Aについて，次の文章を読んで，下の問いに答えなさい。

> 日清戦争の講和会議は，1895年に山口県の下関で開かれました。日本からは，首相の伊藤博文や外務大臣の（　あ　）が代表として会議に臨み，下関条約が結ばれました。この条約では，清は領土を日本に譲り渡すこと，日本に賠償金を支払うことなどが取り決められました。

⑴　（あ）にあてはまる人物を漢字で答えなさい。

⑵　下線について，このうち，三国干渉を受けて清に返還することになった領土はどこですか，漢字で答えなさい。またその場所を次のページの地図中のア～エから，1つ選び，記号で答えなさい。

＜地図＞

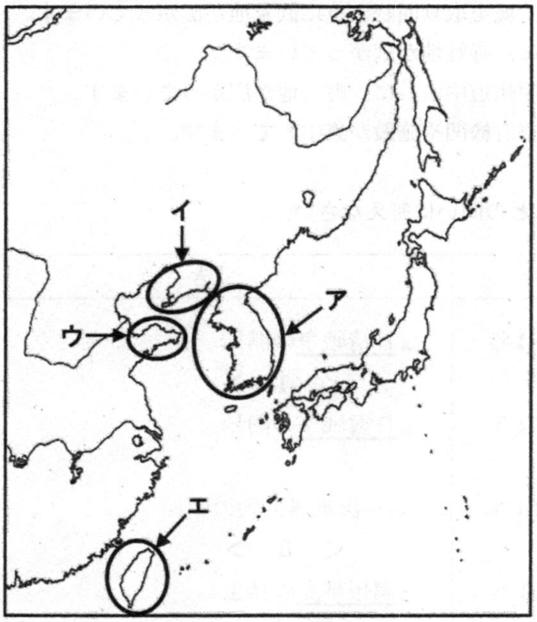

問２　前のページの年表中＜Ⅰ＞の時期におきたできごととして，あやまっているものはどれですか，**ア～エ**から，１つ選び，記号で答えなさい。

ア　日本で，八幡製鉄所が建設され，操業を開始しました。

イ　日本は，関税自主権の完全回復に成功しました。

ウ　日本とイギリスの間に，日英同盟が結ばれました。

エ　中国で，義和団を中心に外国人排斥（はいせき）運動がおこりました。

問３　下線**B**について，次の**資料イ～ハ**を読んで，下の問いに答えなさい。

＜資料イ＞

日露戦争開始後，戦費の調達に悩（なや）んだ日本政府は，国民への増税など様々な方法で資金の調達を試みました。このとき，ロシアの中国進出を警戒（けいかい）するアメリカなどの諸外国が，日本の発行する債券（さいけん）を引き受けたことは，日本が戦費を調達する上で大きな助けとなりました。

＜資料ロ＞

日露両国とも，戦争を継続（けいぞく）することが困難になると，アメリカの（　い　）大統領の仲介（ちゅうかい）によりポーツマス条約が結ばれました。

＜資料ハ＞

日本とロシアの講和後，アメリカでは日本からの移民が制限され，日本人がアメリカで土地を所有することを禁止する法律が制定されました。

⑴　**（い）**にあてはまる人名を答えなさい。

⑵　**資料イ～ハ**から読みとれる，アメリカの日本に対する態度の変化とその理由について説明し

なさい。理由に関しては，前のページの**資料ロ**中の下線部の内容をふまえなさい。

問４　53ページの年表中＜Ⅱ＞の時期におきたできごととして，あやまっているものはどれですか，**ア～オ**から，２つ選び，記号で答えなさい。

ア　明治天皇が亡（な）くなり，大正時代がはじまりました。
イ　原敬が首相となり，日本で初めて本格的な政党内閣が誕生しました。
ウ　満25歳（さい）以上の男子が選挙権を獲得（かくとく）し，男子普通選挙がはじまりました。
エ　日本は，中国に二十一か条の要求を突（つ）きつけました。
オ　日本は，国際連盟を脱退（だったい）しました。

問５　下線**C**に関連して，満州事変後，国内では軍部の発言力が強くなるなか，1932年に海軍の青年将校らによって，「満州国」建国に反対した首相が暗殺される事件がおこりました。この首相は誰（だれ）ですか，漢字で答えなさい。

問６　下線**D**について，次の文章中（**う**）にあてはまる語句を漢字で答えなさい。

> 1937年，北京郊外（こうがい）の盧溝橋で日中両軍が衝突（しょうとつ）したことをきっかけに，日中戦争が始まりました。戦争が長引くと，政府は1938年に（　**う**　）を制定し，議会を通さずに労働力や物資を集め，国の総力をあげて戦争を続ける体制を整えました。

問７　下線**E**に関連して，次の**X～Z**のできごとについて，古いものから年代順に並べたものとして正しいものはどれですか，下の**ア～カ**から，１つ選び，記号で答えなさい。

X　アメリカ・イギリス・ソ連の代表が集まり，ヤルタ会談が開かれました。
Y　日独伊三国同盟が結ばれました。
Z　日本軍は，ミッドウェー海戦でアメリカ軍に敗れました。

ア　［X→Y→Z］　**イ**　［X→Z→Y］
ウ　［Y→X→Z］　**エ**　［Y→Z→X］
オ　［Z→X→Y］　**カ**　［Z→Y→X］

問８　下線**F**に関連して，朝鮮戦争の開始後，GHQの指示により「日本国内の治安を守る」ことを名目に創設された組織を何といいますか，漢字で答えなさい。

問９　下線**G**に関連して，湾岸戦争終了後の1992年，PKO協力法が成立しました。この法律にもとづいて，自衛隊が最初に派遣（はけん）された国はどこですか，答えなさい。

3　**次の文章は鈴木直次『モータリゼーションの世紀－Ｔ型フォードから電気自動車へ』（岩波現代全書）の抜粋（ばっすい）です。これを読んで，あとの問いに答えなさい。なお，出題に際して，本文には省略および表記を一部変えたところがあります。**

現在，世界の自動車産業は大転換（てんかん）の渦中（かちゅう）にある。

何よりも「100年に一度」といわれる技術革新が進行中である。自動車産業が生まれてほぼ100年経ったから，これが完成した暁（あかつき）には産業の姿が一変する計算になる。技術革新の最たるものは，自動車そのものの変化である。まず第一にガソリン・エンジンに代わる多様な原動機を載（の）せた「次世代自動車」が登場した。自動車が**A**<u>大気汚染</u>と**B**<u>資源</u>枯渇（こかつ）さらには**C**<u>地球温暖化</u>の主たる原因とみなされ，先進国政府が単独あるいは国際協調のもと，排気ガスや燃費などの規制を始めたことがその契機（けいき）であった。

＜中略＞

技術革新と並ぶ大転換は，世界のD自動車市場と生産の立地に起きた一大変化だった。ドイツで自動車が発明されてからおよそ１世紀の間，E自動車の普及と生産はアメリカを中心にFヨーロッパ，日本など先進諸国によってリードされてきた。自動車（とくに乗用車）の普及が個人の所得水準に依存するから，これは当然の成り行きであった。

まず，市場という点からみると，先進諸国は20世紀末の時点でも世界の80％近くを掌中に収め，なかでもアメリカがずば抜けた規模を誇っていた。先進諸国では自動車の普及率はすでに高い水準に達し，今後の拡大はそう見込めない。世界第２位の市場であった日本はバブル崩壊の影響を受け1990年をピークに縮小したほどだが，米欧での活況が先進国市場全体の規模をしばらくは維持した。

ところが21世紀に入ると事態は激変する。すでにリーマンショックが起きる前年（2007年）に，先進諸国のシェアは60％を割り史上最低の水準となった。主たる原因は，めざましい経済成長を背景とするGBRICSなど新興国市場の急成長にあった。＜中略＞なかでも中国市場の伸びは驚異的であり，2006年には新規の登録台数で日本を越え，世界第２位へと躍進した。しかも金融危機の時代にも成長を続け，ついに2009年にはアメリカを抜いて世界第１位となり，不況期の世界の自動車産業をひとりで支えた。加えて，Hブラジル，インド，ロシアも2013年にはほぼ300万台規模の市場に成長し，タイやインドネシアなどIASEAN諸国も100万台を越えた。この結果，先進諸国の市場シェアはついに50％を割った。むろん新興国市場の行方も景気に大きく左右され，ごく最近では経済不振により拡大の鈍化が伝えられているが，アメリカを筆頭とする先進諸国が世界市場の拡大をリードした時代は終わった。

問１　下線Aについて，石油化学コンビナートのけむりにふくまれていた亜硫酸ガスなどが原因となって1960年代に日本で発生した，大気汚染による公害病を何といいますか，答えなさい。

問２　下線Bについて，図１・２（次のページ）は，原油産出量・原油輸出量・ガソリン生産量のいずれかについて，世界上位５ヵ国を示したものです。図１・２が示しているものの組み合わせとして正しいものはどれですか，次ページのア～カから，１つ選び，記号で答えなさい。

＜図１＞

＜図２＞

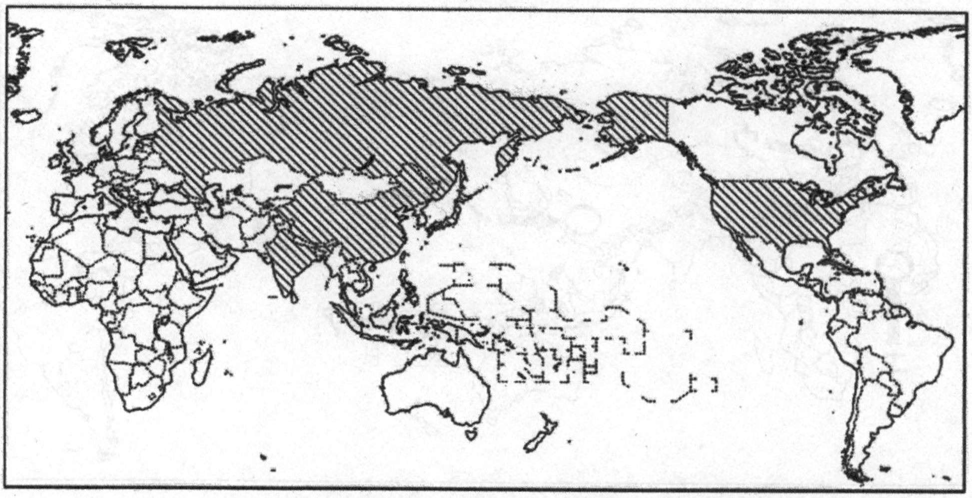

二宮書店『データブック　オブ・ザ・ワールド 2021 年版』より作成

ア　[図１　原油産出量　　図２　原油輸出量　]
イ　[図１　原油産出量　　図２　ガソリン生産量]
ウ　[図１　原油輸出量　　図２　原油産出量　]
エ　[図１　原油輸出量　　図２　ガソリン生産量]
オ　[図１　ガソリン生産量　図２　原油産出量　]
カ　[図１　ガソリン生産量　図２　原油輸出量　]

問３　下線Ｃについて，表１は次のページの図３中のア～エの場所でおこっている環境問題を説明したものです。このうち，あやまっているものはどれですか，ア～エから，１つ選び，記号で答えなさい。

＜表１＞

	環境問題
ア	地球温暖化の影響により国土が水没(すいぼつ)する危機
イ	食料増産のための焼畑などの原因による熱帯林破壊(はかい)
ウ	酸性雨の影響による森林破壊
エ	干ばつや過放牧、過耕作による砂漠化(さばくか)

＜図３＞

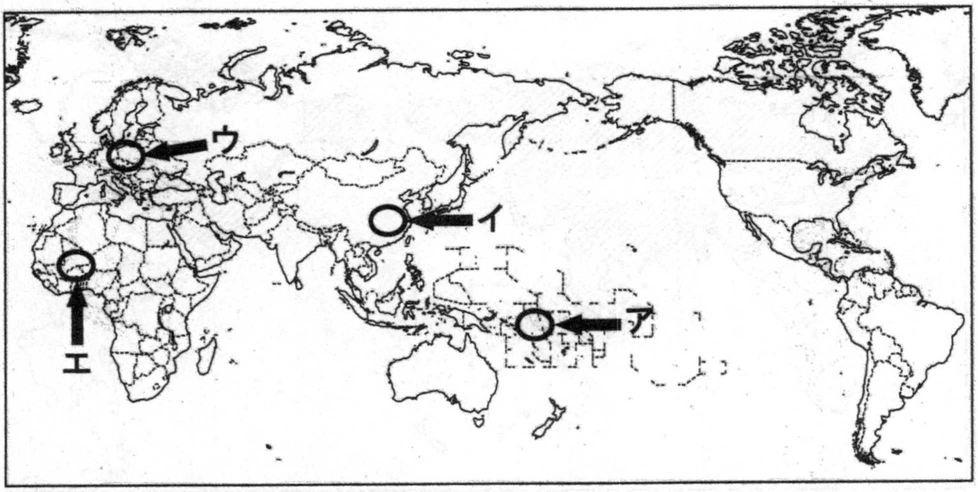

問４　下線Ｄについて，表２は，アジアにおける日本メーカーの自動車（四輪車）生産の状況を示したものです。表２のように，アジアでの日本メーカーの自動車生産が増加しています。その主な理由は，2000年代以降とそれ以前とでは異なります。それぞれの時期について，理由を説明しなさい。

＜表２＞

年	アジアでの日本メーカーの自動車生産台数※	日本メーカーの自動車海外生産台数に占めるアジア生産台数の割合
1985 年	208,589	23%
1995 年	1,882,850	34%
2005 年	3,964,209	37%
2015 年	9,472,178	52%

※　中近東は除きます。

日本自動車工業会 HP（https://www.jama.or.jp）より作成

問５　下線Ｅについて，自動車の普及は運輸にも影響を与(あた)えました。次の文章は日本の自動車輸送について説明したものです。文章中の下線部の説明があやまっているものはどれですか，ア～エから，１つ選び，記号で答えなさい。

日本の輸送は，かつて旅客では鉄道，貨物では鉄道・海運が中心でした。しかし，自動車の普及にともなう道路の建設や高速道路の整備などが進んだ結果，ア現在は旅客，貨物ともに自動車による輸送が最も多くなっています。

自動車輸送の長所は，イ戸口から戸口へ人や物を直接運ぶことができることや，時間や経路に制約されずに目的地まで到達(とうたつ)できることです。短所は，ウ他の輸送機関に比べて大量長距離(きょり)輸送には適さないことや，交通渋滞(じゅうたい)による運行の定時性に欠くこと，排気ガスなど環境問題の一因となることです。その対策として，エ自動車から航空機に切りかえることで二酸化炭素排出量や運輸費用の削減をはかる取り組みも注目されています。

問６　下線Ｆについて，**表３**中の①～④は日本のイギリス・フランス・ドイツ・イタリアからの輸入額と輸入品の上位５品目を示したものです。①～④にあてはまる国の組み合わせとして正しいものはどれですか，下の**ア～カ**から，１つ選び，記号で答えなさい。

＜表３＞

		①	②	③	④
輸入額（億円）		12,648	8,876	27,226	13,127
主な輸入品	１位	喫煙用たばこ	一般機械	乗用車	医薬品
	２位	一般機械	医薬品	医薬品	ワイン
	３位	バッグ類	乗用車	一般機械	一般機械
	４位	医薬品	電気機器	電気機器	香料と化粧品
	５位	衣類と同付属品	ウイスキー	科学光学機器	バッグ類

二宮書店『データブック　オブ・ザ・ワールド2021年版』より作成

ア　[①　ドイツ　②　イタリア　③　イギリス　④　フランス]
イ　[①　ドイツ　②　フランス　③　イタリア　④　イギリス]
ウ　[①　イギリス　②　イタリア　③　フランス　④　ドイツ]
エ　[①　イギリス　②　フランス　③　ドイツ　④　イタリア]
オ　[①　イタリア　②　イギリス　③　ドイツ　④　フランス]
カ　[①　イタリア　②　ドイツ　③　フランス　④　イギリス]

問７　下線Ｇについて，**Ａ～Ｄのグラフ**は，ロシア・インド・中国・南アフリカのいずれかの首都の雨温図を示したものです。また，次のページの**表４**中の①～④はロシア・インド・中国（香港・マカオ除く）・南アフリカの１人あたりGDP（国内総生産）と輸出額１位の品目を示したものです。このうちインドとロシアを示したものの組み合わせはどれですか，次ページの**ア～タ**から，それぞれ１つずつ選び，記号で答えなさい。

＜グラフ＞

A

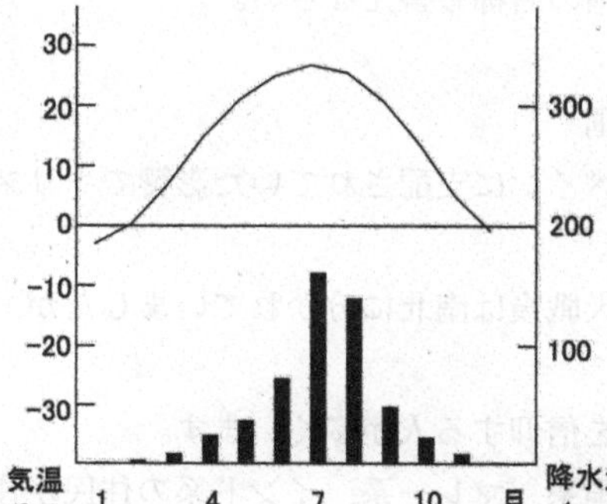

B

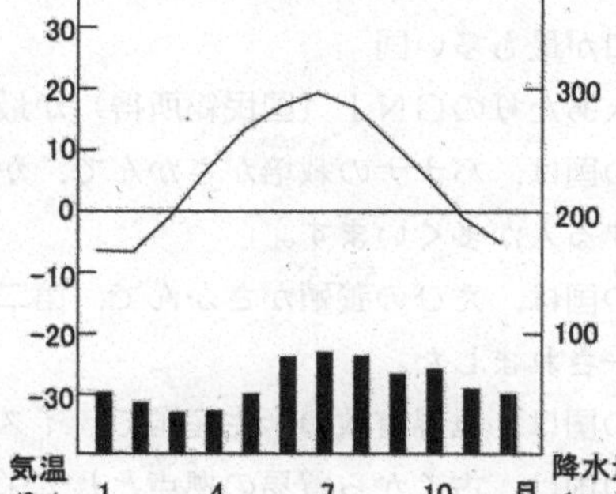

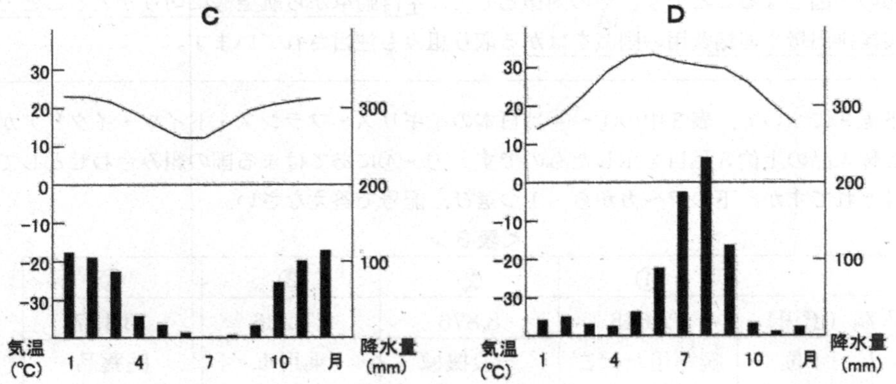

二宮書店『データブック　オブ・ザ・ワールド2021年版』・
矢野恒太記念会『日本国勢図会』2021/22より作成

＜表４＞

	①	②	③	④
１人あたりGDP（ドル）	2,055	9,532	6,369	11,394
輸出額１位の品目	石油製品	機械類	自動車	原油

矢野恒太記念会『世界国勢図会』2020/21より作成

ア　[A－①]　　イ　[A－②]　　ウ　[A－③]　　エ　[A－④]
オ　[B－①]　　カ　[B－②]　　キ　[B－③]　　ク　[B－④]
ケ　[C－①]　　コ　[C－②]　　サ　[C－③]　　シ　[C－④]
ス　[D－①]　　セ　[D－②]　　ソ　[D－③]　　タ　[D－④]

問８　下線Hについて，ブラジルでは，ガソリンとバイオエタノールを混ぜ合わせたフレックス燃料を利用する自動車の生産が中心となっています。ブラジルのバイオエタノールに利用される主な農作物は何ですか，答えなさい。

問９　下線Iについて，あとのア～カの文はASEAN（東南アジア諸国連合）に加盟するインドネシア・マレーシア・フィリピン・シンガポール・タイ・ベトナムのいずれかを説明したものです。その中で，次の⑴・⑵にあてはまる国の説明として正しいものはどれですか，ア～カから，それぞれ１つずつ選び，記号で答えなさい。また，その国の名称（めいしょう）も答えなさい。

⑴　人口が最も多い国

⑵　一人あたりのＧＮＩ（国民総所得）が最も高い国

ア　この国は，バナナの栽培（さいばい）がさかんで，かつてスペインに支配されていた影響でキリスト教を信仰（しんこう）する人が多くいます。

イ　この国は，えびの養殖（ようしょく）がさかんで，第二次世界大戦後は南北に分かれていましたが，1976年に統一されました。

ウ　この国は，世界有数の米生産国で，イスラム教を信仰する人が多くいます。

エ　この国は，古くから貿易の拠点（きょてん）として栄え，中国系，マレー系，インド系の住民が住む多民族国家です。

オ　この国は，油やし栽培がさかんで，1980年代以降に日本や韓国の経済を手本にしたルックイースト政策を進めました。

カ　この国は，世界有数の米輸出国で，上座部仏教を信仰する人が多くいます。

4　次の２つの文章は，岩波新書編集部編『18歳からの民主主義』（岩波新書）の抜粋です。これを読んで，あとの問いに答えなさい。なお，出題に際して，本文には省略および表記を一部変えたところがあります。

【議会って何？　大山礼子】

議会って，いったい何をするところでしょう。A日本国憲法では，「国民の権利及(およ)び義務」の章のすぐ後，「B内閣」よりも前に，国の議会である「C国会」が登場します。そして，国会について定めている第４章の最初（第41条）には，国会は，「国権の（　1　）」であり，「唯一(ゆいいつ)の立法機関」であると書いてあります。<中略>

民主主義とは，私たち国民の意思にもとづいて政治が行われ，政策が決定・実行されることを意味します。国民全員で議論して物事を決めるのは無理なので，私たちは自分の代わりに政策決定を担う人をD選挙で選ぶことになります。国の政治にかかわる人々のなかで，私たちが選挙できるのは国会議員だけです。国会を「国民代表機関」と呼ぶのはそのためですし，内閣や最高裁判所ではなく国会が「国権の（　1　）」だとされるのも，国会が主権者である国民によって選ばれているためです。

私たちが投票して選んだわけではない内閣総理大臣（首相）やそのほかの大臣たちが，なぜ日本のリーダーのようにふるまうのか，不思議に思ったことはありませんか。それは，国民代表機関である国会が首相を指名しているからなのです。議会によって選ばれた内閣に国の行政をまかせるしくみを「（　2　）」といいます。

【民主主義という道具を使いこなす　上野千鶴子】

民主主義は道具だ。何を決めるかではなく，いかに決めるかについての，不完全で欠陥(けっかん)の多い，しかし，今のところこれに代わるこれ以上のものがないと思われている，道具である。民主主義という道具を使うにあたって，次のふたつのことは，念頭に置いておいたほうがよい。

第１は，E民主主義はたんなる道具だから，それを使ってつくる作品の質を保証しない，つまり何を決めるかの決定の正しさを，すこしも保証しない，ということである。<中略>

主権者には，「間違(まちが)う権利」もあるが，だからこそその結果を引き受ける責任もある。自分の運命を他人任せにしない，ということが民主主義の核心(かくしん)にある。

第２は，民主主義は道具だから，使い方に習熟しなければならないし，使わなければ錆(さ)びる，ということだ。民主主義は選挙や国会の中だけにあるのではない。ものごとを取り決める過程のすべてに，民主主義という道具は関係する。それならその道具に習熟するには，子どものときから，家庭や学校や地域のすべての場所で，民主主義を学んで身につける必要があるのではないか。<中略>

日々の暮らしのなかで，民主主義を使わなければ，民主主義は学べない。家庭のなかで，学校のなかで，地域のなかで，話し合いをすること，異見を言うこと，異見に耳を傾(かたむ)けること，少数意見を排除(はいじょ)しないこと，話し合いの前と後とで，自分と相手の意見が変わること……そういうFテマヒマのかかるめんどくさい過程を経て，関わるひとたち全員が納得できる意思決定が行われる経験を積み重ねなければ，民主主義は身につかない。

問１　（１）・（２）にあてはまる語句をそれぞれ漢字で答えなさい。

問２　下線Ａについて，次の問いに答えなさい。

⑴　次の日本国憲法の条文中（あ）～（う）にあてはまる語句の組み合わせとして正しいものはどれですか，下のア～クから，１つ選び，記号で答えなさい。

> 第96条１項
> この憲法の改正は，各議院の（　あ　）の（　い　）の賛成で，国会が，これを発議し，国民に提案してその承認を経なければならない。この承認には，特別の国民投票又(また)は国会の定める選挙の際行はれる投票において，その（　う　）の賛成を必要とする。

ア［あ　総議員　い　過半数　う　過半数］
イ［あ　総議員　い　過半数　う　３分の２以上］
ウ［あ　総議員　い　３分の２以上　う　過半数］
エ［あ　総議員　い　３分の２以上　う　３分の２以上］
オ［あ　出席議員　い　過半数　う　過半数］
カ［あ　出席議員　い　過半数　う　３分の２以上］
キ［あ　出席議員　い　３分の２以上　う　過半数］
ク［あ　出席議員　い　３分の２以上　う　３分の２以上］

⑵　現代社会の変化に応じて，日本国憲法制定時には想定されていなかった問題が生じるようになり，新しい人権が主張されるようになりました。次の文は，新しい人権のうち，何という権利を侵害(しんがい)していると考えられますか，答えなさい。

> インターネット上の掲示板(けいじ)やSNSに，ある個人の写真とともに住所や連絡(れんらく)先などを，許可なく投稿(とうこう)・公開してしまった。

問３　下線Ｂについて，そのしくみについて説明した文としてあやまっているものはどれですか，ア～エから，１つ選び，記号で答えなさい。

ア　内閣総理大臣は，国会議員の中から指名されます。
イ　国務大臣は，内閣総理大臣によって任命されます。
ウ　国務大臣の過半数は，国会議員の中から選ばれます。
エ　内閣における話し合いの場である閣議の決定は，多数決制を採用しています。

問４　下線Ｃについて，次の問いに答えなさい。

⑴　国会の種類について説明した文として正しいものはどれですか，ア～エから，１つ選び，記号で答えなさい。

ア　通常国会は，毎年１月に召集(しょうしゅう)され，会期は90日間で，主に次年度の予算について話し合います。
イ　臨時国会は，内閣が必要と認めたとき，または衆議院の総議員の４分の１以上の要求があった時にのみ開かれます。
ウ　特別国会は，内閣不信任決議案が可決された日から30日以内に開かれ，内閣総理大臣の指名が行われます。

エ　緊急集会は，衆議院の解散中，特別に国会での話し合いが必要な場合に，参議院だけが集まって話し合います。

⑵　国会の仕事として，衆参両議院には，国の政治が正しく行われているかどうかを調査するために，国会に証人をよんで質問したり，記録の提出を求めたりする権限が与（あた）えられています。この権限を何といいますか，漢字で答えなさい。

問５　下線Ｄについて，次の問いに答えなさい。

⑴　日本の国政選挙について説明した文としてあやまっているものはどれですか，ア～エから，１つ選び，記号で答えなさい。

ア　衆議院議員の被選挙権は，満25歳以上の男女に与えられています。

イ　参議院議員の任期は６年で，３年ごとに半数が改選されます。

ウ　衆議院議員の選挙では，小選挙区比例代表並立制が採用されています。

エ　参議院議員の比例代表選挙では，政党名のみを記入して，１票を投票します。

⑵　次の表は，衆議院議員総選挙における年代別投票率の推移を示したものです。表から読み取れる内容として正しいものはどれですか，あとのア～オから，すべて選び，記号で答えなさい。

＜表＞

単位：％

	平成8年	平成12年	平成15年	平成17年	平成21年	平成24年	平成26年	平成29年
10歳代								40.49
20歳代	36.42	38.35	35.62	46.20	49.45	37.89	32.58	33.85
30歳代	57.49	56.82	50.72	59.79	63.87	50.10	42.09	44.75
40歳代	65.46	68.13	64.72	71.94	72.63	59.38	49.98	53.52
50歳代	70.61	71.98	70.01	77.86	79.69	68.02	60.07	63.32
60歳代	77.25	79.23	77.89	83.08	84.15	74.93	68.28	72.04
70歳代以上	66.88	69.28	67.78	69.48	71.06	63.30	59.46	60.94
全体	59.65	62.49	59.86	67.51	69.28	59.32	52.66	53.68

総務省HP（https://www.soumu.go.jp）より作成

※１　この表のうち、年代別の投票率は、全国の投票区から、回ごとに144～188投票区を抽出（ちゅうしゅつ）し調査したものです。

※２　10歳代の投票率は、全数調査による数値です。

ア　どの年の選挙においても，20歳代の投票率と60歳代の投票率を比較（ひかく）すると，２倍以上の差となっています。

イ　どの年の選挙においても，20歳代から60歳代にかけて，年代が上がるごとに投票率も高くなっています。

ウ　どの年の選挙においても，40歳代の投票率と70歳代以上の投票率を比較すると，70歳代以上の投票率の方が高くなっています。

エ　どの年の選挙においても，40歳代から70歳代以上の投票率は，全体の投票率よりも高くなっています。

オ　どの年の選挙においても，10歳代から30歳代の投票率は，全体の投票率よりも低くなっています。

問６　下線Ｅについて，その一例として，第一次世界大戦後のドイツで，当時最も民主的ともいわれた憲法のもとで，ヒトラーの独裁政治が成立したことが挙げられます。1919年に制定されたドイツの憲法を何といいますか，答えなさい。

問７　下線Ｆについて，民主主義を学んで身につける経験に関する文Ｘ～Ｚについて，筆者の主張に基づいて考えたときの正誤の組み合わせとして正しいものはどれですか，下のア～クから，１つ選び，記号で答えなさい。

Ｘ　学校のグラウンドを各クラブで使用する割り当てを決定する際，各クラブの代表同士が話し合うと対立がおきることが予想されたため，事前に先生が割り当てを決めて，各クラブに伝達しました。

Ｙ　ある地域の公園で，ボールの使用が禁止となった際，公園でボールを使用したい小学生が役所に陳情（ちんじょう）書を提出して，役所と話し合いをした結果，条件付きでボールの使用が可能になりました。

Ｚ　ある家庭で，共働きの夫婦のあいだに子どもが生まれることになった際，その夫婦が暮らす地域では，女性が一般的に育児休暇（きゅうか）を取得していたため，慣例に従って妻が育児休暇を取得することを決定しました。

ア　［Ｘ　正　Ｙ　正　Ｚ　正］　　イ　［Ｘ　正　Ｙ　正　Ｚ　誤］
ウ　［Ｘ　正　Ｙ　誤　Ｚ　正］　　エ　［Ｘ　誤　Ｙ　正　Ｚ　正］
オ　［Ｘ　正　Ｙ　誤　Ｚ　誤］　　カ　［Ｘ　誤　Ｙ　正　Ｚ　誤］
キ　［Ｘ　誤　Ｙ　誤　Ｚ　正］　　ク　［Ｘ　誤　Ｙ　誤　Ｚ　誤］

れており、俊介と被爆して亡くなった少年をつなぐ物語全体のキーワードとなっている。

イ　――線②「凛子のお仲間が、しんから感心したように言った」の「お仲間」というていねいな表現には、俊介も本当は凛子の弁当に感心している気持ちが暗示されている。

ウ　――線③～⑤からは、資料館に展示された弁当箱を通して戦争に対する俊介の心情が変化したことが読み取れる。初めは何気なくガラスケースに近づいた俊介は、黒焦げの弁当箱を実際に目にして戦争の悲惨さに怒りを感じ、戦争についてもっと知らなければならないと強く思うようになっている。

エ　――線⑥～⑨では、公園の様子をていねいに描写したり、擬音語（ぎおん）を使ったりすることで、まるで読者がその場にいるような感覚を味わえるように工夫されている。

オ　本文は全体を通して俊介の視点を中心として描かれている。

カ　本文は時間の流れに沿って展開しておらず、過去の場面と現在の場面が入り交じっている。

三　次の各文の――線のカタカナを漢字に直しなさい。

1　かげであれこれカクサクする。
2　心中をスイサツする。
3　カイサツ口で待ち合わせる。
4　ヘイバンな歌声。
5　花びらがチュウに舞う。
6　ひざのカンセツが痛い。
7　店をイテンする。
8　チョメイな学者の話を聞く。

ア　凜子は母親の手作り弁当をいつも喜んで食べていると思っていたが、凜子の話を聞いて初めて、凜子が二人目の母親に対して複雑な思いを抱いていることがわかったから。

イ　凜子が戦争中の弁当を再現することには全く意味がないと思っていたが、凜子の話を聞いて初めて、凜子にとっては弁当の再現がどれほど大切かということがわかったから。

ウ　凜子の弁当には母親の愛情が込められていると思っていたが、凜子の話を聞いて初めて、凜子の二人目の母親は娘に愛情を感じていないことがわかったから。

エ　凜子は勝手な行動をする俊介のことを嫌っていると思っていたが、凜子の話を聞いて初めて、凜子が母親の愛情に恵まれていない俊介に共感していることがわかったから。

オ　凜子の母親の手作り弁当を見て凜子と母親は仲が良いと思っていたが、凜子の話を聞いて初めて、凜子は二人目の母親を嫌っていることがわかったから。

問５　――線５「やっかいなことに、まっ黒な弁当は、二つ並んで俊介の目の裏に焼きついて離れない。これで凜子の弁当まで並んだら！勘弁してくれよ、だ」とあるが、この時の俊介の心の動きはどのようなものか。その説明として最も適当なものを次の中から選び、記号で答えなさい。

ア　戦争中の乏しい食材でも母親の工夫次第で愛情あふれる弁当は作れることを知った俊介は、戦争で死んだ少年のまっ黒な弁当と自分や凜子の弁当とを比較して、自分たちが母親の愛情に恵まれていないことに気付き切ない気持ちになったが、それは考えても仕方のないことだとあきらめようとしている。

イ　戦争中も現代も変わらない親の愛情に心を打たれた俊介は、母親が弁当を作ってくれたことを思い出し、自分の母親や凜子の二人目の母親にも子どもへの深い愛情があるにちがいないと考えるようになり、弁当を作ってくれたときの母親の気持ちをどうしても知りたいと思っている。

ウ　七十五年前のまっ黒な弁当には母親の息子への深い愛情が込められていることを知った俊介は、その弁当と自分のまっ黒な弁当を重ねて、今まで考えもしなかった自分の母親の気持ちや、凜子の二人目の母親の気持ちに思いを巡らせようとしたが、それらを理解するのはひどく難しく戸惑いを感じている。

エ　母親の弁当を食べたくても食べられないままに死んでしまった少年のことを知った俊介は、その少年と自分を重ね、弁当のことで母親に不満をぶつけている自分や凜子の態度を反省するようになり、これからは弁当を作ってくれた人への感謝の気持ちを持たなければならないと決意している。

オ　俊介は戦争で亡くなった少年のまっ黒な弁当に込められた母親の深い愛情を知り、自分の弁当と重ね合わせたことで、自分の母親や凜子の二人目の母親が弁当を作ったときの気持ちをもっとよく知りたいと思うようになったが、いくら考えてもわからなかったので、母親に対して申し訳ない気持ちになっている。

問６　本文について説明したものとして**適当でないもの**を次の中から**２つ**選び、記号で答えなさい。

ア　＝＝線①「まっ黒な弁当」という表現は本文中で何度も繰り返さ

夕焼けが公園をおおいはじめる。クスノキの葉の一枚一枚を、金色の光が縁取っていく。

凜子は、動かない俊介を置いたまま、振り向きもせずに歩き出した。遠くでだれかの声がする。「班行動だって、自分で言ってて、班長がこれだから……」。ごめーん、と凜子が駆けて行く。その姿を目で追いながら、俊介は思う。

くそっ、あの日、弁当箱を抱いて骨になったあいつは、どんなやつだった？

※ＳＮＳ…インターネットを通して、文章・音声・映像などの情報を発信し、人々と交流することができるサービス。

問１ ――線１「黒い塊は、さらに膨らんだ」とあるが、それはどういうことか。その説明として最も適当なものを次の中から選び、記号で答えなさい。

ア　母親はいつも忙しくて俊介に無関心な上に、母親が作った弁当は俊介の好き嫌いを考慮していないものだったので、俊介の母親への怒りがより大きくなったということ。

イ　母親があまりにも口うるさい上に、弁当に俊介の嫌いなものばかりわざと入れてあったので、母親に対する俊介の腹立ちがますます抑えられなくなったということ。

ウ　母親が俊介の機嫌を取ろうとして弁当を作った上に、感謝もしない俊介をたしなめることさえしなかったので、母親へのいら立ちがかえって激しくなったということ。

エ　母親が作ってくれた弁当には俊介の嫌いなものが入っていた上に、母親は俊介に恩着せがましい態度を取ったので、俊介の母親に対する憎しみがますます募ったということ。

オ　母親が朝から嫌味なことを言った上に、気まぐれで作った弁当には俊介の嫌いなものが入っていたので、俊介の母親に対する反発がいっそう大きくなったということ。

問２ ――線２「俊介は、この時間がきらいだった」とあるが、なぜ俊介は「この時間がきらい」なのか。その理由を60字以内で説明しなさい。

問３ ――線３「七十五年前の、正真正銘のまっ黒な弁当」とあるが、凜子はこの「弁当」をどのように考えているか。その説明として**適当でないもの**を次の中から一つ選び、記号で答えなさい。

ア　七十五年前の爆弾で亡くなった少年が最後まで大切に持っていたもの。

イ　爆弾で息子を失った母親の悲しみや戦争の悲惨さを人々に伝えるもの。

ウ　物資が乏しい戦争中に少年の母親がさまざまに工夫をこらして作ったもの。

エ　息子が戦争で亡くなる前にせめて好物を食べさせたいという母親の願いがこもったもの。

オ　弁当を食べる息子の顔を思い浮かべて母親が一つ一つていねいに手間をかけて作ったもの。

問４ ――線４「そうか、と思った」とあるが、なぜ俊介は「そうか」と思ったのか。その理由を説明したものとして最も適当なものを次の中から選び、記号で答えなさい。

「毎日、けっこうな弁当を作ってもらって、そりゃないだろ。楽しそうに写真ごっこまでしてんだろ。

けっ、何が再現レシピだ。あの弁当、食えなかったあいつが、いまの話、きいてみろ……」

言い過ぎたかな、と思ったときだった。俊介の顔に、「修学旅行のしおり」が飛んできた。

「見た目がきれいなだけのお弁当なんて、食べたくもない。

写真ごっこって言ったわね。そうよ、パパに愛されようと思ったら、あのひとに好かれなくちゃならない。だから、毎日、おいしくもないお弁当を我慢して食べてる。あとで吐くこともある。わたしはあの味がきらいなの」

きらい、と叫んだあとで、「あのママは、二人目。いいひとだけど、あの味は、いや」

と凜子は言った。

俊介は動けなかった。4そうか、と思った。

「みんなが、お前を待ってる」

俊介は、足もとの踏みつけられたクローバーの上から、「しおり」を拾い上げる。

「ずっと前に死んじゃったママの玉子焼き、刻んだネギが入っていて、薄い塩味だった。幼稚園のときのお弁当、ままごとみたいな赤いプラスチックのお弁当箱に、いつも入ってた」

凜子は歩きながら、鼻をすする。

「泣くな。おれが泣かしたみたいに見える」

だからね、と言って、凜子はからだの向きを変え、いきなり俊介の前に立ちはだかった。

「あのまっ黒なお弁当は、わたしたち、作ってみてわかったんだけど、とっても丁寧に作ったんだな、って。あのころは圧力鍋なんてないから、大豆はひとばん水につけて、ゆでたはず。硬いままだと、おなかをこわすから。

あの子のお母さん、もちろん息子の好きなものがわかってて、あの子はどんな顔してこれを食べてくれるかしらって、きっと、少し笑いながら作ったのよ。そんな気がする。わかる？　あんたに」

凜子の目から、また涙がこぼれる。

「でも、あいつは食えなかった」

あいつは爆弾の炎に焼かれて骨になった、弁当箱を抱えたまま。と思ったとたん、頭に上った血が、すうっと足もとにおりていく。

少し笑いながら、か。あの女も、おれの弁当を作ったとき、少し笑っていただろうか。アリがいやというほどたかって、まっ黒になった、おれの弁当。ジャガイモとピーマンの千切り炒めは見えたけど、あとは何が入っていた？

どういうつもりで、あの女は、あのときに限って弁当を作ったのか。凜子のママは、何を考えながら毎日、気合を入れて弁当を作るんだろう。

自分が作った弁当、食ってもらえなかった弁当を見つけたとき……どんな気持ちになるのか、と思いかけて、俊介は大きく首を振った。おれの知ったことか。

5やっかいなことに、まっ黒な弁当は、二つ並んで俊介の目の裏に焼きついて離れない。これで凜子の弁当まで並んだら！　勘弁してくれよ、だ。

おれは、ひとりでホテルに帰る、すぐそこだし。
俊介の心を読んだように、凜子が言った。
「ひとりだけ、ホテルに帰ろうなんて。そんなこと、させないから」
俊介のなかで、何かがはじけた。
「おまえたちの弁当自慢ごっこに、あの弁当箱も出したらいい」
それは、自分でも、思いもかけないことばだった。
「ちょっと、あんた、言っていいことと、悪いことがあるでしょ。どういう神経してんの」
凜子の目が燃え上がり、見る見るうちに涙で膨らむ。
「あのね、あのお弁当は、あの子のお母さんが、あの子の……」
お母さんがどうした。泣くぐらいなら、おれについてくるな。俊介は、女子の涙がきらいだった。ずるい、と思う。
「なんで、あんな弁当にこだわる？　まっ黒に焦げた弁当なんて、気味悪いだけじゃないか」
凜子は、くしゃくしゃの前髪の間から目をのぞかせ、俊介をにらみつけると、ぽたぽた涙をこぼした。でかい目だ。夕暮れの光が、凜子の赤くなった目を、薄紫に光らせる。
凜子は、大きく息を吸った。
「あのね、あんたはどうせ読んでないから知らないでしょうけど、わたしたち修学旅行委員は、あのお弁当の中身を、学校の調理実習室で再現したの。事前学習ニュースレターに記事が載ってる」
ふうっと息をつくと、凜子はリュックを投げ出し、ベンチに座った。
⑦目の前は川。潮が下流から満ちてくる。ちょうどふたりの正面に、持っていた「修学旅行のしおり」の表紙と同じ、骨格だけになったドーム型の屋根が見える。
「あのお弁当、中身は、お米に大豆と麦を混ぜて炊いたご飯、それにジャガイモと干した大根の千切り油炒め。それ、作ったの、みんなで」
「中身なんて、わかるわけ、ないだろ。あんなに焦げて」
俊介は、思わず言った。ばかじゃねえの、こいつら。
「それが、わかったのよ。ずっと前、あのお弁当を作ったお母さんに、中身は何だったか、きいたひとがいたの。そのあと、また別のだれかが再現レシピを書いて、それをわたしたちが作ってみたってこと」
凜子の目に、もう涙はなかった。⑧川下から、だだだだ、とモーター音を響かせ、ざざっと波頭を立てて、目の前にボートが現れた。風が立つ。
きかれもしないのに、凜子は続けた。
「おいしかった、意外と。干し大根を水で戻したり、大豆を圧力鍋でやわらかくするのは面倒だったけど、家庭科の二上先生が手伝ってくれたから。薄い味つけ、けっこういい、と思った」
⑨公園にある鐘を、だれかがつきはじめる。ゴーンという地をはうような音が、足もとに寄ってくる。
「戦争が終わりかけのころは、お砂糖が出回ってなかったから、おかずが甘ったるいはずはないって、先生が言ってた。
……うちのママなんて、見た目をよくするために、お砂糖やみりんをうんと使って、つやを出すの、玉子焼きでも何でも。わたし、それがきらい」
こいつ、あきれるぐらい、よくしゃべる。もうこれ以上はごめんだ、と俊介は思った。しゃべりすぎ。おまえは、おれの友だちじゃない。

女子は首をすくめる。
「やめなさいよ、大きな声、出すの」
ゆっくり立ち上がったのは、凜子だった。
「あんた、なんでわざわざ言うのよ」
凜子は、おろかな弁当女子に鋭い視線を浴びせると、俊介に向き直った。
「ほんとうのことだから、しかたない。作ってもらえないのは、お気の毒さまだけど」
凜子は、ふふ、と笑うとくるりと向きを変えた。ポニーテイルが、しゅっと輪を描く。
よくも言ったな。俊介はのどの塊をぐっと飲み込むと、パンの残りを床に投げつけた。
教室を出る俊介の背中に、弁当女子の笑いがはじけた。

…〈中略〉…

修学旅行に行きたくない理由のひとつに、凜子と同じ班で行動する、というのがあった。しかも凜子は班長、それだけで十分だ。
「それ」は、資料館のまんなかあたりに置かれていた。凜子を先頭に、班のメンバーがガラスケースを取り囲む。③遅れてきた俊介も、なぜか引きつけられる気がして、ケースに近づいた。
「見て、ほんとうに中身がまっ黒よ」「下の方に穴があいてる」「中身は……」
④俊介の耳から、女子たちの声がだんだん遠ざかる。俊介は背が高い。メンバーの頭ごしにも、らくにケースのなかをのぞくことができる。
まっ黒。
⑤俊介は、口のなかの水分が一気に乾いていくのを感じる。
「わあ、焼けて骨になった中学生のからだの下にあったんだって、これが」
だれかが、悲鳴のような声を上げる。
「この子、お弁当箱、抱えていたのよ。三日後に、お母さんが見つけたんだって……」
凜子の声。少し震えて、語尾が消える。
俊介の目に、台所の床でアリが群れ、まっ黒になってころがっていた、あの日の弁当がふいに浮かぶ。
ケースのなかにあるのは、3七十五年前の、正真正銘のまっ黒な弁当。
「食べてもらえなかったお弁当よね」
またまたかが、かすれた声で言った。
「俊介君、集合場所はそっちじゃない。みんな、待ってるのよ。勝手なこと、しないで」
資料館を見たら、引き続き班ごとにまとまって行動すること。凜子のとがった声が、俊介を追いかけてくる。⑥風は、潮を含んだ水の匂いがする。公園は二本の川に挟まれたデルタにあった。昼間の暑さを、その風が吹きはらう。夕暮れがそこまで来ていた。
「あんまり時間がないの。まだ見なくちゃならない慰霊碑もあるでしょ」
でしょって、おまえが弁当箱のところで、もたもたしたから、だろ？

た。

暗い部屋に入る気分は、暗い。いつまでたっても、慣れることはない。

俊介は手探りでスイッチにふれると、台所の明かりをつけた。かすかに、ピーマンの匂い。俊介は、けさ、テーブルからたたき落とした弁当のことを思い出す。

床の上の、まっ黒なもの。

「わあ」、思わず声が出た。黒いものは、アリだった。古い台所の、がたがたの戸の隙間から入ってきたアリの大群が、ひっくり返った弁当にたかっている。

あいつ、そのままにしやがった。

母親への怒りが、食道を熱くする。①まっ黒な弁当、忘れねえからな。

俊介は声に出した。

「くそ！」

朝の五時起き、眠いに決まってる。けれども、新幹線のなかは、いつもの教室より十倍うるさかった。車両は貸し切りだったし、みんなで旅行するのは初めてだから、ハイテンション、絶好調のやつばかり。

「おお、富士山だ」「すっげー」。富士山ぐらいで、騒ぐな。眠れやしない。おまけに班行動とやらで、お礼に命令するやつもいる。

「俊介君、お弁当、取りに行って。間違いなく六個」

うるせえな、おれは眠い。弁当弁当って、きいただけで腹が立つ。おまけに、そう言う班長が凛子だから、もっと腹が立つ。

あれは、ひと月前のことだった。

「凛子ちゃんのお弁当、美的っていうか、なんだかおしゃれよね」「そりゃ、お母さんが料理教室の先生だもん」

昼どきの教室は、緩んだ空気と食べ物の匂いのなかで、おしゃべりと甲高い笑い声が渦を巻く。弁当の時間は、家の事情が透けて見える。

2俊介は、この時間がきらいだった。

仲良しグループごとに集まって、くすくす笑いながら弁当の中身を比べる女子たちのそれは、手のこんだものが多い。すまして食ってるやつの弁当箱は、高そうな木の曲げもの。弁当箱を包む布も和風。親の趣味だ。

凛子の弁当は、クラスいちと言われていた。のぞく気はないが、横を通れば見える。たしかに、と俊介は思った。何種類ものおかずが彩りよく整然と並んで、まるでイラストのよう。毎日でも※ＳＮＳに投稿したい弁当だった。弁当箱も、それを包む布も、中身によって変えている。カラーコーディネート、おどろきの弁当。それを凛子のママは毎日、家で撮影してほんとにＳＮＳにアップするらしい。

「ママ、ありがとう、って言ってる笑顔の凛子も一緒にアップだって」。

②凛子のお仲間が、しんから感心したように言った。

凛子を取り巻いて、同じような弁当女子が、手のこんだ弁当を開く。そのなかのひとりが、ふいっと立ち上がって何かを取りに行き、俊介のわきを通った。

「いっつも、パン。お気の毒」。きこえるかきこえないかの声だった。

俊介ののどにカレーパンが詰まった。怒りはカレーの味がした。

「もういっぺん言ってみろ」

「おお、こわい」

オ　人々が社会の中で安定と変化を両立させるためには、利潤を追求しながらも伝統や宗教を大切にすることも必要だと考えている。

二　次の文章は、中澤晶子の短編集『ワタシゴト　14歳のひろしま』より「弁当箱」の全文である。これを読んで、後の問いに答えなさい。なお、出題に際して、本文には省略および表記を一部変えたところがある。

あんな女、と俊介は思った。

思うだけで、胃の奥がかっとなる。「いやなことをわざわざ思い出して、繰り返し腹を立てるなんて、時間の無駄づかい」と言うやつもいるけれど。たしかに、おれは、何度も思い出して、どんどん腹を立てている。あいつのせいだ、何もかも。と思っていたら、発車の電子音が鳴った。

行きたくもない修学旅行。中学三年にもなって、みんなで旅行して何がうれしい？　俊介は、だれからも話しかけられないよう、座席についたとたん、寝たふりを決める。

「あんな女」は、俊介の母親。父親は、愛想をつかして出ていき、ひとり息子の俊介は、母親のもとに残った。というより、取り残された。親父が黙って出ていったことは、もちろん許せない。けれども俊介は、それもありだな、と思っている。あったりまえだ、あんな女、だれも一緒にいたくない。自分勝手で、意地悪だ。

俊介の母親は、やせて背が高い。くぼんだ目ととがった鼻、そばかすの浮いた顔のまんなかに、毒のある言葉があふれ出る、大きな口があった。いつか「おまえの母さん、魔女っぽいな」と言ったやつを、俊介は張り倒したが、そうだ、とも思っている。

三日前の朝、「あんな女」は、珍しく俊介に弁当を作った。起きてきた俊介に向かって、花柄の派手なパジャマ姿で、「ほれ、弁当」と、食卓の上の弁当箱を細いあごでしゃくってみせた。

俊介は、起きたばかりのぼんやりした頭で、返すことばを探した。母親は俊介を見ずにあくびしながら、低い声で言った。

「たまには、おはよう、とか、ありがとう、とか言ってみたら？　あいかわらず、いやな子だね」

たまには？　いやな子？　どっちが？　言葉は出なかったが、まぶたの裏に黒い塊が浮かんだ。その瞬間、俊介の手が出た。

気がつくと、母親の姿は消えていて、しみだらけの床の上に、中身が半分飛び出た古くさいアルミニウムの弁当箱がころがっていた。おれがきらいな、ジャガイモとピーマンの千切り炒め。それだけが目に飛び込んだ。

くっそ、いやがらせかよ。1黒い塊は、さらに膨らんだ。

夕方遅く俊介が家に戻ると、母親はいなかった。いなくて当然。二駅向こうの飲み屋街で、夜だけの餃子屋をやっているから。小さな店の水餃子は、小松菜と豚肉だけの中身なのに、ぼってりした手作りの皮がなぜかうまいと評判で、いつも常連客で賑わっている、ということだ。店が狭いから、いっぱいになるだけ、と俊介は思っていたが、どんな餃子か、少しだけ気にはなった。食べさせてもらったことは、一度もなかっ

オ　近代以前の社会では、説明できない問題が生じた原因は超越的存在にあるとされ、科学的に説明しようという動機が失われていたということ。

問３　A　に当てはまる言葉として最も適当なものを次の中から選び、記号で答えなさい。

ア　連続的　　イ　断続的　　ウ　絶望的　　エ　絶対的

オ　相対的

問４　――線２「二つの問題」とあるが、それはどういうことか。80字以内で説明しなさい。

問５　――線３「これらはなんとも『緩い』対応法です」とあるが、それはどういうことか。その説明として最も適当なものを次の中から選び、記号で答えなさい。

ア　不安を引き起こすものを隔離して関わらないという対応や、変化のない生活をくり返し送り不安を引き起こすものに気づかず生きるという対応をしているが、それは不安になる可能性を残したままの対応法だということ。

イ　不安を引き起こすものを予測して除去するという対応や、生活を安定したリズムでくり返すことで不安を引き起こすものに対して鈍感になるという対応をしているが、それは不安の根本原因を取りさる対応法ではないということ。

ウ　不安を引き起こすものを隔離して見ないようにするという対応や、変わらない生活をくり返すことで不安を引き起こすものを受け入れるという対応をしているが、それは不安を完全に取りさる対応法ではないということ。

エ　不安を引き起こすものを除去して新たな不安を起こさないようにするという対応や、生活を安定した調子でくり返すことで不安を引き起こすものを忘れるという対応をしているが、それは不安の根本原因を残した対応法だということ。

オ　不安を引き起こすものを隔離して触れないようにするという対応や、安定した生活をくり返し送り不安を引き起こすものを考えないようにするという対応をしているが、それは不安の根本原因の除去に時間かかかる対応法だということ。

問６　――線４「予測できない不安定な社会」とあるが、「予測できない不安定な社会」で人々はどのようにするべきだと筆者は考えているか。その説明として最も適当なものを次の中から選び、記号で答えなさい。

ア　人々が不安定な社会で安定した基盤を作れるように、伝統的な行為を否定しないこととルーティンに従うことを大切にするべきだと考えている。

イ　人々が安定した基盤を作って変化に踏み出せるように、困難や不安に対して原因を考えることと忘れることを両立させるべきだと考えている。

ウ　人々が不安定な社会で生きるためには、変化に向き合う強い姿勢を持つことと伝統的な行為のどちらも大切にするべきだと考えている。

エ　人々が変化を続ける社会の中で生きていけるように、日常生活を安定したリズムで反復的に送って不安を和らげるべきだと考えている。

り「ルーティン」に従うことが、不安を和らげるといいます。

経験の隔離や保護繭は、不安の根本原因を除去しているわけではありません。単に忘れたり遠ざけたりしているだけです。そういう意味では、3これらはなんとも「緩い」対応法です。

4予測できない不安定な社会において「殻」に閉じこもらず、変化に向き合う強い姿勢をみせることもときには必要です。起業家精神というのは、そういった姿勢の一つかもしれません。ただ、すべての人にそういった強い心をもつように仕向けることは非現実的です。他方で、殻に閉じこもり、自分たちの日常生活にしがみつくばかりだと、私たちは意図せざる結果に飲み込まれて、より深刻な事態を引き起こしかねません。そのためギデンズは、ルーティンは心的安定にとって欠かせないもので、伝統的な行為も無碍に否定してはならない、と考えていました。この意味では、ギデンズははっきりと保守主義的な側面を持っていたのです。しかし他方でギデンズは、人は必要なときにルーティンを逸脱して生活を能動的に再構築する必要に駆られる、とも論じています。

（中略）私たちは、ある程度安心して暮らしていくために、難しいことや不安なことを忘れて生活する必要があります。他方で、ときには反省的に周囲を捉え返し、物事がうまくいかない原因について理解しなければならないこともあります。かんじんなのはこの二つのバランスをなんとか取っていくことであって、「どちらかでよい」という主張には耳を傾ける必要がない、ということです。それに、人々は安定した基盤がないと変化に踏み出すことさえできません。安定と変化は、両立させないといけないのです。

※演繹…ある理論を、広くほかのものごとにあてはめること。
※伝統の軛…伝統にしばられていること。
※ギデンズ…イギリスの社会学者。
※苛まれる…苦しめられ、悩まされること。

問１　[a]～[e]に当てはまる言葉として最も適当なものを次の中から選び、それぞれ記号で答えなさい。ただし、記号は一度しか使えないものとする。

ア　もちろん　　イ　あるいは　　ウ　たとえば　　エ　つまり
オ　さらに

問２　――線１「伝統的な社会では、社会の複雑さを抑制し、変化を押し止める力がある程度働いていた」とあるが、それはどういうことか。その説明として最も適当なものを次の中から選び、記号で答えなさい。

ア　近代以前の社会では、説明できない問題が生じた原因は超越的存在にあるとされ、本当の原因である為政者の責任を追及する機会を奪われていたということ。

イ　近代以前の社会では、説明できない問題が生じた原因は為政者にあるとされ、科学的に物事を説明しようという動機を奪われていたということ。

ウ　近代以前の社会では、説明できない問題が生じた原因は神にあるとされ、本当の原因である科学の責任を追及する機会を奪われていたということ。

エ　近代以前の社会では、説明できない問題が生じた原因は神と結託した為政者にあるとされ、科学的に物事を考えようという動機が失われていたということ。

脱伝統・脱宗教化した世界では、2二つの問題が生じます。一つは「不安定さ」です。［ｂ］、技術や制度の発達によって、不確定要素が減った部分もあります。［ｃ］子どもが無事に育つ確率は、近代化以降確実に増えました。それでも、※伝統の軛を脱して社会がどんどん複雑になっていくと、意図せざる結果が出てくることは避けがたいものです。グローバルな資本主義的分業・交流を通じて急速に変化する

不安定要素には、多くの人が共通して経験する危機もあれば、個人的に降りかかる不幸な出来事もあります。多くの人に共通するものとしては、金融危機、環境問題（何よりも地球温暖化）、そして一部の感染症などがあります。他の多くの人が経験しないのに自分には降りかかってくるリスクもあります。就職活動がうまく行かなかったり、失業してしまったり、結婚相手とうまく行かなくなってしまったり、といった経験です。

現代社会が脱伝統・脱宗教化することのもうひとつの問題は、「意味の喪失」です。宗教を素直に信仰できなくなってしまうと、人生に意味を与えることが簡単にはできなくなります。人生になにか重大な問題が生じてしまったとき（たとえば肉親を亡くしてしまったとき）、その理由をわかりやすく説明してくれる仕組みもありません。

（中略）※ギデンズは、こんなことを言っています。知らないこと、予測不可能なことに囲まれて生活することは、本来ならば大きな不安を私たちにもたらすはずです。事故、病気、失業、そして環境破壊や戦争などによって安心な生活が破壊されてしまう可能性を、私たちは心の中から完全に排除することはできません。こういったリスクに非常に敏感な人は、場合によっては精神疾患を患ってしまうでしょう。そして実際、不安に悩まされている人たちに対して、私たちは理屈で安心を説得することはできないはずです。

住んでいる場所の近くに原発がある人が、事故の可能性に不安を訴えたとしましょう。私たちは、この人に対して合理的に（理を尽くして）安心を説くことはできるでしょうか。仮にあなたが原子力発電の専門家でも、なかなか難しいはずです。むしろ専門知識を伝えることの困難に直面するかもしれません。

いずれにしろ、常に不安に※苛まれているわけではない「普通の」人たちも、何らかの合理的な根拠があって安心しているわけではないのです。ギデンズは私たちはそういった不安を物理的に、［ｄ］心的に遮断しているに過ぎない、といいます。

「物理的に遮断」というのは、そういう不安を引き起こしうる情報にできるだけ触れないようにする、ということです。病気や死、あるいは生まれつきの障害などは、いまでも私たちが意図的に影響を及ぼすことが難しい経験です。現代ではこれを病院や施設に隔離することで、少なくとも日常生活ではあまり目にしないようにしています。ギデンズは、これを「経験の隔離」と呼んでいます。

「心的に遮断」というのは、要するに心の中で特定の情報を遮断している、［ｅ］忘れたり、あるいは鈍感になるということです。ギデンズはこのことを「保護繭」と呼んでいます。保護繭が機能している限り、私たちは常に不安であるという状態ではなくなります。ただ、ふと思い出せば不安を掻き立てるような事柄について考えないようにしているだけなので、何かきっかけがあれば保護繭が破れてしまうこともあります。ギデンズは、日常生活を安定したリズムで反復的に送ること、つま

【国　語】（五〇分）〈満点：一〇〇点〉

【注意】一．解答の際には、句読点や記号は一字と数えること。
二．コンパス・定規は使用しないこと。

一　次の文章は、筒井淳也『社会を知るためには』の一部である。これを読んで、後の問いに答えなさい。なお、出題に際して、本文には省略および表記を一部変えたところがある。

この本のメッセージは、「人間は、自分たちが作ったよくわからない社会のなかで動いている」というものでした。そしてその背後には、社会における「緩いつながり」がある。近代化以降、複雑さや変化の速さが増しているとはいえ、基本的には人間社会というのはそういうものでした。ただ、1伝統的な社会では、社会の複雑さを抑制し、変化を押し止める力がある程度働いていたのも事実です。

たとえば宗教です。宗教は、なにかよく説明できない出来事が生じたとき、現代の私たちあるいは研究者がするように、いままで見えにくかったこと（しかしあくまで人間がつくってきた構造）を明らかにして説明しようとするのではなく、人間の力を超えた存在、典型的には「神」がそうしたのだ、という「説明」をします。

このように「説明」されてしまうと、話はそれでおしまいです。※演繹的なモデルを駆使して説明しようとか、経験的なデータを用いて説明しようとか、そういう動機が失われてしまいます。必要なのは、神様に祈って良い結果をもたらしてくれるようにお願いするか、「神の定め」だと思って結果をそのまま受け入れるか、です。［ a ］、このように何か問題や不都合があったときに人間を超えた超越的存在のせいにする考え方は、為政者（そのときどきのリーダー）にとって都合が良いものですから、為政者はしばしば宗教的権威と結託したり（中世ヨーロッパにおける教会と王権の関係）、あるいは自分が両方を兼ねたり（邪馬台国の卑弥呼がそうだったといわれる）するわけです。

ただ現代社会は、宗教的権威の説明をそのまま受け入れる人が減ってしまった世界です。なぜ宗教的・伝統的権威の地位が低下してしまったのかについてはいくつかの説明がありえますが、資本主義の発達は重要な要因でしょう。（中略）産業革命期において資本家は政府（王権）と離れて力を持ち、むしろ政府の影響力を排除して産業化を進めようとしていたのでした。

前近代国家における身分制は、支配者にとって都合の良い仕組みでした。この体制を正当化する理由として、宗教や伝統が利用されたのです。ところが近代社会における階級は、むしろ資本家の利潤の追求の結果です。利潤の追求そのものには、それを直接に正当化する理屈は必要ありません。政治家が資本家に都合の良い制度を結託して作り上げることはもちろんあるでしょうが、これを隠して「資本主義は国全体の豊かさをもたらす」という物語を信じ込ませればよいのです。二〇世紀の半ばから終盤にかけて、この物語は実によく効果を持ちました。

さらに、資本主義は利潤追求の過程で国境を超えて広がります。そうすると、いろんな習慣、宗教、価値観を持つ人たちが交わる機会も増えていきます。こうなると、自分が信じている宗教は、他のたくさんのありうる価値のうちの一つだ、という意識が排除できなくなりますから、どうしても宗教的権威が［ A ］に力を落としていくことになるのです。

第1回

2022年度

解　答　と　解　説

《2022年度の配点は解答欄に掲載してあります。》

＜算数解答＞　≪学校からの正答の発表はありません。≫

1　(1)　$4\frac{1}{20}$　(2)　300円　(3)　72L　(4)　144度

2　(1)　解説参照　(2)　90.84cm^2

3　(1)　10%　(2)　300　(3)　50

4　ア　12・22　イ　10・11・20・21　ウ　18, 19　エ　12　オ　11　カ　19
キ　3　ク　144

5　(1)　(i)　485　(ii)　26　(2)　60個　(3)　24個

○推定配点○
2・3　各4点×5　他　各5点×16　計100点

＜算数解説＞

1　(四則計算，割合と比，ニュートン算，平面図形，消去算)

(1)　$\frac{117}{20}\times\frac{27}{13}\times\frac{1}{3}=\frac{81}{20}$

重要　(2)　Aの値段を①とすると，Bは①＋40，Cは②−30
①＋(①＋40)×2＋(②−30)×3＝①＋②＋80＋⑥−90
＝⑨−10(円)が2690円に等しい。
したがって，①は(2690＋10)÷9＝300(円)

やや難　(3)　排水管Bでの1分の排水量が△Lのとき，Bで24分とAで9分排水した水量の差は△×24と△×9＋5×9＝△×9＋45の差である。
24分と9分で給水した水量の差は10×(24−9)＝150(L)であり，△×24と△×9の水量の差は150＋45＝195(L)
したがって，△は195÷(24−9)＝13(L)，
水そうの容量は(13＋5−10)×9＝72(L)

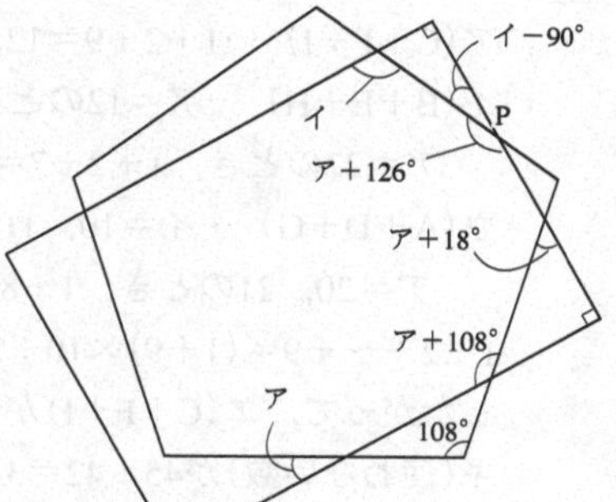

重要　(4)　正五角形の1つの内角…180−360÷5＝72(度)
右図より，2本の辺の交点Pについてア＋126＋イ−90＝ア＋イ＋36が180に等しい。
したがって，ア＋イは180−36＝144(度)

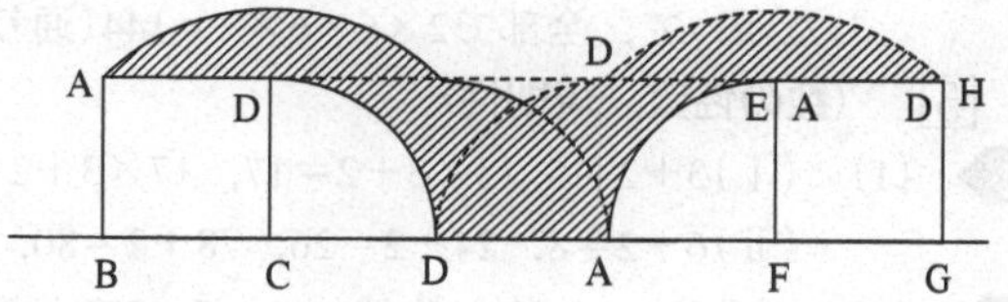

重要 **2** (平面図形，図形や点の移動)

(1) 辺ADが通過した部分は右図のようになる。

図ア

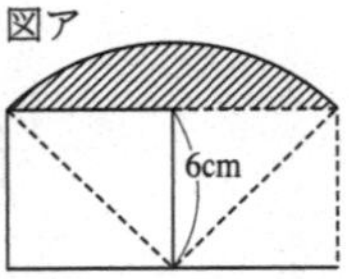

図イ

図ウ

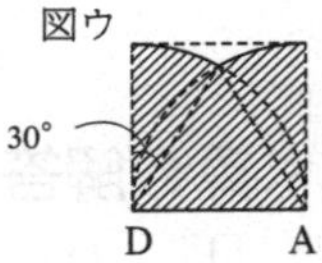

(2) 図アの面積…半径×半径の面積は$6\times6\times2=72$(cm²)より，
$72\times3.14\div4-36=20.52$(cm²)
図イの面積…$36\times(1-0.785)=36\times0.215=7.74$(cm²)
図ウの面積…1辺が6cmの正三角形の面積は$0.43\times36=$
15.48(cm²)より，$15.48+6\times6\times3.14\div6=34.32$(cm²)
したがって，求める面積は$(20.52+7.74)\times2+34.32=90.84$(cm²)

3 (割合と比，濃度，消去算)

重要 (1) $2\times5+1\times8+1\times\square=(2+1+1)\times7=28$　したがって，Cの濃度は$28-(10+8)=10$(%)

やや難 (2) 5%と8%の食塩水を1：□の割合で混ぜるとき，濃度は$\dfrac{5+\square\times8}{1+\square}$

5%と10%の食塩水を1：□の割合で混ぜるとき，濃度は$\dfrac{5+\square\times10}{1+\square}$

これらについて$1.5+\dfrac{5+\square\times8}{1+\square}$は$\dfrac{5+\square\times10}{1+\square}$に等しく，$1.5\times(1+\square)+5+\square\times8=6.5+\square\times9.5$が$5+\square\times10$に等しい。

したがって，□が$(6.5-5)\div(10-9.5)=3$，アは$3\times100=300$(g)

(3) 同じく，5%と8%の食塩水を1：□の割合で混ぜるとき，濃度は$\dfrac{5+\square\times8}{1+\square}$

5%と8%の食塩水を□：1の割合で混ぜるとき，濃度は$\dfrac{5\times\square+8}{1+\square}$

これらについて$1+\dfrac{5+\square\times8}{1+\square}$は$\dfrac{5\times\square+8}{1+\square}$に等しく，

$1\times(1+\square)+5+\square\times8=6+\square\times9$が$5\times\square+8$に等しい。

したがって，□が$(8-6)\div(9-5)=0.5$，イは$0.5\times100=50$(g)

重要 **4** (数の性質，場合の数，論理)

ア(C+F+I)…$1+2+9=12$，$5+8+9=22$などより，12，22
イ(B+E+H)…ア＝12のとき，$1+2+8=11$，$6+7+8=21$などより，11，21
　ア＝22のとき，$1+2+7=10$，$5+6+9=20$などより，10，20
ウ(A+D+G)…イ＝10，11のとき，$2+8+9=19$などより，19
　ア＝20，21のとき，$1+8+9=18$などより，18
$1+2+\sim+9=(1+9)\times10\div2-5=45$より，ア＋イ＋ウの組み合わせは$12+11+19=42$
したがって，エ(C+F+I)が12，オ(B+E+H)が11，カ(A+D+G)が19，
キ(使わない数)が$45-42=3$
ク…A＝7のとき，D+Gは$12=4+8$の並べ方が2通り，B+E+Hは$11=0+2+9$ の並べ方が$3\times2=6$(通り)または$0+5+6$の並べ方が6通り，C+F+Iは残り3つの数の並べ方が6通り
したがって，全部で$2\times6\times6\times2=144$(通り)

5 (数の性質，規則性)

基本 (1) (ⅰ)$3+2=5$，$5\times3+2=17$，$17\times3+2=53$，$53\times3+2=161$，$161\times3+2=485$
(ⅱ)$6+2=8$，$24+2=26$，$78+2=80$，$80\div10=8$，$24+2=26$

重要 (2) (i)より，1の位の数が1，3，5，7である数について操作を反復しても，10の倍数にならない。
1の位の数が9である数ついて操作を反復すると，1の位の数が9になって10の倍数にならない。
1の位の数が4である数ついて操作を反復すると，1の位の数が4になって10の倍数にならない。

したがって，10の倍数にならない数は6×10＝60(個)

やや難 (3) (2)より，操作を反復して3ケタ以上になる場合，下2ケタの数について操作を反復する。

＜1の位の数が0である数ついて操作を反復する場合＞

10，30，40，50，70，90は1回だけ10の倍数になる。…20→62→88→66→00より不適

60→82→48→46→40より不適　80→42→28→86→60より不適

＜1の位の数が1，3，5，7である数ついて操作を反復する場合＞…不適

＜1の位の数が2である数ついて操作を反復する場合＞

2→8→26→80→42→28→86→60より不適　12→38→16→50より適　22→68→6→20より不適　32→98→96→90より適　42→28→26→80より不適　52→58→76→30より適

62→88→66→00→2より不適　72→18→56→70より適　82→48→46→40より適

92→78→36→10より適

＜1の位の数が4である数ついて操作を反復する場合＞…不適

＜1の位の数が6である数ついて操作を反復する場合＞

6→20より不適　16→50より適　26→80より不適　36→10より適　46→40より不適

56→70より適　66→88→66→00→2より不適　72→18→56→70より適

82→48→46→40より適　92→78→36→10より適

＜1の位の数が8である数ついて操作を反復する場合＞

8→26→80より不適　18→56→70より適　28→86→60より不適　38→16→50より適

48→46→40より適　58→76→30より適　68→6→20より不適　78→36→10より適

88→66→00→2より不適　98→96→90より適

したがって，1回だけ10の倍数になる場合は6×4＝24(通り)

★ワンポイントアドバイス★

[1](3)「ニュートン算」は，問題設定が型通りになっていないため容易ではなく，[3](2)「濃度」計算が難しい。したがって，[2]「正方形の移動」がポイントになり，その他については取り組みやすい問題を選択して着実に得点すること。

＜理科解答＞ ≪学校からの正答の発表はありません。≫

[1] (1) 水力[風力，地熱](発電)　(2) 25(度)　(3) エ
(4) イ　(5) イ　(6) エ

[2] (1) 茎[地下茎]　(2) イ，ウ　(3) ② イ　③ ア
(4) 酸素　(5) 泥水の中のさらに酸素の少ない泥の中

[3] (1) ウ　(2)

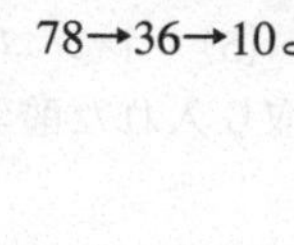

(3) 水和していた水の粒がなくなるから。
(4) (a) 6.6(g)　(b) 107.4(g)　(5) ア

[4] (1) 金星食　(2) きんかん　(3) 月　(4) エ
(5) 月と地球の距離が変化するから。　(6) ウ，オ　(7) ア

○推定配点○

[1] 各4点×6　[2] 各4点×6((2)完答)
[3] 各4点×6　[4] 各4点×7((6)完答)　計100点

＜理科解説＞

[1] (電流と回路－太陽光発電)

基本 (1) 再生可能エネルギーには，植物などから作り出される資源を使うバイオマス発電などもある。

(2) 右の図aのように，太陽の南中高度が65度のとき，光電池と水平な地面の角度は，90－65＝25(度)である。

(3) 太陽光が入射する角度が0度のとき，光電池に流れる電流は最大である。また，角度が大きくなるにしたがい，電流は小さくなり，角度が90度で，電流は0になる。

(4) 実験2から，光電池を直列につなぐよりも並列につないだ方が電流の大きさは増加することがわかる。これは，電池をつなぐ場合とは反対の関係になっている。

(5) 図7の縦につながっている[a, d]と[b, e]と[c, f]はそれぞれ並列につながっていて，横につながっている3つのまとまりは直列につながっている。

やや難 (6) 図bのように，夕方の午後5時の太陽光は正午に比べると，空気中を通過する距離が長くなり，光の量も少なくなる。

図a

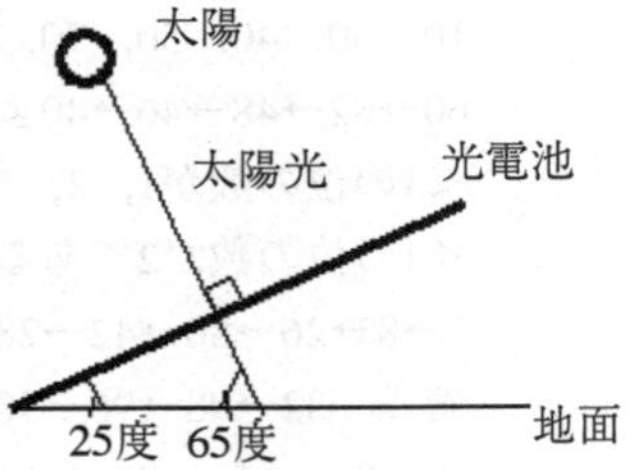

図b

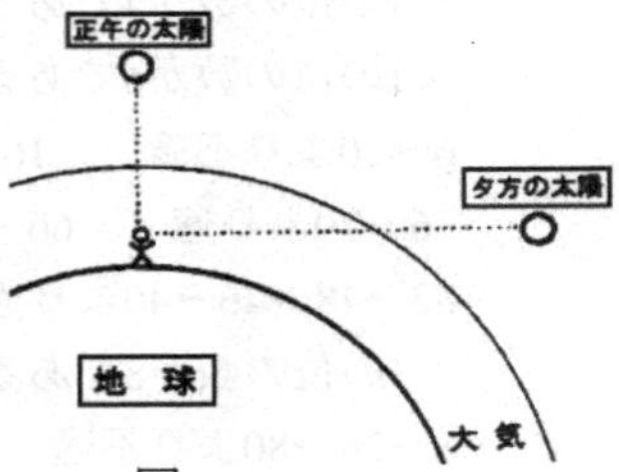

[2] (植物のなかまーレンコン)

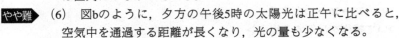

重要 (1)・(4)・(5) レンコンは，図cのように，泥水の中にできるので，葉から取り入れた酸素を送り届けるために，大きな通気口が開いている。

重要 (2) サトイモとジャガイモも地下茎，サツマイモとゴボウは根，ラッカセイは種子をそれぞれ食材にしている。

基本 (3) 道管は，根から吸収した水や水に溶けた養分を運ぶ管である。また，師管は，葉で光合成によって作られた養分の通り道である。

図c

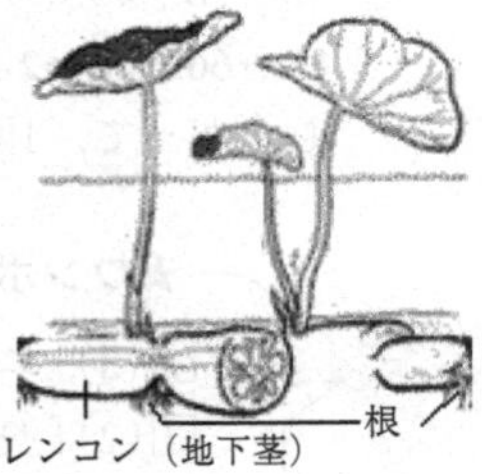

[3] (ものの溶け方－食塩の溶け方と再結晶)

(1) 水は油などにはつかない。

(2) 1個の食塩の粒に対して，4個ずつの水の粒がくっつくと考えられる。

(3) 食塩水を加熱すると，食塩に水和していた水の粒が蒸発して無くなるので，食塩の粒が後に残る。

やや難 (4) (a) 60℃の水100gにはミョウバンが24.8gとけて，100＋24.8＝124.8(g)のミョウバン水溶液が生じる。また，このミョウバン水溶液を40℃に冷やすと，24.8－11.6＝13.2(g)のミョウバンが出てくる。したがって，62.4gのミョウバン水溶液の場合は，$13.2\times\frac{62.8}{124.8}=6.6$(g)のミョウバンが出てくる。

(b) 20℃のとき，ミョウバンのみ出てきたので，200gの水に溶ける最も多くの食塩の重さを求めると，$35.8\times\frac{200}{100}=71.6$(g)である。したがって，混合物の重さは$71.6\times\frac{3}{2}=107.4$(g)

(5) 油の粒は，水の分子とは異なり，水の分子にはつかない。

[4] (星と星座，太陽と月－金星食，日食と月食)

(1) 金星が別の天体に隠されるので金星食という。

(2)・(3)・(5) 日本で，2012年5月21日に金環日食が見られた。太陽，月，地球の順に一直線に並ぶと，地球からは太陽が月によって隠される日食が見られる。また，月と地球の距離が大きく離れているときは，月が太陽よりも小さく見えるので，金環日食が見られる。

(4)　四角い鏡で太陽光を反射させて近くの壁に当てると，四角い形に光るが，鏡を遠ざけると，反射光の形は，丸くなっていく。

(6)　ア　皆既月食は，月が地球の本影に入ったときに起こるが，午前中や午後でも見られる。イ　月が赤銅色に見えるのは，部分月食ではなく，皆既月食になったときである。ウ　曇っていてると月食は地球からは見られないが，月食自体は起きている。正しい。エ　月食は数時間程度見られるが,一日中続くことはない。オ　日食の方が月食よりも起こりにやすいが,日食は,実際に見ることができる地域が限られているので，同じ地域で見る回数は月食の方が多い。正しい。

(7)　地球が公転している面と月が公転している面は5度ずれているので，満月のたびに月食が見られるわけではない。

★ワンポイントアドバイス★

生物・化学・地学・物理の4分野において，基本問題に十分に慣れておこう。その上で，物理・化学分野ではグラフ作成・作図や計算問題にもしっかりとり組んでおこう。

＜社会解答＞　≪学校からの正答の発表はありません。≫

1　問1　ア　問2　(2番目)　イ　(4番目)　ウ　問3　5　桓武　6　坂上田村麻呂
問4　ア・ウ　問5　エ　問6　ア　問7　イ　問8　(例)　庶民にとっては楽しい一大イベントであったが，人足として動員される負担も重かった。　問9　ウ
問10　オ

2　問1　カ　問2　ア・イ　問3　(1)　二十一か条の要求　(2)　(例)　欧米諸国の関心がヨーロッパに集中しているのに乗じ　問4　桂太郎
問5　(2番目)　オ　(4番目)　エ　問6　大政翼賛会　問7　イ・エ・オ

3　問1　(1)　イ　(2)　エ　問2　オ　問3　ア　問4　線状降水帯
問5　(大根)　エ　(ぶた)　ウ　問6　(例)　佐倉市など東京に隣接する地域は昼夜間人口比率が低いが，成田市は空港や新勝寺など人を集める施設が多いから。

4　問1　マイクロプラスチック　問2　ウ　問3　エ・オ
問4　(1)　持続可能な開発　(2)　ウ　問5　ア・ウ　問6　イ・エ
問7　(1)　(例)　小選挙区では当選者が一人しかいないため，相対的多数であれば低い得票率でも当選することができるから。　(2)　ウ・エ・オ　問8　エ　問9　イ

○推定配点○

1　問3　各4点×2　問8　5点　他　各2点×8(問2・問4各完答)
2　問3(1)　3点　問3(2)・問4・問6　各4点×3　他　各2点×4(問2・問7各完答)
3　問4　4点　問6　5点　他　各2点×5(問5完答)
4　問1　4点　問4(1)　3点　問7　6点　他　各2点×8(問3・問5・問6・問7(2)各完答)
計100点

<社会解説>

[1] (日本の歴史―古代～近世の政治・文化・宗教など)

問1 1 縄文時代は温暖で海面も現在より4mあまり高かった。 2 巨大な柱穴や数百棟の住居跡などが発掘されている遺跡。 3 石を磨き上げて作られた石器。 4 石を打ち欠いて作っただけの石器。旧石器時代から弥生時代まで広く用いられた。

問2 ア 江戸時代に造られた檀家(寺請)制度。 イ 平安初期，空海などにより伝えられた新しい仏教。 ウ 織田信長による弾圧。 エ 聖徳太子によって創設された寺院。 オ 平安末期から鎌倉にかけて誕生した浄土宗などの専修仏教。

問3 5 仏教を政治から排除することを狙って遷都，班田を厳格に実施するなど律令政治の立て直しに努めた。 6 鎮守府を多賀城から胆沢城に移し東北の経営を発展させた武将。

やや難 問4 前九年合戦は11世紀後半，墾田永年私財法は8世紀前半の出来事。

問5 平家の盛衰興亡を仏教的無常感から描いた軍記物。アは藤原道長の詠んだ和歌，イは清少納言の枕草子，ウは吉田兼好の徒然草，オは日本を懐かしんで詠んだ阿倍仲麻呂の和歌。

問6 寺社の祭礼などで行われた猿楽や民間の田楽などが融合されて完成。イは浄瑠璃に合わせて人形を操る人形浄瑠璃，ウは江戸時代に完成した歌舞伎，エは田植えなどで舞われた田楽。

問7 質物を補完するための倉からの命名。酒造りは多額の資本を必要としたため土倉を兼ねることが多かった。問とは総合的な運送業者で近世の問屋の源流となったもの。

問8 厳しい警護の下で行われる大名行列と違い，料理人や音楽隊なども同行した500人以上の集団が8か月以上をかけて来日，道中では様々な交流もあったといわれる。

重要 問9 徳川吉宗の上米の制。彼は実学を奨励しキリスト教に関係のない漢訳洋書の輸入を緩和した。アは徳川綱吉，イは新井白石，エは田沼意次，オは松平定信。

問10 宮崎安貞は中国の農業に関する本や自身の体験から書物を著した江戸の三大農学者の一人。

[2] (日本と世界の歴史―近・現代の政治・外交など)

問1 A 早稲田大学の創設者。 B 憲政の神様といわれた政治家。 C 戦後は理想選挙を追求。

問2 憲法は天皇が与える欽定憲法，士族の反乱はすでに終息，西郷隆盛は1877年に死亡。

問3 (1) 中国における利権拡大のため袁世凱政府に要求。 (2) 大戦の勃発に際し元老の井上馨は「大正新時代の天祐(天の助け)」とし，大陸進出の好機ととらえた。

やや難 問4 安倍元首相に破られるまで首相の通算在職記録(2886日)を持っていた元首相。

問5 シベリア出兵(1918年)→関東大震災(1923年)→治安維持法(1925年)→リットン調査団(1932年)→日独伊三国同盟(1940年)の順。韓国併合条約は1910年。

問6 新体制運動の推進を目的に結成。婦人会などを指導下に置き政府への協力機関となった。

問7 朝鮮戦争は1950～1953年，自衛隊の派遣は1992年，日米安全保障条約は1951年。

[3] (地理―地形図・国土と自然・都市・農業など)

基本 問1 (1) ① 入り組んだ谷にも建物が存在する。 ② 大通りに博物館(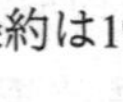)は見られない。

(2) b地点の標高は約5m，玉造と美郷台の間は標高10m前後の谷となっている。

問2 ①は阿武隈川，②は淀川，③は利根川，④は石狩川，⑤は庄内川，北陸は信濃川，九州は筑後川。庄内川は木曽山脈南部を源に愛知北部を流れ伊勢湾に注ぐ都市河川。

問3 2019年は記録的に暖かい年で世界各地で様々な災害が発生。アフリカでは干ばつ，ヨーロッパでは熱波，アメリカではトルネード，日本でも台風で千曲川が氾濫した。

問4 次々と発生する積乱雲が数時間にわたって同じ場所に大量の雨をもたらす気象現象。

問5 大根は春の七草にある「すずしろ」で古代から各地で栽培，豚は畜産王国である南九州や北海道，大都市周辺などで飼育。アはコメ，イはサツマイモ，オはトマト。

問6　千葉県は東京に吸い寄せられるため昼夜間人口比率は90程度と日本でも1・2を争うほど低い。しかし，成田市は空港や寺院，ショッピングモールなどが大量の人を引き寄せている。

4　**(地理・政治—環境問題・政治の働き・国際社会など)**

問1　2050年には魚の量を上回ると予想され，食物連鎖による海洋生物以外への影響も懸念される。

問2　個々の人々が様々な温暖化対策を行うことは大事だが，自分を正当化させることで安心感を持ち問題の本質的な部分から目をそらせてしまうことにもつながりかねない。

重要　問3　世界遺産はユネスコ(国連教育科学文化機関)，感染症対策などは世界保健機関(WHO)。

問4　(1)「誰一人取り残さない」を理念に2030年までの行動計画を示したもの。　(2)　①　在来種を絶滅させるなど国内の生態系を脅かす。　②　絶滅危惧種を国際的な協力で守る取り組み。

問5　日本の6%削減は京都議定書，「かけがえのない地球」は1972年の国連人間環境会議，オゾン層を破壊するフロン規制は1987年のモントリオール議定書など。

問6「三種の神器」は白黒テレビ，4大公害訴訟は四日市ぜんそく。

問7　(1)　小選挙区は死票が多いが大政党には有利に働く。　(2)　衆参ともに比例代表は選挙区を下回る(ウ)。2013年の選挙では過半数を制したが，非改選と合わせると過半数には達成していない(エ)。2009年には獲得議席率が得票率を大きく下回り政権交代につながった(オ)。

重要　問8　解職請求(リコール)が成立するには住民投票で過半数の賛成が必要となる。

問9　①　自然エネルギーの導入過程で大量のエネルギーがかかってはエコではない。②　エコだといって野放図に普及を進めては結果的に膨大なCO_2の排出にもつながりかねない。

★ワンポイントアドバイス★

記述問題はいろいろなパターンに慣れることも必要である。世の中の動きに関心を持つだけでなく，自分の意見をまとめるという作業も忘れないようにしよう。

＜国語解答＞

≪学校からの正答の発表はありません。≫

一　問1　X　ウ　　Y　オ　　問2　エ　　問3　美しいと感動したり，幸せな気持ちになる香りにつつまれる景色を見るたびそれをそのまま写し取りたいという突き上げてくる欲求を理屈ぬきに感じたから　　問4　イ　　問5　オ　　問6　ウ

二　問1　ウ　　問2　お客様がせっかく買った食器が割れてしまったときの残念さを考えて，少々のことでは壊れない丈夫な食器を作ろうと努力し，造り続けるということ。

問3　イ　　問4　オ　　問5　補助金を得るためには，「伝統」を死守することが必要を言いわけに，ポジティブに変化することを拒否する。

三　イ・エ

四　1　訳詩　　2　熟達　　3　縦断　　4　軽便　　5　青松　　6　判　　7　群　　8　営

○推定配点○

一　問1　各3点×2　　問3　10点　　他　各5点×4

二　問2・問5　各10点×2　　他　各5点×3　　三　5点(完答)

四　各3点×8　　計100点

<国語解説>

一 (物語ー心情・情景，細部の読み取り，ことばの意味，表現技法，記述力)

問1 X 「反芻」は「繰り返す」という意味なので，イとウが候補になるが，文章中の意味としては「練習」ではなく「思い出している」のでウだ。ちなみに牛に代表される，一度飲み込んだ食べ物を再び口の中に戻して，再度そしゃくするような動物を反芻動物という。 Y 「にわか」は，ものごとが急激に起こるさまのことなのでオだ。

問2 エとオで迷うところである。パン職人になりたいと言っている真奈だが，自分も絵を描く人になりたいという思いを持っているのだ。しかし，そのような意志を表明すれば，開業医の父の跡を継ぐようにレールをしいている母は相手にしてくれないだろうと思うと言い出せないのだ。親に流されている自分より真奈のほうが偉いという思いで「かぶりを振る」のである。

やや難 問3 以前もそして今も，「絵を描きたい」と思うのは，「そうだ，そうだ～」で始まる段落と，線2直後にあるように，自分が感動する景色，幸せな香りに包まれる景色を見るたび「描きたい」という強烈な欲求があったのだ。それは，将来の仕事とか，自分の置かれている環境などを考えるというような理屈ではなく，突き上げてくる欲求として感じているのである。

重要 問4 ア 「母の思い描く理想に疑問を抱くこともなかった」が誤り。 ウ 「きっと味方になってくれる」とは思っていないので誤り。 エ 「自分の将来は自分で決めるものだと勝手に考え」が誤り。 オ 「母が自分に嫌われないように優しく」が誤りである。 イ 母はこのような態度をするだろうというのも，はっきりした母の反応ではなく，自分の想像である。色々な思い出の中に，母は自分のことを大切に思ってくれていたということがあり，それをきっかけに，話してみようとしているのだからイが適当だ。

問5 イ・エ・オから選ぶことになるだろう。母が娘の進路を強引に決めていることを事実のように読んでしまいがちだが，課題文の範囲では，母自身がそう断定しているところはなく，あくまでも千穂の受け取り方である。したがって，イの「すべて決めて」と，エの「聞こうとせず」は事実として認められない。オの「押しつける」は千穂の受け取り方なのでオだ。

やや難 問6 「適当でないもの」という条件に注意しよう。ア・イ・エ・オは選択肢の内容通りである。ウは「夜景の美しさ」が適当ではない。比ゆ表現からは確かに「夜景」のように感じるが，出だしの「夕暮れ」から考えると，夜景ではない。夜景より少し前，夕暮れ時のきらめきである。

二 (論説文ー細部の読み取り，記述力)

重要 問1 ——線1前後で解答しようとすると判断を誤る。冒頭の段落の説明を，「変わろうとせず～」で始まる段落から述べ始めている。「変わろうとしない」ことの問題点については，「伝統工芸～」で始まる段落からだ。その前の段落までで，「変わっていく」分野について説明をしているが，伝統文化の世界では，「同じことを繰り返す」ことで補助金を得ることを前提としているからという内容なのでウである。

やや難 問2 まとめかたが難しいかもしれない。「陶磁器の例にしたがって」という条件なので，「一般に広がりはじめると～」で始まる段落と続く「日本の研究者～」で始まる段落に着目しよう。「お客様のためを思って」は，お金を払って買った食器がすぐ割れるようなことがないことを願うということだ。「真面目に丈夫すぎる」は，お客様の立場に立って，急激な温度変化や衝撃にも強いものを造り続けようと努力することになる。

問3 ——線3直後の説明で，どのような物かを明らかにし，「京セラ～」で始まる段落から具体例を挙げて説明し始めている。各企業の商品を挙げた後「これもやきものです」と述べている。つまり，陶磁器の性質や製造技術を応用して新しい製品を作り始めたのだ。さらに「食器よりも儲かり」とあるのだからイだ。

問4　――線4を含む段落の冒頭は「この仕組み」だ。「この仕組み」とは，芸術家として活躍した陶芸家が国から「伝統工芸士」と認定され，日本文化として昔から変わらない製品を製作することで，補助金や助成金を受け取るというシステムのことだ。このシステムがバブル崩壊後に限界を迎えたというのだ。カレンダーの例でも指摘されているように，お金がかかるものを廃止する流れになっていったのだ。カレンダーより高額な伝統工芸品は，なおさら利用する機会が減ることになる。しかし，変わらないことを条件に補助金や助成金を受け取るシステムだったため，新しい製品を作ることができなかったのだからオである。

やや難　問5　問4で考えたことが参考になる。伝統工芸の世界に飛び込む若者たちが，自分の希望をその世界で叶えられないのは，問4で考えたようなシステムに乗ったままの大人たちがいるからだ。

三　(会話文ー細部の読み取り)

やや難　「適当でないもの」という条件に注意する。　イ　「美術の世界で生計を立てるのは難しいという千穂の母の発言」が誤りだ。千穂の母は，賛成はしないだろうという予測はつくが，あくまでも千穂自身の思い込みとして書かれている。母の発言は一切ない。　エ　お客さんが新しい試みを始めることを求めているかどうかは不明であるのだから，パン職人のお父さんとお客さんの関係に，伝統工芸の世界の関係を重ね合わせて考えることは適切ではない。さらに，「これまで拒否してきた科学技術」も誤りだ。

四　(漢字の書き取り)

やや難　1　国語の授業で音読する「ヤクシ」ということで，訳した詩の「訳詞」とする。　2　「熟」は全15画の漢字。11画目の点を忘れずに，また，「学習塾」の「塾」と混同しないように気をつける。　3　「縦」は全16画の漢字。「糸」に「従」なので，「ぎょうにんべん」である。　4　「軽便鉄道」とは，施設や建設規格の簡単な一地方の交通に供する鉄道のこと，また，すでに廃止になっているが軽便鉄道法という法律によって設置された鉄道のことでもある。　5　「白砂青松」は，「ハクシャセイショウ」と読む，白い砂浜と青々とした松原，美しい海岸の景色をいう言葉。　6　「判」は全7画の漢字。1・2画目の向きに注意する。5画目は3画目の上に出す。　7　「群」は全13画の漢字。2画目は右側に出す。13画目は上に突き出ない。また，同音の「郡」と混同しないように気をつける。　8　「営」は全12画の漢字。1～3画目の向きに注意する。

★ワンポイントアドバイス★

漢字は難しい言葉での出題を覚悟する必要がありそうだ。出題の文全体で意味をつかもう。

第2回

2022年度
解　答　と　解　説

《2022年度の配点は解答欄に掲載してあります。》

<算数解答>　≪学校からの正答の発表はありません。≫

1　(1)　0.5　　(2)　88　　(3)　36個　　(4)　8：4：3　　(5)　$56.52cm^3$

2　(1)　3.8%　　(2)　15g　　(3)　25

3　(1)　秒速2cm　　(2)　70秒後　　(3)　$213\frac{1}{3}$cm

4　(1)　解説参照　　(2)　31.4cm

5　(1)　1433　　(2)　2番目H1，5番目H3　　(3)　8通り

○推定配点○

4 (2)，5　各7点×4(5(2)完答)　　他　各6点×12　　計100点

<算数解説>

1　(四則計算，数の性質，場合の数，平面図形，割合と比，図形や点の移動，立体図形)

(1)　(4.5－3)×0.6÷1.8＝1.5÷3＝0.5

基本　(2)　7で割って4余る数は4，11，18，～であり，18は5で割って3余る数でもある。7×5＝35より，18＋35＝53，53＋35＝88
したがって，88は3で割って1余る

重要　(3)　2222…1個　□222…8個　2□22，22□2，222□…9×3＝27(個)
したがって，全部で1＋8＋27＝36(個)

重要　(4)　右図より，AD：DEは2：1　AE：ECは4：1
AEが(2＋1)×4＝12のとき，ADは12÷3×2＝8，
DEは12－8＝4，ECは12÷4＝3
したがって，求める比は8：4：3

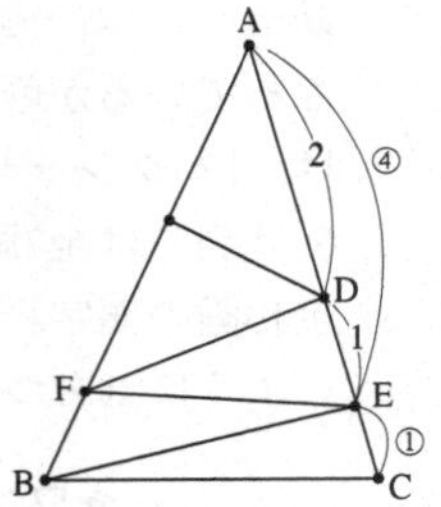

重要　(5)　右図より，$3\times3\times3.14\times2=56.52(cm^3)$

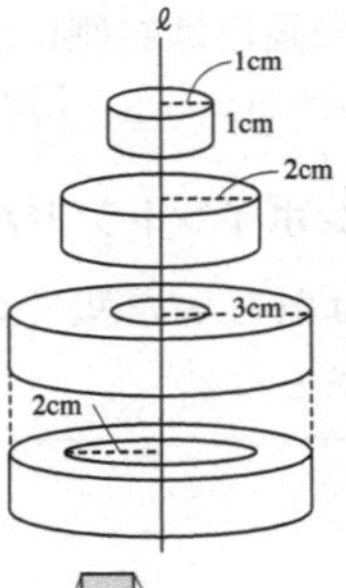

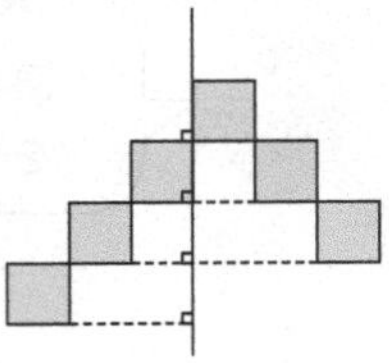

2　(割合と比，濃度)

基本　(1)　20：(100－20)＝1：4より，Bの食塩水の濃度は
(1×7＋4×3)÷(1＋4)＝3.8(%)

重要　(2)　右図より，色がついた部分の面積が等しく
(3.6－3)：(7－3.6)＝3：17より，取り出した
食塩水の重さは100÷(3＋17)×3＝15(g)

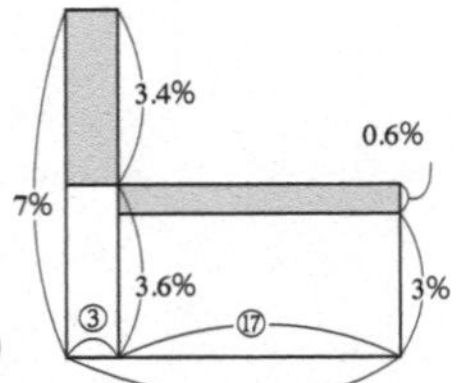

(3)　全体の食塩の重さ…50×0.07＋100×0.03＝3.5＋3＝6.5(g)
Bの食塩水の重さ…6.5－50×0.054＝3.8(g)
Bの食塩水の濃度…3.8÷100×100＝3.8(%)
したがって，右図より，色がついた部分の面積が等しく，アは100÷(7－3.8)×(3.8－3)
＝25(g)

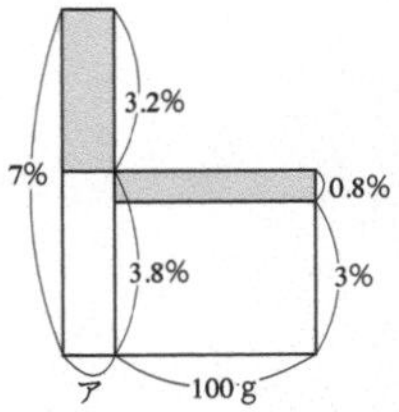

3 **(図形や点の移動，速さの三公式と比，旅人算，割合と比)**

速さの比…AとBは2：3，AとCは2：6＝1：3，BとCは3：6＝1：2

基本 (1) AがCと出合うまでに進んだ長さ…80÷(1＋3)＝20(cm)
したがって，Aの秒速は20÷10＝2(cm)

重要 (2) Bの秒速…3cm　Cの秒速…6cm

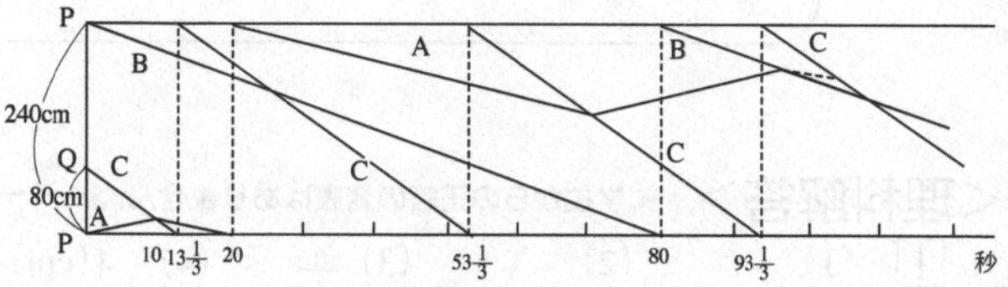

右図より，Cが2回目にPに着いた時刻は$(80+240)\div6=53\frac{1}{3}$(秒後)

$53\frac{1}{3}$秒でのAC間の長さは，

(1)より，$2\times\left(53\frac{1}{3}-20\times2\div2\right)=\frac{200}{3}$(cm)

したがって，Aが2回目に出合う時刻は$53\frac{1}{3}+\frac{200}{3}\div(6-2)=70$(秒後)

やや難 (3) Cが3回目にPに着いた時刻…$53\frac{1}{3}+40=93\frac{1}{3}$(秒後)

$93\frac{1}{3}$秒でのBC間の長さ…$3\times\left(93\frac{1}{3}-240\div3\right)=40$(cm)

BとCが2回目に出合う時刻…$93\frac{1}{3}+40\div(6-3)=106\frac{2}{3}$(秒後)

したがって，Aが動いた長さは$2\times106\frac{2}{3}=213\frac{1}{3}$(cm)

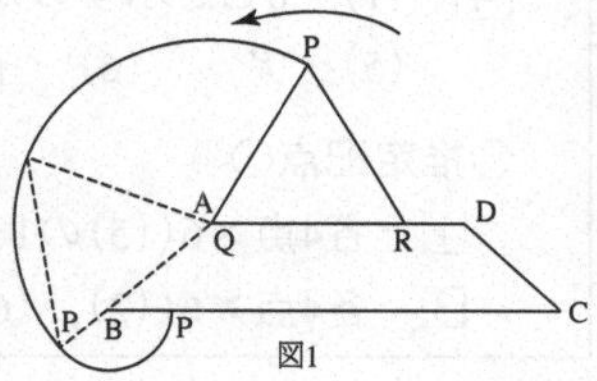

図1

重要 4 **(平面図形，図形や点の移動，割合と比)**

(1) Pが動いた軌跡は，図1のようになる。

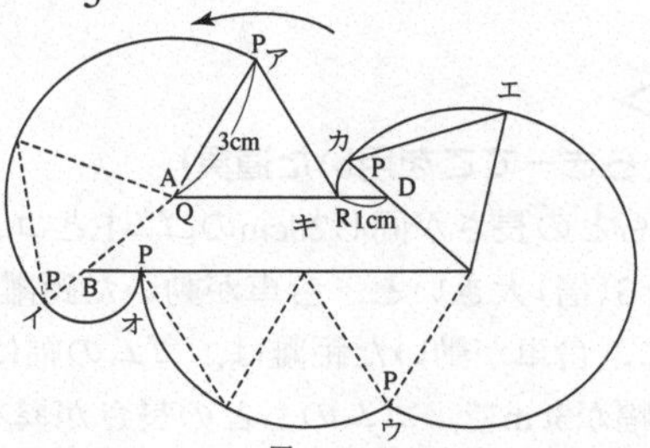

図2

(2) 図2より，弧アイと弧ウエを合わせると円周になり，弧オウと弧エカを合わせ，弧イオと弧カキを合わせると，それぞれ円周の$\frac{1}{2}$になる。

したがって，求める長さは3×2×3.14×1.5＋1×2×3.14×0.5＝10×3.14＝31.4(cm)

重要 5 **(論理，数の性質，鶴亀算，場合の数)**

(1)・(2)ではS1～S3，H1～H3のカード6枚を並べる。

操作・同じマークであるSとS，HとHが連続する場合，これら2枚のカードの代わりに，それらの数の積を記す。

・SとH，HとSが連続せず，同じ数のカードが連続する場合，これら2枚のカードの代わりに，それらの数の和を記す。

・同じマークも数も連続しない場合，このカードの代わりにその数を記す。

(1) S1・H2・S2・H3・H1・S3…1，2＋2＝4，3×1＝3，3より，並んだ数は1433

(2) 並んだ数21361…6＝2×3または3×2であり，2，1，3，1は1枚ずつのカードの数
したがって，並び方はS2，H1，S3，H2，H3，S1であり，2番目がH1，5番目がH3

(3) S1～S4，H1～H4のカード8枚をSから並べたとき，並んだ数は426122
…4＝1×4または4×1，6＝2×3または3×2，12＝3×4または4×3，2＝1＋1を利用する。
S4・H2・[S2・S3]・[H3・H4]・[S1・H1]の場合…2×2×2＝8(通り)

★ワンポイントアドバイス★

[1]・[2]までは，それほど難しくはない。[3]「3つの点の移動」は，(2)・(3)が容易ではないが，グラフを利用すると解きやすくなる。[4]「正三角形の移動」も難しくないが，[5]「カードの並べ方」は，問題文の読み取りがカギになる。

<理科解答> ≪学校からの正答の発表はありません。≫

[1] (1) イ　(2) エ　(3) エ　(4) 4(cm)
(5) **1** 6　**2** 2　**3** 3　**4** 並列　(6) A

[2] (1) ウ　(2) 気体が溶けていた。　(3) リトマス紙に手の汗がつくのを防ぐため。
(4) イ　(5) A ウ　D ア　(6) エ

[3] (1) セキツイ(動物)　(2) C, E, F　(3) エ　(4) E
(5) エ　(6) イ，エ，オ

[4] (1) 0℃を示すのかを確かめるため。　(2) 90(℃)　(3) ア　(4) ウ
(5) ア　(6) イ　(7) 12(日)20(時)

○推定配点○

[1] 各4点×6((5)の1～4完答)　[2] 各4点×6((5)のAとD各完答)
[3] 各4点×6((2)，(6)各完答)　[4] 各4点×7　計100点

<理科解説>

[1] **(力のはたらき－てこを用いた道具)**

(1) ゴムのもとの長さが同じ20cmのゴムEとゴムFで比べる。ゴムの幅が，ゴムFの方がゴムEよりも，9÷3＝3(倍)大きいと，台車が動いた距離は，46÷16＝2.875(倍)より，約3倍になっている。このように，台車が動いた距離は，ゴムの幅に比例することがわかる。

(2) ゴムの幅が3cmで，ゴムのもとの長さが異なるゴムAとゴムCとゴムEを比べる。ゴムCのもとの長さはゴムAの長さの，15÷10＝1.5(倍)であり，台車が動いた距離は，21÷30＝0.7(倍)である。一方，ゴムEのもとの長さはゴムAのもと長さの，20÷10＝2(倍)であり，台車が動いた距離は，16÷30＝0.53…(倍)より，約0.5倍である。このように，台車が動いた距離は，ゴムのもとの長さと反比例の関係になっていることがわかる。

(3) ゴムの幅が6cmで，ゴムのもとの長さが10cmのゴムBとゴムのもとの長さが15cmのゴムDを比べると，台車が動いた距離は，56×0.7＝39.2(cm)より，約40cmである。

(4) ゴムのもとの長さが10cmで，ゴムの幅が3cmのゴムAにおもり1個をつるすと2cmのびるので，ゴムのもとの長さが20cmで，ゴムの幅が3cmのゴムEにおもりを1個つるすと，
$2\times\frac{20}{10}=4$(cm) のびる

やや難 (5) ゴムFは，ゴムのもとの長さが20cmで，ゴムAの，20÷10＝2(倍)である。また，ゴムFの幅が9cmで，ゴムAの，9÷3＝3(倍)ある。したがって，ばねを使った場合，2個のばねを直列につなぎ，その直列につないだばね3組を並列につなぐ必要がある。

やや難 (6) ゴムA～Fをばねに対応させ，おもりの重さを30gとして，ばねにかかる力とばねののびの関係を考えると，次の図のようになり，最ものびるゴムから並べると，ゴムE(4cm)→ゴムC(3cm)→ゴムA(2cm)→ゴムD(1.5cm)→ゴムF(約1.3cm)→ゴムB(1cm)の順になる。

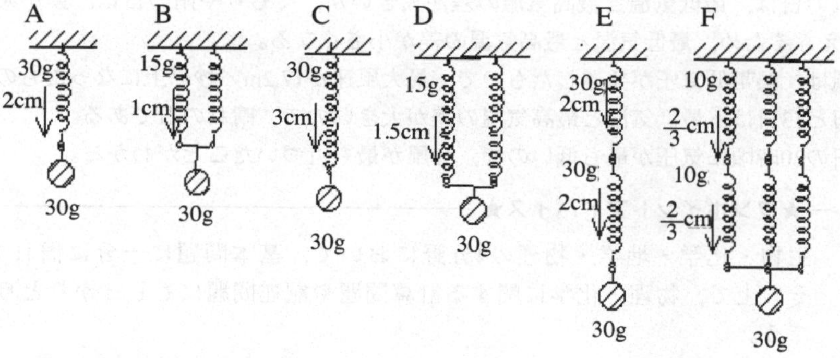

2 (水溶液の性質－水溶液の判別)

重要 (1) ガス調節ねじYを押さえたまま，空気調節ねじXをPの向きに回して開けると，ガスが完全燃焼して青白い炎になる。

重要 (2) 試験管A，C，Eの水溶液は加熱しても何も残らなかったので，アンモニア水・塩酸・炭酸水のような気体が溶けた水溶液であることがわかる。

重要 (3) リトマス紙を直接手でさわると，手の汗がついて，リトマス紙の色が変化する可能性がある。

(4) 試験管Cの水溶液は，酸性で，アルミニウムがとけて水素が発生するので塩酸であることがわかる。また，酢の中に卵を入れると，からの成分である炭酸カルシウムが酢にとけて二酸化炭素が発生する。

(5) 試験管Aの水溶液は，アルカリ性であり，アルミニウムを入れても変化が見られなかったのでアンモニア水である。また，試験管Dの水溶液は，固体がとけていて中性であることから食塩水である。なお，試験管Bの水溶液は固体がとけていてアルカリ性であることから石灰水，試験管Eの水溶液は酸性であり，アルミニウムを入れても変化が見られなかったことから炭酸水である。

(6) 塩酸の量が，100÷50＝2(倍)になるので，アルミニウムの量も発生する水素の量も2倍のグラフになる。

3 (昆虫・動物－動物のからだの模様)

基本 (1) 動物は背骨があるセキツイ動物と背骨がない無セキツイ動物に分けられる。

重要 (2) 鳥類のコゲラやほ乳類のシマリス・シマウマは体温が一定の恒温動物である。

(3) 鳥類とほ乳類の心臓は2心房・2心室である。また，イシダイは魚類で，心臓は1心房・1心室である。また，ヒガシニホントカゲはハ虫類で，心臓は2心房・1心室，ミイロヤドクガエルは両生類で，心臓は2心房・1心室である。したがって，A～Fの心房の数の合計は，1＋2×5＝11である。

(4) ほ乳類のシマリスは胎生であり，そのほかの動物は卵生である。

やや難 (5) 2003年に，日本に生き残っていた野生のトキは絶滅した。その後は，人工的に繁殖したトキが生き残っている。

(6) イシダイのからだ，コゲラの背中と翼の部分，シマウマの首などの模様は横縞である。

4 (気象－天気と気温・気圧)

やや難 (1) 温度計を氷水に入れたとき，温度計が0℃を示せば，温度計の精度が正しいことが分かる。

(2) 実験室の温度計の温度が50℃を示したとき，標準温度計は45℃を示すので，実験室の温度計が100℃を示したとき，標準温度計が示す温度は，$45\times\frac{100}{50}=90$(℃)である。

基本 (3) 太陽の熱は，まず，地面をあたため，あたたまった地面が近くの空気をあたためるので，地面に近い方の気温が高い。

基本 (4) 晴れの日は，最低気温と最高気温の差が大きいが，くもりや雨の日は，雲が太陽からの熱などをさえぎるため，最低気温と最高気温の差が小さくなる。

重要 (5) 台風は，熱帯低気圧が発達したもので，最大風速が17.2m／秒以上になったものである。

(6) 10日と13日は，最低気温と最高気温の差が大きいので，晴れの日である。

(7) 12日の20時頃に気圧が最も低いので，台風が最も近づいたことがわかる。

★ワンポイントアドバイス★

生物・化学・地学・物理の4分野において，基本問題に十分に慣れておこう。その上で，物理・化学に関する計算問題や記述問題にもしっかりとり組んでおこう。

＜社会解答＞ ≪学校からの正答の発表はありません。≫

1 問1 1 銅 2 調 3 堺 4 株仲間 問2 (1) (例) 外国船がたびたび出没したため，沿岸の防備を強めるのに強力な大砲を作る必要があったから。 (2) ②
問3 イ 問4 ウ 問5 イ 問6 オ

2 問1 (1) 陸奥宗光 (2) (領土) 遼東半島 (地図) イ 問2 イ
問3 (1) セオドア・ローズヴェルト (2) (例) 日本の力がますます強大になってきたことから，それまでの友好的な態度から競争相手としての厳しい態度に変化していった。
問4 ア・オ 問5 犬養毅 問6 国家総動員法 問7 エ 問8 警察予備隊
問9 カンボジア

3 問1 四日市ぜんそく 問2 イ 問3 イ 問4 (例) 2000年代以前は安い人件費などを求めて欧米への輸出基地として進出，2000年代以降はアジア諸国の経済発展に伴い国内市場向けの生産が急拡大している。 問5 エ 問6 オ
問7 (インド) ス (ロシア) ク 問8 さとうきび
問9 (1) ウ，インドネシア (2) エ，シンガポール

4 問1 1 最高機関 2 代表民主制など 問2 (1) ウ (2) プライバシーの権利
問3 エ 問4 (1) エ (2) 国政調査権 問5 (1) エ (2) イ・オ
問6 ワイマール憲法 問7 カ

○推定配点○

1 問2(1) 5点 他 各2点×9
2 問1(2) 3点 問3(2) 5点 他 各2点×9(問1(2)・問4各完答)
3 問4 6点 問9 各3点×2(各完答) 他 各2点×8
4 問5(2) 3点 他 各2点×10(問5(2)完答) 計100点

＜社会解説＞

1 (日本の歴史―古代～近世の政治・社会・外交など)

問1 1 鉄器とともに伝来，江戸時代には主要な輸出品となった。 2 諸国の産物を納める税で庸とともに運脚で都に運ばれた。 3 勘合貿易で栄えた港。戦国時代には会合衆(えごうしゅう)による自治で

重要 ヨーロッパにまで紹介された。 4 幕府や藩の許可した商工業者の同業者組合。

問2 (1) 19世紀になると日本近海に外国船が出没，これらに対抗するため精度が高く飛距離の長

い大砲の必要性に迫られていた。 (2) 伊豆や相模など5か国の天領を管轄する韮山代官・江川太郎左衛門が伊豆沿岸の防備を献策して建設。

問3 資料1は地頭の非法を荘園領主に訴えたもので百姓たちの政治的意識の高まりもうかがえる。資料2は紛争の解決策として荘園そのもの(下地)を地頭と折半した下地中分(したじちゅうぶん)。

問4 X 遣唐使の廃止以降，国交は途絶えたが中国商船は引き続き来航していた。 Y 明側の倭寇の取り締まりと幕府側の貿易利益が合致して成立，義満は「臣源」と称して明に朝貢した。

問5 武田の騎馬隊に対し織田・徳川連合軍が馬防柵と足軽鉄砲隊でこれを打ち破った戦い。

基本 問6 両国橋は武蔵国と下総国を結ぶことから命名。幕府の機関は橋の西岸に集中している。

2 (日本の歴史―近・現代の政治・外交など)

問1 (1) 幕末に脱藩して海援隊に加わるなど尊王攘夷運動に参加した政治家。 (2) リャオトン半島。中国遼寧(りょうねい)省南端に位置する半島。ウは山東(シャントン)半島。

問2 1911年，国際的地位の向上を背景に日米通商航海条約を締結し条約改正に成功した。

問3 (1) 32代のF・ローズヴェルト大統領とは遠縁にあたる。 (2) 中国進出に出遅れたアメリカは日本を後押しすることでこれを狙ったが満州の共同支配を拒まれて方針を転換した。

問4 明治45年(1912年)7月30日に大正と改元。1933年，国際連盟総会は日本の侵略と認めたリットン調査団の報告書を賛成42，反対1，棄権1で採択，日本代表団は総会から退場した。

重要 問5 第1回の衆議院議員総選挙から連続18回当選，護憲運動の中心として活躍した政治家。

重要 問6 これにより勅令などを通じて戦時経済体制を推進，議会は有名無実となった。

問7 三国同盟の締結で米英との対立は決定的に(1940年)→ミッドウェー海戦の大敗で戦局は大きく転換(1942年)→ソ連の対日参戦などを決定したヤルタ会談(1945年)の順。

問8 1950年，開戦2間後に設置を指示。1952年に保安隊，1954年に自衛隊と改称された。

問9 1990年のイラクのクウェート侵攻で始まった湾岸戦争で日本は巨額の資金を援助。しかし，国際的には評価されず法律を整備，カンボジア内戦終結に伴う選挙監視などにあたった。

3 (地理―環境問題・世界地理など)

問1 判決ではコンビナート6社に患者救済を命令，その後の公害裁判に大きな影響を与えた。

問2 ガソリンの生産はアメリカ・中国・日本の順。中国は世界最大の原油輸入国でもある。

問3 焼き畑などによる熱帯林の破壊はアマゾンやボルネオなどを中心に拡大している。

問4 1980年代，アメリカとの貿易摩擦から日本企業は海外進出を拡大しその解消に努めた。その後，アジア諸国の急速な経済発展により国内市場に向けての生産を増やしていった。

問5 エネルギー効率が良く大量輸送が可能な海上輸送や鉄道輸送に転換するモーダルシフトの動きが全世界的にみられる。CO_2の排出は80～90%削減されるといわれる。

やや難 問6 ドイツとの貿易はヨーロッパ諸国では最大で高級車の輸入が多い。フランスのワインやイタリアのバックなどは高級ブランドとして日本での人気が高い。

問7 Aはペキン(中国)，Bはモスクワ(ロシア)，Cはプレトリア(南アフリカ)，Dはデリー(インド)。①はインド，②は中国，③は南アフリカ，④はロシア。

問8 ブラジルは世界最大のサトウキビの生産国。1970年代の石油ショックでの経験からはやくから国を挙げてバイオエタノールの利用に取り組んでいた。

重要 問9 (1) インドネシアは世界第4位の人口大国でその9割近くがイスラム教徒である。 (2) 人口600万人程度の都市国家であるシンガポールの一人当たりのGNIは日本などをはるかにしのぐ。アはフィリピン，イはベトナム，オはマレーシア，カはタイ。

4 (政治－憲法・人権・政治のしくみなど)

重要 問1 1 主権者から選ばれているという政治的美称。 2 直接民主制が困難であることから取り入れられた民主主義を実現するための制度。間接民主制や代議制とも呼ばれる。

問2 (1) 日本国憲法は硬性憲法といわれ改正手続きは極めて厳格である。 (2) 近年は自分に対する情報をコントロールする権利にまで拡大，憲法13条の幸福追求権を根拠に主張される。

問3 国家行政の最高意思決定機関。首相が主宰し全員一致で決定される。

問4 (1) 通常国会は150日，衆参どちらかの院の要求，総選挙から30日以内に召集。緊急集会での決定は後日衆議院の同意を要する。 (2) 濫用は行政や司法への不当干渉という指摘もある。

問5 (1) 参議院の比例代表は衆議院と異なり政党名と個人名のどちらでも投票できる。原則個人名の多いものから当選が決まる。 (2) 平成17年と21年は2倍以下(ア)，平成17年と21年は70歳代以上の方が低い(ウ)，平成26年と29年は40歳代の方が低い(エ)。

重要 問6 ワイマールの国民議会で制定，当時としては最も民主主義的な憲法といわれた。

問7 X 事前に割り当てるのは非民主的といえる。 Y 話し合いで両者の妥協点を探っている。 Z 旧来の慣例にただ従うという姿勢は決して民主的とはいえない。

★ワンポイントアドバイス★

資料の識別をする問題は難しくはないが手間のかかるものである。知識に関する問題を先に済ませ，余裕をもって一つ一つの選択肢を丁寧に読み取っていこう。

<国語解答> ≪学校からの正答の発表はありません。≫

一 問1 a オ b ア c ウ d イ e エ 問2 オ 問3 オ 問4 超越的な存在を失うと，社会的個人的な不幸な出来事にあった時不安定になることと，人生の中，時に重大な問題に直面した時，人生に意味を与えることが容易ではなくなること。
問5 ア 問6 イ

二 問1 オ 問2 手のこんだ弁当や趣味を映し出す容器，自分のようにパン持参など，用意する弁当でその家の事情が透けて見える時間に感じるから 問3 エ 問4 ア
問5 ウ 問6 イ・ウ

三 1 画策 2 推察 3 改札 4 平板 5 宙 6 関節 7 移転 8 著名

○推定配点○

一 問1 各2点×5 問4 10点 他 各5点×4

二 問2 10点 問6 各3点×2 他 各5点×4 三 各3点×8 計100点

<国語解説>

一 (論説文ー細部の読み取り，接続語の問題，空欄補充，記述力)

問1 a 前部分は，よくないことが起きたとき，超越的な存在に祈るかあきらめるかで終わるしかないという内容で，後部分は，超越的な存在を出すことで為政者にとっても都合がいいということを重ねているのでオ「さらに」だ。 b 前部分は脱伝統・脱宗教の世界の，一つ目の問題点として「不安定さ」を挙げている。後部分は，不確定要素が減った部分もあることを述べて一部分不安定ではないことを挙げるのでアの「もちろん」を入れる。 c 前部分は，一部分不安定ではないことを挙げている。後部分は，その具体的な例を挙げているのだからウ「たとえば」が入る。 d ギデンズが述べているのは，「物理的」とか「心的」に遮断しているだけということなのでイ「あるいは」である。 e 前部分は「心的に遮断」を述べている。後部分は，「心的遮

断」とはどういう状態なのかをまとめているのでエ「つまり」を入れることになる。

問2　アとオで考えることになるだろう。「たとえば宗教～」で始まる段落と，続く「このように～」で始まる段落が着目点である。為政者にとっても都合が良いものという内容も述べられているが，「本当の原因である為政者」ということではない。データなどを使って説明しようという動機が失われてしまうのでそのままになってしまうことが為政者にも都合が良かったということになるのでオだ。

重要 問3　この箇所は，「ただ現代社会は～」で始まる段落にある「宗教的・伝統的権威の地位が低下した」理由を考えている部分である。資本主義が発達すると，様々な習慣，宗教，価値観を持つ人たちとの交流が生まれる。つまり，これまではそれしかなかった宗教的・伝統的権威が，他のさまざまな価値観などと比較の上でその権威が次第に小さくなっていったということになる。他との関係，比較の上で成り立つことを「相対的」という。

重要 問4　「脱伝統・脱宗教家～」で始まる段落に「一つは」とあり，「現代社会脱伝統・脱宗教家～」で始まる段落に「もうひとつの問題」とある。一つ目は「不安定」がキーワードになり，二つ目は「意味の喪失」人生に意味を与えることが簡単にできなくなるという内容がポイントになる。

問5　――線3の冒頭は「これら」である。「これら」とは，「物的に遮断」や「心的遮断」で，不安を忘れたり遠ざけたりするだけの方法ということになる。イは「予測して除去する」が誤りだ。ウは「不安を引き起こすものを受け入れる」が誤りである。エは「不安を引き起こすものを忘れる」が誤りである。忘れることができるものではない。オは「根本原因の除去に時間がかかる」が誤りである。アは，ウとよく似ているがウの「忘れる」に対して「気づかず生きる」としている点で本文の内容とあっている。

問6　最終段落にある「この二つのバランス」に着目する。事実上「この二つ」が指し示す内容を考える設問ということになる。不安なことを忘れて生活する必要と，原因について理解しなければならないことが「二つ」なのでイである。

二　**(物語一心情・情景，細部の読み取り，表現技法，記述力)**

問1　ア　「無関心」であることに不満があるということは読み取れない。　イ　「たまには～」と母親が言っているように，関わりとして少ないので「口うるさい」が当てはまらない。　ウ　「機嫌を取ろうとして」作ったわけではない。　エ　「おはようとかありがとうくらい言え」とは言っているが，腹を立てるのは「恩着せがましさ」ではない。　オ　母親が本当に，気まぐれで作ったかどうかははっきりしないが，少なくともこの段階で俊介は弁当を作ってくれた理由を理解していないので気まぐれで作ったと考えて差し支えないだろう。腹が立つのは「～いやな子だ」のように，嫌みなことを言った上に，嫌いなものが入っていたことなのでオだ。

やや難 問2　直前の「家の事情が透けて見える」に着目する。手の込んだ弁当や，親の趣味が表れている弁当箱，自分が持ってきているパンを「お気の毒」と言われるように，持参する弁当は，単に食事ということと同時に「家の事情」を透けて見せるものなのだ。

基本 問3　「適当でないもの」という条件に注意する。母親も息子もその日亡くなることなど思ってもいない，普通の日常生活だったのだ。したがって，「亡くなる前にせめて好物を」が適当でない。

問4　凜子の言葉を聞くまでは，美しい弁当を作ってもらって，さわがしく写真までとって何の文句もなく，喜んでいるのだとばかり思っていたのだ。しかし，「あのママは，二人目，いいひとだけど，あの味は，いや」という言葉には「二人目の母親に複雑な思いを抱いている」ということだ。ウの「二人目の母親は娘に愛情を感じていない」は，凜子の言葉から読み取れる内容ではない。オの「嫌っている」は「いいひとだけど」に反するので不適切だ。

問5　凜子との会話で，75年前の真っ黒の弁当には，母親の息子に対する愛情を知った。そのことから,「どういうつもりで～」で始まる段落と,続く「自分が作った～」で始まる段落で自分の真っ黒な弁当と重ね合わせ,母親の心情に思いを寄せている。それだけでなく,「凜子の弁当まで並ぶ」というのは,凜子の思いを聞いた今では凜子の気持ちまで考えなければならないような気持ちになっているので戸惑ってしまうのだからウを選ぶ。

問6 「適当でないもの」という条件に注意する。イの「お仲間」という言い方は通常の,ていねいな言い方ではない。ここでは,さわいで弁当を食べている友だちを半ばバカにするような,皮肉をこめたような言い方であるので適切ではない。ウの,何気なく近づき戦争の悲惨さを感じとったことは不適切とはいえないが,俊介は,戦争についてもっと知らなければと思うようになったわけではないので,その点で不適切である。

三 (漢字の書き取り)

1 「策」は全12画の漢字。「束」ではないので気をつける。 2 「察」は全14画の漢字。8画目の始点と,9画目の始点はつけない。 3 「改」は全7画の漢字。3画目は2画目の始点とつけて書き始める。 4 「平板」とは,この分の場合,変化がなく単調であることという意味になる。

5 「宙」は全8画の漢字。1画目はたてる。 6 「節」は全13画の漢字。12画目ははねる。また「間」と混同しないように気をつける。 7 「移」は全11画の漢字。「多」の位置をバランスよく書こう。

8 「著」は全11画の漢字。「目」ではなく「日」なので気をつける。

★ワンポイントアドバイス★

記述問題は多くはないが,字数は60～80字程度の,それなりに長いものを求められるようだ。必要なことを過不足なく書く練習をしよう。

2021年度

★★★★★★★★★★★★★★★★★★★★★★★★★

入　試　問　題

2021年度

市川中学校入試問題（第1回）

【算　数】（50分）　　＜満点：100点＞

【注意】 1. コンパス・直線定規を利用してもよい。
2. 円周率は3.14とする。
3. 比を答える場合には，最も簡単な整数の比で答えること。

1　次の問いに答えなさい。

(1)　13×17＋36×24＋19×13－35×37 を計算しなさい。

(2)　テニスボールとバレーボールとバスケットボールがたくさんあります。テニスボール15個，バレーボール７個，バスケットボール５個の合計の重さと，テニスボール５個，バレーボール５個，バスケットボール７個の合計の重さが等しく，どちらも6000ｇになります。バレーボールの重さがテニスボールの重さの５倍であるとき，バレーボールの重さは何ｇか求めなさい。

(3)　Ａ君，Ｂ君，Ｃ君が休まずに１人で行うとそれぞれ20日間，25日間，50日間かかる仕事があります。この仕事に対して，以下のことを繰り返し行うことにします。

・Ａ君は１日働いた後２日休む
・Ｂ君は２日働いた後１日休む
・Ｃ君は３日働いた後１日休む

この仕事を３人で同時に始めるとき，何日目に終わるか求めなさい。

(4)　下の図において，三角形ABCは正三角形，三角形DEAはDA＝DEの二等辺三角形です。CD＝CGであるとき，角あと角いの大きさの和は何度か求めなさい。

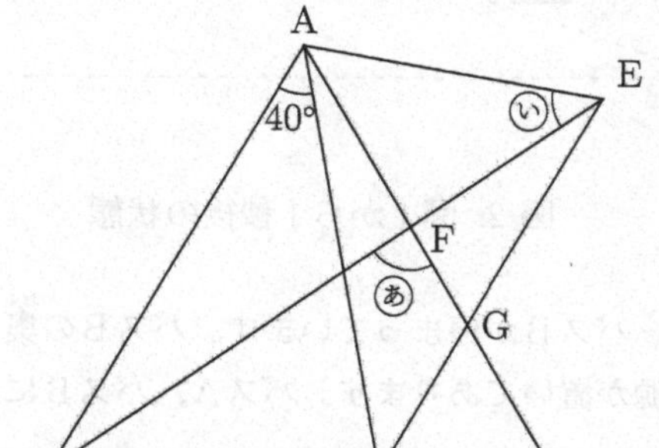

2　バスＡ，バスＢは幅（はば）３ｍ，高さ３ｍ，長さ12mの直方体とします。このとき，次の問いに答えなさい。

(1)　バスＡは次のページの図の位置で停（と）まっており，バスＢは12m／秒で矢印の方向に動いています。太郎（たろう）君から見て，バスＡによってバスＢが完全に隠（かく）れてから完全に見えるようになるまでにかかる時間は何秒か求めなさい。

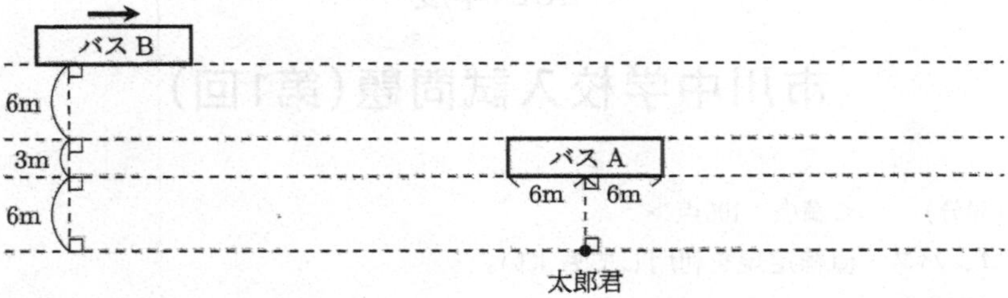

(2)　バスＡは矢印の方向にある速さで，バスＢは矢印の方向に12m／秒で動いています。このとき，太郎君から見て，下の図１の状態から図２の状態になるまでにちょうど１秒かかりました。バスＡの速さは何m／秒か求めなさい。

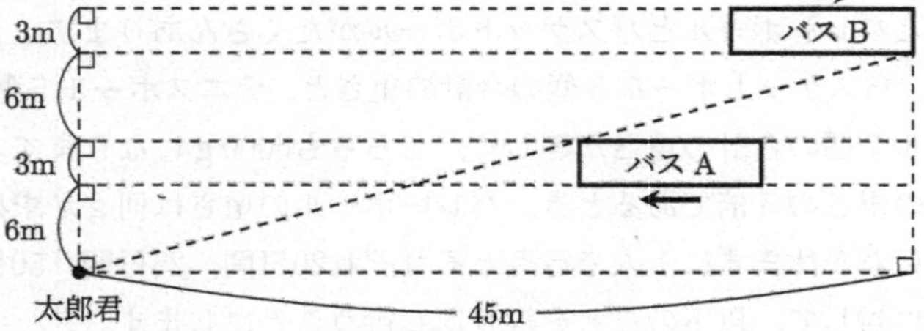

図 1: 初期状態

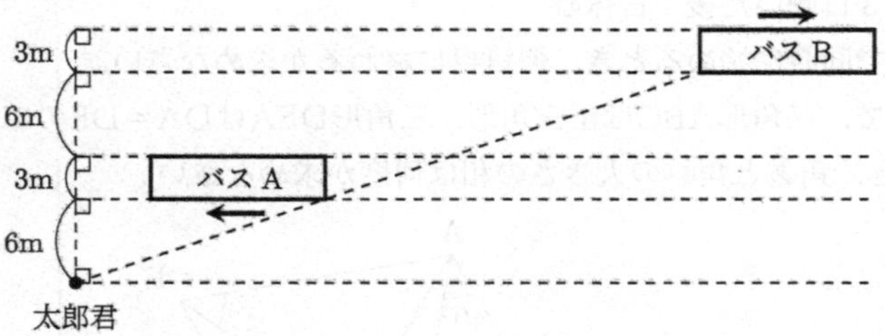

図 2: 図１から１秒後の状態

(3)　下の図のようにバスＡ，バスＢが停まっています。バスＢの奥12mの位置に十分に大きな壁があり，太郎君の足下に光源が置いてあります。バスＡ，バスＢによって壁にできる影の面積を求めなさい。

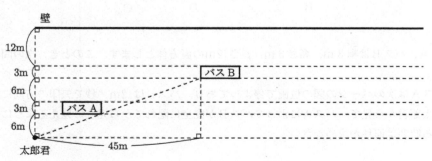

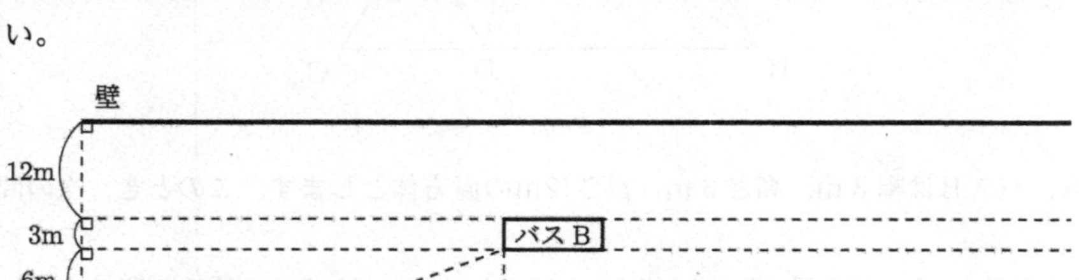

3 下の図の台形ABCDは，面積が157.5cm²，ACの長さが26cmです。このとき，次の問いに答えなさい。

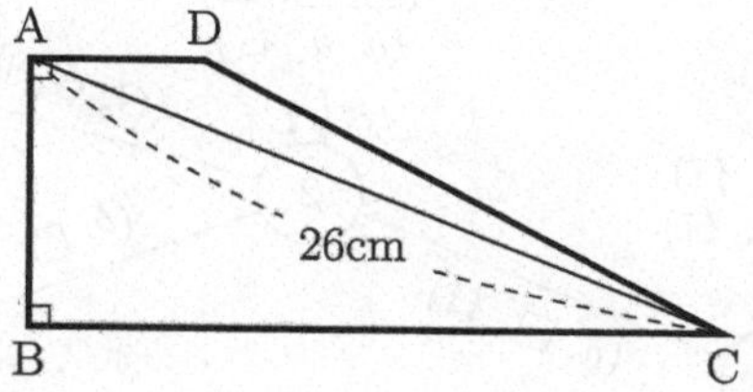

(1) 台形ABCDを点Aを中心に反時計まわりに90°回転させたとき，移動後の台形を作図しなさい。ただし，定規は２点を通る直線を引くことのみに使用し，角度を測ることに使用してはいけません。また，作図するときに引いた線はかき残しなさい。

(2) (1)の移動により，この台形が通過した部分の面積を求めなさい。

(3) (1)の移動により，三角形BCDが通過した部分の面積を求めなさい。ただし，BDの長さは12.5cm，三角形ABDの面積は37.5cm²とします。

4 ２つの整数○，△に対して，○を△で割ったときの商を［○，△］と表します。例えば，

[8，2]＝4, [17，5]＝3

となります。このとき，次の問いに答えなさい。

(1) [2021，□]＝5 となるとき，□にあてはまる整数は何個あるか求めなさい。

(2) $\dfrac{2021}{\square}-\dfrac{2021}{\square+1}$ が１より小さくなるとき，□にあてはまる最小の整数を求めなさい。

(3) ☆を2021以下の整数とします。[2021，☆]＝□となるとき，□にあてはまる整数は何個あるか求めなさい。

5 マス目状に区切られたテープがあります。左端のマス目には常に S，右端のマス目には常に G が書かれており，残りのマス目は空欄（□が書かれている）か，a または b のいずれかが書かれています。以下では a，b，S，G，□を記号と呼ぶこととします。

S	b	□	a	G

（例）

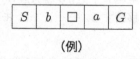

また，このテープの上を移動しながら，次のページの図１のような説明書にしたがって書かれている記号を変更する機械があります。機械には複数のモードがあり，１回の動作でモードに応じて以下の処理を行います。

・今いるマス目の記号を読み取る。

・読み取った記号に応じて，今いるマス目に新たな記号を書き込む。

・マス目を移動する（１マス移動する，または止まる）。

・新たなモードに変更される。

この機械は左端のマス目から モード１ で動き始め，上の動作を繰り返し行い，動きが止まったと

きに モード OK または モード NG に変更されます。

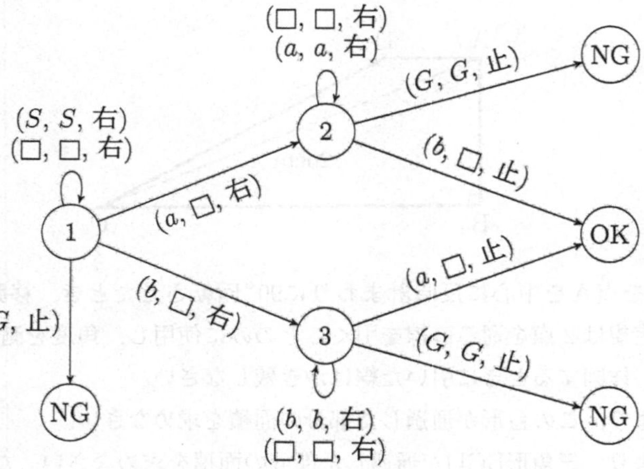

図 1: 説明書１

説明書の読み取り方

・各◯の数字や文字は機械のモードを表す。

・矢印に付いているカッコの中は（読み取った記号，書き込む記号，機械の移動）を表す。

・現在のモードに応じて，読み取った記号により矢印が選択（せんたく）され，機械は新たな記号を書き込み，マス目を移動し，矢印の先のモードに変更される。

ここで，前のページの（例）のテープに対して，図１の説明書１にしたがって機械が動作を繰り返し行うと，以下のようになります。（↓は機械の位置を表しています。）

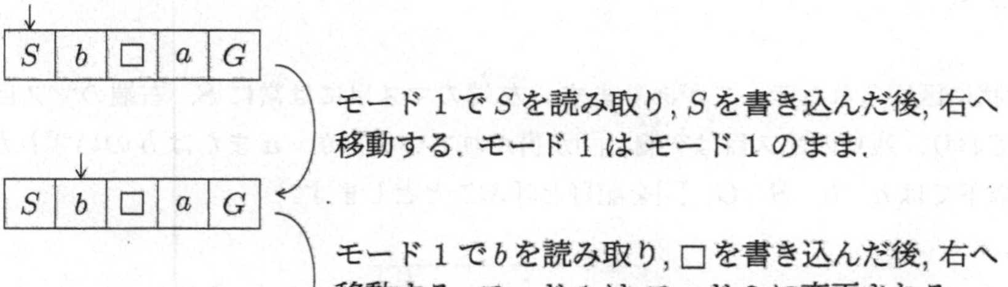

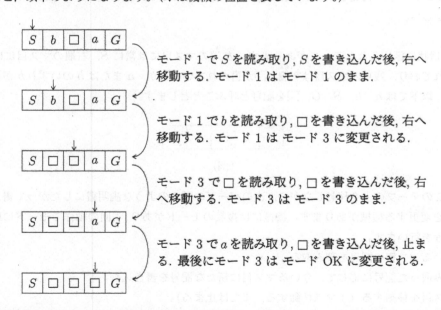

なお，説明書１にしたがって動く機械は，両端以外のマス目に「**a，b どちらも１つ以上書かれているテープ**」に動作を繰り返し行うと，最後に モード OK に変更されるようになっています。

以下，図２の説明書２にしたがって動く機械を用いることとします。このとき，次の問いに答えなさい。

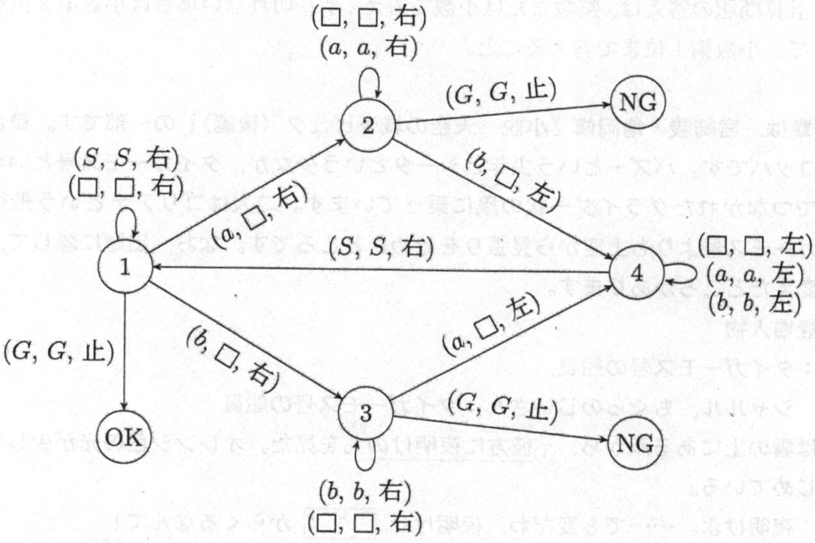

図 2: 説明書２

⑴　以下のテープＡ，Ｂに対して動作を繰り返し行い，機械が止まったときにそれぞれどのようなテープになっているか記号を入れて答えなさい。また，最後に モード OK と モード NG のどちらに変更されるかそれぞれ答えなさい。

テープ A

S	b	b	G

↓

テープ B

S	□	a	b	□	G

↓

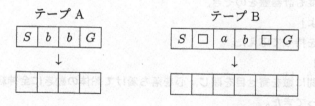

⑵　以下の両端以外のそれぞれのマス目に a または b を入れ，機械が止まったときに モード OK に変更されるテープの例を１つ挙げなさい。

S							G

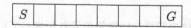

⑶　機械が止まったときに モード OK に変更されるのは，一般的にどのようなテープか簡潔に答えなさい。

【理　科】（40分）　＜満点：100点＞

【注意】　1．コンパス・定規は使用しないこと。

　2．計算問題の答えは，整数または小数で答え，割り切れない場合は小数第２位を四捨五入して，小数第１位まで答えること。

1　次の文章は，宮崎駿・亀岡修『小説　天空の城ラピュタ〈後編〉』の一部です。舞台は19世紀後半のヨーロッパです。パズーという少年とシータという少女が，タイガーモス号という飛行船からワイヤーでつながれたグライダー状の凧（たこ）に乗っています。二人はゴリアテという飛行船を警戒（けいかい）して，タイガーモス号よりも上空から見張りを始めたところです。なお，出題に際して，本文には表記を一部変えたところがあります。

その他の登場人物

　ドーラ：タイガーモス号の船長，

　アンリ，シャルル，もぐらのじいさん：タイガーモス号の船員

　シータは雲の上にある凧から，①彼方（かなた）に夜明けの兆（きざし）を見た。オレンジ色の光が少しずつ星々を飲み込（こ）みはじめている。

「パズー，夜明けよ。……でも変だわ，夜明けが［ 1 ］からくるなんて」

　タイガーモス号は真東に進んでいるはずである。それともゴリアテとの遭遇（そうぐう）のとき方向を失ったのか――。

　パズーはその疑問をドーラに伝えた。

「えっ？北に向いているって？」

「ママ，コンパスはちゃんと東を指しているよ」

　アンリは何度も計器盤（ばん）をのぞき，

「間違（まちが）いないよ」

　珍（めずら）しく確信を持って応（こた）えた。

「まさか……」

　ドーラは眉間（みけん）に皺（しわ）を寄せ目を閉じ，心を落ち着けて船体の動きに全神経を集中させた。異常な感覚が足に伝わってきた。

「流されている……」

　愕然（がくぜん）としたドーラは，カッと目を見開き，唸（うな）り声を上げた。

「針路が狂（くる）っちまった」

　ドーラにも読めなかった得体（えたい）の知れない空気の流れが生じているらしい。おそらく凧は北に向き，船は東を向いたまま北に流されている。

「見て，あれを！」

　受話器からシータの悲鳴に似た声が漏（も）れた。

「どうしたんだい，ゴリアテかい？」

　ドーラの呼び掛（か）けにも返事がない。

「どうした，何があった！」

　ドーラの叫（さけ）びに，ようやくパズーの震（ふる）える声が返ってきた。

「②雲です」

「なに，雲？」

〈雲くらいで騒ぐな〉

　というには，あまりにも緊張した声だった。

「も，ものすごく大きな」

「こっちに近づいてくるわ！」

　二人の声は，はっきりと恐怖を物語っている。

　二人の眼前，急速に明るさを増しつつある空に，すさまじい雲のかたまりが幅数キロメートルに渡って沸き立っていた。頭上遥か，見上げるくらい盛り上がったその雲の頂は朝日を受け，見たこともない不気味な色に染まっている。

　シータはそのかたまりに圧倒され，体を硬直させている。パズーも全身が粟立ち，目を逸らすこともできず，その雲を凝視した。

　二人が「雲が寄ってくる」と思ったのも無理はない。しかし，本当には船の方が空の水脈に流されている。

　タイガーモス号よりはるかに重量の軽い凧が，スーッと雲のかたまりに吸い寄せられた。パズーの背筋に戦慄が奔った。

「パズー，そいつは低気圧の中心だ。二人ともしっかり掴まっているんだよ。もう収容できないからね！」

　パズーを励まし，次いで機関室に最大出力を命じたドーラは，

「③船を風に立てな！面舵だ，早くしな！」

舵輪に取り付いているシャルルにハッパをかけた。シャルルは顔が血ぶくれるくらい力を籠めたが，舵輪はビクともしない。

「ママ，引きずり込まれる！」

　いまや，はっきりと体で感じられるくらい，船は横向きに流されていた。主翼がぎしぎしと音を立てており，船体の布はビリビリと小刻みに震動し，プロペラが引き波にカラカラと空を切った。

「どんどん吸い寄せられます！」

　パズーの悲鳴だ。

「踏ん張りな！」

　ドーラもそれ以外，返す言葉がない。

「舵が，舵が動かねえ！」

「シャルル，いつものクソカはどうしたんだい！」

「ウォー」

　シャルルが吠えた。

「ドーラ，エンジンが焼けちまう！」

　機関室でも，もぐらのじいさんが叫んでいた。

「じいさんの泣きごとなんざ聞きたかないね！なんとかしな！」

　雲の上に出られれば，もっと状況がつかめるだろう。だが，ますますぶ厚くなる雲の中を④船は傾いだまま吸い寄せられている。

(1)　下線部①について，日の出や日の入り頃の薄暗い（薄明るい）状態を薄明といい，特に１等星が見える程度までの明るさを常用薄明といいます。夜明け時の常用薄明について正しいものはどれですか。

ア　日の出前の90分間くらい　　イ　日の出前の30分間くらい

ウ　日の出後の30分間くらい　　エ　日の出後の90分間くらい

(2)　[1] に当てはまる方向はどれですか。

ア　右　イ　左　ウ　後ろ　エ　正面　オ　上

(3)　下線部②について，この雲は高度10km程度にまで成長している積乱雲の一種です。積乱雲の内部や周辺の説明として正しいものはどれですか。

ア　空気が集まってきているので，この雲は高気圧の中心付近にある。

イ　この雲の厚さはうすく，常に中心部には空洞がつくられる。

ウ　この雲の中や周辺では，上から見て風が左回りに吹いている。

エ　この雲の外側では，雷が発生しやすい。

オ　この雲の下では，風は強いが雨はあまり降らない。

(4)　(3)の積乱雲のとき，タイガーモス号は高度3000mを維持して飛行していました。パズー達の乗った凧は，タイガーモス号の真上で100mほど高い位置を飛行していたとします。パズーは，45°程度で雲を見上げたとき，この雲の頂上周辺を見ることができました。パズーから雲までの距離はどのくらいになりますか。

ア　1～2km　　イ　3～5km　　ウ　7～10km　　エ　15～20km

(5)　下線部③について，船を立てるとは，水の流れなどを基準に，船首を一定の方向に向けて固定することを意味します。このときのタイガーモス号の状況について述べた，次の文の [2]，[3] に入る言葉の組み合わせとして，正しいものはどれですか。

タイガーモス号は [2] の風の中，東を向いており，[3] に雲から離れようとしている。

	2	3		2	3
ア	北寄り	北向き	オ	東寄り	北向き
イ	北寄り	南向き	カ	東寄り	南向き
ウ	南寄り	北向き	キ	西寄り	北向き
エ	南寄り	南向き	ク	西寄り	南向き

(6)　下線部④について，このときのタイガーモス号周辺の様子として正しいものはどれですか。ただし，タイガーモス号の向きや風向きは以下の通りとします。

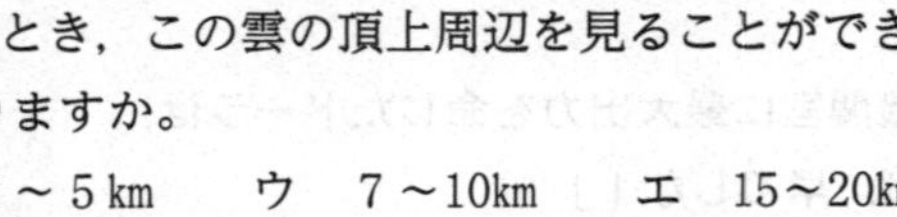

ア

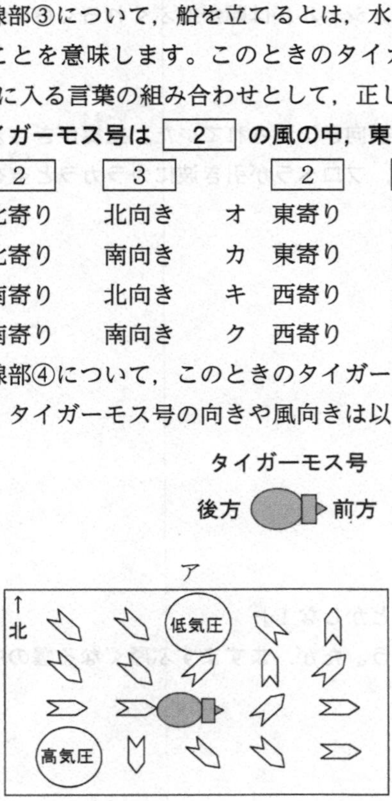

イ

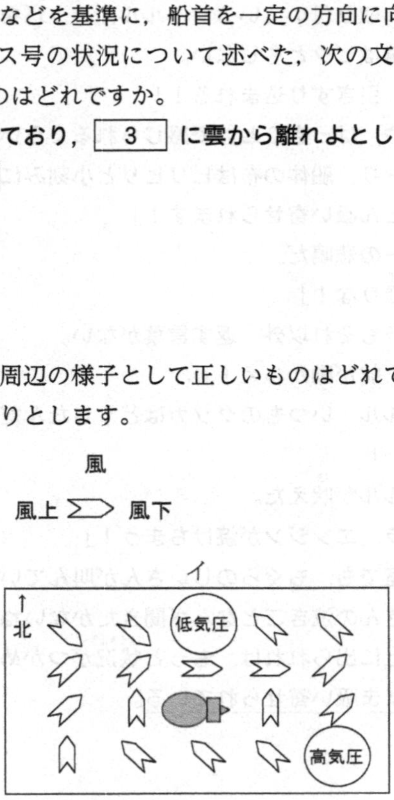

ウ

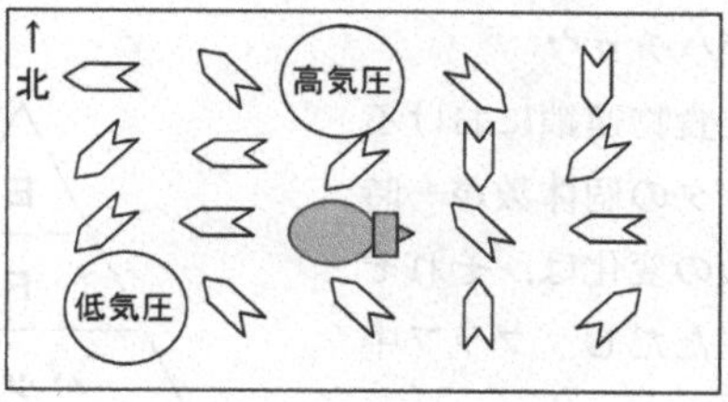

エ

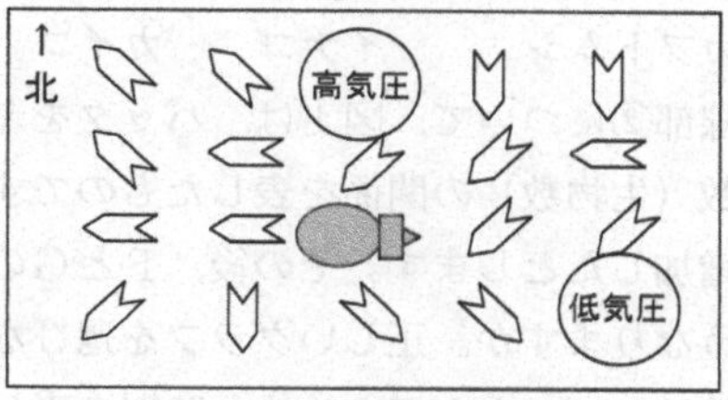

2 バッタは身近な①昆虫(こんちゅう)の一種です。草原や田んぼなどでは，②食物連鎖(しょくもつれんさ)でつながった生態系の一員として，古くから人々に親しまれてきました。

一方，ある環境(かんきょう)で大発生し，蝗害(こうがい)という災害を起こすこともあります。

2020年前半，③サバクトビバッタ（トビバッタ）がアフリカで大発生し，多くの地域に被害(ひがい)をもたらしたことが話題となりました。

(1) 下線部①について，昆虫の特ちょうについて述べた，次の文章の［１］～［３］に入る言葉の組み合わせとして，正しいものはどれですか。

成虫はからだが［１］に分かれ，羽は［２］のものが多い。幼虫から成虫になるまでに［３］。

	１	２	３
ア	頭部・胸部・胴部(どうぶ)	２枚	どれもさなぎになる
イ	頭部・胸部・胴部	２枚	さなぎにならないものもいる
ウ	頭部・胸部・胴部	４枚	どれもさなぎになる
エ	頭部・胸部・胴部	４枚	さなぎにならないものもいる
オ	頭部・胸部・腹部(ふくぶ)	２枚	どれもさなぎになる
カ	頭部・胸部・腹部	２枚	さなぎにならないものもいる
キ	頭部・胸部・腹部	４枚	どれもさなぎになる
ク	頭部・胸部・腹部	４枚	さなぎにならないものもいる

(2) 次のＡ～Ｄは，それぞれ，ある昆虫が好む植物の一部を示したものです。それぞれどの昆虫が好みますか。正しい組み合わせを選びなさい。ただし，図の大きさは実際とは異なります。

A

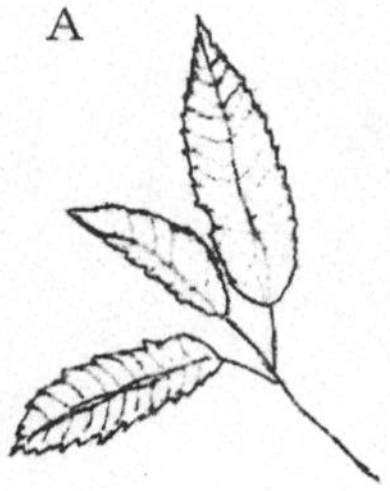

B

C

D

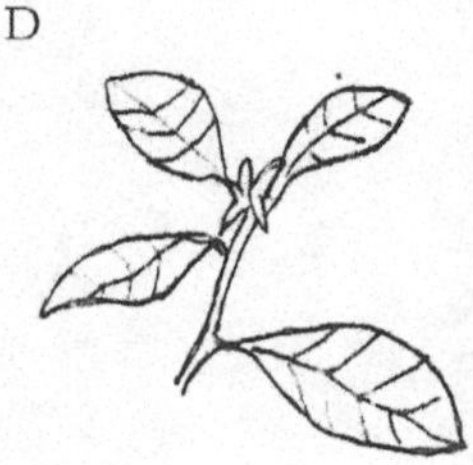

	A	B	C	D
ア	アゲハチョウ	カイコ	イナゴ	カブトムシ
イ	アゲハチョウ	イナゴ	カイコ	カブトムシ

ウ　カブトムシ　　　カイコ　　イナゴ　　アゲハチョウ
エ　カブトムシ　　　イナゴ　　カイコ　　アゲハチョウ

(3)　下線部②について，図１は，バッタをふくめた食物連鎖における個体数（生物数）の関係を表したものです。バッタの個体数が一時的に増加したとします。その後，ＦとＧの個体数の変化は，それぞれどうなりますか。正しいグラフを選びなさい。ただし，グラフ中の点線は，バッタが増え始めた時期を表しています。

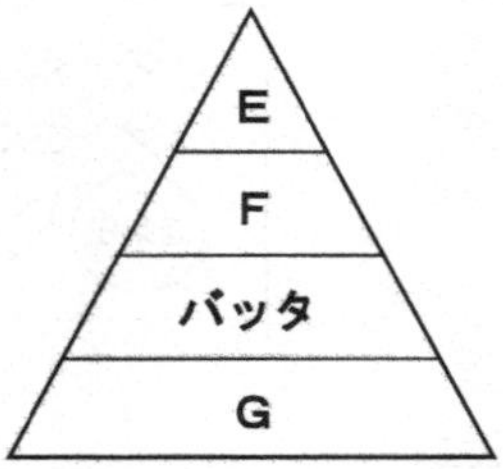

図１

ア　　　　　　イ　　　　　　ウ　　　　　　エ

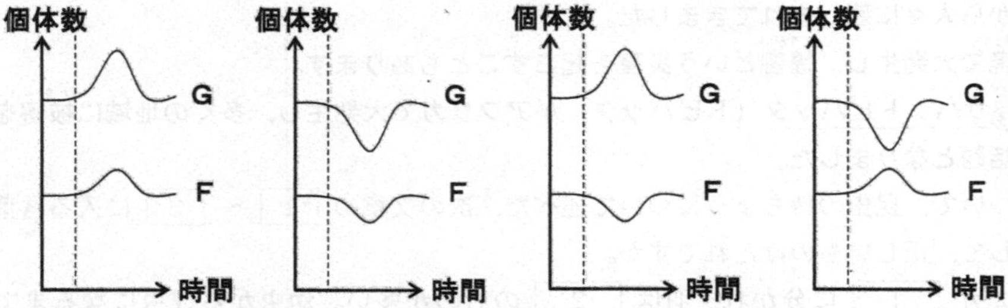

下線部③について，トビバッタの成虫は，１日で自分と同じ体重に近い量のエサを食べます。通常は単体で活動する「孤独相(こどくそう)」とよばれる形をしていますが，大発生したときには「群生相(ぐんせいそう)」とよばれる形をとります。この変化は，言わば④「密」という環境をさけるための適応である，と考えられています。

(4)　大発生したトビバッタの集団は，少なくとも約4000万匹からなるといわれています。ヒトの１日の食事量を1.6kgとしたとき，4000万匹のトビバッタは，1日でヒト何人分の食料に匹敵(ひってき)する量を食べてしまうことになりますか。ただし，トビバッタ１匹の体重は２ｇとします。

(5)　次のＨとＩは，一方が群生相で，他方が孤独相のトビバッタです。群生相はＨ・Ｉのどちらですか。また，群生相は孤独相に比べて，どのような能力が高いといえますか。下線部④をふまえて，簡単に説明しなさい。

Ｈ

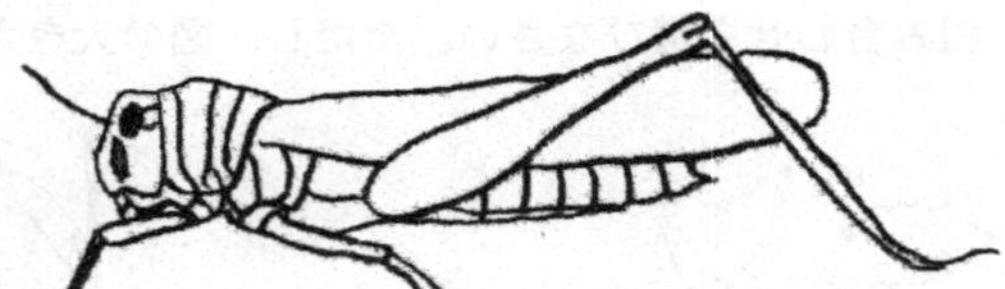

Ｉ

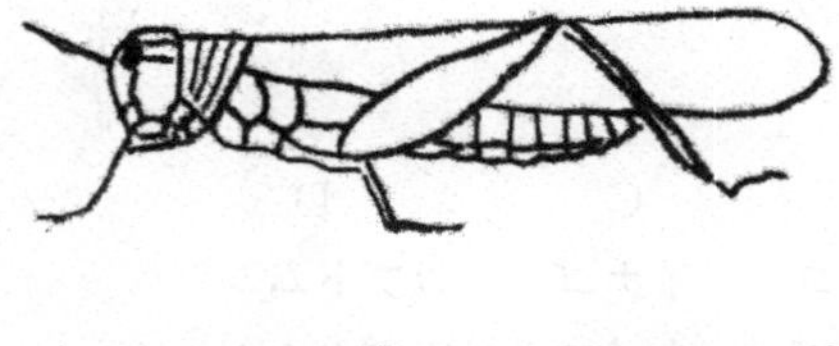

（ＨとＩは同じ縮尺で示してあります）

3 表１は，物質Ａと物質Ｂが各温度で水100ｇに溶（と）ける最大の重さを示したものです。

温度(℃)	10	20	30	40	50	60
物質Ａ(ｇ)	22.0	a	45.6	63.9	85.2	109
物質Ｂ(ｇ)	35.7	35.8	36.1	36.3	36.7	37.1

表１

(1)　70℃における物質Ａの飽和水溶液（ほうわすいようえき）177ｇには，102ｇの物質Ａが含（ふく）まれています。この飽和水溶液の温度を20℃まで下げたところ，78.3ｇの物質Ａが溶けきれなくなって出てきました。表１のａの値はいくらですか。

(2)　10℃の水400ｇに520ｇの物質Ａを加えました。その後よく振（ふ）り混ぜながら，少しずつ温度を上げると，物質Ａがすべて溶けるのは何℃の温度範囲（はんい）になったときですか。

ア　20℃以上，30℃未満　　イ　30℃以上，40℃未満　　ウ　40℃以上，50℃未満
エ　50℃以上，60℃未満　　オ　60℃以上，70℃未満　　カ　70℃以上

(3)　60℃の水200ｇに，54ｇの物質Ａと71ｇの物質Ｂを溶かしました。この水溶液から，物質Ａだけが10ｇ溶けきれなくなって出てくるようにするには，どのようにしたらよいですか。数値を示して述べなさい。ただし，物質Ａと物質Ｂを同時に溶かしても，それぞれの物質が水100ｇに溶ける最大の重さは変化しないものとします。

次に，実験１～３のように冷凍庫（れいとうこ）で氷をつくりました。
実験１：水道水100ｍＬをコップに入れて凍（こお）らせた。
実験２：沸騰（ふっとう）させた水道水100mLをコップに入れて凍らせた。
実験３：沸騰させた水道水100mLをコップに入れ，図２のようにプラスチック容器に入れて凍らせた。

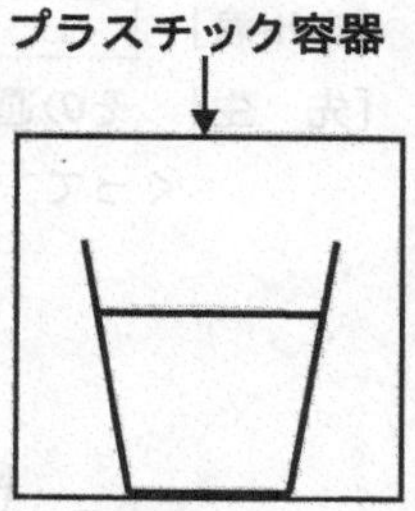

図２

(4)　できた氷をコップの横から見たときの様子はどれですか。ただし，点線は水を凍らせる前の水面の位置を表しています。

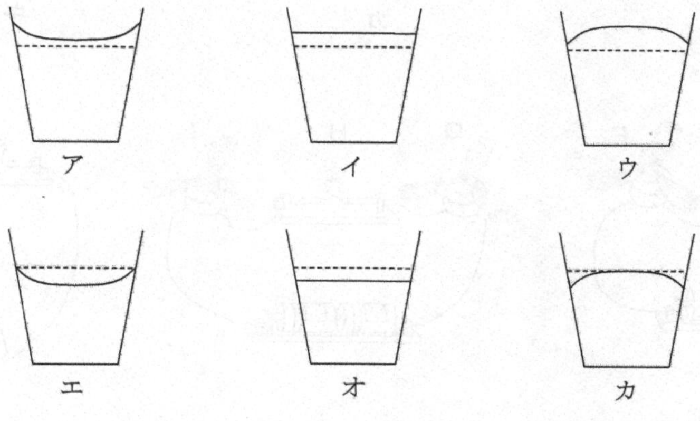

(5)　すべての実験で，氷には白い部分が見つかりましたが，実験１よりも実験２の方が氷の白い部分が少なくなりました。この白い部分には何が含まれていますか。

(6)　実験２よりも実験３の方が氷の白い部分が少なくなりました。白い部分が少なくなったのはなぜですか。

4　市川君は，先生に教わりながら電気の実験を行いました。

［先　生］ それぞれ同じ種類の電池，豆電球，プロペラ付きモーターをいくつか持ってきました。

［市川君］ 実験ですね。どんな実験をするのですか？

［先　生］ まずは，豆電球の性質を復習します。「ア」～「エ」のような回路をつくったとき，豆電球が両方ともつくのはどれでしょう。２つ選んでください。

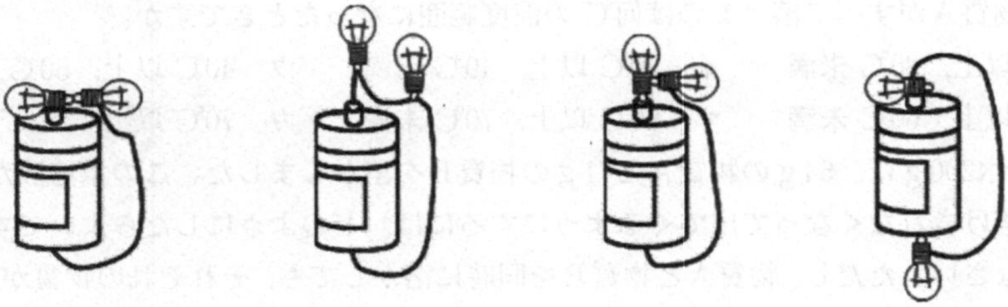

ア　　イ　　ウ　　エ

［市川君］ 【　1　】 です。

［先　生］ その通りです。よく理解できていますね。では，次に「オ」～「コ」のような回路をつくって，豆電球の明るさや，プロペラが回る速さの違いを観察してみましょう。

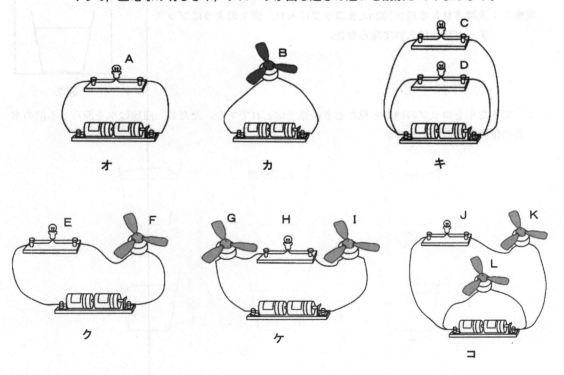

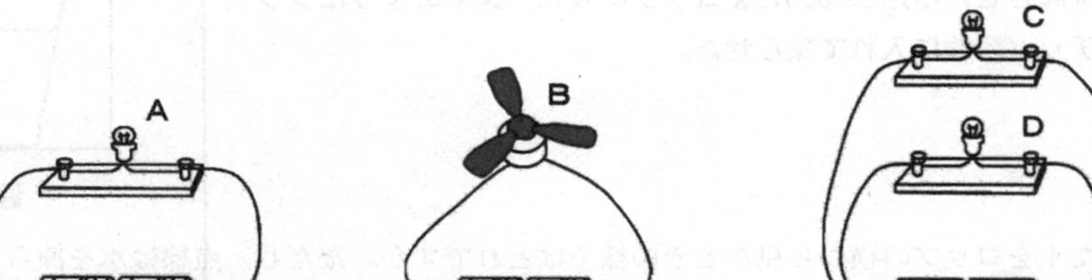

オ　　カ　　キ

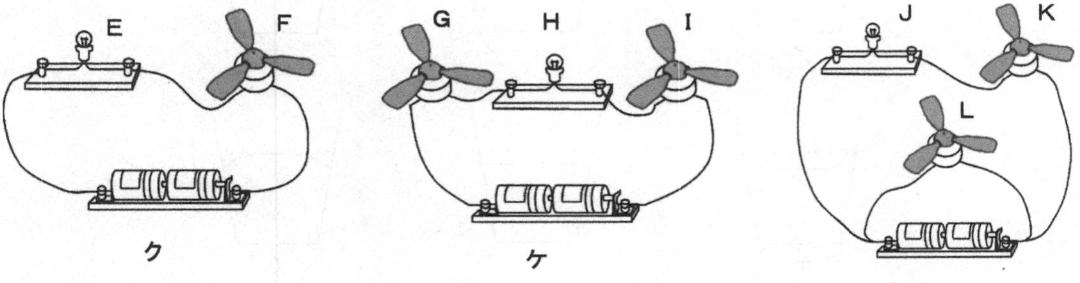

ク　　ケ　　コ

［市川君］　①豆電球Ａと同じ明るさの豆電球がありますね。
［先　生］　そうですね。違う回路に見えても，同じ効果を生み出すつなぎ方があるのですね。家庭で使われている回路でもこのような工夫がされています。それぞれの回路で，②プロペラに流れる電流の大きさを測ってみましょう。
［市川君］　電流の大きさを調べてみると，電流の大きさとプロペラの回転の速さには関係がありますね。プロペラＢとプロペラＬには同じ大きさの電流が流れているので，同じ速さで回転していることがわかります。
［先　生］　そうです。電流の大きさは，プロペラの回転以外にも，電池の消費に影響（えいきょう）しています。電池の消費が一番少ない回路は「オ」～「コ」のうちどれですか。
［市川君］　［ 2 ］です。
［先　生］　そうです。では，プロペラＦを手でおさえて回転を止めてみてください。
［市川君］　手でおさえてしまっていいのですか？
［先　生］　はい。今日使っているプロペラは大丈夫（だいじょうぶ）です。
［市川君］　ではやってみます。［ 3 ］。
［先　生］　回転を止める前のプロペラに流れる電流の大きさは25mAですが，回転を止めた後は120mAになっています。次は，プロペラＧを手でおさえてみてください。
［市川君］　［ 4 ］。
［先　生］　最後に，豆電球Ｊをソケットから外してみて下さい。
［市川君］　［ 5 ］。
［先　生］　プロペラの回転について気づいたことはありますか？
［市川君］　はい。③電流を流すことで回転するプロペラは，手でおさえて回転を止めてしまうと，電流が流れやすくなります。

(1)　［ 1 ］，［ 2 ］に当てはまる回路はどれですか。
(2)　下線部①について，豆電球Ａと同じ明るさの豆電球はどれですか。すべて答えなさい。
(3)　下線部②について，プロペラＬの電流を測る場合，電流計をどのようにつなげばよいですか。解答らんの「・」を結んで回路を完成させなさい。
(4)　［ 3 ］に入る文はどれですか。
　ア　豆電球Ｅが明るくなりました
　イ　豆電球Ｅが暗くなりました
　ウ　豆電球Ｅの明かりが消えました
(5)　［ 4 ］に入る文はどれですか。
　ア　豆電球Ｈの明かりは消え，プロペラＩは回転が止まりました
　イ　豆電球Ｈは明るくなり，プロペラＩの回転は遅（おそ）くなりました
　ウ　豆電球Ｈは明るくなり，プロペラＩの回転は速くなりました
　エ　豆電球Ｈは暗くなり，プロペラＩの回転は遅くなりました
　オ　豆電球Ｈは暗くなり，プロペラＩの回転は速くなりました
(6)　［ 5 ］に入る文はどれですか。
　ア　プロペラＫの回転は止まり，プロペラＬの回転も止まりました
　イ　プロペラＫの回転は止まり，プロペラＬの回転は遅くなりました

ウ　プロペラＫの回転は止まり，プロペラＬの回転は変化がありませんでした

エ　プロペラＫの回転は速くなり，プロペラＬの回転も速くなりました

オ　プロペラＫの回転は速くなり，プロペラＬの回転は遅くなりました

カ　プロペラＫの回転は速くなり，プロペラＬの回転は変化がありませんでした

(7)　下線部③について，「コ」の回路と，回転を手でおさえて止めてしまったときの「カ」の回路を比べると，どちらの電池の消費が大きいですか。また，その理由を電流の大きさとともに説明しなさい。

【社　会】（40分）＜満点：100点＞

【注意】 1. 解答の際には，句読点や記号は１字と数えること。
2. コンパス・定規は使用しないこと。

1 次の文章あ～かは，酒井シヅ著『病が語る日本史』（講談社学術文庫）の抜粋です。これを読んで，あとの問いに答えなさい。なお，出題に際して，省略および表記を一部変えたところがあります。

＜あ＞

天平７年（735）の夏から（　１　）管内で流行し始めた豌豆瘡※１は，実は隣国A新羅から伝わったのであった。新羅で疫病が大流行していることを知らず，天平８年に新羅に遣新羅使が派遣された。随員を含めて一行百人余が難波から乗船し，瀬戸内海を西航して，七夕を（　１　）の鴻臚館で過ごした後，壱岐，対馬を経て，新羅に入った。一行の間に痘瘡が発生したのは壱岐で泊まったときであった。＜中略＞翌天平９年正月帰国したときは，遣新羅使の一行は40人に減っていた。＜中略＞B畿内でも豌豆瘡は広がり，朝廷の役人の間にも流行していた。その中に藤原の四兄弟が入っていた。

※１豌豆瘡…天然痘・痘瘡のこと。

問１　（１）には，九州の行政・防衛，外交を担う役所の名前が入ります。その名前を漢字で答えなさい。

問２　下線Aについて，663年，日本は新羅・唐の連合軍と戦い，敗れました。この戦いを何といいますか，答えなさい。

問３　下線Bについて，藤原四兄弟をはじめとする貴族や一般の人々が疫病で亡くなるなどの社会の混乱を，仏教の力でしずめようとしたこの時の天皇は誰ですか，漢字で答えなさい。

＜い＞

戦国時代は，戦いに敗れて若くして亡くなったC戦国大名がたくさんいたが，蒲生氏郷（1556～95）は40歳で病に敗れて世を去った。それは大腸ガンであったようである。蒲生氏郷は13歳で信長に仕え，翌年初陣で手柄を立て，数々の合戦で功名を挙げた名立たる武将である。信長亡き後はD秀吉に仕え，35歳で92万石の大名になった。

問４　下線Cに関して，戦国大名が家臣の罰則を定めるなど，領国を統治するために制定したものを何といいますか，漢字３字で答えなさい。

問５　下線Dについて，豊臣秀吉に関して説明した文としてあやまっているものはどれですか，ア～オからすべて選び，記号で答えなさい。

ア　農民を農業に専念させ一揆を防ぐために，刀や鉄砲などの武器を差し出させる刀狩を行いました。

イ　朝廷の権威を利用することなく，独自の力で全国統一をすすめました。

ウ　田畑のよしあしや面積からその田畑の予想収穫量を石高で表し，土地の耕作者とともに検地帳に登録しました。

エ　キリスト教宣教師の国外追放を命じ，徹底的な弾圧を行ったためキリスト教の拡大を止めることができました。

オ　文禄の役では，民衆の抵抗や明の援軍にあうなど苦戦し，休戦に追いこまれました。

<う>

> E江戸時代の半ばになると，感冒※2がはやるたびに，その風邪を愛称をつけて呼んだ。明和６年（1769）に流行した風邪は「稲葉風」と呼んでいる。<中略>安政元年（1854）はFペリー再来航の年である。神奈川沖にアメリカ軍艦が来たことで，この年の流感は「アメリカ風」と名づけられた。<中略>流行性感冒をインフルエンザと呼ぶようになったのは戦後※3のことであるが，大正７年（1918）に日本ではスペイン風邪として知られるインフルエンザの流行できわめて大きな被害が出た。<中略>このスペイン風邪は1918年から翌19年に世界的に大流行し，世界での患者６億，死者2300万に達した惨禍を残していた。このときのインフルエンザの発祥地がスペインのように思われるが，この流行性感冒が始まったのはスペインではなく，アメリカの軍隊であった。しかも，G第一次大戦に参戦した直後のアメリカの軍隊に流感が発生したことは機密事項にされた。

※２感冒…ここではインフルエンザのこと。流行性感冒。流感。

※３戦後…ここでは第二次世界大戦後のこと。

問６　下線**E**について，江戸時代に起こったできごと①～⑤を古い方から年代順に並べたものとして正しいものはどれですか，下の**ア**～**カ**から１つ選び，記号で答えなさい。

①　徳川吉宗は，貧しい人々のための病院として小石川養生所を設けました。

②　薩摩藩の島津久光の行列を横切ったイギリス人を殺害した生麦事件が起きました。

③　鳴滝塾で学んだ高野長英は，外国船への幕府の対応を批判したことにより蛮社の獄で処罰されました。

④　田沼意次が老中として政治の実権を握っている時代，杉田玄白と前野良沢らは『解体新書』を出版しました。

⑤　徳川綱吉は，動物の殺生を禁止する生類憐れみの令を出しました。

ア　[①－②－④－③－⑤]　　**イ**　[①－④－②－⑤－③]
ウ　[①－④－⑤－②－③]　　**エ**　[⑤－①－④－②－③]
オ　[⑤－①－④－③－②]　　**カ**　[⑤－②－④－③－①]

問７　下線**F**について，幕府はアメリカと和親条約を結び，その後通商条約が結ばれました。アメリカ以外の国とも通商条約が結ばれたことにより日本と外国との貿易が始まりました。次のページの**グラフ**の①・②にあてはまる品目の組み合わせとして正しいものはどれですか，下の**ア**～**カ**から１つ選び，記号で答えなさい。

ア　[①－銀　　②－生糸　]　　**イ**　[①－銀　　②－綿花　]
ウ　[①－綿花　②－生糸　]　　**エ**　[①－綿花　②－毛織物]
オ　[①－生糸　②－綿花　]　　**カ**　[①－生糸　②－毛織物]

＜グラフ＞

日本の主要輸出入品の割合（1865年）

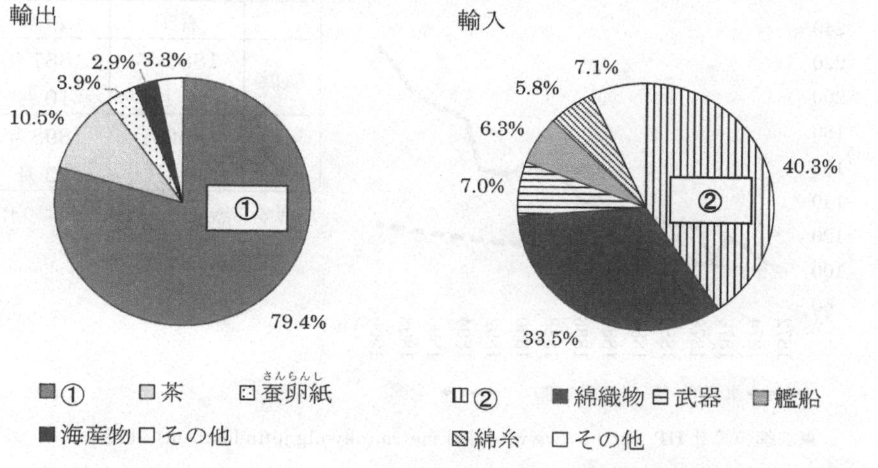

山川出版社『詳説日本史　改訂版』より作成

問8　下線**G**について，第一次世界大戦の時期の日本を説明した文として正しいものはどれですか，**ア**～**オ**から２つ選び，記号で答えなさい。

ア　日本は，イギリスとの同盟にもとづいて大戦に参戦しました。

イ　日本は，ドイツが中国にもっていた遼東半島の権益を手に入れました。

ウ　日本は，中国に二十一か条の要求を出してその大部分を認めさせました。

エ　日本では，富山県で米騒動が起きましたが，軍隊が派遣されたため，他県には影響（えいきょう）がおよばずに速やかに鎮圧（ちんあつ）されました。

オ　日本は，大戦後につくられた国際連盟に非常任理事国として参加しました。

＜え＞

日本で**H**結核（けっかく）が社会問題になったのは明治以降のことである。明治維新後，すぐれた学生が選ばれて，海外留学したが，海外で結核に冒（おか）され，留学を中断して帰国したり，留学中に亡くなった者がたくさんいた。

問9　下線**H**に関連して，明治期には結核のほかコレラ・チフス・赤痢（せきり）など急性感染症（かんせんしょう）が流行しました。その背景には社会の変化があったと考えられます。**表**は，明治期に感染症が拡大した理由・背景とそれに関する**資料イ**～**へ**をまとめたものです。**資料ハ・ニ**を参考にしながら**表**の①を，**資料ホ・へ**を参考にしながら**表**の②をうめなさい。

（**資料イ**～**ニ**は18ページ，**資料ホ・へ**は19ページにあります。）

＜表＞

資料	明治期に感染症が拡大した理由・背景
イ・ロ	上下水道の整備が不十分なままに、都市人口が急増し、人々は下水が流れこむ不衛生な飲料水を使用した。
ハ・ニ	[　　　　　　①　　　　　　]
ホ・へ	[　　　　　　②　　　　　　]

＜資料イ＞

1872 年の人口を 100 とした場合の人口推移

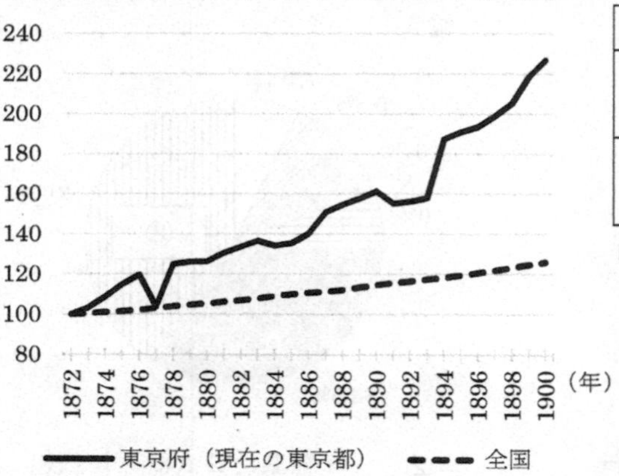

東京都の統計 HP（https://www.toukei.metro.tokyo.lg.jp/index.htm）より作成

＜資料ロ＞

近代水道の敷設状況（ふせつじょうきょう）

	着工	給水
横浜	1885 年 2 月	1887 年 10 月
東京	1892 年 8 月	1898 年 12 月

内海孝『感染症の近代史』より作成

＜資料ハ＞

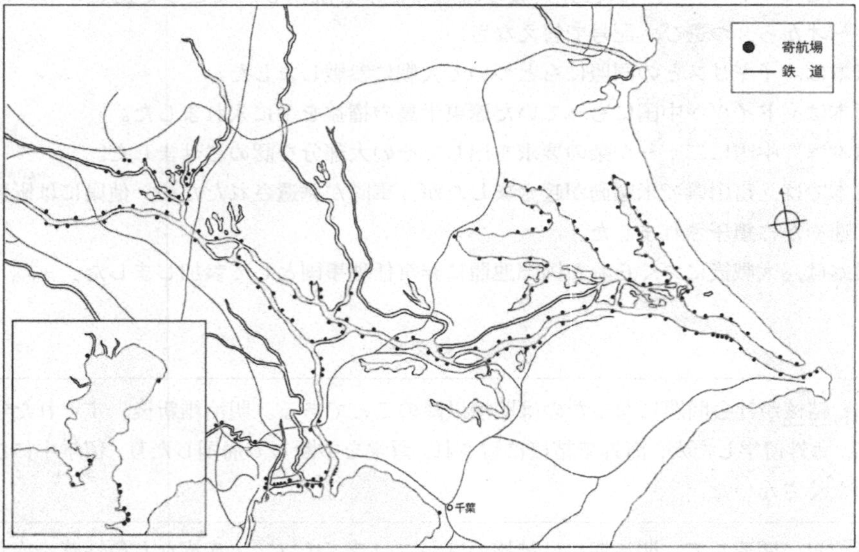

＜資料ニ＞

＜資料ホ＞

＜資料へ＞

資料ホ・への出典は浜島書店『千葉県版　つながる歴史』

作問の都合上、資料ハ・ニは出典を割愛しています。

＜お＞

マラリアは突然，激しい震えに襲われ，40度前後の高熱が４，５時間続いたあと，唐突に平熱に戻り，２日後あるいは３日後に再び熱発作をおこす病である。＜中略＞昭和になってからも地方にマラリアが発生し，終戦直後には I GHQの指導によってマラリア撲滅運動が大々的に繰り広げられたのであった。また，J 太平洋戦争では多くの兵士が東南アジアでマラリアのために戦病死した。

問10　下線 I について，GHQにより日本の民主化をめざした改革がすすめられました。改革を説明した文としてあやまっているものはどれですか，ア～オから１つ選び，記号で答えなさい。

ア　極東国際軍事裁判によって，太平洋戦争開戦時の首相であった東条英機をはじめ，戦争犯罪人が処罰されました。

イ　満20歳以上の男女に選挙権が平等にあたえられ，普通選挙が実施されました。

ウ　それまで戦争に協力して大きな利益を得ていた財閥が，複数の会社に分割されたり，解体されたりしました。

エ　政府が地主の田畑を強制的に買い上げて小作農に安く売りわたしたので自作農の数は減少しました。

オ　教育基本法や学校教育法が公布され，義務教育が小学校６年，中学校３年の９年間になりました。

問11　下線 J について，太平洋戦争に関して説明した文としてあやまっているものはどれですか，ア～オから２つ選び，記号で答えなさい。

ア　日本軍はマレー半島に上陸するとともに，ハワイ真珠湾を奇襲攻撃し，アメリカ・イギリスに宣戦布告を行い太平洋戦争が始まりました。

イ　日本では，開戦の当初から大学生も学徒兵として戦地に送りこみ，戦局を有利にすすめました。

ウ　欧米諸国からアジア諸国を解放し，日本を中心として共存共栄の新しい地域をつくることを説いた大東亜共栄圏のスローガンは，太平洋戦争を正当化するために唱えられたものでした。

エ　アメリカ軍が上陸した沖縄本島では，激しい戦闘の末，日本軍兵士だけでなく多くの沖縄県民が亡くなりました。

オ　日本がポツダム宣言を受け入れると，ソ連は日ソ中立条約を破って日本に宣戦し，満州などに侵攻しました。

＜か＞

公害病とは，直接，その産業に携わらない者が，発生源の周辺の空気や，水や，土が汚染されて，それが原因となって発症する病気である。四日市喘息，K水俣病，イタイイタイ病が初期の公害病であるが，こうした病気を公害と呼んだのは戦後，急速に産業が発達したときからである。＜中略＞現代の病気として登場した公害病は，Lそれ以前の被害と比べものにならない広い範囲におこった。住民の間に新たな病気が発生して，それを公害病と呼ぶようになったのである。

問12　下線Kについて，図は四大公害病が発生した場所を示しています。水俣病とイタイイタイ病が発生した場所の組み合わせとして正しいものはどれですか，下のア～カから１つ選び，記号で答えなさい。

＜図＞

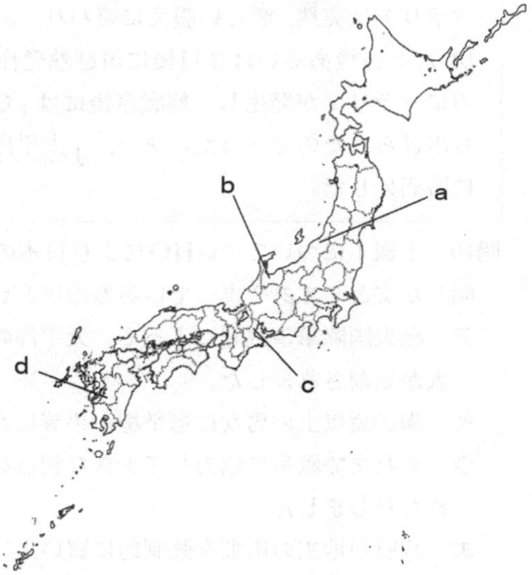

ア　[水俣病－c　　イタイイタイ病－a]
イ　[水俣病－c　　イタイイタイ病－b]
ウ　[水俣病－c　　イタイイタイ病－d]
エ　[水俣病－d　　イタイイタイ病－a]
オ　[水俣病－d　　イタイイタイ病－b]
カ　[水俣病－d　　イタイイタイ病－c]

問13　下線Lについて，次の文章の（２）～（４）にあてはまる語句の組み合わせとして正しいものはどれですか，下のア～カから１つ選び，記号で答えなさい。

1890年ごろから（　２　）県の足尾銅山で鉱毒事件がおこり，社会問題となりました。この事件は，銅を取り出す際にでる有毒ガスや有毒物質の混じった水が付近の山や（　３　）川をよごし，住民を苦しめました。（　４　）議員であった田中正造は，この問題の解決に一生をささげました。

ア [２－栃木　　３－渡良瀬　　４－貴族院]
イ [２－群馬　　３－阿賀野　　４－貴族院]
ウ [２－栃木　　３－渡良瀬　　４－衆議院]
エ [２－群馬　　３－渡良瀬　　４－衆議院]
オ [２－栃木　　３－阿賀野　　４－衆議院]
カ [２－群馬　　３－阿賀野　　４－衆議院]

2 **市川さんは，祖父母の住んでいる新潟県の地域調査を行いました。図１に示された地域の調査に関するあとの問いに答えなさい。**

＜図１＞

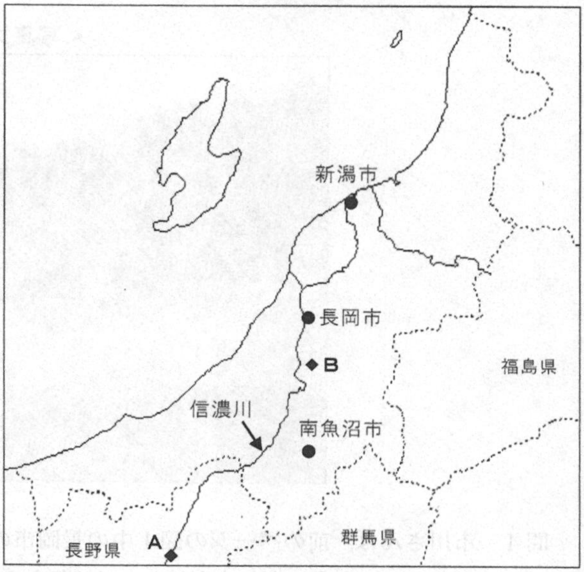

問１　市川さんは，調査に向かう前に新潟県の県庁所在地である新潟市の気候を，隣接（りんせつ）するいくつかの県の県庁所在地と比較（ひかく）しました。**表１**の**ア～エ**は，新潟市・福島市・長野市・前橋市について，冬季（12～２月）の平均日照時間・平均気温を示したものです。新潟市にあたるものはどれですか，**ア～エ**から１つ選び，記号で答えなさい。

＜表１＞

	冬季の平均日照時間	冬季の平均気温
ア	398.4 時間	2.7℃
イ	609.5 時間	4.5℃
ウ	393.9 時間	0.5℃
エ	197.5 時間	3.4℃

気象庁 HP（http://www.jma.go.jp/jma/index.html）より作成

問２　市川さんは図１中の信濃川について調査しました。次の問いに答えなさい。

(1)　**A**地点での信濃川の呼び名は何ですか，漢字で答えなさい。

(2)　**表２**は信濃川を含（ふく）めた，流域内で米作りがさかんに行われている全国の４つの河川（水系※１全体）について，流域面積・流域関係都道府県数・流域内人口を示したものです。信濃川にあたるものはどれですか，**ア～エ**から１つ選び，記号で答えなさい。

＜表２＞

	流域面積	流域関係都道府県数	流域内人口
ア	11,900 ㎢	3	約 295 万人
イ	14,330 ㎢	1	約 313 万人
ウ	16,840 ㎢	6	約 1,279 万人
エ	7,040 ㎢	2	約 96 万人

国土交通省 HP（https://www.mlit.go.jp/index.html）より作成

※１水系…同じ流域内にある本川、本川に合流する河川や、本川から分かれて流れる河川、およびこれらに関連する湖沼のこと。

問３　市川さんは，米の収穫量全国１位の新潟県の米作りについて調べ，平坦（へいたん）な場所だけでなく，山間部でも米作りが行われていることを知りました。図１中の地点**B**で撮影（さつえい）された次のページの写真のような，斜面（しゃめん）に作られた水田を何といいますか，答えなさい。

＜写真＞

問４　市川さんは，前のページの図１中の長岡市の総人口と人口密度が大きく変化したことを知り，グラフ１のようにまとめました。2005年から2006年の間に総人口と人口密度が大きく変化した理由は何ですか，簡潔に説明しなさい。

＜グラフ１＞

長岡市の総人口と人口密度の推移

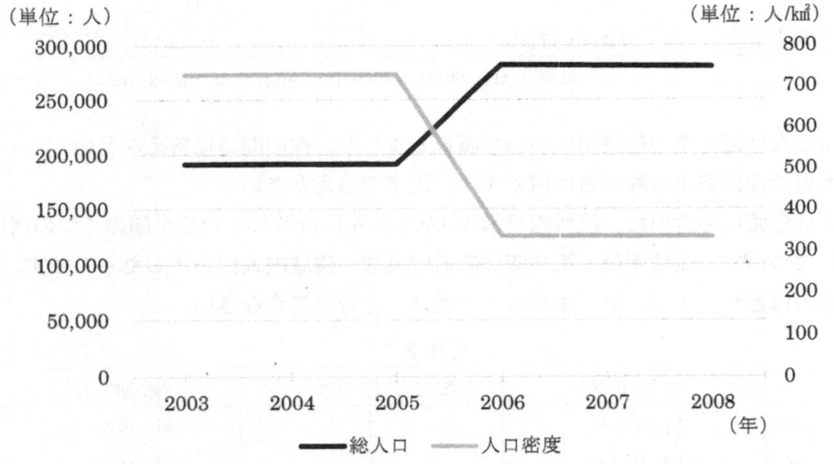

長岡市 HP（https://www.city.nagaoka.niigata.jp）より作成

問５　市川さんは，図１中の長岡市や南魚沼市が文化交流や親善を目的とした交流を行っている姉妹都市を調べ，次のページの図２・図３にそれぞれまとめました。長岡市から最も距離（きょり）の遠い都市はａ～ｄのどれですか，またそれを知るために使用する地図として適切なものは図２と図３のどちらですか。組み合わせとして正しいものを次のページのア～クから１つ選び，記号で答えなさい。なお，図２・図３中のａ～ｄは同じ都市を表しています。

ア ［都市－a　地図－図２］　イ ［都市－b　地図－図２］
ウ ［都市－c　地図－図２］　エ ［都市－d　地図－図２］
オ ［都市－a　地図－図３］　カ ［都市－b　地図－図３］
キ ［都市－c　地図－図３］　ク ［都市－d　地図－図３］

＜図２＞

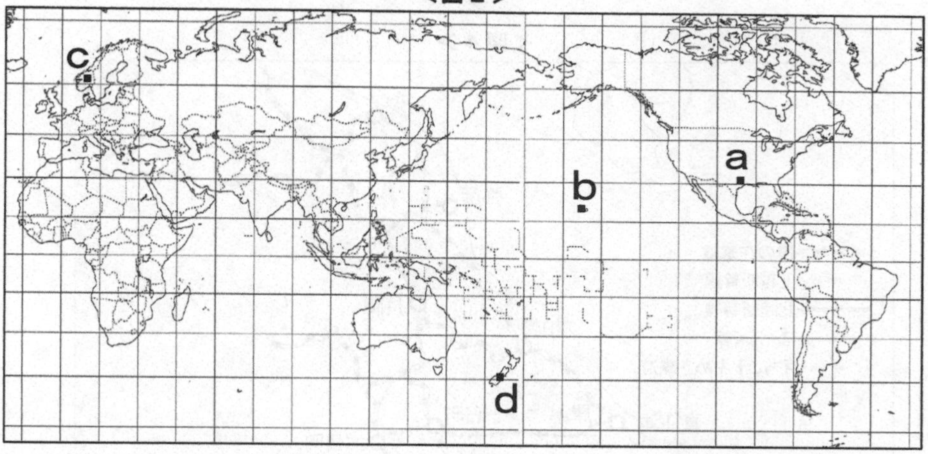

＜図３＞

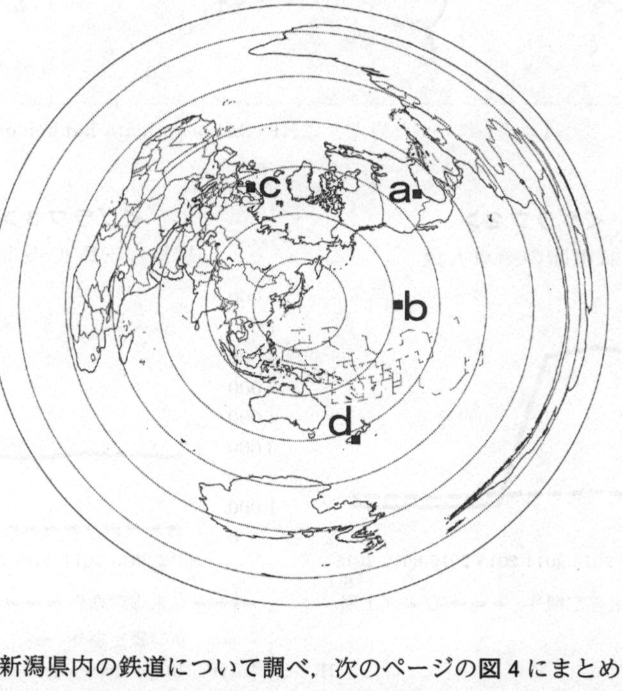

問６　市川さんは，新潟県内の鉄道について調べ，次のページの**図４**にまとめました。調査していく中で，新潟県内では2014年から2015年にかけてJRの乗車人員※２が大きく変化した駅があることを知りました。次のページの**グラフ２**・**グラフ３**は，**図４**中に位置するＪＲの在来線の停車駅である六日町駅と，JRの在来線と新幹線の停車駅である越後湯沢駅の１日平均乗車人員（定期・定期外※３）の推移を，25ページの**図５**・**図６**は2014年と2015年の越後湯沢駅の時刻表（ほくほく線

経由直江津方面とJRの在来線長岡方面）を示したものです。グラフ２・３における2014年から2015年にかけての乗車人員の変化について，その理由も含めて説明しなさい。

※２乗車人員…乗市の人員のみで，降車の人員は含みません。

※３定期・定期外…定期は定期乗車券を利用した乗車人員，定期外は普通乗車券などの定期乗車券以外を利用した乗車人員をさします。

＜図４＞

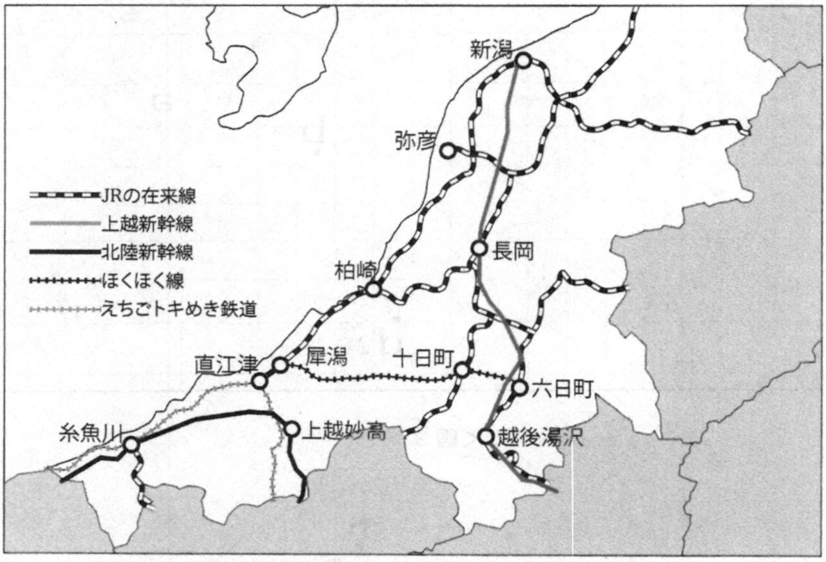

【公式】にいがた観光ナビ HP（https://niigata-kankou.or.jp）より作成

＜グラフ２＞

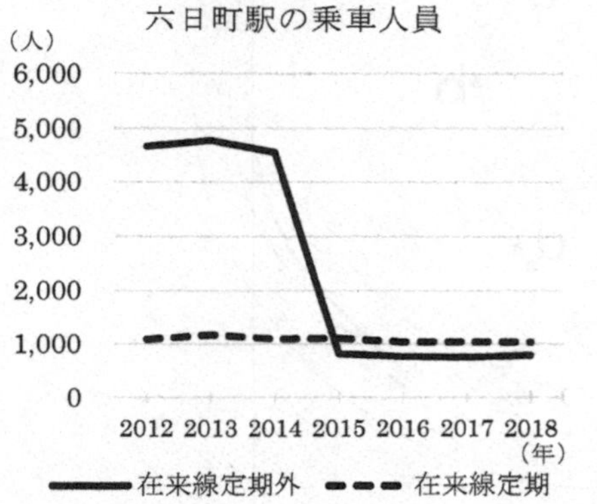

＜グラフ３＞

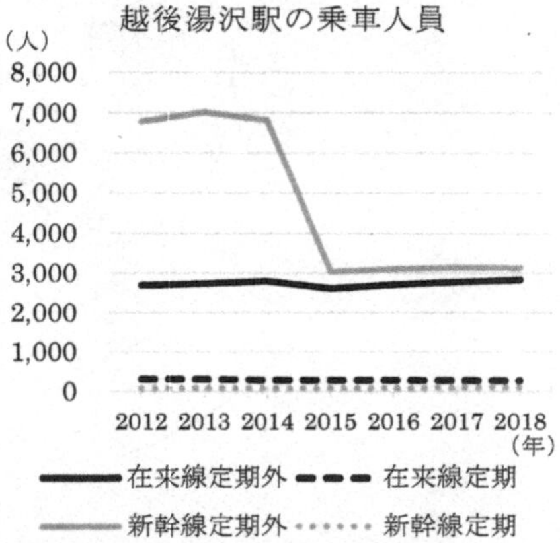

JR 東日本 HP（https://www.jreast.co.jp）より作成

＜図５＞

直江津方面の時刻表

2014年

8時	金特20　扉24
9時	金特14　26
10時	快39　和特48
11時	金特40　44
12時	金特40
13時	金特34　39
14時	金特39
15時	金特39
16時	金特36　43
17時	金特39　44
18時	金特39
19時	福特39　43
20時	
21時	快02　金特30
22時	29

2015年

8時	扉16
9時	超快17
10時	
11時	快51
12時	
13時	24
14時	
15時	
16時	
17時	04　50
18時	54
19時	52
20時	
21時	01
22時	30

※無印…直江津行　特…特急
扉…扉潟（さいがた）行　超快…超快速
金…金沢行　快…快速
和…和倉温泉行
福…福井行

＜図６＞

長岡方面の時刻表

2014年

6時	新30
7時	13
8時	00　59
9時	
10時	28
11時	
12時	18
13時	10
14時	20
15時	15
16時	15
17時	11
18時	43
19時	
20時	30
21時	44

2015年

6時	新30
7時	13　59
8時	
9時	01
10時	27
11時	
12時	18
13時	05
14時	19
15時	14
16時	14
17時	10
18時	42
19時	
20時	27
21時	44

※無印…長岡行
新…新潟行

『JTB時刻表 2014 11』・『JTB時刻表 2015 11』より作成

問７　市川さんは，21ページの図１中の南魚沼市について調べ，南魚沼市で絹織物である「塩沢紬（つむぎ）」が昔から生産されていることを知りました。塩沢紬のように，「主として日常生活で使われ，製造過程の主要部分が手作りで，技術や原材料が100年以上にわたって受けつがれている」などの基準を満たし，経済産業大臣の指定で図７のシンボルマークを付与（ふよ）されたものを何といいますか，漢字で答えなさい。

＜図７＞

3　次の文章はアマルティア・セン著／大石りら訳『貧困の克服（こくふく）』（集英社新書）の抜粋（ばっすい）です。これを読んで，あとの問いに答えなさい。なお，出題に際して，省略および表記を一部変えたところがあります。

A市場経済において，B景気後退がしばしば起こるのは当たり前のことです。それを避（さ）けることなど，おそらくできません。状況（じょうきょう）がどのように悪化しても，人間のC安全保障を実現し，日常生活全体の安全を守るためには，そのようなD将来のための社会的・経済的な備えが必要なのです。

そのためには，いわゆるE経済セーフティネットの準備や，基礎（きそ）教育，医療（いりょう）による保障が欠かせません。弱者や被害者（ひがいしゃ）になりやすい人々の政治参加もまた特別重要な意味を持っています。なぜならば，それらの人々が発言力を持つことは真に大切なことだからです。

それとともに，定期的なF選挙が行われて野党勢力に対しても寛容（かんよう）な民主主義が確立されて十分な機能を果たしているだけではなく，国民に開かれた議論を愛する文化を育むことも重要です。G民主主義的な政治参加によって人間の尊厳が守られることで，人間の安全保障を直接強化することが可能となるのです。＜中略＞

現代世界においては，H政治や公共の場における議論がグローバル化しつつあり，日常生活に対する脅威は一国一地域だけではなく，I国際的な主導力にも委ねられる問題になってきています。

問１　下線Aについて，市場経済では，価格が上がれば生産者は生産する量（供給量）を増やし，消費者は購入する量（需要量）を減らします。図のXとYの曲線は，市場経済における供給量または需要量のいずれかを示しています。次の文中の（１）～（４）にあてはまる語句として正しいものはどれですか，下のア～エから選び，それぞれ記号で答えなさい。ただし，同じ語句を２度使用することもできます。

＜図＞

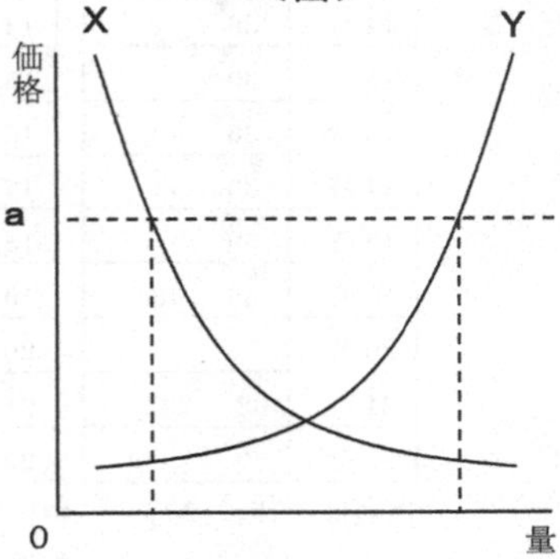

価格がaの時，（　１　）が（　２　）を上回るため，（　３　）は（　４　）を減らします。

ア　供給量　　イ　需要量
ウ　生産者　　エ　消費者

問２　下線Bについて，景気に関して説明した文①・②の正誤の組み合わせとして正しいものはどれですか，下のア～エから１つ選び，記号で答えなさい。

①　景気がいいときは，生産が減り，失業者も減り，人々の所得が増えます。
②　景気が悪いときは，一般的にお金の価値があがるデフレーションが起こります。

ア　[①　正　②　正　]　イ　[①　正　②　誤　]
ウ　[①　誤　②　正　]　エ　[①　誤　②　誤　]

問３　下線Cに関して，日本の安全保障を説明した文としてあやまっているものはどれですか，ア～カから２つ選び，記号で答えなさい。

ア　1946年，日本国憲法が公布され，戦力を持たないと明記されました。
イ　1954年，自衛隊の設立と同時に，日米安全保障条約が結ばれ，アメリカ軍が駐留することを認めました。
ウ　1956年，日本は中国と国交を回復し，国際連合に加盟することが認められました。
エ　1971年，「非核三原則」が国会で決議されました。
オ　1992年，ＰＫＯ協力法が制定され，自衛隊がカンボジアに派遣されました。
カ　2014年，閣議決定により集団的自衛権の行使が認められました。

問４　下線Dについて，社会保障にかかわる次のページのグラフ１・グラフ２から読み取ることができる内容としてあやまっているものはどれですか，ア～オから１つ選び，記号で答えなさい。

ア　1990年代以降は，社会保障給付費のうち年金給付費が医療費を上回っています。
イ　全期間を通じて，介護対策と福祉その他を足した費用は，医療費を上回ることがありません。
ウ　65歳以上人口が20％を上回った時に，介護対策が実施されるようになりました。
エ　2000年以降は，65歳以上人口が14歳以下人口を上回っています。
オ　1970年代後半は，15～64歳人口が60％を超えており，医療費が年金給付費を上回っています。

＜グラフ１＞

社会保障給付費の部門別推移

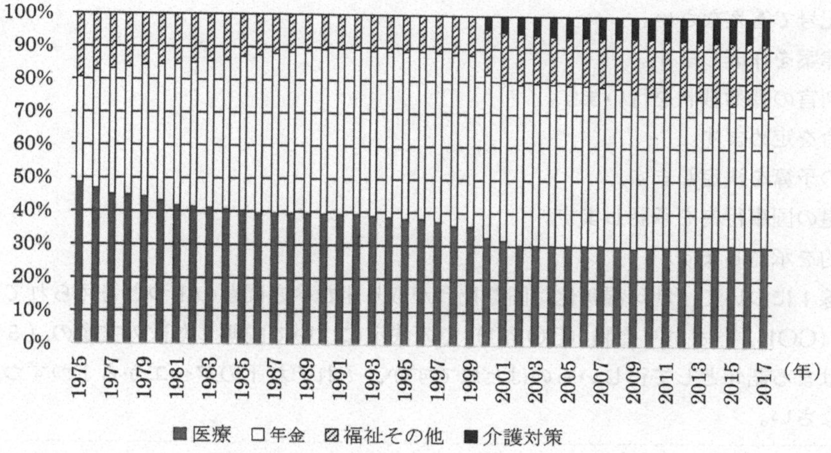

国立社会保障・人口問題研究所 HP(http://www.ipss.go.jp)より作成

＜グラフ２＞

年齢（ねんれい）（３区分）別の人口推移

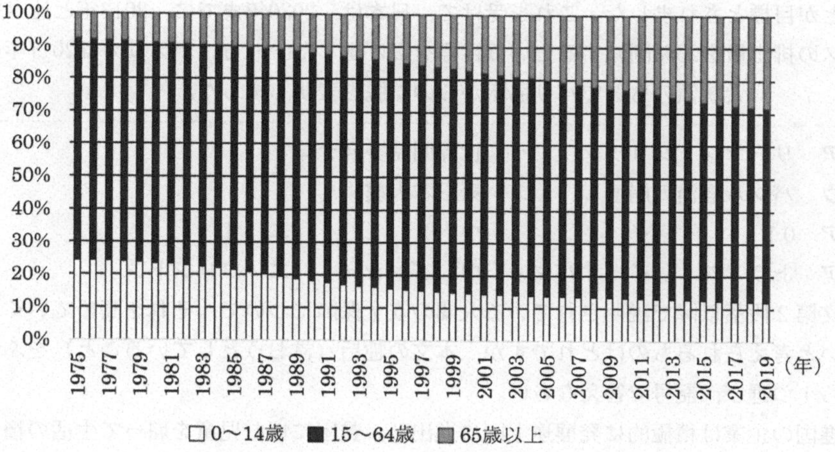

総務省統計局統計ダッシュボード HP(https://dashboard.e-stat.go.jp)より作成

問５　下線Ｅについて，日本国憲法第25条に保障された権利にもとづいて社会保障が認められました。第25条に示された権利を何といいますか，漢字で答えなさい。

問６　下線Ｆについて，衆議院の比例代表選挙では，各政党の獲得（かくとく）票数に応じてドント式で議席を配分します。ドント式とは，各党が獲得した票数を1，2，3 …と順番に整数で割っていき，その商（計算結果）が大きい順に議席を配分する方法です。今，Ｘ党が3600票，Ｙ党が2700票，Ｚ党が900票を獲得したとします。議席数が全部で８議席とすると，Ｙ党は何議席獲得しますか，数字で答えなさい。

問７　下線Ｇに関して，「地方自治は民主主義の学校である」といわれますが，学校にたとえられるのはなぜですか，地方自治体の仕事の特徴に注目して説明しなさい。

問８　下線Ｈについて，政治を行う内閣の権限として正しいものはどれですか，**ア～カ**からすべて選び，記号で答えなさい。

ア　法律案を作成します。
イ　裁判官の弾劾裁判を行います。
ウ　政令を定めます。
エ　国の予算を決定します。
オ　天皇の国事行為を承認します。
カ　条約を承認します。

問９　下線Ｉについて，地球温暖化は国際社会が取り組むべき問題の１つと考えられています。京都会議（COP３）とパリ会議（COP21）での決定について説明した次の文章の（５）～（７）にあてはまる語句として正しいものはどれですか，それぞれ下の**ア～エ**から１つずつ選び，記号で答えなさい。

> 1997年の京都議定書では，先進国の温室効果ガスの排出制限が定められました。日本は1990年と比べて６％の削減を義務づけられましたが，2011年の（　５　）の影響もあり，実際の排出量は目標値を上回りました。
>
> 2015年のパリ協定では，産業革命前からの世界の平均気温の上昇を（　６　）度未満にすることが目標とされました。これを受けて，日本は，2030年までに，2013年と比べて温室効果ガスの排出量を26％削減するという目標を掲げました。一方，アメリカは2017年に就任した（　７　）大統領のもとでパリ協定からの離脱を表明しました。

（５）　**ア**　リーマン・ショック　**イ**　世界同時多発テロ
　　　ウ　バブル経済の崩壊　**エ**　東日本大震災
（６）　**ア**　0.1　**イ**　1　**ウ**　2　**エ**　4
（７）　**ア**　トランプ　**イ**　オバマ　**ウ**　ブッシュ　**エ**　クリントン

問10　本文第２段落以降で説明されている人間の安全保障について，それを高めていく上であてはまらないと考えられるものはどれですか，本文の趣旨（言おうとしていること）をふまえて，**ア～エ**から１つ選び，記号で答えなさい。

ア　先進国の企業は積極的に発展途上国に進出し，貧困に悩む児童を雇って生活の糧を保障すること。
イ　コロナ・ウイルスの感染者が世界中で拡大するなかで，世界保健機関（WHO）が最新かつ信頼できる情報を発信すること。
ウ　原子力発電にともなう放射性廃棄物の処理問題を先送りせず，国会で十分な議論をすること。
エ　派遣労働者などの非正規雇用者は，正規雇用者よりも賃金が低く，雇用でも不安定で，労働組合の加入率も低いため，非正規雇用者を保護する法律を整備すること。

ア　……線ａ「ぐるぐるぐる、ねじりあめみたいになってどこまでも伸びていく」からは、「私」の頭の中でふたつの思いがからみあって、考えがまとまる様子のないことを読み取ることができる。

イ　……線ｂ「熱くなっていた喉に、つめたくしみた」からは、「私」の体が酔いにより熱くなっていることだけでなく、「母」との口論により「私」が強いいかりを感じ、興奮していることをも読み取ることができる。

ウ　……線ｃ「この茶碗で、この食卓で。この家で」からは、「私」の頭にこれまでの家族との思い出がひとつひとつ浮かび、「私」が過去を回想している様子を読み取ることができる。

エ　……線ｄ「今夜はものすごくひさしぶりに『お母さん』と呼んだ」からは、「私」が「母」と子どものころの思い出話をしたことで、「母」に甘える気持ちが生じていたことを読み取ることができる。

オ　……線ｅ「清澄の上体が、ごくわずかに傾ぐ」からは、「私」の視点から清澄の行動が描かれることにより、清澄が「私」の様子に違和感を抱いたことを読み取ることができる。

カ　……線ｆ「だけど明日の朝は今までとほんのすこしだけ違う朝になったらいいと、そうできたらいいと」からは、「私」の家族への関わり方が変化することへの願望を読み取ることができる。

三　**一の榎本博明『「さみしさ」の力』の文章と、二の寺地はるな『水を縫う』の文章を関連づけて、次の問いに答えなさい。**

問　二の文章中に═══線Ｘ「あの子、どんどんあつかいづらくなっていくわ」とあるが、「青年期」の清澄には成長段階においてどのようなことが起きていると考えられるか。一の文章における「青年期」の特徴に基づいて50字以上90字以内で説明しなさい。

四　**次の各文の――線のカタカナを漢字に直しなさい。**

1　そんな気持ちはモウトウない。
2　話のコッシをみんなに説明する。
3　ゼンゴ策を考える。
4　ミレンがましいことを言うな。
5　ものすごいギョウソウでどなる。
6　暴力のオウコウは許せない。
7　仕事にシショウをきたす。
8　運命に身をユダねる。

りは恵まれた人生なのかもしれないと思い直している。

イ　あまりうまくいっていない人生であるように他人の目には映ったとしても、家族との多くの楽しい思い出のことを考えると、かけがえのない日々だったのかもしれないと思い直している。

ウ　全との結婚は自分の人生にとって失敗だったとしても、子どもたちと過ごしてきた日々については、だれから見ても幸せなものであったのかもしれないと思い直している。

エ　他人から見ればつまらない人生だったが、子どもたちを無事に成長させることができたことを考えると、自分の人生に自信を持ってもよいのかもしれないと思い直している。

オ　間違った選択ばかりしてきたと思っている人生だが、自分の好きなように生きてきた結果であることを考えると、そんな人生でも受け入れるべきなのかもしれないと思い直している。

問５　この文章全体を通して、清澄に対する「私」の考えはどのように変わったか。その説明として最も適当なものを次の中から選び、記号で答えなさい。

ア　これまでは、自分は母親だから清澄のすべてをわかっていると考え、そのため清澄を失敗しないように導くべきだと考えていた。しかし、「母」と話しかことをきっかけに、清澄と自分は違う人間であり、清澄が何を失敗ととらえるかは自分にはわからないと考えるようになり、これからは清澄の選んだ生き方を見守っていければと考えている。

イ　これまでは、全のデザイナーとしての失敗を見ていたため、その息子である清澄も同様に才能がないに決まっていると考えていた。しかし、「母」と話したことをきっかけに、清澄と全は違う人間であり、清澄が全と同様才能がないとは限らないと考えるようになり、これからは清澄の才能を信じて夢の実現に力を貸していければと考えている。

ウ　これまでは、自分の判断を尊重してくれた「母」にかえって反発を感じ、自分の理想の人生観を清澄に押しつけることが正しいと考えていた。しかし、「母」と話したことをきっかけに、自分が子どものころに自由にさせてくれた「母」の意図を理解し、これからは清澄の考えにも理解を示し、将来についてきちんと話し合っていければと考えている。

エ　これまでは、清澄にはデザイナーとして失敗してみじめな生活を送っている全のようにはなってほしくないという思いから、手芸に興味を持つことに不満を抱いていた。しかし、「母」と話したことをきっかけに、清澄が納得するのであれば失敗する人生でもよいのではないかと思うようになり、これからは清澄の考えに寄りそっていければと考えている。

オ　これまでは、清澄を立派な大人に育て上げることが母親としての当然の務めだと考えており、清澄の進むべき道を先回りして示すべきだと考えていた。しかし、「母」と話したことをきっかけに、子どもの成長にはあえて失敗を経験させることが大切であることに気づき、これからは清澄の判断に対して意見を言わないようにしていければと考えている。

問６　この文章についての説明として<u>適当でない</u>ものを次の中から<u>二つ</u>選び、記号で答えなさい。

こえてくる。今は誰もいないダイニングテーブルに両手をついて、目を閉じた。まだすこし酔いが残っていて、世界がくるくるまわっているみたいだった。

あと数時間で朝になる。生まれてからの四十数年、繰り返しここで朝を迎えてきた。昨日は今日に続いていて、今日は明日に続いている。

ｆだけど明日の朝は今までとほんのすこしだけ違う朝になったらいいと、そうできたらいいと、そんなふうに思いながらゆっくり目を開けた。

※空手を習わせたい、と言っていた竹下さん…竹下さんは「私」の市役所の同僚。息子が学校でいじめられないように空手か柔道を習わせたいと、「私」に話していた。

※『情熱大陸』…さまざまな分野で活躍する人物を紹介するテレビ番組。

※オーラ…ある人物の持つ、独特な存在感や雰囲気。

問１　〰〰線Ⅰ～Ⅲの本文中の意味として最も適当なものを後のア～オから選び、それぞれ記号で答えなさい。

Ⅰ「思いの丈」
ア　心の中にある深い悲しみ　　イ　心の中にあることすべて
ウ　心の中にある強いいかり　　エ　心の中にある秘めた思い
オ　心の中にあるくやしい思い

Ⅱ「すこぶる」
ア　それとなく　　イ　自信ありげに　　ウ　少しばかり
エ　考えもなしに　　オ　とても

Ⅲ「無造作に」
ア　注意をはらわずに　　イ　上の空で
ウ　むだな動きをしながら　　エ　いらだたしげに
オ　いつもと同じように

問２　――線１「お母さんはさ、昔からすぐ『好きにしなさい』って言うやろ」とあるが、ここで「私」はこの「母」のことばをどのように感じているのか。その説明として最も適当なものを次の中から選び、記号で答えなさい。

ア　子どもを自由にさせてくれる「母」を素敵だと思う一方、子どもを甘やかしすぎるのはよくないとも思っている。
イ　身勝手な生き方を許してくれる「母」をがまん強いと思う一方、子どもに気をつかう姿を情けなくも思っている。
ウ　子どもに失敗させようとする「母」を疑問に思う一方、自分の人生を選び取ってきたことを満足にも思っている。
エ　子どもの意志を尊重してくれる「母」をありがたく思う一方、子どもに関心がないようでさびしくも思っている。
オ　やりたいようにさせてくれる「母」に感謝する一方、失敗ばかりの人生になったことをうらめしくも思っている。

問３　――線２「食べていかれへん、ってなんでわかるの、さつ子に」とあるが、なぜ「私」には清澄が食べていけないとわかるのか。その理由を80字以内で説明しなさい。

問４　――線３「私の人生、失敗でもなかったんかなあ」とあるが、ここでの「私」の気持ちはどのようなものか。その説明として最も適当なものを次の中から選び、記号で答えなさい。

ア　自分の人生はあまり幸せなものではないと考えていたが、子どもたちや「母」といっしょに過ごしてきた日々を考えると、他の人よもりらしく、水きりカゴに伏せられている。茶碗はふたつあったから、水青も帰ってきて食事を済ませたのだろう。もうふたりとも自分の部屋に入っているらしく、居間の電気は消えている。

帰るなり、母はさっさと浴室に消えた。湯を使う音が台所まで聞こえてくる。

さっとふきんで拭いて、茶碗を棚にしまった。くまちゃんの食器なんか、あの子たちはもう使わない。よっつ重なった茶碗は今ではもう、清澄のものがいちばん大きい。

何回も何回も、みんなでごはんを食べた。ｃこの茶碗で、この食卓で。この家で。

もし過去に戻れたとしても、私はまた全と結婚するんだろう。だってそうじゃないと、水青や清澄に会えなくなってしまう。

３私の人生、失敗でもなかったんかなあ。さっきの母の質問に、ようやく心の中で答えることができた。

他人から見たら失敗だとしても、いいような気もする。

だって、うれしいことや楽しいことも、いっぱいあった。

背後で物音がして、振り返ると清澄が立っていた。

「……おばあちゃんかと思った」

ぼやくように言って、私の脇を通り過ぎる。

「おばあちゃんはお風呂」

子どもたちがいる時、私は自然と母を「おばあちゃん」と呼んでいる。

ｄ今夜はものすごくひさしぶりに「お母さん」と呼んだ。

清澄はインスタントコーヒーの瓶からマグカップに直接粉を振り入れている。Ⅲ無造作に瓶を振る手つき。全もああやっていた。どうしてそんなへんなところが似るのだろう。一緒に暮らしていたのは、赤ちゃんの時だけだというのに。

「やめとき。こんな遅い時間にコーヒー飲んだら寝られへんようになるで」

言ってから、口に手を当てる。まただ。どうしても、先回りしてしまう。

「寝られへんように飲むんや。もうすぐテストやから」

清澄は不機嫌そうにポットからお湯を注ぐ。

ドレスだの刺繍だのと、そんなことばかり考えているのかと思っていたが、いちおう勉強もしているらしい。

失敗する権利。雨に濡れる自由。

マグカップを片手に、台所を出ていこうとする清澄の名を呼んだ。いつのまにかこんなに背が伸びて、私を見下ろすようになった息子。私にちっとも似ていない息子。こんな時でも、まっすぐにこっちを見つめてくる息子。

「……なんでもない。おやすみ」

ｅ清澄の上体が、ごくわずかに傾ぐ。動揺しているかのように。あるいは拍子抜けしたかのように。

へその緒でつながっている頃でさえ、私たちはひとつではなかった。ひとつの身体を共有していてもあなたと僕はべつの人でしょ、と言わんばかりに、自由気ままにふるまっていたではないか。

「おやすみ」

…〈中略〉…

二階からかすかな物音がする。浴室からも引き続き、湯を使う音が聞

「せやから、なんでさつ子にわかるの？　突出したセンスとか才能、あんたがちゃんと見抜けるの？　なんで？」

「母親やからや、あの子の」

　声がすこし大き過ぎた。にぎやかだった店内が一瞬静まり返る。母はおだやかな表情で私を見つめている。

　だって清澄は、私と全の子どもだ。なんの取り柄もない私たちの。全がなし得なかったことを、どうして清澄なら可能だなんて言えるのだろう。

「いやいや、キヨはデザイナーになりたいとか、そんなんひとこともまだ言うてないからね。さつ子、ちょっと先回りし過ぎてるよ」

「この先言い出すかもしれへんし、言い出してからじゃ遅い。ぜったいなられへんと思うし。お母さん※『情熱大陸』とか見たことあるやろ？　ああいうのに出てくる人ってなんかやっぱり違うで。なんかこう、全とかキヨとはぜんぜん※オーラが違う」

　呂律もまわらないし、だんだん考えもまとまらなくなってきた。ただ清澄は特別な子なんかじゃないという思いと、とにかく傷ついてほしくないという思いがaぐるぐるぐるぐる、ねじりあめみたいになってどこまでも伸びていく。

「キヨに『情熱大陸』に出てほしいの」

「もー、ちーがーうー」

　からかわれているのだろうか。ワイングラスはいつのまにか空っぽだった。しかたなく水をごくごく飲む。b熱くなっていた喉に、つめたくしみた。

「たしかに、食べていかれへんかもしれん。キヨは将来、好きな仕事に就くことにこだわって、貧乏暮らしをするかもしれん」

　母の言葉を聞いただけで、みじめな大人になった清澄の姿が想像できてしまう。家を持たず、インターネットカフェの個室でカップ麺をすする清澄。『食べられる野草』みたいな題名の本を図書館で借りる清澄。公園の水道で、持参したペットボトルに水を汲む清澄。想像しただけで泣けてくる。

「わたしはそれを人生の失敗やとは思わへんけど、それを失敗って言うんなら、あの子には失敗する権利があるんちゃうの？」

「またそれ言うの」

　失敗する権利。耳にするたび一抹のさびしさのようなものをおぼえる。世間一般の基準に照らし合わせればこの人はきっと素敵な母親なのだろうけど。

「明日、降水確率が五十パーセントとするで。あんたはキヨが心配やから、傘を持っていきなさいって言う。そこから先は、あの子の問題。無視して雨に濡れて、風邪ひいてもそれは、あの子の人生。今後風邪をひかないためにどうしたらいいか考えるかもしれんし、もしかしたら雨に濡れるのも、けっこう気持ちええかもよ。あんたの言うとおり傘持っていっても晴れる可能性もあるし。あの子には失敗する権利がある。雨に濡れる自由がある。……ところで」

　ところで。下を向いていたから、その言葉を母がどんな顔で言ったのかは知らない。

「あんた自身の人生は、失敗やったのかしら？」

唐揚げのパックはきれいに空になっていた。ご丁寧に洗って捨てるついの丈を喋ってしまっていた。

「Xあの子、どんどんあつかいづらくなっていくわ。そう思わへん？」

母が胸に手を当てて、のけぞるような仕草をする。

「そうやろか。ちょっとめずらしいぐらい素直な良い子やと思うけどね」

それはきっと、母が相手だからだ。母は誰にたいしても、強い口調でものを言わない。だからみんな母の前ではおのずと素直になる。わかっているけど、私にはとても真似できない。

「ものわかりのええ人やからね、お母さんは。りっぱよ」

「そう？」

「でもそれって、ちょっとさびしくもあるよ。1お母さんはさ、昔からすぐ『好きにしなさい』って言うやろ。もうすこし心配してくれてもよかったんちゃう？　子どもに関心ないの？」

どうして、ピアノをやめたいと言った時、引きとめてくれなかったんだろう。

「だってさつ子には、さつ子の人生を選ぶ権利があるもの」

「それ、昔からよう言うよな」

子どもの頃も、短大を受験する時も、全と結婚する時も、いつも母はそう言った。

「ありがたいなって思う時もあったけど、私は自分の子どもにはそういうふうに接したくない」

母を否定するようで、胸が痛んだ。だけど、それはほんとうのことだ。

※空手を習わせたい、と言っていた竹下さんのほうが、実の母よりよほど私に近しい。

「お母さんはいつも『あんたには失敗する権利がある』って言うけど、私は失敗してほしくないもん。自分の子どもに」

「しっぱい」

しっぱい。しっぱい、しっぱい、ねえ……。母はほんのりと赤くなった耳たぶを引っぱって、口の中で呟いている。頭の中で「しっぱい」を漢字に変換できずに困っているように見えた。「しっぱい」は「失敗」しかないだろうに。

「さつ子の思い通りに育たへんかったら、失敗ってこと？」

「違うって、そんな子どもを自分の思い通りにしたいとか、そんなことは考えてへん。いくらなんでも」

なにも、東大に入れ、とか、オリンピックに出ろ、とか言っているわけではない。ほどよい進学と就職と結婚をしてほしい、ひとりで生きていかずに済むように、家族をつくってほしい、と思っているだけだ。

「ほどよい、ってなんなん。その基準はさつ子が決めるんやろ」

「それは……」

だいじょうぶよ、キヨは。母がⅡすこぶる無責任に言い放つ。いったいなにを根拠に、そんな。

「ちゃんと好きなものがある。それがあの子の芯になる。どうにでも生きていける」

好きなもの。それが問題なのだ。

「好きなものがあるだけでは食べていかれへんから言うてるのよ」

「2食べていかれへん、ってなんでわかるの、さつ子に」

「そら、きびしい世界やもん。あの子に突出したセンスとか才能とかあるわけないし」

がができず、心の中を理解することもできないから。

オ　親は、わが子の反抗的な態度や言葉から、わが子をコントロールすることの難しさに悩むが、子どもは、認知能力の発達により、抽象的な思考を活発に動かし、自分独自の世界を作り始めているので、親の心を理解しながらも、親のことを遠ざけようとするから。

問４　**D** にあてはまる最も適当なものを次の中から選び、記号で答えなさい。

ア　積極　イ　典型　ウ　計画　エ　間接　オ　日常

問５　次のア〜カは、中学一年生の太郎くんと花子さんが、本文の内容について話したものである。本文の内容と**合致していない**発言を次の中から一つ選び、記号で答えなさい。

ア　太郎くん　中学生になってから、小学校の頃にはあまり感じていなかった親と自分の価値観の違いをよく感じるようになったんだけれど、それは、心が育っている証だとわかって、少し安心したなあ。

イ　花子さん　私の両親はまだ、「あなたのことを一番わかっているのは親である自分たちであなたはまだ何もわからない。」と決めつけて、勝手にいろんなことを決めてしまうことが多いわ。小学校の時は親の勝手な考えで習い事をさせられても不満を感じなかったけれど、それは私がまだ精神的に幼かっただけなのよね。

ウ　太郎くん　花子さんは、親に反抗的な態度を取ったことはないの？　ぼくは最近、親への鬱陶しさをどうしても抑えられなくて、ひどいことを言ってしまうこともあるよ。

エ　花子さん　私は、あからさまな反抗をしたことはないわ。でも親に知られたくない秘密はもちろんあるわよ。ばれないようにしているつもりだけど、親はやっぱり気づいているのかな？

オ　太郎くん　花子さんの両親は、今までも花子さんのことを何でも知っているつもりになっているから、世代間境界の設定がうまくいっていると思い込んでいるので、気づいていないんじゃないかな？

カ　花子さん　確かに気づいていなさそう。でも、私たちは成長して、大人に近づいている最中だから、親に秘密を持つことを後ろめたく思う必要はないわよね。

二　次の文章は、寺地はるな『水を縫う』の一部である。「私」（さつ子）は市役所に勤めており、「母」、娘の水青、息子の清澄（キヨ）と一緒に四人で暮らしている。清澄は高校一年生で、手芸に強い関心を持っている。また、「私」には全という夫がいたが、清澄が一歳のときに離婚している。全には衣服のデザイナーを志しながらも失敗したという過去がある。以下の文章は、「私」と清澄が価値観の違いで口論になった直後、「母」が「私」を外食に連れ出した場面である。これを読んで、後の問いに答えなさい。なお、出題に際して、本文には省略および表記を一部変えたところがある。

親子げんかの仲裁なんてまっぴらやフフン、と母が言うのだから、今夜は清澄の話はしないでおこう、と思ったのに気づけばべらべらとI思

エ　中学生くらいになり心が発達すると、親の価値観と自分の価値観の違いに気がついたり、親よりも優位な立場にいたいと考えるようになったりするから。

オ　中学生くらいになり心が不安定になると、これまで親に任せていたことも自分で行わなければ心配になり、何でも自分で取り組みたいと考えるようになるから。

問２　[A]～[C]に入る文章として最も適当なものを次の中から選び、それぞれ記号で答えなさい。

ア　そんな親子の間で起こっていることについて、亀井はつぎのように言及している。

「専制的な権力は、考える人を極度に警戒するが、すべて政治的なるものは、考え深くあることに対して不断の危惧を抱いているようにみうけられる。むろん少年の僕がこんな感想をもったのではない。少年にとって最も身近な専制的権力とは、家族である。考えるということは、まず家族に対する反逆であり、肉親の不満をかう。これを薄々感じはじめたのである。人間に孤独感を抱かせる最初のものは家族であり、家族への呪いが起る。この経験のない精神はおそらくない。」

イ　生きがいや人生の意味についての探求で知られる精神科医神谷美恵子は、反抗期について、つぎのように述べている。

「親や教師にとっては頭の痛いことだが、反抗期を経ずに成長することは、必ずしもよろこぶべきことではない。あまりにも素直に育ってしまった青年は、それだけひ弱い大人、あるいは個性のない大人になる可能性がある。」

「私が言いたいのは、反抗期がつよく現れるような子どもや青年は、あとでしっかり者になる確率が大きい、ということである。」

ウ　評論家の亀井勝一郎は、少年時代を振り返って、つぎのように記している。

「人に隠れて、ひとり考え事をする。――考えるということは、すでに何ものかから己を隠すことであるらしい。」

問３　――線２「見えない壁があるのを感じるのだろう」とあるが、そのように感じるのはなぜか。その説明として最も適当なものを次の中から選び、記号で答えなさい。

ア　親は、反抗的なわが子の態度や言葉により、わが子の認知能力が発達し抽象的な思考が活発に動き出していることに気がつくが、子どもは親に気がつかれないように心の中でも親への反抗を行うため、親に心の中のすべてを理解されることはないから。

イ　子どもは、認知能力の発達により抽象的な思考が活発に動き出し、親と自分の価値観の違いに気がつき始めるが、その違いを親に気がつかれないようにしようとするので、親は、わが子が心の中で何を考えているかいつの間にかわからなくなってしまうから。

ウ　子どもは、認知能力の発達によって抽象的な思考が活発になることで、自分独自の世界が心の中にできあがってくるが、親は、わが子の心の成長過程を観察することはできないので、わが子の心を理解し、言うことを聞かせることが難しくなるから。

エ　子どもは、認知能力の発達により自分独自の世界を作り始め、抽象的な思考をその世界の中で活発に動かしていくが、親は、わが子の心の中を観察することはできないので、行動の変化に気づくことうとすることである。

したがって、反抗しない者には押し通すような意思がないということになる。自分なりの考えをしっかりもっていないため、親の言いなりで平気なのである。その方が間違いがなく楽だという者もいるが、それは自分というものがまだ育っていない証拠とも言える。

反抗というと、親に対して怒鳴るように言い返したりするなど、激しいやりとりを連想するかもしれない。たしかに親と怒鳴り合ったり、取っ組み合いになったりするような激しい反抗をしたという者もいる。だが、多くの場合、そこまで激しいものではなくもっと［ D ］的な反抗の形を取るものである。

僕の場合も、「うるさいなあ」と言うようなことはあっても、あからさまに親に激しく反抗した覚えはない。ただ、小学校高学年の頃から、親に対して秘密をもつようになった。

たとえば、友だちとどこで何をして遊んだのかを言わなくなった。親が子どもにはわからない仕事の世界を生きているように、僕は親にはわからない遊びの世界を生きるようになった。もちろん学校の世界のこともほとんど話さなくなった。

また、数人の友だちと秘密基地をもつようになった。大きな鉄筋コンクリートのアパートの土台部分の空間の片隅だ。一階の住宅のベランダの下の四角い小さな穴の鉄柵を外して潜り込むと、薄暗くて広い空間が広がっている。その片隅に陣地をつくり、宝物を持ち寄った。宝物といっても、大人からすればただのがらくただ。だが、そこはワクワクする場所だった。三人の仲間しか知らない僕たちの秘密基地だった。

家族心理学では、親と子の間に世代間境界を設定することが大切だと言われる。親に対して秘密をもつことは、世代間境界の設定とも言える。

たとえば、母子密着の場合は、母親も子どももお互いに対して秘密をもたず、何でもあけすけに話すため、世代間境界がないのである。

秘密をもつことによって、親の侵入を許さない自分の領域を確保することができ、親から心理的に分離独立した存在になっていく。それは心理的自立の典型的な道筋である。

健全な親子関係においては、世代間境界がはっきりとしているものであり、子どもが親に対して秘密をもつようになるのは当然のことであり、心が順調に発達していることの証拠とも言える。

ゆえに、親に秘密をもつようになったからといって、自分は悪い子だと自分を責める必要はない。頼もしい大人への道を歩み始めたのだ。

問１　――線１「中学生くらいになると、親に何か言われるたびに鬱陶しく感じ、反発したくなる」とあるが、それはなぜか。その説明として最も適当なものを次の中から選び、記号で答えなさい。

ア　中学生くらいになり心と身体が急に成長すると、心身のバランスを保つことが難しくなり、親のちょっとした小言に対していらだつ気持ちを抑えづらくなるから。

イ　中学生くらいになり心が大人へと成長し始めると、自分の意見だけが正しいと思い込み、親の意見は間違っていると考えるようになるから。

ウ　中学生くらいになり心が順調に育っていくと、親の考え方とは違った自分独自の考え方が生まれたり、自分で行動してみたいという意思が生まれたりするから。

【国　語】（五〇分）〈満点：一〇〇点〉

【注意】一、解答の際には、句読点や記号は一字と数えること。
二、コンパス・定規は使用しないこと。

一　次の文章は、榎本博明『「さみしさ」の力』の一部である。これを読んで、後の問いに答えなさい。なお、出題に際して、本文には省略および表記を一部変えたところがある。

小学生の頃は、
「いつまでゲームやってるの！　宿題やったの？」
などと親から言われて、
「今、やろうと思ってたのに、いちいちうるさいな」
などと反発することはあっても、何かと親に頼り、手伝ってもらったりアドバイスをしてもらったりするのをありがたく思うことが多かったはずだ。ところが、1中学生くらいになると、親に何か言われるたびに鬱陶しく感じ、反発したくなる。

いわゆる反抗期になったのだ。親からすれば、子どものためを思って言っているのに、なんでわからないんだと言いたくもなるだろうが、心の発達という観点からすれば、これはむしろ歓迎すべきことなのである。

「親と価値観が合わないから、言われることすべてが納得いかない」
という人もいるが、それは親の価値観とは異なる自分なりの価値観ができつつあることを暗に示している。

「親の言うとおりにすればうまくいくかもしれないけど、それはどうしても抵抗があるんです。自分の思うようにやってみたいんです」
という人もいるが、それは心の中に主体性が育ってきていることのあらわれと言える。

A

たしかに行動は外から観察可能だが、心の中で何を考えているかは外からはわからない。反抗的な態度や言葉は親にあからさまに伝わってしまうが、心の中で反抗していても親に即座に見透かされることはない。

認知能力の発達により、抽象的思考が活発に動き出す青年期には、親にも窺い知れない自分独自の世界ができてくるのだ。だから、青年期に突入した子をもつ親は、「ウチの子は、この頃、何を考えてるんだか、さっぱりわからない」などと言うわけだ。自分にはコントロールできない存在になりつつあるわが子との間に、2見えない壁があるのを感じるのだろう。

B

今どきの親は、「ほめて育てる」とか「叱らない子育て」といった標語に惑わされ、子どもに対してやたらと迎合することがあり、そのような親に接する者は、とくに反抗すべき対象として親を意識することにならないかもしれない。

だが、自分の考えを理不尽に押しつけてくる親ではなくても、こちらが何を考えているのかわからず腫れ物に触るようにしている親であっても、そんな親の言葉や態度を鬱陶しく感じる。それが一般的な青年期の感受性なのではないだろうか。

C

結局、反抗というのは、親の言いなりになることに抵抗を示し、自分の思うようにしたいと自己主張すること、つまり自分の意思を押し通そ

2021年度

市川中学校入試問題(第2回)

【算　数】（50分）　　＜満点：100点＞

【注意】 1. コンパス・直線定規を利用してはならない。
2. 円周率は3.14とする。
3. 比を答える場合には，最も簡単な整数の比で答えること。

1 次の問いに答えなさい。

(1) $\left\{1-\left(7-\frac{2}{3}\right)\times\frac{1}{7}\right\}+3\div3\frac{1}{2}$ を計算しなさい。

(2) クラスの生徒にボールを配ります。１人８個ずつ配ると36個余り，10個ずつ配ると８個足りません。このとき，ボールの個数を求めなさい。

(3) あるチケット売り場では開店前に2100人が並んでいて，開店後も毎分15人ずつ増えていきます。窓口３つで対応すると140分で行列がなくなるとき，窓口５つで対応すると何分で行列がなくなるか求めなさい。

(4) １辺の長さが64㎝である正方形に対し，各辺を３：１に分ける点を頂点とする正方形を作ることを繰り返し行います。初めの正方形を１番目の正方形とするとき，５番目の正方形の面積を求めなさい。

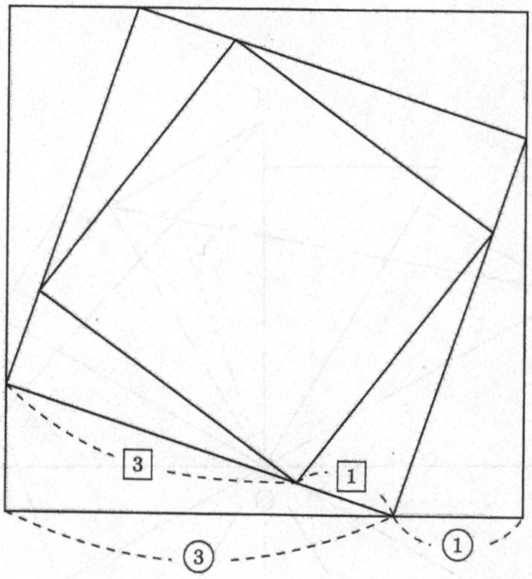

2 周りの長さが180㎝の円Oの周上に３点A，B，Cがあり，角AOBの大きさは120°，角BOCの大きさは90°です。３点P，Q，Rは円周上を反時計回りにそれぞれ以下のように進むこととします。

・PはAから５㎝／秒で進む
・QはBから９㎝／秒で進む
・RはCから12㎝／秒で進む

３点Ｐ，Ｑ，Ｒが同時に動き始めるとき，次の問いに答えなさい。

(1)　２点Ｐ，Ｑが初めて重なるのは何秒後か求めなさい。

(2)　３点Ｐ，Ｑ，Ｒが初めて重なる地点をＤとするとき，角AODの大きさは何度か求めなさい。ただし，角AODの大きさは180°以下とします。

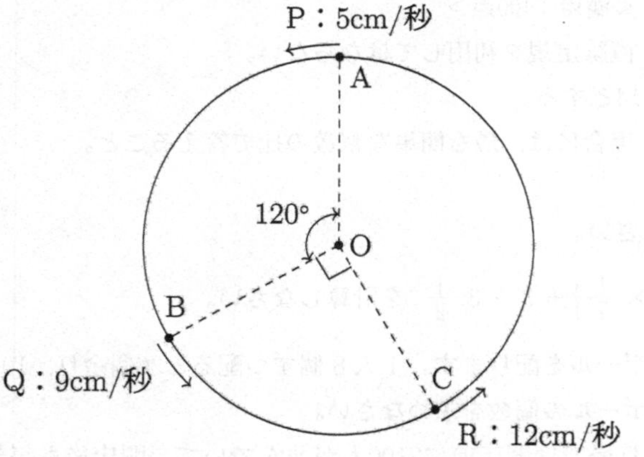

3　図１はAB：BC＝１：２の直角三角形であり，図２は直角三角形ABCを12枚貼り合わせたものです。図２においてPQとRSの交わる点をＸ，RSとTUの交わる点をＹとするとき，次の問いに答えなさい。

(1)　角XYOの大きさは何度か求めなさい。

(2)　RX：SYを求めなさい。

(3)　RS：OYを求めなさい。

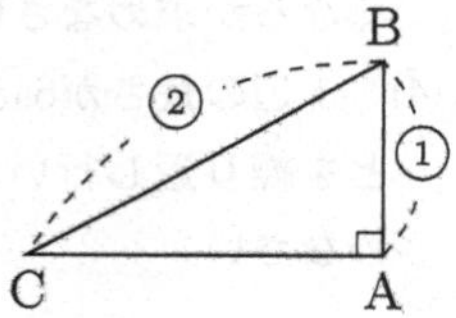

図 1: 直角三角形 ABC

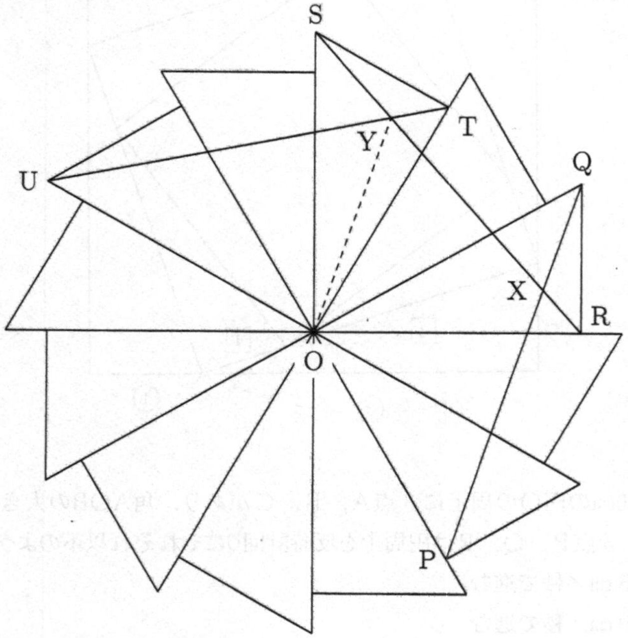

図 2: 直角三角形 ABC を貼り合わせた図形

4 右の図のように，正方形の各頂点に数がかかれており，各辺の真ん中の点に，隣（とな）り合う頂点にかかれている数の和を入れ，次の正方形を作ることを繰り返します。また，奇数（きすう）番目の正方形の頂点の数の配置は上から順に反時計まわりにかき表すこととし，偶数（ぐうすう）番目の正方形の頂点の数の配置は左上から順に反時計まわりにかき表すこととします。例えば，図の１番目の正方形の頂点の数の配置は（３，５，２，１），２番目の正方形の頂点の数の配置は（８，７，３，４）と表します。このとき，次の問いに答えなさい。

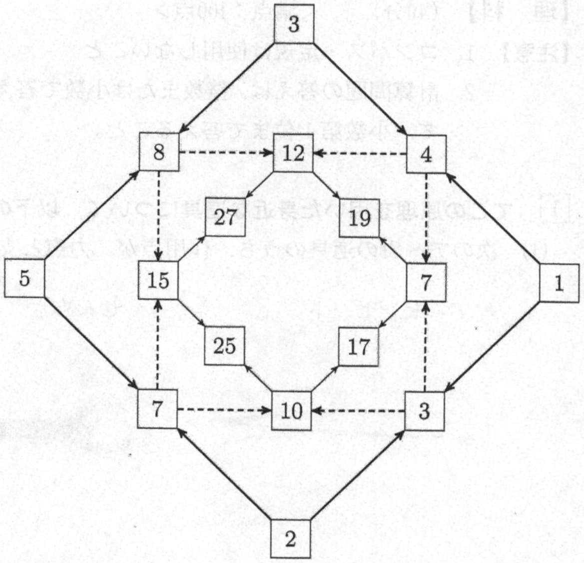

(1)　１番目の正方形の頂点の数の配置が（１，２，３，４）であるとき，５番目の正方形の頂点の数の和を求めなさい。

(2)　１番目の正方形の頂点の数の配置が（１，２，３，４）であるとき，10番目の正方形の頂点の数の配置を求めなさい。

(3)　８番目の正方形の頂点の数の配置が（488，512，536，512）であるとき，1番目の正方形の頂点の数の配置をすべて求めなさい。

5 下の図のような，１辺の長さが２cmの立方体６個を組み合わせた立体があります。この立体を３点A，B，Cを通る平面で切断するとき，点Dを含（ふく）む立体をX，切断面をYとします。このとき，次の問いに答えなさい。

(1)　立体Xの体積を求めなさい。

(2)　切断面Yを，解答用紙の方眼紙に格子（こうし）点（縦線と横線が交わる点）を結ぶことで作図しなさい。ただし，方眼紙の間隔（かんかく）は１cmとします。

(3)　立体Xの表面積を求めなさい。

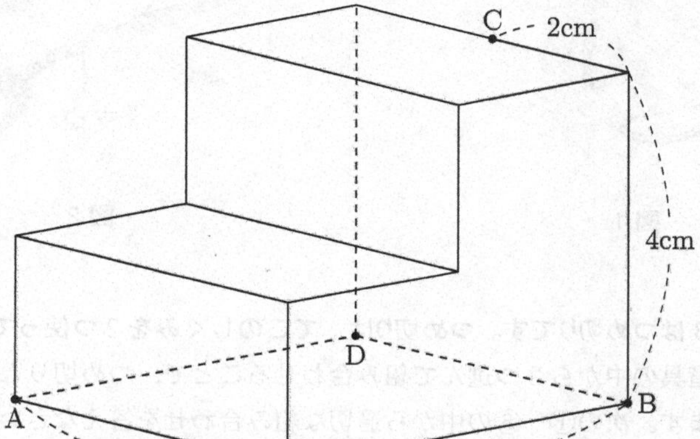

【理　科】（40分）　　＜満点：100点＞

【注意】 1. コンパス・定規は使用しないこと。
2. 計算問題の答えは，整数または小数で答え，割り切れない場合は小数第２位を四捨五入して，小数第１位まで答えること。

1　てこの原理を用いた身近な道具について，以下の各問いに答えなさい。

(1)　次のア～カの道具のうち，作用点が，力点と支点の間にあるものはどれですか。

ア　ピンセット

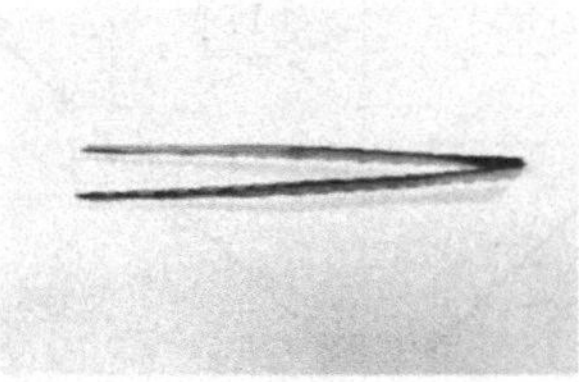

イ　せんぬき

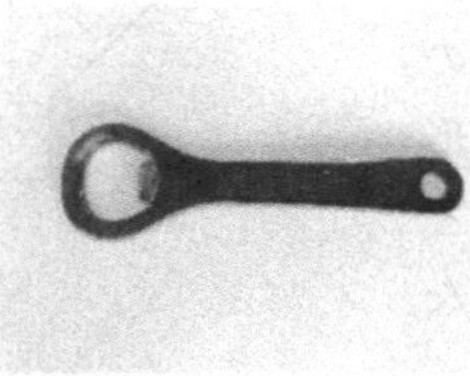

ウ　ペンチ

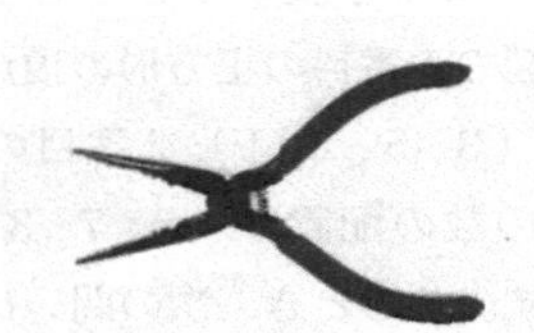

エ　プルタブ（※）

オ　バール

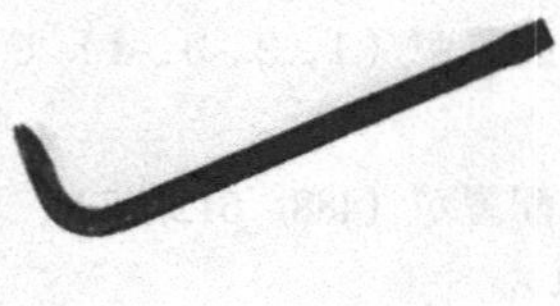

カ　トング

※プルタブ…缶のふたのつまみ

(2)　図１の洗濯ばさみを使ってものをはさみます。洗濯ばさみを開くときと，ものをはさむときの力点，作用点，支点はそれぞれどこですか。図２の例にならってそれぞれ［解答らん］の図にかき入れなさい。

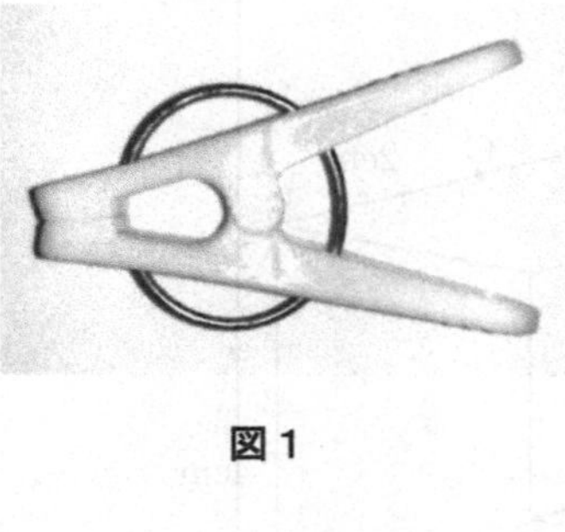

図１

例　はさみの場合

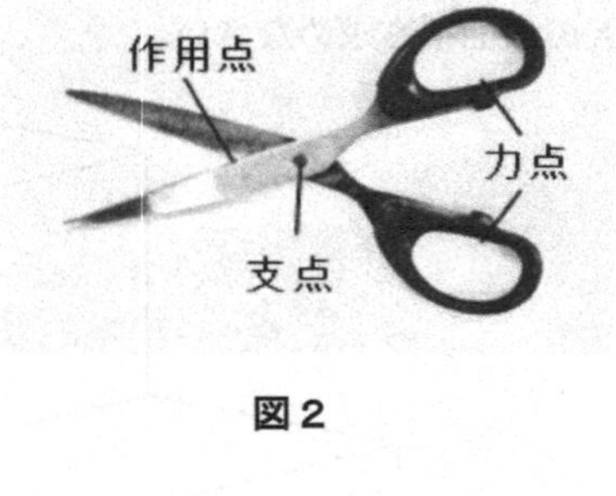

図２

次のページの図３はつめ切りです。つめ切りは，てこのしくみを２つ使ってつめを切る道具です。

(3)　(1)のア～カの道具の中から２つ選んで組み合わせることで，つめ切りと同じてこのしくみをつくることができます。次の①～⑤の中から適切な組み合わせを答えなさい。

①　アとイ　　②　イとウ　　③　ウとエ　　④　エとオ　　⑤　オとカ

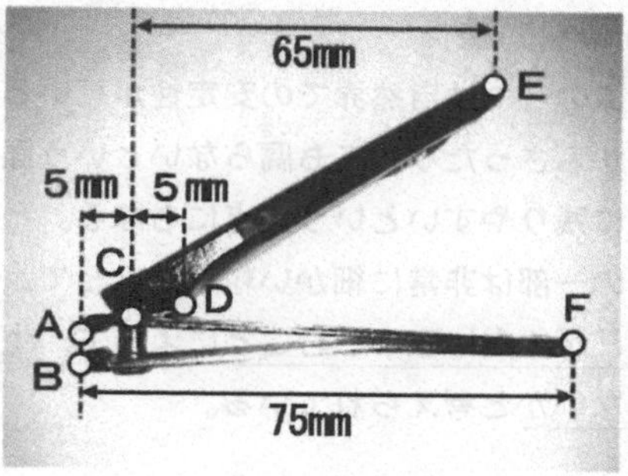

図３

つめを切るときには，図３のＥとＦ付近を手で持って使用します。しかし，ここではＢ，Ｆが下になるように机の上につめ切りを置いて，Ｅの部分だけを押してつめを切ることを考えます。

いま，図３のＥを1.2kgの力で右手で押したところ，左手の親指のつめが切れました。

(4)　Ｄの位置にはたらく力は何kgですか。

(5)　左手の親指のつめにはたらく力は何kgですか。ただし，ＡからＦと，ＢからＦの金属部分をしならせるために，３kgの力が必要であったとします。

(6)　Ｄの位置がＣにもっと近づくようにつめ切りを加工し，つめを切りました。加工する前と後で同じ大きさの力でＥをおしたとき，つめにはたらく力の大きさはどうなりますか。

ア　大きくなる　イ　小さくなる　ウ　変わらない

2　市川君は夏休みに近くの海岸に行き，そこで浜辺（はまべ）に打ち上げられたたくさんのゴミを目にしました。よく観察すると，私たちが日常よく利用しているポリ袋（ぶくろ）やペットボトルが含（ふく）まれていました。そこで夏の自由研究として図書館でいろいろなプラスチックや，それらが環境（かんきょう）におよぼす影響（えいきょう）について調べ，レポートとしてまとめました。

＜プラスチックの性質や便利な点＞

・プラスチックとは「形を変えることができる物質」という意味の言葉である。

・多くのプラスチックは加熱すると軟化（なんか）（液体のようにやわらかくなること）し，冷めると再び硬化（こうか）（固体のように硬（かた）くなること）する。

※プラスチックの中には加熱しても軟化しないものもあるが，この調査では加熱によって軟化するプラスチックだけを対象にした。

・原料のペレット（粒状（つぶじょう）や角状にした小さなかたまり）を加熱して軟化させ，金型（かながた）に入れて冷ますと，その形のまま固めることができ，様々な形状の製品をつくることができる。この性質を利用して，不要なプラスチックから新たな製品をつくることもできる。

＜プラスチックをはじめとする様々な資源の利用＞

・限りある資源やエネルギーを有効に活用していくために「リサイクル・リユース・リデュース」の３つの取り組みが重要である。この取り組みはそれぞれの英単語の頭文字をとって「３Ｒ」とよばれている。

・最近では３Ｒに「リフューズ」を加えた「４Ｒ」が大切だといわれている。

＜プラスチックに関する環境問題＞

・プラスチックの大きな特徴の一つは自然界での安定性が高いという点である。これは屋外で風雨にさらされたり土がかぶさったりしても腐らないという面では利点だが，廃棄されたときに分解されず，環境中に残りやすいという欠点にもなる。

・廃棄されたプラスチックの一部は非常に細かい粒子になって，自然環境中に長く残る。そして①その粒子を魚や貝などが体内に取りこむことによって，生態系（生物などの環境）に悪い影響をあたえるのではないかと考えられている。

＜生分解性プラスチック＞

・プラスチックの利用における環境問題の解決策の一つとして，微生物によって分解される「生分解性プラスチック」の開発や利用が進められている。

・すでにポリ乳酸などの生分解性プラスチックがゴミ袋や農業用シートなどの様々な場面で利用されている。

＜ポリ乳酸のつくり方や性質＞

・トウモロコシやサトウキビなどが太陽の光を受けて，空気中の二酸化炭素や水分を吸収して育ち，デンプンやショ糖（砂糖）をつくり出す。

・デンプンやショ糖を発酵させることによって乳酸が得られ，これを化学的に処理してポリ乳酸がつくられる。

・ポリ乳酸をはじめとする生分解性プラスチックは，微生物によって分解されることで，最終的には燃やしたときと同じ量の二酸化炭素と水を排出する。

市川君はこのレポートを発表したときに，次のような質問を受けました。

「生分解性プラスチックは環境中に残りにくいので『生態系の保護』としては望ましい。しかし従来のプラスチックは燃やさずにうめてしまえば二酸化炭素を排出しないが，生分解性プラスチックは微生物によって分解されると二酸化炭素を排出するので，地球温暖化抑制という観点からは望ましくないのではないか。」

そこで，このことについてくわしく調べてみると，②トウモロコシやサトウキビからつくられる生分解性プラスチックは，微生物によって分解されても地球温暖化に悪影響をおよぼさないことがわかりました。トウモロコシやサトウキビからつくられるプラスチックは，枯渇が心配されている石油資源にたよらずにつくることができ，「バイオマスプラスチック」ともよばれています。

⑴　Ａ：リサイクル，Ｂ：リユース，Ｃ：リデュース，Ｄ：リフューズ　それぞれの説明として正しいものはどれですか。

ア　ビールやジュースのびんを，洗って再び使う。

イ　回収したペットボトルから，衣料品をつくる。

ウ　マイバッグを持参して，紙袋やビニール袋をもらうことを断る。

エ　シャンプーを買うときに，新しい容器ごとでなく，つめかえ用を選ぶ。

⑵　Ａ：リサイクル，Ｂ：リユース，Ｃ：リデュース　について，一般的にゴミの最少化という観点から望ましいと言われている順番を，Ａ～Ｃの記号で答えなさい。

(3)　下線部①は，□プラスチック問題とよばれています。□にあてはまる言葉は何ですか。

(4)　下線部②の理由を説明しなさい。

市川君は，生分解性プラスチックについてさらにくわしく調べました。

市川君は通常の温度で土にうめておくだけで分解されるプラスチックX，Yの性質を調べました。表１はX，Yそれぞれ100ｇを土にうめて時間が経った後の重さ，表２はX，Yそれぞれ100ｇを完全に燃焼させたときに発生する二酸化炭素の重さをまとめたものです。

	土にうめたプラスチックの重さ（ｇ）				
	初め	１週後	３週後	６週後	９週後
X	100	98	92	78	60
Y	100	98	95	87	52

表１

	発生する二酸化炭素の重さ（ｇ）
X	204
Y	232

表２

(5)　X25ｇが土の中で完全に分解されたときに発生する二酸化炭素は何ｇですか。

(6)　X30ｇとY25ｇを土にうめて９週が経過しました。分解されたプラスチックは合計で何ｇですか。ただし，分解は表１の通りに進んだものとします。

3　市川さんは，お母さんの料理のお手伝いをしながら，身近な野菜であるキャベツについて調べました。

［お母さん］　今日のご飯は焼きそばよ。八百屋さんで買ってきたキャベツを使いましょう。

［市川さん］　外側のかたい葉は取り除くの？

［お母さん］　①一番外側の葉は，かたくて青臭(あおくさ)いからと捨てる人がいるけれど，もったいないわ。甘(あま)みはないけれど，色がきれいでシャキシャキしていて，焼きそばなどの炒(いた)め物(もの)によく合うのよ。

［市川さん］　そうなんだ。②内側の葉は，どんな料理に使うの？

［お母さん］　③内側の葉は甘くて，煮(に)ればやわらかくなるから，ロールキャベツなどによく使われるのよ。そして，甘くてやわらかいのが中心の葉で，せん切りキャベツや漬(つ)けものなど，生で食べると美味しいところよ。また，煮(に)込むと甘みが強くなるので，味噌汁(みそしる)に使うのもいいわね。

［市川さん］　葉のひらひらした部分からはがそうとすると破れやすいんだけど，どうしたら１枚１枚うまくはがせるのかな？

［お母さん］　底の方から葉をゆっくりとはがすんだけど，キャベツの底を上にして④芯(しん)をくり抜(ぬ)いて，そのくり抜いた穴に水を注ぎこむと，葉の間に入った水の重みで葉が開き，はがしやすくなるのよ。

［市川さん］　そうなんだ。ところでどうしてキャベツは葉が丸まって，玉になるのかなあ…。

［お母さん］　そうね。ずいぶんとふしぎな形をしているわね。

［市川さん］　そういえば，理科の授業で，植物の葉は，⑤太陽の光に対して重ならないようについていると習ったわ。キャベツは内側の葉は真っ白だし，どうして重なり合っているのかな？

［お母さん］　キャベツは１年中いつでも購入することができて，料理には欠かせない野菜なのに，意外と知らないことが多いわね。

［市川さん］　そうだね。キャベツについてもっと調べてみよう。

調べ学習　＜葉のつき方＞

植物は茎の先端に成長する部分があり，そこから葉が次々とできてくる。茎のまわりに葉がどのようにつくかは植物によって異なる。キャベツ（図４）は，茎の１か所に葉がらせん状に１枚ずつ等間隔でついている。このらせんは５枚の葉をつけて，６枚目の葉が最初の葉の真上に重なる位置にくるまでに２周する。

キャベツはアブラナ科の植物である。最初に生える葉は外側に広がっているが，新しく生えてくる葉は立ち上がり，１枚１枚の葉の内側に比べて外側が太陽の光を良く受けて早く成長し，内側に折れ曲がることで，葉が巻き始める。外側の葉が反り返ったりずれたりしないので，葉の枚数が増えるほど中は密に詰まって，丸まった形になる。

図４

(1)　下線部①の葉と下線部②の葉では，どちらが濃い緑色をしていますか。番号で答えなさい。

(2)　下線部③について，内側の葉が甘いのはなぜですか。理由を15字以内で答えなさい。

(3)　下線部④について，「キャベツの芯」は，植物の体のどの部分ですか。

(4)　下線部⑤について，一般的な植物の葉が太陽の光に対して重ならないようについているのは，ある働きを効率よく行うためと考えられています。その働きとは何ですか。漢字で答えなさい。

(5)　調べ学習より，キャベツの隣接する葉と葉は，何度ずつずれて茎についていると考えられますか。

4　市川中学校がある千葉県市川市は，奈良時代に作られた『万葉集』にも登場する歴史ある街です。

葛飾の真間の入江にうちなびく玉藻刈りけむ手児名し思ほゆ

（『万葉集』３－433　山部赤人）

「葛飾」とは，市川市を含む江戸川の河口周辺の地域名です。

「真間」とは，関東地方の古い方言で崖のことで，市川市北部にある崖のことを「まま」と呼んでいました。

「手児名」とは，奈良時代に葛飾にいたとされる美しい女性のことです。手児名があまりにも美しかったため，まわりの男性たちは彼女を奪い合うようになり，それに心を痛めた手児名は「真間の入江」に飛び込んで死んでしまったという伝説が残っています。

(1)　次のページの図５は市川市北部の地形図です。地形図中の実線は等高線で，数値は標高（m）を示しています。地形図中に引かれた線①の断面はア～エのうちどれですか。ただし，地形図の北が断面図の左側になるように作成してあります。

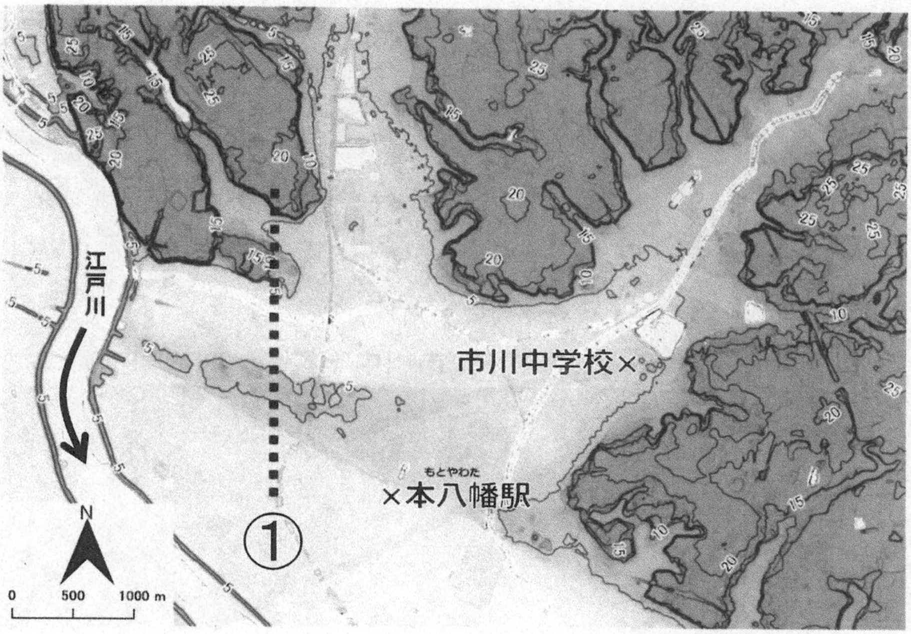

図５

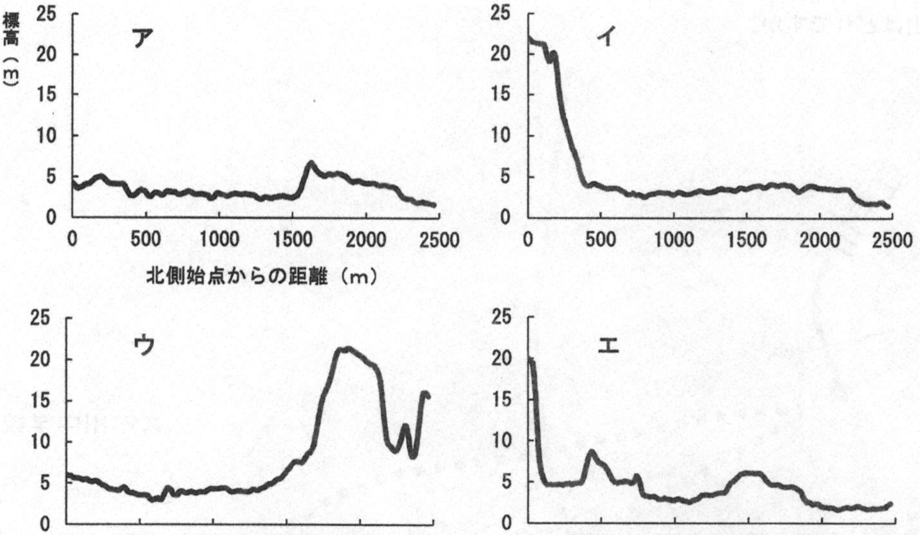

(2)　次のページの図６は市川市北部の地形を，高さやでき方を基準にして①～④に区分したものです。このうち地形の「真間」を示しているのはどれですか。

ア　①の範囲内（範囲：はんい）　イ　②の範囲内　ウ　③の範囲内　エ　④の範囲内

オ　①と②の境界　カ　②と③の境界　キ　③と④の境界

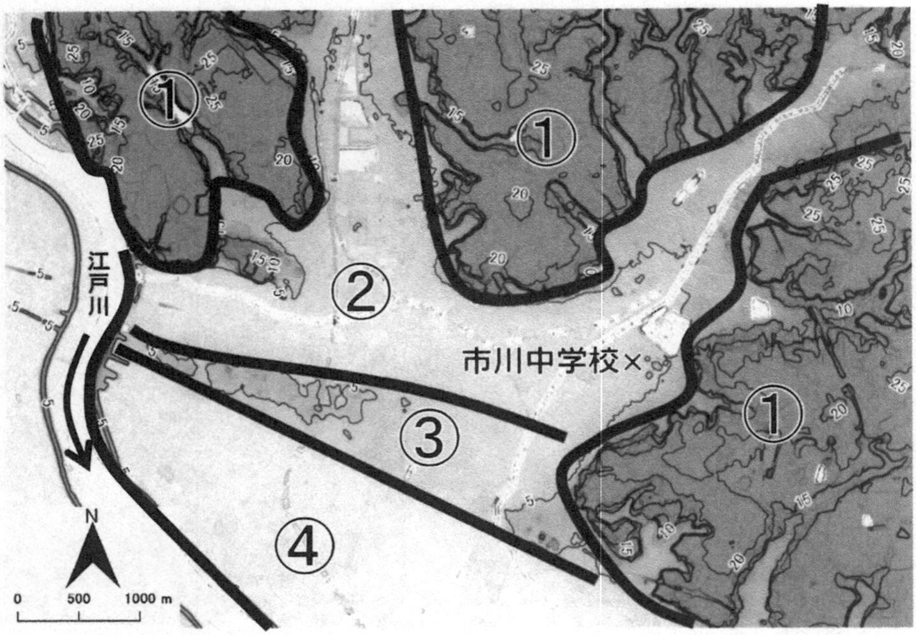

図６

(3)　図７は市川市が発行しているハザードマップです。地図の中で色が濃くなっている部分は江戸川が氾濫したときに，浸水が予想されている範囲です。図の点線で示された範囲が浸水しにくい理由はどれですか。

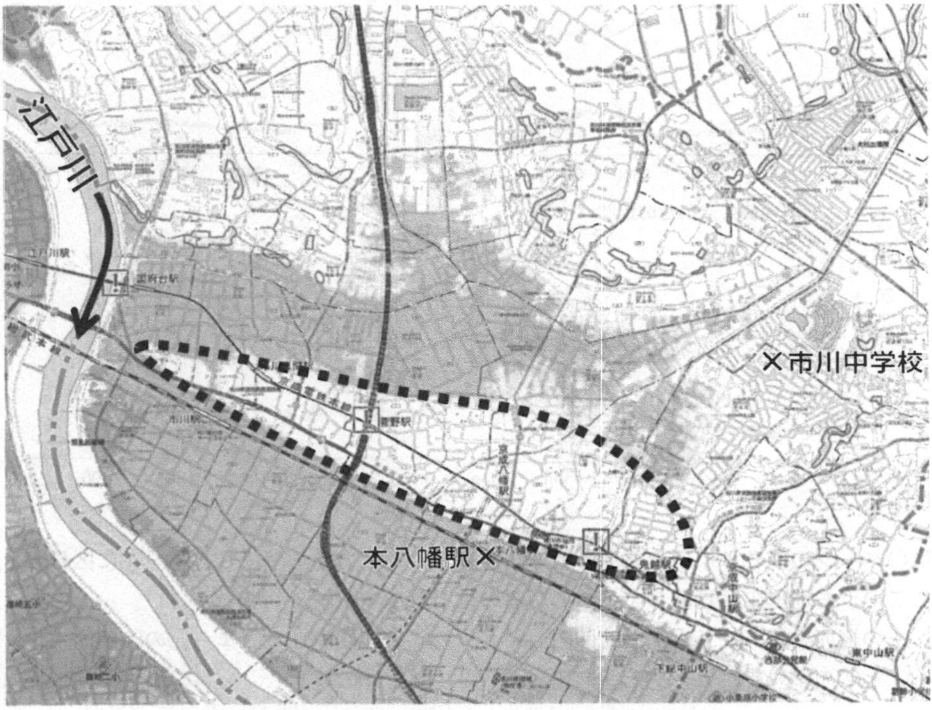

図７　市川市水害ハザードマップ「江戸川氾濫」

ア　かつて「真間の入江」があった場所だから。

イ　江戸川が西に曲がっているところだから。

ウ　江戸川から運ばれてきた砂が堆積してできた土地で，水はけが良いから。

エ　海の作用で運ばれた砂が堆積してできた土地で，まわりより少し高いから。

オ　江戸時代以降に市川の人口が増えたので，盛土をして住宅地や道路を整備したから。

(4)　図８は水流によって運ばれる粒の大きさと流れの速さの関係を表したグラフです。グラフより，水流のない状態から水の流れを速くしていったとき，最初に動き始める粒の大きさとその名前の組み合わせとして正しいものはどれですか。

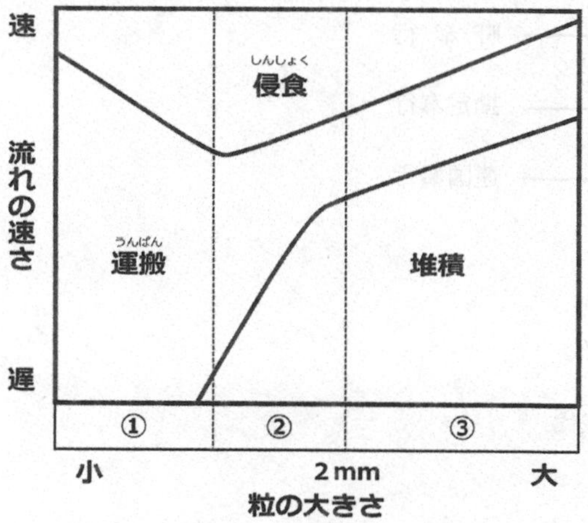

図８

侵食：堆積している粒子が動き始める。
運搬：移動する粒子は移動をつづけ，堆積している粒子は堆積をつづける。
堆積：動いている粒子が堆積する。

ア　①－砂　　イ　①－どろ　　ウ　①－れき　　エ　②－砂　　オ　②－どろ

カ　②－れき　　キ　③－砂　　ク　③－どろ　　ケ　③－れき

(5)　万葉集の「玉藻刈りけむ」の「玉藻」とは砂地に生息するコアマモなどの海草のことだとする説があります。このことから万葉集の「真間の入江」はどんな環境だったと考えられますか。

ア　川の中流域で，水流の遅い場所。

イ　川の中流域で，水流の速い場所。

ウ　水深の深い海底で，水流の遅い場所。

エ　水深の深い海底で，水流の速い場所。

オ　海水と真水が混ざり合う，水流の遅い場所。

カ　海水と真水が混ざり合う，水流の速い場所。

【社　会】（40分）　＜満点：100点＞

【注意】 1. 解答の際には，句読点や記号は1字と数えること。
2. コンパス・定規は使用しないこと。

1　次の図1～3は，鎌倉時代・室町時代・江戸時代のいずれかの時代の幕府のしくみを示したものです。これらの図とそれに関して説明した文章を読んで，あとの問いに答えなさい。

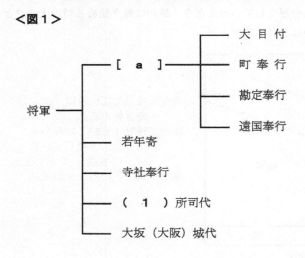

＜図1＞

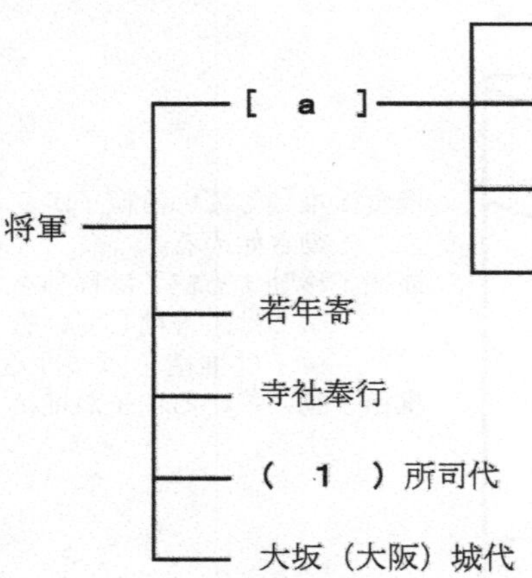

＜図2＞

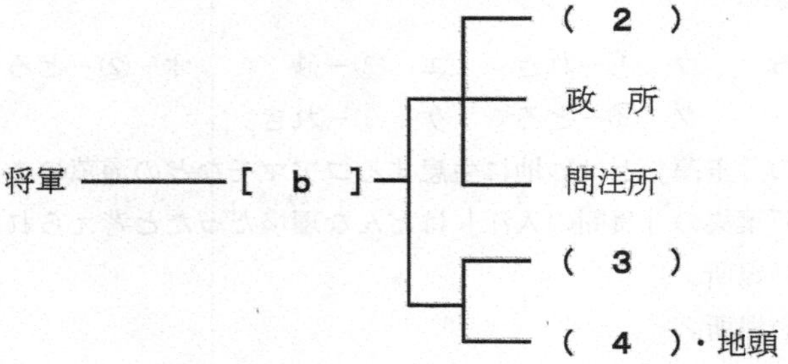

＜図3＞

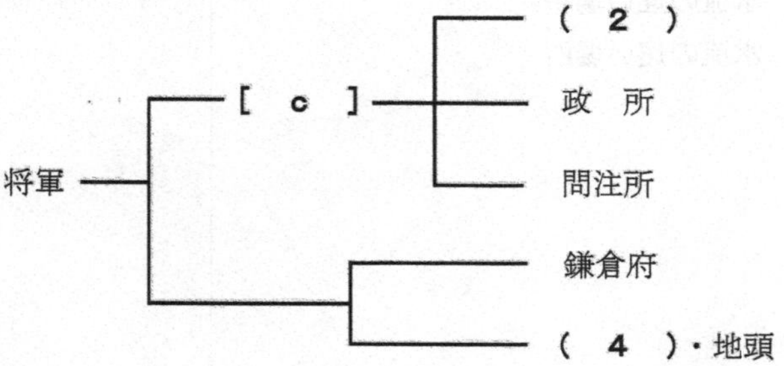

図1の幕府は，3代将軍の［　あ　］のころまでに政治体制の基礎が固まり，重要な政務は，平時には［　a　］が交代でつかさどることになりました。大名は，将軍から「御恩」を与えられるかわり

に，それぞれの石高や家柄（いえがら）に応じた「奉公」を果たす義務がありました。また，A幕府の法令によってきびしい統制を受け，処罰（しょばつ）されることもありました。B８代将軍のときには，財政の建て直しを基本とした本格的な政治改革が行われました。

図２の幕府では，はじめ将軍の独裁が行われましたが，後に特定の一族が［　b　］とよばれる地位につき，武士の話し合いによって政治や問題の解決を進めていくようになりました。３代将軍の［い］が亡くなると，C朝廷が兵をあげましたが，これを破った後に幕府が設けた（　3　）は，朝廷を監視（かんし）し西日本の武士をとりまとめるなど重要な役割を担いました。

図３の幕府は（　1　）に置かれました。３代将軍の［う］のとき「花の御所」とよばれる壮大（そうだい）な邸宅（ていたく）がつくられて，ここで政治が行われました。［　c　］は，（　2　）や政所を管理していました。（　4　）は，自分の支配地を家臣に管理させ，自身は（　1　）にいて幕府の政治に参加しましたが，その発言力はしだいに将軍を上回ることも多くなりました。D８代将軍のあとつぎ問題をきっかけに大きな戦乱が起こると，その後，幕府の支配体制は無力化していくこととなりました。

問１　（１）～（４）にあてはまる語句をそれぞれ漢字で答えなさい。

問２　［a］～［c］にあてはまる職名をそれぞれ漢字で答えなさい。

問３　［あ］～［う］にあてはまる人物の組み合わせとして正しいものはどれですか，ア～ケから１つ選び，記号で答えなさい。

ア［あ　源実朝　い　足利義満　う　徳川家光］
イ［あ　源実朝　い　足利義満　う　徳川吉宗］
ウ［あ　源実朝　い　徳川家光　う　足利義満］
エ［あ　足利義満　い　徳川家光　う　源実朝］
オ［あ　足利義満　い　源実朝　う　徳川家光］
カ［あ　足利義政　い　源実朝　う　徳川吉宗］
キ［あ　徳川家光　い　源実朝　う　足利義満］
ク［あ　徳川家光　い　源実朝　う　足利義政］
ケ［あ　徳川家光　い　足利義満　う　源実朝］

問４　下線Aについて，大名を統制する目的で，将軍の代替（だいが）わりごとに発布された法令を何といいますか，漢字で答えなさい。

問５　下線Bについて，8代将軍が行った政治改革として正しいものはどれですか，ア～クから２つ選び，記号で答えなさい。

ア　徳政令を出して，御家人たちの借金を帳消しにしようとしました。
イ　収穫（しゅうかく）高にかかわらず年貢率を一定にして，財源を確保しようとしました。
ウ　調と呼ばれる特産物を全国から集めて，財源にしようとしました。
エ　収穫された稲（いね）の３％を納めさせ，地方政治に必要な費用にあてようとしました。
オ　株仲間を解散させ物価を引き下げて，財政の支出を減らそうとしました。
カ　都市に出稼（でかせ）ぎに来ていた農民を強制的に村に帰らせて，農村人口を維持（いじ）しようとしました。
キ　俵物を長崎から中国に輸出して，収入を増やそうとしました。
ク　大名に石高の１％程度の米を幕府に納めさせて，収入を確保しようとしました。

問６　下線Cについて，このできごとを何といいますか，答えなさい。

問７　下線Dについて，この戦乱ののちに，家臣が実力で主君にとってかわろうとする風潮が強まりました。この風潮を何といいますか，漢字で答えなさい。

問8　鎌倉幕府が成立するよりおよそ500年前に，律令とよばれる法律に基づいて政治を行うしくみが整えられました。これについて，次の問いに答えなさい。

(1)　政治の方針を決める太政官のもとで，税の使いみちや貨幣（かへい）の管理といった財務を分担する役所を何省といいますか，漢字で答えなさい。

(2)　全国の行政区分は畿内（きない）と七道に分けられたうえで，それぞれに国が置かれていました。朝廷からそれぞれの国に派遣（はけん）されて，統治を行った役人を何といいますか，漢字で答えなさい。

2　学校教育について述べた次の文章を読んで，あとの問いに答えなさい。

昨年，新型コロナウイルスの感染拡大を受けて，政府が全国の小中学校と高校，特別支援（しえん）学校に臨時休校を要請（ようせい）し，多くの子どもたちが学校に通えなくなりました。今まで当たり前に行われていた教室での一斉（いっせい）授業ができなくなったのです。

学校における集団での一斉授業は，日本では1872年の（　1　）の公布から始まりました。江戸時代には藩校や寺子屋で個別に教育が行われていましたが，明治新政府は，全国各地にA小学校を設置して，6歳（さい）以上の男女すべてに，身分に関係なく同じ教育を受けさせるよう教育を義務化することを決めました。大日本帝国憲法が発布されると，憲法と並んで国民教育の根本を明らかにすべきであるという動きが高まりました。これを受けて（　2　）が発布され，忠君愛国の思想や父母への孝行などの国民道徳の規準が，学校教育を通じて一律に国民に広められました。

他方，B高等教育では国立の東京大学のほか，独自の校風を持つ私立学校も発展しました。教育の広まりを背景に，C医学や科学で世界に認められる研究成果を出す学者も現れました。芸術の面でも，すぐれた多数の作品が残されています。

大正時代になると，高等学校・大学といった高等教育機関が増設されました。高等教育機関への進学者も増え，「インテリ」とよばれた知識層が拡大する中で，民主主義，自由主義の思想が普及（ふきゅう）し，D大正デモクラシーの風潮も広がりました。

昭和に入りE世界恐慌が起こると，日本も大きな打撃（だげき）を受けました。特に農村での不況（ふきょう）がひどく，家庭の貧困のため学校に弁当を持参できない（　3　）が社会問題となりました。不況に対して有効な解決策を打ち出せない政党政治に，国民の不満と不信が広がる一方で，武力を用いてでも日本の権益を守ろうとする軍部の発言力が強まりました。このような中で，教育の現場でも個人よりも国家を優先させる思想が強くなり，戦時体制化が進んでいきました。1941年に小学校は「国民学校」に改められ，教科書には戦意を高揚（こうよう）させるような教材が取り入れられるなど，軍国主義的な教育が進められるようになりました。戦争が激しくなると，学童疎開（そかい）や，軍需（ぐんじゅ）生産などのために生徒が工場に送られる（　4　）が行われるなど，学校教育よりも戦時下の要請に応えることの方が重視されるようになりました。

1945年に敗戦を迎（むか）えると，GHQにより教育改革の基本方針が示され，教育の民主化が目指されました。理念の面では，日本国憲法にF教育に関する条文が新しく設けられ，（　2　）が廃止（はいし）されました。制度の面では，義務教育が小学校6年間と中学校3年間の9年間に延長され，その後に高等学校が3年間，大学が4年間続く形となりました。しかし，学校における一斉授業という形は，明治以来変わらないまま現在まで継続（けいぞく）してきたのです。感染症の拡大という事態を受けて，こうした授業形態も考え直す時期に来ているのかもしれません。

問１　（１）～（４）にあてはまる語句をそれぞれ漢字で答えなさい。

問２　下線Ａについて，次のグラフは小学校の就学率の推移を示したものです。グラフから読み取れる内容としてあやまっているものはどれですか，下のア～オから２つ選び，記号で答えなさい。

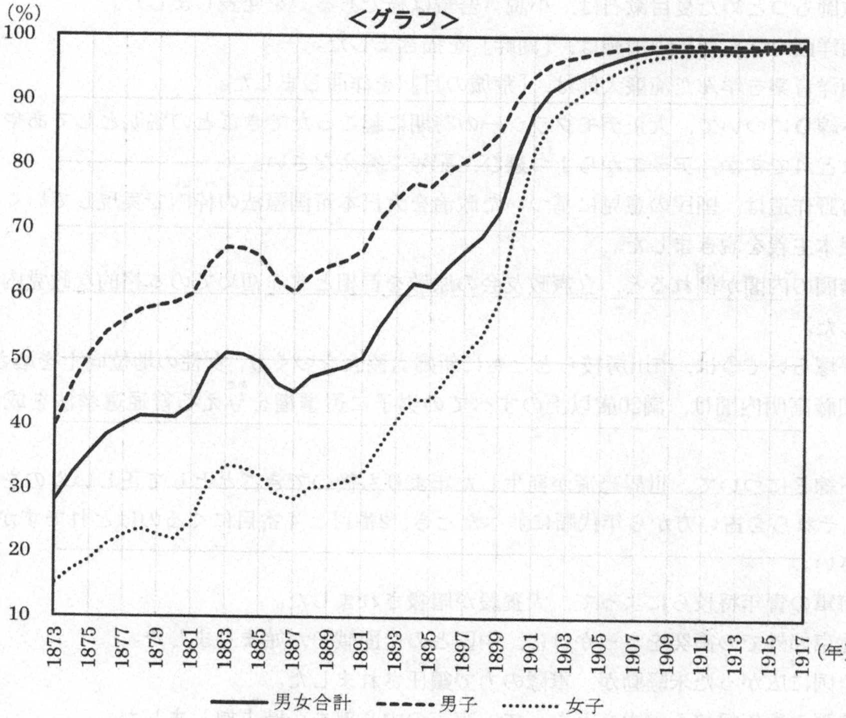

出題の都合上、出典を省略

ア　民撰議院設立建白書が提出された年には，男女合計の就学率は30％程度でした。

イ　関税自主権を完全に回復した年には，男女とも就学率は95％を超えていました。

ウ　日清戦争が終結した年には，男子の就学率は女子の２倍以上でした。

エ　日英同盟が結ばれた年には，男女の就学率の差は約10％になっていました。

オ　大日本帝国憲法が発布された年には，男女合計の就学率は50％を超えていました。

問３　下線Ｂについて，明治時代に設立された学校とその創設者についての説明として正しいものはどれですか，ア～エから１つ選び，記号で答えなさい。

ア　慶應義塾（現在の慶應義塾大学）は，『社会契約論』を翻訳した福沢諭吉によって設立されました。

イ　東京専門学校（現在の早稲田大学）は，自由党を結成した大隈重信によって設立されました。

ウ　女子英学塾（現在の津田塾大学）は，岩倉使節団に女子留学生として参加した津田梅子によって設立されました。

エ　札幌農学校（現在の北海道大学）は，お雇い外国人として日本にやってきたモースによって設立されました。

問４　下線Ｃについて，明治時代の学問・文化についての説明としてあやまっているものはどれですか，次のページのア～カから２つ選び，記号で答えなさい。

ア　伝染病研究所をつくった北里柴三郎は，黄熱病の研究に取り組みました。

イ　細菌(さいきん)学者であった志賀潔は，赤痢菌を発見しました。

ウ　軍医もつとめた森鷗外は，小説『浮雲』を発表しました。

エ　教師もつとめた夏目漱石は，小説『吾輩は猫である』を発表しました。

オ　西洋画を学んだ黒田清輝は，「湖畔」を描(か)きました。

カ　西洋音楽を学んだ滝廉太郎は，「荒城の月」を作曲しました。

問５　下線**D**について，大正デモクラシーの時期に起こったできごとの説明としてあやまっているものはどれですか，**ア～エ**から１つ選び，記号で答えなさい。

ア　吉野作造は，国民の意見に基づいた政治を大日本帝国憲法の枠内(わくない)で実現していくべきだとする民本主義を説きました。

イ　藩閥の内閣が倒(たお)れると，立憲政友会の原敬を首相とする初めての本格的な政党内閣が成立しました。

ウ　平塚らいてうは，市川房枝らとともに新婦人協会をつくり，女性の地位向上をめざしました。

エ　加藤高明内閣は，満20歳以上のすべての男子に選挙権を与(あた)える普通選挙法を成立させました。

問６　下線**E**について，世界恐慌が発生した年よりも後のできごととして正しいものを**ア～カ**から選び，それらを古い方から年代順に並べたとき，2番目と４番目にくるのはどれですか，記号で答えなさい。

ア　海軍の青年将校らによって，犬養毅が暗殺されました。

イ　北京郊外(こうがい)での衝突(しょうとつ)をきっかけに，中国との全面戦争が始まりました。

ウ　全国に広がった米騒動が，軍隊の力で鎮圧(ちんあつ)されました。

エ　陸軍の青年将校らが中心となって，東京の中心部を一時占拠(せんきょ)しました。

オ　関東大震災の混乱の中で，多数の中国人や朝鮮人が弾圧(だんあつ)されました。

カ　関東軍が南満州鉄道の線路を爆破(ばくは)し，これを中国側のしわざとして攻撃(こうげき)を始めました。

問７　下線**F**について，次の問いに答えなさい。

(1)　次の条文は，日本国憲法第26条です。［X］・［Y］にあてはまる表現を答えなさい。

> 第26条
> ①　すべて国民は，法律の定めるところにより，その能力に応じて，ひとしく教育を［X］を有する。
> ②　すべて国民は，法律の定めるところにより，その保護する子女に普通教育を［Y］を負ふ。義務教育はこれを無償(むしょう)とする。

(2)　新型コロナウイルスの感染拡大に対して，教室での一斉授業ではなく，動画配信や双方向型(そうほうこう)ウェブ授業などといったオンラインでの取り組みが広がりました。それらの利点が評価される一方で，様々な課題も明らかになってきています。どのような課題が明らかになってきましたか，日本国憲法第26条の理念をふまえて，具体的に説明しなさい。

［3］　日本の工業について述べた次の文章を読んで，あとの問いに答えなさい。

日本では，高度経済成長の時代に$_A$九州の北部から関東地方にかけての臨海部で重化学工業が発達しました。戦前から発展してきた北九州・阪神・中京・京浜の四大工業地帯に加えて，新たな工業地域が海沿いにつくられ，B工業のさかんな地域が帯状に連なる（　1　）が形成されました。

北九州工業地帯は製鉄を中心に発展し，かつては鉄鋼などの金属工業の割合が高い地域でした。今ではC自動車の組み立て工場や電子部品工場が進出したため，機械工業の割合が高くなっています。しかし，製造品出荷額は全国の約３％にすぎず，四大工業地帯から外れて北九州工業地域と呼ばれるようになっています。

北九州以外の三大工業地帯では，D輸送用機械の生産がさかんな中京工業地帯が製造品出荷額で１位を占（し）め，かつて日本最大の工業地帯だった京浜工業地帯は現在３位になっています。京浜工業地帯では，1960年代以降，周辺地域に重化学工業の関連工場が移転するようになり，関東内陸工業地域やE京葉工業地域が形成されました。特に関東内陸工業地域は，1970年代以降（　2　）などの交通網（もう）が整備されたことにより自動車や電気機器などの工場が建設されたため，機械工業が発達しています。周辺地域に重化学工業が拡大した一方，東京23区は日本の政治・経済の中心地であり，さまざまな文化の発信地でもあることから，（　3　）業が発展しました。

大規模な工業地帯・工業地域以外に，各地に長い間受け継（つ）がれてきた技術を用いる伝統工業が根づいています。後継者（こうけいしゃ）不足などの問題に悩（なや）まされながらも，地域ならではの文化を伝承するため，F伝統工芸品のよさを広める活動が行われています。

問１　（1）～（3）にあてはまる語句をそれぞれ答えなさい。

問２　下線Aについて，九州に被害（ひがい）をもたらした平成以降の災害の説明として正しいものはどれですか，ア～オから２つ選び，記号で答えなさい。

ア　内陸を震源（しんげん）とする地震が発生し，最大震度７を観測し，江戸時代につくられた城の天守閣も屋根瓦（やねがわら）が崩（くず）れるなどの被害を受けました。

イ　海底を震源とする地震が発生し，最大震度７を観測したほか，沿岸部に津波（つなみ）が押（お）し寄せ，原子力発電所の事故も発生しました。

ウ　大都市のすぐ近くを震源とする地震が発生し，最大震度７を観測し，日本有数の貿易港も大きな被害を受けました。

エ　遠浅の海に面した半島で火山が噴火し，大規模な火砕流によって多くの人命が奪（うば）われました。

オ　大型で強い勢力の台風が上陸し，河川のはんらんによって新幹線の車両基地も浸水（しんすい）の被害を受けました。

問３　下線Bについて，次のページの**表１**は日本の工業における従業者規模別の事業所数，従業者数，製造品出荷額等を示しています。**表１**の説明として，正しいものはどれですか，下の**ア～カ**から２つ選び，記号で答えなさい。なお，従業者規模が299人以下の事業所を中小工場，300人以上の事業所を大工場といいます。

ア　従業者数，製造品出荷額等は大工場が３分の２以上を占めていますが，事業所数は中小工場が全体の９割以上を占めています。

イ　従業者数，製造品出荷額等は中小工場が３分の２以上を占めていますが，事業所数は大工場が全体の９割以上を占めています。

ウ　事業所数，従業者数は大工場が３分の２以上を占めていますが，製造品出荷額等は中小工場が全体の半分以上を占めています。

エ　事業所数，従業者数は中小工場が3分の2以上を占めていますが，製造品出荷額等は大工場が全体の半分以上を占めています。

オ　従業者規模50～99人の工場は，事業所数では500～999人の工場の15倍以上ですが，従業員1人当たりの出荷額では半分以下になっています。

カ　従業者規模100～199人の工場は，事業所数では1000人以上の工場の15倍以上ですが，従業員1人当たりの出荷額では半分以下になっています。

＜表1＞

従業者規模（人）	事業所数	従業者数（人）	製造品出荷額等（億円）
4～49	162639	2365353	470276
50～99	15004	1043127	318797
100～199	7904	1091664	398824
200～299	2390	580537	256534
300～499	1857	706643	383457
500～999	1058	725298	379167
1000以上	487	1058747	813301
全国	191339	7571369	3020356

二宮書店『データブック オブ・ザ・ワールド 2020年版』より作成

問4　下線**C**について，次の**グラフ**は，1965年から2015年までのアメリカ，インド，韓国，中国，ドイツ，日本の自動車生産台数の推移を示したものです。**a～e**にあてはまる国の組み合わせとして正しいものはどれですか，次のページの**ア～カ**から1つ選び，記号で答えなさい。なお，ドイツについては，1990年以前は西ドイツのデータを用いて作成しています。

＜グラフ＞

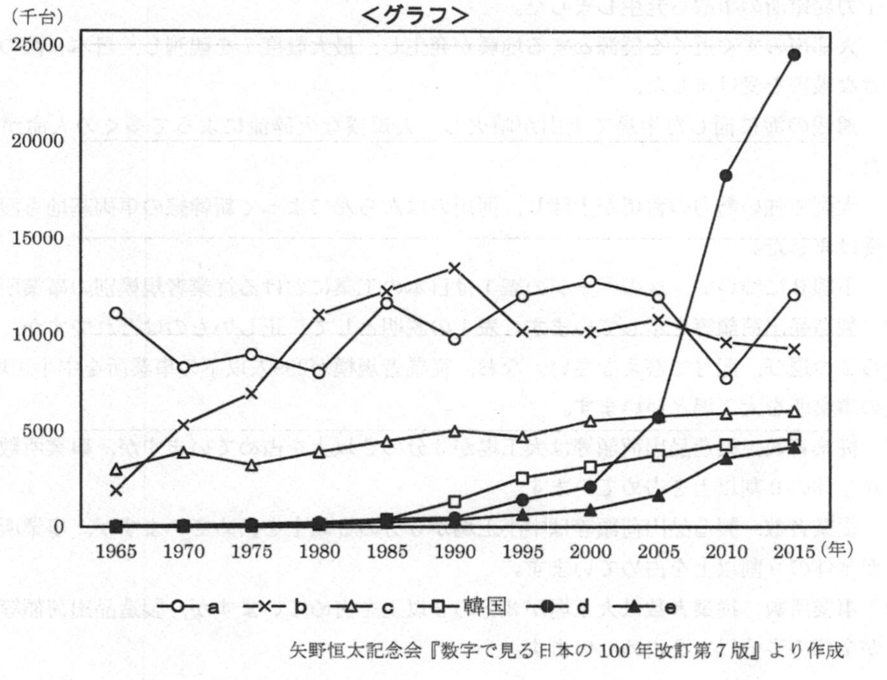

矢野恒太記念会『数字で見る日本の100年改訂第7版』より作成

ア ［a ドイツ b アメリカ c 日 本 d 中 国 e インド］
イ ［a 日 本 b アメリカ c ドイツ d インド e 中 国］
ウ ［a 日 本 b アメリカ c ドイツ d 中 国 e インド］
エ ［a アメリカ b 日 本 c ドイツ d インド e 中 国］
オ ［a アメリカ b 日 本 c ドイツ d 中 国 e インド］
カ ［a アメリカ b ドイツ c 日 本 d インド e 中 国］

問５ 下線Ｄについて，次の**表２**は輸送用機械器具の出荷額上位５県と，その県の化学工業，鉄鋼業，パルプ・紙・紙加工品の出荷額および製造品出荷額等の総計を示したものです。**a～c**にあてはまる県の組み合わせとして正しいものはどれですか，下の**ア～カ**から１つ選び，記号で答えなさい。

＜表２＞

輸送用機械器具の出荷額上位５県（十億円）			化学工業（十億円）	鉄鋼業（十億円）	パルプ・紙・紙加工品（十億円）	製造品出荷額等の総計（十億円）
１位	愛知	25202	1191	2040	428	44909
２位	a	4025	1726	209	817	16132
３位	b	3894	1877	571	215	16288
４位	c	3579	563	235	81	8699
５位	広島	3457	403	1088	105	9941

二宮書店『データブック オブ・ザ・ワールド 2020年版』より作成

ア ［a 神奈川 b 静 岡 c 群馬］
イ ［a 神奈川 b 群 馬 c 静岡］
ウ ［a 福 岡 b 神奈川 c 群馬］
エ ［a 福 岡 b 神奈川 c 静岡］
オ ［a 静 岡 b 神奈川 c 群馬］
カ ［a 静 岡 b 群 馬 c 福岡］

問６ 下線Ｅについて，京葉工業地域の説明として正しいものはどれですか，**ア～オ**から１つ選び，記号で答えなさい。
ア 塩田や軍用地のあと地などを利用して工場が建設されました。
イ 製鉄所や石油化学コンビナートなどの大規模な工場が多くみられます。
ウ 掘（ほ）り込（こ）み式の人工港がつくられました。
エ 製造品出荷額では関東内陸工業地域を上回っています。
オ 製造品出荷額において金属工業の占める割合がもっとも高くなっています。

問７ 下線Ｆについて，次のページの図中の１～６は伝統工芸品の生産地を示しています。伝統工芸品と生産地の組み合わせとして正しいものはどれですか，下の**ア～カ**から１つ選び，記号で答えなさい。

ア ［小千谷つむぎ－１ 大館曲げわっぱ－２ 九谷焼－４ 信楽焼－６］
イ ［小千谷つむぎ－１ 大館曲げわっぱ－３ 九谷焼－５ 信楽焼－４］
ウ ［小千谷つむぎ－１ 大館曲げわっぱ－３ 九谷焼－４ 信楽焼－５］

エ ［小千谷つむぎ－３　大館曲げわっぱ－１　九谷焼－４　信楽焼－５］
オ ［小千谷つむぎ－３　大館曲げわっぱ－１　九谷焼－５　信楽焼－４］
カ ［小千谷つむぎ－３　大館曲げわっぱ－２　九谷焼－５　信楽焼－６］

＜図＞

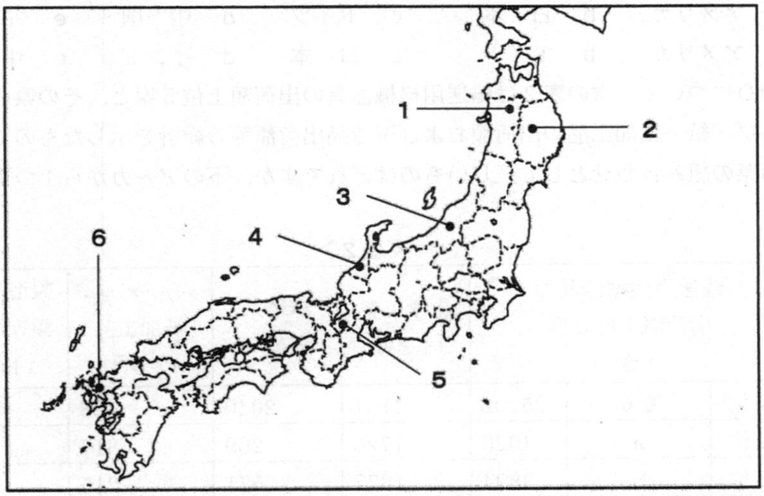

4 次の文章は『ちくま評伝シリーズ〈ポルトレ〉長谷川町子－「サザエさん」とともに歩んだ人生』（筑摩書房）の抜粋(ばっすい)です。これを読んで，あとの問いに答えなさい。なお，出題に際して，本文には省略および表記を一部変えたところがあります。

町子がよく取り上げたテーマに「婦人週間」がありました。

> 波平さんがおフネさんに「婦人週間だ。ゆっくりおしよ」と声をかけると，マスオさんもサザエさんに同じように優しく声をかけます。でも，波平さんもマスオさんも家事を手伝う気はゼロ。何もしない男たちに，Aいつものように家事に追われているおフネさんとサザエさんは「結局，私たちがやんなきゃならない」と愚痴(ぐち)をこぼします。（1956年４月12日，朝日新聞朝刊）

婦人週間とは，女性の地位向上のために1949（昭和24）年からB当時の労働省が始めたもの。日本でC女性が初めて参政権を行使した1946年４月10日にちなんで，その日から一週間を婦人週間と定めて，女性の地位向上のための啓蒙(けいもう)※1活動を全国的に展開していきました。その50年後には「女性週間」と名前を変えますが，D2000年には役割を終えたとして廃止(はいし)されています。

サザエさんもおフネさんもいわゆる（　１　）です。日本でも古来女性は有力な働き手でしたが，E昭和30年代に始まる高度経済成長時代になると「夫が外で働き，女性は（　１　）となって家庭を守る」というステレオタイプ※2な男女の役割分担に賛同する人が増えてきます。冒頭(ぼうとう)の作品を見ると波平さんとマスオさんもそんな価値観から抜(ぬ)け出せないようですが，磯野(いその)家の長男カツオくんは率先して庭掃除(そうじ)や子守り，食事の後片付けなどの家事を手伝い，男女同権時代の新しい男性像を予見させます。

『サザエさん』の連載(れんさい)は1974（昭和49）年に終わりますが，その後の日本では女性の地位向上が目覚ましく進んだように思えます。

1986年からは，職場での男女平等を保障し，F家庭と仕事の両立を促進（そくしん）するための「（　２　）法」が施行（しこう）されました。<中略>このように制度は整っているのですが，他の先進諸国と比べると女性が子育てをしながら働くための環境（かんきょう）の整備はまだまだ遅（おく）れているのが現状です。

果たして『サザエさん』が続いていたら町子は一体どんな作品を残したでしょうか。

※１啓蒙…人々に新しい知識を教え，導くこと。

※２ステレオタイプ…行動や考え方が固定的・画一的であり，新鮮味（しんせんみ）のないこと。

問１　（１）・（２）にあてはまる語句をそれぞれ漢字で答えなさい。ただし，（１）は４字で答えなさい。

問２　下線Aについて，高度経済成長にともない，1960年代になると女性の家事にかける時間に変化が生じます。どのように変化しましたか，その理由とともに説明しなさい。

問３　下線Bに関して，労働省は2001年１月の中央省庁再編によって厚生省と統合され，厚生労働省となりました。厚生労働省の主な仕事についての説明としてあやまっているものはどれですか，ア～エから１つ選び，記号で答えなさい。

ア　予防接種や乳幼児健診（けんしん），幼稚園（ようちえん）や小学校の設置など，子どもの成長に関するサポートをしています。

イ　適正な労働条件の確保や安全で健康に働くための職場づくり，失業者への再就職支援（しえん）など，労働に関するサポートをしています。

ウ　産前・産後の休暇（きゅうか）や仕事と家庭の両立支援など，結婚（けっこん）・出産や子育てに関するサポートをしています。

エ　定年後の再就職支援や老齢（ろうれい）年金の支給など，定年後や老後の暮らしに関するサポートをしています。

問４　下線Cについて，次の問いに答えなさい。

(1)　女性が初めて参政権を行使してから74年経った2020年４月の時点でも，日本では女性が内閣総理大臣になったことはありません。2020年４月の時点で女性が大統領もしくは首相をつとめていた国として正しいものはどれですか，ア～エから１つ選び，記号で答えなさい。

ア　アメリカ　　**イ**　ロシア　　**ウ**　ドイツ　　**エ**　インド

(2)　現在の日本の参政権に関する説明として正しいものはどれですか，ア～エから１つ選び，記号で答えなさい。

ア　国会議員などを選ぶ選挙では，20歳（さい）以上のすべての国民に選挙権が認められています。

イ　国会議員などを選ぶ選挙では，参議院議員は25歳以上，衆議院議員は30歳以上のすべての国民に被選挙権が認められています。

ウ　裁判官として適しているかどうかを審査（しんさ）する国民審査では，最高裁判所と下級裁判所の裁判官を対象に18歳以上のすべての国民に投票が認められています。

エ　日本国憲法の改正の手続きにおける国民投票では，18歳以上のすべての国民に投票が認められています。

問５　下線Dについて，2000年から導入された，高齢（こうれい）化の進展に対応するための新しい制度として正しいものはどれですか，ア～エから１つ選び，記号で答えなさい。

ア　医療保険制度　　**イ**　介護保険制度

ウ　雇用保険制度　　**エ**　年金保険制度

問６　下線Ｅについて，高度経済成長が経済や人々の生活に与えた影響として正しいものはどれですか，ア～エから１つ選び，記号で答えなさい。

ア　大阪万国博覧会開催に合わせて，同年に東京と大阪の間で東海道新幹線が開通するなど，交通網の発達が進みました。

イ　国民総生産（GNP）が，アメリカ合衆国，中華人民共和国に次いで世界第３位となりました。

ウ　新潟県の阿賀野川流域で，上流の化学工場の排水に含まれていたカドミウムによりイタイイタイ病が発生するなど，公害問題が表面化しました。

エ　東京・名古屋・大阪などの大都市圏では急激な人口流入で過密化が進む一方，農村では若者が労働者として都市へ流出したため過疎化や高齢化が進みました。

問７　下線Ｆについて，現在日本では，家庭と両立しながら働き続けることのできる組織や社会を形成するために，仕事と生活の調和を図ろうという理念が広まってきています。この理念を何といいますか，カタカナで答えなさい。

れているが、困っている生徒のためなら自分より経験豊富な先生に対しても異議をとなえる人物。

イ　生徒からは弱々しくて頼りにならず的外れな先生だと思われているが、生徒のさまざまな事情を受け止め、事態を好転させるようなアドバイスをする人物。

ウ　生徒からは弱々しくて的外れな先生だと思われているが、生徒の意見を公平な立場で聞き、さまざまな立場の生徒が納得できる意見を示す人物。

エ　生徒からは的外れで頼りにならない先生だと思われているが、生徒の多様なあり方を受け止め、生徒が思いもつかないような考えを自身の経験をふまえて話す人物。

オ　生徒からは弱々しくてやる気がなく会議を混乱させる先生だと思われているが、問題に直面している生徒一人ひとりを理解し、誠実に対応する人物。

問７　本文について説明したものとして**適当でないもの**を次の中から一つ選び、記号で答えなさい。

ア　――線Ａ「学校に向かう、一将の足は重かった」では、一将が将人の欠席をひどく気にしながら登校している様子が表現されている。

イ　――線Ｂ「咲良は確か、あっち側の人間、つまり、青春の大縄跳び組だ」では、一将が咲良のような大縄跳びの選手に強くあこがれていることが表現されている。

ウ　――線Ｃ「矢のような言葉が飛んできた」では、比喩（ひゆ）表現を用いることで、梨沙が一将たちに対していら立ちをこめてすばやく言い返す様子が表現されている。

エ　――線Ｄ「で、では、これで代表委員会を終わります！」では、無難に終わると思っていた代表委員会が、予想外の発言によってまとまらず、困っている議長の様子が表現されている。

オ　この文章は最初から最後まで一将の視点を中心として書かれており、生徒たちや先生とのやり取りにおける一将の心情がていねいに表現されている。

三　**次の１～４は、矢印に従って読むとそれぞれ二字の熟語になる。あてはまる漢字を答えなさい。**

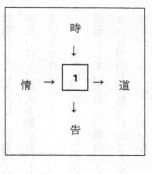

１
時 → [1]
情 → [1]
[1] → 道
[1] → 告

２
祝 → [2]
固 → [2]
[2] → 退
[2] → 書

３
以 → [3]
乗 → [3]
[3] → 雨
[3] → 参

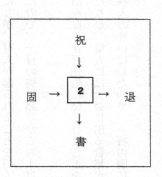

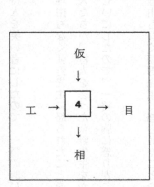

４
仮 → [4]
工 → [4]
[4] → 目
[4] → 相

話したいと思って伝えたところ、咲良は事情をあまり理解していないにもかかわらず、将人のことを代表委員会の議題にすると強く言い出しだから。

イ　将人が学校に通えるようになる方法が思いつかず、思わず咲良に話をしたところ、学校全体の問題として代表委員会の議題にするとは言ってくれたが、咲良自身は解決方法を考えてくれなかったから。

ウ　将人が学校を休んでいることに関して、だれかに話したい気持ちがおさえられず咲良に相談したところ、想像以上に咲良は正義感が強く、将人のことを学校全体の問題として代表委員会の議題にすると強引に進めようとしたから。

エ　将人が学校に通えるようになる方法を、だれかに相談したくて咲良に打ち明けたところ、母親にもまだ内緒にしていて大ごとにしたくないのに、咲良が代表委員会の議題にすると強引に進めようとしたから。

オ　将人が学校を休んでいることに関して、一人でかかえていることができなくて咲良に伝えたところ、母親にも内緒にしている個人的なことなのに、咲良が学校全体の問題として代表委員会の議題にすると強く言い出したから。

問３　――線２「一将は、ひざの上のこぶしをにぎりしめた」とあるが、なぜ一将は「こぶしをにぎりしめた」のか。その理由を説明したものとして最も適当なものを次の中から選び、記号で答えなさい。

ア　一将たちは、将人が正当な理由もなく荻野先生に怒られたことを問題としているのに、委員の人たちが、将人と荻野先生のどちらにも悪いところがあると考え、将人を笑い者にしたので、一将の胸に怒りがこみ上げているから。

イ　一将たちは、将人が正当な理由もなく荻野先生に怒られたことを問題としているのに、委員の人たちが、将人を怒った荻野先生をかばい、怒られたことを将人のせいにしたので、一将の胸に怒りがこみ上げているから。

ウ　一将たちは、将人が正当な理由もなく荻野先生に怒られたことを問題としているのに、委員の人たちが、将人が怒られたことを将人のせいにし、将人を笑い者にしたので、一将の胸に怒りがこみ上げているから。

エ　一将たちは、将人が正当な理由もなく荻野先生に怒られたことを問題としているのに、委員の人たちが、将人には大会に出る資格がないと判断し、怒られたことを将人のせいにしたので、一将の胸に怒りがこみ上げているから。

オ　一将たちは、将人が正当な理由もなく荻野先生に怒られたことを問題としているのに、委員の人たちが、学校を休んだ将人を気が小さいとさげすみ、将人を笑い者にしたので、一将の胸に怒りがこみ上げているから。

問４　――線３「荻野先生が間違ってる」とあるが、咲良がこのように考えたのはなぜか。その理由を70字以内で説明しなさい。

問５　[4]に入る最も適当な漢字を１字で答えなさい。

問６　本文全体から「橋本先生」はどのような人物だと読み取れるか。その説明として最も適当なものを次の中から選び、記号で答えなさい。

ア　生徒からは会議を混乱させるだけの頼りにならない先生だと思わ

みんなが互(たが)いの顔を見た。ハシケン先生が、こんなにしゃべるところを見たこともない。

「あの、それって、3荻野先生が間違ってるっていうことですか？」

おそるおそる咲良が問いかけると、ハシケン先生は「あ、いや、それは……」と、手をふった。

「やはりここは、荻野先生に直接言ってみてはどうでしょう？」

「直接……」

一将と咲良は、顔を見合わせた。

「もしかして、ハシケン先生、ついてきてくれますか？」

咲良がうかがうように聞くと、ハシケン先生は、小さい子のように首をふった。

だよな……という空気が、教室に満ちていく。

先生たちを見ていると、その力関係も自然とわかってくる。荻野先生はどの先生よりも強く見えたし、校長先生からも一目置かれている。ハシケン先生のような軟弱(なんじゃく)な先生が、太刀(たち)打ちできる相手ではない。

だったらよけいなことを言うなよと、一将は腹立たしい気持ちになった。

やっぱり、ハシケンはハシケンだ。

少しだけ期待した一将は、最後は逃(に)げるハシケンに落胆(らくたん)した。

みんながまた動きはじめたとき、教室を出ようとしていたハシケン先生が、思い切ったように「あの……」と振り向いた。

まだ何か言い足りないのかと、みんなの視線が集まる。

一秒、二秒、三秒……。

あまりにも間があって、言うことを忘れたんだろうとだれもが思ったとき、唐突(とうとつ)に口を開いた。

「学校は、だれのものかって……考えたことはありませんか？」

一瞬、教室の空気が［d］した。全員が、困ったような顔をする。

「ぼくは……みんなくらいのとき、いつも考えてました。でも、わからなかったから、大人になっても、また学校に戻ってきたのかもしれません」

ガッコウハ、ダレノモノカ……。

それは、静かな湖面に投げ入れられた小石のように、波紋(はもん)を起こし、じわりと教室じゅうに広がっていった。

「Dで、では、これで代表委員会を終わります！」

これ以上引っかき回されたらたまらないというように、議長はあわてて［4］を下ろした。

※内申書…生徒の成績や学校生活の様子などが書かれていて、現在の学校から入学を希望する学校へ提出される書類。

問1 ［a］～［d］に入る最も適当なものを次の中から選び、それぞれ記号で答えなさい。ただし、同じ記号は一度だけしか使えないものとする。

ア どんどん　イ いそいそ　ウ もやもや　エ すらすら

オ ゆらゆら

問2 ――線1「あ～、やっぱり話さなければよかった……と、一将は後悔した」とあるが、なぜ一将は「後悔」したのか。その理由を説明したものとして最も適当なものを次の中から選び、記号で答えなさい。

ア 将人が学校を休んでいることに関して、幼なじみの咲良にだけは一将が身を乗り出す。

「これは、二十人だけの問題じゃないと思う」

咲良がさえぎって、梨沙をにらんだ。

「わたしはそう思わないし、荻野先生も悪くないと思う。文句があるなら、直接言えばいい。なんなら、親に言いつけたら？」

ケンカを売るような言い方で、ぎりっと刺すようににらみ返してきた。そして、まゆを寄せて壁の時計を見る。

「わたし、忙しいから」

そう言って梨沙は、席を立って教室を出ていこうとした。

「オレも塾があるし……」

「荻野先生に歯向かうなんて、おっかないもんね」

「だよなぁ……。今、何かやらかして、※内申書に変なことを書かれたら……」

そんな声まで、ちらっと聞こえた。

議長がおろおろして、ハシケン先生を見る。ハシケン先生は、相変わらず目を閉じて、頭をゆらしていた。

「もしやりたいなら、代表委員会じゃなくて、六年生でやってください」

薄く笑いながら博樹が立ち上がると、五年生の全員がつられるように立ち上がった。

「あの、じゃあ、この件は、来月の代表委員会でもう一度ということで……ハシケン先生、それでいいですか？」

議長があわてて聞いても、ハシケン先生の目は閉じたままだ。やっぱり寝ている。

「ハシケン先生！」

大きな声でもう一度言うと、ハシケン先生はイスからずり落ちそうになって、目をぱちくりした。みんながあきれて苦笑する。

「ん？　ああ……」

目をしょぼしょぼさせながら、大きなあくびをひとつした。

「で、そのとき荻野先生は、怒ったんですか？」

いきなり咲良のほうを見て問いかけるから、咲良も帰りかけていたみんなも、動きを止めてきょとんとした。

聞いていたのか……と、だれもが思い、咲良もうろたえながらうなずく。

「はい……。見ててかわいそうなほど、将人くんを怒っていました」

名前を出さないという約束お忘れ、咲良はあわてたように答えた。

ハシケン先生は、「うーん」とうなって首をかしげると、こきっと骨を鳴らした。

「教師は叱るもので、怒ってはいけないって、教わったんだけどな」

そのとぼけた言い方に、何が言いたいのかわからなかった。そんな様子を見て、ハシケン先生は、咲良からみんなに視線をうつした。

「叱ると怒るの違いが、わかる？」

その場にいる全員が、催眠術にかけられたように首をふった。

「〝叱る〟は、その子のために教え諭すこと。でも、〝怒る〟は、ただ感情をぶつけること……って、実習に行った先の先生に教えられたんだよなぁ」

ハシケン先生は、独り言のようにつぶやいている。

「もし、荻野先生が我を忘れて怒ったなら、それは指導とは違うと思うけど……」

「みなさんも知っているとおり、朝練は自由参加です。それなのに荻野先生は『下手なのに、どうして来ないの』と、その子に対して激しく怒っていました」

「下手なら、怒られてもしょうがないよな」

ちゃかすようなだれかのひと言に、どっと笑いが起きた。

２一将は、ひざの上のこぶしをにぎりしめた。

「荻野先生は、その子に来なさいと言っていたわけじゃありません。それに、みんなの前で怒ることはないと思います」

咲良は、ゆるぎない口調できっぱりと言った。

「でも、下手なんだろ？」

「それじゃあなぁ」

咲良の勢いを無視するように、仕方ないじゃないかという空気が教室に満ちていく。

だから、嫌だったんだ。

もう十分嫌な思いをしたはずなのに……どうして、さらにこんなふうに言われなきゃいけないんだと、一将の体は熱くなった。

「だったらはじめから、下手なやつは大縄跳び大会に出るなって言えばいいじゃないか！」

気がついたら、立ち上がっていた。

みんなに注目される。もう、後には戻れない。

「あれって、だれでも出ていいんだろ？　勝つことがそんなに大事なのか？　だったら、予選でもやって、うまいやつだけ出ればいいじゃないかっ」

ムキになる一将に、しらっとした視線が集まる。

「その話、おもしろいけど……」

声をしたほうを見ると、五年生の梶尾博樹が、にやにやしながら言った。

「出るからには、勝ちたいって思うんじゃない？　ぼくだったら、足を引っ張る人がいたら迷惑だって思うけどなぁ。それとも、勝ちは目指すなってことですかぁ？」

一将は、博樹をにらんだ。家が近所だから、一時期よく遊んだことがあるけど、明るくておもしろいやつだった。こんな嫌味っぽい言い方をするやつじゃなかったのにと、腹が立つ。

一将が怒りで口を閉ざすと、咲良が割りこんできた。

「そんなことに言ってません。でも、勝つことだけを目指すのは、なんだか違うと思います。そしたらだれかが失敗したとき、みんなに責められることになるでしょう？　それじゃあ、なんのための大会なんだろうって思います」

さすが、咲良は弁が立つ。一将の思いを、［ b ］と言葉にしてくれた。

でも次の瞬間、「それで、何がしたいの？」という、C矢のような言葉が飛んできた。声のしたほうを見ると、六年二組の石井梨沙だった。

「荻野先生に文句を言いたいわけ？　だったら、勝手に言えばいいじゃない」

イライラした感情を投げつけてくる。

話が［ c ］ずれていくのを感じたけれど、一将も勢いを止められなかった。

「文句ってなんだよ！」

[1]あ～、やっぱり話さなければよかった……と、一将は後悔した。

…〈中略〉…

代表委員会の先生は、橋本健太という若い先生だ。みんなから、ハシケン先生と呼ばれている。

ひょろっと背が高くて、いつも眠そうな顔をしてて、やる気がなさそうに見える。代表委員会で、一将たちが何を話していても関心なさそうで、ときどき寝ていた。たまに意見を聞いても、とんでもなく的外れなことを言って、会議をかき乱す。

たとえば、給食の残しをどうやって減らせばいいかっていう議題があがったとき、

「ぼくも嫌いなものがあるよ。体の大きさだって、食欲だって、人それぞれなんだから、食べたいものを、食べたいだけ食べればいいと思うんだけど」

なんて言うし、席に座らないで歩き回る子がいるっていうときだって、

「歩きたいなら、仕方ないと思うんだけどなぁ」

なんて答えて、ちっとも前に進まない。そのたびに、みんなは「はぁ?」と首をかしげて振り回されるから、眠っていてくれたほうがマシなくらいだ。

今日は、目をつぶったまま体が［ａ］とゆれているから、眠っているのだろう。

「……」

「それでは、これから代表委員会をはじめたいと思います。はじめに

議長は六年生が交替で、決まっている議題をあげて進行する。代表委員は各クラス、男女一名ずつ。五年生と六年生、三クラスずつだから、全部で十二人だ。

ロッカーの整理整頓ができてないとか、給食のかたづけがどうとか、飼育小屋のうさぎにちょっかいを出すやつがいるとか、いつもどおりに話が進み、無難に決まっていく。

みんな早く終わりたいから、反対意見も出ずに、話し合いが進んでいった。

「では、これで本日の代表委員会を終わりたいと……」

議長がしめの言葉を言いかけて、一将もふっと気がゆるみそうになったとき。

「はいっ」

咲良が、勢いよく手をあげた。

忘れてなかったか……。

咲良は立ち上がり、歯切れのいい声で言った。

「昨日の朝、二年生の男子が荻野先生に、みんなの前でひどく怒られていました。その子は、自由参加の朝練に出なかったことを注意されたんです。そのせいでその男子は、大縄跳びのチームの子たちから大会に出るなと言われ、今日は欠席しているそうです」

教室がざわつく。

おいおい、ちょっと待てよ、と一将は焦った。

二年生なんて言ったら、調べればすぐに将人のことだとわかってしまう。

「でも、怒られるようなことをしたんだろ?」

だれかが言って、カチンときだけれど、咲良がすかさず言い返した。

なぁって感じ。金網のあっちとこっちとでは、まるで別世界だ。あっちには、一生懸命やった人しか味わえない達成感がある。

将人は、あっちの世界でがんばろうとしてたんだよな……。

そう思うと、やりきれない気持ちになった。将人をあの輪の中に入れてやりたかった。

そんなことを思いながらぼーっとしていると、バンッとランドセルをたたかれた。

「おっはよ！」

振り向くと、咲良が立っていた。

「うわ、なんだよ」

見られたくないところを見られたようで、うろたえた。

「何をぼーっとしてるの？」

一将の視線を追って、咲良も校庭を見る。

「あれ？　そういや、咲良も朝練じゃねーの？」

B咲良は確か、あっち側の人間、つまり、青春の大縄跳び組だ。

「今日、寝坊しちゃった」

そう言って、ぺろっと舌を出す。咲良は運動神経がいいから、練習なんてしなくても許されるんだろうな。そう思ったら、ますます将人が哀れに思えてきた。

「そういえば将人くんは？　今日は、練習に出てるの？」

咲良が、校庭に向かって目を細める。

「いや、休み。もう大縄跳び大会も出たくないってさ。あいつが不登校になったら、荻野先生のせいだよ……」

思わず、やけぎみに口をすべらせた。

「どういうこと？」

すかさず咲良が聞いてきて、まずいかもって思ったけれど、止めることはできなかった。腹の底にたまった思いを、どこかに吐き出さずにはいられない。

昨日からのことを話すと、咲良は思い切りまゆを寄せた。

「それって大問題じゃない！」

「まぁ……」

咲良が激しく怒ると、逆に一将の気持ちはすっと引いた。嫌な予感がして、足早に校門をくぐる。咲良も後を追ってきた。

「ねぇ、それ、今日の代表委員会で話し合わない？」

「はぁ？」

予感的中で、一将はうわばきに履き替えながら顔をしかめた。そういえば、今日は委員会活動の日だ。

「いや、いいよ」

思わずあわてる。母さんにも内緒にしていることを、そんなところで話し合われても困る。

「今日の議題は決まってるだろ」

「大丈夫だよ。あたしが提案するから」

「で、でも、そんな個人的なこと……」

我が家のことが議題になるなんて、考えただけでゾッとする。

「じゃあ、名前は出さないから」

咲良の強い目にじっと見つめられ、それ以上言い返せなかった。

「これは、一将たちだけの問題じゃないと思う」

有無を言わせない迫力に、ぐいぐい押される。

るようになったということ。

ウ　大航海時代を経て探検者だけが世界地理を理解するのではなく、世界中の人々が客観的な地図を受容して世界地理を理解するようになったということ。

エ　キリスト教的な想像力のみにもとづいた地図に加えて、それぞれの時代や地域で受容されている宗教の影響を受けた地図も描かれるようになったということ。

オ　神話にもとづいた空想的な地図ではなく、キリスト教の影響を受けて現実世界を客観的に表現した地図が人々に受容されるようになったということ。

問５　――線５「この地図を見た人には、それがどこかに実在するように感じられる」とあるが、それはなぜか。その理由を60字以内で説明しなさい。

二　次の文章は、工藤純子『あした、また学校で』の一部である。小学六年生の滝川一将には、二年生の弟、将人がいる。将人は大縄跳び大会に向けて練習していたが、ある日、荻野先生に怒られてしまう。一将の幼なじみで同級生でもある新美咲良は将人が怒られる姿を見かけて、そのことを一将に伝えた。心配した一将が将人に事情をたずねると、将人は大縄跳び大会には出場しないと言った。以下の文章はそれに続く部分である。これを読んで、後の問いに答えなさい。なお、出題に際して、本文には省略および表記を一部変えたところがある。

まずいな……。

A学校に向かう、一将の足は重かった。

今朝、将人は「お腹が痛い」と言って、起きてこなかった。母さんは、「じゃあ休む？」なんて言って、連絡帳を書いて一将によこした。

もしかしたら、ずる休みかもしれないと思ったけれど、母さんに事情を言えなくて……。

きっと明日になれば、将人も学校に行く……に違いないと自分に言い聞かせ、一将は重い足を引きずった。

でも、このまま不登校にでもなったら……。

そんな思いを振り払って歩く。

学校の校庭が、金網の向こうに見えた。

大縄跳びの朝練をしているグループがいくつもある。大会に向けて、どの学年も練習に熱が入っている。

「イーチ、ニー、サーン、シー！」

そんな姿を、一将は冷ややかに見つめた。

「ほら、もっと速く跳んで！」

荻野先生の声が、ひときわ大きく響いていた。五分間で、いちばん多く連続で跳べた回数が記録になる。それにはできる限り速く縄を回し、そのスピードにのって、次々跳ばなくてはいけない。だれかが引っかかったら、一からやり直しだ。のんびりマイペースな将人には合わないと、ひと目でわかる。

六年生ともなると、神業みたいなスピードで……。つくづく、大縄跳びの選手にエントリーしなくてよかったと思った。

でも……本当は、うらやましい気持ちも少しある。

みんな真剣で、記録を更新するとハイタッチして……青春してるよ

ア　人々が地理的な事象をどのように地図に表現し、地図はどのような変化をしてきたのかという問い。
イ　特定の地域における地理的事象や特徴が、人口や産業の形成にどのように影響したのかという問い。
ウ　それぞれの時代における地図の描かれ方が、科学技術の発展にどのように作用したのかという問い。
エ　社会において地図とはどのような存在で、地図と社会がどのように影響しあっているかという問い。
オ　地理的な事象を考察して客観的に表現するためには、どのような地図を作成するべきかという問い。

問２　――線２「このような再構成」とあるが、それはどういうことか。その説明として最も適当なものを次の中から選び、記号で答えなさい。

ア　現実の環境を、一定の比率に縮小するとともに、必要な情報だけを選び単純な記号を用いて表現すること。
イ　現実の環境を、情報の選択によって簡略化するだけでなく、目的に沿った情報を平面化して表現すること。
ウ　現実の環境を、一定の比率に縮小して不要な情報を取り除き、必要な情報のみ単純な記号を用いて表現すること。
エ　現実の環境を、情報の選択によって簡略化したうえで、目的に沿った情報を目立つように記号化して表現すること。
オ　現実の環境を、一定の比率に縮小して平面化し、目的に応じて必要な情報だけを記号化して表現すること。

問３　――線３「地図が現実の見え方を規定している」とあるが、それはどういうことか。その説明として最も適当なものを次の中から選び、記号で答えなさい。

ア　人間は情報の密度が低い地図だけでは都市全体を把握できないため、現実の再構成に必要な身体感覚の拡張を行い、現実を把握しているということ。
イ　人間は複雑な現実世界をそのまま把握することができないため、単純な記号で客観的に描いた地図を参考にすることで、現実を把握しているということ。
ウ　人間は複雑な現実世界をそのままでは理解できないため、現実をわかりやすく再構成した地図に沿って、現実を理解しているということ。
エ　人間は情報量が多いと情報を選り分けられないため、現実世界を分割して直接的に見わたすことで都市の意味を解読し、現実を理解しているということ。
オ　人間は情報量が多い都市の複雑さに混乱するため、地図のような単純化された都市を設計することで、現実を認識しやすくしているということ。

問４　――線４「地図の世俗化」とあるが、それはどういうことか。その説明として最も適当なものを次の中から選び、記号で答えなさい。

ア　科学的な知識にもとづいた地図だけでなく、その時どきに人々が信じている宗教や神話の考え方にもとづいて描かれた地図も受容されるようになったということ。
イ　社会において人々が共有していたキリスト教的な世界認識にもとづいて描かれていた地図が、科学的な方法で正しく描かれ受容され現実だったのである。

ただ、近代になると、そうした宗教的・神話的な想像力ではなく、それを排除しようとする科学的な視点によって世界が意味づけられるようになる。同時に、大航海時代を経て、探検者によって世界地理が「発見」されたことで、その成果にもとづく科学的な世界地図がつくられ、人びとに受容されるようになった。それは、いわば「[4]地図の世俗化」とも呼びうる現象であった。以降、科学的な地図の普及とともに、地図は科学的な方法で正確に描かれるものであるという常識が広まっていったのである。

しかし、現代においても、実は「空想地図」なるものが存在する。２０１３年、今和泉隆行『みんなの空想地図』(白水社)という書籍が刊行され、テレビやインターネットで話題を呼んだ。これには今和泉が描いた「中村市」という架空の都市の地図が掲載されている。そんな都市は現実にはどこにも存在しないのだが、[5]この地図を見た人には、それがどこかに実在するように感じられることだろう。それは、この地図がわたしたち現代人にとって、きわめて「リアル」に描かれているからである。対象は架空のものであっても、現実の都市計画を参照しながら「ありそうでない」都市が緻密に設計され、市販の都市地図そっくりのフォーマットで描かれている。均質で精密な表現がなされていることにくわえて、たとえば、淡いトーンで色分けされた町ごとの区画、駅周辺や国道沿いに点在するコンビニやファーストフード店のアイコンなどに、読み手は※既視感を覚えるわけである。

このことは、わたしたちがこのような地図の描き方になじみ、現実よりも先に地図に触れ、それをとおして、現実の都市をイメージしていることのあらわれといえよう。たとえ架空の都市でも、地図の描き方をその時代や社会のあり方に合わせることで、リアルに見せかけることが可能なのである。そして、どんな地図表現を「リアル」とみなすかは、時代や社会によって変わってくるのだ。

このように、地図のあり方は、その社会における文化や制度のあり方を反映する。端的にいえば、時代や社会が変われば、地図の表現も、その受容のされ方も変わるということである。地図は恣意的に描かれるものであるが、たとえその作者が個人であっても、そうした社会的影響を少なからず受けることになる。その社会の文化に適合する地図を、いわば「つくらされる」わけである。したがって、地図はたんに個人の恣意によってつくられるのではなく、社会によってつくられているのである。地図の社会学は、まずこうした側面に着目しなければならない。

※ＧＩＳ…地理情報システム(Geographic Information System)。地形・地質の状態から観光・交通情報まで、さまざまな地理情報をデータベース化し、地図上に表示するコンピュータシステムのこと。
※ジオラマ模型…実際の風景に似せて配置された、小型の模型。
※鳥瞰、俯瞰…いずれも、高いところから広い範囲を見おろしてながめること。
※歪曲…事実などを、いつわってゆがめること。
※恣意的な…その時どきの思いにまかせた。
※既視感…それまでに一度も見たことがないのに、かつて見たことがあるように感じること。

問１ ――線１「こうした問い」とあるが、それはどのような「問い」か。その説明として最も適当なものを次の中から選び、記号で答えなさい。

地図という表現の固有性があるといえよう。航空写真はそこから見えるものをすべてありのままに写し取っているが、それではむしろ情報量が多すぎて、必要な情報を読みとりづらい。そこで、地図は目的に応じて必要な情報だけを選択し、単純な記号を用いて表現するのである。

以上のように、地図とは、現実を縮小し、平面化し、記号化した空間表現である。すなわち、地図は現実をありのままに写し取ったものではなく、縮小・平面化・記号化という方法によって「再構成」しかものなのである。

2 このような再構成がなされるのは、そうすることによって現実が見えやすくなるからだ。

個人は、現実の世界を本当の意味ですみからすみまで歩きつくすことはできないし、自分の目で直接的に見わたすこともできない。もちろん、タワーや飛行機から都市を※鳥瞰（ちょうかん）することはできる。だが、それとて広い世界の一部にすぎない。また、航空写真と同じで情報の密度があまりにも高く、そこから必要な情報とそうでない情報をみずから選り分けるのはむずかしい。それに、タワーからの※俯瞰景（ふかんけい）や航空写真には、地名や境界線などの記号がないため、たしかに都市は広くつぶさに見えていても、その都市に付与（ふよ）された意味を解読できない場合がある。

そこで、そのままではあまりに広大で複雑すぎる現実世界を、個人が把握（はあく）するのに最適な状態へと縮減し、再構成するのが、地図の役割である。そして、わたしたちは現実を再構成した地図を見て、それにもとづいて現実を理解している。人間にとって、地図は現実よりも先にあり、3 地図が現実の見え方を規定しているということである。

その意味で、地図は、送り手が情報を再構成＝編集して、受け手に伝達し、共有させる「メディア」の一種である。あるいは、メディア論の大家であるM・マクルーハン流にいえば、地図も人間の身体感覚を拡張し、自己と世界・他者を仲立ちする「メディア」である。つまり、地図というメディアを介（かい）することで、人間はみずからの身体を超（こ）えて他者と同じように世界を見わたすことができるようになるわけである。

いずれにせよ、地図が現実の再構成なのだとすれば、それは客観的な表現などではなく、多かれ少なかれ誇張（こちょう）や省略、※歪曲（わいきょく）をともなう※恣意的（しいてき）な表現といえる。地図の主題（目的）に沿ってさえいれば、何をどのように描くかはほとんど作り手の裁量に委ねられている。たとえば、市役所へのアクセスマップであれば、市役所に面する道路を太く強調したり、市役所にアクセスするうえでとくに意味のないカーブを直線的に描いたりしても問題はない。市役所以外に何を載（の）せるかも基本的には自由である。もちろん、そんな地図にも一定の正しさは必要であり、たとえば市役所があるはずの場所にガソリンスタンドが記載（きさい）されていれば、それは誤った地図ということになる。

しかし、そうした正確性を重視する地図のあり方は、近代以降に確立されたものにすぎない。たとえば、中世ヨーロッパでは、「マッパ・ムンディ」と総称（そうしょう）される世界地図が普及（ふきゅう）したが、これはキリスト教的世界観にもとづいて表現された空想的な絵地図であった。そこでは、聖地エルサレムが世界の中心に、そして、エデンの園があるとされる東の方角が上方向に位置づけられ、聖書に登場する想像上の動物や民族の絵が描きこまれていた。しかし、人びとが世界地理についての科学的な知識をもたず、宗教や神話が人びとの世界認識を強く規定していた当時の社会においては、それこそが「正しい地図」であり、共有されるべき社会的

【国　語】〈五〇分〉〈満点：一〇〇点〉

【注意】一、解答の際には、句読点や記号は一字と数えること。
二、コンパス・定規は使用しないこと。

一　次の文章は、松岡慧祐『グーグルマップの社会学　ググられる地図の正体』の一部である。これを読んで、後の問いに答えなさい。なお、出題に際して、本文には表記を一部変えたところがある。

あなたが初めて本格的に地図に触れたのはいつだろうか。それはおそらく小学校の社会科の授業ではないだろうか。「地図の社会学」というと、そうした社会科における地理の学習の延長と考える人も少なくないはずだ。ただでさえ社会科と混同されやすい社会学という学問に、「地図」という言葉がくっつけば、ますます社会科のイメージが強くなるのもやむをえないだろう。

あるいは、地図の研究というと、地理学という学問を真っ先に思い浮かべる人も多いかもしれない。たしかに、これまで地図は地理学の専売特許であった。ただし、地理学において、地図はあくまで地理的な事象を記述したり分析したりするための道具として用いられることが多い。たとえば、近年は※ＧＩＳと呼ばれる技術によってデジタル化された地図データを用いた空間分析が盛んである。また、社会科においても、地図は世界や国土に関する地理的知識を習得するための教材として位置づけられている。

他方で、地図そのものを対象とする地図学（cartography）と呼ばれる分野もある。そのなかにもさまざまなアプローチがあり、たとえば地図の歴史を扱う「歴史地図学」なども含まれるが、もともと地図学は地図製作法を研究する学問として成立したものである。

もちろん社会学では、このように地図をつくる技術を追究することはしない。また、地図の読図や分析をとおして社会の地理について学んだり、考えたりするわけでもない。

では、地図の社会学とは何か。一言でいえば、それは「地図と社会の関係」について考えるものである。すなわち、「地図とは社会や人間にとってどのような存在であるか」「地図と社会のあり方が相互にどう影響し合っているか」といったことが基本的な問いとなる。

[1]こうした問いに向き合うためには、まず、地図とは何かを明らかにしておく必要があるだろう。地図学の権威であるＡ・Ｈ・ロビンソンらは、地図を定義する条件として、以下の三点を挙げている。

1.「縮尺」によって距離・方向・面積などがある秩序をもって示される。
2.通常は平面上に描かれる。
3.ある程度一般化された地理的事象から選択したものしか表せない。

一点目は、地図は現実の環境をそのままの大きさであらわすのではなく、一定の比率に「縮小」したものであるということだ。しかし、環境を縮小して表現するだけであれば、※ジオラマ模型なども同じである。そこで、二点目に、三次元の立体的な現実を二次元の平面に展開するというところに、地図の大きな特徴がある。ただ、現実を平面化した表現としては、空から撮影された航空写真などもある。

したがって、三点目にあるように、縮小・平面化された現実のなかから、描くものと描かないものを取捨選択しなければならないところに、

第1回

2021年度

解答と解説

《2021年度の配点は解答欄に掲載してあります。》

<算数解答> ≪学校からの正答の発表はありません。≫

1 (1) 37 (2) 300g (3) 17日目 (4) 130度
2 (1) 2.75秒 (2) 21m/秒 (3) 1169m^2
3 (1) 解説参照 (2) 688.16cm^2 (3) 622.4cm^2
4 (1) 68個 (2) 45 (3) 88個
5 (1) テープA S□bG モードNGに変更 テープB S□□□□□G モードOKに変更
(2) 解説参照 (3) 解説参照

○推定配点○
5(1) 各5点×2(各完答) 他 各6点×15 計100点

<算数解説>

1 (四則計算, 消去算, 割合と比, 仕事算, 規則性, 平面図形)

(1) 13×36+36×24−35×37=36×37−35×37=37

重要 (2) 各ボールの重さをテ, バレ, バスで表す。バレ=テ×5であり, テ×15+テ×5×7+バス×5 =テ×50+バス×5=6000→テ×30+バス×3=6000×$\frac{3}{5}$=3600…A
同じく, テ×5+テ×5×5+バス×7=テ×30+バス×7=6000…B
B−Aより, バス×4=2400, バス=600 したがって, テニスボールは(3600−600×3)÷30=60(g), バレーボールは60×5=300(g)

重要 (3) 全体の仕事量を20, 25, 50の最小公倍数100にする。各人の1日の仕事量をA～Cで表すと, A=100÷20=5, B=100÷25=4, C=100÷50=2, 3人の仕事の周期は1+2=3(日), 2+1=3(日), 3+1=4(日)であり, 3×4=12(日)ごとに3人の休みが一致する。
12日間の仕事量は(5+4×2)×4+2×3×3=70, 15日間の仕事量は70+5+4×2+2×3=89, 17日間の仕事量は89+5+8=102
したがって, 17日目に終了する。

○××○××○××○××
○○×○○×○○×○○×
○○○×○○○×○○○×

重要 (4) 右図において, 三角形CGDは正三角形, 辺ABとEDは平行であり, 二等辺三角形DEAの底角は(180−40)÷2=70(度)
したがって, あ+い=180−{70−(60−40)}=130(度)

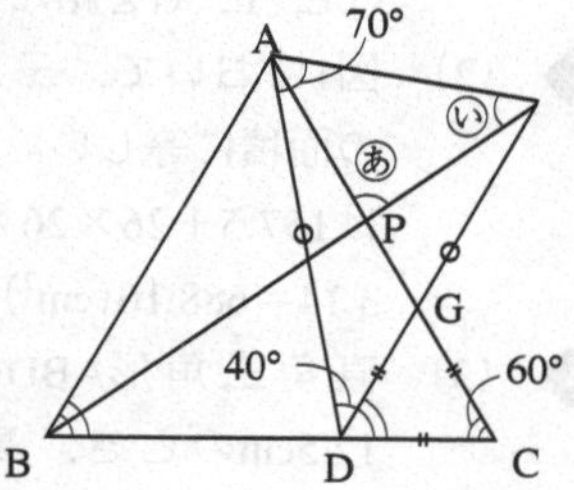

2 (平面図形, 相似, 立体図形, 速さの三公式と比, 通過算, 割合と比)

重要 (1) 右図において, バスBが完全に隠れた時間は
{12+(3+6)×2+3}÷12=33÷12=2.75(秒)

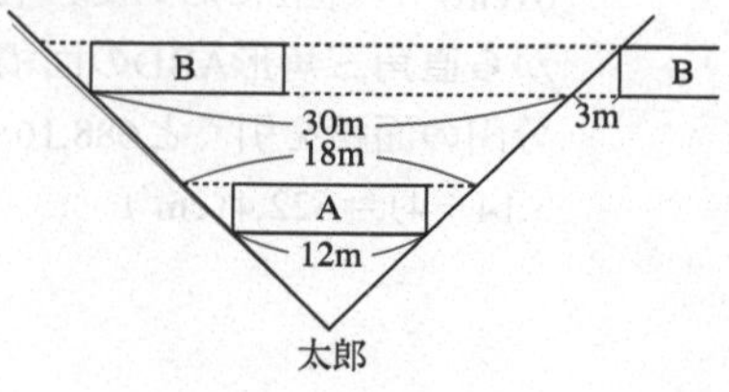

重要 (2) 右図において，バスAもBもそれぞれ1秒，移動している。直角三角形アイウ，アエオ，アカキはそれぞれ相似であり，相似比は6：9：15＝2：3：5である。したがって，Aの秒速は45÷5×(3－2)＋12＝21(m)

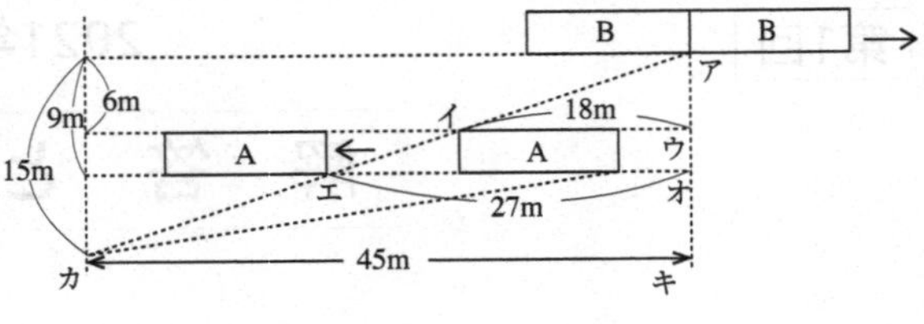

やや難 (3) 下図において，各三角形の相似比を利用すると，壁に映る影は台形・長方形・長方形の3つの部分によって構成され，タチ，チツ，ツテの長さはそれぞれ10m，60m，24mである。
また，サの影の高さは3÷9×30＝10(m)，シの影の高さは3÷6×30＝15(m)，ス・セの影の高さは3÷15×30＝6(m)　したがって，影の面積は(10＋15)×10÷2＋15×60＋6×24＝1169(m^2)

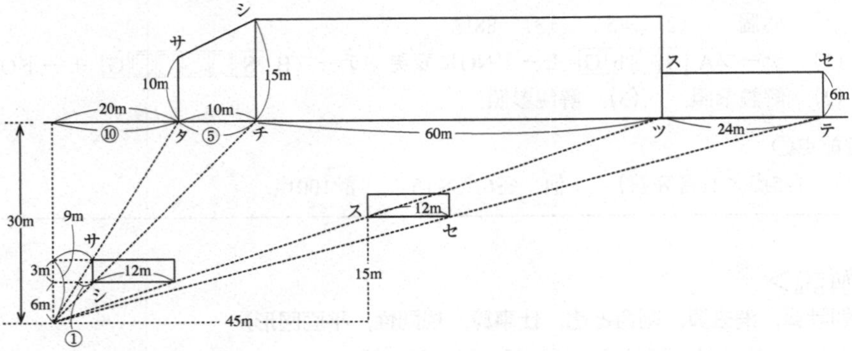

[3] (平面図形，図形や点の移動)

基本 (1) ①辺ABをAのほうへ延長してAD＝AGとなるGを定め，同様に，辺ADをDのほうへ延長してAB＝AEを定める。
②頂点Aにコンパスの中心を定めて半径ACの弧を描き，頂点Eにコンパスの中心を定めて半径BCの弧を描き，これらが交わった点をFとする。
…辺DCの長さを利用してもよい。
③E，F，Gを結んで台形AEFGを完成する。

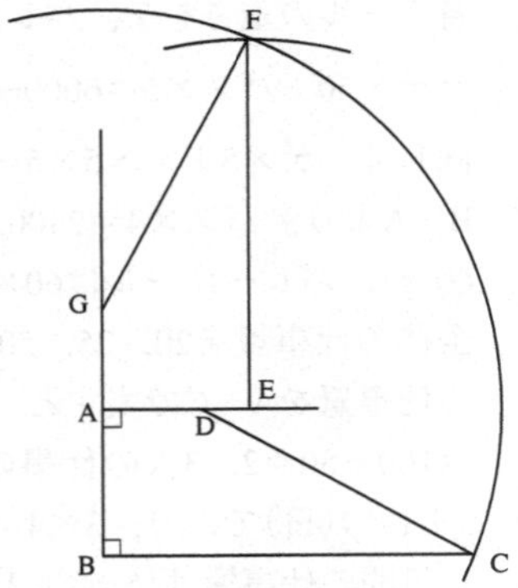

重要 (2) 図1において，三角形ア＋イは台形ABCDの面積に等しい。したがって，求める面積は157.5＋26×26×3.14÷4＝157.5＋169×3.14＝688.16(cm^2)

重要 (3) 直角三角形ABDの面積が37.5cm^2，BDが12.5cmのとき，高さAHは37.5×2÷12.5＝6(cm)　図2において，(2)で求めた面積から直角三角形ABDの面積＋半径6cmの四分円の面積を引くと688.16－(37.5＋6×6×3.14÷4)＝622.4(cm^2)

図1

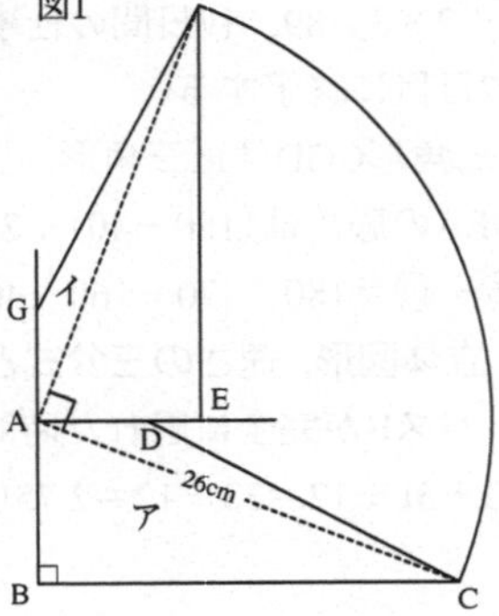

図2

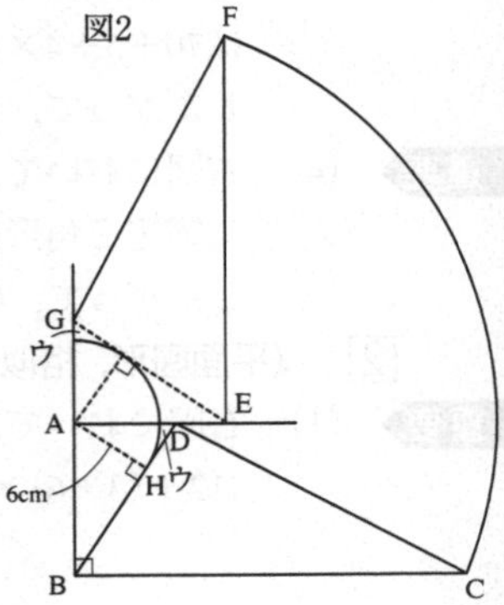

重要 4 **(演算記号，割合と比，数の性質)**

(1)　2021÷5＝404…1　　2021÷6＝336…5　　したがって，404－336＝68(個)があてはまる。

(2)　$2021\times\left(\frac{1}{□}-\frac{1}{□}+1\right)=2021\times\frac{1}{□}\times(□+1)$　　2021＝43×47，45×46＝2070より，□＝45

(3)　2021÷1＝2021，2021÷2＝1010…1，～，2020÷44＝45…41より，□にあてはまる数は44×2＝88(個)

やや難 5 **(論理，規則性)**

(1)　矢印に対応する(S，S，右)，(a，□，右)などは，(読み取った記号，書き込む記号，移動)を表す。

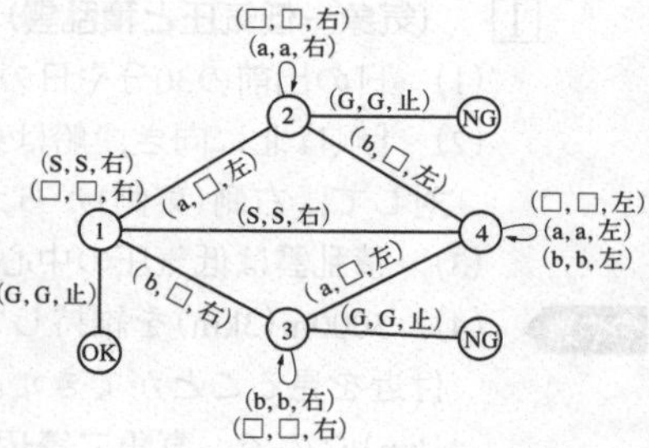

テープAは以下のように最後にモードNGに変更される。

[S|b|b|G] → [S|□|b|G] → [S|□|b|G] → NG
(b,□,右)　(b,b,右)　(G,G,止)

テープBは，以下のように，モード④から①にもどり，(S，S，右)，(□，□，右)の後，他のモードには移らずに，(G，G，止)により，最後にモードOKに変更される。

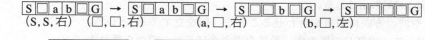

[S|□|a|b|□|G] → [S|□|a|b|□|G] → [S|□|□|b|□|G] → [S|□|□|□|□|G]
(S,S,右)　(□,□,右)　(a,□,右)　(b,□,左)

→ [S|□|□|□|□|G] → [S|□|□|□|□|G] → [S|□|□|□|□|G] → … → OK
(□,□,左)　(□,□,左)　(S,S,右)　(□,□,右)　(G,G,止)

(2)・(3)　(説明例)両端のSとGを除くマス目にすべて□を書くか，aとbを交互に書くテープ。

テープの例　[S|a|b|a|b|a|b|G]

aまたはbの個数が等しくない場合は，最後にモードNG(ノー　グッド)に変更される。

★ワンポイントアドバイス★

2(3)「影の面積」は時間がかかり，5「テープ」に関する処理は「説明書」の読み取りが難しい。1，3「図形の移動」，4「演算記号」は比較的，取り組みやすく，着実に得点することが可能である

＜理科解答＞　≪学校からの正答の発表はありません。≫

1　(1)　イ　(2)　ア　(3)　ウ　(4)　ウ　(5)　エ　(6)　ア

2　(1)　ク　(2)　ウ　(3)　エ　(4)　50000(人分)
(5)　(記号)　H　(能力)　遠くまで飛ぶ能力

3　(1)　31.6　(2)　オ　(3)　10℃まで冷やす。　(4)　ウ　(5)　空気
(6)　まわりの空気が少なかったから。

4　(1)　1　ア(と)ウ　2　ケ　(2)　C，D
(3)

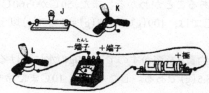

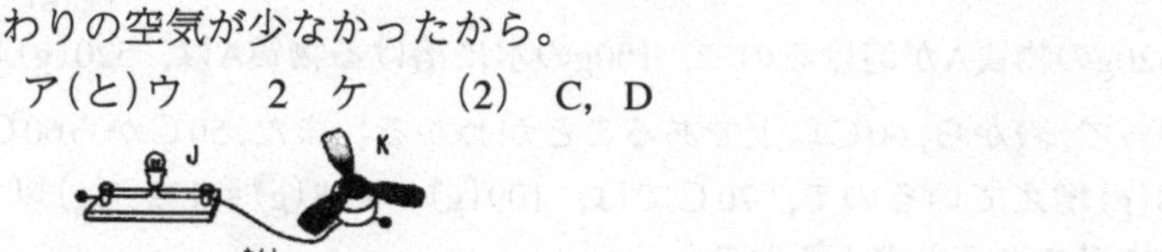

(4) ア　(5) ウ　(6) ウ　(7) (記号) カ　(理由) 導線だけの回路になるから。

○推定配点○

各4点×25(2(5), 4(1)・(2)・(7)各完答)　計100点

＜理科解説＞

1 (気象－低気圧と積乱雲)

(1) 日の出前の30分や日の入り後の30分を常用薄明という。

(2) 「凧は北に向き，船は東を向いたまま北に流されている。」とあるように，進行方向(北側)に対して，右側(東側)から太陽が出てくる。

(3) 積乱雲は低気圧の中心付近に発生する。また，雲は厚く，内部では雷が発生し，激しい雨が降る。

やや難 (4) 3000m(3km)を維持して飛行しているタイガーモス号から45°程度で雲を見上げると雲の頂上付近を見ることができた。タイガーモス号から雲の頂上までの高さの差が，10(km)－3(km)＝7(km)なので，直角二等辺三角形の関係から，タイガーモス号から雲までの水平の距離は，右の図のように約7kmである。

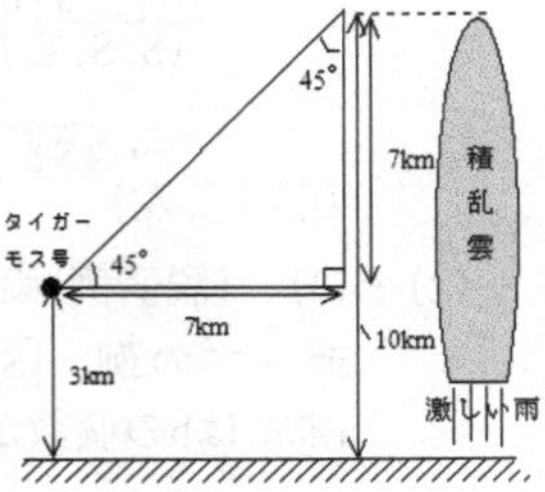

やや難 (5) 風や波の方向に船首を合わせることを「船を立てる。」という。したがって，南寄りの風の中，船首を南向きにして，雲から離れようとしている。

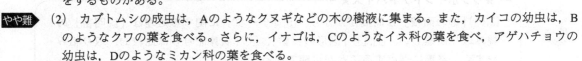

やや難 (6) タイガーモス号の北側に低気圧があり，南寄りの風が吹いている。

2 (昆虫・動物－サバクトビバッタ)

基本 (1) 昆虫は，頭部・胸部・腹部に分かれていて，羽は4枚のものが多く，さなぎになる完全変態をするものとさなぎの時期がない不完全変態をするものがある。

やや難 (2) カブトムシの成虫は，Aのようなクヌギなどの木の樹液に集まる。また，カイコの幼虫は，Bのようなクワの葉を食べる。さらに，イナゴは，Cのようなイネ科の葉を食べ，アゲハチョウの幼虫は，Dのようなミカン科の葉を食べる。

(3) バッタの個体数が一時的に増加すると，バッタに食べられるGは一時的に減り，バッタを食べるFは一時的に増える。

(4) 2gのトビバッタ4000万匹が1日に食べる食料が，2(g)×4000万＝8000万(g)＝80000(kg)なので，ヒトの，80000(kg)÷1.6(kg)＝50000(人)分の食料に匹敵する。

(5) 群生相は，黒っぽくなり，孤独相よりも大きくて，遠くまで飛ぶ能力が高い。

3 (ものの溶け方－溶解度と再結晶)

やや難 (1) 飽和水溶液中の水の量は，177(g)－102(g)＝75(g)である。また，20℃に冷やすと，102(g)－78.3(g)＝23.7(g)が溶けているので，100gの水に溶ける量は，$23.7(g)\times\frac{100(g)}{75(g)}=31.6(g)$である。

やや難 (2) 400gの水に520gの物質Aが溶けるので，100gの水に溶ける物質Aは，$520(g)\times\frac{100(g)}{400(g)}=130(g)$である。したがって，表から，60℃以上であることがわかる。また，50℃から60℃にかけて，109(g)－85.2(g)＝23.8(g)増えているので，70℃では，109(g)＋23.8(g)＝132.8(g)以上溶けると予想されるので，70℃未満であると考えられる。

やや難 (3) 60℃の水200gに，54gの物質Aと71gの物質Bを溶かすので，100gの水に溶ける量は，物質Aは，54(g)÷2＝27(g)，物質Bは，71(g)÷2＝35.5(g)である。したがって，10℃まで冷やすと，物質Aは，27(g)－22(g)＝5(g)より，5(g)×2＝10(g)出てくる。

重要 (4) 水をこおらせると，容器の端からこおり始める。また，体積が約1.1倍になるので，容器の中央が盛り上がる。

(5) 水道水には空気が溶けているが，沸騰させた水道水には空気がほとんど溶けていない。

(6) コップごと密封した容器の中に入れると，新しい空気が水にほとんど溶けないので，白い部分が少なくなる。

4 (電流と回路－豆電球とプロペラの回路)

(1) 1 豆電球の下の部分と横の口金の部分が電池の＋極と－極とつながることで，豆電球に電流が流れ，フィラメントが光る。したがって，アとウは豆電球の直列回路になる。また，イはショート回路になり，2つの豆電球には電流が流れず，光らない。さらに，エは，＋極にくっついている豆電球には電流が流れず，－極につながっている豆電球だけが光る。 2 ケの回路では，2つのプロペラと1個の豆電球が豆電球が直列につながっているので，回路に流れる電流が最も少なく，電池の消耗が最も少なくなる。

(2) 豆電球Aと同じように，豆電球Cと豆電球Dは，2個の電池と直接つながっているので，同じ明るさで光る。

(3) 電流計は回路に直列につなぐ。また，電流計の＋端子は電池の＋極側につなぎ，電流計の－端子は電池の－極側につなぐ。

(4) クの回路においては，回転を止める前のプロペラに流れる電流は25mAであったが，回転を止めた後は120mAだったので，豆電球Eは止める前よりも明るく光る。

(5) ケの回路においては，プロペラGを手でおさえると，回路には止める前よりも大きな電流が流れるので，豆電球Hは明るくなり，プロペラIの回転は速くなる。

(6) コの回路において，豆電球Jをソケットから外すと，プロペラKには電流が流れず，回らない。また，並列につながっているプロペラLには外す前と同じ電流が流れるので，プロペラの回転は変化がない。

(7) 手でおさえたカの回路においては，導線だけの回路となり，回路に大きな電流が流れる。

★ワンポイントアドバイス★

生物・化学・地学・物理の4分野において，基本問題に十分に慣れておこう。その上で，物理・化学分野ではグラフ作成・作図や計算問題にもしっかりとり組んでおこう。

＜社会解答＞ ≪学校からの正答の発表はありません。≫

1 問1 大宰府 問2 白村江の戦 問3 聖武天皇 問4 分国法 問5 イ・エ 問6 オ 問7 カ 問8 ア・ウ 問9 ① (例) 鉄道網や内航船による貨物輸送が整備されたことにより人や貨物の移動が活発になった。 ② (例) 学校教育や工場労働が行われるようになり，多くの人が一か所で長時間過ごすようになった。 問10 エ 問11 イ・オ 問12 オ 問13 ウ

2 問1 エ 問2 (1) 千曲川 (2) ア 問3 棚田 問4 (例) 周辺の市町村を編入したから。 問5 オ 問6 (例) 北陸新幹線の金沢延伸に伴い在来線の金沢方面への特急が廃止，これにより定期外の観光やビジネスを目的とする乗客が激減した。 問7 伝統的工芸品

3 問1 1 ア 2 イ 3 ウ 4 ア 問2 ウ 問3 イ・ウ 問4 ウ

問5　生存権　　問6　3議席　　問7　(例)　身近な問題を解決することを通して民主主義の本質を学ぶことができるから。　　問8　ア・ウ・オ
問9　5　エ　　6　ウ　　7　ア　　問10　ア

○推定配点○
[1]　問1・問3・問4　各4点×3　　問2　3点　　問9　各5点×2
他　各2点×8(問5・問8・問11各完答)
[2]　問1・問2(2)・問5　各2点×3　　問2(1)・問7　各4点×2　　問3　3点　　問4　4点
問6　6点
[3]　問1　各1点×4　　問5　4点　　問6　3点　　問7　5点　　他　各2点×8(問3・問8完答)
計100点

<社会解説>

[1]　(日本の歴史―古代～現代の政治・社会など)

問1「遠の朝廷(とおのみかど)」と呼ばれ地方の役所というより中央政府の出先機関の性格を持っていた。
問2　百済救援で出兵した日本軍は唐・新羅連合軍に大敗，百済は完全に滅亡し日本も朝鮮半島での足場を失うこととなった戦い。
重要　問3　疫病の流行に加えて各地で飢饉も発生，さらに藤原広嗣が大宰府で反乱を起こすなど社会・政治的な動揺は収まらず天皇は仏教による国家安寧を願った。
問4　喧嘩(けんか)両成敗や連座制など，領国内の秩序を厳格に維持する厳しい罰則が盛り込まれた。
問5　秀吉は家康と戦ったのちに関白，中国・四国平定後には太政大臣に就任するなど朝廷の権威を利用。九州平定後に伴天連追放令を出したが貿易は奨励したため禁教は徹底しなかった。
重要　問6　武断政治から文治政治に変えた徳川綱吉，三大改革のスタートである徳川吉宗，吉宗の子や孫に仕えた田沼意次，鎖国を批判し罰せられた蛮社の獄，幕末の薩摩藩主・島津久光の順。
問7　当時ヨーロッパで蚕の病気が流行，日本の生糸に対する需要が急増していた。
問8　日英同盟を口実に参戦，ヨーロッパ勢がアジアから退潮するすきをついて大陸への進出を図った。ドイツの勢力範囲は山東半島，米騒動は全国に拡大，連盟では日本は常任理事国。
問9　①　維新後に敷設された鉄道は急速に発展，日露戦争後には国有化もされた。　②　義務教育を目指した学制は失敗したものの明治の終盤には就学率は100%に近づいた。
問10　農地改革では地主の土地を低価格で小作に売り渡したため自作農の割合は大幅に高まった。
問11　政府は戦況が悪化した1943年10月，猶予していた学生の徴兵を開始，学徒出陣が行われた。ソ連は長崎に原爆が投下される前日の8月8日に宣戦を布告，翌9日に満州に侵攻した。
基本　問12　水俣病は熊本県南部，イタイイタイ病は富山県の神通川流域で発生。四日市ぜんそくは三重県，新潟水俣病は新潟県阿賀野川流域。
問13　栃木県西部，渡良瀬川上流に位置し明治時代には全国の4割を産出した大銅山。田中正造は自由民権運動に参加，立憲改進党から衆議院議員となったがやがて辞任して天皇に直訴した。

[2]　(地理―国土と自然・産業・世界地理など)

基本　問1　新潟は雨や雪がやむことを「晴れた」というほど冬場の晴れは珍しくどんよりとした日が多い。アは福島，イは前橋，ウは長野。
問2　(1)　奥秩父を源流に長野県北東部を流れる川。千の数ほど曲がって流れていることからの命名ともいわれる。　(2)　流れる水の量では日本最大の川でもある。イは石狩川，ウは日本最大の流域面積を誇る利根川，エは日本三大急流の一つである最上川。

問3 千枚田など観光地となっているところもあるが，過疎化の進行などで放棄される田も多い。
問4 平成の大合併といわれる国の政策により3000以上あった市町村は6割程度に減少。長岡市でも2005年から2006年にかけ周辺の市町村と合併，面積は倍以上に広がった。
重要 問5 正距方位図法は図の中心との距離と方位が正しく，しかも最短距離を示す。
問6 2015年，北陸新幹線が金沢まで延伸，首都圏と短時間で直結されたため利用客は急増した。さらに在来線の特急が廃止されたことで新幹線への乗客の移動が加速されることとなった。
問7 伝の字と日本の心を示す赤丸を組み合わせたマーク。全国で200品目以上が登録されている。

3 (政治—政治のしくみ・社会保障・国際社会など)

重要 問1 供給が需要を上回ると価格は下落，生産者は供給量を減らす一方消費者は購入を増やすためやがて需要と供給の一致する均衡価格に収れんしていく。
問2 景気がよい時は生産も増える。デフレーションは通貨の量が商品の流通量に対し減少するため貨幣の価値が上昇，生産は低下し失業者が増え経済活動が停滞する。
問3 日米安全保障条約は1951年のサンフランシスコ平和条約と同時に締結。1956年の共同宣言で国交回復したのは旧ソ連。中国とは1972年の日中共同声明で国交回復。
問4 65歳以上の人口が20%を上回ったのは2005年前後。介護保険は2000年に導入。
重要 問5 人間たるに値する生活の保障を国に求める権利。憲法では「健康で文化的な最低限度の生活」と規定されており，社会権を構成する中心的な権利である。
問6 1から順に自然数で割っていって大きい順に当選が決定，大政党にやや有利といわれる方式。この場合にはX党が4議席，Y党が3議席，Z党が1議席となる。
問7 地域社会の問題を自ら解決するという住民自治と，その前提として中央政府から独立した地方公共団体を保障するという団体自治の2つの要素から成り立っている。
問8 法律案を提出できるのは内閣と国会議員，政令は内閣によって定められる命令，国事行為は内閣の助言と承認を要する。弾劾裁判と予算の議決，条約の承認は国会の権限。
問9 5 津波による原子力発電所の事故で火力発電に依存せざるを得なかった。 6 1.5℃未満への努力義務も規定している。 7 トランプ氏を破ったバイデン大統領は協定への復帰を表明。
問10 軍事や外交を中心とした狭義の安全保障ではなく，環境破壊や貧困，人権侵害などあらゆる領域において一人一人の生活と尊厳を守ろうという考え方。生活の糧を保障すること自体は否定しないが，児童労働は子供の権利条約にも反し子どもの未来を奪うことにもなりかねない。

★ワンポイントアドバイス★
記述問題は今後も増えていくことが予想される。過去問などに数多く触れると同時に，コンパクトに自分の意見をまとめる練習もしておこう。

＜国語解答＞ ≪学校からの正答の発表はありません。≫

一 問1 ウ 問2 A ウ B ア C イ 問3 ウ 問4 エ 問5 オ

二 問1 Ⅰ イ Ⅱ オ Ⅲ ア 問2 エ 問3 衣服のデザイナーを失敗した全と取り柄もない自分の息子が，突出したセンスや才能に恵まれてきびしい世界で成功するとは，清澄の母親としてどうしても考えられないから。 問4 イ 問5 ア 問6 イ，エ

三 問 青年期になり認知能力が発達してきて，清澄独自の世界ができてきている。自分なりの価値観を持ちつつあるのに，母親の価値観を押しつけてくることには納得できず，

反発を感じている。

四 1 毛頭 2 骨子 3 善後 4 未練 5 形相 6 横行 7 支障 8 委

○推定配点○

一 各4点×7 二 問1 各2点×3 問3 10点 他 各4点×5
三 12点 四 各3点×8 計100点

＜国語解説＞

一 (論説文－要旨・大意，細部の読み取り，空欄補充)

基本 問1 「いわゆる反抗期……」で始まる段落からに着目する。「心の発達」があり，「自分なりの価値観ができつつある」から，親の言いなりではなく自分で行動したいと思うようになるという説明なのでウだ。

重要 問2 Aは後に続く文の内容で考える。「心の中で反抗していても～見透かされることはない」のように，秘密にするというような内容が書かれているので「己を隠すこと」があるウだ。

B 直前にある――線2の内容は，親がわが子との間に見えない壁を感じるのだろうだ。アの冒頭の「そんな親子」は，己を隠した子どもと，子どもの心がわからないという親子のことなのでアを入れる。

C 残りはイなので，確認してみると，Bを入れた後の内容は，子どもに迎合する親であっても，理不尽に押しつけてくる親であっても，子どもは鬱陶しく感じるという内容である。イの内容は，それらを「反抗期」としてまとめ，反抗期のあることの大切さをまとめているのでイが確実ということになる。

問3 ウとエにしぼることになるだろうが，エの「抽象的なしこをその世界の中で活発に動かしていく」は誤りである。文中では，抽象的思考が家発に動き出すことで自分独自の世界ができてくるという説明である。

問4 親と怒鳴り合ったり，取っ組み合いになったりする激しい反抗は，「直接」表れる反抗の形だ。一方，そのように直接行動を起こさなくても，筆者の例のように，秘密を持つことなどの反抗の形もあることを説明している。このような反抗の形は，直接ではなく「間接的」な形といえる。

問5 ア・イ 「いわゆる反抗期になったのだ。……」で始まる段落からの感想として合致している。 ウ ア・イをふまえて，自分自身の行動をかえりみているだけの発言なので，合致する，しないの内容ではない。 エ ウ同様自分自身のことではあるが，「秘密」を持つという行動は，問4で考えたように「間接的な反抗」で説明されているので合致している。 カ エ同様に，間接的な反抗について知った感想として合致している。 オ 「世代間境界」の認識が誤っている。子どものことは何でも知っていると思い込むことが世代間境界がうまくいっている状態ではない。

二 (物語－論理展開・段落構成，心情・情景，細部の読み取り，ことばの意味，記述力)

問1 Ⅰ「思いの丈」とは，思いの限り，思っていることのありったけ，すべてという意味の言葉なのでイ。 Ⅱ 「すこぶる」とは，「非常に」と同様，程度がはなはだしいさまをいう言葉である。「非常に」に近いのは「とても」である。 Ⅲ 「無造作に」は，たやすいこと，念入りではないことを表す言葉である。念入りではないということは「注意をはらわずに」ということになる。

問2 ――線1直後にある「私」の思っていたことに着目すると，「もう少し心配してくれてもよかった」，「関心がないの？」と発言している。「ものわかりがいい」母親はありがたいと思う反面，関心を持たれていないようなさびしさも感じるのである。

やや難 問3　母が思うように，実際に確かな根拠があるわけではない。あるのは「自分は母親だから」という不確かなものだけだ。不確かであるのに，母親だからわかるというのは確信なのだ。

重要 問4　――線3直後からの心情に着目する。「他人から見れば失敗かもしれないが，楽しいことなどがいっぱいあった」とふり返っている。ウの冒頭は正しいが，後半の「だれから見ても幸せなもの」は誤りである。したがって，イの「かけがえのないもの」を選択する。

問5　イ「これからは清澄の才能を信じて」は誤りである。　ウ「自分の理想の人生観を清澄に押しつけることが正しいと考えて」いたわけではない。　エ「清澄が失敗する人生でもよいのではないか」とまで考えているわけではない。　オ　エ同様に，「あえて失敗を経験させることが大切」と考えたわけではない。　ア「へその緒で……」で始まる段落に着目する。まだ清澄が自分のお腹の中にいるときですら，「あなたと僕はべつの人間」として生きていたという思いにいたっている。母と息子とはいえ「違う人間」なのだと思えるようになってきているということなのでアが適当である。

やや難 問6「適当でないもの」という条件に注意する。　ア　清澄が特別な子ではないという思いと，とにかく傷ついてほしくないという二つの思いがまとまらないのだから適当である。　イ「もー，ちーがーうー」という言い方やからかわれているのだろうかからは「強い怒りを感じ，興奮している」とは言えないので適当ではない。　ウ　以前の日常の暮らしを思い出して回想しているので適当だ。　エ　自分が母親を「お母さん」と呼んでいたころのことを，この日話したのだ。この日の話の内容は，自分が成長する際に，「人生を選ぶ権利がある」と言われ続けたことだった。その言葉をきっかけに，今，自分と息子の清澄との関係を考えるのだから，決して甘えて「お母さん」と呼びかけたわけではないので適当ではない。　オ　母親の心の変化を知らない清澄には，「何か変だなぁ」という感じの動作だと読み取れるので適当である。　カ　問5で考えたように，大きく変わることはできないが，それでも母と話したことで自分自身に少し変化を感じた「私」だ。そして，その変化を自分で認めているのだから適当である。

三　(記述力)

やや難 問「青年期の清澄」なのだから，一の文では，親とは違う価値観を持ち，親の言うとおりに生きることをきらう時期ということだ。これは認知能力が発達してきて，清澄独自の世界ができてきている時期ということができる。

四　(漢字の書き取り)

1「毛頭」とは，全然，まったくという意味の言葉である。「毛」は全4画の漢字。3画目は2画目より長めに書く。　2「骨」は全10画の漢字。4画目は2画目の右側につける。　3「善後策」とは，後始末をうまくつけるための方法という意味なので「前後」ではない。　4「未」は，全5画の漢字。2画目をしっかり長く書く。2画目を短く書くと「末」という別の漢字になってしまうので注意が必要だ。　5「形相」とは，顔つきのこと。読み問題でもよく出題される。　6「横」は全15画の漢字。11画目は上に出す。　7「障」は全14画の漢字。部首は「阝(こざとへん)」である。　8「委員」の「委」は訓読みで「ゆだ-ねる」。全8画の漢字。

★ワンポイントアドバイス★

選択肢問題の問題文が長く，まぎらわしい。課題文の内容をしっかりつかむことが必要になる。

第2回

2021年度
解　答　と　解　説

《2021年度の配点は解答欄に掲載してあります。》

＜算数解答＞ ≪学校からの正答の発表はありません。≫

1　(1)　$\frac{20}{21}$　(2)　212個　(3)　60分　(4)　625cm^2

2　(1)　30秒後　(2)　150度

3　(1)　60度　(2)　1：2　(3)　7：4

4　(1)　160　(2)　(1248，1280，1312，1280)

(3)　(0，5，3，8)(1，4，4，7)(2，3，5，6)(3，2，6，5)(4，1，7，4)(5，0，8，3)

5　(1)　$18\frac{1}{3}$cm^3　(2)　解説参照　(3)　51cm^2

○推定配点○

1・2(1) 各6点×5　他　各7点×10(4(3)完答)　計100点

＜算数解説＞

1　(四則計算，割合と比，過不足算，ニュートン算，平面図形)

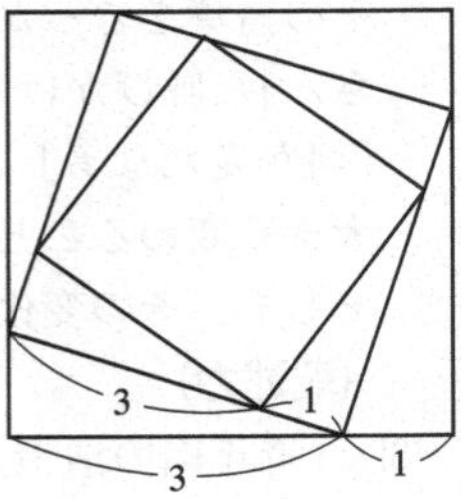

(1)　$1-\left(1-\frac{2}{21}\right)+3\times\frac{2}{7}=\frac{2}{21}+\frac{6}{7}=\frac{20}{21}$

基本　(2)　生徒数…（36＋8）÷（10－8）＝22(人)

ボールの個数…10×22－8＝212(個)

重要　(3)　窓口1つで1分に対応する人数…（2100÷140＋15）÷3＝10(人)

したがって，窓口5つで対応するすると，2100÷（10×5－15）＝60(分)で行列がなくなる。

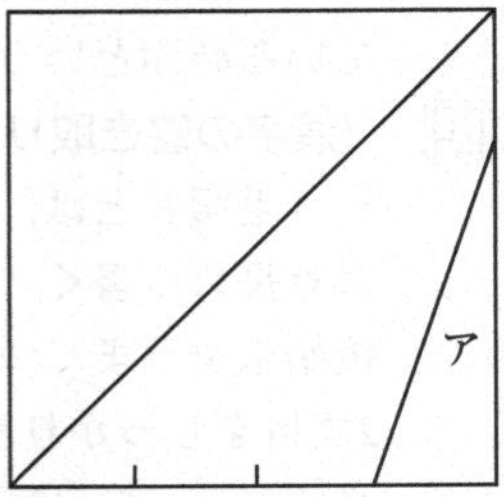

重要　(4)　右図において，直角三角形アの面積は正方形全体の$\frac{1}{2}\times\frac{1}{4}\times\frac{3}{4}$$=\frac{3}{32}$であり，直角三角形アを4個分引いた残りの面積は正方形全体の$1-\frac{3}{32}\times4=\frac{5}{8}$　したがって，5番目の正方形の面積は$64\times64\times\frac{5}{8}\times\frac{5}{8}\times\frac{5}{8}\times\frac{5}{8}=625$(cm^2)

2　(平面図形，図形や点の移動，速さの三公式と比，旅人算，割合と比)

基本　(1)　$180\times\frac{2}{3}\div(9-5)=30$(秒後)

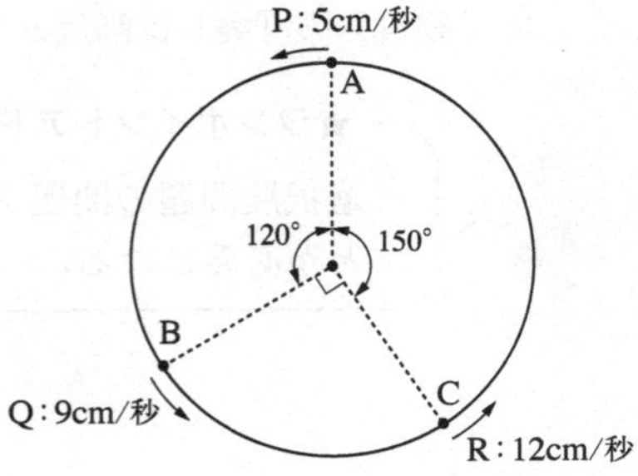

重要　(2)　PとQが重なる時刻…(1)と180÷（9－5）＝45(秒)より，

30，75，120，165秒後と続く

QとRが重なる時刻…$180\times\frac{3}{4}\div(12-9)=45$(秒後)，

80÷（12－9）＝60(秒)より，

45，105，165秒後と続く

RとPが重なる時刻…$180\times\frac{150}{360}\div(12-5)=\frac{75}{7}$(秒後)，

$180\div(12-5)=\frac{180}{7}$(秒)より，

$\frac{75}{7}$，$\frac{255}{7}$，～，165秒後と続く

したがって，3点は165秒後に初めて重なり，5×165÷180＝4…105より，角AODは360×(180－105)÷180＝150(度)

やや難 **3** **(平面図形，相似，割合と比)**

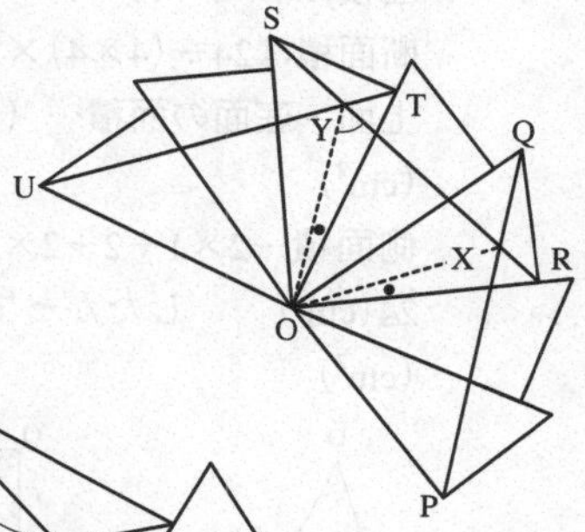

(1) 右図において，三角形XORとYOTは対応する辺と角度が等しく合同であり，角YOXは60度＋●－●＝60度である。したがって，三角形OXYは正三角形であり，角XYOも60度

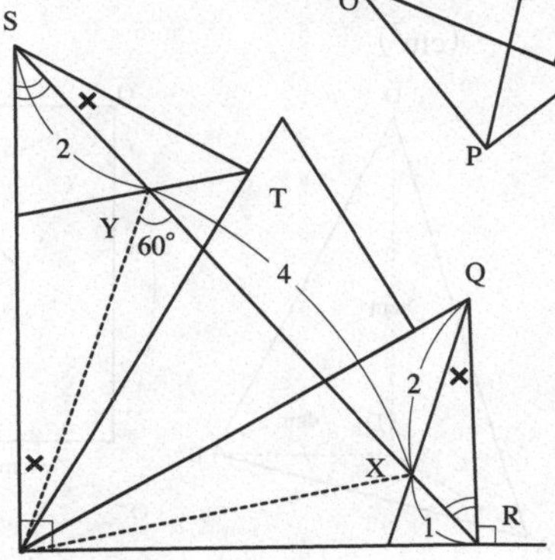

(2) 右図において，三角形XRQとYTSは対応する辺と角度が等しく合同である。角XRQと角YSOは平行線の錯角より，等しく，三角形OYSにおいて角SOY＋角YSO＝60度＝角TSO　したがって，三角形QXRとOYSは相似であり，RX：SY＝QR：OS＝1：2

(3) (1)・(2)より，三角形OXQとOYSも合同であり，RX＝1のとき，SY＝2，OY＝2×2＝4　したがって，RS：OYは(2＋4＋1)：4＝7：4

4 **(平面図形，規則性，和差算)**

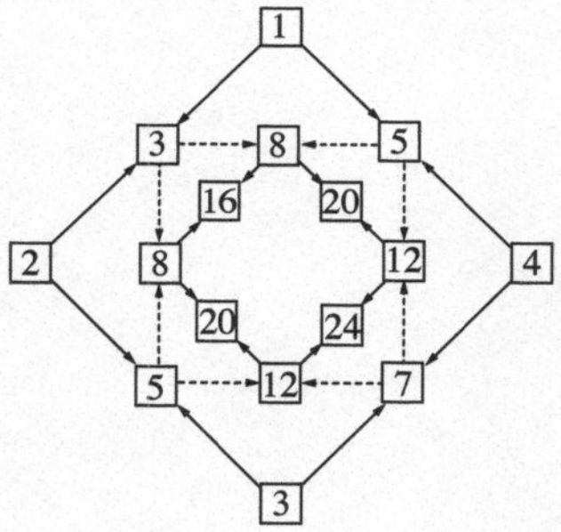

基本 (1) 1番目(1，2，3，4)→2番目(3，5，7，5)→3番目(8，8，12，12)→4番目(16，20，24，20)→5番目(36，36，44，44)

したがって，(36＋44)×2＝160

重要 (2) (1)より，6番目(72，80，88，80)→7番目(152，152，168，168)→8番目(304，320，336，320)→9番目(624，624，656，656)→10番目(1248，1280，1312，1280)

72，80，88，80
152，152，168，168
304，320，336，320
624，624，656，656

やや難 (3) (1)・(2)より，下表ができる。

⑧ 488	512	536	512	④ 26	32	38	32	⑧において，512－488＝536－512＝24
⑦ 244	244	268	268	③ 13	13	19	19	⑥において，128－116＝140－128＝12
⑥ 116	128	140	128	② 5	8	11	8	④において，32－26＝38－32＝6
⑤ 58	58	70	70	①				

したがって，ア＋イ＝5，イ＋ウ＝8，ウ＋エ＝11，エ＋ア＝8にあてはまる数の配置には(0，5，3，8)(1，4，4，7)(2，3，5，6)(3，2，6，5)(4，1，7，4)(5，0，8，3)がある。

5 **(平面図形，相似，立体図形，割合と比)**

重要 (1) 次ページの図より，2つの部分について体積を計算する。

上部…高さ4cm三角錐と高さ6cmの三角錐の相似比は4:6＝2:3，体積比は(2×2×2):(3×3×3)＝8：27より，3×3÷2×6÷3÷27×(27－8)－1×1÷2×2÷3＝6(cm^3)

下部…上方の三角錐と全体の三角錐の相似比は3：4，体積比は(3×3×3)：(4×4×4)＝27：64より，4×4÷2×8÷3÷64×(64－27)＝$\frac{37}{3}$(cm^3)したがって，全体の体積は$6+\frac{37}{3}=18\frac{1}{3}$($cm^3$)

(2)　(1)の図より，右図のように断面図Yが描ける。

やや難　(3)　断面積…図1において，二等辺三角形OBAの面積は$8\times8-(8\times4+4\times4\div2)=24(cm^2)$　　図2より，断面積は$24\div(4\times4)\times(3+4\times2)=16.5(cm^2)$

上面・底面の面積…$(1\times1+2\times2+4\times4)\div2=10.5(cm^2)$

側面積…$2\times1\div2+2\times2+(2+3)\times2\div2+(3+4)\times2=24(cm^2)$　　したがって，表面積は$16.5+10.5+24=51(cm^2)$

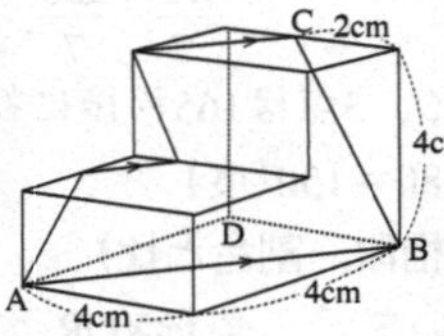

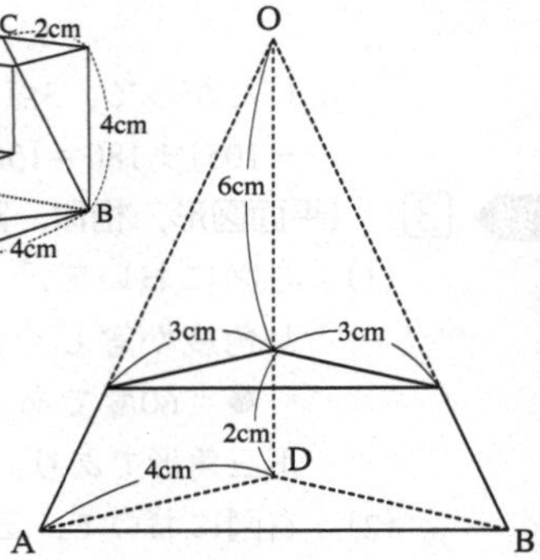

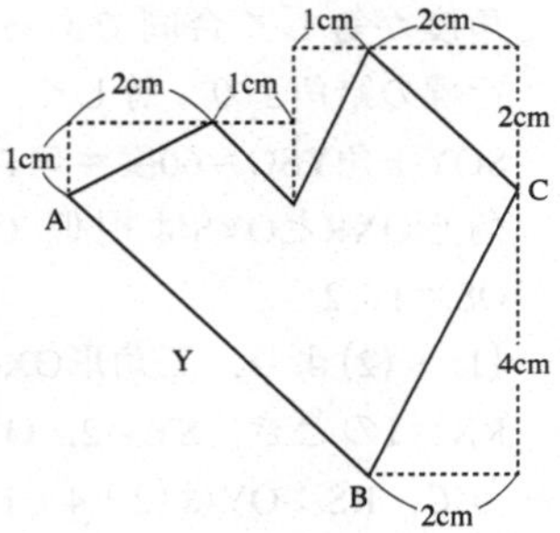

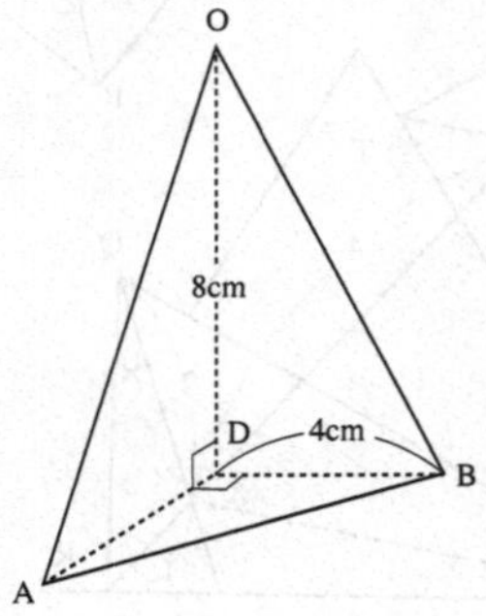

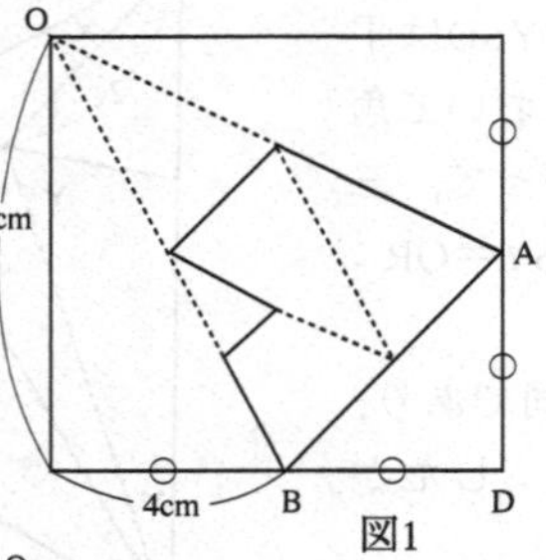

図1

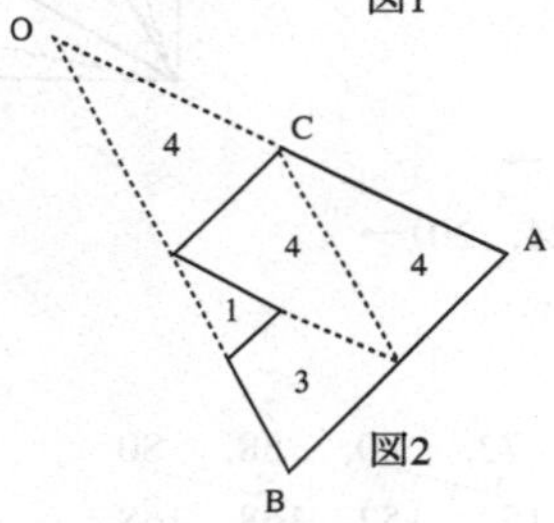

図2

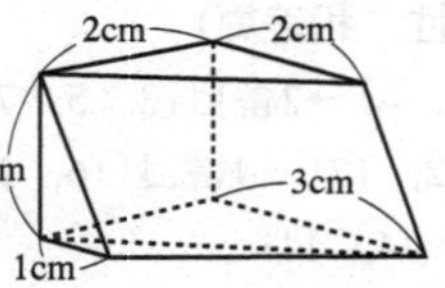

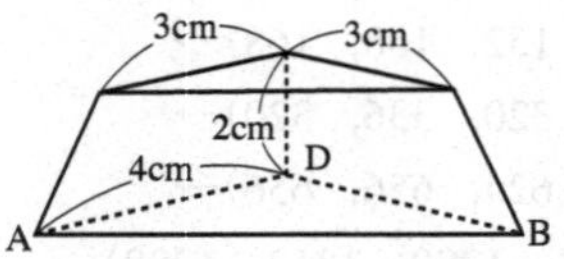

★ワンポイントアドバイス★

③「角度」と「辺の比」は図形が単純ではなく，読み取りが難しいが，受験生によっては一種のかんで解いてしまう可能性もある。④「規則性」は，(1)の例を利用する。⑤「立体」は，(1)の断面を描くことがポイントである。

＜理科解答＞ ≪学校からの正答の発表はありません。≫

[1] (1) イ
(2) 右図
(3) ①
(4) 15.6(kg)
(5) 7.92(kg)
(6) ア

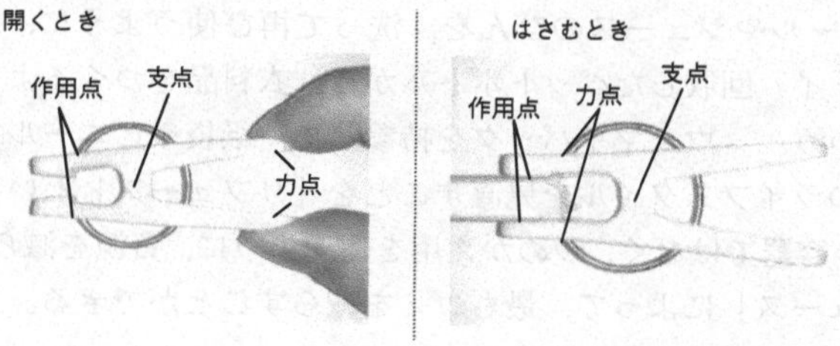

[2] (1) A イ　B ア　C エ　D ウ　(2) C(→)B(→)A
(3) マイクロ
(4) 生分解性プラスチックが分解して排出した二酸化炭素は，トウモロコシやサトウキビが光合成を行い，空気中から吸収した二酸化炭素の量と同じである。
(5) 51(g)　(6) 24(g)

[3] (1) ①　(2) 糖が多くあり，こおらないから。　(3) 茎　(4) 光合成
(5) 72(度)

[4] (1) エ　(2) オ　(3) オ　(4) エ　(5) オ

○推定配点○
[1] (5) 6点　他　各4点×6
[2] (1)・(4)　各6点×2((1)は完答)　他　各4点×4
[3] (2) 6点　他　各4点×4
[4] 各4点×5　計100点

＜理科解説＞

[1] （力のはたらき－てこを用いた道具）

重要 (1) アとカは力点，イは作用点，ウ～オは支点が間にあるてこである。

(2) 洗濯ばさみを開くときは，中で支えているところが支点，手で持つところが力点，金具がついているところが作用点である。一方，ものをはさむときは，金具がついているところが力点，左端が作用点，右側で支えているところが支点である。

(3) つめ切りは，右の図のように，「作用点が間にあるてこ」と「力点が間にあるてこ」の組み合わせである。

(4) Cが支点で，支点からEの力点までの距離が65mm，支点からDの作用点までの距離が5mmなので，作用点にかかる力は，65(mm)×1.2(kg)÷5(mm)＝15.6(kg)である。

やや難 (5) AからFと，BからFの金属部分をしならせるのに3kgの力が必要なので，Dの力点に実際に働く力は，15.6(kg)－3(kg)＝12.6(kg)である。また，支点からDの力点までの距離が，75(mm)－10(mm)＝65(mm)，支点からAの作用点までの距離が75mmなので，作用点に加わる力は，65(mm)×12.6(kg)÷75(mm)＝10.92(kg)より，実際につめに働く力は，10.92(kg)－3(kg)＝7.92(kg)である。

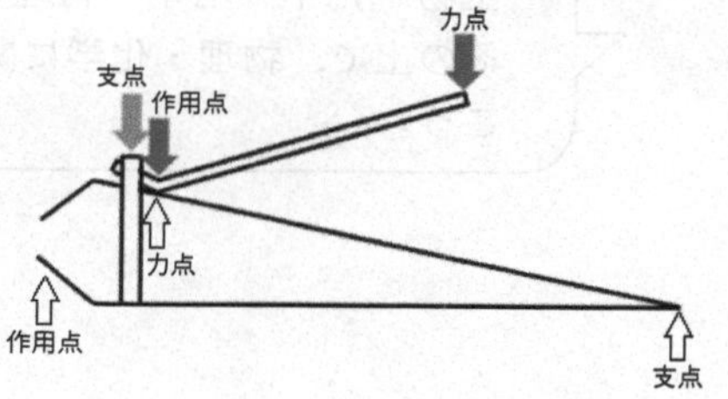

(6) 支点から作用点までの距離が短くなるので，作用点には大きな力が加わるようになる。

2 (環境－プラスチックと環境)

重要 (1) ア　ビールやジュースのびんを，洗って再び使うように，くり返して使う事を「リユース」という。　イ　回収したペットボトルから，衣料品をつくるように，再利用することを「リサイクル」という。　ウ　マイバッグを持参して，紙袋やビニール袋をもらうことを断るように，使い捨て型のライフスタイルを見直すことを「リフューズ」という。　エ　シャンプーを買うときに，新しい容器ではなく，つめかえ用を選ぶように，資源を減らすことを「リデュース」という。

やや難 (2) 「リデュース」によって，最も ゴミを減らすことができる。さらに，「リユース」「リサイクル」の順にゴミを減らすことができる。

(3) マイクロプラスチックは5mm以下の小さなプラチックのことである。

(4) トウモロコシやサトウキビは空気中の二酸化炭素を吸収して養分をつくっているので，トウモロコシやサトウキビからつくられる生分解性プラスチックが分解して二酸化炭素を排出しても，二酸化炭素は増えない。

(5) 表2より，100gのXから発生する二酸化炭素は204gなので，25gのXから発生する二酸化炭素は，$204(g) \times \frac{25(g)}{100(g)} = 51(g)$である。

やや難 (6) 表1から，9週後に，100gのXは，$100(g) - 60(g) = 40(g)$分解され，100gのYは，$100(g) - 52(g) = 48(g)$分解される。したがって，30gのXと25gのYが9週後に分解されたプラスチックは，全部で，$30(g) \times \frac{40(g)}{100(g)} + 25(g) \times 25(g) \times \frac{48(g)}{100(g)} + 24(g)$である。

3 (植物のなかま－キャベツ)

(1) 一番外側の葉は，日光が十分に当たり，濃い緑色をしている。

(2)・(4) 外側の葉で最も多くの光合成が行われ，でんぷんが作られる。また，でんぷんは糖に変えられ，特に，冬の寒い時期は，内側の葉に糖分をたくわえることで，こおりにくくする。

やや難 (3)・(5) キャベツの芯は茎であり，茎から5枚の葉が等間隔でついているので，葉と葉の間隔は，$360(度) \div 5 = 72(度)$になっている。

4 (地層と岩石－流水の働きと地層)

(1) ①の断面図は，最も北側が20mの崖があり，一度低くなった後，10mの崖があり，再び，低くなった後，5mほどの崖がある。

(2) 本文中にもあるように，「真間」とは，崖のことで，①の高地と②の低地の境界である。市川市北部にある崖は「まま」と呼ばれていた。

(3) 図の点線で示された範囲は，盛土によって，まわりよりも高くなっている。

(4) 粒が小さい方から，①はどろ，②は砂，③はれきである。また，グラフから，水の流れを速くすると，②の砂が最初に動き始めることがわかる。

(5) 海草のコアマモは，塩分が少しうすい浅い海の砂地に生息している。

★ワンポイントアドバイス★

生物・化学・地学・物理の4分野において，基本問題に十分に慣れておこう。その上で，物理・化学に関する計算問題や記述問題にもしっかりとり組んでおこう。

＜社会解答＞ ≪学校からの正答の発表はありません。≫

1 問1 1 京都 2 侍所 3 六波羅探題 4 守護 問2 a 老中 b 執権 c 管領 問3 キ 問4 武家諸法度 問5 イ・ク 問6 承久の乱 問7 下剋上 問8 (1) 大蔵省 (2) 国司

2 問1 1 学制 2 教育勅語 3 欠食児童 4 学徒動員[学徒勤労動員など] 問2 ウ・オ 問3 ウ 問4 ア・ウ 問5 エ 問6 2番目 ア 4番目 イ 問7 (1) X 受ける権利 Y 受けさせる義務 (2) (例) 自治体や個人の経済状態の格差などによりオンライン環境の整備に差が生じている点。

3 問1 1 太平洋ベルト 2 高速道路 3 印刷・出版[印刷関連など] 問2 ア・エ 問3 エ・カ 問4 オ 問5 オ 問6 イ 問7 エ

4 問1 1 専業主婦 2 男女雇用機会均等 問2 (例) 三種の神器に代表される電化製品の普及により女性が家事労働から解放されるようになった。 問3 ア 問4 (1) ウ (2) エ 問5 イ 問6 エ 問7 ワークライフバランス

○推定配点○

1 各2点×14(問5完答)
2 問1～問5・問7(1) 各2点×10(問2・問4完答) 問6 3点(完答) 問7(2) 6点
3 各2点×9(問2・問3各完答)
4 問1・問7 各3点×3 問2 6点 問3～問6 各2点×5 計100点

＜社会解説＞

1 (日本の歴史―古代～近世の政治・社会など)

重要 問1 1 朝廷や西国の監視などに当たった江戸幕府の重職。 2 御家人の統率や軍事・警察の任に当たった役職。 3 承久の乱後に設置，長官には北条一門が就任した。 4 源義経追討を口実に国ごとに設置された役職で有力御家人が任命された。

問2 a 常設の最高機関で譜代大名から4～5名が選ばれた。 b 侍所と政所の長官を兼ね代々北条氏が世襲した。 c 足利一門である細川・斯波・畠山の3家(三管領)から任命された。

問3 あ 鎖国や法制度など幕藩体制を確立した。 い 兄・頼家の跡を継いだが兄の子である公暁に暗殺された。 う 南北朝を統一するなど武家・公家双方の頂点を極めた。

重要 問4 大坂の陣で豊臣氏を滅ぼした直後に発布，家光の時には参勤交代も制度化された。

問5 収穫状況を見て決める検見法から定免法に転換，1万石につき100石の米を徴収した上米。代償として大名の江戸滞在を半年に縮めた。オ・カは水野忠邦，キは田沼意次。

問6 後鳥羽上皇は隠岐に流され鎌倉幕府は東国の政権という性格から全国政権へと成長，北条氏の執権政治が確立するきっかけになった。

問7 下剋上とは実力のある下位にある者が上位の者に「剋(か)つ」という意味。伝統的な権威は失墜し，社会構造が大きく変化していった。

問8 (1) 大和王権の地方からの貢納物を納めた蔵に由来。明治以降も設置されていたが2001年に財務省に改称された。 (2) 任期6年(のちには4年)で中央貴族が派遣された。守護が置かれたのちには実権を失い名誉的な称号になっていった。

2 (日本の歴史・政治―近代の政治・教育・憲法など)

問1 1 教育の機会均等と義務教育の確立を目指したが実情に合わず失敗。 2 天皇を絶対とする国家への忠誠を誓わせるもの。 3 出稼ぎの職はなくなったうえ農作物の価格も暴落するなど東北を中心に農家の困窮は深刻化していった。 4 国内の労働力不足を補うため軍需工場などへの派遣，学校教育の機能は失われていった。

問2 日清戦争の終結は1895年，憲法は1889年，建白書は1874年，日英同盟は1902年。

問3 6歳の時に渡米し女子教育に尽力した人物。2024年発行の新五千円札の肖像に採用された。社会契約論は中江兆民，大隈重信は立憲改進党，札幌農学校に招かれたのはクラーク。

問4 黄熱病の研究は野口英世，浮雲を発表したのは二葉亭四迷。

重要 問5 第2次護憲運動で誕生した加藤内閣は納税制限を撤廃，満25歳以上の男子に選挙権を与えた。

問6 世界恐慌の発生は1929年。恐慌からの脱出を大陸進出にかけた日本では軍部の発言力が上昇，柳条湖事件(満州事変)・1931年→五・一五事件・1932年→二・二六事件・1936年→盧溝橋事件(日中戦争)・1937年の順。米騒動は1918年，関東大震災は1923年。

問7 (1) X 現在は子供の学習権という面が重視。 Y 納税・勤労と並ぶ国民の三大義務。 (2) 教育の機会均等という大原則が危惧されている。

3 (日本の地理―国土と自然・鉱業など)

重要 問1 1 日本の人口や産業，経済活動の大半が集中している地域。 2 高度経済成長下，モータリゼーションの進展に伴い全国的に整備されてきた。 3 情報が集中する東京には出版社や新聞社なども多いため印刷関連の産業が発達している。

問2 2016年の熊本地震と1991年の雲仙普賢岳火砕流。イは東日本大震災(2011年)，ウは阪神淡路大震災(1995年)，エは2019年の台風19号(令和元年東日本台風)。

問3 中小工場は事業所の約99%，従業者の約68%，を占めるが製造品出荷額では48%程度に過ぎない。100～199人の工場は1000人以上の工場に比べると事業所は16.2倍，従業員一人当たりの出荷額では47.5%程度となっている。

問4 2000年以降先進国が中国に進出，生産は世界の3割近くを占め最近は新エネルギー車へのシフトも強めている。日本はバブル時代に世界1となったがその後は海外進出を加速させている。

問5 富士市など紙・パルプ工業が日本1の静岡，愛知に次ぐ工業生産を誇る神奈川などから判断。

問6 東京湾沿いには鉄鋼や石油化学の工場が林立。出荷額では関東内陸の半分以下，品目別では化学工業の割合が40%近くを占め日本で最も高い(日本の平均は13%程度)。

問7 新潟の麻織物，秋田の曲げ物，石川の陶磁器，滋賀の陶器。

4 (政治－政治のしくみ・国民生活・社会保障など)

問1 1 1996年には共働きが逆転，今では共働きの半分程度に減少している。 2 1985年の女子差別撤廃条約の批准を直接の契機として制定された法律。

問2 1960年代後半には電気洗濯機や電気冷蔵庫の普及率は90%に達しようとしていた。

問3 保育園を所管するのは厚生労働省だが幼稚園は文部科学省。

問4 (1) メルケル首相は2005年から首相を務めている。 (2) 2007年の制定時より18歳以上に投票権を認めていた。国民審査は最高裁判所の裁判官が対象。

重要 問5 少子高齢化や核家族の進行の中，高齢者などの介護を社会全体で支えていこうという制度。

問6 戦後は三大都市圏に人口が集中。新幹線は東京オリンピック，中国が日本を抜いたのは2010年，イタイイタイ病は富山県の神通川流域。

問7 多様な働き方を認め，健康で豊かな生活を送れる環境を整えようという考え方。

★ワンポイントアドバイス★

資料問題はなかなか手間がかかるものだが先入観を持たないことが大切である。一つ一つの選択肢を丁寧に読み取り消去法で対応していこう。

＜国語解答＞ ≪学校からの正答の発表はありません。≫

一　問1　エ　問2　オ　問3　ウ　問4　イ　問5　地図の描かれ方が，今の時代や社会に合わせているのでリアルに見え，架空の町という実感がなく，既視感を覚えることになるから。

二　問1　a　オ　b　エ　c　ア　d　ウ　問2　オ　問3　ウ　問4　橋本先生が教わったという，感情をぶつけるだけの”怒る”ことがいけないことなら，荻野先生が将人にした態度は，明らかに怒りで，いけないことだから　問5　幕　問6　エ　問7　イ

三　1　報　2　辞　3　降　4　面

○推定配点○

一　問5　12点　他　各6点×4

二　問1　各3点×4　問4　12点　問5　4点　他　各6点×4

三　各3点×4　計100点

＜国語解説＞

一　(論説文－細部の読み取り，記述力)

基本　問1 「では，地図の……」で始まる段落に着目する。ここでは筆者が地図の社会学を考えるにあたり，「どのような存在か」，「相互にどう影響し合っているか」が基本的な問いとしているのでエである。

重要　問2 「このような再構成」は，「こうした問い……」で始まる段落に，箇条書きで挙げている3つをおさえる。オの選択肢中の「一定の比率に縮小」が1。「平面化」が2。「目的に応じて必要な情報だけ」が3の内容になっている。

問3 「そこで，そのまま……」で始まる段落によると，「再構成した地図を見てそれにもとづいて現実を理解している。」とある。この内容を具体的に理解するには「個人は，……」で始まる段落の記述である。これら二つの段落から「そのままでは理解できないので再構成された地図に沿って理解」というウの選択肢が適当ということになる。

問4　かつて，宗教や神話が人びとの世界認識を既定していた時代では，キリスト教的世界観にもとづいた地図が正しい地図だと思われていたが，科学的な視点にが重要視されるようになったこと，また，実際の発見によって，科学的見地に立った地図が受容されるようになっていくことを「地図の世俗化」と説明している。この説明に合っているのはイである。

やや難　問5　線5直後に「『リアル』に描かれているから」という直接的な理由がある。つまり，リアルに描かれているから「既視感」を持つのである。では，なぜ「リアル」に見えるのかと考えると，地図の描き方が今の時代や社会に合わせているので，私たちが日頃見慣れたものであるので，違和感なく，架空の町でも，まるでどこかに実存する町のような気持ちになるからである。

二　(物語－論理展開・段落構成，心情・情景，細部の読み取り，空欄補充，慣用句，記述力)

基本　問1　a　体がゆれているということだから「ゆらゆら」である。　b　咲良は弁が立ち，自分が言いたいことを筋道立てて言ってくれていると感じているのだ。「すらすら」と話すことを弁が立つという。　c　提案したつもりだったが，荻野先生に文句を言いたいのかという話に流れてい

る。話が「どんどん」ずれている感じがしているのだ。 d もやもやするというのは一般的には，個人の，気持ちが晴れない心情を言い表す言葉として使うことが多いが，dの場合は，教室の雰囲気が「困ったなぁ」というものになっていることを表しているので「もやもや」を入れる。

問2 「すかさず咲良……」で始まる段落に，一将が「腹の底にたまった思いを吐き出さずにはいられなかった」とある。この心情を説明しているのはウとオである。また，「思わずあわてる。」で始まる段落にあるように，母さんにも内緒にしている個人的なことなのだから，学校全体の問題にされても困るという心情を後半で説明しているオを選ぶ。

やや難 問3 イとウで迷うところである。 前半部分はどちらも適切といえるからだ。本文では「下手ならしょうがない」はむしろ，イの荻野先生をかばっているようにも思える。しかし，こぶしをにぎりしめたのは,「どっと笑いが起こったこと」に対してだ。つまり,将人がみんなにバカにされ,笑いものにされたと感じて怒りがこみあげたと考えウを選択する。

やや難 問4 着目する点は，橋本先生が「怒るとしかるはちがうと教えられた」という発言をしたということだ。感情をぶつけるだけの怒るは教師はしてはいけないと教えられたのなら，荻野先生は叱ったのではなく，将人に感情をぶつけただけと感じられたのだから，してはいけないことをした荻野先生は間違っているのかと聞いたのだ。

問5 もうこれ以上会を続けることはたくさんだから，終会にしたいということである。終わりにすることを「幕を下ろす」という。

問6 ア 荻野先生に直接言うならついてきてくれるかと聞けば「子どものように首をふる」先生なので適切ではない。 イ 「事態を好転させるようなアドバイス」を与えるような積極性はない。 ウ 「生徒が納得できる意見を示す」が誤りである。 エ 橋本先生は，自分が実習に行ったときのことや，自分が小学生のとき学校はだれのものかと考えていたという一見無関係な自分の体験をポツンともらしている。これらの言葉は，今起きている問題を直接解決できるアドバイスではないが，生徒にとっては考えもつかないものだ。学校はだれのものかという問いについての答えは出ていないが，もちろん，生徒のためという気持ちであることは明らかだ。いろいろな子どもがいるのだという多様なあり方をみとめているのだから，エが適当である。 オ 生徒一人一人を理解し，誠実に対応していることを表している箇所までは述べられていない。

問7 「適当でないもの」という条件に注意する。 ア 「足が重い」は，気が進まないと言う意味の慣用句である。直前が「まずいな……」であるので，将人が欠席することが気になり，気が重くなっているのだから適当である。 イ 神業のようなスピードで大縄跳びを飛んでいるのを見ると「つくづくエントリーしなくてよかった」とは思うものの,「本当は，うらやましい気持ちも少しある」のだ。イの「強くあこがれている」は誤りであるのでイが適切ではない選択肢だ。ウ 「矢のような言葉」は直喩を用いている。いら立ってすぐにするどい言葉をかえしてきたということなので適当である。 エ 「で，では～」と言葉がつまるのは，あわてている，困っていることの表れだ。いつも通り終わると思っていた代表委員会が思いもよらない展開になって困っているのだから適当である。 オ 他の生徒や先生の発言もあるが，それぞれに一将の感想も加えられ，一将の視点を中心に書かれていると言えるので適切である。

三 (漢字)

やや難 1 時報・情報・報道・報告になるので「報」が入る。 2 祝辞・固辞・辞退・辞書になるので「辞」である。 3 以降・乗降・降雨・降参になるので「降」である。 4 仮面・工面(くめん)・面目・面相になるので「面」である。

★ワンポイントアドバイス★

70～80字という長い記述問題を苦手にしないようにしっかり練習を重ねておこう。

MEMO

大切なことはメモしておこうネ！

データ対応

収録から外れてしまった年度の
問題・解答解説・解答用紙を弊社ホームページで公開しております。
巻頭ページ＜収録内容＞下方のQRコードからアクセス可。

※都合によりホームページでの公開ができない内容については，
次ページ以降に収録しております。

ことは困難であるということ。

ウ　人間がありのまま見ているものは、たくさんの情報の中から自分が描きたいと思って選んだものであるため、目に写るものを正確に描くことは困難であるということ。

エ　人間がありのまま見ていると思っているものは、網膜に写った光の配列を知覚したものであるため、目に写るものを複雑に描くことは困難であるということ。

オ　人間がありのまま見ていると思っているものは、「なにか」として知っている言葉に置き換えて認知したものであるため、視覚情報をそのまま描くことは困難であるということ。

問３　――線３「怪訝に思いながらも、なにか少し枠をこわせたような気がした」とあるが、それはどういうことか。その説明として最も適当なものを次の中から選び、記号で答えなさい。

ア　母が驚くことを期待して母の顔を内緒で描いたが、平然としていたので不思議に思いながらも、あらためて自分の絵を見てみると、おもしろく描こうとすることによって満足のいく絵が描けており、描く技術が向上したような気がしたということ。

イ　母が嫌がることを期待して母の顔をこっそりと描いたが、良い反応だったので不思議に思いながらも、あらためて自分の絵を見てみると、おもしろく描こうとすることによって生き生きとした絵が描けており、新たな発見ができたような気がしたということ。

ウ　母が怒ることを期待して母の顔を大げさに描いたが、褒められたので不思議に思う一方で、あらためて自分の絵を見てみると、おもしろく描こうとすることによって迫力のある絵が描けており、これまでより完成度の高い絵を描く方法がわかったような気がしたということ。

エ　母が不快になることを期待して母の顔を誇張して描いたが、感心されたので不思議に思いながらも、あらためて自分の絵を見てみると、おもしろく描こうとすることによって普段よりいい絵が描けており、上手に描くことにこだわらなくてもよいとわかったような気がしたということ。

オ　母が喜ぶことを期待して母の顔を見た目より若く描いたが、嫌がられたので不思議に思う一方で、あらためて自分の絵を見てみると、おもしろく描こうとすることによってとても美しい絵が描けており、他人の評価を気にしなくてもよいとわかったような気がしたということ。

問４　［４］に入る最も適当なものを次の中から選び、記号で答えなさい。

ア　考える力を鍛える　　イ　見る力を磨く
ウ　評価する力を育む　　エ　楽しむ力を高める
オ　想像する力を養う

問５　小学校六年生の市川さんは、学校の課題で身近な動物を「写生」することになり、自宅で飼っているネコの眠っている姿【A】を描くことにした。市川さんはネコを「上手」に描こうとし、できあがったのが【B】の絵である。【B】の絵では、ネコの描き方にどのようなことが起きていると考えられるか、本文の内容にしたがって70字以内で説明しなさい。ただし、絵の中から具体的な例を一つあげること。

（【A】・【B】は次のページ）

かすのは楽しかった。

朝から数枚の※クロッキーとデッサンを終えて、お昼に外に出ると、いつも不思議と目がよくなったような気がした。ふだんよりも緑が鮮やかにきらめき、葉っぱの一枚一枚もはっきり見える。世界は光と影で構成されているんだなあ、などと感慨にふけったりもした。

写実的に描くことは、［　４　］ことなのだ。

※学部生のころに生物学の実習でスケッチをしたときも、似たことを感じた。記録をとるためだけなら、写真の方が手っ取りばやい。でも時間をかけてスケッチをすることで、はじめて構造が見えてきたりする。

デッサンやスケッチは、概念の枠組みをいったんはずして、世界をありのまま知覚的にとらえる訓練になる。だから多くの画家が、一度写実的な表現を究めてから、独創的な表現を見出していくのだろう。

※アート…芸術。　※アイ、パン…チンパンジーの名前。
※パッチ…小さな四角や丸を形どったもの。
※モチベーション（動機づけ）…意志の決定や、行動を起こさせるきっかけとなるもの。
※ダリ…スペインの画家。　※網膜…眼球の中にある、光を感じる膜。
※概念…言葉が表している大まかな意味やイメージ。
※ジレンマ…二つのことに板挟みになっている状態。
※怪訝…不思議で納得がいかないさま。　※芸大…東京藝術大学。
※クロッキー…対象を短時間で大まかに描くこと。　※学部生…大学生。

問１　――線１「人間の場合も、子どものころから美を求めて描くわけではない」とあるが、なぜ「美を求めて描くわけではない」といえるのか。その理由として最も適当なものを次の中から選び、記号で答えなさい。

ア　人間もチンパンジーと同じように、絵に興味を持ち始めた時期は、実物と描いた絵の関係を探る過程をおもしろがっているにすぎないから。
イ　人間もチンパンジーと同じように、なぐりがきをしている時期は、筆の持ち方と動かし方の関係を探る過程をおもしろがっているにすぎないから。
ウ　人間もチンパンジーと同じように、でたらめに絵を描いている時期は、筆の動作と描いたときの感覚の関係を探る過程をおもしろがっているにすぎないから。
エ　人間もチンパンジーと同じように、描いた絵の完成度を気にする時期は、描いた絵とそれに対する大人の反応の関係を探る過程をおもしろがっているにすぎないから。
オ　人間もチンパンジーと同じように、見た物を描き写すだけの時期は、筆を使った感覚と描いた跡の関係を探る過程をおもしろがっているにすぎないから。

問２　――線２「写実的に描くのがむずかしい」とあるが、それはどういうことか。その説明として最も適当なものを次の中から選び、記号で答えなさい。

ア　人間がありのまま見ていると思っているものは、目に入る視覚情報を大まかに知覚したものであるため、目に写るものを詳細に描くことは困難であるということ。
イ　人間がありのまま見ていると思っているものは、頭の中にある認知された「知っているもの」であるため、視覚情報を記号的に描く小さな子どもが描くのは、丸だけで顔を描くような記号的な絵だ。「顔には、輪郭があって、目が二つあって、口がある」という、頭のなかにある表象スキーマ、つまり「認知」された「知っている物」を描いている。

いっぽうで見た物を描く写実的な絵では、※網膜に写る光の配列、つまり物を「なにか」として「認知」する前の「知覚」を描こうとする。

ところが言葉をもった人間は、目に入る視覚情報を「知覚」すると、つねに「なにか」として言葉に置き換えて、※概念的に「認知」してしまう癖がある。そこで、見えているつもりなのに描けないという※ジレンマが生まれるわけだ。

小学校の高学年のころ、写生で木を描くのに悩んだ記憶がある。木の枝一本一本が目ではちゃんと見えているのに、描こうとするとうまくいかない。見れば見るほど、たくさんの情報があふれていて、すべてを描き写すのはとうてい不可能に思えた。結局、左右に適当な枝分かれをつくってごまかしてしまった。記号的な表現に逃げたのだ。

学校ではいつも、上手に描こう、きれいに描こうという気持ちがどこかにあった。その結果、より複雑な描き方の記号を探し、こぢんまりとした絵になっていたように思う。

そのころ、家で新聞を読んでいる母の姿を、こっそりスケッチしたことがあった。このとき、なぜかいたずらごころのスイッチが入って、とことんおもしろく、変な絵にしちゃえ、と思った。無造作な髪に、ぎょろっとした目、鼻の穴や顔のしわもありのまま、むしろ誇張するぐらいに描いた。

本人に見せたら、そんな変な顔じゃないといやがるはず、と期待したのに、すっかり肩すかしを食ってしまった。母はわたしがこっそり描いていることなどお見通しで、むしろ上手に描くなあと感心して、横目で見ていたというのだ。

そういわれてみると、たしかにいつもより生き生きとして、いい絵だった。皮肉にも「上手く」ではなく「おもしろく」描こうと思ったことがよかったのだろう。3※怪訝に思いながらも、なにか少し枠をこわせたような気がした。

漢字では「面白い」と書くように、目の前が明るくなることが「おもしろい」の語源だとされる。それまでの枠組みがこわされて光がさしこみ、見えていなかったものが見えるようになる。「おもしろい」は、見る人のこころのなかでおこる作用であり「！」なのだ。

だから、子どもの絵を評価する言葉も「上手」より「おもしろい」がいいと思っている。

「おもしろい」は絶対的な評価ではなく、あくまで個人の感想だ。人によって、そしてテーマや色合い、構図などの視点によって、多様な「おもしろい」がありうる。そのぶん見る方も主体的に向きあう努力が必要だ。いいかげんな言葉のようで「上手」よりずっと誠実で、アートに適した評価ではないか。

ただし「上手」に、というか写実的に描こうとすることを否定するわけではない。

※芸大の美術解剖学研究室にいたころ、毎週水曜は人物デッサンの日だった。解剖学なので、モデルさんの隣には骨格標本と筋肉模型も並ぶ。同じ研究室の仲間たちは、難関の実技入試を突破してきただけあって、さすがに「上手い」。最初は少し気後れしてしまったが、鉛筆を動

議論に集中しがちだが、表現者の視点からはむしろ「おもしろい」が重要なのではないかと。

根拠は、やはりチンパンジーだ。（中略）チンパンジーが描くとき、芸として教えるのとは違って、ごほうびのリンゴは必要ない。筆やペンを動かして描く行為がなんだか「おもしろい」らしいのだ。

ただしチンパンジーたちの興味は、描く過程にあって、描かれた結果としての絵にはあまり興味を示さない。絵筆を動かすことであらわれる、さまざまな痕跡。画用紙に絵筆をふりおろせば、てんてんが描けるし、筆先をつけたまま水平に動かせば、しゅーっと長い線があらわれる。手を動かしながら、出力（行為）と入力（感覚）の関係を探索的に理解していく。その過程をおもしろがっているように見える。

おとなのチンパンジーには「画風」があって、絵を見ればだれが描いたかがわかるほどだ。※アイならくねくねした曲線を画用紙全体に広げるし、※パンなら短い線を並べて色ごとに※パッチをつくる。でたらめに絵筆を動かすだけではなく、自分好みの描き方ができてくる。それぞれの美を求めての画風というより、こう描こうという自分のルールをつくって、それを実行するのが「おもしろい」のだろう。

1人間の場合も、子どものころから美を求めて描くわけではない。はじめてペンを握るとき、ふりまわしたペン先がたまたまコツンとあたって痕跡が残るだけで、あ、とうれしそうに歓声を上げたりする。なぐりがきをしている時期は、チンパンジーと同じように、探索する過程をおもしろがって描くのだ。

やがて三歳ごろに「なにか」を表した絵、つまり表象を描くようになると、※モチベーション（動機づけ）も変わってくる。自分の描いた線にさまざまな物の形を発見することがおもしろい。頭のなかにあるイメージを紙の上に生み出すことがうれしい。そして、それを他者に伝えられることがうれしい。つまり個人的な動機づけに社会的な動機づけがくわわるので、他者の反応が気になりはじめる。

この時期には、絵を介した言葉のコミュニケーションも頻繁におこる。「これ、アンパンマン」と子どもが説明しながら描いたり、まわりのおとなが「なに描いたの？」と問いかけたりもする。

そのとき、なにげなくつかってしまうのが「上手」という言葉ではないか。上手だね。上手いね。子どもの絵に対してだけではないかもしれない。美術館でも、※ダリの絵を前に「上手」という声が聞こえてきて、びっくりしたりする。

自分も「上手」という一元的な評価にさらされてきたからだろう。それ以外に絵をほめる言葉を知らないのだ。そして、これこそ絵が苦手という人を生み出してしまう最大の要因なのではないかと思っている。「上手」といわれるのは、見た物の形を写し取った写実的な絵のことが多い。子どもの絵でも、やはり物の形をとらえた絵の方がほめられやすいし、子どもらしいのびのびとした絵であるとなお「上手」とされる。

そうすると、上手に描けないから絵が苦手、という子が出てきてしまう。おとなになると、上手な絵を描くには、特別な才能や絵心なるものが必要で、自分にはそれがないから描けないと思い込んでいる人も少なくない。

でも、2写実的に描くのがむずかしいのはしかたがない。人間ならではの認知的な特性が、そしてじつは表象を描くために必要な認知的な特性が、写実的に描くときには邪魔になるのだと考えている。

が自分から出てくるという現実には起こらないはずのことを願っているから。

ウ　他人に対して共感をせず冷たい態度をとる「おれ」が、ぬいぐるみの発見によってクラスのわだかまりが解決するように願っているから。

エ　他人の気持ちを自分のこととして考えることができる「おれ」が、ぬいぐるみを必死に探す鳴沢の様子を見て早く見つかってほしいと願っているから。

オ　誰とも関わりを持ちたくないと考える「おれ」が、鳴沢の大切にしているぬいぐるみを自分が発見することで鳴沢と仲良くなれるように願っているから。

問５　――線４「思わず舌打ちする」とあるが、このときの「おれ」の気持ちを40字以内で説明しなさい。

問６　次のア～オは、本文を読んだ太郎くんと花子さんが、本文中の═線Ａ～Ｅの表現について話し合ったものである。ア～オのうち本文の内容と**合致していない**発言を一つ選び、記号で答えなさい。

ア　太郎くん　「おれ」は本文前半ではメアリーのことを═線Ａ「先生に怒られるのとぬいぐるみが見つからないの、どっちが嫌なんだ」というように、メアリーをただの「ぬいぐるみ」と考えているね。

イ　花子さん　でも、═線Ｂ「彼女はついにおれの目の前にその小さな姿を現した」では「彼女」と変わっていて、ぬいぐるみではなく人のように扱っているわ。

ウ　太郎くん　そうだね。═線Ｅ「おれはメアリーを救出する」でも「救出する」という言葉を使っているし、捜しているうちに、うさぎのぬいぐるみにどんどん愛着がわいてきたということがわかるね。

エ　花子さん　═線Ｃ「海に流出した重油にまみれた海鳥のよう」という表現からは、メアリーがあまりにもひどい状況に置かれていることが読者に伝わるけれど、「救出」という言葉を使ったのにも同じような効果があるわ。

オ　太郎くん　═線Ｃ「海に流出した重油にまみれた海鳥のよう」みたいな表現の工夫によって、鳴沢が大切にしていたメアリーのひどい状況が読者に伝わり、═線Ｄ「クラスの誰かの悪意に対する怒り」がより共感しやすいものになっているね。僕も読んでいるうちにどんどん怒りがわいてきたよ。

二　**次の文章は、齋藤亜矢「上手い、おもしろい」の一部である。これを読んで、後の問いに答えなさい。なお、出題に際して、本文には省略および表記を一部変えたところがある。**

「おもしろい」は、いいかげんなようで、じつは万能で、深い言葉だ。研究でも、一番のほめ言葉は「おもしろい」だ。新しい着眼点、新しい手法、意外な結果、新たな説を導く考察など、それまでの枠組みを大きく変えるような研究こそ「おもしろい」。

※アートの起源について研究するうえでも「おもしろい」がだいじなキーワードだと考えている。鑑賞者の視点からは「美しい」についての

〈じゃあ、どうすればいいの……？〉

大丈夫。

鳴沢の問いに、おれははっきりとひとつ頷いてから、彼女を少しでも安心させるために口の端を上げて、おどけるように伝えてやる。

おれの家には、魔法を使えるじいさんがいるのだと。

問１ ――線Ｘ・Ｙの本文中の意味として最も適当なものを後のア～オの中から選び、それぞれ記号で答えなさい。

Ｘ「気に食わなかった」

ア　気になっていた　　イ　さけられなかった
ウ　気がかりだった　　エ　上手く行かなかった
オ　不満だった

Ｙ「目にするや否や」

ア　目にするよりも早く　　イ　目にするのをやめて
ウ　目にするとすぐに　　エ　目にするのをきっかけにして
オ　目にすることもなく

問２ ――線１「ないじゃない――！　教室にないじゃない――！」とあるが、これに対して「おれ」はどのように思っているのか。その説明として最も適当なものを次の中から選び、記号で答えなさい。

ア　ぬいぐるみのある場所を知っているとは言っていないのに、ぬいぐるみが教室になかったことを鳴沢から責められ続けたので、自分を責めるのは見当違いだと怒ってもよいはずだが、あまりにも鳴沢が不機嫌になっているため、黙っていようと思っている。

イ　ぬいぐるみをせっかく一緒に捜してあげているのに、教室にぬいぐるみがなかったことを鳴沢から一方的に責められるので、その失礼な態度に怒ってもよいはずだが、ぬいぐるみを隠されたことはかわいそうなので、助けてあげたいと思っている。

ウ　ぬいぐるみが教室に必ずあるとは言っていないのに、教室にぬいぐるみがなかったことをあまりにも鳴沢から責められるので、その理不尽さに怒ってもよいはずだが、鳴沢の文句を言ってくる態度があまりに幼く見えたため、あきれてしまっている。

エ　ぬいぐるみがみつかるまで一緒に捜すつもりもないのに、教室にぬいぐるみがなかったことを全て自分の責任のように鳴沢から言われるので、その面倒臭さからもう帰りたいと思うが、あまりにも鳴沢が取り乱しているので、もう少し待とうと思っている。

オ　ぬいぐるみを捜す鳴沢を初めからずっと助けてあげていたのに、教室にぬいぐるみがなかっただけで鳴沢からあまりにも責められるので、不機嫌になってもよいはずだが、鳴沢があまりにも子どもっぽい怒り方をしているので、もうどうでもよくなっている。

問３ ――線２「おれはここにきていままでとは別の種類の苛立ちを覚えた」とあるが、何への「苛立ち」なのか。45字以内で説明しなさい。

問４ ――線３「そんなおれの柄にもない願い」とあるが、なぜ「おれ」は「柄にもない」と思ったのか。その理由を説明したものとして最も適当なものを次の中から選び、記号で答えなさい。

ア　最後まで物事を自分の力だけでやり抜きたいと考えている「おれ」が、ぬいぐるみを何としてでも自分で見つけたいと願っているから。

イ　物事を現実にそって考えることができる「おれ」が、ぬいぐるみ瞬間、おれは思わず驚きと喜びから目を見開いたが、そうした喜びを浮かべることができたのは束の間だった。

4 思わず舌打ちする。

ごみ袋の中で声もなく横たわるうさぎのぬいぐるみは、いつかおれが目にしたときとは、その姿がずいぶんと異なっていた。

……油、だろうか。

なんだろう、正体はよくわからない。

けれどとにかく、ごみ袋の中で横たわるメアリーは、そんな油にも汚水にも見える少し粘り気のある液体でひどく汚れていた。元から多少は薄汚れていたはずだが、いまおれの目の前にあるぬいぐるみの汚れ方は、それとは比べ物にならなかった。その姿はまるで、社会科の資料集か何かに載っていた、C海に流出した重油にまみれた海鳥のよう。

どうして？

そんな純粋な疑問が、胸に浮かぶ。

なんて、ここまでやる必要があった？　見つからないことが前提だった、というのはあるだろう。でも、ここまでするほど鳴沢のことがX気に食わなかったのか？

そうしたDクラスの誰かの悪意に対する怒りが、表情に出ていたのだろう。おれと同じようにごみを漁り続けていた鳴沢が、ふっと顔を上げて尋ねてきた。

〈どうしたの？〉

訊かれても、おれはただ苦い顔つきのまま視線を彼女に向けることしかできない。

当然、彼女は訝しむような顔つきでこちらに近づいてくる。そのままおれの手元を覗き込むようにして、開かれたごみ袋の中を見た。

〈……うう〉

その中で、あまりに変わり果てた姿になっているメアリーをY目にするや否や、

〈ふっ、うっ、ふぐぅ……〉

泣き声を堪えるように下唇を噛みながら、涙をぽろぽろと流し始めてしまった。ああ、ああ……目を擦るなよ。そんなごみを触りまくった雑菌だらけの手で、目を擦るんじゃない。

泣きじゃくる鳴沢の横で、Eおれはメアリーを救出する。意識して、汚いものを指先でつまむようにではなく、きちんと手で掴むようにして。粘性の高い、ぬるりとした感触が掌に伝わってくる。わずかにためらったものの、鼻を近づけて軽く臭いをかぐ。無臭ではなかった。覚えのある臭いだ。ただ意外にも、不快感はあまり……いや、ほとんどなかった。なんだろう、どこかでかいだことのある臭いだけれどはっきりとは思い出せない。

ただ、こうして触った感じからすると、まだ汚れは定着していないようだ。

これならきっと、まだなんとかなる。そう思えた。

〈うう、はやく、はやく洗ってあげないと……〉

泣きながら、鳴沢が手を差し出してくる。けれどおれはかぶりを振り、メアリーを地面にそっと置いた。これは、水洗いなんかしたらダメだ。そんなことをしたら余計に汚れが落ちなくなってしまう。

汚れた手をハンカチで拭いてからそう説明すると、鳴沢は縋るような目をして、

てきてはいけないようなものだしな。

気に食わない、社交性の足りない転校生への、ささやかな悪意だ。

気持ちはわからないでもない。でも、指先にほんの少しつけただけのような悪意ですら、他人に痛みを与えるには十分なんだ。そんな簡単なことが、どうしてわからないのか。確かに十二歳のおれ達はまだまだ子どもだ。けれど、それでもこんなのは幼すぎると思う。右も左も良いも悪いもわからない赤ん坊では、もうないはずなのに。

傘を差していたとはいえ春雨を存分に浴びた鳴沢の服は、まだずいぶん湿っている。いつまでもこのままでいたら、風邪を引いてしまうかもしれない。

もう帰ったほうがいいと、素直な想いで鳴沢に帰宅を促す。けれど鳴沢は、その提案に小刻みに首を横に振るばかり。仕方がないので、あとはおれが捜しておくからと付け加えても、鳴沢はやはりかぶりを振って、

〈まだどこか、捜すところある？〉

どうやら、諦めるという選択肢はないらしい。鳴沢にとって、自分が風邪を引くことよりも、ぬいぐるみが見つからないことのほうが耐えがたいようだ。

そんな鳴沢の根性に敬意を示して、おれは彼女を学校の裏門の脇にあるごみ置き場へと導いた。

目前のごみ置き場には、おれが想像していた通り、ごみがぱんぱんに詰まった透明なごみ袋がうずたかく積まれていた。この場所に業者が回収に来るのが水曜と土曜の朝なので、その前日この場所はこうしてごみで溢れるのだ。まあ、ものを捜しているのだからすでに回収されて空っぽというのよりは、こっちのほうがマシなのかもしれないけど。

正直、ここをいの一番に捜すべきだとはわかっていた。ただ、山ほどあるに違いないごみ袋をひとつひとつ調べるのが嫌だったのだ。何せ臭いし、汚いし。

でもこのごみ置き場以外に、もう捜すべきところは思いつかない。もしここになければ、本当のお手上げだ。

早速、どちらからともかく手分けしてごみ袋をひとつひとつ開いていく。教室から出たものがほとんどなので、さすがに生ぐさい臭いを発しているようなものは少ない。しかしそれでも、他人のごみを素手でごそごそやるというのは、正直なところかなり不快だ。衛生的にというよりは、精神的に色々とくるものがある。

ただ、服に汚れがつくことも厭わず、すぐ隣で鳴沢が少しも迷うことなくごみに手を突っ込んでいくのを見せられては、おれだって弱音を吐くことはできない。

きっと、よほど大切なものなのだろう。おれの目には単なるくたびれたぬいぐるみに見えようとも、そのうさぎのメアリーとやらは。

なあ、メアリーやい。

おまえ、本当に愛されてるぞ。

だから早く、出てきてやんなさいよ。

果たして3そんなおれの柄にもない願いが、メアリーに通じたわけではないだろうけれど。

ごみ袋でできたピラミッドの六割ほどを、鳴沢と二人で崩した頃、ほとんど機械的に手にした新しいごみ袋の口を開くと同時に、B彼女はついにおれの目の前にその小さな姿を現した。

らげてくる。仮にも手伝ってやっているというのに、こんなことを言われたら不機嫌になるのが当たり前だが、ここまで子どもっぽいと怒りすら覚えないのだから不思議だ。

というか、別に教室に絶対あるなんて断言したつもりはない。体育のとき、着替えは男女ともにここでするから、ここにある可能性が高いかもと考えていただけだし。

しょうがない。

気は進まないが、次はトイレを捜すか。悪意による失せ物と言えば、トイレで発見されるのが相場というものだ。どこの相場かまでは、よく知らないけど。

〈捜したもん！　トイレも、もう捜したもん！〉

ホントにもう、文句ばっかりだな、おい。

捜したって、男子トイレもか？　教員用のトイレも、ひとつ残らず全部捜したのか？

鳴沢は一瞬怯んだが、対抗しているつもりなのかすぐに顔を赤くしながら前のめりになって、叫ぶ。

〈わたし、女の子だもん！　先生でもないもん！〉

学校中のありとあらゆるトイレを、男女ともに捜した。

グラウンドの倉庫の中も捜した。そこにある跳び箱も全て中まで確認した。うさぎ小屋も確かめた。本物のうさぎしかいなかった。水を張っていないプールの底も金網をよじ登って覗いてみた。落とし物としての届けもなかった。体育館にも、図書室にも、理科室にも、図工室にも、パソコン室にも、放送室にも校長室にもなかった。

鳴沢は途中からずっとめそめそしていた。メアリーいないよー、メアリーどこー。メアリー返してよー。メアリーメアリー、そればっかり。

けれど、そんなメアリー連呼にもさすがに疲れたのか、言葉数が明らかに少なくなってきたところに、

「もうすぐ五時になります。学校に残っている児童は、すみやかに下校しましょう」

そんな、下校を促す校内放送がスピーカーから流れてくる。腕時計を見れば、時刻はちょうど五時だった。確か六時になったら、用務員さんが門を完全に締めてしまうはずだ。

見れば、鳴沢はなんとも疲れきった顔をしている。考えてみればうさぎのメアリーがなくなったのは昨日のことなのだから、こいつはたぶん昨日も同じように遅くまで捜していたのだろうと、今さらながら想像がついた。

おれがそんなことを考えつつ立ち止まっていると、鳴沢は思わずといった感じでその場に座り込む。

彼女の膝についていた泥は乾燥して薄い土の膜となり、ひび割れのようになっている。おれの視線で鳴沢もそれに気づいたのか、乾いた土を指先で払った。その指先も、草か何かで切ったのだろうか、少し血がにじんでいるのがなんだか痛々しい。

そんな鳴沢イリスを前にして、２おれはここにきていままでとは別の種類の苛立ちを覚えた。

ほんの軽い気持ちだっただろう、やったほうは。

だって、単なる薄汚れたぬいぐるみだ。

なくなったところで、どうにかなるわけじゃない。断定はできないが、それほど高価なものでもないだろう。それに、本当なら学校に持っ

【国　語】〈五〇分〉〈満点：一〇〇点〉

【注意】　解答の際には、句読点や記号は一字と数えること。

一　**次の文章は、八重野統摩『ペンギンは空を見上げる』の一部である。「おれ」のクラスに、アメリカから鳴沢イリスという転校生がやってきた。ある日の放課後、「おれ」は鳴沢がうさぎのぬいぐるみを捜しているところに出くわし、一緒に捜すことになった。うさぎのぬいぐるみは、クラスメイトが隠したようである。〈　〉の鳴沢の台詞は英語であり、「おれ」は英語ができるため、二人は英語でやり取りをしている。これを読んで、後の問いに答えなさい。なお、出題に際して、本文には表記を一部変えたところがある。**

六年二組の教室は、校舎の最上階である四階にある。

時刻はもう四時過ぎということもあって、教室には誰もいなかった。ありがたい。誰か他のやつがいたら色々と面倒だったろうから。

教室の後ろにはスチール製のロッカーが壁に沿ってずらりと並んでいて、生徒一人一人に割りふられている。そのロッカーには扉はあるけれど、鍵はついていない。

おれは机の中を捜すから、おまえは全員のロッカーを調べるようにと促すと、鳴沢は不安げな顔つきで、

〈他人のロッカー触って、怒られない？〉

……A先生に怒られるのとぬいぐるみが見つからないの、どっちが嫌なんだ。

すると鳴沢は、口を引き結んでむっとした表情を浮かべながら、

〈ぬいぐるみじゃないもん、メアリーだもん！〉

反抗のつもりなのか全くもって意味のないことを叫んでから、クラスメイトのロッカーをひとつひとつ漁り始めた。

おれのほうも、四十脚近くある机の中を調べ始める。

ほとんどの生徒の机は、ひょいと中を覗くだけでぬいぐるみなんて入っていないとわかる。けれど、プリントやら教科書やらをぎゅうぎゅうに押し込んでいるやつも少なからずいたし、その少なからずの中にはカビかけた給食のレーズンパンをそのままにしている馬鹿もいた。ちなみに心優しいおれは、それをそいつの机の中に入っていたプリントの中でも、特に重要そうな〝授業参観のお知らせ〟でくるんでゴミ箱に捨ててやった。いつの日か母親に怒られるがいい。

しかし、最後の机の中を確認しても、うさぎのぬいぐるみは見当たらなかった。

おれに少し遅れて鳴沢イリスもロッカーを調べ終わったみたいだけれど、その青い瞳をおれに向けるなりすぐに首を横に振った。どうやら、向こうも空振りらしい。

その後、教室の壁にかけられているクラスメイト達の給食袋の中も捜したが、こちらも空振りに終わった。というか、今日は金曜日なんだから家に持ち帰って洗濯するのが当然なのに、いくつも残っているのはどうかと思う。何週間も放置しているやつもいそうでぞっとする。

他にも、掃除用具入れの中やら教壇の中やら、思いつく限りの場所を捜してみるも、うさぎのメアリーちゃんは見当たらなかった。

〈1ないじゃない！　教室にないじゃないー！〉

さて次はどうしたものかと悩んでいたところ、鳴沢はその場でじたばたとして、まるでメアリーの紛失がおれの責任であるかのように声を荒

ウ　あのね、笛はこころをこめて吹くものよ
エ　まさか、笛を吹くすがたは美しいものよ
オ　そう、それならもう笛のおけいこはしないわ

問６　小学生の時に、「私」がデモステネスとアルキビアデスの話の中でいちばん感動したことを、具体的な場面に置きかえた場合、その例として最も適当なものを次の中から選び、記号で答えなさい。

ア　地域在住のお年寄りから学校に多量の本の寄贈（きぞう）があった。図書委員でお礼状を書くことになったが、電話ならすぐに話せることが文章だとなかなか書けず、話し言葉と書き言葉には違いがあるのだと気づいた。

イ　同じ語句を文字を使い分けて書いてみた。たとえば「言葉のかたち」と「コトバの形」では、耳には同じに聞こえても読んで受ける感じは異なり、使う文字によって伝え方は変わるのだと知った。

ウ　合唱祭で歌うことになった曲についてクラスで意見交換（こうかん）をした。全員の意見を聞いてみたが、同じ曲でも人によってとらえ方や感じ方はさまざまで、その人の個性が表れるのだと思った。

エ　海外の学生との交流会に参加してみた。お互（たが）いに相手の国の言葉が話せなかったので、言語に頼（たよ）らずに身振（みぶ）り手振りを交えて会話をしたが、一番大切なのは相手の気持ちを想像し合うことだと感じた。

オ「町をきれいにする運動」をしたいと考え近所の小中学生から希望者を募（つの）った。中学生だけでなく、小学生にも運動の目的をわかってもらうように、わかりやすく話さなくてはいけないと考えた。

三　**次の各文の――線のカタカナは漢字に、漢字はひらがなに、それぞれ直しなさい。**

１　ドウシンに返って遊ぶ。
２　カドが立たないように気づかう。
３　木のミキに耳をあてる。
４　カイシンの作品が完成した。
５　エキシャに占（うらな）ってもらう。
６　キハツ油で車を動かす。
７　養蚕が栄えた地域。
８　干ばつが長い期間続く。

次の中から選び、記号で答えなさい。

ア　澤田謙の『プルターク英雄伝』に選ばれた有名な英雄たちの伝記を、少女だった「私」は熱心に読んだにもかかわらず、細部にわたるまで記憶にはっきり残ったのは、かえって地味な英雄たちや彼らの特別な活躍のエピソードだったこと。

イ　澤田謙の『プルターク英雄伝』に書かれた有名な英雄たちの武勇伝に、少女だった「私」は心を動かされたにもかかわらず、大人になった「私」が特に魅力に感じたのは、名の知れない英雄たちのささやかなエピソードだったこと。

ウ　澤田謙の『プルターク英雄伝』に描かれた有名な英雄たちの活躍ぶりに、少女だった「私」は夢中になったにもかかわらず、大人になるまでしっかりと覚えていたのは、むしろ目立たない英雄たちと彼らの独特なエピソードだったこと。

エ　澤田謙の『プルターク英雄伝』にわかりやすく解説された有名な英雄たちの歴史的な実績を、少女だった「私」はくわしく覚えたにもかかわらず、「私」の記憶に残ったのは、目立った功績のない英雄たちのたわいないエピソードだったこと。

オ　澤田謙の『プルターク英雄伝』に述べられた有名な英雄たちの勇敢な姿に、少女だった「私」は強い感動を覚えたにもかかわらず、その後の「私」の記憶に残っていたのは、勇敢な英雄たちのごく日常的なささいなエピソードだったこと。

問４　――線３「ところが、である。」とあるが、この表現から始まる段落には、どのようなことが描かれているか。その説明として最も適当なものを次の中から選び、記号で答えなさい。

ア　少女時代の「私」が強く感動した、浜辺で必死に演説の練習をする孤独な少年デモステネスの記述が、予想どおり原文にはなかったことを強調し、大人になって原本を読み直すことの大切さを伝える「私」の様子が生き生きと描かれている。

イ　子どもなりに「私」が感動した、浜辺で苦しい演説の練習をすれば偉大になれると信じる孤独な少年デモステネスの記述が、原文にはなかったおどろきを強調し、人の記憶のあいまいさに苦笑する「私」の様子がユーモラスに描かれている。

ウ　子どもの「私」が親しんでいた、浜辺で演説の練習をする孤独な少年デモステネスの記述が、大人向けの原文にはなかった無念さを強調し、子どもの心を動かした澤田氏の翻訳のすばらしさに感動する「私」の様子が印象的に描かれている。

エ　少女だった「私」が心をゆさぶられた、浜辺で熱心に演説の練習をする孤独な少年デモステネスの記述が、原文にはなかったという意外性を強調し、想像か作意によるものだったのかと戸惑う「私」の様子が目に浮かぶように描かれている。

オ　少女の「私」が衝撃を受けた、浜辺で小石の痛みにたえながら演説の練習をする孤独な少年デモステネスの記述が、原文にはなかったという予想外の事実を強調し、自分の思いこみにあきれる「私」の様子がありのままに描かれている。

問５　［４］に入る最も適当な一文を次の中から選び、記号で答えなさい。

ア　あら、笛でこころをあらわせばいいじゃない

イ　だって、あなたのために笛のおけいこをしているのよ

かがやき、さらに壮年になっても、老人になっても、それぞれの時期に考え得るかぎりの最高の美しさに恵まれていたというプルタルコスの述懐には、どこかうさんくさいひびきさえあった。

うさんくさいだけでなくて、読みようによっては、プルタルコスはアルキビアデスが笛を嫌ったのは、どうやらこれを吹いているあいだ、自分の美貌が著しく損なわれるからだ、と説いているようでもあった。だが、その少し先には、こんなアルキビアデスの言葉も引用されていて、私はひと安心した。彼によると、※リラを弾く人間は同時に歌うこともできるけれど、笛だったら「声も言葉も出なくなる」。そもそも自分たちアテネ市民は、「口のきき方も知らない」※テーバイの連中とは違うのだから、言葉をおろそかにするような楽器を選ぶのはつつしむべきだと。

自分の考えを人につたえるためには、明確な言葉でこれを表現することが大切だという、ふたりの少年の（あるいはプルタルコスの）いかにもアテネ人らしい思想が、他のどの英雄のめざましい活躍にもまして私には魅力的だった。

山を歩いていて、前方の霧がふいに霽れ、自分がめざしている方向が一瞬のあいだだけ見えることがある。小学生の私がプルタルコスの話に読みとったものは、どこかそんな旅人の経験に似たものではなかったか。もちろん霧はまたすぐにすべてを包みこんでしまうから、旅人は、自分がめざしていたのはたしかあっちのほうだった、というたよりない記憶だけにたよって、ひとり歩きつづける。

※予科…かつて大学に進学するために設置された、準備のための学校。
※茫漠と…広々と。
※編著者…もともとあった作品を編集して、新たな作品として書いた人のこと。
※フリュート…管楽器のフルート。
※ディテール…細部。
※リラ…古代ギリシアの竪琴。
※テーバイ…古代ギリシアの地名。

問１ ═線Ａ「寝食を忘れる」・Ｂ「裏をかかれ」の本文中の意味として最も適当なものを後のア～オから選び、それぞれ記号で答えなさい。

Ａ「寝食を忘れる」
ア　何もしないでぼんやりする
イ　自分の好きなことだけをする
ウ　手当たり次第に行動する
エ　ひとつのことに熱中する
オ　何も考えずにやり続ける

Ｂ「裏をかかれ」
ア　ずるい手を使うようにそそのかされ
イ　予想外のことをされて出しぬかれ
ウ　かくそうとしていた弱点を見ぬかれ
エ　油断したすきに先回りされ
オ　秘密がばれてきびしく追及され

問２ ――線１「じゅうぶんすぎるほどありがたいのだった」とあるが、なぜ「私」はこのような気持ちになったのか。その理由を70字以内で説明しなさい。

問３ ――線２「なかでもふしぎなのは」とあるが、「私」はどのようなことを「ふしぎ」と感じたのか。その説明として最も適当なものをから小学生なりに理解し、そのことになぐさめられ、それからもずっと、小石のエピソードのためというよりは、浜辺の孤独な少年のイメージのほうに親近感をおぼえてなつかしんだ。

【3】ところが、である。最近、古い岩波文庫の『プルタルコス英雄伝』を読みなおす機会があって、デモステネスの項を見ると、海辺の孤独な少年がどこを探しても存在しないのである。キケロとならぶ偉大な雄弁家としてプルタルコスが選んだ、アテネのデモステネスについての記述にあるのは、小石を口に入れて演説の練習をしたというエピソードだけで、ひとり海岸を歩いて、とか、波の音に負けないように、というような箇所は、原文のどこにも見あたらない。海岸を歩く少年の話は、私が勝手にあたまの中でつくりあげてしまったのだろうか。それとも、私が読んだ少年向けの本を編んだ澤田氏の虚構にすぎなかったのか。

　私のもうひとりの「英雄」は、アルキビアデスだった（アルキビアデス、という日本語ではどうにも捉えようのない名が伝えてくる、ふしぎな、覚えにくい音の組みあわせも、私には心地よかった）。この人物についてもデモステネスの場合とおなじように、私の記憶に残ったのは、彼の子供時代のエピソードだった。

　アルキビアデスは当時の風習にしたがって、少年のころ、学校で笛をならったのだが、彼はこれを嫌って教師に反抗したという。人間は、ものをいうために口がある。それなのに、笛を吹いているあいだは、それをあきらめることになる。それではあまりもったいない、という話だ。

　「人間にはものをいうために口がある」というくだりを読んだとき、ほんとうにその通りかも知れない、と十一か二だった私は感じ入った。自分とおなじぐらいの年齢の少年がそういったという事実に感心したのかも知れない。

　ずっとあとになって、パリで勉強していたころ、私のいた学生寮にヒルデガルトというドイツの女の子がいて、南ドイツで演奏会をひらくほどの※フリュート奏者だった。私に笛の吹き方を教えてあげるといって、しばらくのあいだ練習に明け暮れたのだが、もともと彼女のほとんど一方的な申し出だったし、私は才能がなかった。でも、ドイツ人らしく、ヒルデガルトはまじめだった。ときどき、今日はお天気がいいから公園に行きたくなったとか、どうしても読んでおかなければならない本があるとか、あまり説得性のない理由をならべて、おけいこをさぼろうとすると、彼女は、だめだめ、一回でも休むとまたもとにもどる、といって、こんりんざい離してくれない。べつに笛がいやになったわけではなかったのだけれど、あるときアルキビアデスを思い出して、ヒルデガルトにその話をして聞かせると、彼女は、とんでもないというように私をにらみつけて、いった。【　4　】。その返事のあまりな単純さ明快さに、私は降参して、考えた。アルキビアデスだったら、なんと答えただろう。

　岩波文庫版の『英雄伝』は、このアルキビアデスについても、私の記憶にはない、それでいて、かなり重要とおもわれる※ディテールを伝えていた。アテネ人であった彼は、たいへんな美男子だったというのである。容姿端麗、という言葉が使われていて、こんな文章があった。

「彼の美しさは、生涯のあらゆる時代を通じて、彼と共に花ひらいた」

少年のときは少年らしい美しさ、青年のときは青年の力強い美しさにク英雄伝』は、私にとってはまさにそんな書物になった。ティーンエイジの入口で出会ったこの本が、どうして私をあれほど感動させたのかは、いまもってよくわからない。とにかく、A寝食を忘れるといった激しさで、当然、宿題もともだちもそっちのけで、私はその本に傾倒してしまった。

白馬にまたがってマケドニアから世界制覇に乗り出したアレクサンドロス大帝。テルモピレの戦いで味方に裏切られ、敵軍の包囲のなかで死を迎えるスパルタの勇将レオニダス。象をひきいてアルプスを越えるが、もっとすごい戦略家の大スキピオにB裏をかかれて失脚するカルタゴの名将ハンニバル。アテネに民主政治を敷いて黄金時代を招来するペリクレス。ブルートウスの凶刃に倒れる偉大な支配者カエサル。ローマもアテネも知らないくせに、私は、それらしい白い街角で彼らに会う夢を見てしまうほど、プルタークの、そして半分は澤田謙という書き手の「英雄たち」にのめりこんだ。

ギリシア人のプルタルコス（プルターク）が紀元一世紀に書いたといわれる『対比列伝』（英雄伝）という、いっぷう変った題の原本は、ギリシアとローマの傑出した人物をふたりずつ選んだうえで、それぞれの伝記を述べ、そのあとに、両者を対比して優劣を論じる文章を置くという、独特な構成で書かれている。たとえば、王者としてのギリシアのアレクサンドロスとローマのカエサルを組みあわせる、あるいはアテネで雄弁家として聞こえたデモステネスには、おなじく名演説の数々で群衆をうならせたローマのキケロが論じられ、対比されている。

澤田謙の『プルターク英雄伝』は少年（少女？）用に書きなおされたものだったから、当然、もとの複雑な構成は省略されていて、編著者がこれと思った「英雄たち」の、伝記の部分だけをやさしく書きなおしたものだった。それにしても、あれほど私をのめりこませたのは、よほど語りの技法にひいでた筆者だったのではないかと、いまの私には思える。

そして、2なかでもふしぎなのは、これら列伝のなかで、なま乾きのコンクリートを渡っていったネコの足跡が、そのかたちをいつまでもとどめているように、しっかりと私の記憶に灼きついて残ったのが、アレクサンドロス大帝の野望でもなければ、キケロの雄弁（第一、この「雄弁」という言葉が、私にはずっとあとまで、なにを指すのかよく理解できなかった。大日本雄弁会、という名のついた出版社の名もふくめて）でもなくて、ごく地味な、ふたつの名前とふたつのいっぷう変ったエピソードだった事実だ。

そのひとつは、アテネで大雄弁家と称されたデモステネスについての話。偉大な政治家になろうと決心した少年デモステネスは、言葉をどもるくせがあってどうしてもなめらかに話すことができない。それで、海辺に行くと、彼は小石を口にふくんで大声で演説の練習をする。口の中の小石と波の音にもかかわらず、そうやって、はっきりと人に話の内容が伝えられるように練習した。

小石なんて、口の中が痛いじゃないか、それにしても変な人だなあ、と最初それを読んだとき私は思った。それでいて、ひとり海岸を歩きながら、雄弁の練習をする孤独な少年のすがたが、好きだった。波の音だけがざあっざあっと聞こえてくる浜辺を、なにやら大声で演説しながら足早に歩いていく、白い短衣に革のサンダルをはいた少年。

なにかに到ろうとすることが孤独な作業だということを、私はこの話

二　次の文章は、須賀敦子が自らの少女時代の思い出をもとに書いた「アルキビアデスの笛」の全文である。これを読んで、後の問いに答えなさい。なお、出題に際して、本文には表記を一部変えたところがある。

「どんな本がいいのか、わたしにはさっぱりわからんで、潤一兄さんに選んでもらったんよ。あんたたちがどんな本を読むのか、おばあちゃんにはわからんから」

めったに旅行をしなかった、したがって私たちが会うのはほんとうに稀だった母方の祖母が、お国なまりでそういいながら、角ばった紙包みを私と妹にひとつずつ手渡してくれた。開けてみると、私のは茶色がかった表紙の本で、『プルターク英雄伝』。それまで読んだことのあるどの書物よりもぶ厚く、読みごたえがありそうだった。ずっしりと手に重い感触と、いかにも「男の子向け」といった地味な装幀に、私は身がひきしまるようにうれしかった。祖母から本をもらったことに加えて、尊敬するいとこの潤一兄さんが選んでくれたことが私には二重に誇らしかった。

潤一兄さんは、六つ七つ年上のいとこで、目黒の駅から遠くないところに住んでいた母の姉のひとり息子だった。いま考えると、私や妹が子供のころ、彼はずっと早稲田の大学生だったような気がするのだけれど、そんなことがあるはずはないから、たぶん、※予科とか高等学校に行っていたのだろう。私と妹は小学校の五、六年生で、伯母の家にいくと、どこかのんびりした潤一兄さんを、遠巻きに眺めるちょっとまばゆい感じで、意識していた。

おとなしい性格の潤一兄さんは、伯母が、いまに床が抜けるわよ、きっと。あの子は本ばかり読んでいて、将来どうする気なのかしら、と心配するほどの読書ずきだった。大学の専攻は、たしか兵隊にとられるのがおそいからという理由で、理科系だったけれど、彼の読書範囲は※茫漠とはてしなかった。彼がいつも「たてこもる」という感じで机に向かっていた座敷は、大きい勉強机のうえはもちろん、その下も、よこも、壁ぎわも、隙間という隙間が、ありとあらゆる種類の本で埋まっていた。

どの指だったか、子供のときにけがをして、そのため彼は、左手の指の何本かをちょっと裏がえすような格好にして、本を目の高さに支え、ごつい黒ぶちの眼鏡をかけ、まるでおいしいものを少しずつ嘗めるように本を読んだ。私たちが母に連れられて伯母のところに遊びにいくと、しばらくは、となりの座敷から、咳ばらいだけが聞こえてくる。伯母にうながされて私たちが、潤一おにいちゃん、こんにちは、と声をかけると、彼はあぐらをかいたままで、ふすまを顔の幅だけ開け、目がねの奥の目を細くして笑いながら、口をまげて、よっ、といった。あいさつは、それだけだったが、あれは内気な彼にとって、せいいっぱいの愛情の表現だったにちがいない。それなのに、幼い私にはわからなくて、ものたりなかった。またまたさわがしい連中が来たな。素っ気ない彼のあいさつが、そんなふうにも思えて、本気で相手してもらえないのがかなしかった。だから、潤一兄さんが選んでくれた、と祖母が手渡してくれた本は、そのことだけでも、1じゅうぶんすぎるほどありがたいのだった。

こうして『プルターク英雄伝』が私の世界に侵入してきた。※編著者は澤田謙。人生のある時期にとって記念碑的といえる本がだれにでも何冊かはあるものだけれど、母方の祖母のおみやげにもらった『プルター

サッカー　　　　ラグビー

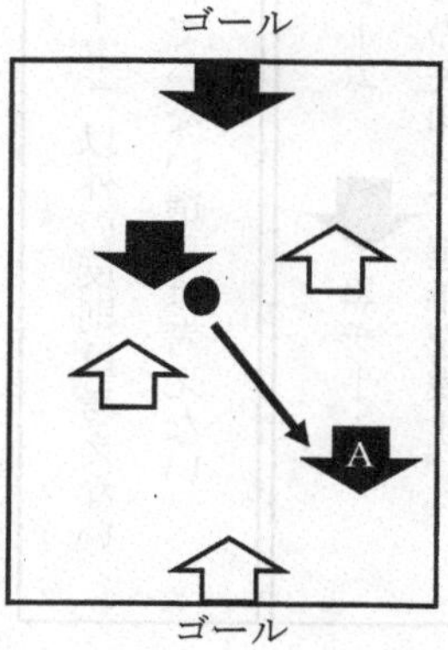

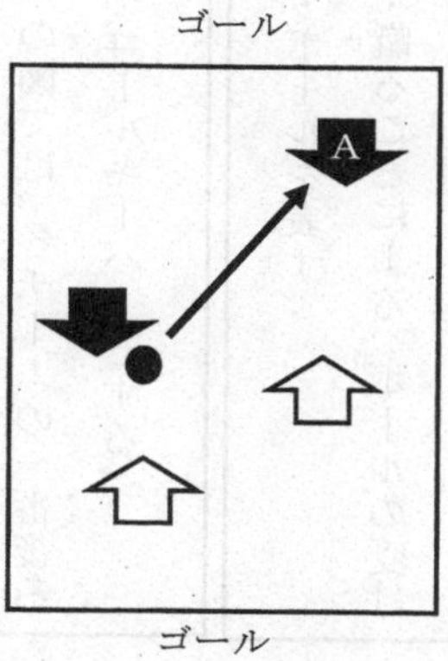

ウ

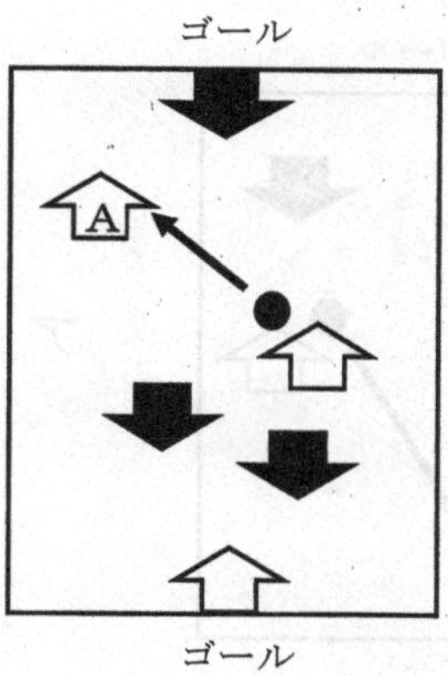

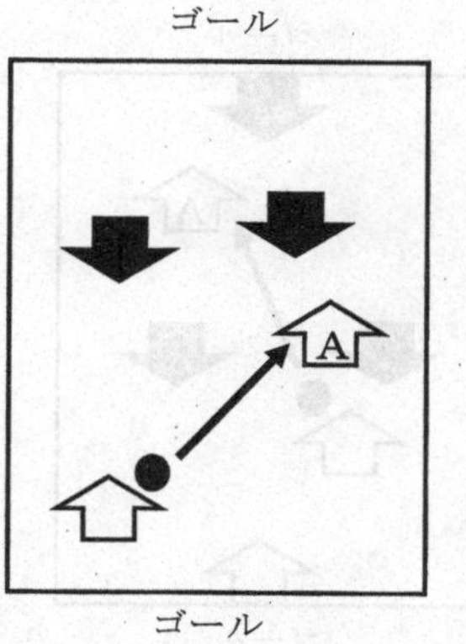

エ

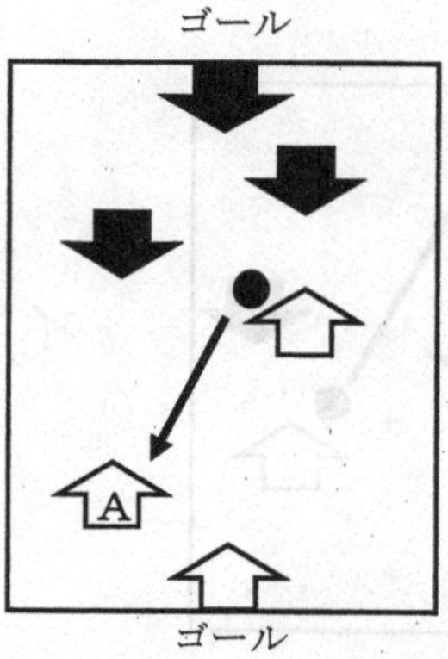

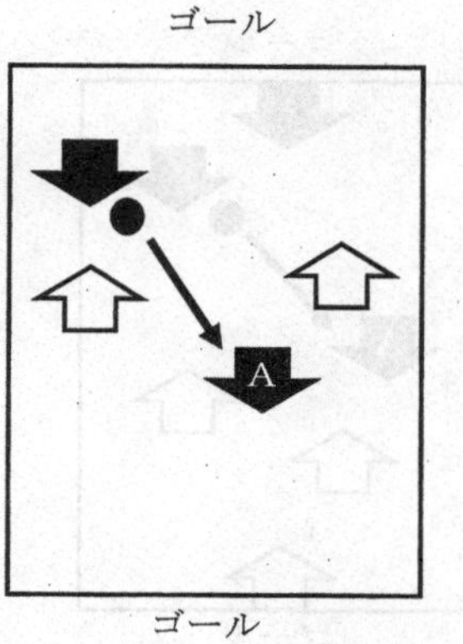

オ

【図について】

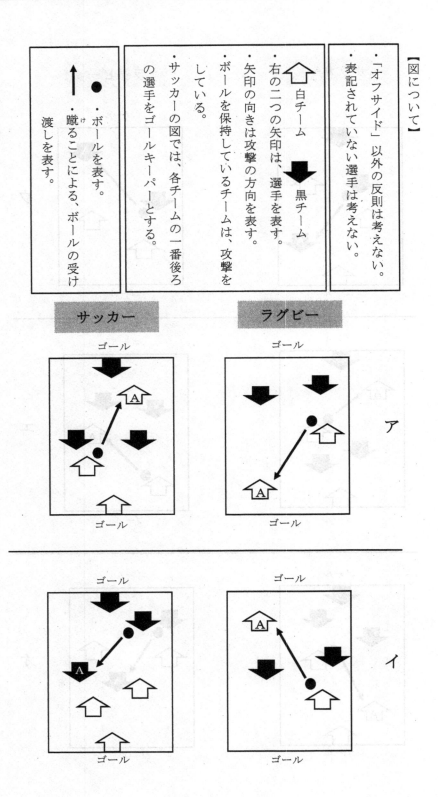

・「オフサイド」以外の反則は考えない。
・表記されていない選手は考えない。

白チーム　黒チーム

・右の二つの矢印は、選手を表す。
・矢印の向きは攻撃の方向を表す。
・ボールを保持しているチームは、攻撃をしている。
・サッカーの図では、各チームの一番後ろの選手をゴールキーパーとする。

・ボールを表す。
・蹴（け）ることによる、ボールの受け渡しを表す。

サッカー　　ラグビー

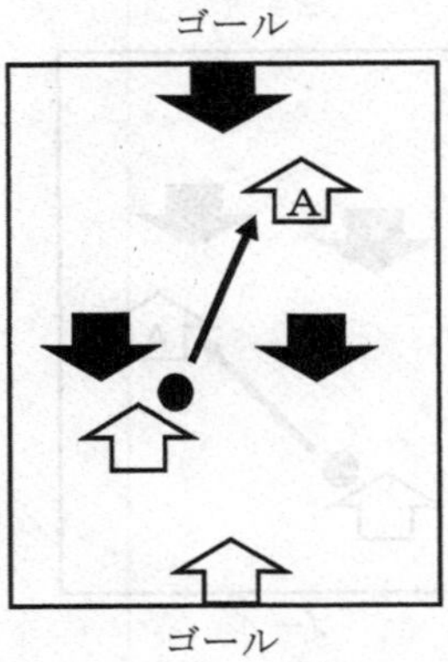

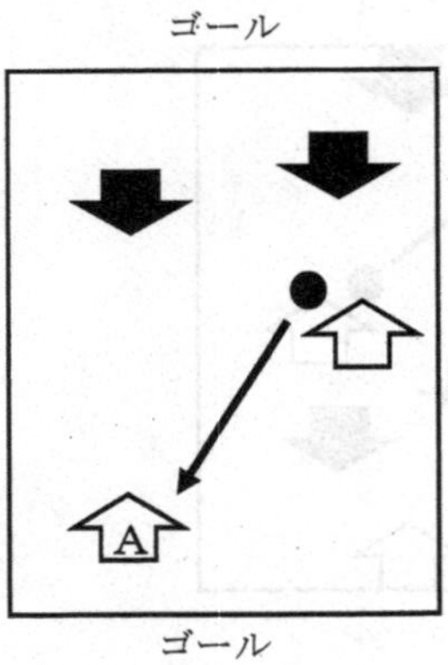

ア

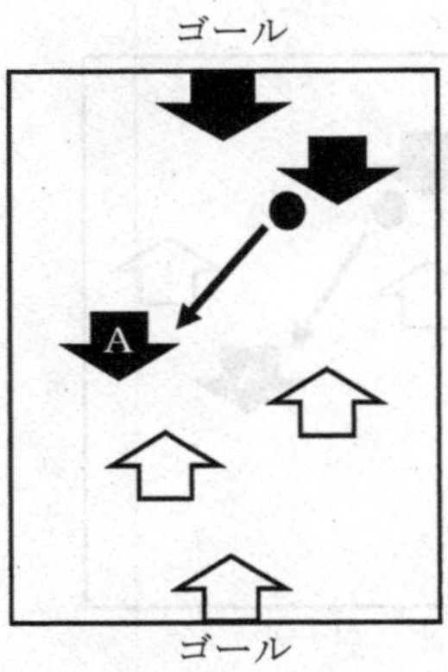

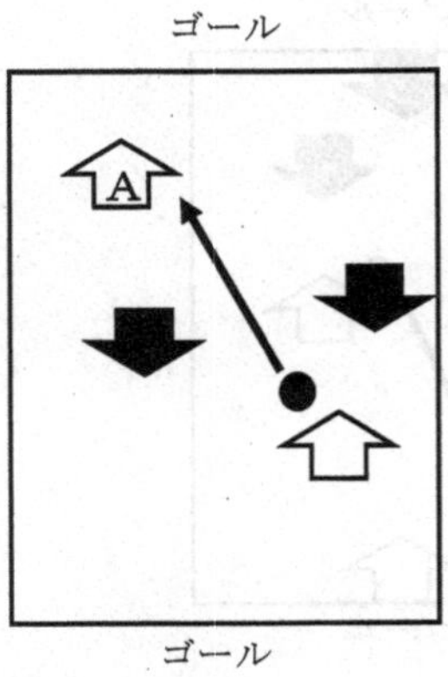

イ

問２　――線２「競技者と観客という区別をも生み出した」とあるが、それはどういうことか。その説明として最も適当なものを次の中から選び、記号で答えなさい。

ア　試合会場が校庭に限定されると、試合会場とそれ以外の場所の違いが意識され、試合に出場する選手が特別な存在になったということ。

イ　試合会場が校庭に限定されると、試合を行う人と応援する人の違いが意識され、試合への関わり方にも多様性が生まれたということ。

ウ　試合会場が校庭に限定されると、試合に関わる人と関わらない人の違いが意識され、両者の試合に対する熱意の差も生じたということ。

エ　試合会場が校庭に限定されると、試合を行う場所と応援する場所の違いが意識され、選手と応援する人が明確に分けられたということ。

オ　試合会場が校庭に限定されると、学生と地域住民の違いが意識され、試合に参加できるのは学生に限定されてしまったということ。

問３　――線３「こうしてルールというものが登場してくると、新たな問題も発生する」とあるが、それはどういうことか。その説明として最も適当なものを次の中から選び、記号で答えなさい。

ア　学校教育とフットボールが結びつくと、競技の安全性を高めるために各学校で危険行為に対する罰則が設けられたが、学校ごとの安全に対する認識の差をなくすために罰則を明確にして統一する必要性が生じたということ。

イ　学校教育とフットボールが結びつくと、子供が競技に熱中し過ぎるのを防ぐために各学校で試合時間を定めたが、学校同士の試合を公正にすすめるために競技規則を明確にして統一する必要性が生じたということ。

ウ　学校教育とフットボールが結びつくと、子供が学校にいる時間が限られるために各学校で勝敗の基準が設けられたが、地域全体の学校と試合をするために勝敗の基準を明確にして統一する必要性が生じたということ。

エ　学校教育とフットボールが結びつくと、子供の健全な成長が求められるために各学校で公平性を高める規定が設けられたが、地域全体で子供の健全な育成をするために規定を明確にして統一する必要性が生じたということ。

オ　学校教育とフットボールが結びつくと、子供を危険な行為から守るために各学校で競技規則や反則規定が設けられたが、他の学校と平等に試合をするために規則を明確にして統一する必要性が生じたということ。

問４　――線４「オフサイド」について、次の各問いに答えなさい。

（ｉ）次のページのラグビーとサッカーの図ア～オについて、「Ａ」の選手がどちらも「オフサイド」の反則になるものを一つ選び、記号で答えなさい。ただし、【図について】を参考にすること。

（ⅱ）なぜ「オフサイド」が作られたと考えられるか。その理由を70字以内で説明しなさい。

ビーとサッカーへとフットボールを分岐させていくのだが、サッカーでもオフサイドの概念が導入された。サッカーでは、相手のゴールキーパーとそれ以外の相手守備の最後方の選手との間の領域をオフサイドの位置とみなし、攻撃側の選手がこの領域内で味方からのパスを受けるなどプレーに参加する動きをすると、オフサイドの反則になる。サッカーでも、ゴール近くに味方の選手を送り込むのに制約がかけられたのだ。また、ラグビーもサッカーも当初は基本的に選手交代を認めず、疲労に打ち勝つことさえをも勝利へのハードルに設定したのであった。

近代フットボールが制限時間内に得点を競うという発想へと転換したはずなのに、なぜわざわざ点を入れにくくするようなルールも同時に導入されたのか。禁止事項を守らせることがフェアプレーの奨励や学校教育の秩序と親和性があったためとも考えられるが、中村は、そこには中世のマス・フットボールの伝統の痕跡が刻まれているのではないかと指摘する。

中世のマス・フットボールは、いわば地域社会全体が楽しみにしていた年中行事であり、逆に言えば、それはすぐに終わってしまっては興ざめであった。だからこそ、共同体全域を舞台に、羽目を外すような行為まで繰り出して、決着を長引かせようとしたのだ。簡単に得点が入らないようにするためのオフサイドの導入は、すぐに決着をつけたくないという中世の祝祭フットボールの発想に通ずると中村は見る。

実際、初期の近代フットボールでは中世の祝祭フットボールを彷彿させる要素が残っていたようだ。例えば、ゴールラインやサイドラインが必ずしも明確に引かれていなかったため、観客がしばしばゴールやフィールド内に乱入し、時として競技者と観客の区別が曖昧だったらしい。

また、今でもラグビーでは、ボールを※インゴールに運んで得点することを「トライ」というが、ゴールしたのに「お試し」とは何とも不思議な呼び名だと思ったことがある人も少なくないはずだ。実は、初期の近代フットボールの「トライ」は、それ自体は得点にはならず、トライした地点から下がってゴールに向けてキックする「挑戦権＝トライ」を与えるにすぎなかった。これは今のラグビーでも、トライの後のゴールキックとして残っているが、当初は、このキックが入らなければ得点は認められなかったのだ。つまり、「トライ」という名称からは、ゴールキックまで成功しなければ点を与えないことで得点を入りにくくし、いわば決着を先送りしようとする、中世の祝祭フットボールに通ずる発想を垣間見ることができるのである。

中村が描き出したイギリスにおけるフットボールの近代化の過程から読み取れるのは、祝祭的な「競戯」から得点を競う「競技」へと転換しつつも、フットボールが自らのルーツを内に秘めながら近代の空気を呼吸していた姿であった。

※マス・フットボール…地域全体でおこなうフットボール。
※中村…学者の中村敏雄。
※インゴール…得点が認められる領域。

問１　――**線１**「より日常的に特定の場所で行われるようになっていた」とあるが、それはフットボールがどのようになったということか。**「中世」・「近代」の二語を必ず使って**70字以内で説明しなさい。ただし、「解答らん」に「中世」・「近代」を書くとき、「」をつける必要はない。

全な成長に有害な要素を取り除く必要が出てくる。中世のフットボールが事実上の無法地帯で行われていたとすれば、近代の校庭フットボールでは粗暴性を抑制するとともに、それに違反した場合に罰則を科すなどの措置を講じなくてはならなくなってくるのだ。つまり、競技規則や反則という概念の明確化も、フットボールの近代化を象徴していたのである。

とはいえ、3こうしてルールというものが登場してくると、新たな問題も発生する。身内同士でゲームに興じるのであれば問題ないが、よそ者が混じったらどうなるか。当初は各学校がいわばローカルルールを独自に設定していたわけだが、学校によってルールが違うようでは、他の学校の生徒と楽しむには支障が出る。こうした煩雑さを解消するため、一八四〇年代頃から、フットボールのルールの明文化とルールの統一が試みられるようになる。

中世の町ごとの祝祭では、別の村のお祭りと規則を合わせる必要などそもそもない。近代フットボールにおけるルールの統一は、それだけフットボールがローカルな存在ではなく、地域横断的に行える競技へと互換性を高めていったことを示しているのである。

ルールの統一は、お互いがそれを承認すれば競技として成立することを意味すると同時に、勝利の条件をも明確にする。そして、これも中世と近代のフットボールを隔てていく。

中世のフットボールは、制限時間というものがなく、どちらかのゴールに球がたどり着くまでエンドレスだった。だが、学校の校庭で子供たちは延々と試合はできない。つまり、勝利の条件の一部として、時間制限が必要になってきたのだ。

だが、フィールドが校庭に限定されると、それだけゴールは得やすくなるわけで、中世の祝祭のようにどちらかがゴールした時点で試合終了というのでは、敗軍の腹の虫は収まらないだろうし、勝負自体も味気ない。となると、試合を面白くするには、制限時間内にどちらが多くのゴールを奪ったかで勝敗を決する方が合理的だということになる。こうした、中世の祝祭フットボールにはなかった制限時間や得点という概念の登場も、フットボールの近代化を体現しているのである。

フットボールの歴史をたどってみると、競技空間と観客の分離、競技規則の統一や反則という概念の整備、時間制限や得点の重視といった、近代スポーツに当たり前の特徴が、実は中世と近代の感覚の違いのなせる業であることがわかる。ところが、その後のフットボールが得点をどれだけ多く入れやすくするかに固執したのかというと実はそうではない。ある意味ではそれに逆行するような、いわば勝利へのハードルとなるような禁止事項が作られていったのである。そして、その最たるルールが「4オフサイド」ではなかったかと※中村は考えている。ここではまずラグビーを例に、オフサイドの意味を説明しよう。

ゴールに球を効率よく運ぶには、ゴール前に味方を立たせ、球を奪ったらその選手に渡すという戦法が有効だろう。だが、ラグビーでは、ボールより前方のゴールに近い空間に味方の選手がいた場合、その選手はオフサイドの位置にあるといい、その選手がプレーに加わるとオフサイドという反則になる。（中略）

一方、フットボールのルール統一の動きの際に、球を持って走ってはならないという禁止事項に執着した学校は、今日のサッカーのルールの土台を築いていった。こうして手を使うことを認めるかどうかがラグ

【国語】（五〇分）〈満点：一〇〇点〉

【注意】 解答の際には、句読点や記号は一字と数えること。

一 次の文章は、鈴木透『スポーツ国家アメリカ』の一部である。これを読んで、後の問いに答えなさい。なお、出題に際して、本文には省略および表記を一部変えたところがある。

フットボールの起源は、中世以来の祝祭に遡る。そうした祝祭では、町や村の住民全体が二手に分かれ、一つの球を奪い合い、どちらがゴールに先に運び入れるか競っていた。この種の※マス・フットボールでは、共同体全域がいわば舞台となり、球の運搬を阻止するための殴り合いやら敵を欺くための球の隠し合いなども珍しくなく、決着までに半日は要していたらしい。粗暴性ゆえにたびたび禁止令も出されていたようだが、逆にいえば禁止令を出さねばならぬほど、これにかける人々の熱意には並々ならぬものがあったといえよう。

ところが一九世紀を迎えるまでには、こうした球の奪い合いのゲームは、1より日常的に特定の場所で行われるようになっていた。その舞台となったのは、学校の校庭であった。後に近代フットボールは、ラグビーとサッカーに分化していくが、ラグビーという名称も、その競技が行われていたラグビー校という学校名に由来する。そして、校庭がフットボールの新たな舞台となったことは、中世から近代へという大きな時代の転換を象徴していた。

フィリップ・アリエスの『〈子供〉の誕生』（一九六〇）は、子供という概念が近代に特有であり、中世には顕著には見られなかったことを論じた著作として有名だ。一定年齢以下を「子供」とみなして労働義務を免除し、代わりに学校という空間に送り込むという発想は、実は西洋近代になって本格的に登場したものである。つまり、学校制度こそ、近代社会を特徴づける重要な装置なのだ。そこでは、子供たちが昼間の大半をすごすことを想定して、教室以外のレクリエーション施設の整備にも力を注ぐ必要があった。その先駆けとして一八世紀頃から登場したのが校庭であった。近代の訪れとともにフットボールは、年中行事としての祝祭からも地域全体からも切り離され、学校教育に新たな居場所を与えられたのである。

だがこれは、フットボールに本質的な変化をもたらした。まず、中世のフットボールは競技会場がいわば共同体全域であり、フィールドとフィールド外という区別自体が存在しなかった。しかし、競技空間が校庭という場所に限定されると、試合場と場外の境界線というものが意識されるようになった。同時にそのことは、フィールド内において競技に参加している人と、フィールド外でそれには加わっていない人という区別、つまり、2競技者と観客という区別をも生み出した。

中世の祝祭では、住民全体がいわば選手であり、地域社会全体が会場であったため、専らゲームの成り行きを見守るだけの観客もいなければ、一部始終を見渡せるような場所も存在しなかった。だが、校庭という限られた空間にフットボールが移動したことで、その一部始終を眺めることができる人と場所が生まれたのだ。校庭という競技空間の明確化と観客の誕生こそ、フットボールの近代化の始まりを告げていたのである。

中世のマス・フットボールは祝祭の一環であり、多少の悪ふざけも認められていた。だが、学校教育とフットボールが結びつくと、子供の健うことを禁じる父親の言葉に従うしかなかった。そのことを恥じ、自分自身の勇気のなさを悔やむ気持ち。

エ　ホームレスを犯罪者呼ばわりする両親とは違いバンさんたちの気持ちを理解しているつもりで親しくしてきた一方で、バンさんから教えてもらった技術を黙って使い高い評価まで得てしまった。そのことに気付き、自分自身を責める気持ち。

オ　バンさんのおかげで金賞を取ったことを報告するためにバンさんに会いたいという気持ちがある一方で、父親や母親の顔がちらついてバンさんになかなか会いに来られなかった。そのことを後悔し、自分自身を情けなく思う気持ち。

問７　この文章について説明した次の各文の中から**適当でないもの**を２つ選び、記号で答えなさい。

ア　――線Ⅰ「受験勉強で目の色を変える同級生」という部分には慣用句が使われており、受験勉強に一生懸命とり組んでいる同級生の様子を表現している。

イ　――線Ⅱ「濡れた空気の塊が雅之君を呑みこんだ」という部分には擬人法が使われており、大型台風という自然の厳しさに抵抗する人間の力強さを表現している。

ウ　本文では雅之君の回想の場面と、雅之君が多摩川河川敷を歩く現在の場面とが入り交じっており、過去と現在が交互に描かれている。

エ　多摩川周辺を襲った激しい台風や、その後の被害の様子などの情景描写は、バンさんたちが置かれた環境の厳しさを表現している。

オ　主人公を「雅之君」と表現するなど、作品全体をホームレスのバンさんの視点で描くことによって、雅之君やその周囲の人々の心情を温かく見つめている。

三　**次の各文の――線のカタカナは漢字に、漢字はひらがなに、それぞれ直しなさい。**

1　親にコウヨウをつくす。
2　身のケッパクを明らかにする。
3　ソコウが悪いと注意を受けた。
4　ユウシュウの美をかざる。
5　雪を頂いた山々。
6　支出の内訳を確認する。

四　**次の各文の――線と同じ漢字を使うものを後のア～エから選び、それぞれ記号で答えなさい。**

1　大切な仕事をイ任する。
ア　計画のイ細を説明した。
イ　敵に包イされる。
ウ　イ質の文化にふれる。
エ　発言のイ図を考える。

2　争いが起こることは必シだ。
ア　代表者をシ名する。
イ　大ニュースがシ面をかざる。
ウ　シ上の喜びを感じた。
エ　王者の座をシ守した。

ウ　バンさんから教えてもらったように、花屋で売っているような美しく飾られた花ではなく、人目にふれず校庭の片隅に咲いているような雑草のたくましさを描くことによって、全く新しい印象を与える植物の絵を描くこと。

エ　バンさんから教えてもらったように、一般的によく描かれる植物の美しい花や葉の姿だけではなく、普段は注目されない植物の根を中心にして細かな部分まで描くことによって、全く新しい印象を与える植物の絵を描くこと。

オ　バンさんから教えてもらったように、花や葉の美しさを強調する芸術性に加えて、理科の資料図のような描き方で植物の細部をありのままに表現することによって、全く新しい印象を与える植物の絵を描くこと。

問５　――線４「周囲のこの変化はとても大きな意味を持ち始めた」とあるが、どういうことか。その説明として最も適当なものを次の中から選び、記号で答えなさい。

ア　以前は雅之君の絵は周囲の人々の関心をあまり集めなかったが、徐々に周囲からの評価が高くなっていった。その結果、雅之君にも自信が湧いて将来の夢や希望を持てるようになり、両親が反対していてもバンさんに会いに行こうと思うようになったということ。

イ　以前は雅之君が描いた絵を認めてくれる人は少なかったが、雅之君の絵を高く評価する人が段々と周囲に増えていった。その結果、雅之君はますます絵画に対する興味を深め、バンさんから教えてもらった以上の表現力を身につけていったということ。

ウ　以前は雅之君が絵を描くことを父親や母親は厳しく禁じていたが、両親も雅之君のすぐれた絵の才能に少しずつ気付き始めた。その結果、雅之君は両親から許しを得て、もう一度絵を習うためにバンさんに会いに行けるようになったということ。

エ　以前はホームレスのバンさんだけが雅之君を気にかけてくれていたが、孤立しがちだった雅之君にもクラスの中で少しずつ友達が増えていった。その結果、雅之君がバンさんから自立し、自分だけの力で未来を切り開けるようになったということ。

オ　以前はホームレスのバンさん以外はほとんど雅之君の絵に興味を示さなかったが、周囲の人々からも雅之君の絵が高く評価されるようになった。その結果、雅之君も周囲の人々の期待に応えて、絵画に人生をかけてみようと思うようになったということ。

問６　――線５「ボウルのなかの自分の顔に、涙が落ちていく」とあるが、ここでの雅之君の気持ちはどのようなものか。その説明として最も適当なものを次の中から選び、記号で答えなさい。

ア　両親のようにホームレスを犯罪者と決めつけるのではなく彼らの気持ちを本気で考えなければならないと思う一方で、結局は台風に襲われて行き場のないバンさんたちを救えなかった。そのことを自覚し、自分自身の甘さを反省する気持ち。

イ　バンさんたちの気持ちを考えもせずに付き合いを禁じる両親の言うことに従ってしまった一方で、何一つ盗むことができないバンさんから絵画の技術を盗んでコンクールに入選してしまった。そのことを悔やみ、自分自身を許せない気持ち。

ウ　ホームレスの人たちの気持ちを思いやることもない世間の人々とは違うつもりでバンさんから絵を習っていた一方で、バンさんと会

B「ささくれ立っている」
ア　現実の問題から逃げてばかりいる
イ　すべてのことにやる気を失っている
ウ　気持ちが荒れてむしゃくしゃしている
エ　思い通りにならず悲しみに暮れている
オ　なす術もなくおろおろしている

C「まんじりともできない」
ア　心配でじっとしていられない
イ　恐ろしくて身動きがとれない
ウ　うるさくて集中できない
エ　いらいらして落ち着けない
オ　不安で少しも眠れない

問２　――線１「しばしの沈黙のあと、雅之君は答えた」とあるが、ここでの雅之君の気持ちを80字以内で説明しなさい。

問３　――線２「力なくうなずき、『もう会いません』と小さな声で答えた」とあるが、ここで雅之君はどのような気持ちを抱いているか。その説明として最も適当なものを次の中から選び、記号で答えなさい。
ア　バンさんをホームレスという状況から救いたいと思っている雅之君は、ホームレスになってしまうのを自己責任だと決めつける父親に怒りを感じているが、父親が高圧的な態度で約束を迫るので、どうすることもできないというむなしい気持ちを抱いている。
イ　バンさんたちは決して盗みなどは働いていないと主張する雅之君は、ホームレスは泥棒だから一切近づいてはいけないと言う父親に嫌悪感を抱いているが、父親が高圧的な態度で約束を迫るので、何も意見を言うことができず残念な気持ちを抱いている。
ウ　バンさんたちのことを理解したいと思っている雅之君は、ホームレスを生み出してしまう時代への不満を口にするだけの父親を無責任だと思ったが、父親が高圧的な態度で約束を迫るので、何も言い返すことができずもどかしい気持ちを抱いている。
エ　バンさんとの交流を続けたいと思っている雅之君は、ホームレスを悪人だと一方的に決めつけて見下している父親に憤りを感じているが、父親が高圧的な態度で約束を迫るので、とにかく父親の怒りから逃れたいという投げやりな気持ちを抱いている。
オ　バンさんたちに親しみを感じている雅之君は、ホームレスになる人は一生懸命働かない怠惰な人だと一方的に決めつけている父親に反発を感じているが、父親が高圧的な態度で約束を迫るので、もうどうしようもないというあきらめの気持ちを抱いている。

問４　――線３「バンさんに教えてもらったものの見方を、技術として具体化する」とはどういうことか。その説明として最も適当なものを次の中から選び、記号で答えなさい。
ア　バンさんから教えてもらったように、校庭の片隅でささやかに生きている雑草の根に無口な自分の姿を重ね、うまく表現できない自分自身の気持ちを植物の絵で表すことによって、全く新しい印象を与える植物の絵を描くこと。
イ　バンさんから教えてもらったように、花や葉などの植物の華やかな美しさを描き出すだけではなく、地中に埋まっている根にも注目して植物全体をバランスよく描くことによって、全く新しい印象を与える植物の絵を描くこと。

自分はずっとここに来なかった。

怪物の泣き声に引っ張られるかのように、ゴミ溜まりと化した橋の下に雅之君は入っていった。陽光がさえぎられる。そのとたん、冷たく暗い、Ⅱ濡れた空気の塊が雅之君を呑みこんだ。

雅之君の足がまた止まった。

ここで暮らさなければいけない人たちの気持ちを、だれか本気で考えたことがあるのだろうか。雅之君はそう思った。制度だとか、福祉だとか、そんなことじゃなくて、ここで暮らさなければならない人たちの気持ちを。

父親が放った、「盗み」という言葉。なぜかそれも思い出される。雅之君はこめかみのあたりにびりびりとした震えを感じた。

盗みって……。

ひょっとしたら、バンさんはなにひとつ盗めない性格だったからこそ、空き缶をつぶす人になってしまったのではないか。

雅之君は残存物の横をゆっくりと歩いた。すると、ぶつかり合った流木の下に、ブルーシートの切れ端があった。流木と鉄のフェンスに挟まれ、ずたずたにちぎれて引っかかっていた。そしてその下には、透明なボウルが挟まっていた。

雅之君は腰をかがめ、ボウルを引きずり出した。そのあたりにはまだ泥水が溜まっていて、小魚たちが背を出してぴちゃぴちゃともがいていた。雅之君は何匹かをすくい取ってボウルに入れると、ゴミだらけの斜面を下りて流れまで運んでいった。

母親の声が頭によみがえった。偽善、という言葉だった。

そうなのかもしれない。いや、きっとそうなんだと、雅之君は自分のことを思った。

浅瀬の水にボウルごと浸すと、魚たちは泥を吐くように舞い、四方に散っていった。雅之君はしばらくボウルをそのままにしておき、水を張るようにして持ち上げた。濁り水がボウルで揺れている。自分の顔もゆらゆらと、そこであいまいに揺れている。

ふいに、込み上げてくるものがあった。

ひどいのは父親でも母親でもない。橋の下で暮らす人たちの気持ちを考えない世間でもない。一番汚いのは、他人の知恵を黙って使い、短期留学までしようとしている自分だ。

「盗んだのは……僕だ」

それだけをつぶやくと、雅之君は息を殺して泣き始めた。

５ボウルのなかの自分の顔に、涙が落ちていく。

※オブジェ…ここでは芸術作品のようなものということ。

※雅之君はバンさんの息子さんの名前を知っていると思った…以前、雅之君はバンさんの寝言で男の子の名前を聞いた。

問１　～～～線Ａ・Ｂ・Ｃの本文中の意味として最も適当なものを後のア～オから選び、それぞれ記号で答えなさい。

Ａ　「まくし立てた」

ア　大きな声で不満をぶつけた

イ　激しい勢いで続けざまに言った

ウ　不機嫌そうに文句を言った

エ　何度も繰り返し言い聞かせた

オ　早い口調で詳しく説明した

大きくなった。男子女子ともに「すごいね」と集まってくる。顧問の先生も熱を帯びた口調になった。

「理科の資料図みたいだけれど、描く側の目で生まれ変わっている。こりゃ、アートだ。おい、雅之、どこで思いついた？」

バンさんとの間で起きたことを話そうとは思わなかった。話せば興味本位でいろいろ訊かれるに決まっている。雅之君は笑みを浮かべながらも、新たに得た「目」についてはなにも語らなかった。

ただ、孤立しがちだった雅之君にとって、4周囲のこの変化はとても大きな意味を持ち始めた。日々の色合いが絵の具を並べたように鮮やかになっていった。生涯をこの道にかけてもいいと雅之君は初めて思った。顧問の先生は雅之君の作品を何枚か選び、コンクールに送った。雅之君の胸のなかには、いつの間にか夜明けの金星みたいな輝きが宿るようになった。もうこうなったら、親がなにを言おうとバンさんにまた絵を見せに行こうと思った。

そこに突然の濁流をぶつけてきたのが今回の台風だった。十年に一度の大型台風だとテレビは報じていた。多摩川の土手沿いには消防車が並び、警戒水位を越えた場合は強制避難もあり得ると繰り返しアナウンスしていた。

そして、警告された通りの大型台風がやってきた。激しい雨が半日も降り続き、家が揺れるほどの風が吹き荒れた。まさか逃げ遅れていることはないと思ったが、雅之君はバンさんたちの安否を気づかった。暴れ狂う風の音を聞きながら、雅之君はCまんじりともできない夜を過ごした。

台風が去り、天高い青空が現れても、雅之君の胸のなかにはまだ強い風が吹いていた。橋の下がどうなっているのかとても心配だった。あの場所だけでも見に行こうと雅之君は思った。親の顔がちらついたが、とにかくそれは自分で決めたことだった。

そんななか、ちょうど給食の時間にそれは起きた。

美術部の顧問の先生が「金賞！　金賞！」と叫びながら教室に駆けこんできた。なにごとかと担任の教師は立ち上がった。教室もざわめいた。すると顧問は、雅之君の絵がコンクールで一位を取ったこと、副賞としてパリに短期留学できる資格を得たことなどを興奮冷めやらぬ口調で語った。教室のすべての生徒が立ち上がり、一人離れて座っていた雅之君に拍手を送った。

橋はすぐ目の前にあった。バンさんと顔を合わせたら、どんな言葉をかければいいのだろう。そればかりを考えていた雅之君は、風景がすっかり変わってしまった橋の前で立ち尽くしていた。

橋の下には流木が積み重なっていた。凄まじい量だった。そこにあらゆるゴミや灌木、自転車などが引っかかり、無惨な※オブジェとなって空間の半分をふさいでいた。人影はどこにもなかった。風が吹く度に、その巨大な残存物はビューッと奇妙な音を立てた。生まれたくなかった怪物が、自身の姿を知って泣いているかのように。

苦しげな命を宿したかのようなその音のなかで、雅之君は一人のホームレスがバンさんについて語っていたことをふいに思い出した。

「生きてりゃ、あんたと同じくらいになる息子さんがいたんだってよ」

そう聞かされた時、※雅之君はバンさんの息子さんの名前を知っていると思った。だからもう、バンさんは他人ではないのだ。それなのに、まう人もいるだろう。でも、はっきり言おう。一生懸命真面目に働いていれば、人はホームレスなんかにはならない。これは事実だ。どこかであの人たちには油断というか、怠惰な時期があったんだろう。もちろん、だからといってあの人たちを見殺しにするような国ではないけどね」

そんなふうには言って欲しくないと雅之君は思った。植物の根といっしょだった。見えない人には見えない。でも、自分には見えていると思った。

「あの人たちが盗みを働いているという噂もある。やむにやまれずの場合もあるだろう。お父さんだって同情はするよ。でも、お前には一切関係ないことだ。お前は学校にも塾にも行っているんだから、まずそこで友達を作れ。その方がいい。だからあの人たちには今後一切近づくな」

父親はそう言って約束を迫った。雅之君は無言で下を向いていた。なにか言い返そうとすると、母親のように泣きだしそうだった。自分のことを悪く言われるより、空き缶を集めるしか生活の糧がないバンさんたちが、犯罪者呼ばわりされていることがたまらなくいやだった。でも、それを訴える言葉が雅之君にはなかった。どうにもならず、雅之君は父親の顔を見た。

「なんだ、その目は」

父親の声が大きくなった。雅之君はまた下を向いた。

「約束できないなら、お父さんの方からその人に言いに行かないといけないな。あるいは警察に相談するか」

警察？

父親はいったいなにを考えているのだろうと雅之君は思った。

だが結局、雅之君は父親の圧力に折れたのだった。2力なくうなずき、「もう会いません」と小さな声で答えた。

どこから流れてきたのか、軽自動車がひっくりかえっていた。フロントガラスが割れ、運転席にまで泥が堆積していた。雅之君は軽自動車のなかを覗き、それから橋の方を見た。

この水の力。大気のエネルギー。濁流は土手ぎりぎりまできたのだから、橋の下にブルーシートの小屋が残っているはずもなかった。バンさんたちもきっとどこかに避難したに違いない。それでも、もしまたこのあたりにバンさんたちが戻ってきているとすれば、雅之君が考えつく場所は橋の下しかなかった。

泥を踏みながら、雅之君は一歩ずつ橋に近づいていく。

親と約束した以上、あれ以来河川敷には足を踏み入れていない。それは雅之君にとって大きな我慢だった。そしてその分だけ、雅之君は憑かれたように絵を描き続けていた。

Ⅰ受験勉強で目の色を変える同級生が多いなか、雅之君は美術部の部室で夏休みの大半を過ごした。家にいるより平和だったし、絵に向かうことでBささくれ立っている自分から目をそむけることができた。

雅之君は、3バンさんに教えてもらったものの見方を、技術として具体化することに熱中していた。その方向性のみを自分の指針にし、作品を描き続けた。校庭の隅の植えこみから雑草を引き抜いてきては絵筆を握った。大胆に描かれた根が躍り、花や葉を脇に押しやった。だれが見ても新しい印象を受ける植物たちの姿がそこにあった。

美術部員たちの間でも雅之君の作品は徐々に評判になっていった。普段は押し黙っている雅之君だけに、その絵を囲むみんなの声はかえってわずかな水溜まりのなかで、ザリガニが泥の輪を作った。まわりは干上がっている。雅之君はザリガニの尻尾をつかんでバケツに入れると、また流れまで運んでいった。すると途中で深い泥にはまり、制服のズボンを汚した。泥だらけのバスケットシューズは自分で洗うつもりだったが、ズボンは自信がなかった。母親がぶち切れた時の、半ば悲鳴のような声を雅之君は覚悟した。

バンさんに会わなくなったのも、母親のその声がきっかけだった。

橋の下にいる雅之君を偶然見かけたという近所の人から、ご丁寧にも電話がかかってきたらしい。母親は問いつめてきた。１しばしの沈黙のあと、雅之君は答えた。ホームレスのバンさんと空き缶をつぶしていたと。

迷いはあったが、雅之君が正直なことを言ったのには理由があった。教室でも美術部でも、雅之君が一人浮いていることを母親は常々心配し、口にした。だから、親しい人ができた、安心していいよという意味で言ったのだ。しかし母親は「なぜあんな人たちと！」と叫び、そのまま顔を覆って泣きだしてしまった。

「なんで？　自分がなにをやっているのかわかっているの？」

雅之君はうろたえた。ホームレスにいい感情を持っていない人たちがいることを雅之君は知っていた。雅之君だって、バンさんと初めて言葉を交わした時は恐かったし、緊張した。でも、ここまでの反応を見せる母親が雅之君には理解できなかった。まるで犯罪者呼ばわりだった。バンさんとつき合っていると言った自分までも、母親は許さないといった目の色で見るのだった。

「だって、絵も教えてもらったし」

「なんでホームレスに絵を教えてもらうのよ！　なんのために美術部に入っているの？　どうしてなにもかもそうなの！」

母親の顔は憤りで茹だっていた。

「だいたい、なんでいっしょに缶をつぶしているわけ？」

どう答えればいいのか、雅之君は言葉が浮かんでこなかった。ただ、バンさんを訪ねていった時に、みんなが缶をつぶしていた。だから手伝ったとしか言いようがなかった。

「缶がたくさんあったから。手伝おうと思って」

「そういうの、偽善っていうのよ」

「だって……」

「ああいう人たちを助けようとか、どうしようとか、そんな運動やって社会にたてつくような人間にならないでちょうだいよ。もう、信じられないわよ。学校で友達もできないくせに。馬鹿にされているくせに！」

母親は自分の言葉に興奮したのかまた泣きだし、そのままテーブルに突っ伏した。雅之君も涙がこぼれて仕方なかった。実の母親だけに、テーブルの向こうとこちら側の、その途方もない距離感に息が詰まりそうになった。

母親は帰宅した父親にもＡまくし立てた。父親は難しい顔でビールを呑み、雅之君をそばに座らせた。父親は母親のように取り乱しはしなかったが、逆にひとつひとつの言葉を重そうに放った。雅之君はまたうなだれることになった。

「人として、こういう見方が間違っているのは、お父さんにもわかるよ」

父親はそういう前置きをした。

「こんな時代だから、生きてりゃいろいろある。ホームレスになってしされるが、一方、一度で回復せず再度診療を受けて体調が回復した場合、診療の内容によって医者への信頼が失われることもあるが、さまざまな理由をつけて信頼が十分に保たれることもある。このように、医者への信頼はあいまいな形で持続されるものだということ。

ウ　医者の診療を受けて一度で体調が回復すると医者への信頼は積み重ねられるが、一方、一度で体調が回復せず再度診療を受けて体調が回復した場合、医者に対する気づかいから医者への信頼が保たれることも十分にある。このように、医者への信頼は変わることなく持続されるものであるということ。

エ　医者の診療を受けて一度で体調が回復すると医者への信頼は再確認されるが、一方、一度で体調が回復せず再度診療を受けて体調が回復した場合、医者の診療に対する疑問から医者への信頼が失われてしまうことが多い。このように、医者への信頼は不安定で持続されるのは難しいものであるということ。

オ　医者の診療を受けて一度で体調が回復すると医者への信頼は確かめられるが、一方、一度で回復せず再度診療を受けて体調が回復した場合、怒りによって医者への信頼が揺らぐこともあるが、その時どきの思いによって信頼が保たれることも十分にある。このように、医者への信頼はあいまいな形で持続されるものだということ。

問５　――線５「医師の営みを『医者をすること』と『医者であること』という二つの側面で見ていこう」とあるが、筆者は「二つの側面」をもつ「医師の営み」についてどのように考えているか。その説明として最も適当なものを次の中から選び、記号で答えなさい。

ア　医者の専門的な技術だけでなく、患者と同じ場で過ごし親密な関係にある医者が、患者とのやり取りによってどのようにして患者を受け入れていくのかを、注意深く観察し理解することが大切である。

イ　医者の専門的な技術だけでなく、患者と同じ時間を過ごす特別な存在である医者が、患者に対する無意識の声かけによってどのように人間性を示すかを、注意深く観察し理解することが大切である。

ウ　医者の専門的な技術だけでなく、患者と同じ一人の人間である医者が、意図していない振る舞いによってどのように医者らしさをあらわすのかを、注意深く観察し理解することが大切である。

エ　医者の専門的な技術だけでなく、患者と同じ空間を共有している医者が、治療行為によってどのように患者から人として信頼されていくのかを、注意深く観察し理解することが大切である。

オ　医者の専門的な技術だけでなく、患者と同じ時間を過ごす他者としての医者が、患者への計画的な声かけによってどのように医者性を示すかを、注意深く観察し理解することが大切である。

二　**次の文章は、ドリアン助川「台風のあとで」の一部である。中学三年生の雅之君は元イラストレーターでホームレスのバンさんに、たびたび絵の手ほどきを受けていた。バンさんから絵の新しい可能性を学び、ますます絵画にのめり込んでいく雅之君。そんなある日、多摩川周辺が大型台風に襲われる。橋の下で暮らしていたバンさんを心配する雅之君は河原に向かった。これを読んで、後の問いに答えなさい。なお、出題に際して、本文には表記を一部変えたところがある。**

そして、「患者」として自分の存在をカテゴリー化している私と、どのような相互行為を実践するなかで、専門的な営みとしての医療を進めるのか。

つまり、医者という存在を改めて考えるうえで、私は医者が、どのように「医者であること」を語り示しながら、「医者をすること」＝医療行為を実践しているのかが気になるのだ。

さらにいえば、医療行為だけでなく、彼らがほぼ無意識にさまざまに実践している「医者であること」――言いかえれば「医者性」「医者らしさ」を批判的に把握することが、医者と患者という関係を考えるうえで、重要ではないかと考えているのである。

※レトリック…ここでは、話のすじみちの立て方のこと。
※戯画化された…おかしく皮肉られた。
※恣意的で…その時どきの思いにまかせた。
※カテゴリー化し…分類し。
※袖触れ合うアカの他人…偶然出会うことになった他人。
※覇気…ものごとを自分からやりとげようとする気持ちや意気込み。
※まくら…前置きにする話。

問１ [1] に入る最も適当な漢字を１字で答えなさい。

問２ ――線２「こうした説明の仕方は、明らかにおかしなレトリックにもとづいている」とあるが、筆者がこのように考えるのはなぜか。その理由として最も適当なものを次の中から選び、記号で答えなさい。

ア　キャスターの説明は、医者と患者の立場の差を変えることができないにもかかわらず、まるで両者の立場の差をなくすことができるかのような考えにもとづいていたから。
イ　キャスターの説明は、医者と患者の立場の差が大きくひらいているにもかかわらず、まるで両者の立場が平等になるかのような考えにもとづいていたから。
ウ　キャスターの説明は、医者と患者の立場の差が座るイスによって変わるにもかかわらず、まるでイスの違いは立場の差に影響がないかのような考えにもとづいていたから。
エ　キャスターの説明は、医者と患者の立場の差がはっきりしているにもかかわらず、まるで両者の立場が対等であるかのような考えにもとづいていたから。
オ　キャスターの説明は、医者と患者の立場の差を近づけることができるにもかかわらず、まるで両者の立場の差を変えられないかのような考えにもとづいていたから。

問３ ――線３「医療、診療という営みがもつ本質」とあるが、それはどういうことか。80字以内で説明しなさい。

問４ ――線４「私自身の経験をたどってみよう」とあるが、筆者はこの経験を例にあげて、医者に対する「信頼」とはどのようなものであると説明しているか。最も適当なものを次の中から選び、記号で答えなさい。

ア　医者の診療を受けて一度で体調が回復すると医者への信頼は再認識されるが、一方、一度で体調が回復せず再度診療を受けて体調が回復した場合、医者に対する怒りの気持ちから医者への信頼が揺らいでしまうことが多い。このように、医者への信頼は不安定で維持されるのは難しいものであるということ。
イ　医者の診療を受けて一度で体調が回復すると医者への信頼は確認

日常的な「医者」への「信頼」のありようは、確固として説明できるようなものではない。いわばあいまいで、※恣意的で、多様な「信頼」のありようを、私たちは維持し、「信頼」するという営みをさまざまに行っているのである。

　とすれば、私たちは、医療、診療という現実を目の前にして、「医者」の何に注目し、どのような部分を気にして、「医者」を評価しているのだろうか。

　改めて「医者」という存在を考えるとき、こうした問いが、浮上してくるのである。

　医者への「信頼」の根拠は何だろうか、と考えるとき、私たちは、専門的な知識の深さ、診断の的確さ、治療行為の正確さや迅速さなどが、重要な判断基準になると思うだろう。

　この基準は「信頼」をつくりあげるうえで重要であることは間違いない。しかし、私たちは、こうした基準だけを頼りにして、日常、医者と向き合い、医療・診療という営みのなかで、自らの身体を医者に「預けている」のだろうか。

　そのことを考えるうえで、5医師の営みを「医者をすること」と「医者であること」という二つの側面で見ていこう。

　「医者をすること」とは、先にあげた基準に見合う営みであり、病気の診断や手術などの医療行為を専門的な知や経験的技量を背景にして実践することである。

　他方、医者は単に医療的な行為を行っているだけではない。私たちと向き合うとき、ほぼ同時に「医者であること」をさまざまに実践しているのである。

何をいっているのかわかりづらいと思うので、例をあげよう。

名前を呼ばれ、診察室に入る。そこには医者が座っており、近くで看護師さんが何か準備をしている。「どうしましたか」と医者が私に語りかける瞬間、医者は私のことを「患者」として※カテゴリー化し、そのカテゴリー化に適したかたちで、私という他者に語りかけるのだ。

　そのとき医者は、私にとって近所の知り合いでもないし、電車で※袖触れ合うアカの他人でもなく、まぎれもなく「医者」として自らをもカテゴリー化し、私に語りかけているのだ。

　私と医者のやりとりが続く。

「はい、また毎年の花粉の時期が来たので、薬をもらいに来ました」

「そう、今年は花粉の量が非常に多いそうですよ、早めに来られて正解ですね。ところで大学はいかがですか」

「まぁ、相変わらずですが、学生にいまいち※覇気がなくて」

　こうした私の日常生活とどこかでつながっているようなやりとりは、医者による医療行為の一環として了解できるだろうか。それは、落語の※まくらのようなもので、ネタに入る前に必要なことであり、落語を語っていることの一部だ――医療行為の一環だ、という声が聞こえてきそうだが、私はそうは考えない。

　医者は患者を前にして、専門的な知や技量にもとづく専門家として登場すると同時に、私と同じ時間や空間を生きている「もう一人の他者」としても――私と多くのことを共有しているはずの「あたりまえ」の人間の一人としても、患者の前に立ち現われるのである。

　私という一人の他者を目の前にして、もう一人の人間であり、他者である存在が、「医者であること」を私に対してどのように示し、語るのか。

そうではなく、この言葉は、医療、診療という営みがもつ本質的なことをおさえたうえで、医療をする側が、患者に対する基本的な姿勢とは何かを考え、なんとかして生みだした表現であるように、私には思えるのだ。

では、3医療、診療という営みがもつ本質とは何だろうか。

それは、病気やけがなどで自らの身体のどこかに問題が生じたとき、その部分の回復や治癒のために必要な作業の判定や、治癒のための行為を、医者という、自分の身体とは一切関係のない他者に「任せてしまう」ということである。

自分の身体や気持ちの問題については、まず自分でなんとか対応し、必要があれば、さらに処置し解決する―これは、私たちの日常にある「あたりまえ」な価値であり、自分という人間に対する重要な信奉であろう。しかし、自分でなんとかできないと判断すれば、他者にその処置を依頼せざるを得ない。医療や診療でいえば、その代表的な他者が「医者」である。簡単にいえば、私たちは病気やけがを治すにあたり、医者に自分の大切な身体の処置を「預けてしまう」のだ。

何をいっているのだ、医者に診てもらうというのはそういうことだ、「あたりまえ」なことをいうな、という声が聞こえてきそうだ。しかし、自分の身体を見ず知らずの他者に簡単に「預けてしまう」という行為は、改めて考えれば、とても驚くべきことではないだろうか。でも私たちは普段、驚くべきことをさも「あたりまえ」のように実行している。

なぜかといえば、そこに医者という存在に対する「信頼」が息づいているからだろう。検査や薬を通して、自分の身体にさまざまな影響を与える営みをする主体に対して、「信頼」がなければ、営み自体成立しないだろう。

では、私たちはその「信頼」をどこから得て、どのように了解していくのだろうか。普段、私たちは「医者」への「信頼」をどのように語り、確認しているのだろうか。

ここで、4私自身の経験をたどってみよう。かかりつけの町医者の例だ。

私はかつて、冬になり空気が乾燥してくると、よく熱を出した。普段とは明らかに異なる状態で、私は医者へ行く。医者は、型通りの触診、問診をし、喉の奥の様子を確認し、カルテに何やら書き入れ、注射する必要があれば注射し、飲み薬を処方して、診察は終了する。いったい何をどのように調べられたのか、その内容はよくわからないままだ。

処方された薬を飲み、熱が下がるとほっとする。そこで「医者」への「信頼」は、私のなかでほぼ修正がないままに確認されていくだろう。

しかし、もし熱が下がらなかったら、どうだろうか。

もう一度医者へ行き、再度診療をしてもらい、「少し別の薬を出してみましょう」と、別の処方で薬をもらうかもしれない。

さて、もしそこで熱が下がったとして、私のなかにあるかかりつけの医者への「信頼」が揺らいだり、喪失したりするだろうか。

もちろんその場合もある。しかしその場合と同じくらい「もうあんなヤブのところには行かない」と怒る場合もあるだろう。「まぁ、あの医者はヤブだし、それは前からわかっているからね」と自分を納得させ、「ヤブである医者」に対する「信頼」をそのまま維持することも十分にあり得るだろう。

【国　語】〈五〇分〉〈満点：一〇〇点〉

【注意】解答の際には、句読点や記号は一字と数えること。

一　次の文章は、好井裕明『違和感から始まる社会学』の一部である。これを読んで、後の問いに答えなさい。なお、出題に際して、本文には表記を一部変えたところがある。

「患者さま」という言葉がいま、病院などで頻繁に使われている。ちょっと考えれば、「患者」と言い捨てるのではなく、丁寧に「さま」をつけているのだと解釈できる。しかし、この言葉は、やはり不思議なものだ。「お医者さま」という言葉は、よく使われるが、「患者さま」という言葉は、私たちが慣れ親しんでいる語彙のなかにはなかったはずだ。

「患者さま」という言葉がもつ意味はなんだろうか。

医療や診療という営みを考えるとき、医者―患者という関係が基本になる。そして、この関係は対等で平等なものではなく、医者の側にさまざまな力が凝縮した圧倒的に［１］対称な関係である。

この［１］対称な関係を例証するものとしてよくあげられるのが、診察室にある患者と医者が座るイスの違いだ。医者はゆったりとした肘かけがついたイスに座り、パソコンの画面を眺めている。他方、患者は、名前を呼ばれ、診察室に入ると、お尻がおさまる程度の小さな丸いイスに腰かけ、医者と向き合う。

丸いイスのほうが、患者の身体を簡単に回せて機能的だから、といえば、その通りなのだが、ゆったりと座れるイスとちょこんと腰かける丸イスが、指示する者―指示に従う者というふうに、医者がもつさまざまな力の行使と、それを受け取るだけの患者という関係を、象徴しているのである。

昔テレビのニュース番組で、医者と患者の間に立ち、両者の橋渡しをする人びとのことをとりあげていた。診断や治療をめぐって、医者と患者の間でより密接なコミュニケーションを実現させるのが彼らの仕事である。その番組のなかでキャスターは、彼らの仕事が、あたかも同じ高さにある二つの場所に橋を渡すかのような説明をしていた。視聴者も、そうした説明に納得するのが自然だといわんばかりの印象を受ける番組内容だった。

２<u>こうした説明の仕方は、明らかにおかしな※レトリックにもとづいている。</u>

医者と患者との関係をより密なものにするために、両者の間を調整するという営みは意義深いものだ。しかしそれは、圧倒的に高さが異なる場所に橋を架けるということであり、そのことで医師―患者の間にある落差や距離、傾斜などがすべてなくなるわけではないからだ。番組では、そうした問題が含まれた〝架橋〟であることを明らかにすべきだった。

「患者さま」という言葉が象徴しているものは何だろうか。

皮肉っぽくいえば、もうけを出してくれる対象にこびへつらい、丁寧に表現したものだろう。「お客さまは神様です」と同様に、「患者さまは（病気になるごとに、病院に貴重なお金を落としてくれる）神様です」というわけだ。テレビドラマなんかに出てくるような、※戯画化された悪徳医師や悪徳病院であれば、この解釈が当てはまるかもしれないが……。

エ　クラスのみんなから無視されても児童会長に選ばれるために必死で耐えてきたが、このままでは自分はもう児童会長にはなれないと思うと、本当に児童会長になりたいという気持ちがごまかせなくなったから。

オ　選挙で負けて学級委員になれなくてもワタルの前では平気なふりをして悔しい気持ちを隠していたが、自分の力のなさを改めて痛感し、児童会長にはなれないかもしれない自分自身の将来に失望したから。

三　**Ａ～Ｄの各文の——線と同じ漢字を使うものを後のア～エから選び、それぞれ記号で答えなさい。**

Ａ　出身学校の沿カクを調べる。

ア　氷山の一カクにすぎない。　イ　人材を集めて組カクする。
ウ　技術カク新が大きく進む。　エ　辞書でカク数を調べる。

Ｂ　石油のセイ製工場に行く。

ア　新しいセイ活が始まる。　イ　セイ密機械を開発する。
ウ　セイ功体験を積み重ねる。　エ　各国のセイ治に関心を持つ。

Ｃ　復コウ事業に力を入れる。

ア　コウ海を安全に終える。　イ　濃コウなソースをかける。
ウ　算数のコウ式を覚える。　エ　各地で演劇をコウ行する。

Ｄ　問題を検トウする。

ア　道に街トウがともる。　イ　国をトウ一する。
ウ　トウ論会を開く。　エ　ケーキを三トウ分する。

中からさがし、そのはじめの5字をぬき出しなさい。

問7 ——線4「大股に歩いて自分の机に戻った」とあるが、ここでのトシの気持ちはどのようなものか。その説明として最も適当なものを次の中から選び、記号で答えなさい。

ア　悪意のこもった投票用紙を目にして、こんなひどいことを書いたクラスメートを何としても突き止めたいと思うとともに、みんなも心の中ではアカリやその取り巻きたちを嫌っているのではないかという考えが間違っていたことに対しての腹立たしさをぶつけようとする気持ち。

イ　悪意のこもった投票用紙を目にして、クラスメートがプールで見せてくれた親しげな態度にだまされたことに腹を立てるとともに、自分を学級委員として支持してくれるクラスメートが何人かはいるのでないかという考えが間違っていたことに対しての戸惑い（とまど）を取りつくろおうとする気持ち。

ウ　悪意のこもった投票用紙を目にして、アカリやその取り巻きたちが学級委員選挙にまで手を回していたことに驚く（おどろ）とともに、彼女たちのクラスメートに対する影響力（えいきょうりょく）もそろそろ薄れ（うす）てきているだろうという考えが間違っていたことに対しての絶望感を紛ら（まぎ）わそうとする気持ち。

エ　悪意のこもった投票用紙を目にして、クラスメートのほとんどが学級委員としてアカリを支持していることに驚くとともに、自分がクラスメートの誰よりも学級委員にふさわしいのだという考えが間違っていたことに対しての恥ずかしさをごまかそうとする気持ち。

オ　悪意のこもった投票用紙を目にして、無責任な中傷のことばにやり場のない怒り（いか）を感じるとともに、夏休みのプールで親しげに接してくれたクラスメートは自分に投票してくれるかもしれないという考えが間違っていたことに対してのやりきれなさをこらえようとする気持ち。

問8 X に入る一文として最も適当なものを次の中から選び、記号で答えなさい。

ア　ワタルは怯え（おび）ている。　イ　ワタルは怒っ（おこ）ている。
ウ　ワタルは悲しんでいる。　エ　ワタルは落ち込んでいる。
オ　ワタルは期待している。

問9 ——線5「肩から力が抜けてしまった」とあるが、それはなぜか。その理由として最も適当なものを次の中から選び、記号で答えなさい。

ア　学級委員の選挙で負けてしまったので児童会長になることもあきらめようとしたが、普段はおとなしいワタルが一生懸命（いっしょうけんめい）に励まし（はげ）てくれたため、もう一度児童会長を目指す勇気がわいて気持ちが楽になったから。

イ　学級委員をめぐってアカリと対決した今日の選挙では絶対に勝とうと緊張（きんちょう）していたが、アカリの圧勝という予想外の不本意な結果に、このままでは児童会長にはなれないという悔しい気持ちがこみ上げてきたから。

ウ　これまではアカリたちクラスメートにいじわるをされても気にしないと自分に言い聞かせ耐え続けてきたが、ワタルの心からの説得の言葉をきっかけに、今まで抑え（おさ）ていた悔しさをこらえきれなくなったから。

問２ ［①］〜［④］に入る最も適当なものを次の中から選び、それぞれ記号で答えなさい。ただし同じ記号は一度しか使えないものとする。

ア　誇らしげに　イ　おもむろに　ウ　不自然に
エ　不安げに　オ　心得たように　カ　確かに
キ　はにかむように

問３ 〰〰線Ａ〜Ｃの本文中の意味として最も適当なものを後のア〜オから選び、それぞれ記号で答えなさい。

Ａ「ぎこちない」
ア　よそよそしく冷淡な　イ　わざとらしく思わせぶりな
ウ　なす術もなく投げやりな　エ　子どもらしく素直な
オ　なめらかでなく不自然な

Ｂ「間髪入れず」
ア　きっぱりと大声で　イ　ためらうことなくすぐに
ウ　気まずそうなようすで　エ　あきらめきれずに
オ　慌てたようすで

Ｃ「ひっきりなしに」
ア　途切れ途切れに　イ　こらえ切れずに
ウ　思いがけず突然に　エ　間を空けず次々に
オ　感情のままに

問４ ――線１「夏休みの間、ちょっとした発見があった」とあるが、トシはどのようなことを発見したのか。その内容として最も適当なものを次の中から選び、記号で答えなさい。

ア　アカリとその取り巻きたちはトシやワタルが夏休みのプールに来るのを嫌がり、身支度中でさえもトシに聞こえるようにわざと大きな声で悪口を言うため、周囲のクラスメートたちはトシを気の毒に思っているようすであるということ。

イ　トシが夏休みのプールでアカリやその取り巻きたちに会いたくないと思っているのと同じように、アカリたちもトシと会うことを嫌がっているため、それをまわりで見ているクラスメートたちは気まずそうなようすであるということ。

ウ　クラスメートたちはアカリたちがいない時だけトシやワタルと話をしていたが、プールで一緒に泳ぐうちにこれまでと同じように仲良くしてくれるようになり、トシたちと話すことが楽しみになってきているようすであるということ。

エ　クラスメートたちはアカリたちがいないとトシやワタルとこれまで通りに接してくれるが、彼女たちがプールに来ている時には話しかけることができず、トシとワタルに対して申し訳ない気持ちでいるようすであるということ。

オ　クラスメートたちはいつもは仕方なくトシやワタルを無視しているが、夏休みのプールの時だけは泳ぎの上手なトシを褒めたりワタルと話をしてくれたりして、アカリたちの態度を内心では不快に思っているようすであるということ。

問５ ――線２「アカリの予期していない展開」とあるが、アカリはどのような展開を予期していたと考えられるか。40字以内で説明しなさい。ただし、人物名を明確にして説明すること。

問６ ――線３「ここはまだ第一歩なんだ」とあるが、児童会長になることを目指しているトシがこのように考える根拠にあたる一文を本文

「オヤジ言ってたもん。地元がしっかりしてないと、選挙ってのは勝てないんだって。……あの勢いだと、新田アカリが児童会も出るんじゃないの？　勝てそうだし」

「そうかなぁ」

「そうだよ」

　地面を蹴って、さらにブランコを高く上げる。唇を噛んだ。ブランコの鎖が大きくキイッと悲鳴を上げる。このまま鎖が切れてしまえばいいと思った。鎖が切れれば、トシはブランコごと、空に舞いあがるだろう。そして落ちて大怪我をするだろう。怪我をすれば、母さんの病院に入院して、日がな一日母さんに世話を焼いてもらえる。

　ワタルがトシの方に体を傾ける。身を乗り出すように言った。

「アカリちゃん、羨ましいんだよ。トシちゃんのことが。トシちゃん、頭がいいし、何でもできるし……」

「だから？」

　トシはそっけなく叫ぶ。叫ばなければ、動いているブランコの上の声は隣のワタルまで届かない。また地面を蹴る。ブランコがさらに高い場所まで自分の身体を運ぶ。

「やろうよ！」

　ワタルが言った。悲鳴のような声で叫んだ。

「やろうよ！　会長になってよ！」

　無視して地面を蹴り続ける。立ってこいだ方が、もっと高く飛べるだろうかと思い直し、少し速度を落とそうとしたその時だった。

　ワタルの手が、まだ前後に振り動いている鎖をぐいっとつかんだ。トシを乗せたブランコがバランスを崩して大きくぐらんっと揺れる。足を咄嗟に前に突き出したおかげでブレーキになったけど、危うく振り落とされるところだった。揺れに合わせ、足が前の地面に大振りな線を描いた。

「危ないなぁ！」

　怒鳴ってワタルの顔を睨み、トシはそこではっと表情を止めた。ワタルはいつかのような真っ白い顔をしていた。唇も青紫だった。ブランコの鎖を握り締めたままの手が震えている。こんなワタルの細い手のどこに、あんな力があったんだろう。上履きを捨てられたあの時にはわからなかったワタルのこの表情の意味に、トシは初めて気がついた。

［　X　］

「トシちゃん」

　ワタルが言った。

「児童会長になろう」

　トシは唇を噛んだ。額のあたりがうずうずと痛い。鼻の奥がつん、と急に痛くなった。ヤバイと思うより先に、5肩から力が抜けてしまった。悔しかった。すごく悔しかった。奥歯を必死に噛み締める。けれどどうしようもなかった。

　目からぼろぼろと涙がこぼれた。口から泣き声が出た。

　ずっと平気なはずだった。今までもこれからも、ずっとこんなことぐらい平気なはずだった。こぼれた涙が鼻を伝い、頬を伝い、唇に入る。ブランコの鎖をつかんだせいで鉄臭い手のひらをあてて、トシは目を押さえる。後は、Cひっきりなしに嗚咽がこみあげた。

　児童会長になりたい。本当になりたい。ごまかせなかった。

問1　═線a「務」・b「注」の漢字の読みをひらがなで書きなさい。

て、トシは入学以来、初めて学級委員を務めないことになった。学級委員をしない場合、何か別の委員会に所属することになる。トシはもう何でも良かった。結局、ワタルと二人で一番人気のなかった栽培委員をすることになった。校庭の花壇の世話をする委員で、休日にも水やり当番があるため、あまり人気がないらしい。

選挙の後、他の委員を決めるまでの間、ワタルが大変だった。

結果が出て、アカリが委員長になった瞬間だった。ワタルが泣き出した。大声で、両手を振り回して泣き出した。トシが「泣くな！」と怒鳴っても泣きやまない。ワタルは気が弱いし、確かによく泣きそうな顔をする。しかし、本格的な泣き顔を見るのも、泣き声を聞くのも初めてだった。

「なぁに、あれ」

アカリの友達が言って笑う。と、その時だった。先生が「やめなさい」とぴしゃりと言った。毅然とした言い方だった。

「自分自身が何かされたわけじゃないのに、友達のために泣くんだ。それができるような人が、この中に何人いると思う？」

普段注意を促す時のような、大きな怒鳴り声ではない。先生のこんな威圧感のある声は聞いたことがなかった。

栽培委員になることは、だからトシが勝手に決めた。泣きやんでからそのことを謝ると、ワタルはただこくんと頷いた。

この選挙は、アカリにとっては輝かしい勲章の一つになったようだった。トシには、自分自身とワタルからの二票しか入らなかった。恥ずかしいよね、自分のとワタルなんかのとそれだけだよ。他はみんな嫌ってんだよ。ずっと学級委員だったのに、今回なんだと思う？　栽培だよ、栽培！

下校時間になって、下駄箱でアカリの声が聞こえた。他のクラスの生徒に［④］自分の手柄を聞かせる。無視して、上履きを履き替えながらトシはワタルがまたキレないといいけどと思った。ワタルのアレは泣いたんじゃない。きっとキレたんだ。

ワタルは俯いたまま黙って靴を履いて、トシのあとをついてくる。肩を並べて外へ出る。お互いに言葉を交わすことなく、足元を見つめながら歩く。すれ違う他の学年の生徒まで、全てがみんな、今日あったことを知っているような、嫌な気分だった。帰る途中、いつか夕焼けを見た三角公園の前で足が止まった。無言のまま、二人してランドセルを放り投げてブランコに腰かける。錆びの浮いたブランコは軽くこいだだけで、キイキイと軋む。

ワタルは俯いてブランコの鎖を握っているだけだった。動かそうともしない。キイキイ、キイキイ、トシのブランコだけが音を立てる。

「トシちゃん」

ワタルが顔を上げた。

「何？」

あまり話をしたい気分じゃなかった。ずっと黙っていたかった。けれどワタルは先を続けた。

「児童会長になるの、やめるつもり？」

「っていうか、なれるわけないっつーの」

B間髪入れず、トシは答える。何だ、と舌打ちが出る。やっぱりその話か。あんなに宣言して見せるんじゃなかった。

りと準備のできなかった抱負を口にして、クラスメートからの視線に耐え、発表を終えて座ると同時に自分の心音がドクドク頭の中に響いた。

頼む、と思った。3ここはまだ第一歩なんだ。

　トシの学校では小学校二年生から学級委員を決めるようになる。そして、トシは一度も学級委員にならなかったことがない。クラスにトシがいると、まるで［①］委員長には他に誰も立候補しない。いつだって、そこは自分のために空いている席だった。投票までの間がすごく長く生きた心地がまるでしない時間が流れた。小さな四角い藁半紙が配られ、黒板の前に置かれた小さな段ボール箱に、次々と紙が投げ入れられた。

　開票され、先生が名前を読み上げていく。一学期まで書記をa務めていた女子が黒板にトシの名前とアカリの名前を書く。正の字で、票数を入れていく。

　夏のプールで、トシの泳ぎを褒めてくれた津島くんや山口さん、トシの母さんを美人だと言って笑いかけてくれたトモユキの顔が次々と浮かぶ。ハヤカワ先生が、投票用紙に書かれた名前を読み上げる。

　新田、アカリ、アカリ、アカリ、アカリ、新田、アカリ、アカリ、アカリちゃん、新田アカリ、新田さん。

「トシ」

　やっとのことで名前を呼ばれるが、トシは正面を睨み続ける。痛いほど自分の顔に視線がb注がれているのがわかる。頬もおでこもピリピリする。

　アカリ、アカリ、アカリちゃん……。

「トシ……あ、いや、アカリ」

　先生の声が［②］言い直す。予感がして、トシは立ち上がった。ハヤカワ先生の目は困ったように翳る。手にしていた投票用紙を握りつぶそうとした。トシは近づき、引ったくるように先生の手から紙を奪う。見た瞬間、息を吸い込んだ。深く考えるなと自分に言い聞かせる。それからそれを一息で読み上げた。

「『トシなんか死ね！　アカリに清き一票』」

　トシの声が響き渡った瞬間、それまでも静かだった教室の中にしんと本物の沈黙が降りた。クラスの中で一番の乱暴者、口が悪いと普段から先生によく注意されているユウタにみんなの視線が集まる。ユウタもそれを感じたのだろう、少しして「何だよ！」と怒鳴った。それを合図にみんなユウタから視線をそらす。当のユウタも黙りこくった。

　違うよ。

　トシは思う。

　ユウタは［③］口が悪い。トシも声高に悪口を言われたことがある。だけど、きっとユウタじゃない。

　トシなんか死ね。書いたのは、顔のない「誰か」だ。

　ハヤカワ先生がトシを見つめる。静かな声で、それから命じる。

「席に戻りなさい」

　言われるまでもなかった。トシは手にしていたアカリへの一票を再び箱に投げ入れて戻すと、4大股に歩いて自分の机に戻った。

　トシの考えが甘かったことは、もうわかった。トシのクラスは全部で二十九人いる。

　二十七対二。アカリの圧勝だった。

【国語】〈五〇分〉〈満点：一〇〇点〉

【注意】解答の際には、句読点や記号は一字と数えること。

一 ※問題に使用された作品の著作権者が二次使用の許可を出していないため、問題を掲載しておりません。

二　次の文章は、辻村深月『ロードムービー』の一部である。トシとワタルは小学五年生。自他ともに認めるクラスのリーダーだったトシは、学校の代表である児童会長になることを目指していた。しかし、気が弱くいじめられっ子のワタルと親しくなったために、クラスメートから孤立してしまう。以下の文章はそれに続く部分である。これを読んで、後の問いに答えなさい。なお、出題に際して、本文には省略および表記を一部変えたところがある。

1夏休みの間、ちょっとした発見があった。トシの学校では、夏休みの間プールの宿題が出る。休み中、最低五回以上は学校のプールに通わなければならない。ＰＴＡの係になっている親がプールの監視員の当番を順に引き受けて、カードにスタンプを押してくれる。

トシは泳ぐのだって得意だし、プールが好きだ。だけど、今年はクラスの連中に会いたくなくて、気乗りしなかった。そして、それは向こうもそうらしい。アカリとその取り巻きたちは、トシがプールに来るのを露骨に嫌がった。アカリが悪口を話す時の声は、トシに聞かすためいつも大きかった。もう全然「ひそひそ」なんてレベルじゃなかった。その声を背中に受けながら、一人でプールの身支度をするのは正直しんどかった。

が、トシは不思議なことに気がついた。

アカリさえ来ていなければ、クラスメートたちはトシに普通に接するのだ。これまでと同じように挨拶し、話しかける。トシの泳ぎをすごいと褒めたり、トシがワタルと話す内容を横で聞いて、笑ってコメントするヤツまでいた。

アカリや、それにアカリの取り巻きが来ると慌てたようにまたトシを無視する。Aぎこちない接し方ではあったけど、彼らが後ろめたそうな表情で、トシとワタルをチラチラ見ることも何回かあった。

…〈中略〉…

二学期が始まり、学級委員の改選が行われた。

立候補を先生が募ると、すぐに新田アカリが手を上げた。「はぁい」と言って、頬にとびきり愛らしいえくぼを作る。トシの思っていた通りだった。

トシも手を上げた。

どうやら、2アカリの予期していない展開だったらしい。上がったもう一本の腕を見て、彼女が嫌そうに顔を顰めた。まだやるわけ？　アカリの口が横の女子に向け、声を出さずに動く。懲りてないわけ？

正直、勝てるとは思っていなかった。ただ、一つだけ確かめたいことがあった。夏休み中、アカリのいないところでクラスメートの見せたあの表情。

アカリとトシは立ち上がった。お互いに、委員長になった時の抱負を発表し合う。

人前で意見を言うのがトシは好きだ。それに得意だと思う。けれど、今日だけは別だった。立つと同時に肩が熱くなる。普段と比べてしっか

MEMO

大切なことはメモしておこうネ！

解答用紙集

○月×日 △曜日　天気(合格日和)

◆ご利用のみなさまへ
＊解答用紙の公表を行っていない学校につきましては、弊社の責任において、解答用紙を制作いたしました。
＊編集上の理由により一部縮小掲載した解答用紙がございます。
＊編集上の理由により一部実物と異なる形式の解答用紙がございます。

人間の最も偉大な力とは、その一番の弱点を克服したところから生まれてくるものである。　——カール・ヒルティ——

東京学参株式会社

市川中学校（第1回）　2024年度

◇算数◇

※ 152％に拡大していただくと，解答欄は実物大になります。

1	(1)		(2)	g
	(3)	組	(4)	通り
	(5)	(あ)		(い)

2	(1)	場所		整数
	(2)	個	(3)	個

3	(1)	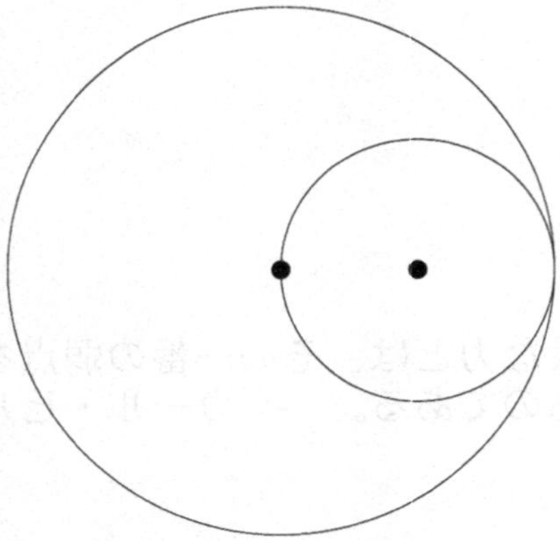 ※		
	(2)	cm^2	(3)	：

4	(1)	分後
	(2)	
	(3)	分後

5	(1)	牛 kg 豚 kg
	(2)	
	(3)	

市川中学校(第1回)　2024年度

◇理科◇

※ 125%に拡大していただくと，解答欄は実物大になります。

1

(1)	(2)		
(3)			
(4)	(5)	(6)	
(7)			(8)

2

(1)	(2)	
(3)		
(4)	(5)	
(6) ①	(6) ②	(7)

3

(1)	(2)	
(3)	(4) 川 m	(5) cm

(6)										

4

(1)	(2)	(3)	(4)
(5)			
(6)			

市川中学校(第1回)　2024年度　◇社会◇

※ 149%に拡大していただくと，解答欄は実物大になります。

1	問1	1	2	
	問2		問3	
	問4			
	問5	→ → →	問6	問7
	問8			

2	問1	1	2	
	問2			
	問3		問4 い	う
	問5		問6	

3	問1		問2		問3 (1) (2)
	問4		問5		
	問6				

4	問1				
	問2		問3		問4 (1) (2)
	問5	(1)	(2)	問6	

◇国語◇

市川中学校(第1回)　２０２４年度

※１４９％に拡大していただくと、解答欄は実物大になります。

一

問1

問2　ア　イ　ウ　エ　オ

問3

問4

＊

二

問1

問2

二

問1

問2

問3

＊

問4

問5

三

1		2		3		4		5	
6		7		8					

市川中学校（第2回）　2024年度

◇算数◇

※ 149％に拡大していただくと，解答欄は実物大になります。

1	(1)		(2)	
	(3)	時　分	(4)	匹
	(5)	度		

2	(1)	粒	(2)	粒

3	(1)	通り	(2)	通り
	(3)	通り		

4	(1)		(2)	
	(3)			

5	(1)	通り
		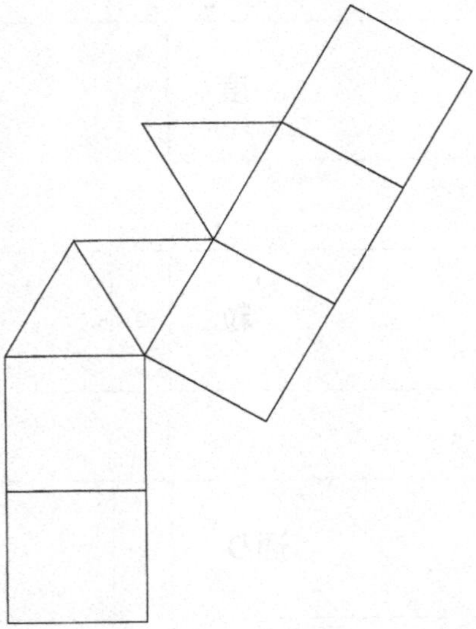 ※
	(2)	ア　　イ
	(3)	

市川中学校(第2回)　2024年度　◇理科◇

※ 132%に拡大していただくと，解答欄は実物大になります。

1

(1)	(2)	(3)	(4)
倍	m	m	
(5) 3	(5) 4	(5) 5	(6)
倍	倍	倍	

2

(1)	(2)	(3) 操作１	(3) 操作２
倍			

(4)

(5)

3

(1) 1	(1) 2	(2)

(3)

(4)

(5) ペプシン	(5) トリプシン	(6)

4

(1)	(3)	(4)	(5)
	回		

(2)

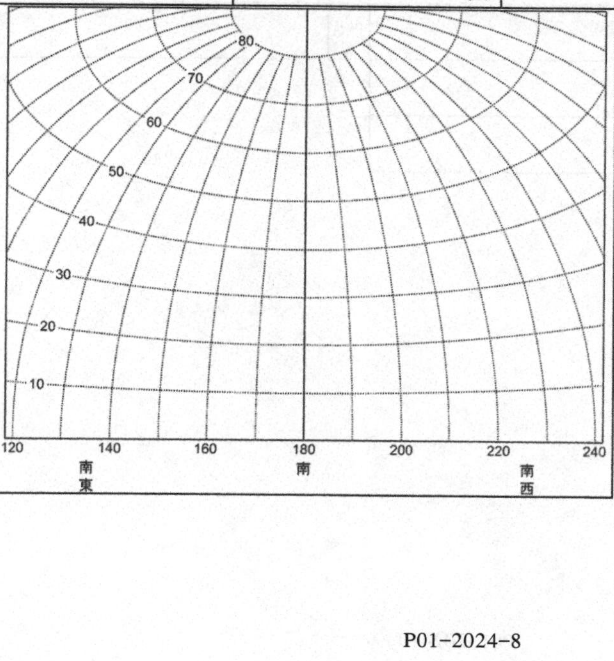

(6)

(7)

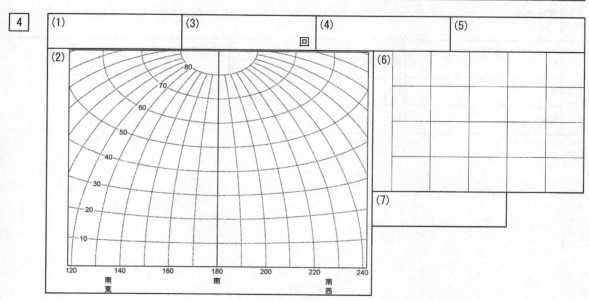

市川中学校（第2回）　2024年度

◇社会◇

※ 149％に拡大していただくと，解答欄は実物大になります。

1	問1		問2		問3
	問4		問5		問6
	問7		問8		
	問9	③と④の間	⑤と⑥の間		

2	問1		問2		問3
	問4		問5		問6
	問7		問8	→ →	
	問9				

3	問1	(1) 千葉県	茨城県	(2)
	問2		問3 b	d
	問4	(1)	(2)	
	問5			

4	問1		問2		問3
	問4		問5		
	問6		問7		

２０２４年度

市川中学校（第２回）

※１３９％に拡大していただくと、解答欄は実物大になります。

◇国語◇

一

問１

問２

問３

問４

＊

問５

二

問１

問２

＊

問３

問４

問５

問６ (1) (2)

三

1 2 3 4

5 6 7 8

市川中学校（第1回）　2023年度

◇算数◇

※ 149%に拡大していただくと，解答欄は実物大になります。

1	(1)		(2)	歳
	(3)	本	(4)	：

2	(1)	分	(2)	：
	(3)	分後		

3	(1)	回	(2)	秒間
	(3)	度		

4

(1)

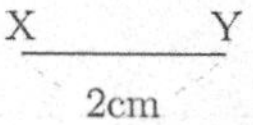

※

(2)	cm	(3)	cm^2

5

(1)

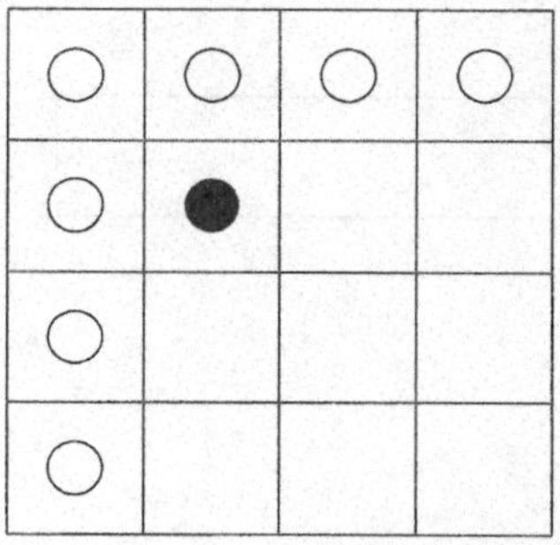

(2)	個	(3)	

市川中学校(第1回)　2023年度

◇理科◇

※ 135%に拡大していただくと，解答欄は実物大になります。

1

(1)	(2)	(3)	(4)
(5)			(6) ①
			(6) ②

2

(1)	(2)	(3)
(4) km^2	(5) km^3	(6)

3

(1) g	(2)	(3) g
(4) 最小 g	(4) 最大 g	(5) g

4

(1)	(2)
(3) ①	(3) ②
(4) g	(5) mm
(6)	

市川中学校(第1回)　2023年度

◇社会◇

※ 152%に拡大していただくと，解答欄は実物大になります。

1	問1	1	2	3			
	問2						
	問3						
	問4		問5		問6		問7
	問8		問9	(1)	(2)		

2	問1	1	2	3	
	問2				
	問3	(1)2番目	3番目	(2)資料1	資料2
		(3)時期	状況		

3	問1		問2		問3	
	問4		問5		問6	
	問7	福岡市	仙台市			

4	問1	(1)						
		(2)						
	問2		問3		問4		問5	

2023年度 市川中学校(第1回)

※147%に拡大していただくと、解答欄は実物大になります。

◇国語◇

一

問1

問2

問3

問4

問5 *

問6

二

問1 A B

問2 *

問3

問4 *

問5

問6

三

1	2	3	4	5

6	7	8

市川中学校(第2回)　2023年度

◇算数◇

※ 149%に拡大していただくと，解答欄は実物大になります。

1	(1)		(2)	人
	(3)	Bさんの自転車：分速　m，時間：　時　分　秒		
	(4)	通り	(5)	度

2	(1)	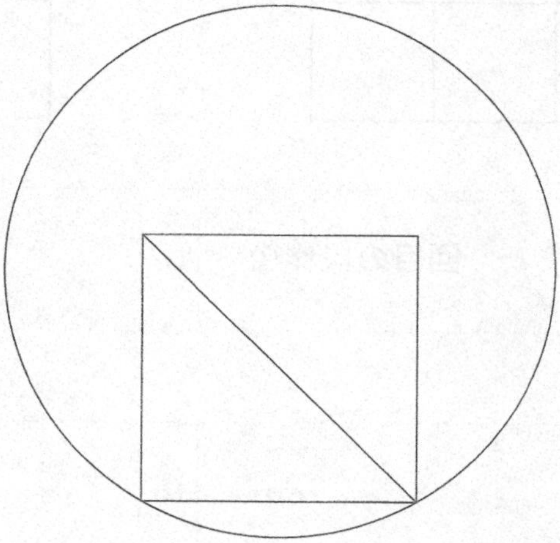 ※
	(2)	cm^2

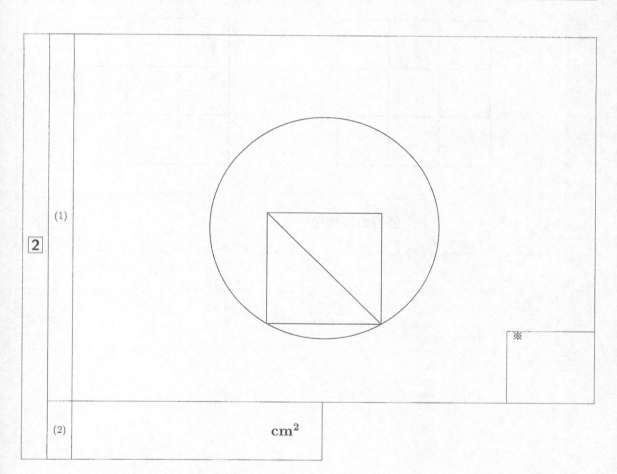

3	(1)	日目	(2)	最短　　日目，最長　　日目
	(3)	日目		

4	(1)	3回目の操作後		4回目の操作後
	(2)	回目の操作後	(3)	

3回目の操作後

4回目の操作後

5	(1)	cm	(2)	cm

市川中学校(第2回)　2023年度　◇理科◇

※ 145％に拡大していただくと，解答欄は実物大になります。

1

(1)	(2)	(3)
(4)化石	(4)理由	(5)

2

(1)	(2)	(3)	(4)
(5)	(6)	(7)	

3

(1)	(2)	(3)2	(3)3
(4)	(5)		

4

(1)1	(1)2	(1)3	(2)
(3)	(4)		
(5)電磁石Ａ	(5)電磁石Ｂ	(5)電磁石Ｃ	

市川中学校（第2回）　2023年度

◇社会◇

※ 152%に拡大していただくと，解答欄は実物大になります。

1	問1					
	問2					
	問3		問4		問5	
	問6		問7			

2	問1	1	2	問2	
	問3	(1)	(2)	問4	
	問5		問6		問7
	問8		問9	う	え

3	問1		問2	(1)
	問2	(2)①	②	③
	問3		問4	
	問5	(1)	(2)	(3)
	問6	1	2	

4	問1		問2		
	問3	X	Y	問4	
	問5				
	問6				
	問7		問8		

2023年度 市川中学校(第2回)

◇国語◇

※135%に拡大していただくと、解答欄は実物大になります。

一

問1 a b c

問2

問3

問4

問5 *

問6 *

問7

問8

二

問1

問2

問3

問4 *

問5

問6

三

1	2	3	4
5	6	7	8

市川中学校(第1回)　2022年度

◇算数◇

※ 122%に拡大していただくと，解答欄は実物大になります。

1	(1)		(2)	円
	(3)	L	(4)	度

2

(1)

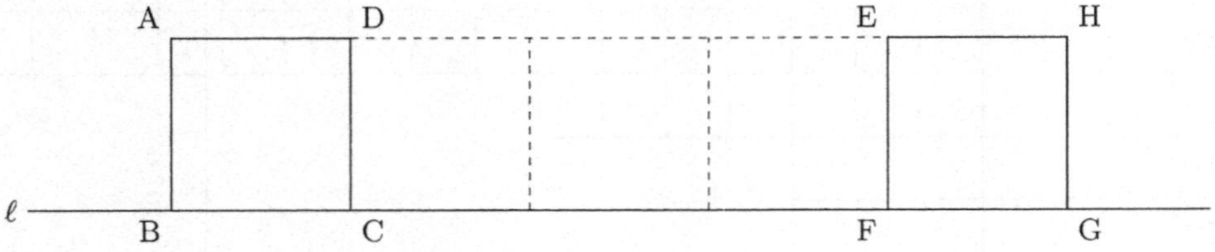

(2) cm²

3	(1)	%	(2)	
	(3)			

4	ア		イ	
	ウ		エ	
	オ		カ	
	キ		ク	

5	(1)	(i)	(ii)	
	(2)	個	(3)	個

市川中学校（第1回）　2022年度

◇理科◇

※ 111％に拡大していただくと，解答欄は実物大になります。

1

(1)　　発電	(2)　　度

(3)	(4)	(5)	(6)

2

(1)		(2)
(3)②	(3)③	(4)

(5)

3

(1)

(2)

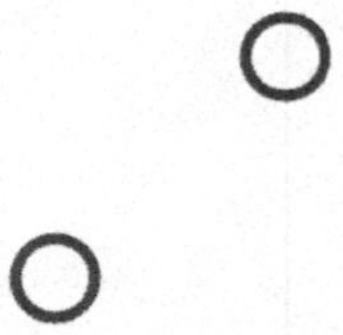

(3)

(4)（a）　　g	(4)（b）　　g

(5)

4

(1)	(2)	(3)	(4)

(5)

(6)	(7)

市川中学校(第1回)　2022年度

◇社会◇

※ 128%に拡大していただくと，解答欄は実物大になります。

1	問1		問2	2番目	4番目			
	問3	5	6		問4			
	問5		問6		問7			
	問8							
	問9		問10					

2	問1		問2		問3	(1)		
	問3	(2) のに乗じ						
	問4		問5	2番目	4番目	問6		
	問7							

3	問1	(1)	(2)	問2		問3		
	問4		問5	大根	ぶた			
	問6							

4	問1		問2		問3			
	問4	(1)	(2)		問5			
	問6							
	問7	(1)						
		(2)	問8		問9			

市川中学校（第１回）　２０２２年度

※１３０％に拡大していただくと、解答欄は実物大になります。

◇国語◇

一

問1　X　Y

問2

問3

問4

問5

問6

二

問1

問2

問3

問4

問5

三

問

四

1　2　3　4　5

6　7　8

市川中学校(第2回)　2022年度

◇算数◇

※ 147%に拡大していただくと，解答欄は実物大になります。

1	(1)		(2)	
	(3)	個		
	(4)	AD : DE : EC = 　: 　:		
	(5)	cm^3		

2	(1)	%	(2)	g
	(3)			

3	(1)	秒速　cm	(2)	秒後
	(3)	cm		

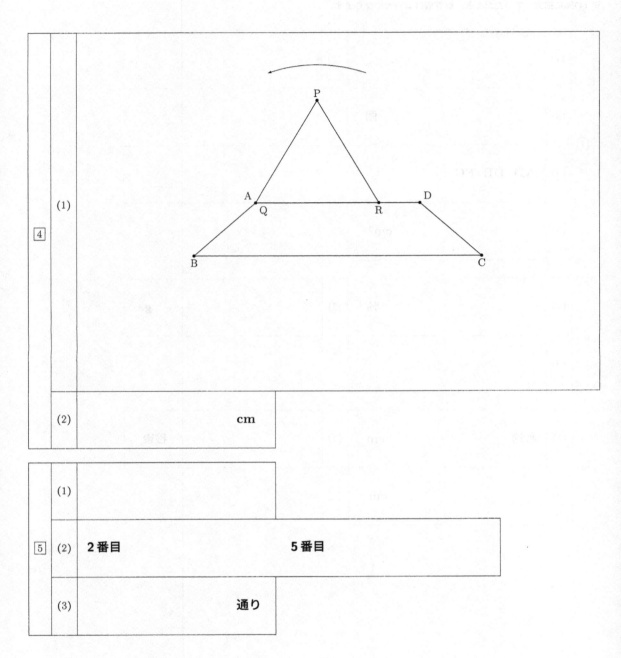

4	(1)	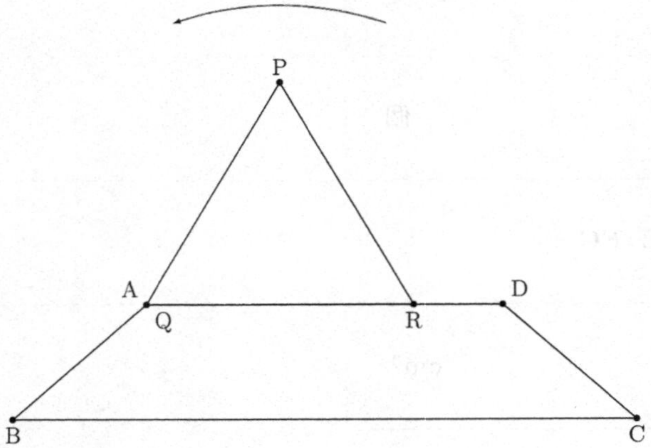
	(2)	cm
5	(1)	
	(2)	**2番目** **5番目**
	(3)	**通り**

市川中学校(第2回)　2022年度　◇理科◇

※ 109％に拡大していただくと，解答欄は実物大になります。

1

(1)	(2)	(3)	(4) cm
(5) 1	2	3	4
(6)			

2

(1)	(2)		
(3)			
(4)	(5) A	D	(6)

3

(1) 動物	(2)	(3)
(4)	(5)	(6)

4

(1)		(2) ℃	
(3)	(4)	(5)	(6)
(7) 日 時			

市川中学校(第2回)　2022年度

◇社会◇

※ 137%に拡大していただくと，解答欄は実物大になります。

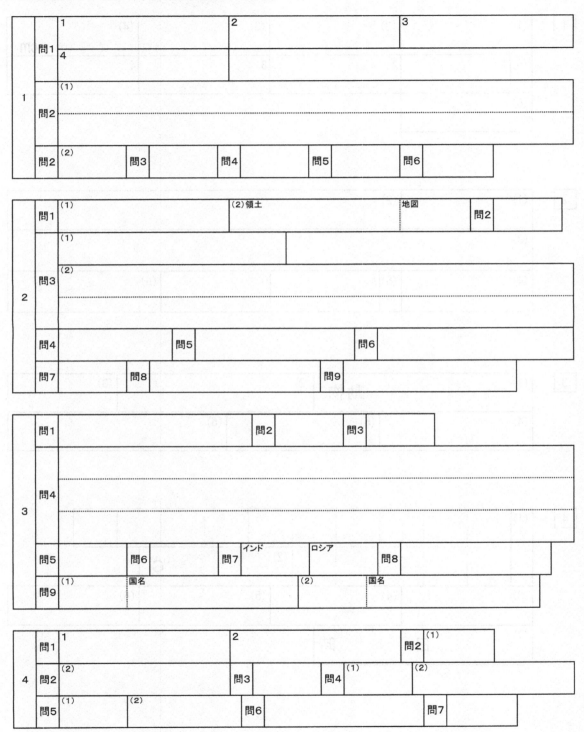

1	問1	1	2	3						
		4								
	問2	(1)								
	問2	(2)	問3		問4		問5		問6	

2	問1	(1)	(2)領土	地図	問2		
	問3	(1)					
		(2)					
	問4		問5		問6		
	問7		問8		問9		

3	問1		問2		問3				
	問4								
	問5		問6		問7	インド	ロシア	問8	
	問9	(1)	国名	(2)	国名				

4	問1	1	2	問2	(1)			
	問2	(2)	問3		問4	(1)	(2)	
	問5	(1)	(2)	問6		問7		

市川中学校(第2回)　2022年度

※128%に拡大していただくと，解答欄は実物大になります。

◇国語◇

一

問1　a　b　c　d　e

問2

問3

問4

問5

問6

二

問1

問2

問3

問4

問5

問6

三

1　2　3　4

5　6　7　8

市川中学校(第1回)　　2021年度

◇算数◇

※ 134%に拡大していただくと，解答欄は実物大になります。

1	(1)		(2)	g
	(3)	日目	(4)	度

2	(1)	秒	(2)	m / 秒
	(3)	m^2		

3	(1)	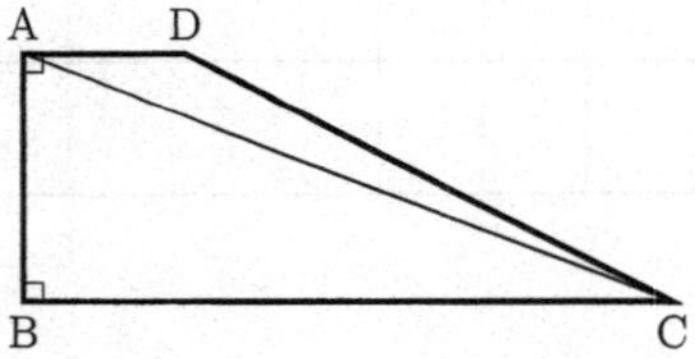		
	(2)	cm^2	(3)	cm^2

4	(1)	個	(2)	
	(3)	個		

<table>
<tr><td rowspan="3">5</td><td>(1)</td><td>テープ A

| S | b | b | G |
↓
| | | | |

最後にモード ＿＿＿＿＿ に変更される</td><td>テープ B

| S | □ | a | b | □ | G |
↓
| | | | | | |

最後にモード ＿＿＿＿＿ に変更される</td></tr>
<tr><td>(2)</td><td colspan="2">| S | | | | | | | G |</td></tr>
<tr><td>(3)</td><td colspan="2"></td></tr>
</table>

市川中学校（第1回）　2021年度

◇理科◇

※ 111％に拡大していただくと，解答欄は実物大になります。

1

(1)	(2)	(3)	(4)	(5)	(6)

2

(1)	(2)
(3)	(4) 人分
(5) 記号	能力

3

(1)	(2)
(3)	
(4)	(5)
(6)	

4

(1) 1 と	2	(2)

(3)

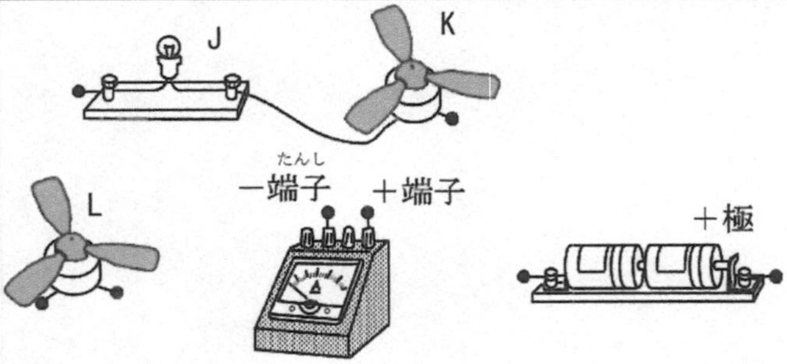

(4)	(5)	(6)

(7) 記号	
理由	

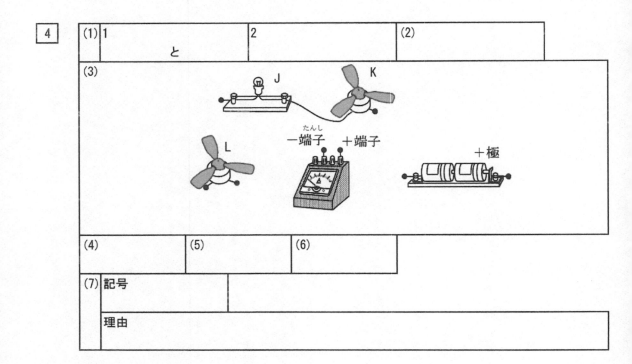

市川中学校(第1回)　2021年度

◇社会◇

※ 127%に拡大していただくと，解答欄は実物大になります。

1

問1		問2		問3			
問4							
問5		問6		問7		問8	
問9	①						
	②						
問10		問11		問12		問13	

2

問1		問2	(1)	(2)	問3
問4				問5	
問6					
問7					

3

問1	1	2	3	4	問2			
問3		問4		問5		問6	議席	
問7								
問8		問9	5	6	7	問10		

市川中学校(第1回)　２０２１年度

※１２９%に拡大していただくと、解答欄は実物大になります。

◇国語◇

一

問1

問2　A　B　C

問3

問4

問5

二

問1　Ⅰ　Ⅱ　Ⅲ

問2

問3

問4

問5

問6

三

問

四

1　2　3　4　5

6　7　8

市川中学校(第2回)　2021年度

◇算数◇

※ 124%に拡大していただくと，解答欄は実物大になります。

1	(1)		(2)	個
	(3)	分	(4)	cm²

2	(1)	秒後	(2)	度

3	(1)	度	(2)	RX : SY = 　　:
	(3)	RS : OY = 　　:		

4	(1)		(2)	
	(3)			

5	(1)	cm^3
	(2)	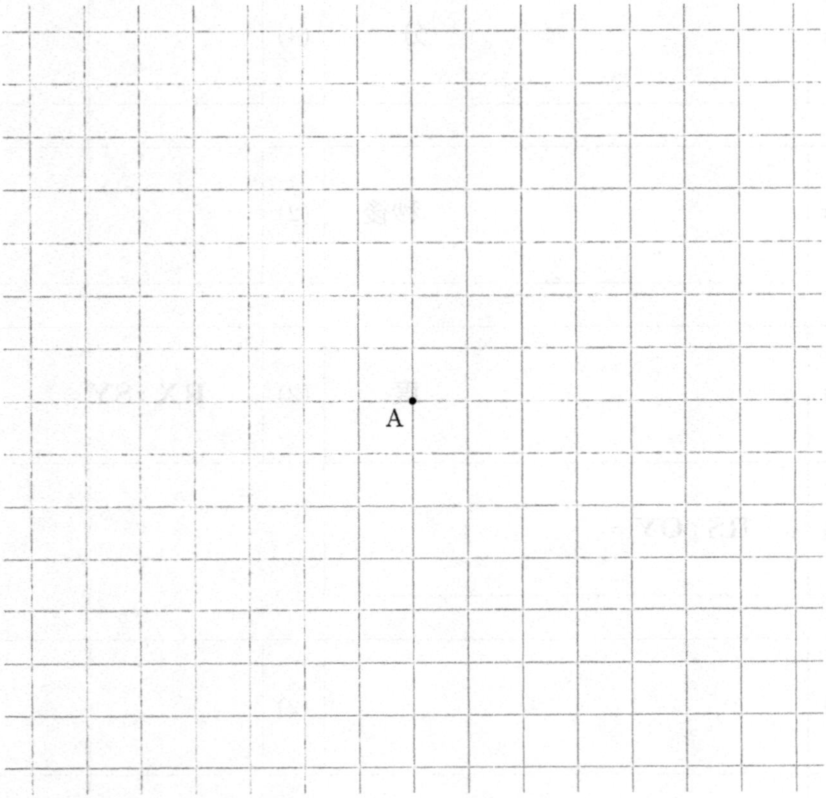
	(3)	cm^2

◇理科◇

※ 119%に拡大していただくと，解答欄は実物大になります。

1

(1)

(2) 開くとき

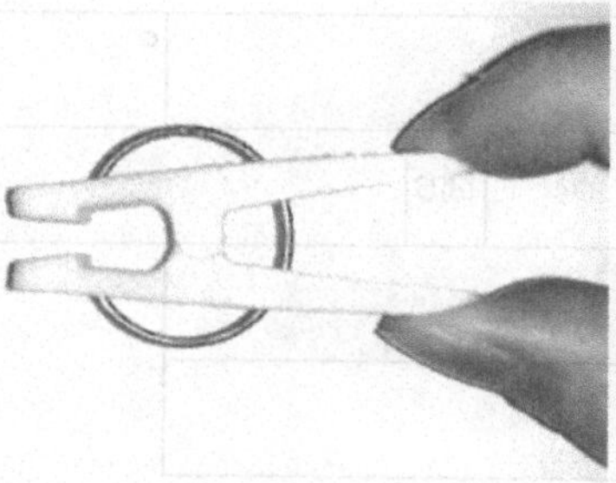

はさむとき

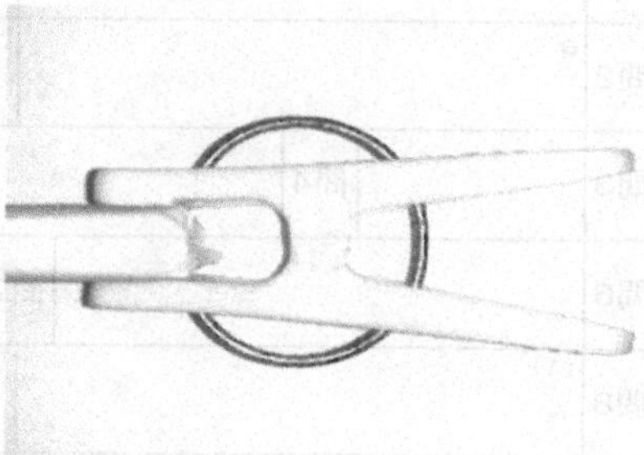

(3)	(4) kg	(5) kg	(6)

2

(1) A	B	C	D

(2) → →

(3)

(4)

(5) g	(6) g

3

(1)

(2)

(3)	(4)	(5) 度

4

(1)	(2)	(3)	(4)	(5)

市川中学校(第2回)　2021年度

◇社会◇

※ 136%に拡大していただくと，解答欄は実物大になります。

1	問1	1	2	3
		4		
	問2	a	b	c
	問3		問4	問5
	問6		問7	
	問8	(1)	(2)	

2	問1	1	2	3
		4	問2	問3
	問4		問5	問6　2番目　4番目
	問7	(1)X	Y	
		(2)		

3	問1	1	2	3	
	問2		問3	問4	問5
	問6		問7		

4	問1	1	2		
	問2				
	問3		問4 (1)	(2)	問5　問6
	問7				

2021年度

市川中学校（第2回）

※131%に拡大していただくと、解答欄は実物大になります。

◇国語◇

一

問1

問2

問3

問4

問5

二

問1 a b c d

問2

問3

問4

問5

問6

問7

三

1

2

3

4

東京学参の
高校別入試過去問題シリーズ

＊出版校は一部変更することがあります。一覧にない学校はお問い合わせください。

東京ラインナップ

あ 愛国高校(A59)
青山学院高等部(A16)★
桜美林高校(A37)
お茶の水女子大附属高校(A04)
か 開成高校(A05)★
共立女子第二高校(A40)★
慶應義塾女子高校(A13)
啓明学園高校(A68)★
国学院高校(A30)
国学院大久我山高校(A31)
国際基督教大高校(A06)
小平錦城高校(A61)★
駒澤大高校(A32)
さ 芝浦工業大附属高校(A35)
修徳高校(A52)
城北高校(A21)
専修大附属高校(A28)
創価高校(A66)★
た 拓殖大第一高校(A53)
立川女子高校(A41)
玉川学園高等部(A56)
中央大高校(A19)
中央大杉並高校(A18)★
中央大附属高校(A17)
筑波大附属高校(A01)
筑波大附属駒場高校(A02)
帝京大高校(A60)
東海大菅生高校(A42)
東京学芸大附属高校(A03)
東京農業大第一高校(A39)
桐朋高校(A15)
都立青山高校(A73)★
都立国立高校(A76)★
都立国際高校(A80)★
都立国分寺高校(A78)★
都立新宿高校(A77)★
都立墨田川高校(A81)★
都立立川高校(A75)★
都立戸山高校(A72)★
都立西高校(A71)★
都立八王子東高校(A74)★
都立日比谷高校(A70)★
な 日本大櫻丘高校(A25)
日本大第一高校(A50)
日本大第三高校(A48)
日本大第二高校(A27)
日本大鶴ヶ丘高校(A26)
日本大豊山高校(A23)
は 八王子学園八王子高校(A64)
法政大高校(A29)
ま 明治学院高校(A38)
明治学院東村山高校(A49)
明治大付属中野高校(A33)
明治大付属八王子高校(A67)
明治大付属明治高校(A34)★
明法高校(A63)
わ 早稲田実業学校高等部(A09)
早稲田大高等学院(A07)

神奈川ラインナップ

あ 麻布大附属高校(B04)
アレセイア湘南高校(B24)
か 慶應義塾高校(A11)
神奈川県公立高校特色検査(B00)
さ 相洋高校(B18)
た 立花学園高校(B23)
桐蔭学園高校(B01)
東海大付属相模高校(B03)★
桐光学園高校(B11)
な 日本大高校(B06)
日本大藤沢高校(B07)
は 平塚学園高校(B22)
藤沢翔陵高校(B08)
法政大国際高校(B17)
法政大第二高校(B02)★
や 山手学院高校(B09)
横須賀学院高校(B20)
横浜商科大高校(B05)
横浜市立横浜サイエンスフロンティア高校(B70)
横浜翠陵高校(B14)
横浜清風高校(B10)
横浜創英高校(B21)
横浜隼人高校(B16)
横浜富士見丘学園高校(B25)

千葉ラインナップ

あ 愛国学園大附属四街道高校(C26)
我孫子二階堂高校(C17)
市川高校(C01)★
か 敬愛学園高校(C15)
さ 芝浦工業大柏高校(C09)
渋谷教育学園幕張高校(C16)★
翔凜高校(C34)
昭和学院秀英高校(C23)
専修大松戸高校(C02)
た 千葉英和高校(C18)
千葉敬愛高校(C05)
千葉経済大附属高校(C27)
千葉日本大第一高校(C06)★
千葉明徳高校(C20)
千葉黎明高校(C24)
東海大付属浦安高校(C03)
東京学館高校(C14)
東京学館浦安高校(C31)
な 日本体育大柏高校(C30)
日本大習志野高校(C07)
は 日出学園高校(C08)
や 八千代松陰高校(C12)
ら 流通経済大付属柏高校(C19)★

埼玉ラインナップ

あ 浦和学院高校(D21)
大妻嵐山高校(D04)★
か 開智高校(D08)
開智未来高校(D13)★
春日部共栄高校(D07)
川越東高校(D12)
慶應義塾志木高校(A12)
さ 埼玉栄高校(D09)
栄東高校(D14)
狭山ヶ丘高校(D24)
昌平高校(D23)
西武学園文理高校(D10)
西武台高校(D06)
た 東京農業大第三高校(D18)
は 武南高校(D05)
本庄東高校(D20)
や 山村国際高校(D19)
ら 立教新座高校(A14)
わ 早稲田大本庄高等学院(A10)

北関東・甲信越ラインナップ

あ 愛国学園大附属龍ヶ崎高校(E07)
宇都宮短大附属高校(E24)
か 鹿島学園高校(E08)
霞ヶ浦高校(E03)
共愛学園高校(E31)
甲陵高校(E43)
国立高等専門学校(A00)
さ 作新学院高校
(トップ英進・英進部)(E21)
(情報科学・総合進学部)(E22)
常総学院高校(E04)
た 中越高校(R03)＊
土浦日本大高校(E01)
東洋大附属牛久高校(E02)
な 新潟青陵高校(R02)
新潟明訓高校(R04)
日本文理高校(R01)
は 白鷗大足利高校(E25)
ま 前橋育英高校(E32)
や 山梨学院高校(E41)

中京圏ラインナップ

あ 愛知高校(F02)
愛知啓成高校(F09)
愛知工業大名電高校(F06)
愛知みずほ大瑞穂高校(F25)
暁高校(3年制)(F50)
鶯谷高校(F60)
栄徳高校(F29)
桜花学園高校(F14)
岡崎城西高校(F34)
か 岐阜聖徳学園高校(F62)
岐阜東高校(F61)
享栄高校(F18)
さ 桜丘高校(F36)
至学館高校(F19)
椙山女学園高校(F10)
鈴鹿高校(F53)
星城高校(F27)★
誠信高校(F33)
清林館高校(F16)★
た 大成高校(F28)
大同大大同高校(F30)
高田高校(F51)
滝高校(F03)★
中京高校(F63)
中京大附属中京高校(F11)★
中部大春日丘高校(F26)★
中部大第一高校(F32)
津田学園高校(F54)
東海高校(F04)★
東海学園高校(F20)
東邦高校(F12)
同朋高校(F22)
豊田大谷高校(F35)
な 名古屋高校(F13)
名古屋大谷高校(F23)
名古屋経済大市邨高校(F08)
名古屋経済大高蔵高校(F05)
名古屋女子大高校(F24)
名古屋たちばな高校(F21)
日本福祉大付属高校(F17)
人間環境大附属岡崎高校(F37)
は 光ヶ丘女子高校(F38)
誉高校(F31)
ま 三重高校(F52)
名城大附属高校(F15)

宮城ラインナップ

さ 尚絅学院高校(G02)
聖ウルスラ学院英智高校(G01)★
聖和学園高校(G05)
仙台育英学園高校(G04)
仙台城南高校(G06)
仙台白百合学園高校(G12)
た 東北学院高校(G03)★
東北学院榴ヶ岡高校(G08)
東北高校(G11)
東北生活文化大高校(G10)
常盤木学園高校(G07)
は 古川学園高校(G13)
ま 宮城学院高校(G09)★

北海道ラインナップ

さ 札幌光星高校(H06)
札幌静修高校(H09)
札幌第一高校(H01)
札幌北斗高校(H04)
札幌龍谷学園高校(H08)
は 北海高校(H03)
北海学園札幌高校(H07)
北海道科学大高校(H05)
ら 立命館慶祥高校(H02)

★はリスニング音声データのダウンロード付き。

都道府県別 公立高校入試過去問 シリーズ

- 全国47都道府県別に出版
- 最近数年間の検査問題収録
- リスニングテスト音声対応

公立高校入試対策 問題集シリーズ

- 目標得点別・公立入試の数学(基礎編)
- 実戦問題演習・公立入試の数学(実力錬成編)
- 実戦問題演習・公立入試の英語(基礎編・実力錬成編)
- 形式別演習・公立入試の国語
- 実戦問題演習・公立入試の理科
- 実戦問題演習・公立入試の社会

高校入試特訓問題集 シリーズ

- 英語長文難関攻略33選(改訂版)
- 英語長文テーマ別難関攻略30選
- 英文法難関攻略20選
- 英語難関徹底攻略33選
- 古文完全攻略63選(改訂版)
- 国語融合問題完全攻略30選
- 国語長文難関徹底攻略30選
- 国語知識問題完全攻略13選
- 数学の図形と関数・グラフの融合問題完全攻略272選
- 数学難関徹底攻略700選
- 数学の難問80選
- 数学　思考力―規則性とデータの分析と活用―

〈ダウンロードコンテンツについて〉

本問題集のダウンロードコンテンツ、弊社ホームページで配信しております。現在ご利用いただけるのは「2025年度受験用」に対応したもので、**2025年3月末日**までダウンロード可能です。弊社ホームページにアクセスの上、ご利用ください。
※配信期間が終了いたしますと、ご利用いただけませんのでご了承ください。

中学別入試過去問題シリーズ
市川中学校　2025年度
ISBN978-4-8141-3211-9

［発行所］東京学参株式会社
〒153-0043　東京都目黒区東山2-6-4

書籍の内容についてのお問い合わせは右のQRコードから　⇒

※書籍の内容についてのお電話でのお問い合わせ、本書の内容を超えたご質問には対応できませんのでご了承ください。

2024年5月23日　初版